Der Staatshaushalt

und

die Finanzen Preussens.

Unter Benutzung amtlicher Quellen

bearbeitet von

O. Schwarz,
Geheimer Ober-Finanzrath
u. vortragender Rath im Finanzministerium.

und

Dr. jur. G. Strutz,
Geheimer Ober-Finanzrath
u. vortragender Rath im Finanzministerium.

Band II.

Die Zuschussverwaltungen.

Berlin, 1903.
J. Guttentag, Verlagsbuchhandlung,
G. m. b. H.

Der Staatshaushalt

und

die Finanzen Preussens.

Band II.

Die Zuschussverwaltungen.

Von

O. Schwarz,

Geheimer Ober-Finanzrath und vortragender Rath im Finanzministerium.

Lieferung 3.

IV. Buch: **Handels- und Gewerbeverwaltung.**

V. Buch: **Bauverwaltung.**

Berlin, 1903.

J. Guttentag, Verlagsbuchhandlung,

G. m. b. H.

Vorwort.

Mit der vorliegenden Arbeit erscheint das 3. Buch des II., die Zuschussverwaltungen umfassenden Bandes unseres Werkes über den preussischen Staatshaushalt, während der I. Band (Ueberschussverwaltungen) mit 4 Büchern bereits seinen Abschluss gefunden hat. Der II. Band wird wegen des grösseren Stoffgebiets der bei Weitem umfangreichere. Schon mit diesem 3. Buche ist annähernd die Druckbogenzahl des I. Bandes erreicht. Es werden aber im Laufe dieses Jahres noch die 3 letzten Bücher des II. Bandes folgen.

Eins dieser Bücher wird den Etat des Ministeriums des Inneren, sowie eine Anzahl kleinerer Etats (Oberrechnungskammer, Ministerium der auswärtigen Angelegenheiten, Zeughausverwaltung u. s. w.) behandeln und ebenfalls aus meiner Feder stammen, während die Abfassung des folgenden Buches (Justiz- und Finanz-Ministerium) im Interesse gleichmässiger Arbeitsvertheilung und damit thunlichster Beschleunigung des Abschlusses des Gesammtwerkes vom Herrn Geheimen Oberfinanzrath Dr. Strutz freundlichst übernommen worden ist. Als Schlussband folgt dann noch von mir ein die Dotationen (Staatsschulden, Landtag) und die Allgemeine Finanzverwaltung umfassendes Buch.

Wenn es uns bei der Fülle des Stoffes nicht möglich gewesen ist, den ursprünglich in Aussicht genommenen Termin (1902) innezuhalten, so wird Jeder, der auch nur einen oberflächlichen Einblick in das Werk nimmt, zugeben müssen, dass uns eine schnellere Fertigstellung — neben unseren amtlichen Berufsgeschäften — schlechterdings nicht möglich gewesen wäre.

Vielleicht könnte das Bedenken hervortreten, dass das Werk einen zu grossen Umfang angenommen habe und zu ausführlich angelegt sei. Doch bleibt zu berücksichtigen, dass dasselbe eben nicht eine blosse Skizze oder Abhandlung über den Etat, sondern einen Kommentar zu demselben und zu seinen einzelnen Posten darstellen und ein Nachschlagebuch für Jeden sein soll, der sich mit irgend einer Einnahme- oder Ausgabegruppe des Etats zu beschäftigen hat.

Die Verfasser haben eher das Empfinden gehabt, dass der Leser öfters noch eine ausführlichere Darstellung wünschen möchte, als sie ihm in dem Rahmen eines einzigen Buches gegeben werden kann. Immerhin hoffen wir alle Gebiete so eingehend behandelt und dargestellt zu haben, dass der Nachschlagende, auch soweit er noch eingehendere und tiefere Studien vorzunehmen beabsichtigt, doch zunächst einen festen und sicheren Boden unter den Füssen gewinnt, auf welchem er weiter arbeiten und einen Stützpunkt gewinnen kann, den er anderenfalls sich erst nach mühevollen und zeitraubenden Vorarbeiten zu verschaffen in der Lage sein würde.

Das vorliegende Buch schliesst mit den Etatszahlen für 1902 ab. Doch sind wichtigere Neuerungen aus dem während der Drucklegung erschienenen Etatsentwurfe, soweit möglich, noch berücksichtigt worden.

Berlin, im Januar 1903.

Otto Schwarz.

Inhaltsverzeichniss A.

Fünftes Buch.

Bauverwaltung.

Inhaltsverzeichniss B.

IV. Buch. Handels- und Gewerbeverwaltung.

V. Buch. Bauverwaltung.

Viertes Buch.

Handels- und Gewerbeverwaltung.

Erster Hauptabschnitt.

Einleitung.

§ 1. Wenn in der vorliegenden Lieferung die Handels- und Gewerbeverwaltung (Buch IV) mit der Bauverwaltung (Buch V) gemeinsam behandelt ist, so war dabei nicht nur der mehr formelle Gesichtspunkt massgebend, dass die Einnahmen und Ausgaben beider Verwaltungen bis Ende der 70 er Jahre auf einem gemeinsamen Etat standen. Die gleichzeitige Behandlung beider Verwaltungen rechtfertigt sich auch wegen der gemeinsamen wirthschaftlichen Natur der Mehrheit ihrer Ausgaben. Die Thätigkeit der Bauverwaltung gliedert sich in eine solche für Hochbau und für Wasserbau. Erstere kommt allen staatlichen Einrichtungen, allen Berufsarten, den landwirthschaftlichen, wie den handel- und gewerbetreibenden zu Gute. Die Wasserbauten dienen dagegen fast ausschliesslich dem Handels- und Schiffahrtsverkehr und fördern somit im Wesentlichen die von dem Handelsminister zu vertretenden Handels- und gewerblichen Interessen. Die Ausgaben gerade für Wasserbauten haben aber in den letzten Jahrzehnten im Etat der Bauverwaltung einen immer breiteren Raum eingenommen. Man wird gegenwärtig über 80 Proz. aller Ausgaben auf dem Etat der Bauverwaltung auf im Interesse der Wasserbauverwaltung gemachte Aufwendungen rechnen können.

Will man die gesammten Ausgaben des Staates für industrielle und Handelszwecke denjenigen für landwirthschaftliche Zwecke gegenüberstellen, so ist es um so nothwendiger, die zur Förderung der Schiffahrt gemachten Aufwendungen an Wasserbauten mit in Anrechnung zu bringen, als die Ausgaben für solche Wasserbauten, welche wasserwirthschaftlichen oder Landesmeliorations-Zwecken dienen, also in erster Linie der Landwirthschaft zu Gute kommen, nicht auf dem Bauetat, sondern auf dem landwirthschaftlichen Etat nachgewiesen werden und die Gesammtausgaben dieses Etats sowohl im Ordinarium, wie noch mehr im Extraordinarium wesentlich dadurch beeinflusst werden.

Freilich würde ein direkter Vergleich der gesammten für Handel und Gewerbe gemachten staatlichen Aufwendungen mit denen, welche für die Landwirthschaft stattfinden, noch eine grosse Anzahl weiterer Schwierigkeiten bieten.

Die Handels- und Gewerbeverwaltung ist diejenige preussische Zuschussverwaltung, welche das am wenigsten vollständige Bild über die auf ihrem Gebiete (Handel und Gewerbe) bereitgestellten Mittel aus Staatsfonds — im Gegensatze zu Gemeinde-, Vereins- und Privatfonds — darbietet, weil ein grosser Theil der anderwärts dem Staat obliegenden und in früherer Zeit auch in Preussen vom Staate verwalteten Aufgaben seit Gründung des Norddeutschen Bundes und später des Deutschen Reiches diesem zugefallen sind. Hier kommt vor allen Dingen ein grosser Theil der dem Reichsamt des Innern obliegenden Aufgaben und der ihm zugehörigen Behörden in Betracht, Patentamt, Normal-Aichungskommission, Behörden für die Untersuchung von Seeunfällen, Schiffsvermessungsamt, Kommission für Arbeiterstatistik, sodann das Reichsversicherungsamt und die Ausgaben für die soziale Arbeiterversicherungs-Gesetzgebung (1902: 38,1 Millionen Mark), ferner die Unterstützungen für Unterhaltung von Postdampfschiffsverbindungen mit überseeischen Ländern u. s. w. (1902: 6,9 Mill. M.). In gewissem Masse kann man auch die Ausgaben für die Kolonien hier mit in Anrechnung bringen.

Bei Berücksichtigung dieser Sachlage erscheint es unmöglich, ein abschliessendes Bild über das Mass der vom Staate gemachten Gesammtaufwendungen für Handel und Gewerbe einerseits, und derjenigen für die Landwirthschaft andererseits zu geben, so viel Interesse eine solche Gegenüberstellung namentlich in gegenwärtiger Zeitlage bieten würde. Wir werden daher, nur für einige wichtige Gebiete, z. B. fachliches Unterrichtswesen (§ 15 ff.), direkte Pflege und Förderung von Gewerbetreibenden und Landwirthen (§ 122) Parallelen zu ziehen, uns vorbehalten.

§ 1a. Der Uebergang wichtiger, früher von dem Handelsministerium ressortirender Funktionen auf das Reich erweist sich ferner auch für einen Vergleich der gegenwärtigen Einnahmen und Ausgaben der Handels- und Gewerbeverwaltung mit der Zeit vor Gründung des Norddeutschen Bundes bezw. des Deutschen Reiches hinderlich. Aber selbst die Zeit vor 1879/80 lässt sich mit der Jetztzeit nur in beschränktem Masse vergleichen, weil vor diesem Zeitpunkte die Handels- und Gewerbeverwaltung mit der Verwaltung des Bauwesens einen gemeinsamen Etat hatte, der nicht für alle Zweige der Verwaltung, vor Allem nicht für die Centralverwaltung, eine Trennung der Ausgaben aufwies. In Anlage LIII sind daher auch für die Handels- und Gewerbeverwaltung und in späterer Anlage für die Bauverwaltung die Zahlen der einzelnen Etatskapitel und Titel nur bis zum Jahre 1879/80 zurück gesondert dargestellt, während in einer besonderen Anlage LII für die Jahre 1878/79, 1867 und 1852 die Schlusszahlen der Hauptabschnitte des der Handelsgewerbe- und Bauverwaltung gemeinsamen Etats aufgeführt werden.

Ein dritter Umstand lässt wieder die Zahlen des Etats der Handels- und Gewerbeverwaltung vor 1885/86 mit derjenigen der Jetztzeit wenig vergleichbar erscheinen, weil vor diesem Jahre das im gegenwärtigen Etat bei weitem die Hauptrolle spielende gewerbliche Unterrichtswesen auf dem Etat des Kultusministeriums stand, die Zahlen aber aus dem dortigen Etat sich nicht einfach übernehmen und in die Vergleichsrechnung einstellen lassen, weil sie dort mit dem auch jetzt noch auf dem Kultusetat stehenden technischen Hochschulwesen verschmolzen sind.

§ 2. So unvollständig und zeitlich begrenzt hiernach auch das Bild ist, welches die in Anlage LIII über die Entwickelung des Handels- und Gewerbeetats enthaltene Zahlenreihe bietet, so tritt doch in der Beschränkung auf die dort aufgeführten Verwaltungsgebiete eine ausserordentliche Steigerung der staatlichen Fürsorge seit Mitte der 80er Jahre zu Tage. Es betrugen auf dem Handelsetat:[1])

	1885/86	1902
Die laufenden Ausgaben.	2 225 765 M.	11 695 615 M.
davon ab: Die Einnahmen	337 638 „[2])	2 639 440 „
bleiben	1 888 127 M.	9 056 175 M.

Die Steigerung beträgt also rund 385 Proz., wobei bei weitem der Hauptantheil auf Kapitel 69 (gewerbliches Unterrichtswesen, wissenschaftliche und gemeinnützige Zwecke) entfällt. Hier betrugen:

	1885/86	1902
Die Ausgaben	935 846 M.	7 345 398 M.
Die Einnahmen	44 788 „	1 344 600 „
	891 058 M.	6 000 798 M.
	Steigerung:	584 Proz.

Ein weiterer Hauptposten sind die Ausgaben für die staatliche (hauptsächlich die industriellen Werke und Arbeiter betreffende) Gewerbeaufsicht, welche nach Abzug der Einnahmen im Jahre 1885/86 noch keine 100 000 M. erforderte, im Jahre 1902 aber rund 1,7 Millionen Mark Ausgaben aufwies.

Diese ausserordentliche Steigerung der Bereitstellung staatlicher Mittel gerade auf den vorgenannten Gebieten, welche sich in gleicher Weise auch auf vielen, nunmehr vom Reiche verwalteten Gebietszweigen würde nachweisen lassen, lässt sich nur verstehen, wenn man den grossartigen Aufschwung der industriellen und Handels- und

[1]) Abgesehen von Bernsteinwerken, Porzellanmanufaktur, Institut für Glasmalerei, s. § 7.

[2]) Darunter waren noch 26 894 M. heute fortgefallene Wittwen- und Waisengeldbeiträge.

Verkehrsentwickelung in Rücksicht zieht, welchen die letzten Dezennien für den preussischen Staat wie für ganz Deutschland gezeitigt haben.

Es mag gestattet sein, an dieser Stelle jene Entwickelung durch einige charakteristische Zahlen der Statistik, die zu kennen für den Gang, welchen das gewerbliche Unterrichtswesen, die Gewerbeaufsicht und auch die weiteren in dem Buche behandelten Gebiete im Einzelnen genommen haben, nicht ohne Werth sein dürften, zu beleuchten.

§ 3. Wie schon in Band II Buch II § 9 hervorgehoben ist, war in Preussen der Prozentsatz der gesammten industriellen Handels- und Verkehrsbevölkerung, der 1882 nur 6 158 445 = 44,41 Proz. der Gesammtbevölkerung ausmachte, 1895 bereits auf 50,12 Proz. gestiegen (8 039 555).[1]

Um fast 2 Millionen hat also allein in diesen 13 Jahren die industrielle und Handelsbevölkerung zugenommen.

Zieht man lediglich die im Hauptberuf Erwerbsthätigen der einzelnen Berufsabtheilungen in Betracht, so betrug die Steigerung in Industrie 1882: 3 650 626, 1895: 4 755 859, in Handel und Verkehr 1882: 911 706, 1895: 1 355 740, was auch eine Steigerung von zusammen $1\frac{1}{2}$ Millionen Erwerbsthätige ausmacht.

Bei dieser Vermehrung waren natürlich nicht alle gewerblichen und Handels-Berufsgruppen in gleichem Masse stark betheiligt.

Es entfielen vielmehr auf die wichtigsten dieser Gruppen folgende Steigerungen:

I. In der Industrie	1882	1895	Steigerung in Prozent
1. Bekleidungs- und Reinigungsindustrie	777 574	887 102	14
2. Baugewerbe	533 925	787 371	47
3. Metallverarbeitung	319 814	522 564	63
4. Bergbau, Hütten- und Salinenwesen	367 611	486 745	32
5. Industrie der Nahrungs- und Genussmittel	363 827	471 022	29
6. Textilindustrie	385 565	410 248	6
7. Industrie der Holz- und Schnitzstoffe	280 563	347 024	24
8. Industrie der Steine und Erden	179 369	272 136	52
9. Industrie der Maschinen und Instrumente	146 650	207 296	41
10. Leder-Industrie	71 137	90 678	27
11. Papier-Industrie	41 375	61 462	49
12. Polygraphische Gewerbe	35 355	60 398	71
13. Chemische Industrie	28 908	58 467	102
14 Forstwirthschaftliche Nebenprodukte, Fette, Leuchtstoffe	17 061	24 536	44
15. Künstlerische Betriebe für gewerbliche Zwecke	12 239	12 897	5

[1] Dass seit 1895 die industrielle Bevölkerung verhältnissmässig noch stärker zugenommen hat, wird die nächste Berufsstatistik i. J. 1905 erweisen. Indirekt lässt sich dies schon daraus schliessen, dass sich von 1895 bis 1900 die ländliche Bevölkerung nur um 1,1 Proz., die städtische aber um 16,7 Proz. vermehrt hat.

Besonders fällt hierbei die Steigerung des Prozentsatzes der Erwerbsthätigen in der chemischen Industrie (102), der polygraphischen Industrie (71), der Metallverarbeitung (63), der Steine und Erden (49), sowie der Baugewerbe (47), anderseits der sehr geringe Prozentsatz für Textilindustrie (6), Kunstgewerbe (5) und auch Bekleidungsindustrie (14) auf.

II. **Im Handel und Verkehr** waren Erwerbsthätige	1882	1895	Steigerung in Prozent
1. Handelsgewerbe	489 063	672 964	38
2. Verkehrsgewerbe	268 927	358 113	33
3. Beherbergungs- und Erquickungsgewerbe	147 061	255 507	73
4. Versicherungsgewerbe	6 655	14 052	111

Hier ist der hohe Steigerungssatz einerseits bei der Gast- und Schankwirthschaft (73), anderseits bei dem Versicherungsgewerbe (111) bedeutsam.

§ 4. Gleich charakteristisch für die letzten Dezennien, wie die rapide Fortentwickelung von Industrie und Handel überhaupt, ist die Tendenz der Vermehrung der Grossbetriebe gegenüber den kleineren Betrieben, die Zunahme der Zahl der Arbeitnehmer gegenüber dem Rückgang der Zahl der Arbeitgeber.

Nach ihrer Berufsstellung zerlegten sich die Erwerbsthätigen 1895:[1])

in der Industrie (Bergbau, Industrie, Hütten- und Bauwesen) in

Selbstständige (Geschäftsleiter)	1 127 114
Technisch vorgebildete Betriebsbeamte	32 318
Aufsichtspersonal (Aufseher, Werkmeister)	65 205
Kaufmännisches-, Bureau- und Rechnungspersonal	52 935
Mithelfende Familienangehörige	28 330
Gesellen und Lehrlinge (gelernte Arbeiter)	2 132 489
Andere Hülfspersonen (ungelernte Arbeiter)	1 317 374
	4 755 855

in Handel und Verkehr in

Selbstständige (Geschäftsleiter)	484 372
Verwaltungs-, Aufsichts-, Rechnungs- und Bureaupersonal	149 172
Mithelfende Familienangehörige	55 104
Handlungsgehülfen, Kommis und Lehrlinge	235 059
Andere Hülfspersonen (Packer, Hausdiener)	432 033
	1 355 740

Die Zahl der Selbstständigen (Betriebsleiter) macht hiernach gegenwärtig in der Industrie etwa den vierten, in Handel und Verkehr etwa den dritten Theil aller Erwerbsthätigen aus. Der Antheil ist aber in stetigem Rückgange begriffen. Nach dem statistischen Handbuch für den Preussischen Staat (Bd. III S. 298) entfielen auf 100 Personen Erwerbsthätige:

[1]) Für 1882 wird in der Statistik eine ganz gleiche Eintheilung nicht gemacht.

	In Industrie u. s. w. 1882	In Industrie u. s. w. 1895	In Handel u. s. w. 1882	In Handel u. s. w. 1895
Inhaber	35,09	24,74	50,32	39,54
Verwaltungs- u. s. w. und technisches Aufsichtspersonal	2,09	3,44	5,75	7,66
Gehülfen, Arbeiter uud mitarbeitende Familienangehörige	62,82	71,82	43,93	52,80

Die erhöhte Steigerung der grösseren Betriebe ergiebt sich aber auch aus folgenden Zahlen:

	Industrie				**Handel und Verkehr**			
	Zahl		Personen		Zahl		Personen	
	1882	**1895**	**1882**	**1895**	**1882**	**1895**	**1882**	**1895**
Alleinbetriebe	755 176	674 042	755 176	674 042	246 501	260 899	246 501	260 899
Mitinhaber, Gehülfen und Motorbetriebe								
mit 1 Pers.	32 670	33 607	32 293	33 607	20 746	43 993	20 746	43 993
„ 2 „	217 098	189 591	434 196	379 182	72 131	111 382	144 262	222 764
mit 3 bis 5 „	162 656	186 134	564 652	665 607	50 696	96 645	176 867	342 112
„ 6 „ 10 „	28 431	43 999	211 316	323 281	10 667	19 821	79 414	144 890
„ 11 „ 50 „	20 579	34 628	430 278	747 146	4 448	8 916	77 914	161 188
„ 51 „ 200 „	4 378	8 235	403 049	757 357	237	464	19 294	39 457
„ 201 „ 1 000 „	1 060	1 720	400 598	657 642	17	53	4 735	19 683
mehr als 1 000 „	91	189	158 735	334 261	1	1	1 590	2 896

In Industrie sind also die Betriebe mit 2 Personen zurückgegangen, während sich alle grösseren Betriebe mit einem im allgemeinen nach der Grösse sich steigernden Prozentsatze vermehrt haben. Bei Handel und Verkehr weisen allerdings auch die kleineren Betriebe sämmtlich eine Steigerung nach, in den grössten Betrieben fällt die ausserordentlich starke Vermehrung der in den einzelnen Betrieben beschäftigten Personenzahl auf.

§ 5. Mit der Verminderung bezw. langsameren Zunahme der Zahl und des Personals der kleineren Betriebe Hand in Hand geht der Ersatz von Arbeitskräften durch vermehrte Anwendung von Dampfmaschinen.

Es betrugen in Preussen die Dampfmaschinen[1]) mit Ausnahme der seitens des Landheeres und der Kriegsmarine verwendeten und der Lokomotiven in Preussen

	feststehende	bewegliche	auf Schiffen	zusammen
am 1. Januar 1879	29 895	5 442	623	35 960
„ „ 1896	46 554	12 507	2 007	61 068
„ 1. April 1899	70 813	18 166	2 208	91 187
„ „ 1900	73 792	19 846	2 384	96 022
„ „ 1901	75 958	20 898	2 440	99 296

[1]) Nur $^1/_7$ bis $^1/_6$ derselben entfällt auf die landwirthschaftlichen Betriebe.

Dabei stieg die Leistungsfähigkeit der Maschinen im Durchschnitt bedeutend. Es betrug bei den Dampfmaschinen:

	Die Zahl		Die Leistungsfähigkeit in Pferdestärken			
			1879		1901	
	1879	1901	überhaupt	durchschnittlich	überhaupt	durchschnittlich
feststehende	29 895	75 958	887 780	30	3 709 662	49
bewegliche	5 442	20 898	47 104	9	251 073	12
auf See- und Flussschiffen	623	2 440	50 309	81	368 043	151
zusammen	35 960	99 296	985 193	27	4 328 778	44

§ 5a. Die starke Steigerung der gesammten wirthschaftlichen Thätigkeit in den letzten Dezennien tritt indirekt ganz besonders in der Vermehrung und Benutzung der allgemeinen Verkehrsmittel für den Gütertransport hervor: Was zunächst die Steigerung des Eisenbahngüterverkehrs auf den Preussischen Staatsbahnen anbetrifft, so kamen im Jahre 1875 auf 1 km Betriebslänge an Tonnenkilometern (ausschliesslich Postgut, Militärgut, Dienstgut, Vieh) 470 621, im Jahre 1899 779 753. Die Gesammtzahl der 1899 auf den Linien der preussisch-hessischen Betriebsgemeinschaft beförderten Tonnen betrug 205,2 Mill., der gefahrenen Tonnenkilometer 23 996 Mill.[1])

Das Staatsbahnnetz umfasste Ende 1899 29 219 km und 951,3 km hessischer Bahnen, woneben rund 3 000 km Privatbahnen einschl. fremder Staatsbahnen fungirten.

Die Gesammtlänge der Chausseen (Staats-, Provinz-, Kreis-Chausseen etc.) hatte sich von 64 978 km im Jahre 1875 bis 1895 auf 84 957 km gesteigert.

Der Seeverkehr in preussischen Häfen betrug 1882 an mit Ladung angekommenen Schiffen 32 188 (mit 3 414 478 Reg.-To. Rauminhalt) und steigerte sich bis 1896 auf 44 502 (mit 5 990 211 Reg.-To.). Ausserdem kamen 8—9000 Schiffe ohne Ladung an mit 6—700 000 Reg.-Tonnen. Die Zahl und der Rauminhalt der mit Ladung abgegangenen Seeschiffe war etwas geringer, der ohne Ladung abgegangenen etwas höher.

Ueber den Güterverkehr auf den Binnenwasserstrassen lässt sich eine umfassende Statistik schwer geben. Doch ergiebt sich bei einer Gegenüberstellung des Schiffsverkehrs an einigen der wichtigsten Durchgangs- und Hafenstellen der grossen Binnenwasserstrassen vom Jahre 1882—1896, dass sich der Verkehr in diesen 14 Jahren an vielen Stationen nahezu verdoppelt, mehrfach auch noch eine weit höhere Steigerung erfahren hat.

---

[1]) Siehe Bd. I, Buch VII, Anl. LI und Text dazu S. 719 ff.

Es gingen durch an Gütern

zu Thal:	1882	1896
	in Gütertonnen	
in Küstrin (Warthe)	201 741	388 580
„ „ (Oder)	259 887 [1]	292 980
„ Hamburg (Zollgrenze)	963 738	1 971 694
„ Berlin (Spree)	219 339 [2]	439 534 [2]
„ Thorn-Zollgrenze (Weichsel)	91 697	43 550
	959 150 [3]	788 358 [3]
„ Schandau-Zollgrenze (Elbe)	1 394 734	2 606 433
„ Magdeburg (Elbe)	329 156 [4]	405 828 [4]
„ Emmerich-Zollgrenze (Rhein)	2 373 395	3 289 632
im Ruhrorter Hafen (Rhein)	1 300 415 [5]	1 820 312 [5]
in Köln (Rhein)	79 502 [4]	165 061 [4]
„ Schleuse Güdingen (kanalisirte Saar)	135 088 [1]	337 590
„ Frankfurt (Main)	136 914 [5]	90 273 [5]
	94 857 [4]	154 917 [4]
zu Berg:		
im Brombergerkanal (2. Schleuse)	69 287	71 188
	358 571 [3]	448 567 [3]
in Küstrin (Oder)	107 351	292 540
„ Hamburg-Zollgrenze (Oberelbe)	990 947	2 334 882
„ Berlin (Spree)	157 118 [6]	249 751 [6]
„ Magdeburg (Elbe)	368 373 [4]	791 700 [4]
„ Schandau-Zollgrenze	155 946	354 208
„ Emmerich-Zollgrenze	1 609 689	6 264 723
„ Ruhrort	371 846 [5]	2 682 019 [5]
„ Köln	82 423 [4]	384 016 [4]
„ Güdingen	524 285	550 290
„ Frankfurt (Main)	468 219 [4]	771 440 [4]

Würde man bei dem Vergleiche noch etwas weiter in der Zeit zurückgehen, so würde sich eine noch weit erheblichere Steigerung der Verkehrszunahme zeigen.

Nach dem im Auftrage des Ministers der öffentlichen Arbeiten herausgegebenen Kongressführer (II. Theil) für den IX. Internationalen Schiffahrtskongress 1902 stieg seit 1875

der Güterverkehr auf den deutschen Hauptströmen im einzelnen

Wasserstrasse	Gesammtgüterverkehr 1875 Tokm	1900 Tokm	Zunahme in Prozenten	Kilometrischer Verkehr 1875 To.	1900 To.
Rhein	882 000 000	5 292 000 000	500	1 560 000	9 285 000
Weser	29 000 000	128 000 000	341	80 000	350 000
Elbe	435 000 000	2 605 000 000	499	720 000	4 195 000
Oder	154 000 000	1 042 000 000	577	240 000	1 603 000
Weichsel	157 000 000	159 000 000	1	640 000	666 000
Memel	80 000 000	88 000 000	7	450 000	546 000

§ 6. Schliesslich mögen noch einige Ziffern über die ebenfalls von dem grossartigen wirthschaftlichen Aufschwung Zeugniss ablegende

1) 1886.
2) Angekommen in Berlin 1882: 1 049 434, 1896: 1 882 196 Gütertonnen.
3) Flossholztonnen. 4) Angekommen. 5) Abgegangen.
6) Angekommen 1882: 1 795 644, 1896: 2 913 577 Gütertonnen.

Steigerung der Ein- und Ausfuhr folgen, die zwar das ganze Reich betreffen, aber doch auch einen gewissen Rückschluss auf Preussen als den grössten Bundestaat zulassen.

Es wurden im Spezialhandel — also ohne Berücksichtigung des Durchfuhrverkehrs —

	eingeführt		ausgeführt	
	Menge 1000 To.	Werth Mill. M.	Menge 1000 To.	Werth Mill. M.
1881	14 848,2	2 990,2	16 672,2	3 040,1
1901	44 304,6	5 710,3	32 362,6	4 512,6
(**1900**[1])	45 911,8	6 043,0	32 681,7	4 752,6)

Die Einfuhr hat sich in diesen 20 Jahren an Menge demnach verdreifacht, an Werth verdoppelt, die Ausfuhr hat sich an Menge verdoppelt, an Werth veranderthalbfacht.

Zerlegt man die obigen Summen in die folgenden fünf Hauptwaarengruppen: Rohstoffe für Industriezwecke, Fabrikate, Nahrungs- und Genussmittel (einschl. Vieh), sowie Edelmetalle, so ergiebt sich folgendes Bild:

	Einfuhr				Ausfuhr			
	Menge Mill. To.		Werth Mill. M.		Menge Mill. To.		Werth Mill. M.	
	1881	**1901**	**1881**	**1901**	**1881**	**1901**	**1881**	**1901**
1 Rohstoffe f. Industriezwecke	10 257,6	34 038,1	1 676,1	2 100,1	13 704,8	26 958,4	747,2	1 086,8
2. Fabrikate	950,9	2 104,8	831,0	1 064,2	1 872,5	2 774,2	1 753,6	2 892,5
3. Nahrungs- u. Genussmittel einschl. Vieh .	3 639,6	8 160,4	454,0	1 898,2	1 094,6	2 629,6	473,8	452,1
4. Edelmetalle, roh und gemünzt	0,1	1,3	28,4	289,1	0,3	0,4	65,5	81,2
Summe	**14 848,2**	**44 304,6**	**1 990,2**	**5 710,3**	**16 672,2**	**32 362,6**	**3 040,2**	**4 512,6**

Die Einfuhr von Rohstoffen für Industriezwecke hat sich hiernach seit 1881 verdrei- und einhalbfacht, die Ausfuhr nur verdoppelt. An Werth beträgt die Einfuhr aber nur das doppelte gegenüber der Ausfuhr. Die Vermehrung der Menge der eingeführten Fabrikate ist stärker gewesen als die der ausgeführten, wofür aber der Werth der ausgeführten Fabrikate erheblich stärker gestiegen ist, als derjenige der eingeführten Fabrikate. Die Einfuhrziffern an Nahrungs-, Genussmitteln und Vieh übersteigen diejenigen der Ausfuhr sehr erheblich, was auf die starke Bevölkerungszunahme aber auch auf die gesteigerte Konsumtionskraft derselben hinweist. Bemerkenswerth ist auch die stark vermehrte Einfuhr von Edelmetallen (auf das 10fache).

[1]) Dieses Jahr bildet den Höhepunkt, 1901 ist ein kleiner Rückgang eingetreten.

Zweiter Hauptabschnitt.

Einnahmen der Handels- und Gewerbeverwaltung.

(Kap. 29 des Etats.)

Allgemeines.

§ 7. Die Einnahmen bei der Handels- und Gewerbeverwaltung machen gegenwärtig (1902) mit 6 318 560 M. 44 Proz. der Gesammt-Ausgaben (14 351 181 M.) aus.

In der früheren Zeit war dieser Prozentsatz ein wesentlich niedrigerer. In dem ersten Etat nach Lostrennung der Bau- von der Handels- und Gewerbeverwaltung (1879/80) standen 1 457 605 M. laufenden Ausgaben nur 282 425 M. Einnahmen gegenüber, letztere betrugen also nur rund 20 Proz. der ersteren.

Eine wesentliche Verschiebung in diesem Verhältniss trat erst nach Uebernahme der Porzellanmanufaktur im Jahre 1885/86 vom Kultus- auf den Handels- und Gewerbeetat mit 624 000 M. Einnahme und 698 076 M. Ausgabe ein. In Folge dessen stiegen für 1886/87 die Gesammteinnahmen auf 965 057 M., was bei 3 225 388 M. rund 30 Proz. ausmachte. Dies Verhältniss von Einnahmen zu Ausgaben blieb im Wesentlichen bis Ende der 90er Jahre bestehen, wo sich (1899) durch Ankauf der Stantien-Becker'schen Bernsteinwerke und Uebernahme derselben mit 1 710 000 M. Einnahmen und nur 1 030 000 M. Ausgaben das Verhältnis von Einnahmen zu Ausgaben wieder und zwar auf einige 40 Proz. erhöhte.

Das günstige Verhältniss zwischen Einnahmen und Ausgaben bei unserer in Rede stehenden Zuschussverwaltung liegt hiernach im Wesentlichen darin, dass auf ihrem Etat 2 Verwaltungen stehen, von denen die eine (Bernsteinverwaltung) Reinüberschüsse liefert und zweifellos den Ueberschussverwaltungen zuzurechnen, daher auch im vorliegenden Werke dort behandelt ist (Bd. I, Buch III, § 118). Die andere Verwaltung (Porzellanmanufaktur) hat ebenfalls einen überwiegend gewerblichen Charakter und erfordert daher auch einen im Verhältniss zu anderen Zuschussanstalten nur geringen Zuschuss. Gleiches gilt schliesslich von dem Institut für Glasmalerei, welches seit 1887/88 auf dem Handels- und Gewerbeetat steht und mehr als $^5/_6$

seiner Ausgaben aus eigenen Einnahmen deckt (1902 60 700 M. Einnahme und 67 720 M. Ausgaben).

Lässt man die vorgenannten 3 Betriebe unberücksichtigt und zieht ausserdem (Tit. 1 d) 550 000 M. Gebühren für Dampfkesseluntersuchungen sowie 27 230 M. für Nebenbeschäftigung der Gewerbeinspektionsbeamten (Tit. 1 b), welche einen lediglich durchlaufenden Charakter haben, in Einnahme und Ausgabe ab, so bilden die restirenden Gesammteinnahmen (1902 2 062 210 M.) bei 11 118 385 M. Ausgaben nur noch rund 18 Proz. der letzteren, was ja freilich im Verhältniss zu der landwirthschaftlichen Verwaltung (rund 10 Proz.) immer noch eine günstige Prozentziffer darstellt.

§ 8. Wie schon aus dem Vorgesagten hervorgeht, ist der Hauptposten der Gesammteinnahme (1902 2 540 000 M.) auf Einnahme aus den Bernsteinwerken (Tit. 3 b) zu rechnen. Dann folgt die Porzellanmanufaktur einschliesslich Institut für Glasmalerei (Tit. 5 a und 5 b) mit 1 139 120 M. Demnächst kommt das gewerbliche Unterrichtswesen (Tit. 2—2 a) mit zusammen 1 344 660 M., (im Einzelnen: Navigationsschulen 31 560 M., Baugewerkschulen 810 990 M., Maschinenbauschulen 381 930 M., Zeichenakademien 19 220 M., Handels- u. Gewerbeschulen für Mädchen 100 900 M.), sodann Gebühren für Dampfkesseluntersuchungen (Tit. 1 d) mit 550 000 M., endlich Aichungsämter (Tit. 3) 377 607 M. Alle sonstigen Einnahmetitel gehen nicht über 100 000 M. hinaus.

Die meisten dieser Einnahmetitel werden bei den betreffenden Ausgabegruppen nähere Erläuterung finden.

Nur Tit. 1, Tit. 5, sowie der letzte Titel (Tit. 7) „Sonstige Einnahmen und aus besonderen Fonds“ sind hier kurz zu erörtern.

§ 9. *Kap. 29 Tit. 1.* Miethe- und Pächte von fiskalischen Grundstücken einschliesslich der Beiträge zu den Kosten der Schornsteinreinigung (1902: 836 M.).

Der Titel, welcher jetzt nur geringe Beträge aufweist, war früher erheblich höher. 1879/80 betrug er 16 246 M. und enthielt hauptsächlich Miethen und Pächte für die fiskalischen Anlagen und Baulichkeiten im Geestemünder Hafenbezirke, welche aber 1891/92 mit 17 462 M. nach dem Etat der diese Anlagen unterhaltenden Bauverwaltung überwiesen wurden. (Siehe Buch V.)

Dagegen standen von 1891/92—95/96 vorübergehend auf dem Titel 29 000 M., welche vom Reichstag in Folge der vorübergehenden Benutzung des Hauses Leipzigerstrasse No. 4 und der dadurch nothwendig gewordenen Unterbringung des Verkaufslagers der Porzellanmanufaktur in dem Dienstgebäude des Ministeriums an Preussen gezahlt wurden. Nach Uebersiedelung des Reichstags in das neue Reichstagsgebäude fiel auch dieser Posten fort.

Von den gegenwärtigen 836 M. entfallen allein 450 M. auf Stralsund, wo einige kleine fiskalische Ländereien verpachtet sind.

Die Einnahmen aus Miethen und Pächten bei der Porzellanmanufaktur und dem Bernsteinbetriebe werden nicht in Tit. 1, sondern bei den besonderen Einnahmetiteln dieser Verwaltungen mit nachgewiesen (Tit. 3 b und 5 a).

§ 10. *Kap. 29 Tit. 5.* Rückzahlungen auf die für aufgehobene gewerbliche Berechtigungen vorschussweise gewährten Entschädigungskapitalien (1902 42 138 M.).

Die Entschädigungskapitalien, welche für die Aufhebung der in § 33 des Gesetzes über die Aufhebung und Ablösung gewerblicher Berechtigungen vom 17. März 1868 bezeichneten ausschliesslichen Gewerbeberechtigungen den früher Berechtigten zu gewähren sind, werden nach § 37—39 daselbst vorschussweise aus der Staatskasse gezahlt [1]) und durch jährliche Beiträge der Gemeinden, in deren Bezirke die Berechtigungen bestanden haben, und derjenigen in denselben vorhandenen Gewerbetreibenden gedeckt, welche durch die Berechtigung in dem Betriebe ihres Gewerbes beschränkt waren. Der Beitrag der Gemeinden ist auf 1 Proz., derjenige der Gewerbetreibenden insgesammt auf 2 Proz. des Entschädigungskapitals festgesetzt. Da indessen der Beitrag des einzelnen Gewerbetreibenden die Höhe der von ihm zu entrichtenden Gewerbesteuer nicht übersteigen und, soweit dies der Fall sein würde, mit dem Beitrage des einzelnen auch der gesammte Tilgungsbeitrag der Gewerbetreibenden herabgesetzt werden soll, so können in dem Betrage des letzteren durch das Hinzutreten neuer beitragspflichtiger Gewerbetreibenden sowie durch das Ausscheiden bisher Beitragspflichtiger Schwankungen entstehen, im Allgemeinen hat sich aber der Gesammtbetrag in den letzten 20 Jahren nicht sehr erheblich verändert (vergl. Anlage LIII).

1902 vertheilte sich die Summe von 42 138 M. auf die betheiligten Regierungen wie folgt: Frankfurt a. O. 56, Schleswig 18 870, Hannover 4060, Hildesheim 6300, Lüneburg 3860, Osnabrück 350, Kassel 8500, Wiesbaden 142 M.

§ 11. *Tit. 7.* Sonstige Einnahmen: 35 834 M.

Der Titel nimmt alle Einnahmen auf, die sich unter einen der vorhergehenden nicht rubriziren lassen, und nicht erheblich oder wichtig genug sind, um die Einstellung eines besonderen Titels zu rechtfertigen. Es gehören dahin z. B. Polizeistrafgelder, Bergelöhne, Verkaufserlös bei gestrandeten Sachen, Entschädigung für Entnahme von Feuerungsmaterial seitens Beamter aus staatlichen Beständen, zufällige und extraordinäre Einnahmen u. s. w.

---

[1]) Die vorschussweise Zahlung erfolgt aus dem Extraordinarium. In den Jahren 1880—90 wurden gezahlt insgesammt 251 200 M., 1894/95 noch 46 000 M., seitdem sind derartige Zahlungen nicht mehr nöthig geworden (vgl. auch § 152).

1893/94 wurden die bis dahin hier erscheinenden Lootsengebühren mit 11 798 M. nach einem besonderen Titel (1c) gebracht (siehe diesen).

Dagegen kamen hinzu 1000 M. Gebühren für Untersuchung von Seeschiffern auf Farbenblindheit (siehe Kap. 68 Tit. 11 der Ausgabe).

1898/99 wurden eingestellt 3080 M. Prüfungsgebühren der Prüfungskommission für Bezirksschornsteinfegermeister (Gebühr 20 M.), während die Ausgaben in gleicher Höhe bei Kap. 68 Tit. 11 erschienen.

Der Fonds wurde 1879/80 mit 12 804 M. eingestellt und stieg bis 1899 allmälig bis 35 834 M.

1900 kamen unter entsprechender Erweiterung der Titelbezeichnung hinzu die Einnahmen aus denjenigen besonderen Fonds im Bereiche der Handels- und Gewerbeverwaltung, welche juristische Persönlichkeiten besitzen und zu solchen Zwecken bestimmt sind, für welche allgemeine Staatsmittel nicht verwendet werden (§ 4 des Staatshaushaltsgesetzes. Siehe auch Bd. II Lief. 1 § 6).

Es kamen hinzu aus besonderen Fonds (Geschichte und Natur derselben in Beil. G des Etats 1900. S. auch unter „Lootsenwesen"):

a) Pensionsfonds der Eiderlootsenpensionskasse . . .	8 960 M.
b) „ „ Allgem. Schleswigschen Lootsenpensionskasse	5 300 „
c) Seemannskasse in Swinemünde	1 150 „
Summa	15 410 M.

1902 war der Fonds auf 65 689 M. gestiegen.

Er vertheilte sich auf die einzelnen Regierungen wie folgt:

Königsberg 10 915 (Verkauf von Strandgut, Strompolizeistrafen und Nebenfonds), Schleswig 13 870, Potsdam 5015, Danzig 3340, Magdeburg 3220 M.

Dritter Hauptabschnitt.

Laufende Ausgaben der Handels- und Gewerbeverwaltung.

Allgemeines.

§ 12. Bereits in der Einleitung ist ausgeführt worden, weshalb eine Vergleichung der Gesammtausgaben der Handels- und Gewerbeverwaltung in der Jetztzeit mit weiter zurückliegenden Zeiträumen nur geringen Werth beanspruchen kann. Es kommt zu dem dort Gesagten hinzu, dass durch die Einfügung dreier Betriebe mit wenigstens zum Theil gewerblichem Charakter (Bernsteinwerke, Porzellanmanufaktur und Institut für Glasmalerei) in den Etat dieser Zuschussverwaltung die Gesammtausgabe den Charakter der Zusammenfassung gleichheitlicher wirthschaftlicher Ausgabegruppen einbüsst. Es wird daher eine vergleichende Gegenüberstellung der jetzigen Ausgaben mit denen früherer Zeiten für die Einzelzweige der Handels- und Gewerbeverwaltung vorbehalten werden müssen.

An dieser Stelle ist dagegen hervorzuheben, dass es im Interesse einer systematischen Darstellung nicht immer möglich war, in der Eintheilung genau dem Schema des Etats zu folgen.

Die diesseitige Eintheilung wird folgende sein:

I. Centralverwaltung (Ministerium). Kap. 67 des Etats.

II. Ausgaben zum polizeilichen Schutze und zur Beaufsichtigung von Gewerbe und Handel. Dieser Abschnitt umfasst die Ausgaben von Kapitel 68 des Etats. Die im Etat gewählte Ueberschrift „Handels- und Gewerbeverwaltung" konnte nicht beibehalten werden, da sie zu wenig besagt und nur die Bezeichnung des Gesammtetats auf eine einzelne Ausgabegruppe anwendet. Auch die Reihenfolge der Titel dieses Kapitels liess sich nicht beibehalten. Im Nachfolgenden werden vielmehr unterschieden die Ausgaben des Kap. 68, welche betreffen A. die Schiffahrt, Tit. 1 u. 2, 5, 8, 11, 13, 14; B. Handel, Tit. 3a, 3c, 6a, 9a, 11, 15; C. Gewerbe und Industrie, Tit. 3, 3b, 4, 5, 6, 6b, 6c, 6d, 7, 9, 11, 12, 15 u. 16. Unter A. wird, um die Materie nicht auseinanderzureissen, auch das Navigationsschulwesen aus Kap. 69, das ohnedies in nur losem Zusammenhange mit dem übrigen Fachschulwesen steht, mit herübergenommen und hier behandelt werden.

III. Ausgaben für gewerbliches Unterrichtswesen (mit Ausnahme des Navigationsschulwesens), Kap. 69.

IV. Ausgaben für direkte Pflege und Förderung von Gewerbe und Industrie. Diese Ausgaben sind in Kap. 69 des Etats mitenthalten, werden aber aus den in § 122 ff. näher erörterten Gründen als besonderer Abschnitt behandelt.

V. Porzellanmanufaktur, Kap. 69a.

VI. Institut für Glasmalerei, Kap. 69b.

VII. Vermischte Ausgaben, Kap. 70.

Die Bernsteinwerke (Kap. 68a) sind bereits bei den Ueberschussverwaltungen behandelt.[1]) Die Technische Centralstelle für Textilindustrie (Kap. 69c) findet bei II, III u. IV an geeigneter Stelle Erwähnung.

I. Abschnitt.

Centralverwaltung (Ministerium).

Entstehung.

§ 13. Bei den Behördenorganisationen und -reorganisationen, welche in den 3 ersten Jahrzehnten des 19. Jahrhunderts in Preussen stattfanden und mit dem Publikandum vom 16. Dez. 1808 begannen, wurde weder für Landwirthschaft, noch für Handel und Gewerbe die Bildung einer selbstständigen Centralbehörde für nothwendig erachtet, was wohl zum Teil damit zusammenhing, dass man damals unter dem Einflusse der Adam Smith'schen Lehren auf diesen Gebieten „das erleuchtete Selbstinteresse" des Einzelnen durchaus in den Vordergrund stellte und die staatliche Unterstützung und Förderung aller Gewerbe auf das geringste Mass einzuschränken bemüht war; die Handels- und Gewerbe- ebenso wie landwirthschaftliche Verwaltung wurden als Nebenverwaltungszweige anderen Ministerien angegliedert. Bald theilte[2]) man sie dem Ressort des Innern, bald dem der Finanzen zu, schliesslich errichtete man (1844) einen besonderen Handelsrath, der hauptsächlich aus Ministern verschiedener Ressorts bestand und daneben ein Handelsamt, mit einem Präsidenten an der Spitze, welches aber mehr eine berathende, als verwaltende Thätigkeit ausübte, indem es bestimmt war, zu fortwährender Erhaltung einer vollständigen Uebersicht über den Zustand und Gang des Handels und der Gewerbe die nöthigen Nachrichten zu sammeln und mittelst derselben die vor den Handelsrath gehörigen Angelegenheiten vorzubereiten, wogegen demselben keine Theilnahme an der Verwaltung des Handels- und Gewerbewesens zustand, welche vielmehr den bisher dafür angeordneten Behörden verblieb. Die Kurie der 3 Stände des ersten vereinigten Land-

[1]) Bd. I Buch III § 118.

[2]) Näheres bei v. Rönne, Staatsrecht Bd. III § 195.

tags beschloss 1847 eine Petition um Errichtung eines selbstständigen Ministeriums für Ackerbau, Handel und Industrie, in der es u. a. hiess, dass in der Organisation des Handelsamtes kein selbstständiges Centralorgan der Vertretung der Interessen des Handels und der Gewerbe gegeben worden sei, sondern dass darin die Anerkennung, nicht aber die Befriedigung des Bedürfnisses liege. Erst durch Allerh. Erl. v. 17. April 1848 wurde ein diesen Wünschen entsprechendes, auch die öffentlichen Arbeiten (Eisenbahnen u. s. w.) mitumfassendes Ministerium geschaffen.

Diesem Ministerium wurden übertragen:

1. von dem Ressort des Finanzministeriums: sämmtliche Geschäfte der Abtheilung für Handel, Gewerbe und Bauwesen und der Abtheilung für Berg-, Hütten- und Salinenwesen;

2. von dem Ressort des Ministeriums des Innern: die Gewerbe- und Baupolizei, soweit dieselbe diesem Ministerium bisher zustand, und die gesammte landwirthschaftliche Polizei und alle landwirthschaftlichen Angelegenheiten und Anstalten;

3. das Postdepartement;

4. die Geschäfte des bisherigen Handelsamtes, während die dem Handelsrathe zugewiesene Wirksamkeit auf das Staatsministerium überging.

Die landwirthschaftlichen Angelegenheiten und die landwirthschaftliche Polizei wurden indess schon durch den Allerh. Erlass v. 25. Juni 1848 von dem Ministerium für Handel, Gewerbe und öffentliche Arbeiten auf das Ministerium für landwirthschaftliche Angelegenheiten übertragen.

Späterhin traten folgende Aenderungen gegen diesen Zustand ein:

1. durch Allerh. Erl. v. 26. Nov. 1849 (G.-S. 1850 S. 3) wurden die Deichangelegenheiten dem Landwirthschaftsministerium zugetheilt (vgl. Bd. II Buch II § 27 unter 5b);

2. durch die Allerh. Erl. v. 17. März 1852 (G.-S. S. 83) und 30. Juni 1858 (G.-S. S. 501) wurde die Gewerbepolizei über einige Gewerbe, bei denen die polizeilichen Interessen überwiegen, dem Ministerium des Innern überwiesen;

3. in Folge der Gründung des Norddeutschen Bundes (Deutschen Reiches) ging das Postwesen auf diese Verbände über;

4. durch den Allerh. Erl. v. 7. Aug. 1878 (G.-S. 1879 S. 25) und Ges. v. 13. März 1879 (G.-S. S. 123) wurde von dem 1848 geschaffenen Ministerium für Handel-, Gewerbe- und Bauwesen ein eigenes Ministerium für „Handel und Gewerbe“ abgezweigt, während die übrigen Angelegenheiten dem als „Ministerium der öffentlichen Arbeiten“ fortbestehenden Ministerium verblieben;

5. durch den Allerh. Erl. v. 14. Okt. 1878 (G.-S. 1879 S. 26) wurde das technische Unterrichtswesen — mit Ausnahme des Navigationsschulwesens — dem Kultusministeriums übertragen, doch wurden durch

Allerh. Erl. v. 3. Sept. 1884 (G.-S. 1885 S. 95) die gewerblichen und kunstgewerblichen Fach- und Zeichenschulen, die Pflege des Kunstgewerbes, einschliesslich der Verwaltung der Porzellanmanufaktur,[1]) sowie des Fortbildungsschulwesens dem Handelsministerium zurückgegeben;

6. durch Allerh. Erl. v. 17. Febr. 1890 (G.-S. S. 35) wurden die bis dahin von dem Ministerium der öffentlichen Arbeiten wahrgenommenen Angelegenheiten des Berg-, Hütten- und Salinenwesens dem Handelsminister zugewiesen. 1899 kamen die Bernsteinangelegenheiten hinzu.

§ 14. Gegenwärtig gehören hiernach, ausser den zuletzt genannten Geschäftszweigen, zum Ressort des Handels- und Gewerbeministers alle Angelegenheiten, welche mit Handel und Gewerbe in unmittelbarer oder mittelbarer Verbindung stehen, namentlich auch diejenigen der Schiffahrt, Rhederei und des Lootsenwesens, die Privatbankinstitute, die Korporationen und Sozietäten für Handel, Gewerbe und Industrie, das Mass- und Gewichtswesen, die Navigationsschulen, gewerblichen und kunstgewerblichen Fach- und Zeichenschulen, Pflege des Kunstgewerbes, Fortbildungsschulwesen, Porzellanmanufaktur, Institut für Glasmalerei u. s. w.

§ 15. An ständigen Centralstellen unterstehen dem Handelsminister:

1. die technische Deputation für Gewerbe, welche schon durch das Publikandum v. 16. Dez. 1808 § 8 No. 1 angeordnet und durch die Verordnung v. 27. Okt. 1810 bestätigt worden ist; sie soll nach dieser Verordnung aus einigen Staatsbeamten, aus Gelehrten, Künstlern, Landwirthen, Manufakturisten und Kaufleuten bestehen, und ihr Zweck ist: das Wissenschaftliche der ganzen Gewerbkunde in ihren Fortschritten zu verfolgen und unter Mittheilung der Resultate mit ihrem Gutachten dem Ministerium zur Hand zu gehen (siehe auch § 17);

2. die ständige Kommission für das technische Unterrichtswesen, welche die Aufgabe hat, die Verwaltung bei wichtigen Fragen auf diesem Gebiete mit sachverständigem Rathe zu unterstützen. Die Einrichtung dieser Kommission ist auf Anregung des Abgeordnetenhauses unterm 21. Jan. 1879 erfolgt. Die Kommission hat bisher 4 mal (1881. 1883, 1891, 1896) getagt;

3. die technische Centralstelle für Textilindustrie (Näh. s. § 64);

4. zum gemeinsamen Ressort der 3 Ministerien für Handel und Gewerbe, öffentlichen Arbeiten und Landwirthschaft gehört der durch Verord. v. 17. Nov. 1880 (G.-S. S. 367 ff.) errichtete Volkswirthschaftsrath, in dem einer der genannten 3 Minister den Vorsitz führt, und der eingesetzt ist, um Gesetze und Verordnungen, welche wichtigere wirthschaftliche Interessen von Handel, Gewerbe und Land- und Forstwirthschaft betreffen, und die auf den Erlass von Gesetzen oder Ver-

[1]) Aber nicht des Kunstgewerbemuseums (vgl. Bd. II Buch I §§ 524, 525).

ordnungen bezüglichen Anträge und Abstimmnngen Preussens im Bundesrathe, vor dem Erlasse zu begutachten. (Näheres § 17.)

Zusammensetzung des Ministeriums.

§ 16. Das Ministerium besteht gegenwärtig aus 3 Abtheilungen: I. für Berg-, Hütten- und Salinenwesen, II. Handelsabtheilung, III. Gewerbeabtheilung. Der Geschäftskreis und die Zusammensetzung der Abtheilung I ist bereits in Band I Buch III zur Erörterung gekommen, kann daher hier ausscheiden.[1])

An der Spitze des Ministeriums steht ein nach Art. 61 der Verfassungsurkunde v. 31. Jan. 1850 verantwortlicher Minister.

Namen und Amtsdauer der bisherigen Minister für Handel und Gewerbe sind folgende:

Vom 14. Juli 1879 bis 13. Sept. 1880: Hofmann, vom 13. Sept. 1880 bis 31. Jan. 1890: Fürst von Bismarck, vom 31. Jan. 1890 bis 26. Juni 1896: Freiherr von Berlepsch, vom 26. Juni 1896 bis 6. Mai 1901: Brefeld, seit 6. Mai 1901: Möller.

Dem Minister steht zur Seite ein Unterstaatssekretär, der gegenwärtig zugleich Direktor der II. (Central- und Handels-) Abtheilung ist. An der Spitze der III. Abtheilung (Gewerbeabtheilung) steht ein besonderer Direktor seit 1891/92 (vergl. Etatserläuterungen).

Die Zahl der vortragenden Räthe der beiden I. Abtheilungen beträgt gegenwärtig 11, daneben sind 8 Hilfsarbeiter (hiervon 2 Techniker) beschäftigt.

Die Scheidung der übrigen Beamten erfolgt wie in allen Ministerien in Bureau-, Kanzlei- und Unterbeamte. Als Bureaubeamte in der II. und III. Abtheilung sind im Etat des Ministeriums für Handel und Gewerbe gegenwärtig (1902) namhaft gemacht: 1 Vorsteher des Centralbureaus, 26 Kalkulatoren, expedirende Sekretäre und Registratoren und 1 Kanzleidirektor. Die Klasse der mittleren Beamten ist vertreten durch 15 Kanzleisekretäre. An Unterbeamten sind in der II. und III. Abtheilung thätig: 12.

Ausgaben.

§ 17. Eine Vergleichung der Ausgaben für das Ministerium mit denen früherer Zeit kann über das Jahr 1879/80 nicht zurückgehen, weil bis dahin die Bauverwaltung mit auf dem Handelsetat stand. Im Jahre 1879/80 fiel die Ausgabe für den Minister weg, weil diese Funktionen von dem Ministerpräsidenten und Minister des Auswärtigen Fürsten von Bismarck ausgeübt wurden.

Lässt man die Besoldungen für den Minister ausser Betracht, so ergiebt ein Vergleich mit 1879/80 folgende Zahlen:

---

[1]) Vergl. insbesondere Bd. I Buch II § 19 ff. Auch die Besoldungen der Beamten der III Abtheilung stehen auf dem Berg- u. s. w. Etat.

	1879/80 M.	1902 M.
Besoldungen	124 700	315 900
Wohnungsgeldzuschüsse	20 100	53 040
Andere persönliche Ausgaben	29 300	41 950
Sächliche Ausgaben	27 700	85 790
	201 800	496 680

Die Steigerung beträgt also 145 Proz.

Die Vermehrung der etatsmässigen Beamtenstellen im gleichen Zeitraume ergiebt sich aus folgenden Zahlen:

	1879/80	1902
Unterstaatssekretär	—	1
Direktoren	1	1
Vortragende Räthe	4	11[1]
Bureaubeamte	11	26
Kanzleisekretäre	5	15
Unterbeamte	5	12
Technische Deputation	6	6
	32	72

Die Gehälter der Direktoren, vortragenden Räthe, ständigen Hilfsarbeiter, Bureau-, Kanzlei- und Unterbeamten weisen gegenüber denen der übrigen Ministerien keine Verschiedenheit auf. Es kann daher hier auf die Erläuterungen bei den übrigen Centralverwaltungen Bezug genommen werden.

Die Mitglieder der technischen Deputation für Gewerbe versehen ihr Amt nebenamtlich. Auch die Gehälter sind dementsprechend bemessen. Ein Mitglied bezieht gegenwärtig noch 4 200 Mark, eins 2 400 M. Diese beiden Gehälter sind pensionsfähig, die übrigen Mitglieder bekommen je 1 500 M.,[2]) 3 weitere Mitglieder erhalten je 1 500 M. aus Kap. 67 Tit. 9.

Für den Volkswirthschaftsrath, welcher aus 75 vom König für eine Sitzungsperiode von je 5 Jahren zu berufenden Mitgliedern besteht, von denen 45 durch die Minister für Handel und Gewerbe, für öffentliche Arbeiten und für Landwirthschaft auf Grund der Präsentation einer doppelten Anzahl durch Wahl der Handelskammern, der Vorstände der kaufmännischen Korporationen und der landwirthschaftlichen Vereine vorzuschlagen sind, sind Kosten nur in den ersten Jahren dadurch entstanden, dass den auf direkten Vorschlag der zuständigen Minister berufenen Mitgliedern Reisekosten und Tagegelder gewährt werden mussten. Diese Kosten wurden auf Fonds der Handels- und Gewerbeverwaltung übernommen. Später sollte ein

[1]) und 2 ständige technische Hilfsarbeiter (1 Regierungs- und Baurath und ein Regierungs- und Gewerbeschulrath).

[2]) In den 80er Jahren nur 900 M. (Etat 1897/98 Erläuterungen zu Kap. 67 Tit. 7).

Betrag von 16 000 M. zu Diäten und Reisekosten für Mitglieder des Volkswirthschaftsraths im Etat vom Jahre 1883/84 unter Kap. 67 Tit. 11 a des Etats der Handels- und Gewerbeverwaltung ausgebracht werden. Das Abgeordnetenhaus lehnte jedoch die Forderung ab. Seitdem sind keine Ausgaben für den Volkswirthschaftsrath mehr vorgekommen.

§ 18. Die einzelnen Titel des Kap. 67 geben im Uebrigen zu besonderen Bemerkungen keine Veranlassung. Nur ist darauf hinzuweisen, dass sich der Bureaubedürfnissfonds (Tit. 11) mit dem auf dem Etat der Berg- u. s. w. Verwaltung stehenden Kap. 19 Tit. 9 überträgt.

Tit. 13 enthält 21 500 M. zur Miethe einer Dienstwohnung für den Minister. Diese Wohnung liegt verhältnissmässig weit entfernt von den Geschäftsräumen des Ministeriums, was manche Unbequemlichkeiten und auch Zeitverlust zur Folge hat. Es wird nunmehr beabsichtigt, hinter den Geschäftsräumen eine neue Ministerial-Dienstwohnung zu erbauen.

II. Abschnitt.

Ausgaben zum polizeilichen Schutz und zur Beaufsichtigung von Gewerbe und Handel.

A. Ausgaben im Interesse der Schiffahrt.

(Kap. 68, Tit. 1, 2, 5, 8, 10—10b, 11, 13, 14, Kap. 69 Tit. 1 u. s. w.)

§ 19. Der Staat hat es von Alters her bei der grossen Bedeutung des Schiffahrtsgewerbes für Handel und Industrie für seine Aufgabe betrachtet, sowohl hinsichtlich der Seeschiffahrt (Rhederei), als auch der Binnenschiffahrts diejenigen Massregeln und Einrichtungen zu treffen, welche zum Schutze dieses Gewerbes beitragen und die Sicherheit und Bequemlichkeit desselben zu erhöhen geeignet sind.

Seit Entstehung des Norddeutschen Bundes bezw. des Deutschen Reiches ist nun allerdings (durch Art. 4 No. 7 u. 9 der Reichsverfassung) ein grosser Theil der die Schiffahrt betreffenden Angelegenheiten auf das Reich übergegangen.

Art. 4 lautet an den bezüglichen Stellen wie folgt: Der Beaufsichtigung Seitens des Reichs und der Gesetzgebung desselben unterliegen:

7. Organisation eines gemeinsamen Schutzes des Deutschen Handels im Auslande, der Deutschen Schiffahrt und ihrer Flagge zur See und Anordnung gemeinsamer konsularischer Vertretung, welche vom Reiche ausgestattet wird;

9. der Flösserei- und Schiffahrtsbetrieb auf den mehreren Staaten gemeinsamen Wasserstrassen und der Zustand der letzteren, sowie die Fluss- und sonstigen Wasserzölle; [desgleichen die Seeschiffahrtszeichen (Leuchtfeuer, Tonnen, Baken und sonstige Tagesmarken)].

Die auf Grund dieser Verfassungsbestimmungen vom Reich zu erlassenden und bereits erlassenen Vorschriften hindern indessen nicht, dass daneben nicht nur für staatliche Gesetzgebung und Anordnungen auf verschiedenen das Schiffahrtsgewerbe betreffenden Gebieten genug Raum bleibt, sondern dass vor Allem die ausführenden Verwaltungsbehörden in der Hauptsache staatliche Behörden und Beamten sind.

In Preussen wurden bis zum Jahre 1879/80 die sämmtlichen See- und Binnenschiffahrts-Angelegenheiten von einer Centralstelle aus, von dem Ministerium für Handels-, Gewerbe- und Bauwesen bearbeitet. Seitdem in jenem Jahre eine Trennung in zwei Ministerien erfolgte, hat eine Theilung der Verwaltungsbefugnisse stattgefunden, die aber in der Provinzialinstanz nicht streng durchgeführt ist und auch in der Centralinstanz öfters zu Meinungsverschiedenheiten über die richtige und zweckmässige Abgrenzung Anlass gegeben hat.

Im Allgemeinen ist davon auszugehen, dass die Errichtung und Erhaltung der zur Sicherheit und Bequemlichkeit der Schiffahrt erforderlichen baulichen Anlagen, sowie die Erhebung von Benutzungsabgaben sowohl auf See- als in Binnengewässern und Häfen Sache der Bauverwaltung ist,[1]) während Schutz und Fürsorge für den Verkehr, die Strom-Schiffahrts- und Hafenpolizei zum Ressort des Handels- und Gewerbeministeriums gehört (Landesverwaltungsgesetz vom 30. Juli 1883 §§ 136, 138).

An Behörden, welche mit Ausübung der zum Schutze der Schiffahrt dem Staate obliegenden Aufgaben betraut sind, kommen in Betracht die allgemeinen Schiffahrts- und Hafenpolizeibehörden, die Lootsenbehörden, die Strandämter, Seeämter, Musterungsbehörden (sowie speziell für den Rhein die Rheinschiffahrts-Centralkommission).

Im Folgenden wird auf die einzelnen Behörden in gedachter Reihenfolge eingegangen werden, sodann aber im Anschluss an das Musterungswesen auch noch — der Zusammengehörigkeit des Stoffes wegen — das Navigationsschul- und Schifferprüfungswesen zur Erörterung gelangen.

I. Schiffahrts- und Hafenpolizeibehörden.

§ 20. Bei der Ausübung der polizeilichen Befugnisse in der Provinzialinstanz hat man See- und Binnengewässer zu unterscheiden.

Seegewässer.

In den Seegewässern, als welche hauptsächlich Seehäfen und deren Verbindungsstrassen mit dem Meere in Betracht kommen, sind mit der Wahrung der lokalen und landespolizeilichen Funktionen meist, besonders in den mit umfangreichen Verkehrsanstalten ausgestatteten Häfen, sog. Schiffahrtskommissionen betraut. Diese nehmen die Verwaltung der die Interessen des Bauten- wie des

[1]) Was die Abgabenerhebung anbetrifft, so war bis 1882 neben dem Bautenminister auch der Handelsminister zuständig. Durch Allerh. Erl. vom 4. September 1882 (G.-S. S. 360) wurde indessen bestimmt, dass künftig die Tariffeststellungen für Verkehrsabgaben nur durch den Minister der öffentlichen Arbeiten und Finanzminister erfolgen sollten, ausser bei Hafenabgaben, wo auch der Handelsminister noch mitwirkt.

Handels-Ressorts berührenden Hafen- und Schiffahrtsangelegenheiten wahr. Sie sind kollegialisch organisirt und bestehen aus dem für den Hafenbezirk zuständigen Beamten der allgemeinen oder Polizeiverwaltung (Landrath, Polizeidirektor) im Nebenamt als Vorsitzenden, dem Hafenbaubeamten als ersten und dem Lootsenkommandeur oder Hafenmeister als zweiten Mitgliede. Solche Behörden bestehen in Memel und Pillau, Königsberg, Harburg, Geestemünde, Emden und Leer. Neufahrwasser besitzt keine solche Einrichtung. Auch in Swinemünde bestand bis 1885 auf Grund einer Allerhöchsten Instruktion vom 18. Juli 1800 eine Schiffahrtskommission, welcher die Verwaltung der gesammten Hafen- und Schiffahrtsangelegenheiten oblag. Der Landrath war im Nebenamt Schiffahrts-Direktor und Vorsitzender. Im Uebrigen bestand das Kollegium aus örtlichen Polizei-, Bau- und Lootsenbeamten. Die Umständlichkeit der kollegialen Behandlung namentlich für Hafenbausachen führten aber hier zu einer Auflösung der Kommission durch Allerh. Ordre v. 18. Feb. 1885, wobei dem Hafenbaubeamten die Bausachen, dem Schiffahrtsdirektor die übrigen Hafenverwaltungs- und Schiffahrtsangelegenheiten unter eigener Verantwortlichkeit überwiesen wurden.

§ 21. In den Bureaus der Schiffahrtskommissionen und -Direktoren sind Hafenpolizeisekretäre thätig. Die lokale Oberleitung haben Hafeninspektoren und (bei kleineren Verhältnissen) Hafenmeister inne, an einigen Stellen fungiren auch noch Polizeiwachtmeister. Untere Beamte sind die Strom-, Schiffahrts- und Hafenpolizeiaufseher, Schutzmänner und Wächter, ferner einige Boten.

Die Zahl sämmtlicher hier in Betracht kommenden Beamten war 1902 folgende:

1 Schiffahrtsdirektor (Swinemünde 1); 6 Hafenpolizeisekretäre (Königsberg 1, Memel 1, Stettin 1[1]), Swinemünde 1, Kiel 1,[1]) Geestemünde 1); 5 Hafeninspektoren (Danzig 1, Stettin 1,[1]) Kiel 1,[1]) Harburg 1, Geestemünde 1); 15 Hafenmeister (Königsberg 1, Memel 1, Pillau 1, Sassnitz 1, *Breslau 1, *Kosel 1, *Halle 1, Friedrichstadt 1, Glückstadt 1, Husum 1, *Rendsburg 1, Tönning 1, Geestemünde 1, Emden 1, Leer 1); 5 Polizeiwachtmeister (Stettin 2,[1]) Kiel 1,[1]) Geestemünde 1, Emden 1); 92 Strom-, Schiffahrts- und Hafenpolizei-Aufseher, Schutzmänner und Wächter (Königsberg 10, Memel 1, Pillau 5, *Russ 1, *Schmalleningken 1, *Tilsit 2, Danzig 7, Einlage 1, Elbing 1, Gr. Plehnendorf 2, Neufahrwasser 3, *Fürstenberg a. O. 1, Stettin 19,[1]) Swinemünde 3, *Brahemünde 1, Kiel 8,[1]) Harburg 3, *Brunshausen 1, Geestemünde 14, *Osterholz 1, Lingen 1, Emden 5, *Schierstein 1); 2 Boten bei Hafenpolizeibehörden (Stettin 1, Emden 1).

---

[1]) Diese Beamten stehen erst seit 1899 auf dem Staatshaushaltsetat, bis dahin wurde die Hafenpolizei von städtischen Beamten wahrgenommen, vgl. Etat 1899 Erläuterungen zu Kap. 68 Tit. 1.

Binnengewässer.

§ 22. Für die Binnengewässer sind besondere auf dem Etat der Handels- und Gewerbeverwaltung stehende, mit der Strom- und Hafenpolizei thätige Beamte fast gar nicht vorhanden.

Hinsichtlich der schiffbaren Ströme ist der Grund hiervon hauptsächlich in der seit den 60er Jahren durchgeführten Errichtung besonderer Strombauverwaltungen für die grösseren Ströme zu suchen, deren Beamte grösstentheils dem Ressort der Bauverwaltung angehören und als solche neben den baupolizeilichen auch die strom- und schiffahrtspolizeilichen Funktionen mit versehen (Näheres in dem Buche „Bauverwaltung“).

Was die Binnenhäfen anbetrifft, so stehen dieselben grösstentheils im Eigenthum von Gemeinden, sodass auch hier ein besonderes staatliches Polizeipersonal selten erforderlich erscheint.

Auf dem Handelsetat stehen infolge dessen nur 13 Beamte,[1]) welche strompolizeiliche Funktionen ausüben.

Ausgaben.

§ 23. Die laufenden Ausgaben für das staatliche zum Ressort der Handels- und Gewerbeverwaltung gehörige Strom-, Schiffahrts- und Hafenpolizeipersonal finden sich im Etat Kap. 68 Tit. 1, 5, 8, 10, 10a, 10b, 11, 13 vor.

Besoldungen.

Die Besoldungen der etatsmässig im Hauptamt angestellten Beamten enthält Tit. 1, auf welchem 1902 standen:

1 Schiffahrtsdirektor (in Swinemünde) mit 1 800 M.,
6 Hafenpolizeisekretäre mit 1 500 bis 2 700 M.,
5 Hafeninspektoren mit 2 700 bis 4 200 M.,
15 Hafenmeister mit 1 500 bis 3 000 M.,
5 Polizeiwachtmeister mit 1 500 bis 1 800 M.,
92 Strom-, Schiffahrts- und Hafenpolizei-Aufseher, Schutzmänner und Wächter (91 von 1 200 bis 1 600 M. und 1 mit 500 M.),
2 Boten bei Hafenpolizeibehörden mit 900 bis 1 200 M.

(29 Beamte haben Dienstwohnung.)

Das Gehalt des Schiffahrtsdirektors ist, da es ein Nebenamt ist, nur auf 1800 M. normirt, ist aber pensionsfähig (siehe Kap. 68 Tit. 1 des Etats). Das Gehalt der Hafenpolizeisekretäre entspricht dem der Gerichtsschreibergehilfen bei den Land- und Amtsgerichten. Die Hafeninspektoren und Hafenmeister, welche an sich gleichartige Funktionen haben und nur mit Rücksicht auf den lokalen Umfang und lokale Schwierigkeiten der Amtsgeschäfte zu zwei besonderen Beamtenklassen gebildet sind, erhalten entweder 2 700 bis 4 200 M. als Hafeninspektoren, stehen also als solche den Polizeiinspektoren

[1]) Sie sind auf Seite 1016 mit einem * bezeichnet.

bei den staatlichen Polizeiverwaltungen in den Provinzen gleich, oder 1 500 bis 3 000 M. als Hafenmeister, als welche sie mit den Eisenbahn-Betriebssekretären der Eisenbahnverwaltung rangiren. Die Polizeiwachtmeister (1 500 bis 1 800 M.) rangiren mit den Wachtmeistern der Schutzmannschaft in Berlin, die Strom-, Schiffahrts- und Hafenpolizeiaufseher u. s. w. (1 200 bis 1 600 M.) stehen den Schutzmännern der staatlichen Polizeiverwaltungen und den Strommeistern der Bau- und landwirthschaftlichen Verwaltung gleich. Sämmtliche Beamte sind in den 90er Jahren an Gehalt aufgebessert worden. Die Erhöhung ergiebt folgende Zusammenstellung:

	1889/90 M.	1902 M
Hafenpolizeisekretäre . . .	1 500—2 100	1 500—2 700
Hafenmeister[1])	1 500—2 500 bezw. 3 000	1 500—3 000 bezw. 2 700—4 200
Untere Schiffahrtsbeamte	im Durchschnitt 1 050	1 200—1 600

Aus Tit. 5 (Wohnungsgeldzuschüsse) entfielen 1902 — nach dem Etat — auf mittlere Schiffahrtspolizeibeamte 6 792 M., auf niedere 12 696 M.

Remunerationen (Tit. 8).

Aus Tit. 8 erhalten zunächst:

Zur Wahrnehmung der Leitung der Hafenpolizei im Nebenamt je 900 M. Remuneration die Polizeipräsidenten in Königsberg, Stettin und Kiel, die Landräthe in Memel, Harburg, Geestemünde, der Lootsenkommandeur in Pillau, 300 M. der Oberbürgermeister in Emden.

Ferner werden aus diesem Titel die Stellenzulagen bis zu 200 M. für die unteren Schiffahrts- und Hafenpolizeibeamten, sowie für die in Tit. 1 erwähnten Boten bezahlt, welche bei der allgemeinen Besoldungsverbesserung für Unterbeamte 1890/91 eingeführt wurden.

Bureaukosten (Tit. 11).

Nach dem Etat 1902 kamen von Tit. 11 auf Bureaukosten u. s. w. der Strom- und Schiffahrtspolizeibeamten und Lootsen 44 531 M.

Dienstaufwandszuschuss (Tit. 13).

Dieser Zuschuss ist zunächst für die unteren Schiffahrts- und Hafenpolizeibeamten in Stettin, jetzt für alle diese Beamten eingeführt worden und stellt einen Zuschuss für Kleidung und Dienstutensilien dar, wie er ähnlich auch den Polizeibeamten auf dem Etat des Ministeriums des Innern gewährt wird. Er beträgt 50 M. für den Beamten.

Fahrzeuge.

§ 23a. Die Unterhaltung der zur Durchführung der Strom-, Schiffahrts- und Hafenpolizei erforderlichen Fahrzeuge (Kap. 65

---

[1]) Hafeninspektoren sind erst bei der Besoldungsverbesserung 1897/98 eingeführt, Polizeiwachtmeister erscheinen erst seit 1899 (Stettin, Kiel).

Tit. 15 u. 16) und deren Bemannung (Kap. 65 Tit. 4, 9 u. 13) stehen auf dem Bauetat. Nur die Beschaffungskosten für solche der Schiffahrts- und Strompolizei dienenden Fahrzeuge werden im Extraordinarium der Handels- und Gewerbeverwaltung ausgeworfen. (S. auch Buch V § 222) vgl. z. B. Etat 1900 u. 1899 Kap. 7 Tit. 1, 1896/97 Tit. 1 u. s. w. S. auch § 152.

II. Lootsenwesen.

§ 24. Schon nach § 51 der Preuss. Gewerbeordnung vom 17. Januar 1845 durften die Geschäfte des See- und Binnenlootsen nur von denjenigen Personen betrieben werden, welche als solche von den verfassungsmässig dazu befugten Behörden oder Korporationen angestellt oder konzessionirt waren. Diese Bestimmung ist aufrecht erhalten durch § 34 Abs. 3 der R.-G.-O. Ausserdem haben sich nach § 31 Abs. 1 der R.-G.-O. alle Lootsen durch ein Befähigungszeugniss der höheren Verwaltungsbehörde über ihre Qualifikation auszuweisen. Das Zeugniss gilt nur für das darin namhaft gemachte Fahrwasser.

Unter Geltung dieser allgemeinen Bestimmungen hat sich das Lootsenwesen für Seeschiffe in Preussen nicht einheitlich, sondern der Grundform nach zwiefach verschieden gestaltet, nämlich als Staatslootsenwesen in den Provinzen Ostpreussen, Westpreussen und Pommern und als gewerbliches Lootsenwesen in den Provinzen Schleswig-Holstein und Hannover.

1. Oestliche Provinzen (Ostpreussen, Westpreussen und Pommern).

§ 25. Nach dem Allgemeinen Preussischen Landrecht (II. Theil Tit. 8 § 1497) bezw. nach dem Schwedisch-Pommerschen Seerecht vom 15. Februar 1805 (Kap. 7 § 1) bestand in diesen 3 Provinzen früher fast uneingeschränkter Lootsenzwang, d. h. die polizeiliche Verpflichtung der Schiffe, beim Einlaufen in den Hafen, beim Verlassen desselben und beim Befahren der Binnengewässer zwischen den Häfen und dem offenen Meere sich stets der Lootsenhülfe zu bedienen. Vielfache Beschwerden darüber, dass dieser Lootsenzwang über das Bedürfniss hinausgehe, den Betrieb der Seeschiffahrt vertheuere und unnöthigem Aufenthalt verursache, führten zum Erlass des Gesetzes vom 9. Mai 1853, betreffend die Erleichterung des Lootsenzwanges in den Häfen und Binnengewässern der Provinzen Preussen und Pommern, welches den Lootsenzwang als Regel zwar aufrecht erhält, jedoch die nähere Feststellung der Fälle, in welchen er eintreten soll, den Bezirks-Regierungen überweist.

Mit dem staatlichen Lootsenzwang steht im inneren Zusammenhang, dass das ausübende Lootsenpersonal, die Lootsen und Oberlootsen, wie auch deren unmittelbare Vorgesetzte, die Lootsen-Kommandeure, Staatsbeamte sind. Ausnahmen bilden, nachdem seit dem 1. April 1887 auch das Lootsenwesen der Stadt Stralsund verstaatlicht ist, nur noch 1 von der Kaufmannschaft zu Elbing angestellter Binnenlootse daselbst, sowie die überhaupt nicht angestellten sogen. Reserve- oder Beilootsen, welche nur dann, wenn die ordentlichen Lootsen nicht ausreichen, aushülfsweise in Funktion treten, aber zu ordentlichen Lootsen, so lange und soweit sie dazu brauchbar und tüchtig sind, bei eintretenden Vakanzen aufrücken.

Als Lokalbehörde für das Lootsenwesen und als vorgesetzte Behörde des Lootsenpersonals fungirt die Hafen- und Schiffahrts-Polizeikommission[1]) des betr. Hafens und da, wo solche Kommissionen nicht bestehen, der Polizeidirektor. Diese Behörden ressortiren von den betreffenden Regierungspräsidenten und letztere in Angelegenheiten des Lootsenwesens von dem Minister für Handel und Gewerbe. An einzelnen Orten steht das Lootsenpersonal entweder direkt unter den betreffenden Regierungspräsidenten, z. B. im Regierungsbezirk Stralsund, oder es ist zunächst einem Baubeamten oder einer anderen Behörde des Distrikts untergeordnet.

Seelootsen.

Diejenigen Lootsen und Oberlootsen, denen die Belootsung der Schiffe zwischen der See einerseits und den Aussenhäfen oder den Eingängen der Binnengewässer andererseits obliegt, heissen Seelootsen bezw. Seeoberlootsen. Sie sind ebenso wie sämmtliche Lootsenkommandeure mit fester Besoldung angestellt. Vor der festen Anstellung müssen die Seelootsen eine 6monatige bis 2jährige Probezeit durchmachen und werden unter Vorbehalt $^1/_4$jähriger Kündigung angestellt. Für die Befugnisse und die Prüfung der Seelootsen ist die Instruktion des Ministers für Handel vom 1. Febr. 1862 massgebend.

Binnenlootsen.

Diejenigen Lootsen, welche die Seeschiffe auf den Haffen und anderen Binnengewässern, z. B. zwischen Pillau und Königsberg, zwischen Neufahrwasser und Danzig, zwischen Swinemünde und Stettin, zwischen Peenemünde und Wolgast u. s. w. begleiten, heissen Haff-, Strom- (Revier-) oder schlechthin Binnenlootsen. Auch sie sind Beamte, tragen im Dienst die Lootsenuniform oder doch die Dienstmütze, stehen aber auf 4wöchentliche Kündigung. Für die Prüfung der Binnenlootsen gelten eventl. dieselben Bestimmungen, wie für die Seelootsen.

Die Binnenlootsen sind entweder dem Seelootsenkommandeur an ihrem oder einem benachbarten Stationsorte, oder aber besonderen Vorgesetzten untergeordnet.

Von den Binnenlootsen zu unterscheiden sind die Flusslootsen, deren es aber nur solche für den Rhein giebt (Art. 26 der revidirten Rh.-Sch.-Akte v. 17. Okt. 1868).

---

[1]) vergl. Etatserläuterungen 1886/7 zu Kap. 8 Tit. 3 u. 87, 88 zu Kap. 68 Tit. 2.

Die Stellen der Lootsenamts-Assistenten, Seelootsen, Stromlootsen und des Revierlootsen zu Anklam sind ausschliesslich den Militär-Anwärtern der Marine vorbehalten. Mit Nichtanwärtern können diese Stellen besetzt werden, falls die sich bewerbenden Militäranwärter der Marine das 36. Lebensjahr überschritten haben.

Die Zahl der in dieser Weise thätigen Beamten war 1902 folgende:

7 Lootsenkommandeure (Memel 1, Pillau 1, Neufahrwasser 1, Stettin 1, Swinemünde 1, Thiessow 1, Geestemünde 1); 29 Seeoberlootsen und Lootsenamts-Assistenten (Memel 4, Pillau 3, Neufahrwasser 5, Stettin 5, Swinemünde 2, Kolbergermünde 1, Rügenwaldermünde 1, Stolpmünde 1, Barhöft 1, Ruden 1, Stralsund 1, Thiessow 2, Wittower Posthaus 1, Tönning 1). Davon je 1 Assistent in Neufahrwasser, Stettin und Swinemünde. 123 Seelootsen und Revierlootsen (Memel 14, Pillau 14, Neufahrwasser 20, Swinemünde 37, Anklam 1, Kolbergermünde 2, Rügenwaldermünde 2, Stolpmünde 2, Barhöft 7, Ruden 3, Thiessow 16, Wittower Posthaus 5). Der Lootse in Anklam ist Revierlootse. 1 Stromoberlootse (Memel 1); 6 Stromlootsen (Memel 6).

Ausgaben.

§ 26. Die Kosten des staatlichen Lootsenwesens in den Ostseeprovinzen trägt, soweit Seelootsen in Betracht kommen, der Staat. Von den Schiffen sind für die Bedienung der Schiffe durch Seelootsen besondere Lootsengebühren oder Lootsengelder nicht zu entrichten, indem das Hafengeld als Entgelt für die Benutzung nicht nur der Hafenanlagen, sondern auch der Lootsenhülfe angesehen wird. Eine Ausnahme bilden in dieser Beziehung nur die am freien Fahrwasser der See liegenden, erst in neuerer Zeit mit besoldeten Seelootsen besetzten Stationen Thiessow, Wittower Posthaus und Barhöft. Hier sind für die Lootsbedienung Gebühren zu entrichten, welche jedoch nicht den auch hier besoldeten Seelootsen, sondern der Staatskasse zufliessen und in Kap. 29 Tit. 1c[1]) in Einnahmen erscheinen (1902 kamen auf dem Etat der Regierung zu Stralsund 6100 M. derartige Gebühren auf).

Die staatlichen Binnenlootsen beziehen (mit Ausnahme der das Verholen der Schiffe im Memeler Hafen besorgenden dortigen Stromlootsen — 1 Oberlootse und 6 Lootsen[2]) — und des Revierlootsen zu Anklam) kein Gehalt, sondern stehen nur im Genuss der auf den

---

[1]) Dieser Etatstitel findet sich erst seit 1893/94 im Etat vor. Bis dahin wurde ein Theil der Lootsengebühren bei Tit. 7 dieses Kapitels und ein anderer bei Tit. 13 Kap. 5 des Etats der Verwaltung der indirekten Steuern vereinnahmt. 1902 war er ausgebracht mit 18 030 M., wovon entfielen auf die Regierung zu Königsberg 6970 M., Stralsund 6100 M., Stade 4800 M., Stettin 160 M.

[2]) Die Gehälter des Stromoberlootsen und der 6 Stromlootsen zu Memel mit 600 bezw. 450 M. sind deshalb so niedrig bemessen, weil diesen noch Verholungsgebühren von je etwa 900 M. zustehen. Diese Gebühren werden zunächst vom Staate bei Kap. 29 Tit. 1c vereinnahmt und dann bei Kap. 68 Tit. 8 verausgabt.

genannten Binnengewässern allgemein zu entrichtenden Lootsengebühren. Als Nebenverdienst kommen an einzelnen Stationen die Vergütung für die Auslegung der Seezeichen und der Erlös aus dem Fischereibetriebe vor. Ist die Einnahme gleichwohl unauskömmlich, so werden Gnadenbeihülfen aus der Staatskasse gewährt (Kap. 68 Tit. 8).

§ 27. Die Ausgaben für das Lootsenwesen werden etatisirt in Kap. 68 Tit. 2, 5, 8, 10-10b, 11 und 13.

Die Besoldungen der Lootsenbeamten und deren Entwickelungsphasen ergeben sich aus folgenden Ziffern:

Die Lootsengehälter betrugen

	Seit 1872 M.	im Laufe der 70er u. 80er Jahre wurden die Gehälter erhöht auf M.	seit 90/91
Lootsenkommandeur	2550—3300	2800—3500	2800—3500
See-Oberlootse[1]) . .	1350—1650	1400—1700	1600—2000
See-Lootse.	bis 1320	1200—1400	1200—1600

1897/98 wurden die Lootsenkommandeure auf 2700-4200 M., 1899 die See-Oberlootsen und Lootsen auf 1600 bis 2400 M. bezw. 1200 bis 1800 M. erhöht. Nicht ganz ein Drittel der Beamten haben Dienstwohnung. Soweit sie eine solche nicht haben, beziehen sie Wohnungsgeldzuschüsse nach den allgemeinen Grundsätzen aus Tit. 5 (1902 zusammen 22080 M.).

Dienstbezüge aus Tit. 8.

Aus diesem Titel erfolgen einmal Remunerirungen für Lootsenvorstände und Hülfslootsen, ferner Gebühren für Verholungen, als welche vor Allem Verholungsgebühren von je etwa 900 M. in Betracht kommen, welche die in Tit. 1 aufgeführten Stromlootsen neben dem dort namhaft gemachten kleinen Gehalte zu beanspruchen haben (s. oben).

Der aus Tit. 8 eventuell zu zahlenden Beihülfen und Unterstützungen ist bereits in § 26 gedacht worden. Wegen der mit 14400 M. als künftig wegfallend bezeichneten Summe siehe § 29. Endlich erhalten aus Tit. 8 seit der allgemeinen Gehaltsaufbesserung der Unterbeamten 1890/91 die Seeoberlootsen bis zu 300 M., die Seelootsen bis zu 200 M. Stellenzulagen.

Wegen der Ausgaben für Bureaubedürfnisse (Tit. 11) vgl. § 23. Endlich werden aus Tit. 11 noch jährlich 2000 M. zu Untersuchungen für Seelootsen auf Farbenblindheit verausgabt.

Dienstbezüge aus Tit. 13.

Das Lootsenpersonal trägt im Dienste Uniform (blaue Röcke mit orange eingefassten schwarzen Kragen und Aufschlägen, gelben Knöpfen und verschiedenen Gradabzeichen), welche aus eigenen Mitteln angeschafft werden muss.

---

[1]) und die diesem gleichstehenden Lootsenamts-Assistenten.

Zur Beschaffung und Unterhaltung dieser Uniform und für den Mehraufwand durch Beköstigung ausser dem Hause u. s. w. sind dem besoldeten Lootsenpersonal seit 1. April 1877 je 80 M. jährlich für Seeoberlootsen und Seelootsen, sowie je 50 M. für Strom- und Revierlootsen an Dienstaufwandszuschüssen bewilligt.

Auch die Lootsenruderer erhalten ihre Löhne aus Tit. 13 (Etatserläuterungen 1892/93).

Lootsenfahrzeuge u. s. w.

§ 27a. Die Beschaffung und Unterhaltung des Betriebsmaterials behufs des Lootsenwesens (der Lootsenfahrzeuge, -Boote u. s. w.), wie auch aller Baulichkeiten liegt dem Staate ob und wird von der Bauverwaltung des Ministeriums der öffentlichen Arbeiten besorgt. Nur die Ausgaben für die erste Einrichtung erscheinen im Extraordinarium des Handels- und Gewerbeetats[1]) (siehe § 23a).

Die Binnenlootsen haben das erforderliche Material an Segel- und Ruderboten aus eigenen Mitteln anzuschaffen und zu erhalten, bei einzelnen Lootsenstationen sind jedoch Beschaffung und Unterhaltung auf Staatsmittel übernommen, bei anderen mehrfach Beihülfen dazu bewilligt worden.

Besondere Fonds.

Aus Tit. 8 werden seit 1900 (Beil. E des Etats) auch die Ausgaben der auf Grund des § 2 No. 4 des Komptabilitätsgesetzes zu leistenden Ausgaben folgender zu Lootsenunterstützung gegründeten Kassen geleistet, deren Einnahmen in Kap. 29 Tit. 7 erscheinen: Hafflootsenkasse in Pillau (7100 M. Jahreseinnahme) und Seearmenkasse in Memel (140 M.), auch für Nichtlootsen.

Auf Grund des § 3 Abs. 1 des genannten Gesetzes alljährlich in Beil. E nachgewiesen, wies die Einnahme der Unterstützungskasse für die Revierlootsen in Stettin und Swinemünde und deren Relikten 66365 M. auf.

2. Provinzen Schleswig-Holstein und Hannover.

§ 28. In diesen beiden Provinzen gehört der Betrieb des Lootsenwesens behufs der Seeschiffahrt zu den Gewerben und unterliegt den Bestimmungen der R.-G.-O. (§§ 31, 34, 40, 53, 143).[2])

Die Lootsen sind hier (mit einigen wenigen Ausnahmen) freie Gewerbetreibende. Sie vereinnahmen von den Schiffern Lootsengebühren. Die Verleihung des Rechts auf Erhebung von solchen Gebühren und die Feststellung der Tarife über solche steht aber dem Handels- und Finanzminister zu, welche diese Befugniss auf nachgeordnete Behörden übertragen können. (Allerh. Erl. v. 27. Aug. 1883 G.-S. S. 339).

---

[1]) Vergl. z. B. Etat 1898/99 Kap. 7 Tit 1.

[2]) Vergl. Min-Bl. f. d. i. V. 1899 S. 127.

A. Provinz Schleswig-Holstein.

Die an den verschiedenen Stationen vorhandenen Lootsenkorps sind aus freien Genossenschaften, den sogen. Lootsenbrüderschaften der älteren Zeit hervorgegangen, welche später, um die Schiffer gegen Ungeschick, Nachlässigkeit und Prellerei zu sichern, unter staatliche Disziplin und Kontrole genommen wurden. Die Lootsen sind indessen Gewerbetreibende geblieben, zur Ausübung ihres Berufs jedoch nur nach staatlicher Prüfung und Zulassung (Patentirung) befugt und dabei an bestimmte staatliche Vorschriften gebunden. Die Patentirung erfolgt nach vorgenommener Prüfung durch den Regierungspräsidenten in Schleswig. Der Patentirung zum festen Lootsen geht in der Regel erst ein längerer Probedienst als Reserve- oder Hülfslootse voraus.

Die staatliche Aufsicht über die Lootsenstationen wird meist durch den Distrikts-Baubeamten wahrgenommen und steht bei den Elblootsen dem Landrathe zu. Die Oberaufsicht führt der Regierungspräsident in Schleswig. Lootsenzwang, d. h. die polizeiliche Verpflichtung, einen Lootsen zu nehmen, besteht nur auf der Eider.

Nirgends beziehen die Lootsen ein festes Gehalt aus der Staatskasse, sondern sind auf die von den Schiffen zu erhebenden Gebühren angewiesen. Wenn in Folge des geringen Verdienstes das Fortbestehen einer Lootsenstation gefährdet erschien, sind ausnahmsweise Beihülfen aus der Staatskasse gewährt worden (Kap. 68 Tit. 8), vergl. Etatserläuterungen 1889/90.

Im Einzelnen bestehen über die Gebühren und die Befugnisse und Pflichten der Lootsen besondere Reglements für die einzelnen Stationen.[1]) Für das Lootsenwesen auf der Eider besteht eine besondere 1794 eingesetzte Eiderlootsen-Brüderschaft (Regl. v. 31. März 1802). Die Lootsenbrüderschaft hat gegenwärtig mehrere (3) Abtheilungen. Die Oberaufsicht über alle Abtheilungen führt der Wasserbauinspektor in Tönning.

Zwei Abtheilungen stehen unter Aufsicht des Lootsenältermann (jetzt Oberlootsen) zu Tönning, welcher ein Gehalt der See-Oberlootsen (1600—2400 M.) bezieht und Dienstwohnung hat.

§ 29. Die Gebühren der Lootsen in Schleswig-Holstein fliessen den Lootsen zu. Der Staat trägt keine Kosten.

Doch ist folgendes zu bemerken: Bei 13 der Schleswig-Holsteinschen Lootsenstationen hatten die Schiffe, auch wenn sie sich der Lootsenhülfe nicht bedienten, einen Theil des Lootsengeldes als Zwangsabgabe (sogenanntes Verzichtgeld) zu entrichten, da die eigentlichen Lootsengelder allein für den Unterhalt der Lootsen nicht ausreichen Diese noch aus der Zeit der früheren Landesherrschaft herstammende Einrichtung, welche eine Unbilligkeit gegen die verpflichteten Schiffe enthielt und den hauptsächlich betroffenen einheimischen kleinen Küstenfahrern mehrfach zu Beschwerde Veranlassung gab, ist daher seit

---

[1]) Lootsenstationen befinden sich an der Ostküste in Aaroe, Oerbyhage, Hadersleben, Sonderburg, Kekenis, Birk, Flensburg, an der Schlei (und zwar Rabelsund, Kappeln, Arnis, Schleimünde, Maasholm, Schleswig), Eckernförde, Labö, Fehmarn, Heiligenhafen, Neustadt und Jonathanswiese.

jener Zeit beseitigt worden (1889/90). Zugleich mit derselben ist eine andere, ebenfalls aus früherer Zeit überkommene Einrichtung beseitigt, dass nämlich an der Mehrzahl der gedachten Lootsenstationen die in der Nähe befindlichen Schiffahrtszeichen von den Lootsen unterhalten wurden. Denn die unterm 31. Juli 1887 (R. G. Bl. S. 387) reichsseitig vorgeschriebene einheitliche Bezeichnung der Fahrwasser und Untiefen in den Deutschen Küstengewässern erheischt deren ausnahmslose Wahrnehmung durch die fiskalische Bauverwaltung.

Dadurch wurde aber die Einnahme zahlreicher Lootsen so erheblich beeinträchtigt, dass zur Sicherung ihres Unterhalts Beihülfen erforderlich wurden, für die ein Betrag von jährlich 17000 M. jetzt nur noch 14400 M. bei Tit. 8 eingestellt ist, der künftig aber wegfällt.

Besondere Fonds.

Für die Provinz Schleswig-Holstein kommen ferner noch 2 Fonds in Betracht, welche auf Grund des § 4 des Staatshaushaltsgesetzes seit 1900 nachträglich in den Etatsbeilagen erschienen (Beil. F. des Etats). Der eine ist der Fonds der Eiderlootsen-Pensionskasse, mit 8960 M. Jahreseinnahme, welche 5000 M. Staatszuschuss erhält, und für die Eiderlootsen und deren Relikten Verwendung findet, der andere ist der Pensionsfonds der allgemeinen Schleswigschen Lootsenpensionskasse mit 5300 M. Jahreseinnahme. Die Einnahmen dieser Fonds erscheinen in Kap. 29 Tit 7.

B. Provinz Hannover.

Lootsenwesen vor und auf der Unterweser.

§ 30. Hier bestehen eine Oldenburgische, eine Bremische und eine Preussische Lootsengesellschaft (in Geestemünde), von denen die beiden letzteren die Gebühren in gemeinsamer Kasse vereinnahmen und dann nach gleichen Sätzen vertheilen. 1890 hatte jede der letztgenannten Gesellschaften 25, die Oldenburgische 17, zusammen 69 Lootsen, davon 3 Kommandeure, 46 Lootsen, 20 Lehrlootsen. Die Lootsenfahrzeuge stellt jede Gesellschaft für sich. Lootsenzwang besteht nicht. Die preussischen Lootsen sind Gewerbetreibende und werden nach stattgehabter Prüfung von dem zuständigen Regierungspräsidenten (zu Stade) konzessionirt.

Den Mitgliedern der preussischen Gesellschaft steht sämmtlich ein gleicher Antheil an dem Vermögen (Lootsenfahrzeugen u. s. w.) und an dem Reingewinn zu. Früher erhielt auch der Oberlootse (Lootsenkommandeur) in dieser Form sein Einkommen. Nachdem aber durch den Staatshaushaltsetat vom Jahre 1874 eine etatsmässige Stelle für den Lootsenkommandeur errichtet ist, und dieser somit aus der Staatskasse seine Dienstbezüge empfängt, ist der frühere Antheil desselben an dem Reingewinne der Gesellschaft auf den Staat übergegangen. Letzterer vereinnahmt ihn bei Kap. 29 Tit. 1c. des Etats der Regierung in Stade (4800 M. s. Anm. 1 zu § 26).

§ 31. Das Lootsenwesen vor und auf der Unterems (bis Emden Seelootsenwesen, von da aufwärts Binnenlootsenwesen) wird von der „Ems-Loots-Gesellschaft“ ausgeübt.

Zur Begründung eines geordneten Lootsenwesens trat im Jahre 1858 unter dem Namen „Ems-Loots-Gesellschaft“ eine Aktien-Gesellschaft zusammen. Diese Gesellschaft übernahm die Einrichtung und Führung des Lootsbetriebes von See bis aufwärts nach Papenburg, während die Staatsregierung sich die Oberaufsicht, die Feststellung der Lootsgeldtaxen, die Anstellung des Oberlootsen (jetzt Lootsen-Kommandeurs), die Prüfung der Lootsen, sowie das Recht der jederzeitigen Auflösung der Gesellschaft reservirto, zugleich aber die Zahlung einer anfänglich auf 2400 M. jährlich festgestellten Beihülfe übernahm, welche in dessen allmählich gesteigert worden ist

Der Zuschuss wird gewährt aus Kap. 68 Tit. 13, vgl. die Erläuterungen zu den Etats 1883/84, 1888/89, 1890/91, 1897/98 und 1901, durch letzteren Etat wurde der Zuschuss von 55 672 M. auf 74 472 M. also um 18 800 M. gesteigert.

Auch sind extraordinäre Summen bereitgestellt durch den Etat 1901 Kap. 7 Tit. 2 (zum Bau eines Schooners und Dampfers 64 750 M.)

Das Betriebsmaterial besteht zur Zeit aus den 3 Lootsenschoonern Emden, Leda und Borkum (letzterer Eigenthum der Staatsregierung), der Jacht Dollart, mehreren Segeljollen und Ruderbooten und einem Stationsgebäude auf der Nesserlander Schleuse bei Emden.

Das Betriebspersonal besteht aus 1 Lootsen-Kommandeur, 1 Oberlootse, 5 Lootsenschiffern, 18 Seelootsen, 9 Hilfslootsen, 13 Matrosen, 7 Binnenlootsen, 1 Dampferführer. Der Lootsen-Kommandeur ist staatlicher Beamter (Kap. 68 Tit. 2). Die Gehälter der Lootsenschiffer und Seelootsen bestehen zum Theil aus festen Bezügen, zum Theil aus Gebühren, bleiben aber hinter denen der staatlichen Seeoberlootsen und Seelootsen zurück. Ferner sind noch 5 Köche, 1 Maschinist und 1 Heizer thätig.

§ 32. C. Das Lootsenwesen vor und auf der Unter-Elbe betrifft sowohl die Provinz Schleswig-Holstein wie Hannover. Bis Bösch (von der Mündung aufwärts) besorgt schon seit 1607 Hamburg das Lootsenwesen und übt für Schiffe von bestimmter Grösse den Lootsenzwang aus.

Von Bösch aufwärts ist zu unterscheiden

1. bis Altona und Hamburg; für diese Strecke besteht ein (gemeinschaftlich Preussisches u. Hamburgisches) Lootsenwesen, ausgeübt durch Hauptlootsen, welche die Schiffe aufwärts (selten abwärts) und Patentlootsen, welche sie abwärts befördern. Sämmtliche Lootsen sind freie Gewerbetreibende und vereinnahmen ihre Gebühren jeder für sich. Von den Hauptlootsen wurden 1890 74 von Preussen (50 aus Holstein, Reg.-Präs. zu Schleswig und 24 aus Hannover, Reg.-Präs. zu Stade), 6 von Hamburg konzessionirt. Von den Patentlootsen konzessionirt Preussen 40, Hamburg 30.

2. für das (ausschliesslich Preussische) Glückstädter Lootsenwesen ist durch Allerh. Erl. vom 29. April 1785 eine Lootsengesellschaft zu Glückstadt ins Leben gerufen, welche aus 8 Mitgliedern (Patentlootsen) besteht.

III. Strandämter.

(Kap. 68, Tit 8, 11 der Ausgabe).

§ 34. Auf Grund des Art. 4 Ziff. 7 der Reichsverfassung wurde vom Reiche unterm 17. Mai 1874 (R.-G.-Bl. S. 73ff.) eine einheitliche Strandungsordnung erlassen, um die vielen Unzuträglichkeiten, welche das Nebeneinanderbestehen einer grossen Anzahl partikularrechtlicher

Strandungsordnungen zur Folge hatte, zu beseitigen. (In Preussen bestanden fast für jede der Seeprovinzen besondere Ordnungen.)

Das Reichsgesetz behandelt die Rettung gefährdeter Menschenleben und die Abwendung des Verlustes von Eigenthum in Strandungsfällen als eine öffentliche Pflicht, für deren Erfüllung besondere Behörden und Beamten (Strandämter und Strandvögte) zu sorgen haben. Die Befugnisse und Pflichten dieser Behörden werden im Reichsgesetze selbst geregelt, während die Organisation der Strandämter, die Abgrenzung ihrer Bezirke, die Anstellung der Strandbeamten, die Regelung des Verhältnisses der Strandvögte zu den Strandämtern und die Bestimmung der Behörden, welche die Aufsicht über diese Aemter und Beamten zu führen haben, sowie die Feststellung der Dienstbezüge der Strandbeamten den Landesregierungen überlassen bleibt. Nur die Oberaufsicht steht dem Reiche zu.

Die Aufgabe der Strandämter ist es nach dem Reichsgesetze, bei Seenoth für die Inventarisirung und Auslieferung, bezw. den öffentlichen Verkauf der geborgenen Gegenstände zu sorgen, bei Seeauswurf see- und strandtriftiger Gegenstände die Aufbewahrung der Gegenstände, Entgegennahme und Prüfung der Anträge auf Bergelohn, Aufgebotsverfahren zu veranlassen u. s. w., während der dem Strandamt untergeordnete Strandvogt vor Allem die Massregeln zu leiten hat, welche zum Zwecke der Rettung, Bergung und Hilfeleistung an Ort und Stelle erforderlich sind.

Die Zahl der gegenwärtig in Preussen bestehenden Strandämter beträgt 78,[1]) an deren Spitze Strandhauptleute stehen, welchen 273 Strandvögte untergeordnet sind.

Es fallen auf:

Preussen	6	Strandämter	mit	44	Strandvögten,
Pommern	15	„	„	33	„
Schleswig-Holstein					
östl. Theil	23	„	„	83	„
westl. Theil	19	„	„	78	„
Hannover	21	„	„	35	„

In einigen Bezirken wird das Amt der Strandvögte von den Strandhauptleuten oder von den ordentlichen Polizeibehörden wahrgenommen.

Die Strandhauptleute haben keinerlei Bezüge aus ihrem Amt. Die Strandvögte beziehen Berge- und Hilfslöhne, die aber meistens für die geleisteten Dienste unzureichend sind. Den Ober-Präsidenten sind zur Bewilligung von Remunerationen und zur Bestreitung der sächlichen Ausgaben der Strandämter überwiesen:

a) für die Strandhauptleute,	zusammen	8 320	M.
b) „ „ Strandvögte,	„	14 500	„
c) zu sächlichen Ausgaben,	„	3 000	„

[1]) Abgrenzung der Bezirke im Statistischen Handbuch für Preussen.

Die Beträge unter a und b sind unter Kap. 68 Tit. 8 des Etats, der Betrag unter c bei Kap. 68 Tit. 11 vorgesehen.

Es stehen zur Verfügung des Ober-Präsidenten für

	Strandhauptleute	Strandvögte	sächl. Ausgab.
Königsberg:	500 M.	2400 M.	300 M.
Danzig:	1200 „	1600 „	400 „
Stettin:	3100 „	3000 „	1100 „
Schleswig:	2400 „	4500 „	700 „
Hannover:	1120 „	3000 „	500 „
zusammen:	8320 M.	14 500 M.	3000 M.
	Tit. 8 = 22 820 M.		Tit. 11

IV. Seeämter.

§ 35. Die schweren Verluste an Leben und Gut, von welchen die Seeunfälle oft begleitet sind, machen es zu einer Angelegenheit des öffentlichen Interesses, dass die Ursachen dieser Unfälle genau ermittelt werden, weil allein die Aufklärung der ersteren dazu führen kann, dieselben, soweit es möglich ist, zu beseitigen und dadurch einer Wiederholung derartiger Vorgänge nach Kräften zu begegnen. Hierauf hinzuwirken ist aber eine Aufgabe der Reichsgesetzgebung, welcher durch den Art. 4 Ziff. 7 der Reichsverfassung der gemeinsame Schutz der Deutschen Schiffahrt zugewiesen ist. Hiervon ausgehend hat das Reichsgesetz vom 27. Juli 1877 folgende Bestimmungen getroffen:

a) Zur Untersuchung der Seeunfälle, von welchen Kauffahrteischiffe betroffen werden, sind an den Deutschen Küsten Seeämter zu errichten. Gegenstand dieser Untersuchung sind Seeunfälle a) Deutscher Kauffahrteischiffe, b) ausländischer Kauffahrteischiffe, wenn α) der Unfall sich innerhalb der Deutschen Küstengewässer ereignet hat, oder β) die Untersuchung vom Reichskanzler angeordnet ist. Das Seeamt ist verpflichtet, die Untersuchung vorzunehmen a) wenn bei dem Unfalle entweder Menschenleben verloren gegangen oder ein Schiff gesunken oder aufgegeben ist; b) wenn die Untersuchung vom Reichskanzler angeordnet ist. Bei sonstigen Seeunfällen bleibt die Vornahme der Untersuchung dem Ermessen des Seeamtes überlassen. Durch die Untersuchung sollen die Ursachen des Seeunfalles, sowie alle mit demselben zusammenhängenden Thatumstände ermittelt werden.

Die Errichtung der Seeämter und die Bestimmung der Behörden, welche die Aufsicht über diese Aemter zu führen haben, steht den Landesregierungen nach Massgabe der Landesgesetze, die Abgrenzung ihrer Bezirke dem Bundesrathe zu. Die Oberaufsicht über die Seeämter führt das Reich. Das Seeamt bildet eine kollegiale Behörde und besteht aus einem Vorsitzenden und vier Beisitzern. Der Vorsitzende muss die Fähigkeit zum Richteramte besitzen; er wird für die Dauer des zur Zeit seiner Ernennung von ihm bekleideten Amtes, oder, falls er zur Zeit seiner Ernennung ein Amt nicht bekleidet, auf Lebenszeit ernannt. Mindestens zwei der Beisitzer müssen die Befähigung als Seeschiffer besitzen und müssen als solche gefahren haben.

Vom Reiche wird für ein oder mehrere Seeämter ein Reichskommissar bestellt, der Anträge stellen, an den Verhandlungen Theil nehmen kann u. s. w.

Auf Antrag des Reichskommissars kann, wenn sich ergiebt, dass ein deutscher Schiffer oder Steuermann den Unfall oder dessen Folgen infolge des Mangels solcher Eigenschaften, welche zur Ausübung seines Gewerbes erforderlich sind, verschuldet hat, demselben durch den Spruch zugleich die Befugniss zur Ausübung seines Gewerbes entzogen werden. Einem Schiffer, dem die Befugniss entzogen wird, kann nach Ermessen des Seeamtes auch die Ausübung des Steuermannsgewerbes entzogen werden. Hat das Seeamt durch seine Entscheidung einem Schiffer oder Steuermanne die Befugniss zur Ausübung des Gewerbes entzogen, oder hat es einem hierauf gerichteten Antrage des Kommissars (§ 13) keine Folge gegeben, so steht im ersteren Falle dem Schiffer oder Steuermanne, im letzteren dem Kommissar gegen diese Entscheidung das Rechtsmittel der Beschwerde an das Oberseeamt zu, welches auf dem Reichsetat steht.

Für Preussen bestehen gegenwärtig 7 Seeämter und zwar:

	Zu sächlichen Kosten für diese Behörden werden aus Kap. 68 Tit. 11 bereitgestellt:
Königsberg: Königsberg	1500 M.
Danzig: Danzig	700 „
Stettin: Stettin u. Stralsund	4000 „
Schleswig: Flensburg u. Tönning	1800 „
Hannover: Emden	4000 „
zusammen	12000 M.
Hierzu durch Nachtragsetat für 1902	6000 „
	18000 M.

Zur Remunerirung für die 7 Vorsitzenden der Seeämter und der übrigen Beamten stehen bei Kap. 68 Tit. 8 7800 M. zur Verfügung. Gebraucht werden indess gegen 9000 M., da die Arbeiten immer umfangreicher werden.

V. Musterungsbehörden.

§ 36. Zur Verwirklichung des im Art. 54 der Reichsverfassung ausgesprochenen Grundsatzes, dass die Kauffahrteischiffe aller Bundestaaten eine einheitliche Handelsmarine bilden sollen, bedurfte es auch des Erlasses einer gemeinschaftlichen Seemannsordnung, durch welche erst das volle Bewusstsein der nationalen Zusammengehörigkeit in den Seeleuten der niederen Rangklassen erweckt werden konnte, welche für dieselben bisher nur in dem äusserlichen Symbol der gemeinsamen Flagge Ausdruck fand.

Die Seemannsordnung v. 27. Dez. 1872 hat den Gegenstand gleichmässig für das ganze Reich geordnet, indem dieselbe zugleich den vierten Titel des fünften Buches des allgemeinen Deutschen Handelsgesetzbuches ausser Kraft gesetzt hat und an die Stelle aller betreffenden Gesetze der Einzelstaaten getreten ist. Sie ist neuerdings ersetzt durch eine neue Ordnung v. 2. Juni 1902 (R.-G.-Bl. S. 175), welche am 1. April 1903 in Kraft tritt. Das neue Gesetz spricht in seinen einleitenden Bestimmungen aus, dass seine Vorschriften auf alle Kauffahrteischiffe Anwendung finden, welche das Recht, die Reichsflagge zu führen, ausüben dürfen, umfasst sechs Abschnitte, welche, abgesehen von den einleitenden und allgemeinen Bestimmungen, von den Seefahrtsbüchern und der Musterung, den Vertragsverhältnissen, den Disziplinarbestimmungen und den Strafen handeln. Die Behörden, durch welche der Staat seine Fürsorge für die Seeleute bethätigt und zugleich die Aufsicht über dieselben ausübt, sind die Seemannsämter, und zwar sind dies innerhalb des Bundesgebietes die Musterungsbehörden der Bundesstaaten (und im Ausland die Konsulate).

Die Errichtung der Musterungsbehörden steht den Landesregierungen zu. Die Oberaufsicht liegt aber dem Reiche ob.

Für Preussen ist die Dienstanweisung v. 24. Febr. 1873 (Nachtrag 11. Juni 1873) ergangen. Darnach wurden die schon vor Erlass der Reichsseemannsordnung auf Grund des Gesetzes v. 26. März 1864 (G.-S. S. 193) eingerichteten preussischen Musterungsbehörden in der alten Organisation beibehalten.

Diese Bestimmungen lauteten dahin, dass für jeden Hafen eine besondere Musterungsbehörde eingesetzt werden sollte, deren Mitglieder in der Mehrheit aus schiffahrtskundigen Personen bestehen sollte; wo keine besondere Behörden bestehen, versehen die Hafenpolizeibehörden die Funktionen der Musterungsbehörden.

Die Hauptobliegenheiten der Musterungsbehörden sind Ausfertigung der Seefahrtsbücher, An- und Abmusterung, Schlichtung von Streitigkeiten zwischen Schiffer und Mannschaft, Sorge für kranke und hülfsbedürftige Seeleute, für den Nachlass Verstorbener u. s. w.

Die Ausfertigung der Seefahrtsbücher erfolgt nach § 11 des Reichsgesetzes v. 2. Juni 1902 k o s t e n - und s t e m p e l f r e i. Die Kosten für die Musterungsverhandlungen fallen dem Rheder zur Last. An Kosten werden erhoben (einschl. Stempelkosten) nach der Bundesrathsbekanntmachung v. 22. Febr. 1873 (Centr.-Bl. f. d. D. R. S. 62) für Ausfertigung einer neuen Musterrolle 6 M. bezw. 3 M. je nach Grösse des Schiffs, für Abänderung 3 bezw. 1,50 M., für An- und Abmusterung eines Schiffsmanns 75 Pf.

Vereinnahmt werden diese Gebühren bei Kap. 29 Tit. 4. Dort werden auch die im Fall eines Strafverfahrens nach Ziff. 55 der cit. Dienstanweisung von dem Verurtheilten zu erstattenden baaren Auslagen des Verfahrens verrechnet. Etwa festgesetzte Geldstrafen fliessen der Seemannskasse bezw. der Ortsarmenkasse des Heimathshafens zu.

Von den nach Tit. 4 im Jahre 1902 zu vereinnahmenden 40 115 M. entfielen auf die Regierung zu Königsberg 1795, Danzig 3760, Stettin 9200, Cöslin 100, Stralsund 880, Schleswig 14 070, Lüneburg 250, Stade 7500, Osnabrück 360, Aurich 2200 M.

Ausgaben.

Die Kostendeckung der Seemannsämter erfolgt aus Kap. 68 Tit. 14. 1902: 41 357 M.

Nach dem Etatsvermerk dienen zur Deckung dieser Kosten mit Ausschluss von 1242 M. an Miethen für Geschäftsräume die Einnahmen bei den Musterungsbehörden Kap. 29 Tit. 4 der Einnahme. Soweit diese zu den sächlichen Ausgaben nicht erforderlich sind, dürfen sie zu Remunerationen für die Vorsitzenden und Mitglieder der Musterungsbehörden verwendet werden.

VI. Schiffahrts-Schulen (Navigationsschulen).

(Kap. 29 Tit. 2 der Einnahme u. Kap. 69 Tit. 1, 2 u. ff. der Ausgabe.)

Entwickelung.

§ 37. I. Schon im Jahre 1817 eröffnete die preussische Regierung in Danzig eine Navigationsschule zur „Bildung geschickter und kundiger Seeleute, nämlich Matrosen, Steuermänner und Schiffsführer" mit zweijährigem Lehrkursus, einigen Kenntnissen im Rechnen und Schreiben und mehrjähriger Fahrt zur See als Vorbedingung der Aufnahme. Da die Anstalt von vornherein guten Besuch nnd Erfolg aufzuweisen hatte, folgten bald andere Schulen. 1855 bestanden, lediglich aus der Staatskasse dotirt, ausser der in Danzig solche in Memel, Pillau, Grabow[1]) und Stralsund (Allerh. Prüf.-Instr. v. 15. Okt. 1840, 1. Febr. 1860).

Die Nothwendigkeit der Errichtung solcher Schulen ergab sich besonders aus der in die preussische Gewerbeordnung v. 17. Jan. 1845 aufgenommenen Vorschrift (§ 45), wonach Seeschiffer und Seesteuerleute verpflichtet waren, sich über den Besitz der erforderlichen Kenntnisse und Fertigkeiten durch ein Befähigungszeugniss der Regierung auszuweisen und im § 51, dass die Geschäfte der See- und Binnenlootsen nur von denjenigen Personen betrieben werden dürften, welche als solche von den verfassungsmässig dazu befugten Behörden oder Korporationen angestellt oder konzessionirt waren.

§ 31 der Reichsgewerbeordnung von 1869 traf eine ähnlich lautende Bestimmung.

Zur Ausführung erliess der Bundesrath die „Vorschriften über den Nachweis der Befähigung als Seeschiffer und Steuermann auf Deutschen Kauffahrteischiffen" (B.-G.-Bl. 1869, S. 660, Min.-Bl. d. i. V. 1869, S. 242), und demnächst die „Anordnungen über das Prüfungs-

[1]) Mit dieser Schule war eine Schiffsbauschule verbunden, in welcher Schiffszimmergesellen und Lehrlinge in den Wintermonaten die zum Schiffsbaumeister erforderliche Ausbildung erhalten sollten. Die niemals sehr stark besuchte Schule wurde 1871 wegen mangelhaften Besuches geschlossen.

verfahren und über die Zusammensetzung der Prüfungskommissionen" (B.-G.-Bl. 1870, S. 314) Ausführungs-Bestimmungen v. 11. Juli 1870 (Min.-Bl. d. i. V. 1870, S. 232—235, Nr. 226, 227 u. 228).[1])

Zum Theil veranlasst durch diese Bestimmungen wurden neben der 1865 in Barth gegründeten und 1866 mit den neuerworbenen Landestheilen überkommenen Schulen in Timmel, Leer und Papenburg, 1870 weiter begründet die Schulen in Altona, Apenrade und Flensburg, 1879 diejenige in Geestemünde. Die in Memel, Ueckermünde und Rügenwalde vorhanden gewesenen Schulen sind wieder eingegangen.

Der Umstand, dass die Seeleute bereits in frühem Alter in den Seedienst zu treten pflegen und dies zu einer der Vorbildung nachtheiligen Unterbrechung des Schuldienstes führt, bewirkte, dass schon in den 50er Jahren an verschiedenen Orten Navigations**vor**schulen errichtet wurden, in Memel, Danzig, Grabow, Swinemünde, Stegenitz, Colberg, Stolpmünde, Prerow und Zingst. Zur Zeit ist mit jeder Navigationsschule eine Navigationsvorschule verbunden; ausserdem befinden sich besondere Vorschulen in Swinemünde, Stolpmünde, Zingst, Prerow, Grünendeich, Grohn, Emden und Westerhauderfehn.

Dem Einflusse, welchen die Navigationsschulen auf Gesittung und Bildung unserer Seeleute seit einer längeren Reihe von Jahren üben, verdankt die preussische Rhederei zum grossen Theile den guten Ruf, welchen sie im Auslande hat und welcher bei der Befrachtung der Schiffe in der Auswahl der Flagge so grossen Einfluss übt.

II. Die gute Vorbildung, welche Seeschiffer und Seesteuerleute hiernach geniessen, liessen es auch zu, eine gewisse Verantwortlichkeit für die auf See stattgehabten Seeunfälle von ihnen zu fordern.

Das Reichsgesetz v. 27. Juli 1877 (R.-G.-Bl. S. 549) gab den Seeämtern (s. § 35) die Befugniss, durch ihren Spruch Schiffern und Steuerleuten, welche einen Unglücksfall wegen Mangels der erforderlichen Eigenschaften verschuldet hatten, die Befugniss zur Ausübung ihres Gewerbes zu entziehen.

Durch Gesetz v. 11. Juni 1878 (R.-G.-Bl. S. 109) wurde den Seeämtern das gleiche Recht auch gegen Maschinisten der Seedampfschiffe zugesprochen.

In Folge dessen wurden auch über die Prüfung der **Maschinisten** auf Seedampfschiffen der deutschen Handelsflotte vom Bundesrath die mittelst Bekanntmachung des Reichskanzlers v. 30. Juli 1879 publizirten Bestimmungen (Centralbl. f. d. D. R. 1879, S. 427 ff.) erlassen.

[1]) Jetzt sind neue Bestimmungen an deren Stelle getreten (R.-G.-Bl. 1887 S. 395, 1888 S. 185, 1891 S. 348, 1895 S. 179, 1899 S. 129 u. 134). Zahl der Prüfungs-Kommissionen: a) Kommissionen für die Prüfung der Seesteuerleute und der Seeschiffer auf grosser Fahrt bestehen 12 mit dem Sitz in Pillau, Danzig, Grabow a. O., Stralsund, Barth, Flensburg, Apenrade, Altona, Geestemünde, Timmel, Leer und Papenburg. b) Kommissionen für die Prüfung der Seeschiffer auf kleiner Fahrt bestehen in den vorstehend zu a aufgeführten 12 Orten und ausserdem in Grünendeich und Emden.

Zur Vorbereitung der Prüfung als Seedampfschiffs-Maschinisten nach Massgabe des Reichsgesetzes v. 11. Juni 1878 wurden sodann in Preussen späterhin zwei besondere Schulen in Flensburg (gegr. 1886) und in Stettin (gegr. 1900) gegründet. Sie sind ebenfalls staatliche Anstalten.

Durch Bekanntmachung v. 26. Juli 1891 (R.-G.-Bl. S. 359) fand zugleich eine Neuregelung der Seedampfschiff-Maschinisten-Prüfungen statt, wobei Maschinisten-Prüfungen I., II., III. u. IV. Klasse unterschieden wurden.

In Flensburg können Seedampfmaschinisten für alle 4, in Stettin nur für die 2., 3. und 4. Klasse vorgebildet werden (Näheres in § 43).

III. Eine dritte Art Schiffahrtsschulen sind endlich die Schifferschulen für die Binnenschiffahrt. Zur Ausübung des Gewerbes als Schiffer (Führer) von Binnenfahrzeugen und von Flössen bedarf es nach der Preuss. Ausführungsanweisung z. Gew.-Ordn. v. 9. Aug. 1899 No. 38, solange der Bundesrath von der Befugniss zur Einführung des Befähigungsnachweises (§ 132 d. Ges. betr. die privatrechtlichen Verhältnisse der Binnenschiffahrt, R.-G.-Bl. 1898 S. 868) keinen Gebrauch gemacht, nach der Gewerbeordnung weder eines Befähigungsnachweises noch einer besonderen Genehmigung. Doch bestehen Ausnahmen nach den besonderen Schiffahrtsakten für Rhein, Elbe und Weser.[1])

Um die für diese Schiffer erforderliche Vorbildung zu sichern, bestehen besondere Schulen in Aken, Tangermünde, Parey, Kl.-Wittenberg, Lauenburg, Schönebeck, Rogätz, Elster, Gr.-Rosenburg, Mühlberg, Ruhrort, Zehdenick a. H., Bredereiche, Havelberg, Alsleben a. S., Fürstenberg a. O., Wettin a. S., Gr.-Neuendorf, Tschicherzig, Pretzsch, Plaue a. H., Pritzerbe, Fürstenwalde, Polenzig, Lehnin, Coblenz, Hameln, Thorn, Linum, Beetz, Vietze, Malz, Friedrichsthal, Woltersdorf, Alt-Ruppin und Lychen. Diese Schulen sind in den Jahren von 1888—1902 eröffnet und werden meist zu zwei Drittel vom Staate, zum Rest von Gemeinden, Handelskammern, Vereinen u. dergl. unterhalten.

Zu I. Navigationsschulen und -Vorschulen.

§ 38. Die allgemeine Bedeutung und Entwickelung ist bereits in § 37 dargelegt.

Für die gegenwärtige Verfassung und Lehrpläne der Schulen und Vorschulen sind die vom Handelsminister unterm 16. Dez. 1898 erlassenen Regulative massgebend (im M.-Bl. f. d. i. V. abgedr.), durch die das alte Regulativ v. 24. Juni 1881 (a. a. O. S. 211), dem schon ein solches von 1863 (a. a. O. S. 157) vorausgegangen war, aufgehoben wurde.

Nach I § 1 sollen die Navigationsschulen den Seeleuten Gelegenheit bieten, sich die theoretische Ausbildung zum Seesteuermann

[1]) Simon, Fachbildung des preussischen Gewerbe- und Handelsstandes, S. 402 ff.

und zum Seeschiffer auf grosser Fahrt zu verschaffen und sich auf die Steuermannsprüfung und die Schifferprüfung für grosse Fahrt, sowie auf eine Prüfung in der Schiffsdampfmaschinenkunde und in der Gesundheitspflege auf Kauffartheischiffen vorzubereiten.

Zur Ausbildung von Seesteuerleuten sind die Steuermannsklassen, zur Ausbildung von Schiffern auf grosser Fahrt und zur Vorbereitung auf die Prüfung in der Schiffsdampfmaschinenkunde die Schifferklassen bestimmt.[1]) In den letzteren werden genügend Unterrichtete auch zur Vorbereitung auf die Steuermannsprüfung zugelassen.

Die Aufnahme ist von Ablegung einer durch die Navigationslehrer vorzunehmenden Prüfung abhängig, in welcher ausser einiger Kenntnisse im Deutschen, Rechnen und der Geometrie die Kenntniss der politischen und der nautischen Geographie, soweit sie für einen Schiffsoffizier erforderlich ist, sowie einige Vorbereitung in der mathematischen Geographie verlangt wird.

In eine Schifferklasse wird als Schifferschüler nur aufgenommen, wer in Deutschland entweder als Seesteuermann zugelassen ist oder die Steuermannsprüfung bestanden hat, und als Steuermannsschüler nur, wer an einer deutschen, öffentlichen Navigationsschule einen Steuermannskursus bereits ganz oder zum grossen Theile durchgemacht hat. Ausnahmen: Minister für Handel und Gewerbe.

Der Unterrichtskursus dauert in den Steuermannsklassen 8–10, in den Schifferklassen 5–6 Monate. Die Schülerzahl einer Klasse soll 30 nicht übersteigen.

Als Lehrer kann in der Regel nur angestellt werden, wer mindestens 8 Jahre nach dem 20. Jahre ausübender Seemann und als Schiffer auf grosser Fahrt zugelassen ist und eine schriftliche Prüfung abgelegt hat.

Die Navigationslehrer sind unmittelbare Staatsbeamte.

Verfassung.

§ 39. Der Navigationsschuldirektor ist alleiniger Kurator der an seinem Amtssitze befindlichen Navigationsschule. Für jede andere Navigationsschule wird von dem Regierungspräsidenten ein aus mehreren Mitgliedern bestehendes Kuratorium oder ein Einzelkurator bestellt. Die Kuratorien verwalten die Angelegenheiten der Navigationsschulen und führen die unmittelbare Aufsicht über dieselben und die dabei angestellten Lehrer vorbehaltlich der den Navigationsschuldirektoren obliegenden oberen Aufsicht. Ueber die Befugnisse der Kuratoren s. § 20 des Regulativs.

Navigationsschuldirektoren giebt es 3, zu Altona (für Schleswig-Holstein), zu Geestemünde (für Hannover) und zu Danzig (für Ost-, Westpreussen und Pommern).

---

[1]) Die Navigationsschulen in Pillau, Apenrade und Timmel haben nur eine Steuermannsklasse, alle übrigen Navigationsschulen eine Steuermanns- und eine Schifferklasse.

Frequenz.

§ 40. Die Navigationsschulen wurden besucht Anfang der 50 er Jahre von jährlich 230 bis 240 Personen, in den 60 er Jahren von 300 bis 330 Personen, wobei auch die Schulen der neu zugekommenen Provinzen (Hannover, Schleswig-Holstein) berücksichtigt sind.

In den 80 er und 90 er Jahren ging die Schülerzahl zurück, weil der allgemeine Uebergang von der Segel- zur Dampfschiffahrt eine grosse Anzahl von Schiffsführern und Steuerleuten entbehrlich machte. Durch den Etat 1897/98 wurden daher die Navigationsschule in Memel und die Steuermannsklasse in Emden aufgelöst. (Vergl. Erläuterungen zu Kap. 69 Tit. 1 a. a. O.)

In den letzten Jahren stellte sich die Schülerzahl wie folgt:

	1897/1898	1899/1900	1900/1901
Steuermannsschüler . . .	311	371	333
Schifferschüler	123	129	139
Summe	434	500	472

Die grösste Schule ist die zu Altona mit allein 140 Schülern im Jahre 1900/1901, dann folgt Geestemünde mit 59, Flensburg mit 46, Leer mit 44. Die andern haben einige 20 bis 30 Schüler.

Die Navigationsvorschulen.

§ 41. Diese Schulen sollen jungen Seeleuten Gelegenheit bieten, sich auf den Eintritt in die Steuermannsklasse einer Navigations-Hauptschule und auf die Prüfung dazu, sowie auf die Schifferprüfung für kleine Fahrt vorzubereiten.

Der Unterricht erstreckt sich auf: Deutsche Sprache (6 Stund.), Arithmetik (12 Stund.), Geometrie (8 Stund.), Geographie (4 Stund.), und Zeichnen (2 Stund.). Dazu tritt geeigneten Falles noch ein Samariterkursus (2 Stund.).

Der Eintritt ist jederzeit gestattet und von Ablegung einer Prüfung nicht abhängig. Die Zahl der Schüler soll 40 in der Regel nicht überschreiten.

Verfassung.

Das Amt der Kuratorien für die Navigations-Hauptschulen erstreckt sich auch auf die Vorschulen bei letzteren.

Für jede besondere Vorschule wird von dem Regierungspräsidenten ein aus mehreren Mitgliedern bestehendes Kuratorium oder ein Einzelkurator bestellt.

Die Kuratorien verwalten die Angelegenheiten der Schulen und führen die unmittelbare Aufsicht über dieselben und die bei ihnen thätigen Lehrer, vorbehaltlich der dem Navigationsschuldirektor obliegenden oberen Aufsicht.

Frequenz.

Diese Vorschulen (die mit Navigationsschulen verbundenen sowie die besonderen Vorschulen zusammengerechnet) wurden besucht:

1851/52 von 331 Schülern,
1852/53 „ 234 „
1853/54 „ 255 „

Die Frequenz der letzten Jahre war folgende: 1897/98 742, 1899/1900 830, 1900/01 828 Schüler. Auch hier steht Altona mit 179 Vorschülern obenan (Altona hat 2 Parallelklassen), sodann folgt die besondere Vorschule Westerhauderfehn mit 127 Vorschülern, Grünendeich und Swinemünde mit 65 bis 67 Vorschülern u. s. w. abwärts.

Etatsmässige Behandlung der Schulen und Vorschulen.

§ 42. Die Navigationsschulen und die besonderen Vorschulen gehen als Staatsanstalten ganz durch den Etat. Die Einnahmen erscheinen in Kap. 29 Tit. 2, welcher lautet: „Navigations-Haupt- und Vorschulen, Prüfungsgebühren und aus dem Otto'schen Legat"[1] 31 560 M.

Die Ausgaben erscheinen in Kap. 69 Tit. 1. Besoldungen 187 926 Mark. Die übrigen Ausgaben sind mit enthalten in den allgemeinen Tit. 2: Wohnungsgeldzuschüsse für die Lehrer und Beamten, Tit. 3: zur Remunerirung von Hilfslehrern u. s. w., Tit. 4 bis 6: für Unterhaltung der Gebäude, Vergütungen für Mitglieder der Prüfungskommissionen u. s. w.

Man muss daher, wenn man die Aufwendungen für die einzelnen Schulen feststellen will, in die einzelnen Kassenetats Einblick nehmen. Deren Ergebnisse sind in der folgenden Tabelle für 1902 wiedergegeben.

Navigations-schulen und -Vorschulen	Etatsmässige Einnahme (Kap. 29 Tit 2) Schulgeld-, Prüfungsgebühren u. s. w.	Ausgabe				Zusammen etatsmässige Ausgabe
		Kap. 69 Tit. 1	Kap 69 Tit. 2	Kap. 69 Tit. 3	Kap. 69 Tit. 4–6	
	M.	M.	M.	M.	M.	M.
1. Pillau	279	6 300	300	100	1 700	8 400
2. Danzig	930	17 775	1 752	350	4 149	24 026
3. Stettin-Grabow	1 470	12 850	—	—	3 611	16 461
4. Swinemünde	140	1 500	360	—	100	1 960
5. Stolpmünde	27	1 500	216	—	20	1 736
6. Stralsund	1 135	11 200	1 440	—	2 330	14 970
7. Barth	966	12 275	1 368	—	1 520	15 163
8. Zingst	109	2 700	—	—	420	3 120
9. Prerow	110	2 700	—	—	530	3 230
10. Flensburg	2 433	17 400	1 092	100	4 660	23 252
11. Apenrade	398	6 300	300	—	2 245	8 845
12. Altona	8 347	34 550	5 580	100	6 076	46 306
13. Geestemünde	3 811	21 350	1 752	390	3 427	26 919
14. Grünendeich	560	1 500	—	—	1 046	2 546
15. Grohn	70	2 100	180	—	530	2 810
16. Emden	283	2 700	—	45	910	3 655
17. Leer	1 772	12 875	300	140	3 180	16 495
18. Timmel	1 290	5 900	—	120	2 220	8 240
19. Westerhauderfehn	345	1 500	—	30	660	2 190
20 Papenburg	1 450	10 500	300	30	3 260	14 090
	25 925	185 475	14 940	1 405	42 594	244 414

[1]) Jährlich 140 M. Vergl. über dieses Legat Etat 1900 Beil. E.

§ 42a. Was die Einnahmen anbetrifft, so betragen die Prüfungsgebühren vor den in § 37 Anm. 2 benannten Kommissionen nach der Bestimmung des Bundesraths 15 M., für die Schifferprüfung für grosse Fahrt 30 M.

Das Schulgeld.

Wie aus § 42 hervorgeht, decken die Einnahmen aus Schulgeld und Prüfungsgebühren zusammen nur 10,6 Proz., der Staatszuschuss macht dagegen 244 414 — 25 925 M. = 218 489 M. = 89,4 Proz. aus.

Den Hauptantheil der Ausgaben machen die Lehrerbesoldungen aus.

Für die Navigations-Schuldirektoren galt vor der allgemeinen Besoldungsverbesserung 1897/98 als Höchstgehalt der Satz von 6000 M., also der Höchstsatz für die Direktoren von höheren Vollanstalten der allgemeinen Schulverwaltung (ausser Berlin). Das Mindestgehalt betrug vor 1897 4200 M. und ist das Gleiche auch nachher geblieben. Das Höchstgehalt wurde aber auf 6600 M. gesteigert, während die Direktoren der höheren allgemeinen Vollanstalten bis 6900 M. bezw. 7200 M. stiegen. Die Navigationslehrer erhielten Anfang der 90er Jahre 2700 bis 3300 M., nach 1897/98 sind sie auf 3000 bis 4500 M. gesteigert, und stehen damit den Seminaroberlehrern in den Provinzen gleich. Die Vorschullehrer erhielten früher 1500 bis 2100 M. und erhalten jetzt 1500 bis 2700 M., wie die Lehrer an den Gefängnissen, die Gerichtsschreiber-Assistenten u. s. w.

Gegenwärtig sind thätig 3 Direktoren, 26 Lehrer, 21 Vorschullehrer, 9 Boten (900 bis 1200 M.). Die 3 Direktoren, 23 Lehrer und 9 Schuldiener haben Dienstwohnung.

Die sächlichen Ausgaben beliefen sich für 1902 auf zusammen 42 594 M.

§ 43. Zu II. Seedampfmaschinisten-Schulen. Der allgemeine Zweck dieser Schulen ist bereits in § 37 erläutert worden.

Die Lehrpläne umfassen (nach den reichsrechtl. Vorschriften 1891 s. o.) für die Maschinisten IV. Klasse: Deutsch (Sprache und technische Aufsätze), Rechnen, Maschinenkunde, Physik und Technologie (zus. 24 Stund.). Für diejenigen III. Klasse: Deutsch (Sprache und technische Aufsätze), Rechnen, Maschinenkunde, Physik und Technologie, Elektrotechnik (zus. 30 Stund.). Für diejenigen II. Klasse: Maschinenlehre, Zeichnen, Mechanik, Physik, Technologie, Elektrotechnik, bürgerliches und mathematisches Rechnen, Geometrie, Deutsch, Englisch (zus. 45 Stund.) Für die Maschinisten I. Klasse: Deutsch, Englisch, Planimetrie, Stereometrie, Arithmetik, ebene Trigonometrie, Mechanik, Physik, Chemie, Maschinenkunde und Zeichnen (zus. 45 Stund.).

Ausserdem wird halbjährlich in 8 Doppelstunden Unterricht in der Gesundheitspflege ertheilt.

Die Schüler der IV. Klasse bestehen grösstentheils aus Schlossergesellen und Maschinenheizern, welchen auf diesen Schulen Gelegenheit gegeben werden soll, sich die zum Bestehen der vorgeschriebenen Prüfungen erforderliche Vor- und Nachbildung anzueignen.

Jene Prüfungen werden nach der Bekanntmachung v. 26. Juli 1891 vor besonderen Prüfungskommissionen abgelegt, deren es in Preussen 5 giebt, zu Königsberg, Danzig, Stettin, Flensburg, Geestemünde. Die Prüfungen sind schriftlich und mündlich. Prüfungsgebühren: in der 3. u. 4. Klasse 10 M., 2. Klasse: 15 M., 1. Klasse: 30 M.

Frequenz.

§ 44. Die Schule in Flensburg war im Jahre 1897/98 von 46, 1900 von 46, im Jahre 1901 von 47 Schülern, die Schule in Stettin 1901 von 27 Schülern besucht.

Etatsmässige Behandlung.

§ 45. Diese Schulen stehen mit unter den Maschinenbauschulen. Es gilt daher bezüglich ihrer Stellung im Etat das im § 84 Gesagte.

Einen Ueberblick über ihre Etatsverhältnisse im Einzelnen ergiebt die nachfolgende Zusammenstellung für das Etatsjahr 1902:

Fachschulen für See-Dampfschiffs-maschinisten	etatsmässige Einnahmen (Kap. 29 Tit. 2b)	Ausgabe Kap. 69 Tit. 1b	Kap 69 Tit. 2	Kap. 69 Tit. 3	Kap 69 Tit. 4—6	Zusammen etats-mässige Ausgabe
	M.	M.	M.	M	M.	M.
1. Stettin	4 284	12 450	1 704	260	2 540	16 954
2. Flensburg	2 600	24 600	3 072	1 344	3 070	32 086

Wie sich die Ausgaben des Staates für die schon ältere Schule in Flensburg gesteigert haben, ergiebt folgende Zusammenstellung.

1885/86[1])	8 700 M.	1893/94	21 250 M.
1887/88	8 700 „	1894/95	23 960 „
1889/90	8 700 „	1895/96	23 960 „
1890/91	20 970 „	1896/97	23 960 „
1891/92	21 250 „		
1892/93	21 250 „	1902	29 486 „

Die Stadt Flensburg giebt und unterhält das Schullokal. Die übrigen nicht durch eigene Einnahmen gedekten Kosten trägt der Staat.

§ 46. Zu III. Binnenschiffahrtsschulen. Endlich giebt es noch seit Ende der 80er Jahre eine Reihe von Binnenschiffahrtsschulen. Auf diesen werden Schiffer vorgebildet, welche auf den Strömen Rhein, Elbe, Weser die Erlaubniss zum Fahren in den Prüfungen gewinnen wollen, welche auf Grund der besonderen Schiffahrtsakten dort vorgeschrieben sind. Es kommen in Betracht für den Rhein Akt. 15, 16, 18 der revidirten Rheinschiffahrtsakte v. 17. Okt. 1868 (G.-S. 1869 S. 798) §§ 1 u. 2 d. Ausführungsges. v. 17. März

---

[1]) 1884/85 erschien zum ersten Male ein Staatszuschuss bei Kap. 123 Tit. 15 des Kultusetats.

1870 (G.-S. S. 187) des Regulativs vom 23. März 1870, für die Elbe: §§ 7 u. 12 der Elbschiffahrts-Additionalakte v. 13. April 1844 (G.-S. S. 461) nebst den dazu erlassenen Ministerialvorschriften v. 27. Dez. 1890 betr. die Patentirung als Elbschiffer,[1]) endlich für die Weser § 4 der Weserschiffahrtsakte v. 10. Sept. 1823 (G.-S. 1824 S. 25) u. Art. II der Additionalakte v. 3. Sept. 1857 (G.-S. 1858 S. 453).

§ 47. Die Frequenz der Schulen geht aus nachfolgenden Zahlen hervor:

Schifferschulen (für Binnenschiffahrt).

Sitz der Anstalt	Eröffnungsjahr	Letzte Schülerzahl, soweit zu ermitteln 1899	1900	1901
1 Aken	1888	46	—	—
2. Tangermünde	1888	—	—	—
3 Parey	1890	—	48	57
4. Kl. Wittenberg	1890	28	—	—
5. Lauenburg	1890	47	—	—
6. Schönebeck	1894/95	—	—	—
7. Rogätz	1894	—	—	—
8. Elster	1894	—	—	—
9 Gr. Rosenburg[2])	1895	—	—	—
10. Mühlberg	1896	8	—	—
11 Ruhrort	1891/92	—	—	16
12 Zehdenick a H.	1892/93	76	52	60
13. Bredereiche	1894/95	20	19	15
14. Havelberg	1895/96	—	35	—
15 Alsleben a S.	1895/96	28	—	—
16. Fürstenberg a. O	1897/98	29	20	—
17. Wettin a. S.	1897/98	30	—	—
18. Thorn	1898/99	—	—	22
19. Gr. Neuendorf	1898/99	—	14	19
20 Tschicherzig	1898/99	—	25	31
21. Pretzsch	1898	—	10	—
22. Plaue a. H.	1899	—	24	27
23. Pritzerbe	1899	—	35	24
24. Fürstenwalde	1899	—	35	—
25. Polenzig	1900	—	—	24
26. Lehnin	1900	—	—	30
27. Linum	1901	—	—	—
28. Hameln	1902	—	—	—

Zur Deckung der Ausgaben, soweit sie nicht durch das Schulgeld beglichen werden, giebt der Staat einen Zuschuss von $^2/_3$, und den Rest mit $^1/_3$ gewährt gewöhnlich die Gemeinde, die auch für die Unterrichtsräume, deren Heizung, Reinigung und Beleuchtung sorgt, andernfalls Schiffervereine, Handelskammer u. s. w.

[1]) Die neuen Prüfungsgebühren für Schiffs- u Flossführer auf der Elbe sind am 1. April 1891 in Kraft getreten. Aus den bei Kap. 29. Tit. 2 der Einnahme vereinnahmten Prüfungsgebühren (à 5 M.) werden die Prüfungskosten gedeckt, vergl. Vermerk zu Kap. 69 Tit. 6 der Ausgaben im Etat.

[2]) Privatschule.

VII. Rheinschiffahrt-Centralkommission.

(Kap. 68 Tit. 11 der Ausgabe).

§ 48. Diese Kommission ist errichtet auf Grund des Art. 43, der zwischen den 6 Staaten Preussen, Baden, Bayern, Frankreich (jetzt Elsass-Lothringen), Hessen und den Niederlanden vereinbarten Rheinschiffahrtsakte (revidirt unt. 17. Okt. 1868, Preuss. Ausführ.-Gesetz v. 17. März 1870, G.-S. 1869 S. 798 u. 1870 S. 187).

Jeder der genannten Staaten sendet einen Bevollmächtigten in die Kommission. Der Vorsitz wird alljährlich durch Loos bestimmt. Die Kommission tritt einmal im Jahre zu einer ordentlichen, meist jetzt auch noch einmal ausserordentlich zusammen. Sie hat nicht nur verwaltende und polizeiliche Funktionen wahrzunehmen, sondern kann auch — neben den obersten Rheinschen Schiffahrtsgerichten der Einzelstaaten — Art. 38 der Akte — als 2. Instanz gegen die Rheinschiffahrtsgerichte angerufen werden (Art. 37 der Akte). Von dieser Befugniss wird seitens der Parteien in ausgiebiger Weise Gebrauch gemacht (Art. 34, 37).

Der preussische Bevollmächtigte steht unter dem Minister der auswärtigen Angelenheiten und erhält seine Diäten aus dessen Reisekostenfonds. Nur die sächlichen Kosten (Druck der Berichte u. s. w.) werden aus Kap. 68 Tit. 11 des Handelsetats bestritten.

Der der Centralkommission unterstehende Rheinschiffahrtsinspektor zu Coblenz ist in seinen Amtsverrichtungen der Centralkommission untergeordnet (Art. 41 a. a. O.). Seine Besoldung steht auf dem Etat der Bauverwaltung.

Die Kommission ist nicht zu verwechseln mit der sogen. Rheinschiffahrtskommission (s. Buch V dieses Bandes).

B. Ausgaben im Interesse des Handels.[1])

I. Börsenkommissare.

§ 49. Auch schon vor Erlass des Reichs-Börsengesetzes v. 22. Juni 1896 (R.-G.-Bl. S. 157) fand an den Börsen der meisten deutschen Bundesstaaten eine gewisse Aufsicht statt, so in Preussen auf Grund des Art. 3 des Einf.-Ges. zum Handelsgesetzbuch v. 24. Juni 1861 (G.-S. S. 449) durch Handelskammern und kaufmännische Korporationen. Die Beaufsichtigung hatte sich aber vielfach als nicht genügend erwiesen, um gewisse Auswüchse des Börsenbetriebes, besonders in Bezug auf Börsenspiel, Terminhandel, Papieremissionen u. s. w. zu verhindern.

Durch das Reichsgesetz v. 22. Juni 1896 (R.-G.-Bl. S. 157) sollte nun einheitliches Recht geschaffen werden. Dabei wurde die Genehmigung und Beaufsichtigung wie Schliessung der Börsen den Landesregierungen übertragen, welche die unmittelbare Beaufsichtigung wieder den Handelsorganen (Handelskammern, kaufmännischen Korporationen) übertragen können, daneben aber an allen Börsen — kleine ausgenommen § 2 Abs. 2 d. Ges.[2]) — Staatskommissare bestellen müssen, damit durch diese die Regierung stets in reger Fühlung mit dem Börsenbetriebe bleibe und jederzeit unmittelbar von beachtenswerthen Vorgängen in Kenntniss gesetzt werde.

Aufgabe dieser letzteren ist es, den Geschäftsverkehr an der Börse, sowie die Befolgung der in Bezug auf die Börse erlassenen Gesetze und Verwaltungsbestimmungen nach näherer Anweisung der Landesregierung zu überwachen. Sie können den Börsenberathungen beiwohnen und haben insbesondere auch im ehrengerichtlichen Verfahren die Staatsinteressen wahrzunehmen (§§ 9—27 d. Ges.). Sie haben auf hervorgetretene Missbräuche die Börsenorgane aufmerksam zu machen, und zugleich über Mängel und Mittel zu ihrer Abstellung der vorgesetzten Behörde Bericht zu erstatten.

Die Börsenorgane sind der Börsen**ausschuss** (30 Mitglieder vom Bundesrath auf 5 Jahre wählbar), welcher zur Begutachtung über die durch das Börsengesetz der Beschlussfassung des Bundesraths überwiesenen Angelegenheiten dient, und Anträge an den Reichskanzler stellen kann, sowie der Börsen**vorstand**, welcher für die Aufrechterhaltung der Börse und den Geschäftsverkehr zu sorgen hat. Auf die einzelnen Bestimmungen des Börsengesetzes zur Verhinderung einzelner der hervorgetretenen Missstände, einzugehen, würde hier zu weit führen.

Die Börsenordnungen werden von der Landesregierung genehmigt.

Der Dienst der Staatskommissare wird bei den meisten preussischen Börsen **nebenamtlich** wahrgenommen. Nur bei den Börsen in Berlin und Frankfurt a. M. erschien die Bestellung besonderer Beamten, und zwar bei ersterer von 2 Börsenkommissaren, von denen der eine dem anderen vorgesetzt ist, und bei letzterer eines solchen geboten. Von den drei Stellen ist vorläufig nur die des leitenden Beamten bei der Berliner Börse als etatsmässige und besoldete errichtet worden, während die beiden anderen, da möglicherweise das Bedürfniss für sie kein dauerndes ist, zunächst auftragsweise gegen Remuneration versehen werden.

Dem leitenden Staatskommissar bei der Berliner Börse ist bei der Schwierigkeit und Wichtigkeit seines Amts ein festes pensionsfähiges Gehalt in Höhe des früheren Maximalsatzes der Besoldung der vortragenden Räthe bei den Ministerien (9900 M.) beigelegt, daneben aber

---

[1]) Das kaufmännische Unterrichtswesen wird an besonderer Stelle behandelt (§§ 65 ff.).

[2]) § 2 Abs. 2 lautet: Mit Zustimmung des Bundesraths kann für einzelne Börsen die Thätigkeit des Staatskommissars auf die Mitwirkung beim ehrengerichtlichen Verfahren (§ 9 ff. a. a. O.) beschränkt oder, sofern es sich um kleine Börsen handelt, von der Bestellung eines Staatskommissars abgesehen werden. Keine Kommission besteht z. B. für die Ruhrorter Schifferbörse, sowie für die Börsen zu Elbing, Düsseldorf, Essen und für die Produktenbörse Grimmen. Die Produktenbörsen Posen und Gleiwitz haben sich aufgelöst.

nach Bedarf noch eine nicht pensionsfähige Funktionszulage von höchstens 5100 M. (aus Tit. 9a) gewährt, damit er ein Gesammteinkommen von 15 000 M. (ausser dem Wohnungsgeldzuschusse) erreichen kann. (1200 M. Wohnungsgeldzuschuss aus Tit. 5.)

Zur Remunerirung der zunächst auftragsweise zu bestellenden beiden Börsenkommissare bei den Börsen in Berlin und Frankfurt a. M. werden ebenfalls aus Tit. 9a 5400 M. bezw. 2400 M. gewährt.

Der Frankfurter Kommissar hat einen Stellvertreter, der im Nebenamt 800 M. bezieht. Ferner sind bestellt an Staatskommissaren im Nebenamt je 1 für die Börsen zu Königsberg, Danzig, Stettin, Breslau, Magdeburg, Cöln und Hannover, meist Regierungsräthe, welche je 1200 M. im Nebenamt beziehen (Hannover nur 900 M.). Die ersten 4 und Hannover haben je einen Vertreter, der 200—400 M. Remuneration erhält, die Dienstaufwands- und Bureaukosten werden aus Tit. 11 bestritten (1902: 7000 M.).

Nach § 57 des Börsengesetzes entstehen auch gewisse Börsengebühren für Eintragung ins Börsenregister (150 M. und jährlich 25 M. Erhaltungsgebühr) die in die Staatskasse fliessen und bei Kap. 29 verrechnet werden.

II. Aichungsbehörden.

(Kap. 29 Tit. 3 der Einnahme, Kap. 68 Tit. 3a der Ausgabe, Tit. 5, 6a, 11, 15 der Ausgabe.)

§ 50. Es ist die Aufgabe der Aichungsbehörden, die Masse, Gewichte, Waagen, Gefässe und sonstige Messwerkzeuge, welche nach den Vorschriften der Reichs- und Landesgesetzgebung behufs der Verwendung im Verkehr der Stempelung bedürfen, nach Feststellung ihrer vorschriftsmässigen Beschaffenheit mit dem Beglaubigungsstempel zu versehen und bei der polizeilichen Durchführung des Mass- und Gewichtswesens mitzuwirken.

Die alte preussische Mass- und Gewichtsordnung v. 16. Mai 1816 (G.-S. S. 142) wurde auf Grund des Art. 4 Ziff. 3 der Reichsverfassung durch die Mass- und Gewichtsordnung v. 17. Aug. 1868 (B.-G.-Bl. S. 473 ff.) beseitigt, welche als Einheit für Längenmasse das Meter, für Flächenmasse das Quadratmeter, für Körpermasse das Kubikmeter, für Gewichte das Kilogramm einführte.

Hinsichtlich der zur Aichung und Stempelung der im Verkehr zu verwendenden Masse, Gewichte und Waagen bestimmte das gedachte Reichsgesetz, dass dieses Geschäft durch besondere Aichungsämter ausgeübt werde, deren Personal von der Obrigkeit bestellt wird. Diese Aemter werden mit den erforderlichen Gebrauchs- und Kontrollnormalen versehen; die für die Aichung u.s.w. zu erhebenden Gebühren werden durch eine allgemeine Aichgebührentaxe für das Deutsche Reich geregelt. Die Errichtung der Aichungsämter steht den Bundesregierungen zu und erfolgt nach den Landesgesetzen; dieselben können auf einen einzelnen Zweig des Aichungsgeschäftes beschränkt werden, oder mehrere Zweige desselben umfassen.

Damit im ganzen Bundesgebiete das Aichungswesen nach übereinstimmenden Regeln und dem Interesse des Verkehrs entsprechend gehandhabt werde, ist durch den Art. 18 der Mass- und Gewichtsordnung die Errichtung einer Normal-Aichungskommission angeordnet worden, welche vom Reiche bestellt und unterhalten wird, ihren Sitz in Berlin hat, und deren Ausgaben auf dem Reichshaushaltsetat stehen.[1])

Organisation.

In Preussen bestand hinsichtlich der Organisation der Aichungsbehörden im Jahre 1869 ein ziemlich buntes Durcheinander (s. bei v. Rönne a. a. O. III S. 236), weshalb der Gegenstand durch das Gesetz v. 26. Nov. 1869 (G.-S. S. 1165) und die Instruktion des Handelsministers v. 6. Jan. 1870 (M.-Bl. f. d. i. V. S. 56) für die ganze Monarchie einheitlich geregelt wurde.

Darnach sind die Aichungsämter Gemeindeanstalten, jedoch mit Ausnahme der Aichungsämter an denjenigen Orten, wo die Aichungsinspektoren ihren Sitz haben, welche Staatsanstalten sein und unter der unmittelbaren Leitung der Aichungsinspektoren stehen sollen. Die Aichungsämter bestehen aus einem Vorsteher, welchem die allgemeine Leitung der Geschäfte obliegt, und einem Sachverständigen als Aichmeister; im Falle des Bedürfnisses ist jedoch das Personal zu vermehren. Zu Aichmeistern können nur solche Personen bestellt werden, deren technische Befähigung von dem vorgesetzten Aichungsinspektor nach vorgängiger Prüfung anerkannt und bescheinigt ist.

Die Errichtung von Aichungsämtern ist von einer Genehmigung des Ministers für Handel und Gewerbe abhängig. Dieselbe kann jedoch Gemeinden, welche die zu einem Aichungsamte nöthigen Lokalitäten und Einrichtungen beschaffen und eine zum Aichmeister qualifizirte Persönlichkeit nachweisen, nicht vorenthalten werden. Die Aufsicht über den Geschäftsbetrieb der Aichungsämter wird durch die Gemeindebehörden und durch Aichungsinspektoren ausgeübt, deren in der Regel einer für jede Provinz ernannt wird. Letztere sind befugt, die Aichungsämter ihres Distrikts in technischen Angelegenheiten durch Vermittelung der Gemeindebehörden mit Anweisung zu versehen. Die Aichungsinspektoren sind Staatsbeamte.[2]) Solche Zweige des Aichungsgeschäftes, welche eine besondere Sachkunde und Geschicklichkeit erfordern, können ausschliesslich einzelnen Aichungsämtern übertragen oder auch den Staatsaichungsämtern ganz vorbehalten werden. Die Kosten der Errichtung und Unterhaltung der Aichungsämter an den Orten, wo die Aichungsinspektoren ihren Sitz haben, übernimmt der Staat, welcher dagegen

---

[1]) Cohn, Finanzen des Deutschen Reichs. 1899. S. 89.

[2]) Sie sind dem Minister untergeordnet, unterstehen aber der Aufsicht der Oberpräsidenten.

auch die bei denselben aufkommenden Gebühren bezieht; die Kosten der übrigen Aichungsämter, sowie andererseits die bei ihnen aufkommenden Gebühren, fallen den betreffenden Gemeinden zu.

Die Befugnisse der einzelnen Aichbehörden sind verschieden abgegrenzt, einige sind nur zur Aichung von Waagen und Gewichten, andere von Waagen, Gewichten, Hohlmassen und Flüssigkeitsmassen, die Dritten ausserdem noch zur Aichung von Fässern, Messwerkzeugen für trockene Gegenstände, Präcisionsgegenständen u. s. w. befugt.

Die an die Ausrüstung der Aichämter zu stellenden Anforderungen richten sich nach deren Aichungsbefugnissen, welche in jedem Falle ausdrücklich festgestellt werden.

Die Zahl der Aichungsämter ist eine sehr grosse. Sie betrug in den Provinzen:

	1895	1902
Ost- und Westpreussen	30	30
Brandenburg und Berlin	49	49
Pommern	16	17
Posen	21	22
Schlesien	51	52
Sachsen	55	59
Schleswig-Holstein	26	26
Hannover	57	57
Westfalen	70	75
Hessen-Nassau	67	70
Rheinprovinz und Hohenzollern	147	152
	589	609

Die Zahl der Aichungsinspektionen und somit auch der staatlichen Aichungsämter ist demgegenüber eine nur geringe, 11 (in Berlin, Breslau, Cöln, Dortmund, Hannover, Cassel, Kiel, Königsberg, Magdeburg, Posen, Stettin). An Inspektoren sind 7 etatsmässig angestellt,[1]) ausserdem 2 remuneratorisch und 2 im Nebenamte.

2 der Inspektoren nehmen gegen geringe Vergütung die Aufsicht über die Aichungsämter des Herzogthums Anhalt und des Fürstenthums Schwarzburg-Sondershausen bezw. der Herzogthümer Sachsen-Meiningen, Koburg-Gotha und des Fürstenthums Waldeck wahr.

Als Kassen- und Bureaubeamte sind 9 thätig, ferner sind etatsmässig an den staatlichen Aichungsämtern angestellt 31 Aichmeister und 4 Unterbeamte.

Einnahmen und Ausgaben.

§ 51. Die Einnahmen der Aichungsämter aus Aichungsgebühren werden bei Kap. 29 Tit. 3 (nach 2jährigem Durchschnitt) in Ein-

---

[1]) die in den gesperrt gedruckten Orten ihren Sitz haben.

nahme verrechnet. Für die Höhe der Gebühren ist die erwähnte Taxe massgebend, die auch für die kommunalen Aichungsämter gilt.

Diese Taxe ist erlassen unterm 28. Dez. 1884 (Besond. Beil. 5 des R.-G.-Bl. 1884) nebst Abänderungen v. 6. Mai 1892, 8. Mai 1894, 18. Aug. 1900 (No. 33, 26, 38 der betr. Reichsgesetzblätter).

Die von den staatlichen Aemtern vereinnahmten Gebühren sind in fortwährender Steigerung begriffen und übersteigen die Ausgaben erheblich. 1879/80 stellten sie sich auf 124 610 M. und stiegen bis 1896/97 auf 186 810 M., stiegen 1897/98 auf 249 112 M. und seitdem bis 1902 auf 377 607 M.

Die einzelnen Aichämter sind an letzter Summe wie folgt betheiligt: Königsberg 23 023 M., Berlin 173 180 M., Stettin 11 170 M., Posen 7430 M., Breslau 25 000 M., Magdeburg 16 970 M, Kiel 8220 M, Hannover 10 528 M., Dortmund 19 020 M, Cassel 5556 M., Cöln 77 510 M.

Die Ausgaben werden bestritten aus Kap. 68 Tit. 3 a, 5, 6 a, 10 bis 10 b, 11, 16.

Die Aichungsinspektoren, welche sich ganz vorwiegend aus Technikern mit höherer akademischer Ausbildung zusammensetzen, erhielten Anfangs der 80 er Jahre nur durchschnittlich 2700 M., Anfang der 90 er Jahre 3600 M. und stiegen bei der allgemeinen Besoldungsverbesserung 1897/98 auf durchschnittlich 3950 M. (Höchstgehalt 5400 M.). Sie bilden eine Besoldungsgemeinschaft für sich, haben also keine Dienstalterszulagen. Die Bureau- und Kassenbeamten stehen mit 1500 bis 3300 M. den Bausekretären der Bauverwaltung und den Hauptsteueramts-Assistenten gleich.

Die Aichmeister rangiren mit 1500 bis 2700 M. gegenwärtig mit den mittleren Werksbeamten I. Klasse der Bergverwaltung, den Bureauassistenten und Stationsverwaltern der Eisenbahnverwaltung, den Wasserbauwarten, Hafenpolizeisekretären u. s. w. gleich.

Bis 1885/86 wurden die Stellen der Aichmeister, Aichmeistergehilfen und Rechnungsführer bei den königlichen Aichungsämtern nicht auf dem Etat geführt, weil der Umfang der Arbeit sich nicht im Voraus übersehen liess. Seitdem sich aber die Zahl der dauernd erforderlichen Beamten bestimmter übersehen liess, konnte man, um völlig geeignete und tüchtige Kräfte zu erhalten, die etatsmässige Anstellung nicht länger zurückhalten. Es wurden daher zum ersten Mal im Etat 1885/86 20 neue Stellen (14 Aichmeister, 4 Hilfsaichmeister und 2 Rechnungsführer) mit 1550 M. Gehaltsdurchschnitt eingestellt. (Vergl. Erläuterungen zu jenem Etat.)

Auch für 3 Boten wurden 1885/86 zum ersten Male etatsmässige Stellen (1550 M. im Durchschnitt) eingeführt; jetzt erhalten die 4 Unterbeamten je 900 bis 1500 M.

Die Remunerationen für das nicht festangestellte Personal erfolgen aus Tit. 6 a 1902: 48 342 M.

(Zur Remunerirung des nicht festangestellten Personals bei den Aichungsämtern und an Funktionszulage für Hülfsleistung in den

---

[1]) 19 Aichbeamte haben Dienstwohnung.

Aichungsinspektionsgeschäften 300 M. bezw. 2150 M. für 3 Aichmeister, 48342 M.)

Von Kap. 68 Tit. 5 entfielen für 1902 auf die Aichbehörden 13608 M. + 660 M. für Unterbeamte, von Tit. 11 16300 M. und 5500 M. für Aichung der Rheinschiffe, von Tit. 16: 4950 M.

Die Gesammtausgaben für die Aichungsbehörden betrugen also 1902 (nach dem Etat) rund 206000 M. gegen rund 377000 M. Einnahmen.

Extraordinarium.

§ 51 a. Die Baukosten und Einrichtungskosten der Aichungsämter trägt der Staat. Im Extraordinarium der Jahre 1893/94—1901 wurden 579690 M. zu derartigen Zwecken bereit gestellt.

C. Ausgaben im Interesse von Gewerbe und Industrie.

§ 52. Hier kommt zunächst in Betracht die wichtige Einrichtung der

I. Gewerbeinspektoren.[1])

Die Einrichtung der Gewerbeinspektoren (Gewerbeaufsichtsbeamten) steht in enger Beziehung zu der Arbeiterschutz-Gesetzgebung, denn den Gewerbeinspektionsbeamten ist keineswegs die Beaufsichtigung des gesammten industriellen und gewerblichen Betriebes übertragen. Ihr Zuständigkeitsbereich umfasst vielmehr im Wesentlichen nur diejenigen Bestimmungen, welche dem Schutz und der Wohlfahrtspflege der gewerblichen Arbeiterbevölkerung gewidmet sind.

In Preussen wurde das erste Arbeiterschutzgesetz für jugendliche Arbeiter unterm 9. März 1839 erlassen, worin u. a. bestimmt wurde, dass vor zurückgelegtem 9. Lebensjahr niemand in Fabrik-, Hütten- und Bergbaubetrieben zu regelmässsiger Beschäftigung angenommen werden dürfe, und dass junge Leute vor zurückgelegtem 16. Lebensjahr nicht über 10 Stunden täglich, bei Nacht und an Sonntagen überhaupt nicht, beschäftigt werden dürfen.

Um die Durchführung dieser und weiterer zum Schutze der Arbeiter im Verwaltungswege getroffenen Bestimmungen zu sichern, wurden durch Gesetz v. 9. Febr. 1849 Gewerberäthe in Bezirken mit erheblich entwickeltem gewerblichen Verkehre eingerichtet. Dies waren aber keine Einzelbeamten, sondern Körperschaften, die durch Wahlen aus dem Handwerkerstande, den Arbeitgebern und Arbeitnehmern der Fabriken und aus dem Handelsstande hervorgingen. Die Institution bewährte sich indessen nicht.

Bei Gelegenheit der Revision des Arbeiterschutzregulativs vom 9. März 1839 durch die Novelle v. 16. Mai 1853 wurde daher (in § 11) vorgeschrieben, dass die Ausführung der Bestimmungen des Gesetzes da, wo sich ein Bedürfniss herausstelle, durch besondere einzelne

---

[1]) Plotke, „Die Gewerbeinspektion in Deutschland", Berlin. Carl Heymann. 1899.

Fabrikinspektoren mit ortspolizeilichen Befugnissen wahrgenommen werden sollte. Solche Bezirke waren damals nur 3, Düsseldorf, Aachen und Arnsberg (1854).

Unterm 24. Mai 1879 erhielten die der Zahl nach inzwischen vermehrten Fabrikinspektoren eine neue Dienstanweisung, wobei ihnen zugleich der Titel „Gewerberäthe" beigelegt wurde.

Die auf Grund der kaiserlichen Botschaft vom 17. Nov. 1881 und der internationalen Arbeiterschutzkonferenz i. J. 1890 stattgehabte Abänderung der Reichs-Gewerbeordnung durch Gesetz v. 1. Juni 1891 (sog. Arbeiterschutzgesetze), in welchem die Verhältnisse der gewerblichen Arbeiter hinsichtlich der Sonntagsruhe, Ausbildung, Lohnzahlung, Entlassung, Fürsorge für Gesundheit, sittliches Wohl u. s. w. neu und eingehend geregelt wurden, hatten naturgemäss auch eine gesteigerte Thätigkeit und Erhöhung der Bedeutung der staatlichen Gewerbeaufsichtsbeamten zur Folge.

In § 139 b des letztcitirten Gesetzes war bestimmt worden, dass die von den Landesregierungen zu ernennenden, zur Durchführung der Arbeiterschutzvorschriften bestimmten besonderen Beamten bei Ausübung dieser Befugnisse alle amtlichen Befugnisse der Ortspolizeibehörden geniessen sollten. Das nähere über die Zuständigkeiten blieb der Landesgesetzgebung vorbehalten.

Für Preussen ergingen zur Ausführung die Allerh. Erlasse vom 27. April 1891 und 27. Jan. 1898. Durch ersteren Erlass wurden an den Regierungen besondere technische Regierungs- und Gewerberäthe mit dem Range IV. Klasse angestellt und ihnen zur Unterstützung für gewisse Bezirke gewerbetechnische Beamte (Gewerbe-Inspektoren mit dem Range V. Klasse) beigegeben, denen zugleich — um die Kosten für die Staatskasse zu vermindern — die Revision der Dampfkessel gegen Gebühren übertragen werden konnte.

Für Regierungsbezirke mit besonders hoch entwickelter Industrie konnten den Regierungs-Gewerberäthen Hilfsarbeiter aus der Zahl der Gewerbe-Inspektoren zugeordnet werden, und andererseits für mehrere Regierungsbezirke mit schwach entwickelter Industrie ein Gewerberath angestellt werden, der bei der Regierung, an deren Sitze er seinen Wohnort hat, die gesammten Geschäfte wahrzunehmen hatte, dagegen bei den übrigen Regierungen in den laufenden minder wichtigen Geschäften durch einen Hilfsarbeiter aus der Zahl der Gewerbe-Inspektoren vertreten wurde, dem zugleich auch ein Inspektionsbezirk überwiesen werden sollte.

Die Hälfte aller Gewerbeinspektoren kann nach mindestens 12jähriger Dienstzeit den Charakter als „Gewerberath" mit dem Range IV. Klasse erhalten.

Der Wirkungskreis der Gewerbeaufsichtsbeamten wurde zugleich durch eine Dienstanweisung vom 23. März 1892 neu und eingehend geregelt.

Nach der Dienstanweisung sollen die Gewerbeaufsichtsbeamten einerseits in Ergänzung der den ordentlichen Polizeibehörden obliegenden Thätigkeit für eine möglichst vollständige und gleichmässige Durchführung der Bestimmungen der Gewerbeordnung Sorge tragen, andererseits aber zugleich eine Vertrauensstellung zwischen Arbeitgebern und Arbeitern zu erlangen suchen, um die bei der Durchführung jener Bestimmungen hervortretenden Interessengegensätze möglichst auf gütlichem Wege auszugleichen. Sie sind berechtigt und verpflichtet, die ihrer Aufsicht unterstellten gewerblichen Anlagen bei Tag und gegebenen Falls auch bei Nacht zu revidiren und dabei insbesondere auch darauf zu sehen, dass die Vorschriften des § 16 der Gewerbeordnung nicht unbeachtet bleiben, vor Allem aber auf die ordnungsmässige Durchführung der zum Schutze der Arbeiterbevölkerung gegebenen Vorschriften zu sehen. Polizeiliche Straffestsetzungen und in der Regel auch polizeiliche Zwangsverfügungen sollen sie nicht selbst vornehmen, sondern bei den ordentlichen Polizeibehörden in Antrag bringen (s. auch § 53).

§ 53. Ueber die finanziellen Erwägungen, welche für die Staatsregierung bei der Durchführung der Neuorganisation massgebend waren, giebt die als Beilage C dem Handels-Etat für 1891/92 beigegebene Denkschrift Aufschluss.

Danach war beabsichtigt, im Laufe von 4 Jahren nach und nach die Zahl der Gewerbeaufsichtsbeamten auf 26 Regierungs- und Gewerberäthe, 97[1]) Gewerbeinspektoren, von denen 17 als Hilfsarbeiter der Regierungs-Gewerberäthe zu fungiren haben und 40 Gewerbe-Inspektions-Assistenten gebracht werden. Die Kosten wurden auf 1 208 720 M. — 450 000 M. Einnahmen aus Dampfkessel-Revisionen = 758 720 M. veranschlagt, was gegenüber dem in dem Vorjahre (im Jahre 1890/91) für das gesammte Gewerbeaufsichtspersonal ausgeworfenen Betrage von 184 000 M. ein Mehr von 574 720 M. ergab.

Trotz dieser starken Personalvermehrung ist im Laufe der ferneren Jahre eine weitere Erhöhung der Stellenzahl unerlässlich gewesen, obgleich (s. § 57) inzwischen die die Beamten sehr belastenden Kesselrevisionsgeschäfte in Wegfall gekommen sind.

Der Grund liegt sowohl in der fortwährenden Ausdehnung des Geschäftskreises der Gewerbeinspektionsbeamten, wie in der durch den gewaltigen Aufschwung der Industrie herbeigeführten stärkeren Inanspruchnahme der Beamten in allen Zweigen ihrer Dienstthätigkeit. Die Prüfung der Projekte für gewerbliche Neuanlagen sowie für Um- und Erweiterungsbauten hat allein schon eine sehr bedeutende Arbeitslast verursacht. Die Beamten haben nicht allein die Projekte der nach § 16 der Gewerbeordnung genehmigungspflichtigen Anlagen zu prüfen, sondern sollen auch beim Neu-, Um- und Erweiterungsbau nicht

---

[1]) Nach dem Etat 1892/93 auf 100 erhöht.

genehmigungspflichtiger Unternehmungen mitwirken, damit diese von vornherein den Anforderungen der §§ 120a—120e der Gewerbeordnung entsprechend eingerichtet und den Gewerbetreibenden die durch sonst nachträglich zu stellenden Forderungen dieser Art entstehenden Mehrkosten und Weiterungen erspart bleiben.

Weitere stets wachsende Ansprüche an die Thätigkeit der Beamten ergeben sich aus der sonstigen Durchführung der vom Bundesrathe auf Grund des § 120e der Gewerbeordnung zum Schutze der Gesundheit der Arbeiter in gefährlichen Betrieben erlassenen Bekanntmachungen, deren Zahl noch keineswegs als abgeschlossen gelten kann.

Die ungewöhnlich lebhafte Thätigkeit auf fast allen Gebieten des gewerblichen Lebens hat die Zunahme der Unfälle, und zwar nicht blos der leichten, zur bedauerlichen aber unvermeidlichen Folge gehabt.

Ueber die Ursachen dieser Erscheinung auch im Einzelnen sich zu informiren, ist eine der vornehmsten Aufgaben der Gewerbeaufsichtsbeamten.

Endlich ist die Inkraftsetzung der Bestimmung in § 154 Abs. 3 der Gewerbeordnung von Einfluss, sodass sich in den letzten Jahren stellenweise sogar ein Mangel an qualifizirten Bewerbern für die neuen Stellen im Gewerbeaufsichtsdienst fühlbar gemacht hat. Bei dem fortwährenden Flusse der Gesetzgebung auf dem Gebiete des Arbeiterschutzes (Kinderschutz, Beaufsichtigung der Hausindustrie u. s. w., Bekanntmachungen des Bundesraths betr. Ausdehnung der Schutzvorschriften auf weitere Gewerbegruppen u. s. w.) ist in der nächsten Zeit noch eine fortwährende Steigerung der Zahl der Gewerbeaufsichtsbeamten mit Sicherheit zu erwarten.

§ 54. Nach dem Etat für 1902 betrug der Personalbestand:

a) Regierungs- und Gewerberäthe		27
b) Gewerbeinspektoren, einschliesslich der 5 gewerbetechnischen Hilfsarbeiter		
und zwar etatsmässige	113	
und kommissarische	9 =	122
c) Gewerbeinspektions-Assistenten		
und zwar etatsmässige	12	
und kommissarische	66 =	78
d) Gewerbeinspektions-Assistentinnen, kommissarisch		4
Beamte überhaupt		231

(ohne den nur nebenamtlich beschäftigten kommissarischen Gewerberath in Sigmaringen).

Man ersieht hieraus, dass das Prozentverhältniss der kommissarischen Stellen zu den etatsmässigen in den letzten 10 Jahren ein ziemlich ungünstiges geworden ist, wenn auch andererseits die kommissarischen Assistentenstellen die Heranbildung eines gut geschulten Inspektionspersonals erleichtern.

Je zusammen einen Regierungs- und Gewerberath besitzen die beiden Regierungen in Ost- und Westpreussen, sowie Posen und die 3 pommerschen Regierungen, die 3 Regierungen Hannover, Osnabrück, Aurich, ferner Lüneburg und Stade, alle übrigen Regierungen und Berlin haben je 1 Regierungs- und Gewerberath, Sigmaringen hat einen kommissarischen Gewerberath im Nebenamt Gewerbeinspektoren stehen den Regierungs- und Gewerberäthen zu Berlin (1), Arnsberg (1), Oppeln (1) und Düsseldorf (2) zur Seite Die Zahl der Gewerbeinspektionen in den einzelnen Regierungsbezirken beträgt Königsberg 2, Gumbinnen 2, Danzig 3, Marienwerder 3, Potsdam 5, Frankfurt 4, Berlin 5, Stettin 2, Köslin 2, Stralsund 1, Posen 3, Bromberg 2, Breslau 6, Liegnitz 4, Oppeln 6, Magdeburg 4, Merseburg 4, Erfurt 2, Schleswig 4, Hannover 3, Osnabrück 1, Aurich 1, Hildesheim 3, Lüneburg 2, Stade 2, Münster 2, Minden 3, Arnsberg 9, Cassel 3, Wiesbaden 4, Coblenz 2, Düsseldorf 8, Cöln 4, Trier 3, Aachen 3, Summa 117 An einer grossen Anzahl von Gewerbeinspektionen sind ausserdem Assistenten (78) und neuerdings auch Assistentinnen (3 in Berlin und 1 in M.-Gladbach) angestellt.

Vorbildung.

§ 55. Die Inspektionsbeamten rekrutiren sich gegenwärtig zum grossen Theil aus der Gruppe der höheren Baubeamten, welche das erste Staatsexamen zurückgelegt haben (Reg.-Bauführer für das Maschinenbaufach), ferner aus Diplomingenieuren, Chemikern, die eine längere Praxis in Fabriken nachgewiesen haben u. s. w. Seit dem 7. September 1897 ist eine Prüfungsordnung erlassen, von deren Absolvirung die definitive Anstellung abhängig ist (M.-Bl. f. d. i. V. S. 221).

Nach dieser Prüfungsordnung ist zur Anstellung als Gewerbeaufsichtsbeamter erforderlich: 1. 3jähriges technisches Studium; 2 1½jähriges Studium der Rechts- und Staatswissenschaften auf Deutschen Hochschulen; 3. 1½jähriger Vorbereitungsdienst bei den Gewerbeaufsichtsbehörden; 4. Ablegung zweier Prüfungen. Die erste Prüfung kann diejenige des Reg.-Bauführers im Maschinenfach, des Bergreferendars, die Diplomprüfung des Hütten- oder Maschineningenieurs oder Chemikers, endlich die Vorprüfung des Nahrungsmittel-Chemikers oder die Doktorpromotion eines Chemikers sein. Die zweite Prüfung erfolgt nach 1½jährigem praktischem Vorbereitungsdienst vor dem Prüfungsamt in Berlin, dessen Mitglieder der Minister ernennt.

Ausgaben.

§ 56. Die Ausgaben für die Gewerbeaufsichtsbeamten werden geleistet aus Kap. 68 Tit. 3, 5, 6, 6c, 10b, 11 und aus Kap. 70 Tit. 1.

Zusammen kommen nach dem Etat 1902 und diesen Titeln in Betracht: 702 700 + 85 560 + 248 850 (+ 27 230)[1]) + 3 420 + 606 800 + etwa 8500 M. in Sa. 1 655 830 (+ 27 230) M.

Zu Tit. 3 und 6 (Besoldungen).

Vor der Neuorganisation im Jahre 1891 hatten die Gewerberäthe nur ein Gehalt von 2400 M. bis 4800 M. zu beanspruchen. Etatsmässige Gewerbeinspektorenstellen gab es nicht. Nach der Organisation wurden die Regierungs- und Gewerberäthe im Gehalte den Regierungsräthen, die Gewerbeinspektoren den Bauinspektoren gleichgestellt (4200 M. bis 6000 M. bezw. 3600 M. bis 4800 M.). Mit diesen sind sie bei der allgemeinen Besoldungsverbesserung 1897/98 auf 4200 M. bis 7200 M. bezw. 3600 M. bis 5700 M. gestiegen. Seit dieser Zeit giebt es auch erst etatsmässige Assistentenstellen, die mit 3300 M. fest dotirt sind.

---

[1]) Lediglich durchlaufend § 57.

Gegenwärtig beträgt das Diensteinkommen nunmehr:

I. Jahresgehaltsstufen der etatsmässigen a) Regierungs- und Gewerberäthe: 4200 M., 4800 M., 5400 M., 6000 M. 6600 M., 7200 M. (Zulagen von 3 zu 3 Jahren, Höchstgehalt also nach 15 Jahren). b) Gewerbeinspektoren: 3600 M., 4200 M., 4700 M., 5200 M., 5700 M. (Zulagen von 3 zu 3 Jahren, Höchstgehalt also nach 12 Jahren). c) Gewerbeinspektions-Assistenten: Nur eine Stufe von 3300 M. Die etatsmässigen Beamten beziehen ferner den gesetzlichen Wohnungsgeldzuschuss.

II. Jahresremunerationen der kommissarischen a) Gewerbeinspektoren: 3600 M., b) Gewerbeinspektions-Assistenten: Durchschnittlich 3000 M., steigend von 2400 M. bis 3600 M. c) Gewerbeinspektions-Assistentinnen: 2400 M.

Ausserdem beziehen die Regierungs- und Gewerberäthe und die gewerbetechnischen Hülfsarbeiter bei Dienstreisen Reisekosten und Tagegelder nach den tarifmässigen Sätzen bis zu je nach den örtlichen Verhältnissen besonders festgesetzten Höchstbeträgen jährlich, die übrigen Gewerbeaufsichtsbeamten besonders pauschalirte Dienstaufwandsentschädigungen, die zur Deckung aller Dienstunkosten — nicht blos der Reisekosten — bei Geschäften innerhalb ihres Aufsichtsbezirks bestimmt sind.

Die nach Tit. 6 an 4 Gewerbeinspektoren zu zahlenden Zulagen von 600 M. betreffen die den Regierungs- und Gewerberäthen in Düsseldorf, Arnsberg, Berlin und Oppeln zur Unterstützung zugetheilten gewerbetechnischen Hülfsarbeiter.

Die in dem genannten Titel erwähnten besonderen Aufträge betreffen Zuschüsse für Informationsreisen, sowie für den Besuch von elektrotechnischen, hygienischen Kursen u. s. w. (1902: 12 000 M.). Für 1902 ist der Fonds zu letzteren Zwecken um weitere 10 000 M. ausserordentlich verstärkt worden (Kap. 7 Tit. 2 des Extraordinariums), derartige extraordinäre Verstärkungen finden sich übrigens seit 1892/93 fast jährlich vor.

Zu Tit 6c ist zu bemerken: Zur selbstständigen Uebernahme von Nebenarbeiten gegen Vergütung irgend welcher Art ist Genehmigung des Regierungspräsidenten erforderlich, welcher auch die zu leistenden Vergütungen festsetzt und zur Staatskasse vereinnahmt, aus der dann die Auszahlung an die Gewerbeaufsichtsbeamten erfolgt.

Die Vereinnahmung zur Staatskasse erfolgt bei Kap. 29 Tit. 1b. An diesen Einnahmen, die für 1902 mit 27 230 M. angesetzt sind,[1]) sind alle Regierungen betheiligt, die Auszahlung an die Beamten erfolgt aus dem gleich hohen Ausgabetitel Kap. 68 Tit. 6c.

---

[1]) Bis 1896/97 betrugen sie noch nicht 10 000 M. Erst seitdem haben sie sich erheblicher gesteigert.

Der Betrag bei Tit. 11 (606 800 M.) ist verhältnissmässig hoch, ergiebt sich aber aus den Aufgaben der Gewerbeinspektionsbeamten von selbst. Auch die Regierungs- und Gewerberäthe beziehen ihre Tagegelder und Reisekosten aus diesem Fonds, nicht aus dem allgemeinen Fonds Kap. 58 Tit. 11 des Finanzministeriums.

Zu Kap. 70 Tit 1 ist zu bemerken, dass ausseretatsmässige Inspektionsbeamten, die das 32. Lebensjahr noch nicht vollendet haben und noch nicht mindestens 2 Jahre im Gewerbeaufsichtsdienste thätig gewesen sind, Versetzungs- und Umzugskosten nicht erhalten.

Die Einstellung des bezüglichen Vermerkes stammt aus dem Jahre 1898/99 und wurde wie folgt motivirt: Von den im Gewerbeaufsichtsdienste gegen fixirte Remunerationen dauernd beschäftigten Beamten haben die Regierungsbaumeister auf Grund des Gesetzes vom 24. August 1896 (G.-S. S. 173) einen Anspruch auf die gesetzlichen Umzugskosten, sobald ihnen die Aussicht auf dauernde Verwendung ausdrücklich eröffnet worden ist Unter gleicher Voraussetzung erhalten die als Gewerbeaufsichtsbeamte verwendeten Berg-Assessoren Umzugskosten. Es entspricht daher der Billigkeit, wenn nunmehr auch die übrigen, den vorgenannten gleichstehenden Beamten des Gewerbeaufsichtsdienstes nach Erfüllung bestimmter Voraussetzungen in den Genuss dieses Vortheils gelangen. Dies soll geschehen, sobald sie das 32. Lebensjahr vollendet haben und mindestens 2 Jahre im Gewerbeaufsichtsdienste thätig gewesen sind. Demgemäss ist der Text des Titels ergänzt worden.

Dampfkesselrevisionen.

(Kap 29 Tit. 1d der Einnahmen und 68 Tit 6d der Ausgaben.)

§ 57. Um der Staatskasse die Durchführung der Neuorganisation der Gewerbeaufsichtsbeamten im Anfang der 90er Jahre zu erleichtern, wurde damals in Aussicht genommen, die Revision der Dampfkessel, soweit sie bis dahin von den Beamten der Bauverwaltung wahrgenommen war,[1]) mit der Gewerbeinspektion zu verbinden. Die Uebertragung der Kesselrevision von den Staatsbaubeamten auf besondere fachtechnisch ausgebildete Beamte lag zudem im dringenden Interesse sowohl der Bauverwaltung, als auch der Gewerbeverwaltung, da es bei der fortschreitenden Entwickelung der Technik nicht ferner thunlich war, die erstere mit Aufgaben zu belasten, welche ausserhalb ihres eigentlichen amtlichen Wirkungskreises liegen und zu ihrer befriedigenden Lösung eine besondere für die Bauverwaltung nicht erforderliche technische Ausbildung verlangen. Dagegen schien sich die Verbindung der Kesselrevision mit der Gewerbeinspektion zu empfehlen, weil die für jene erforderliche technische Ausbildung der Regel nach auch für die Wahrnehmung der letzteren erfordert werden muss und weil in den meisten Fällen die Kesselrevision auch Gelegenheit zur Wahrnehmung der Geschäfte der Gewerbeinspektion bot und umgekehrt. Die Verbindung beider konnte demnach zu einer erheblichen Ersparung an Kraft, Zeit und Reisekosten führen. Daneben entsprach sie den Wünschen der Gewerbetreibenden. Aus industriellen Kreisen waren vielfach Klagen über die Mannigfaltigkeit der Aufsicht laut geworden.

---

[1]) Vergl. hierzu Näheres in Bd. II Buch V.

Es führte zu einer Belästigung der Industrie, wenn bald der Kesselrevisor, bald der Fabrikeninspektor, bald der Beauftragte der Berufsgenossenschaft erschien, um die ihm obliegende Aufsicht wahrzunehmen.

Es wurden daher erstmalig für 1902 in Kap. 29. Tit. 1a 136 000 M. an Einnahmen der Gewerbeinspektionen Arnsberg und Düsseldorf für Dampfkesselrevionen eingestellt (Allerh. Erl. v. 27. April 1891). In den folgenden Jahren wurden auch die übrigen Inspektionen mit diesen Revisionen betraut, sodass sich jene Einnahme bis Anfang und Mitte der 90er Jahre auf 450 000 M. gesteigert hatte.

In Folge der Belastung, welche den Inspektionsbeamten neben den sich fortwährend steigernden sonstigen Dienstpflichten, besonders in den landwirthschaftlichen Gegenden, wo die Dampfkesselüberwachung bei geringer Zahl der Kessel wegen deren zerstreuter Lage und wegen des Mangels an guten Verkehrsmitteln einen unverhältnissmässigen Zeitaufwand erforderte,[1]) wurde aber schon nach dem Inhalt des Etats 1897/98 mit dem Verbande der Preussischen Dampfkessel-Ueberwachungsvereine eine Vereinbarung getroffen, dass die Ingenieure dieser Vereine vom 1. April 1897 ab die amtlichen Prüfungen aller landwirthschaftlichen und Schiffsdampfkessel im staatlichen Auftrage ausführen und dafür die sonst an die Staatskasse zu entrichtenden Gebühren beziehen sollten, wodurch der Einnahmetitel 1a für 1897/98 von 450 000 M. auf 260 000 M. herabschmolz.

Auch diese Entlastung der Gewerbeinspektionen erwies sich als unzureichend. Am 1. Jan. 1899 standen unter der Aufsicht der Gewerbeaufsichtsbeamten nicht weniger als 26 874 Dampfkessel. Dabei hatte vom 1. Jan. 1898 bis dahin 1899 die Zahl der nach der Gewerbeordnung revisionspflichtigen Anlagen allein um 10 420 zugenommen (von 126 878 auf 137 298).

Die starke Vermehrung des Gewerbeaufsichtspersonals vermochte die aus dieser Ueberlastung folgenden Nachtheile nicht auszugleichen. Die Einführung eines staatlichen Dampfkessel-Ueberwachungsdienstes empfahl sich aus mehrfachen Gründen nicht (vergl. Denkschr. Beil. C. des Etats 1900).

Es blieb daher nichts übrig, als auch die Revision der gewerblichen Dampfkesselanlagen den privaten Vereinen zu übertragen.

[1]) Es entfielen

	auf feststehende Dampfkessel 1879	auf feststehende Dampfkessel 1901	auf bewegliche Dampfkessel 1879	auf bewegliche Dampfkessel 1901
Land- und Forstwirthschaft, Weinbau, Gärtnerei und Fischerei	326	3 073	2 522	13 245
Industrie und Gewerbe	31 211	64 180	2 778	5 760
Handel und Verkehr	606	2 222	227	2 285
Beherbergung, Erquickung und häusliche Zwecke	268	1 357	9	175
zusammen	32 411	70 832	5 536	21 465

Nach den mit dem Centralverbande der preussischen Dampfkessel-Ueberwachungsvereine geflogenen Verhandlungen übernahmen daher diese Vereine vom 1. April 1900 ab die periodischen Untersuchungen aller bisher von den Gewerbeaufsichtsbeamten geprüften Dampfkessel, mit Ausnahme der fiskalischen, gegen Ueberlassung der dafür aufkommenden Gebühren. Sie haben sich dabei ausdrücklich damit einverstanden erklärt, dass alle Konzessionsgesuche, nachdem sie von den dazu ermächtigten Vereinsingenieuren vorgeprüft worden sind, dem zuständigen Gewerbeinspektor vorgelegt werden, sie erkannten somit das Oberaufsichtsrecht des Ministers für Handel und Gewerbe und seiner Organe über das Gebiet ihrer Thätigkeit, auf dem sie mit Ermächtigung des Staates thätig sind, an und erklärten sich bereit, alljährlich eine von dem Minister für Handel und Gewerbe auch nach Lage und Art näher zu bestimmende Anzahl von Dampfkesseln zum Zwecke der Untersuchung durch die Gewerbeinspektions-Assistenten zur Verfügung zu stellen.

Durch diese und die Untersuchungen der fiskalischen Dampfkessel, deren Zahl für den einzelnen Assistenten so bemessen werden soll, dass er, ohne zum Nachtheil seiner übrigen Dienstobliegenheiten überlastet zu werden, das Dampfkesselwesen, namentlich auch die verschiedenen Kesselkonstruktionen, ihre Mängel und Vorzüge genau kennen lernt, wird die fortdauernde volle Sachkunde der Gewerbeaufsichtsbeamten auf dem Gebiete des Dampfkesselwesens auch in ihrem Nachwuchs sichergestellt.

Die wegfallende Einnahme der Staatskasse an Kesselgebühren belief sich im Jahre 1900 nach dem Durchschnitt der beiden letzten Rechnungsjahre auf rund 400 000 M.

Die unter Kap. 29 Tit. 1a des vorigen Etats aufgeführten Einnahmen von 277 620 Mark kamen daher hier mit dem ganzen Titel in Abgang und wurden bei Kap. 29 Tit. 1d in Höhe des durchschnittlichen Betrages der beiden letzten Rechnungsjahre mit rund 400 000 M. als neuer Titel in Zugang gestellt. Bis 1902 hat sich dieser Titel bereits auf 550 000 M. gesteigert.

Da der letztere Posten seiner Natur nach ein durchlaufender ist, so erscheint seit 1900 auch in Ausgabe ein entsprechender Titel (Kap. 68 6d), welcher die Höhe der Einnahme nie übersteigen darf.

II. Schiedsgerichtsvorsitzende.

§ 58. *Kap. 69 Tit. 9.* Zur Remunerirung der Vorsitzenden der nicht am Sitze der Regierungen befindlichen Schiedsgerichte für Arbeiterversicherung 20 000 M.

Staatliche Vergütungen für Vorsitzende von Schiedsgerichten sind zum ersten Male im Etat für 1887/88 (unter Tit. 8a) eingestellt worden und zwar für solche Schiedsgerichte, welche auf Grund des § 46 des Unfallversicherungsgesetzes v. 6. Juli 1884 (R.-G.-Bl. S. 69) und der §§ 1—6 des Gesetzes v. 28. Mai 1885 (R.-G.-Bl. S. 159) gebildet wurden.

Da von den Berufsgenossenschaften nach § 50 Abs. 6 des Unfallversicherungsgesetzes den Vorsitzenden der Schiedsgerichte Vergütungen nicht gewährt werden durften, diese aber, zumal sie meist mehrere Schiedsgerichte (im Nebenamte) verwalteten, ziemlich viel Mühewaltung von diesem Nebenamt hatten, so mussten aus der Staatskasse entsprechende Remunerationen bewilligt werden (1887/88 33000 M.). In Folge des Alters- und Invaliditätsversicherungsgesetzes v. 22. Juni 1889 (R.-G.-Bl. S. 97) wurden weitere 223 000 M. Vergütungen für Schiedsgerichtsvorsitzende, die auf Grund dieses Gesetzes bestellt sind, im Etat 1891/92 unter einem neuen Titel 8b ausgeworfen. 1895/96 wurden sodann beide Titel in einen (Tit. 9) vereinigt, und gleichzeitig fand eine Kürzung der Gesammtsumme um 63 000 M., also insgesammt auf 198 000 M. statt. Allmählich stieg dann der Fonds wieder bis auf 230 000 M. (1899).

Seit 1900 wurden am Sitze der Regierungen besondere Stellen für Regierungsräthe eingerichtet, welche den Vorsitz bei allen Schiedsgerichten der Invaliditätsversicherung und bei den am Regierungssitze befindlichen Schiedsgerichten der Unfallversicherung zu übernehmen hatten. In Folge dessen war nur noch eine Remunerirung der nicht am Sitze der Regierung befindlichen Schiedsgerichte der Unfallversicherung erforderlich und der Fonds wurde deshalb um 100 000 M. gekürzt. Nachdem nunmehr durch das Gesetz, betreffend die Abänderung der Unfallversicherungsgesetze, v. 30. Juli 1900 die Entscheidung von Streitigkeiten über Entschädigungen auf Grund der Unfallversicherungsgesetze den gemäss §§ 103 ff. des Invalidenversicherungsgesetzes errichteten Schiedsgerichten und den Schiedsgerichten der zugelassenen besonderen Kasseneinrichtungen übertragen worden ist, ist die Leitung dieser Schiedsgerichte, die nunmehr die Bezeichnung „Schiedsgerichte für Arbeiterversicherung“ führen, so weit sie sich am Sitze der Regierungen befinden, den Beamten der Regierungen übertragen, die nach Massgabe ihrer Inanspruchnahme durch die schiedsrichterliche Thätigkeit in ihrem Hauptamt entsprechend entlastet sind,

Eine Zuwendung besonderer Vergütungen findet nicht mehr statt und der Fonds ist daher für 1902 auf 20 000 M. für diejenigen Fälle herabgesetzt, in denen noch ausserhalb des Sitzes der Regierungen Schiedsgerichte zugelassen sind.

III. Legge- und Musterbleichanstalten.

a) Leggen.

§ 59. Die Leggen, welche theilweise schon im 16. Jahrhundert gegründet und nach dem Aufhören der Fremdherrschaft neu eingerichtet sind, haben den Zweck, für gewisse Leinengewebe die Länge und Breite, sowie die Feinheit der Stücke zu ermitteln und amtlich zu beglaubigen. So lange die Verfertigung des Leinens die wichtigste Nebenbeschäftigung der ländlichen Bevölkerung bildete, und die Familie des Landmanns den Flachs und Hanf selbst baute und zubereitete, spann und verwebte, waren die Schauanstalten von grosser Bedeutung für den allgemeinen Wohlstand, wie für die Hebung dieser Industrie. Indem sie zur Einführung verbesserter Produktionsmethoden und zur Anfertigung eines, der jeweiligen Nachfrage entsprechenden Fabrikats anleiteten, eröffneten sie durch die, mit der amtlichen Beglaubigung verbundene Garantie für die Güte der Waare der letzteren ein weiteres Absatzgebiet auf dem Weltmarkt und vermittelten zugleich den Geschäftsverkehr zwischen den Produzenten und Händlern dadurch, dass nach Beendigung der Schau in der Regel ein meistbietender Verkauf des vorgelegten Leinen abgehalten wurde.

Die neuerdings in allen wirthschaftlichen Verhältnissen hervorgetretene Umwälzung hat auch diesen Betrieb nicht unberührt gelassen. Die Einführung der Maschine in die Leinenmanufaktur Englands und Belgiens und die mächtige Entwickelung der Grossindustrie in jenen Ländern schuf den deutschen Leggeleinen eine Konkurrenz auf dem Weltmarkte, welcher sie nicht gewachsen waren. Nachdem sie die früheren Absatzgebiete in Spanien und dem spanischen Amerika nahezu verloren haben, finden sie vorwiegend für den inländischen Bedarf Verwendung.

Aber auch in Deutschland haben sich die Produktionsverhältnisse durch die Einführung der Maschine in die Leinenindustrie geändert. Das fabrikmässige Brechen und Schwingen der Faserstoffe und die mechanische Spindel hat bereits in vielen Gegenden die Handarbeit in den Familien ersetzt. Die ländlichen Weber finden es vielfach vortheilhafter, den selbstgezogenen Flachs gegen Garn umzutauschen und dieses zu einer ihnen vom Händler aufgegebenen Waarengattung zu zu verarbeiten, oder auch die vom Fabrikanten gelieferten Garne für dessen Rechnung zu verweben. Da, wo die Weberei mehr handwerksmässig als Hauptbeschäftigung kleiner Professionisten betrieben wird, weicht das Handgespinnst vor dem Maschinengarn zusehends zurück.

Nur in einigen wenigen hannöverschen Regierungsbezirken, sowie in den Regierungsbezirken Minden und Cassel hatte sich das Leinwandweben unter Verwendung selbstgewonnenen Materials als ländliches Nebengewerbe bis in die neuere Zeit erhalten, ist aber auch hier in unaufhaltsamem Abnehmen begriffen. Schon in den 60er und 70er Jahren verminderte sich die Thätigkeit der vorhandenen Leggen fortgesetzt. 12 mussten aufgelöst werden.

Anfang der 70er Jahre fasste die Staatsregierung den Entschluss, im Wege der Gesetzgebung die Leggen als Staatsanstalten aufzulösen, während es den Gemeinden und Kreisen überlassen werden sollte, da, wo ein Bedürfniss vorlag oder sich erhielt, auf ihre Kosten Leggen einzurichten und einen örtlichen Leggezwang einzuführen. Ein Gesetzentwurf v. 20. Nov. 1871 fand zwar die Zustimmung des Abgeordneten-, nicht aber des Herrenhauses.

In Folge dessen wurde unterm 15. März 1875 (G.-S. S. 165) ein neues Gesetz erlassen, nach welchem die in der Provinz Hannover und in den Regierungsbezirken Minden und Cassel bestehenden Leggeanstalten aufgelöst werden können, sobald und soweit ihr Fortbestehen durch ein Bedürfniss des Verkehrs nicht mehr erfordert wird, und, wonach der Minister für Handel und Gewerbe über die Auflösung einer Leggeanstalt nach vorgängiger Anhörung des Kreistages verfügt, sowie, dass von dem Tage der Betriebseinstellung an, welcher durch das Amtsblatt des Bezirks bekannt zu machen ist, für den in der Bekanntmachung zu bezeichnenden Distrikt alle auf die Legge und Leinenschau bezüglichen Gesetze und Verordnungen ausser Kraft treten. Auch ausser diesem Falle können für einzelne leggepflichtige Bezirke diejenigen Bestimmungen auf dem vorbezeichneten Wege ausser Kraft gesetzt werden, durch welche vorgeschrieben ist, gewisse Gattungen von Leinen vor dem Verkaufe bei einer Legge zur Schau zu bringen. Endlich wurde die Leggeordnung für die Kreise Bielefeld, Halle und Herford (mit Ausnahme der Aemter Bünde und Rödinghausen) im Regierungsbezirk Minden v. 15. Mai 1853 für aufgehoben erklärt, welche den Leggezwang vorschrieb, während die genannten Leggeanstalten schon aufgehoben waren (1872).

Auf Grund dieses Gesetzes sind im Laufe der Zeit eine ganze Reihe von Leggen aufgelöst worden. Auch hat sich die Zahl der Leggebeamten fortgesetzt vermindert.

Eine der ersten aufgelösten Leggen war diejenige zu Rinteln (1. Okt. 1875), die einzige im Regierungsbezirk Cassel vorhanden gewesene.

1876 bestanden in Preussen noch 2 Leggeinspektionen (zugleich Leggemeister), 18 Haupt- und 15 Nebenleggen, an welcher 23 Leggemeister, 6 Leggegehülfen und 24 Leggediener fungirten. Die kleineren Leggen werden von den Leggemeistern der grösseren mitverwaltet.

Fast sämmtliche dieser Beamten entfielen auf die Provinz Hannover, da die westfälischen Leggen (jetzt besteht nur noch die zu Lübbecke), obwohl durch Gesetze geregelt und unter Leitung von Staatsbehörden stehend, ihrem thatsächlichen Charakter nach Kreisanstalten sind, und, ohne dass der Staat Zuschüsse gewährt, durch die für das Leggen zu entrichtenden Gebühren erhalten werden.

Gegenwärtig giebt es Leggen nur noch in den Regierungsbezirken Hildesheim, Lüneburg und Osnabrück. Die beiden Leggen im letzteren Bezirke (Osnabrück und Melle) werden indessen jetzt aufgehoben. Im Bezirk Lüneburg giebt es noch 1 Hauptlegge (Wustern), die andere (Lüchow) wird jetzt Nebenlegge. Eine zweite Nebenlegge ist Dannenberg.

Die meisten Leggen sind noch im Regierungsbezirk Hildesheim. Hauptleggen: Calefeld, Lamspringe Mackoldendorf; Nebenleggen: Sehlem, Woltershausen, Adenstadt, Dassel.

Ausgaben.

§ 60. Da in der Provinz Hannover, in welcher es staatliche Leggeanstalten allein noch giebt, die Leggegebühren bereits im Jahre 1846 aufgehoben sind, so werden von den Betheiligten an die Staatskasse Beiträge zu den Kosten der Anstalten überhaupt nicht mehr geleistet.

Die Kosten für die Leggeanstalten finden sich im Etat in Kap. 68 Tit. 4, 5, 7, 10–10b und 11 der Ausgabe.

Etatsmässig aus Tit. 4 besoldet waren 1902 nur noch 1 Leggeinspektor[1]) (3300 M.) und 8 Leggemeister mit je 800—1400 M. Vor der allgemeinen Besoldungsverbesserung 1897/98 bezogen sie 3000 M. bezw. 800–1200 M. Tit. 7 warf 1902 etwa 11000 M. für nicht angestelltes Leggepersonal aus.

1902 erhielten ferner aus Tit. 5 an Wohnungsgeldzuschuss: der Leggeinspektor 3300 M., die Leggemeister 1908 M.

Die sächlichen Kosten werden aus dem Tit. 11 bestritten (Etat 1902 betrugen sie 4522 M.).

Die Gesammtkosten für das Leggewesen betrugen hiernach im Jahre 1902 nur noch rund 33000 M., während noch 1879/80 allein die etatsmässigen Gehälter 34220 M. betrugen (fast 3mal soviel wie heute).

b) Musterbleiche zu Sohlingen im Kreise Uslar.

§ 61. Im alten Hannover bestanden 2 Musterbleichen, eine zu Sohlingen (1829) und eine zu Melle (1833).

Schon in den 70er Jahren bestand nur noch die erstere, welche auch unter preussischer Herrschaft weitergeführt wurde.

Diese Bleichen sollten zwar in erster Linie für private Bleichereien vorbildlich wirken, machen aber diesen gleichzeitig Konkurrenz, indem sie das Bleichen, Appretieren u. s. w. nur gegen entsprechende Bezahlung ausführen. Nach dem neuesten Etat liefert die Musterbleiche Sohlingen sogar einen Ueberschuss für die Staatskasse, wie nachfolgende Zahlen darthun:

Einnahme:

Bleichlohn	51 700 M.
Sonstiges	1 900 „
Lehrlingsgeld	45 „
Besondere Fonds	50 „
	53 695 M.

[1]) Der Leggeinspektor hat den technischen Betrieb des Leggegeschäfts zu leiten, die einzelnen Anstalten zu revidiren, die Dienstführung zu überwachen u. s. f.

Ausgabe:

Remuneration des Administrators	600	M.
„ „ Bleichmeisters	3 600	„
„ der Lehrlinge	45	„
Bleichschreiber	2 100	„
Tagegelder	200	„
Bureau (Tit. 12)	23 900	„
Materialien und Bleichen (Tit. 12)	15 000	„
Abgaben (Tit. 12)	700	„
Gebäude (Tit. 16)	1 220	„
Besondere Fonds (Tit. 12)	50	„
	47 415	M.

Hinsichtlich der Vergütungen gilt gegenwärtig ein neuer Tarif v. 1. April 1898 für: I. die Bleichpreise, II. die Mangelpreise, III. die Preise für das Stärken und Aufmachen.

Bei mehr als 500 M. Bleich- und Appreturlohn 2 bis 4 Proz. Prämie. 1899 No. I des Tarifs um 10 Proz. erhöht wegen zu starken Andrangs, und da die Betriebseinrichtungen nicht ausreichten, ihm gerecht zu werden.

Vereinnahmt werden diese Gebühren in Kap. 29 Tit. 6

Die Ausgaben werden geleistet zunächst aus Kap. 68 Tit. 7, da etatsmässige Beamte nicht angestellt sind. Die Höhe der Remunerationen siehe oben. Administrator ist der Landrath zu Uslar im Nebenamt. Sodann kommen die Tit. 10 bis 10b, 12 und 16 in Betracht. Der in Tit. 12 erwähnte Lehrlingsfonds wirft jährlich nur 50 M. ab. Die Gesammtkosten der Bleiche übersteigen gegenwärtig die aller Leggeanstalten.

IV. Beschussanstalt in Suhl.

§ 62. Durch Reichsgesetz v. 19. Mai 1891 (R.-G.-Bl. S. 109) ist nach dem Vorgang anderer Staaten (England, Belgien u. s. w.) bestimmt worden, dass Handfeuerwaffen nur dann feilgehalten oder in den Verkehr gebracht werden dürfen, wenn ihre Läufe und Verschlüsse amtlich geprüft und mit Prüfungszeichen versehen sind.

Die Prüfung besteht in einer Beschussprobe mit verstärkter Ladung.

Die Prüfung findet bei Terzerolen und Revolvern einmal statt. Im Uebrigen findet eine zweimalige Beschussprobe statt, die erste mit vorgerichteten Läufen, die zweite (Endprobe) nach Fertigstellung der Läufe. Für Waffen, an deren Läufen oder Verschlüssen nach einer Beschussprobe andere Mängel vorgefunden werden, ist nach Beseitigung der letzteren eine einmalige Wiederholung der Beschussprobe zulässig. Läufe oder Verschlusstheile, welche nach der wiederholten Beschussprobe mangelhaft befunden werden, sind durch Einsägen oder Zerschlagen unbrauchbar zu machen.

Wird an einer bereits geprüften Waffe während oder nach der Herstellung in dem Kaliber oder an dem Verschlusse eine Veränderung vorgenommen, so ist eine erneute Prüfung erforderlich.

Die Errichtung der Prüfungsanstalten erfolgt durch die Landesregierungen. Für die Prüfung können Gebühren erhoben werden. Dieselben dürfen die Kosten der Prüfung nicht übersteigen.

Für das preussische Staatsgebiet ist zunächst die Errichtung nur einer Prüfungsanstalt auf Staatskosten ins Auge gefasst worden, und zwar in Suhl, dem Hauptsitze der Gewehrindustrie in Preussen.

Von Vertretern der Gewehrindustriellen in Suhl ist ein Beitrag von 5000 M. für die Errichtung einer Beschussanstalt an diesem Ort übernommen worden; die Stadt Suhl hat den Grund und Boden hergegeben. Der Staat stellte für die Gebäude im Jahr 1893/94 22 300 M. extraordinär zur Verfügung.

Ausserhalb Suhls hat die Prüfung und Stempelung der Handfeuerwaffen ausserdem noch an zwei anderen Orten Preussens (in Frankfurt a. O. und in Sömmerda) zu erfolgen; die erforderlichen Einrichtungen werden hier aber unter der Kontrole des Staats lediglich durch Betheiligte hergestellt, sodass dem Staat Aufwendungen hieraus nicht erwachsen.

Einnahmen und Ausgaben.

§ 63. Als Einnahmen aus der Prüfung kommen in Betracht die Prüfungsgebühren und die Einnahmen aus der Verwerthung des verschossenen Bleis (die aber gering sind) und anderer Abfälle und 300 M. Vergütung von der herzoglichen sächsischen Staatsregierung für Wahrnehmung der technischen Oberaufsicht über die Beschussanstalt Zella-Mehlis (Etat 1894/95). Die Vereinnahmung erfolgt bei Kap. 29 Tit. 3 a.

Dabei ist zu berücksichtigen, dass die Gebühren zwar im Interesse der Gewehrindustrie, zu deren Gunsten das Reichsgesetz erlassen ist, thunlichst niedrig, andererseits aber so bemessen werden müssen, dass besondere Aufwendungen aus der Staatskasse zu Gunsten dieses einzelnen Gewerbzweiges vermieden werden.

Eine gesetzliche Schranke findet die Höhe der Gebühren darin, dass dieselben die Kosten der Prüfung nicht übersteigen dürfen.

Der erste Gebührentarif wurde erlassen unterm 28. März 1893 (No. 78 des Reichsanzeigers). Aber schon durch den Tarif v. 25. Sept. 1894 fand eine Erhöhung statt, da die Gebühren des ersten Tarifs die Kosten nicht deckten. Es sind besondere Gebühren für den ersten, zweiten und einen einmaligen Beschuss, sowie für einen Beschuss nach Veränderungen (oben § 62 Abs. 4) und seit 1894 für eine Prüfung mit rauchschwachem Pulver festgesetzt. Die Sätze schwanken zwischen 5 und 50 Pf. Für den 2. Beschuss und die Prüfung mit Nitropulver hat Einsender die Patronenhülsen selbst zu liefern oder den Selbstkostenpreis zu erstatten.

Am 4. Dez. 1896 ist wieder eine Gebührenermässigung für Revolverprüfungen eingeführt. Die Suhler Gewehrinteressenten wünschen eine weitere Verminderung, da in den letzten Jahren Mehreinnahmen von der Anstalt erzielt sind.

Etat 1902.

Einnahme:

a) Prüfungsgebühren	37 920 M.
(davon 4000 M. zur Verzinsung und Amortisation des Anlagekapitals von 89 000 M.)	
b) Für Wahrnehmung der technischen Oberaufsicht der herzoglich sächsischen Beschussanstalt Zella-Mehlis	300 „
c) Sonstiges	80 „
Summe	38 300 M.

Ausgabe:

Besoldungen	9 700 M.
Wohnungsgeldzuschuss (Tit 5)	1 200 „
Andere persönliche Ausgaben	3 700 „
Sächliche Ausgaben	11 700 „
Summe	26 300 M.

Die Ausgaben werden verrechnet bei Kap. 68 Tit. 3 b, 6 b, 11, 15 a und 16.

Das Direktoriat wird im Nebenamt von einem Offizier a. D. gegen 2800 M. Remuneration aus Kap. 68 Tit. 6 b verwaltet. Auch der Rendant (im Nebenamt) erhält nur eine Remuneration. Etatsmässig angestellt sind dagegen 2 Beschussmeister (mit 2000 bis 3600 M.) und 2 Beschussmeister-Assistenten (1500 bis 2700 M.) sowie 1 Unterbeamter (Pförtner) mit 900 bis 1200 M.

V. Technische Centralstelle für Textilindustrie.

(S. auch §§ 15, 91 u. 94.)

§ 64. Durch den Staatshaushalts-Etat für 1896/97 waren zur Einrichtung einer Lehrmittelanstalt für die Fachschulen der Textilindustrie 5000 M. als einmalige und ausserordentliche Ausgabe bereitgestellt worden. Der Anstalt wurde zur Aufgabe gemacht, die Textilfachschulen mit den erforderlichen Lehrmitteln, insbesondere mit geeigneten Holz-, Draht-, Papp- und anderen Modellen, mit Wandtafeln, die die Konstruktion und den Gang der verschiedenen Textilmaschinen veranschaulichen, sowie mit Stoffmustern für den Materialien-, Dekompositions- und Musterzeichenunterricht auszustatten; die durch den Betrieb der Anstalt entstehenden dauernden Ausgaben persönlicher und sächlicher Art sollten durch den Verkauf der Lehrmittel gedeckt werden. Die Eröffnung der Lehrmittelanstalt erfolgte im Sommer 1896. 1897 mussten besondere Räume für die Anstalt gemiethet werden. Bis 1901 wurde die Lehrmittelanstalt von dem Direktor der Berliner höheren

Webeschule im Nebenamte geleitet. Ausserdem waren an ihr beschäftigt ein Techniker — im Hauptamt ebenfalls an der Berliner höheren Webeschule angestellt —, der die Konstruktionszeichnungen für die Wandtafeln und Modelle entwarf, ferner im Hauptamt ein Zeichner zur Ausführung der Zeichnungen und die erforderlichen Bureau- und Schreibkräfte.

Da der Direktor der Berliner Webeschule mit Nebenämtern überlastet war, so entschloss sich die Staatsregierung, durch den Etat 1901 für die Wahrnehmung der genannten Dienstgeschäfte einen besonderen Beamten hauptamtlich anzustellen und ihm das erforderliche technische und Bureaupersonal beizugeben, zugleich aber mit den für diese Beamten erforderlichen Gehältern die durch den Lehrmittelbetrieb erzielten Einnahmen und entstehenden Ausgaben in den Etat einzustellen. Gleichzeitig wurden die Zwecke der Anstalt erweitert (§§ 91 u. 94).

Die Einnahmen werden seitdem unter dem neuen Tit. 5c aufgeführt.

Sie waren 1901 wie folgt veranschlagt: auf 15 000 M. Erlös aus den Lehrmitteln, auf 3000 M. Gebühren für mechanisch- und chemischtechnische Untersuchungen auf dem Gebiete der Textilindustrie, mit denen die Beamten mehrfachen Wünschen von Behörden und Textilindustriellen entsprechend sollen beauftragt werden können, und auf 100 M. an sonstigen Einnahmen, zusammen 18 100 M.

Die Ausgaben werden in dem (neuen) Etatskapitel 69c verrechnet. Sie waren für 1901 mit 39 500 M. angesetzt.

Für 1902 haben sich die Einnahmen auf 81 200 M., die Ausgaben auf 124 940 M. gesteigert. Der Grund hiervon liegt in der Hauptsache darin, dass für 1902 die Einnahmen und Ausgaben der an der Centralstelle für Textilindustrie bestehenden Arbeitsvermittelungsstelle für Stickschulen, für welche bis dahin nur ein Staatszuschuss von 12 000 M. in Kap. 69 Tit. 13 stand, in Gemässheit des Komptabilitätsgesetzes jetzt ganz auf den Etat genommen sind und, da die Arbeitsvermittelungsstelle im engen Zusammenhang mit der Centralstelle steht, bei dieser mit verrechnet werden. Es mussten deshalb allein für die Arbeitsvermittelungsstelle für 1902 an Einnahmen 64 000 M. und an Ausgaben mehreingestellt werden bei Tit. 3: 19 920 M., Tit. 4: 4620 M., Tit. 5: 58 500 M., zusammen 83 040 M.

Bei dem kurzen Bestehen der Anstalt ist über die Ausgabeentwickelung nichts Besonderes zu sagen.

Der Direktor der Anstalt steht in seinem Gehalte den Regierungsräthen der Allgemeinen Verwaltung gleich (4200 bis 7200 M.). Weitere etatsmässig angestellte Beamte sind 1 Ingenieur und 1 Chemiker mit (2700 bis 4800 M.) 5400 M.; 1 Sekretär mit (1800 bis 3000 M.) 1800 M. Der Zeichner und der Bote sind remuneratorisch (1800 M. bezw. 1000 M.) angestellt.

Etat der technischen Centralstelle für Textilindustrie 1902.

Einnahmen:		Ausgaben:	
Erlös aus Lehrmitteln	14 000 M.	Persönliche	39 260 M.
Gebühren für mechanische und technische Untersuchungen	3 000 „	Sächliche	107 680 „
Erlös aus dem Betrieb der Lohnstickerei und dem Verkauf von Stickmaterial	64 000 „	Davon für Löhne	54 000 „
Sonstiges	200 „	Material u. App.	16 500 „
Summa	81 200 M.		124 940 M.

III. Abschnitt.

Gewerbliches und Kaufmännisches Unterrichtswesen.

I. Allgemeines.

1. Vergleich des landwirthschaftlichen und gewerblichen Schulwesens miteinander.

§ 65. Die Entwickelung des gewerblichen und kaufmännischen Unterrichtswesens fällt ebenso wie diejenige des landwirthschaftlichen Unterrichtswesens (s. Bd. II Buch II § 195 ff.) in der Hauptsache in die zweite Hälfte des 19. Jahrhunderts.

Ansätze desselben finden sich zwar ebenso, wie bei dem landwirthschaftlichen Unterrichtswesen, schon zu Anfang des 19. Jahrhunderts vor, ja sie reichen sogar noch bis in das 18. Jahrhundert zurück.[1]) Doch handelte es sich -- abgesehen von den Sonntagsschulen — meist um vereinzelte Anstalten, die hie und da von Männern, welche die Bedürfnisse der Zukunft besser verstanden, als die Allgemeinheit, oft unter grossen Schwierigkeiten gegründet und forterhalten wurden.

Betrachtet man die Geschichte des fachlichen Unterrichts in den drei ersten Vierteln des 19. Jahrhunderts, so tritt uns sowohl beim landwirthschaftlichen wie beim gewerblichen Unterrichtswesen als besonders charakteristisch der ausserordentlich schnelle auf dem Gebiete der Schulgeschichte wohl einzig dastehende Aufschwung einzelner, von ursprünglich gering bemessenen Lehrzielen ausgehender Lehranstalten zu Hochschulen, welche den Universitäten ebenbürtig zur Seite treten, entgegen — eine Entwickelung, die im Wesentlichen bereits Ende der 70er Jahre abgeschlossen war.

Die Fortbildung des mittleren und niederen Fachschulwesens in dem gedachten Zeitraume kann sich mit diesen ausserordentlichen Erfolgen der höchsten fachlichen Unterrichtsstufe nicht messen. Die mittleren gewerblichen Schulen aus dem Anfange des 19. Jahrhunderts, die sog. Provinzialgewerbeschulen (§ 66) gingen in den 70er Jahren

---

[1]) O. Simon, Die Fachbildung des Preussischen Gewerbe- und Handelsstandes im 18. und 19. Jahrhundert. Berlin 1902, S 601 ff., wo eingehenderes Material zu finden ist.

grösstentheils in allgemeine Reallehranstalten über, das eigentliche fachliche mittlere Gewerbeschulwesen, wie wir es heute besitzen, verdankt seine Entwickelung auf die jetzige hohe Stufe erst den letzten Jahrzehnten. Das mittlere landwirthschaftliche Schulwesen wiederum beruht in seiner heutigen Gestaltung auf einer erst seit 1875 durchgeführten Organisation.

In gleicher Weise nimmt auch die bedeutende gegenwärtige Ausdehnung des niederen landwirthschaftlichen erst seit Mitte der 70er Jahre ihren Anfang (vgl. Bd. II Buch II §§ 242 ff. und weiter unten §§ 107 ff.).

Bei dieser Uebereinstimmung in der Entwickelung des fachlichen Unterrichtswesens in Landwirthschaft und Handel und Gewerbe finden sich nun doch auch grosse Verschiedenheiten beider Unterrichtszweige vor.

So sind zunächst die Anstalten des mittleren Unterrichtswesens zwar insofern gleichartig, als sie beide eine abgeschlossene Bildung gewähren wollen und nicht etwa Vorbildungsstätten für die fachlichen Hochschulen sind. Als solche fungiren vielmehr nach wie vor die allgemeinen höheren Unterrichtsanstalten.

Die mittleren Landwirthschaftsschulen begnügen sich dagegen mit Abschlussprüfungen, welche das Recht, einjährig-freiwillig zu dienen, gewähren, was der Reife für Obersecunda entspricht. Man kann sie in dieser Hinsicht also den 6klassigen höheren Schulen (sog. Nichtvollanstalten) des allgemeinen Unterrichtswesens gegenüberstellen. Nur einzelne Spezialfachschulen (Gärtnerlehranstalt Potsdam) fordern für den Eintritt die Reife für Obersecunda, und schliessen daran einen 2jährigen Lehrkursus an, kommen also den staatlichen Vollanstalten des allgemeinen Unterrichtswesens näher, soweit ein solcher Vergleich überhaupt zulässig ist.

Auf dem Gebiete des gewerblichen Unterrichts finden wir dagegen eine grössere Anzahl von fachlichen Mittelschulen, welche für die Aufnahme die wissenschaftliche Berechtigung zum einjährig-freiwilligen Militärdienst oder wenigstens eine gleichwerthige Vorbildung fordern und daran einen 2 bis 3jährigen Lehrkursus anknüpfen, also sich mehr den 9klassigen Vollanstalten des höheren allgemeinen Unterrichtswesens nähern.

Ein weiterer Unterschied zwischen dem landwirthschaftlichen und gewerblichen mittleren Unterrichtswesen liegt darin, dass bei ersterem die die sämmtlichen Zweige der Landwirthschaft umfassenden Schulen (Landwirthschaftsschulen) überwiegen,[1]) während bei dem gewerblichen Unterrichtswesen vorwiegend Spezial-Fachanstalten (Baugewerkschulen, Textil-, Maschinenbau-, keramische Mittelschulen) in Betracht kommen.

---

[1]) Mittlere landwirthschaftliche Spezialschulen sind nur die pomologischen bezw. Weinbauinstitute Potsdam, Proskau und Geisenheim.

Was die *niederen* Schulen anbetrifft, so haben die *landwirthschaftlichen* Winterschulen wie die ländlichen Fortbildungsschulen einen *allgemeinen* Charakter; doch giebt es auch eine grosse Anzahl niederer Spezialfachschulen (Garten-, Wiesenbau-, Molkerei-, Forst-, Haushaltungs-, Imker-, Brennereischulen u. s. w.). Die *gewerblichen* niederen Schulen sind zum Theil Spezialfachschulen (z. B. niedere Textil- und Maschinenbauschulen u. s. w.) zum Theil bilden sie allgemein im Deutsch, Zeichnen und Rechnen aus (sog. gewerbliche und kaufmännische Fortbildungs- und Fachschulen).

Ein weiterer Unterschied zwischen dem landwirthschaftlichen und gewerblichen mittleren und niederen Schulwesen findet sich hinsichtlich der Kostenaufbringung vor.

Auf dem Gebiete der Landwirthschaft hat 1875 eine Ueberweisung des *niederen* Schulwesens an die *Provinzen* stattgefunden. Der Staat hat sich dagegen das mittlere Schulwesen vorbehalten, aber auch dieses zumeist an die Kreise, Städte und Vereine, wenn auch unter erheblicher Kostenbetheiligung, übertragen (§ 239 a. a. O.); andererseits giebt er auch zu dem niederen Schulwesen gewisse Beiträge (§ 244, 245 a. a. O.).

Bei dem gewerblichen Unterrichtswesen hat der Staat, seit Mitte der 80er Jahre in weit stärkerem Masse wie bisher die Sorge für das gewerbliche Unterrichtswesen *auf seine Schultern* genommen[1]).

Die mittleren gewerblichen Fachschulen werden, soweit der Staat die Anstalten gemeinsam mit Gemeinden und Vereinen unterhält, durchschnittlich mit der Hälfte unterstützt, befinden sich aber zum grossen Theile (Baugewerk-, Maschinenbauschulen u. s. w.) sogar direkt in seinen Händen. Auch bei dem niederen Fachschulwesen nimmt die Staatsbetheiligung von Jahr zu Jahr zu.

Stellt man die Zahlen der Staatsausgaben für landwirthschaftliches und gewerbliches Schulwesen von 1885/86[2]) und 1901 (unter Ausscheidung der Ausgaben für landwirthschaftliche und technische *Hochschulen*, welche letztere nicht auf dem Handels-, sondern dem Kultusetat stehen) gegenüber, so ergiebt sich folgendes Bild:

Landwirthschaftliche Schulen	1885/6 M	1901 M.
Proskau, Potsdam, Geisenheim, Engers[3])	101 000	160 821
Landwirthschaftliche Mittelschulen	267 300	444 800
ländl. Fortbildungsschulen		90 000
Dispositionsfonds (Kap. 102 Tit. 16 d. Etats)	237 800	333 000
Summe	606 100	1 028 621
Gewerbliche Schulen		
Kap. 69 d. Etats	1 036 676	6 430 281

---

[1]) woneben allerdings auch die *kommunale* Betheiligung fortwährend in erheblichem Steigen begriffen ist.

[2]) In diesem Jahre wurde das gewerbliche Schulwesen vom Kultusministerium an das Handelsministerium übertragen (§ 66 a. E.).

[3]) Bd. II Buch II Anl. S. 183, 185.

2. Entwickelung des mittleren und niederen gewerblichen Unterrichts- und Handelswesens seit Beginn des 19. Jahrhunderts.

§ 66. Als der eigentliche Schöpfer des preussischen gewerblichen Unterrichtswesens ist Beuth anzusehen, welcher 1820 den Plan einer Handwerksschule entwarf, die aus nur einer Klasse mit einjährigem Kursus bestand. Es war dabei vorbehalten, in einzelnen grösseren Städten eine zweite höhere Klasse hinzuzufügen. Dies letztere geschah thatsächlich in Berlin, wo am 1. Nov. 1821 unter Beuths Direktion eine 2klassige Anstalt eröffnet wurde. (Technisches Institut, seit 1827: Gewerbeinstitut, später Gewerbeakademie und danach Theil der technischen Hochschule.)

Die Entwickelung des gewerblichen und technischen Hochschulwesens, welches auf dem Etat des Kultusministeriums geführt wird, hat schon an jener Stelle ihre Erörterung gefunden (Bd II Buch I § 171 ff.), muss also hier als bekannt vorausgesetzt werden.

Die in den Provinzen als Provinzial-Gewerbeschulen ins Leben gerufenen Handwerkerschulen standen der unteren Klasse jenes Instituts gleich und lieferten ihre besten Schüler, die eine weitere Ausbildung begehrten, in jene obere Centralklasse, ein Uebergang, der durch reichliche, dem technischen Institut verliehene Stipendien unterstützt wurde.

Provinzial-Gewerbeschulen bestehen in der alten Form heute nicht mehr. Im Jahre 1849 gab es deren 19 (Gumbinnen, Königsberg, Danzig, Graudenz, Oppeln, Liegnitz, Stralsund, Stettin, Potsdam, Naumburg, Erfurt, Halberstadt, Bielefeld, Hagen, Münster, Elberfeld, Cöln, Aachen, Trier). Dieselben wurden ganz aus Staatsmitteln unterhalten. Die Lehrer waren auf Kündigung angenommen und versahen den Unterricht gegen Remuneration und nur als Nebenbeschäftigung.

Eine Reorganisation fand unter dem Minister v. d. Heydt unterm 5. Juni 1850 statt. Er bildete die Schulen aus blossen Vorbereitungsanstalten für das Gewerbeinstitut dahin aus, dass sie einmal den Bauhandwerkern (Maurer-, Zimmermeistern, Mühlenbauern u. s. w.) die Vorkenntnisse, wie sie bei der Ablegung der Meisterprüfung gefordert wurden, gaben, andererseits auch andern Klassen von Gewerbetreibenden, die, ohne einer höheren technischen Ausbildung zu bedürfen, doch einer praktischen Unterweisung in den mechanischen und chemischen Wissenschaften nicht mehr entbehren konnten, eine solche zu bieten vermochten. (Mechaniker, Maschinenbauer, Gold- und Silberarbeiter, Färber u. s. w.) Die Schulen hatten nunmehr einen doppelten Zweck. Sie waren einmal Vorschulen für das Gewerbeinstitut und vermittelten andererseits eine selbstständige Ausbildung von Kleingewerbetreibenden. Es wurden überall 2 Klassen, eine theoretische und eine praktische, sowie meist auch 1 Vorbereitungsklasse eingerichtet und Lehrer im Hauptamt angestellt. Gleichzeitig wurden aber die Städte an den Kosten (zur Hälfte) mit betheiligt, insbesondere um eine regere Aufmerksamkeit der städtischen Behörden auf die Institute zu lenken. Im Jahre 1855 bestanden 22 derartige provinziale Gewerbeschulen mit 1030 Schülern. Am Ende des Jahres 1857 25 Schulen mit 1376 Schülern. Seitdem ging die Zahl der Frequenz wieder zurück. Am Schlusse des Jahres 1860 waren in 25 Anstalten 1240 Schüler, Ende 1863 in 26 Anstalten nur noch 1134 Schüler, Ende 1868 nur noch 1107 Schüler, 1869 1167 Schüler. Die finanziellen Ausgaben für die 26 Schulen betrugen 1869 im ganzen 326 103 M., wovon vom Staate aufgebracht wurden 93 153 M., von den Gemeinden 86 649 M., aus Schulgeld 56 301 M.

In dem Rückgang der Frequenz kam zum Ausdruck, dass die Organisation dieser Schulen den Bedürfnissen der Zeit nicht mehr genügten. Einmal hatten sich mit den grossen Fortschritten, in den mathematischen und Naturwissenschaften und in ihrer Anwendung auf die gesammte Technik, die Ansprüche an die Ausbildung der Gewerbetreibenden gesteigert, wodurch bedingt wurde, die Zielpunkte der Gewerbeschulen weiter hinauszurücken, und ausserdem stellte sich eine Umgestaltung als erforderlich dar, weil die Schulen als reine Fachschulen die allgemeine Bildung zu wenig förderten und damit für die Ausbildung der zur Gewerbeakademie übergehenden Schüler nicht mehr ausreichten. Es wurde daher am 21. März 1870 (M.-Bl. f. d. i. V. S. 109 ff.) ein neuer Organisationsplan aufgestellt; aber auch dadurch gelang es nicht, die Schulen lebensfähiger zu gestalten. Es erwies sich als unmöglich, auf derselben Anstalt 2 ganz verschiedenartige Zwecke zu erreichen, nämlich einmal künftige Polytechniker für das akademische Institut wissenschaftlich vorzubereiten und 2. künftige Praktiker, welche, ohne den Besuch eines Polytechnikums, direkt aus der Schule in das Leben treten wollten, für das Baufach, das Maschinenfach und die technische Chemie mit den erforderlichen positiven Kenntnissen auszurüsten.

Ein Ministerialreskript v. 1. Nov. 1878 (a. a. O. S. 267) ordnete daher eine Trennung der Schulen nach jenen beiden Zwecken an. Diese Reorganisation hatte zur Folge, dass die Schule der ersteren Gruppe allmählich zu allgemeinen höheren Schulen (Gewerbe- und Realschulen mit neunjährigem Lehrkursus, die heutigen Oberrealschulen) umgebildet wurden, während die letzteren Schulen, davon ausgehend, dass auf der Grundlage einer höheren Bürgerschule noch ein Fachkursus aufgebaut wurde, allmählich in sogen. höhere Fachschulen übergingen, welche der Ausbildung von Technikern mittleren Ranges dienen sollten.

Solche mittlere Fachschulen, meist für maschinentechnische Gewerbe, waren z. B. an die Oberrealschulen zu Breslau, Gleiwitz und Brieg, sowie an die Realschulen, bezw. höheren Bürgerschulen zu Hagen, Barmen, Cassel, Aachen und Crefeld, welche Anstalten sämmtlich aus früheren Gewerbeschulen hervorgegangen sind, angeknüpft, für welche durch das Zirkularreskript des Ministers der geistlichen, Unterrichts- und Medizinalangelegenheiten v. 17. Okt. 1883 eine „Ordnung der Entlassungsprüfungen an den mit den Realanstalten verbundenen maschinentechnischen Fachschulen“ publizirt worden ist.

Auch auf dem Gebiete des Baugewerbes und Textilgewerbes wurden um jene Zeit besondere höhere Fachschulen (Baugewerkschulen) gegründet, die zum Theil aus alten Provinzialgewerbeschulen hervorgingen.

Die weitere Entwickelung dieser Fachschulen im Einzelnen darzustellen, würde hier zu weit führen. Es kann in dieser Beziehung auf das schon citirte 1902 bei J. J. Heine erschienene Buch von Geh. Ober-Reg.-Rath Simon über die Fachbildung des Preussischen Gewerbe- und Handelsstandes im 18. u. 19. Jahrhundert verwiesen werden, welches in eingehender Weise die Entwickelung und gegenwärtige Organisation der einzelnen Fachschulgruppen behandelt, und dem auch wir, soweit uns nicht amtliches Material zur Verfügung stand, bei der Darstellung der Organisation der Anstalten gefolgt sind.

Im Jahre 1870 erfolgte die Uebertragung des technischen und gewerblichen Unterrichtswesens auf das Kultusministerium; die Massregel erwies sich aber durchaus nicht als eine glückliche, und erst die Rückübertragung auf das Handelsministerium[1]) schuf die Bedingungen zu einem zielbewussten und sachgemässen systematischen Vorgehen auf dem Gebiete des technischen Mittelschulwesens. Besonders seit Beginn der 90er Jahre sind mehrere erfolgreiche Reorganisationen[2]) vorgenommen, wobei die Staatsregierung stets davon ausgegangen ist, dass sich weniger die Errichtung und Beförderung allgemeiner technischer Mittelschulen, als spezieller mittlerer Fachschulen empfiehlt. Als abgeschlossen können die Bestrebungen auf diesem Gebiete freilich noch nicht gelten. Die Zahl der vorhandenen Anstalten genügt dem bestehenden Bedürfniss noch durchaus nicht[3]) und vielfach müssen noch ausländische technische Mittelschulen von preussischen Staatsangehörigen aufgesucht werden.

3. Beaufsichtigung des gewerblichen Schulwesens.

§ 67. Der starke Aufschwung und die innere vielgestaltige Ausbildung, welche das gewerbliche Unterrichtswesen seit den Reorganisationen genommen hat, liess es besonders in Gegenden mit viel Gewerbe und Industrie nicht mehr ausreichend erscheinen, dass die Gewerbeschulaufsicht von den an den Regierungen thätigen Beamten der allgemeinen Schulverwaltung wahrgenommen wurden.

---

[1]) Abgesehen vom technischen Hochschulwesen, Kunstgewerbemuseum u. s. w.

[2]) Wesentlich auf der Grundlage der Berathungen der in § 15 erwähnten Centralkommission für technisches Unterrichtswesen.

[3]) Vergl. z. B. hinsichtlich der Baugewerkschulen A.-H. 1901 Sten. Ber. S. 1987.

Zuerst in den Etat 1899 wurden daher bei Kap. 68 Tit. 9b 20000 M. eingestellt zur Anstellung dreier kommissarisch mit der Bearbeitung der gewerblichen Schulangelegenheiten zu betrauenden, technisch vorgebildeten Beamten an den Regierungen zu Potsdam, Breslau und Düsseldorf. Der Erstgenannte hatte zugleich gegen 1200 M. Remuneration aus Kap. 69 Tit. 7 die Inspektion des Zeichenunterrichts an den gewerblichen Fortbildungsschulen in den Provinzen Westfalen, Hannover und Schleswig-Holstein wahrzunehmen. Durch den Etat 1900 wurde die Potsdamer, 1901 die Breslauer, 1902 wurden die Stellen zu Düsseldorf und eine inzwischen in Posen eingerichtete, zu Regierungs- und Gewerbeschulraths-Stellen umgewandelt, wofür ein neuer Tit. 4a geschaffen wurde. Tit. 9b ist aber daneben für weitere Ausdehnung der gewerblichen Schulaufsicht auf andere Bezirke beibehalten worden, jetzt 3 Kommissare zu Arnsberg, Oppeln und Cassel.

Zusammen werfen Tit. 4a und 9b für 1902 22200 + 20000 = 42000 M. aus.

Auch die Tagegelder und Reisekosten (à 2500 M.) werden aus den Fonds des Handelsetats bestritten (vgl. Etat 1901 Erläuterungen zu Kap. 68 Tit. 11).

II. Baugewerkschulen.

Entwickelung.

§ 68. Die älteste der in Preussen bestehenden Baugewerkschulen ist diejenige zu Nienburg in der Provinz Hannover. Sie wurde noch unter Hannöverscher Herrschaft im Jahre 1853 gegründet, um die Lücke im technischen Unterricht auszufüllen, welche dort zwischen den allgemeinen Realschulen und der polytechnischen Schule zu Hannover bestand, und war dazu bestimmt, „den Bauhandwerkern denjenigen Grad der Ausbildung zu gewähren, welchen man zu tüchtiger Ausübung ihres Gewerbes verlangen musste und den die bestehenden Gesetze von ihnen forderten".[1]) Sie war als staatliche Anstalt gegründet worden und wurde als solche von Preussen mit übernommen und fortgeführt.

Zu dieser Schule kamen dann in Preussen im Laufe der 60er und 70er Jahre eine Reihe gleichartiger aber von den Gemeinden ausgehender Schul-Neugründungen hinzu. Näheres bei Simon S. 747 ff.

Ende der 70er Jahre wandte sich der Staat in ausgedehnterem Masse, wie bis dahin, dem Baugewerkschulwesen zu, in der Ueberzeugung, dass es ihm nicht gleichgiltig sein könne, ob seine Angehörigen in ungesunden, unzweckmässigen Wohnungen leben, und ob grosse Kapitalien in schlecht gebauten Häusern angelegt werden. Die statistischen Ermittelungen hatten ergeben, dass die Mehrzahl der

---

[1]) Vergl. Lehzen, Hannovers Staatshaushalt, Theil II S. 554.

Unglücksfälle bei Bauten durch eine erschreckende Unkenntniss der Bauleiter verursacht waren. Ein Viertel der bei Bauten vorgekommenen Todesfälle und schweren Verletzungen wäre vermieden worden, wenn die Bauleiter die unentbehrlichen technischen Kenntnisse gehabt hätten. Auch der Staat litt als grösster Bauherr unter solchen Uebelständen sehr.

Staatliche Anregungen zur Neugründung kommunaler Anstalten hatten nur geringen Erfolg, denn nur in Buxtehude und in Magdeburg wurden und zwar erst 1890 je eine solche Anstalt ins Leben gerufen.

Diese Erfahrungen veranlassten den Staat, seit 1890 zur Errichtung staatlicher Baugewerkschulen und zugleich zur Umwandlung der kommunalen in staatliche Anstalten überzugehen.[1])

Neben der noch im Jahre 1890 einzigen staatlichen Baugewerkschule in Nienburg und den seit 1890 auf den Staat übernommenen älteren kommunalen Anstalten in Höxter, Eckernförde, Idstein, Deutsch-Krone, Breslau und Buxtehude entstanden neue staatliche Anstalten in Posen, Königsberg i. Pr. — durch Abtrennung der Abtheilung für Bauhandwerker von der Provinzial-Kunstschule — Görlitz, Kassel, Barmen-Elberfeld, Frankfurt a. O., Münster i. W., Stettin, Kattowitz, Hildesheim, Aachen, Erfurt.

Daneben bestehen noch 3 kommunale Anstalten in Köln, Berlin und Magdeburg. Ueber die Verstaatlichung der Anstalt in Köln schweben zur Zeit Verhandlungen.

Im Ganzen bestehen sonach 22 Baugewerkschulen, nämlich 19 staatliche und 3 kommunale, vom Staate subventionirte Anstalten.

§ 69. Da die Vorbildung der sich Meldenden häufig noch nicht einmal der Ausbildung der obersten Stufe der dreiklassigen Volksschule entsprach, mussten die Schulen mit einem Unterrichtsstoff belastet werden, der die technische Ausbildung beeinträchtigte, daher ist man in den letzten Jahren zur Einrichtung von Vorklassen übergegangen; diese finden sich an allen Schulen mit Ausnahme von Aachen, wo der Besuch des Tagesunterrichts der dort bestehenden gewerblichen Lehranstalt die Vorklasse ersetzt.[2])

Gegenwärtige Verfassung.

Ziele und Lehrplan.

§ 70. Die Baugewerkschulen sind dazu bestimmt:

1. Baugewerbetreibenden Gelegenheit zur Aneignung derjenigen theoretischen Kenntnisse und Fertigkeiten zu geben, die zur erfolgreichen selbstständigen Ausübung ihres Berufs erforderlich sind;

---

[1]) Die Gründungsjahre der einzelnen Schulen s. Anl. LVI Sp. 2.

[2]) Wegen der Polierklassen vgl. Etatserläuterungen 1902 zu Kap. 69 Tit. 3.

2. technische Hilfskräfte für das Bureau und den Bauplatz (Bauzeichner, Bauaufseher, Geschäfts- und Bauführer) heranzubilden, überhaupt allen denjenigen, die ein akademisches Studium des Baufaches nicht beabsichtigen, die nötigen bauwissenschaftlichen Kenntnisse in abgeschlossener Form zu vermitteln;

3. zu den mittleren technischen Laufbahnen bei den Regierungs-, Militär- und Eisenbahnbehörden vorzubereiten. Es sind dies die Laufbahnen der Bauschreiber, der technischen Regierungs- und Eisenbahnsekretäre, der Bauschreiber und Bauwarte bei den Militärbaubehörden, der Bahnmeister u. a. m., zu deren Ergreifung der erfolgreiche Besuch einer anerkannten Baugewerkschule vorgeschrieben oder empfohlen ist.

Der Unterricht wird ertheilt in 4 Klassen, für jede wird ein Halbjahr gerechnet. Ein Normallehrplan ist im Jahre 1899 erlassen worden.

§ 71. Ursprünglich war der Unterricht nur für die bei Hochbauten beschäftigten Bauhandwerker bestimmt. Späterhin sind indessen an den Anstalten zu Posen, Münster i. W., Kattowitz, Frankfurt a. O., Buxtehude, Deutsch-Krone und Breslau, um dem Mangel an Tiefbautechnikern zu begegnen, Tiefbauabtheilungen eingerichtet, in denen der Erd- und Strassenbau, der Wasser- und Brückenbau, der Eisenbahnbau und das Meliorationswesen eingehender berücksichtigt werden.

Ferner ist in Magdeburg eine Abtheilung zur Ausbildung von Steinmetzen eingerichtet, die Oktober 1902 nach Görlitz verlegt wurde.

In Deutsch-Krone ist 1896 eine 2klassige Wiesenbauabtheilung in Verbindung mit der Schule gebracht worden.

Die Tiefbauabtheilungen, die erst diejenigen Schüler aufnehmen, welche die dritte und vierte Klasse der Hochbauabtheilung mit Erfolg besucht haben, wollen diejenigen Kenntnisse gewähren, die von den mittleren bei den Staatsbau-, Provinzial- und städtischen Verwaltungen bei Tiefbauten angestellten Technikern gefordert zu werden pflegen.

In der in Magdeburg bezw. Görlitz eingerichteten Abtheilung für Steinmetze wird vor allem der Modellirunterricht auf Thonmodelliren erstreckt[1]).

Die Berechtigung zum Einjährigen Militärdienst kann durch den Besuch der Baugewerkschulen nicht erworben werden, denn ein erfolgreicher Fachunterricht, welcher an diesen Schulen Hauptsache ist, lässt sich mit einem weitgehenden Unterricht in den humanistischen Lehrgegenständen nicht vereinigen, ohne die Unterrichtsdauer unverhältnissmässig auszudehnen. Solchen Schülern jedoch, welche sich durch hervorragende Leistungen auszeichnen, kann auf Grund der Schulzeugnisse durch die Ersatzbehörde dritter Instanz der Be-

[1]) Näheres bei Simon S. 755 ff.

rechtigungsschein ertheilt werden (§ 89 der Wehrordnung). Dabei pflegen die Militärbehörden in Friedenszeiten die Einstellung der dienstpflichtigen Schüler auf Grund einer von der Direktion ertheilten Bescheinigung bis zur Beendigung des Unterrichtes hinauszuschieben.

Aufnahmebedingungen. Prüfungen.

§ 72. Für alle Schulen bestehen besondere Kuratorien.[1])

Als Aufnahmebedingung für die unterste Klasse werden die Kenntnisse des aus der obersten Stufe der dreiklassigen Volksschule Abgehenden sowie die Vollendung des 16. Lebensjahres und eine praktische Thätigkeit von mindestens zwei Bausommern auf Baustellen oder Werkplätzen verlangt.

Bei den die Prüfung im Tiefbau ablegenden Schülern kann an Stelle der genannten praktischen Vorbildung die 2jährige Thätigkeit als Gehilfe bei der Katasterverwaltung, im Wasser-, Strassen-, Eisenbahn-, Meliorationsbau u. dergl. oder eine vierjährige Dienstzeit bei den Pionieren der Artillerie oder der Eisenbahntruppe treten.

Für die Abgangsprüfungen war unter dem 6. September 1882 eine Prüfungsordnung ergangen, welche unterm 1. Februar 1902 (abgedruckt in Min.-Bl. der Handels- und Gewerbeverw. von 1902 S. 88) durch eine neue ersetzt worden ist. Die Prüfung zerfällt in 3 Theile: 1. Beurtheilung der Klassenleistungen, 2. schriftliche, 3. mündliche Prüfung.

Die Prüfungsordnung vom 1. Februar 1902 sieht besondere Prüfungskommissionen für jede Baugewerkschule, bezw. jede Abtheilung (Hoch-, Tiefbau-, Steinmetzabtheilung) vor, welche sich aus einem Regierungskommissar, einem Mitgliede des Kuratoriums, dem Direktor und den Fachlehrern und 2 Baugewerkmeistern, bezw. beim Tiefbau je einem Vertreter der Preussischen Staatseisenbahnverwaltung, einem Tiefbaubeamten und Tiefbauunternehmer zusammensetzen.

Die Prüfungsgebühr beträgt 10 M. Diejenigen, welche die Prüfung bestanden haben, geniessen eine Anzahl von Berechtigungen im Bereiche der Verwaltung des Ministeriums der öffentlichen Arbeiten, sofern sie sich der mittleren Beamtenkarriere (Bauschreiber, technische Eisenbahnsekretäre, Eisenbahnbetriebs-Ingenieure, Garnisonbauwärter, Bahnmeister, Wasserbauwärter u. s. w.) zuwenden. Ausserdem sind sie von der Ablegung eines Theiles der zur Führung des Meistertitels berechtigenden Meisterprüfung befreit.

Verwaltungsorganisation.

§ 73. Die staatlichen Baugewerkschulen unterstehen dem Minister für Handel und Gewerbe. Für jede derselben wird ein Kuratorium gebildet.

Die nicht staatlichen Anstalten unterstehen dem gemeinschaftlichen Patronate der Staatsregierung und der betheiligten Städte.

---

[1]) s. Anm. 1 auf S. 1080.

Frequenz.

§ 73a. Die Frequenz der Schulen ergiebt sich aus der Anlage LIV. Diese lässt den Aufschwung, den die Schulen genommen haben, deutlich erkennen.

Während 1879/80 auf sämmtlichen Baugewerkschulen zusammen nur 1185 Schüler unterrichtet wurden, konnten im Jahre 1894/95 die Schulen schon 2618 Schüler aufnehmen. Trotzdem genügten auch damals die Schulen dem Bedarfe nicht entfernt, denn es musste noch damals ein grosser Theil preussischer Schüler auf zum Theil minderwerthigen, nicht preussischen Schulen Ausbildung suchen. Im Herbst 1891 mussten 870, im Herbst 1894 noch, wie auf Grund amtlicher Zählung festgestellt wurde, im Ganzen 976 Anmeldungen von fast nur preussischen Schülern (jeder eine Schule Suchende nur einmal gezählt) wegen Platzmangel unberücksichtigt bleiben. Schon im Jahre 1899 konnten dagegen 4234 und im Jahre 1902 allein auf den staatlichen Schulen 4248 Schüler ausgebildet werden.

Im Sommer ist natürlich die Frequenz viel geringer als im Winter. So betrug auf allen Schulen die Frequenz Sommer 1900: 1478, 1901: 1829, Winter 1900/01: 4695, 1901/02: 4986.

Etatsmässige Behandlung.

§ 74. Die staatlichen Baugewerkschulen gehen mit ihren sämmtlichen Einnahmen und Ausgaben durch den Etat (Art. 99 der Verf.-Urk.). Die Einnahmen erscheinen in Kap. 29 Tit. 2a (für 1902 mit 810 990 M.). Die Ausgaben in Kap. 69 in den Titeln 1a, 2 bis 6. Da aber bei den Titeln 2 bis 6 die Ausgaben der Baugewerkschulen zusammengestellt sind mit denen für Navigationsschulen, Maschinenbauschulen, für Zeichen- und sonstige Fachschulen, so ist aus dem Staatshaushaltsetat der Staatszuschuss für die einzelne staatliche Anstalt nicht ersichtlich. Man muss vielmehr auf die Kassenetats der einzelnen Anstalten zurückgehen, wenn man die Höhe des Staatszuschusses erkennen will. Dies ist geschehen in den Anlagen LV, LVI u. LVII.

Die drei kommunalen Baugewerkschulen in Berlin, Magdeburg und Köln erhalten ihren Staatszuschuss aus Kap. 69 Tit. 10, 10b, 10c und 11, werden aber in der Etatsbeilage B (Nachweisung der Einnahmen und Ausgaben der aus dem Fonds Kap. 69 Tit. 10 unterstützten gewerblichen Unterrichtsanstalten) unter A. 1 bis 3 einzeln aufgeführt, sodass bezüglich dieser dem Etat ein klareres Bild als bezüglich der staatlichen Anstalten zu entnehmen ist.

Einnahmen.

§ 75. Die im Etat 1902 mit 810 990 M. in Kap. 29 Tit. 2a aufgeführten Einnahmen der staatlichen Baugewerkschulen, welche in der Anlage LV ersichtlich gemacht sind, setzen sich aus 195 400 M. Zuschüssen der Gemeinden (Spalte 3) und 615 590 M. eigenen Einnahmen (Spalte 8) zusammen. Einnahmen aus eigenem Vermögen sind in diesen Zahlen nicht enthalten, den Haupteinnahmebetrag von 481 360 M. macht das eingehende Schulgeld aus, der Einnahmebetrag von 120 992 M. für Schreib- und Zeichenmaterialien, sowie Verpflegung in Krankheitsfällen kann im Wesentlichen als durchlaufender Posten angesehen werden.

Es verhalten sich danach die Einnahmen aus Schulgeld und Prüfungsgebühren zu den[1]) eigentlichen Staatszuschüssen mit 1 245 500 M. etwa wie 1 : 3.

Die eigenen Einnahmen der vom Staate subventionirten kommunalen Anstalten belaufen sich ohne den Staatszuschuss (welcher zusammen 112 311 M. beträgt), auf 97 181 M. (darunter 92 870 M. Schulgeld und 1 970 M. Prüfungsgebühren). Hier verhalten sich also die Einnahmen aus Schulgeldern und Prüfungsgebühren zum Staatszuschuss wie 1 : 1,15.

Das Schulgeld ist (auch in den Vorschulklassen) durchgängig auf 80 M. (bei den städtischen Schulen Berlin und Köln je 100 M.) bemessen, ferner sind die Beiträge der Schüler für Schreib- und Zeichenmaterialien, für Lehrhefte, sowie für freie Kur und Verpflegung in Krankheitsfällen, auf 20 M., bezw. ohne Lehrhefte auf 17 M. für den Schüler bemessen. Dazu kommen die Prüfungsgebühren mit je 10 M. und schliesslich die Einnahmen vom Schuldiener für das zu seinem eigenen Bedarf aus den Vorräthen der Anstalt entnommene Feuerungsmaterial, Wasser und Gas, sowie aus dem Verkaufe unbrauchbar gewordener Inventarienstücke. Für die neu eingeführten Polirklassen (§ 70) werden nur 50 M. Schulgeld erhoben. 10 Proz. des Schulgeldes wird zum Erlass für Freischüler verwendet.

Ausgaben.

§ 76. Mit Ausnahme von Posen betheiligen sich sämmtliche Gemeinden an der Unterhaltung der staatlichen Anstalten durch Natural- und Geldleistungen. Die Entwickelung der Ausgaben ist aus den Anlagen LVI u. LVII zu ersehen. Diese ergeben eine enorme Steigerung der Ausgaben überhaupt, wie zugleich der staatlichen und gemeindlichen Zuschüsse in den letzten 12 Jahren.

Die staatlichen Aufwendungen sind gestiegen (in Mark) von:

	1891/92	1898/99	1902
Für die jetzigen staatlichen Anstalten	264 421	768 880	1 245 503
Für die Gemeindeanstalten	55 827	103 406	112 311

Die Aufwendungen der Gemeinden haben sich gesteigert:

	1891/92	1898/99	1902
Für die jetzigen staatlichen Anstalten .	48 409	120 400	195 400
Für die Gemeindeanstalten	35 313	78 635	84 577

[1]) Aus dem Abzug der eigenen Einnahmen und der Gemeindezuschüsse von dem Gesammtbetrage der Ausgaben sich ergebenden.

Die Gesammtaufwendungen stellten sich folgendermassen:

Für die jetzigen staatlichen Anstalten . .	1 279 644	2 046 493
Für die Gemeindeanstalten	270 158	294 069

Von den Gesammtaufwendungen der staatlichen Anstalten mit 2 046 493 M. beanspruchten die Besoldungen 1 428 400 M., Wohnungsgeldzuschüsse 170 684 M., andere persönliche Ausgaben 106 480 M., zusammen 1 705 514 M. Die sächlichen Ausgaben 340 929 M.

Die persönlichen Ausgaben machten also rund 83 Proz. der gesammten Aufwendungen aus.

Von den Gesammtaufwendungen der staatlichen Anstalten deckt der Staat etwa 60 Proz. der Kosten, von denen der Gemeindeanstalten etwa 38 Proz.

Die Gemeinden decken bei den staatlichen Anstalten etwa 10 Proz., bei den Gemeindeanstalten etwa 30 Proz. der Ausgaben. Auch bei ihnen überwiegen also die Staatsleistungen.

Die Rechtfertigung dieser starken Inanspruchnahme des Staates liegt neben den bereits in § 67 hervorgehobenen Gründen vor allem in dem gesteigerten Masse, in welchem bei den staatlichen Bau- u. s. w. Betrieben auf Baugewerkschulen vorgebildete Techniker gebraucht werden.

Lehrerbesoldungen.

§ 77. Besondere Behandlung unter den persönlichen Ausgaben verdienen die Besoldungen.

Die Verhältnisse der Lehrer waren ursprünglich für die einzelnen kommunalen Anstalten von Fall zu Fall besonders geordnet und zwar auf Grund von Verträgen zwischen den Städten und den einzelnen Lehrern. Dies wirkte sehr nachtheilig auf die Zusammensetzung und Qualifikation der Lehrerschaft ein. Die Gehälter waren unzulänglich, Pensionsansprüche und Wittwen- und Waisenversorgung fehlten, die Rang- und Titelverhältnisse waren ungeordnet und die von den Kommunen aufgestellten Anstellungsverträge wiesen sehr viele Unklarheiten auf, die mancherlei Unzuträglichkeiten zur Folge hatten. Daraus ergab sich, dass die Besetzung der Lehrerstellen mit geeigneten Bewerbern sehr erschwert war und die Lehrer häufig wechselten. Die Lehrer bewarben sich um besser dotirte und pensionsberechtigte Stellen an nicht preussischen Anstalten oder traten in den Staatsdienst zurück.

Es wurden daher im Staatshaushalts-Etat für 1894/95 wesentliche Gehaltsverbesserungen für die Direktoren und Lehrer vorgesehen. Die Gehaltsverhältnisse sind jetzt gegen Anfang der 90er Jahre wie folgt geordnet:

Im Jahre 1891/92 standen im Etat in Kap. 69 Tit. 1a für das Lehrerpersonal an den damals vorhandenen 2 Baugewerkschulen für 2 Direktoren, 20 Lehrer und 2 Schuldiener 62 642 M., 1894/95 für 4 Direktoren, 46 Lehrer und 4 Schuldiener 187 784 M., 1898/99 für

14 Direktoren, 210 Lehrer und 14 Schuldiener 929 918 M., 1902 für 19 Direktoren, 304 Lehrer und 19 Schuldiener 1 428 200 M.

Die Direktoren hatten 1891/92 ein festes Gehalt von 5400 M., sie sind seit 1897/98 in der 12. Rangklasse der Besoldungsordnung mit einem Gehalte von 5400 bis 6600 M. eingestellt, bei 4 Stufen, Höchstgehalt in 9 Jahren.

Die Lehrer standen 1891/92 mit einem Durchschnittsgehalt von 3150 M. und einem Höchstgehalt von 4500 M. im Etat. Seit 1894/95 bezogen etwa Zweidrittel ein Durchschnittsgehalt von 4200, Höchstgehalt 4800 M. Das Jahr 1897/98 brachte den Lehrern weitere Gehaltserhöhungen. Seit 1902 steigen sie nach Dienstaltersstufen. Es beziehen:

a) diejenigen mit Hochschulbildung, ähnlich den Bauinspektoren, Gehalt 3600 bis 5700 M. und zwar 3 mal um 400 M. und 3 mal um 300 M. steigend, Höchstgehalt in 18 Jahren;

b) diejenigen ohne Hochschulbildung ähnlich den Regierungs-Bausekretären, Gehalt 2100 bis 4800 M. und zwar 9 mal um je 300 M. steigend, Höchstgehalt in 27 Jahren.

Unterrichtsstunden in den Tiefbaukursen werden remuneratorisch vergütet. Direktoren und Lehrer werden in der Regel mit Pensionsberechtigung und Wittwen- und Waisenversorgung auf Lebenszeit angestellt.

Durch Allerh. Erlass v. 27. Jan. 1898 (Reichsanzeiger No. 23) ist den Direktoren der Baugewerksschulen der Rang der Räthe IV. Klasse, den Oberlehrern derjenige V. Klasse verliehen worden. Bis zu einem Drittel der Gesammtzahl kann nach 12 jähriger Schuldienstzeit der Titel Professor verliehen werden.

Im Allgemeinen sind jetzt für jede Schule 1 Direktor, 12 Lehrer mit Hochschulbildung, 4 Lehrer ohne Hochschulbildung und 1 Schuldiener in die Etats eingestellt.

Sächliche Ausgaben.

Ueber die hier geltenden Normalsätze vergl. Erläuterungen zu Kap. 69 Tit. 4 des Etats für 1901 (vergl. auch § 118).

Extraordinarium.

§ 77 a. Baukosten entstehen nicht, da in der Regel die Städte, wo Baugewerkschulen errichtet werden sollen, sich bereit erklären müssen — ausser einem jährlichen Zuschuss für die Unterhaltung der Schule — auch das erforderliche Schulgebäude zu errichten, zu unterhalten und erstmalig mit Inventar auszustatten.

Die erstmalige Ausstattung (und spätere Vervollständigung) mit Lehrmitteln, Bibliothek u. s. w. erfolgt dagegen meist durch den Staat (vergl. z. B. Extraordinarium 1091 Kap. 7 Tit. 6 bis 11 u. a.) seit Anfang der 90er Jahre. 1887/88 wurden zum ersten Mal 3150 M. und dann seit 1890/91 bis 1902 388 000 M. zu solchen Zwecken zur Verfügung gestellt (s. auch § 152).

III. Fachschulen für Metallindustrie.

§ 78. Bei diesen Schulen hat man 2 Hauptgruppen zu unterscheiden:

1. einmal solche, welche ein allgemeineres Ziel, nämlich die Ausbildung mittlerer und niederer Maschinen- und Hüttentechniker und lediglich theoretischen Unterricht bieten (A) und sodann

2. solche, welche hauptsächlich die Ausbildung gewerblicher Arbeiter zu Werkmeistern u. s. w. in einem bestimmten Zweige der Metallindustrie zum Ziele haben und dabei meist eine praktische Ausbildung mit der theoretischen vereinigen (B).

Die ersteren Schulen sind die Maschinenbauschulen und scheiden sich in eine Gruppe mit höheren Lehrzielen: höhere Maschinenbauschulen (vor 1898 als technische Mittelschulen bezeichnet) und mit niederen Lehrzielen: Maschinenschulen (vor 1898 als Werkmeisterschulen bezeichnet).

Als Schulen der zweitgenannten Art kommen in Betracht die Fachschule für Metallindustrie (Bronze- und Messingwaaren) zu Iserlohn, die Fachschulen für Kleineisen- und Stahlwaarenindustrie zu Remscheid, Siegen und Schmalkalden und die Kupferschmiedefachschule zu Hannover, welche letztere allein keinen eigentlichen praktischen Unterricht bietet, jedoch den Schülern Gelegenheit giebt, sich Fertigkeit im Treiben von Kunstformen anzueignen.

a) Maschinenbauschulen.

§ 79. Die Maschinenbauschulen mit ihren heutigen Lehrzielen sind in der Mehrzahl erst seit den 90er Jahren entstanden, wo die Regierung planmässig mit der Neueinrichtung derartiger Schulen und der Umgestaltung älterer Schulformen (Oberrealschulen und Realschulen mit Anschluss besonderer Fachklassen, z. B. Gleiwitz, Breslau, Aachen, Barmen, Hagen) vorging.

Man gründete zunächst Werkmeisterschulen zur Ausbildung niederer Techniker (die erste Schule war die rheinisch-westfälische Hüttenschule zu Bochum 1881, nach Duisburg verlegt 1891,[1]) welche seit 1898 „Maschinenbauschulen“ heissen.

Es bestehen zur Zeit solche Maschinenbauschulen in Dortmund, Duisburg, Elberfeld, Gleiwitz, Görlitz, Köln, Magdeburg und Hannover.[2])

Daneben ging die Regierung mit der Errichtung „Technischer Mittelschulen für Maschinenbauer“ vor, welche mittlere Techniker (Betriebsleiter, Hülfskräfte für Konstruktionsbureaus) ausbilden sollten

---

[1]) Vergl. über diese Schule auch die Etatserläuterungen zu Kap. 69 Tit. 1b S. 27 des Etats 1894/95.

[2]) Die Gründungsjahre siehe aus Anl. LIX Sp. 3.

und denen seit 1898 die Bezeichnung: „Höhere Maschinenbauschulen" beigelegt wurde.

Höhere Maschinenbauschulen bestehen zur Zeit in Dortmund Hagen, Breslau, Elberfeld, Barmen, Altona, Stettin, Posen, Einbeck, Aachen und Cöln.

Die „Maschinenbauschulen" und „höheren Maschinenbauschulen" in Dortmund, Elberfeld, Barmen und Cöln sind einander angegliedert und führen daher die Bezeichnung „Vereinigte Maschinenbauschulen".

Im Etat 1902 sind weiter die Mittel für eine „Höhere Schiff- und Maschinenbauschule" in Kiel bewilligt.

Gegenwärtige Organisation.

§ 80. Unter dem 19. Nov. 1901 erschienen sehr ausführliche allgemeine Vorschriften des Handelsministers über die „Organisation der der Handels- und Gewerbeverwaltung unterstehenden Schulen zur Ausbildung von mittleren und niederen Beamten und Arbeitern der Maschinen- und Hüttenindustrie" (Min.-Bl. f. H. u. G. 1901 S. 305 nebst Beilage).

Dieser Erlass unterscheidet folgende 5 Schuleinrichtungen auf dem fraglichen Gebiete.

A. Höhere Maschinenbauschulen. – Die Schulen sollen Betriebsbeamte und Konstruktionsbeamte für die Maschinenindustrie und die damit verwandten Industrien heranbilden (mittlere Techniker), auch künftigen Besitzern und Leitern solcher industrieller Anlagen Gelegenheit zum Erwerb der erforderlichen technischen Kenntnisse geben.

B. Maschinenbauschulen. — Diese sollen künftige niedere technische Betriebsbeamten für die Maschinen-Industrie (Werkmeister, Maschinenmeister und Leiter kleinerer Betriebe) heranbilden und Besitzern kleinerer Werke die nöthigen Fachkenntnisse, insbesondere die erforderliche Fertigkeit im Zeichnen vermitteln.

C. Hüttenschulen. – Die Hüttenschulen sind an einzelnen Orten an die Maschinenbauschulen angegliedert und sollen niedere Betriebsbeamte für die Hüttenindustrie heranbilden.

D. Abend- und Sonntagsschulen für Maschinenbauer, Schlosser, Schmiede und Hüttenarbeiter. – Diese sind an die vorgenannten Anstalten oder Handwerkerschulen angegliedert und sollen Arbeitern der genannten Gewerbe die zu ihrem Beruf erforderlichen fachlichen Kenntnisse und zeichnerischen Fertigkeiten vermitteln.

E. Ausser den vorgenannten Schulen sollen an einzelnen Orten (Essen, Halle) versuchsweise Anstalten mit zweisemestrigem Kursus zur Weiterbildung von tüchtigen Arbeitern der Maschinenindustrie, die sich später zu Vorarbeitern, Monteuren und Werkmeistern entwickeln können, zugelassen werden.

F. Endlich sind durch das Extraordinarium des Etats 1902 (Kap. 7 Tit. 22) im Anschluss an die bestehenden Maschinenbau-Fachschulen unter Benutzung ihrer Einrichtungen und Lehrmittel Wanderlehrkurse für Heizer und Maschinisten eingerichtet worden (jährlich je einmal zu 14 Tagen, Gesammtkosten 27 000 M., Schulgeld 6 M.). — Auch die Dampfkessel-Ueberwachungsvereine stellen Lehrmeister für ähnliche Zwecke an und erhalten aus demselben Fonds 13 000 M. an Zuschüssen hinzu. (Vergl. die Etatserläuterungen a. a. O.)

Lehrpläne.

Zu A. Die höheren Maschinenbauschulen bevorzugen in der IV. Klasse Mathematik (8 Stunden), Mechanik, darstellende Geometrie und Zeichnen und Skizziren von Maschinenelementen (je 6 Stunden), neben Physik und Chemie. In den höheren Klassen gewinnen dann die Lehrstunden über Maschinenelemente, Dampfkessel, Hebemaschinen, Dampfmaschinen, hydraulische Motoren, Gasmotoren (in der II. Kl. 10, in der I. Kl. 13 Stunden), sowie der Zeichenunterricht — Baukonstruktion, Bauzeichnen und Baumechanik, Zeichnen und Skizziren von Maschinenelementen, von Dampfkesseln, Hebemaschinen, Dampf- und von Werkzeugmaschinen (II. u III. Kl. je 13 Stunden, I. Kl. 14 Stunden) — einen immer grösseren Raum, neben allgemeiner Technologie, Hüttenkunde und Elektrotechnik. In der II. Kl. findet ein einstündiger Samariterunterricht statt.

Für die mit der Schule in Cöln verbundene Vorschule ist ein besonderer Stundenvertheilungsplan gegeben

Zu B. Die Maschinenbauschulen beschäftigen sich in der IV. Klasse neben den allgemeinen Unterrichtsfächern (Deutsch, Rechnen, Mathematik, Physik) wesentlich nur mit geometrischem Zeichnen, technischem Freihand- und Projektionszeichnen (18 Stund.), gehen dann in der III. Klasse mehr zu den Maschinenelementen (6 Stund.), Mechanik (5 Stund.), Elektrotechnik und zu dem Skizziren und Zeichnen von Maschinenelementen (10 Stund.) über. Die II. Klasse nimmt dann die Lehre von den Dampfkesseln und Hebe- und Werkzeugmaschinen, die allgemeine Technologie und die Hüttenkunde, die Baukonstruktion und das Skizziren und Zeichnen von Werkzeugmaschinen auf, und die I. Klasse stellt die Dampfmaschinen, hydraulischen Motoren und Gasmotoren, sowie das Skizziren und Zeichnen von Dampfkesseln, Hebemaschinen und Dampfmaschinen in den Vordergrund. In der II. Klasse Samariterkursus.

(Aehnlich der Lehrplan für die 3 klassige Maschinenbauschule in Cöln).

Zu C. Die Hüttenschulen beginnen neben den allgemeinen Unterrichtsgegenständen in der IV. Klasse mit technischem Freihandzeichnen, geometrischem und Projektionszeichnen (14 Stund.), gehen in der III. Klasse zur Mechanik, Feuerungskunde, Elektrotechnik, Maschinenkunde, Mineralogie, allgemeinen Hüttenkunde und dem Skizziren und Zeichnen von Maschinen über. In der II. Klasse treten vor Allem die analytische Chemie (8 Stund.), die Eisenhüttenkunde (6 Stund.), die chemische Technologie (4 Stund.) und die Uebungen im Laboratorium (4 Stund.) hinzu, welche auch noch die Hauptlehrgegenstände der I. Klasse bilden unter Hinzutritt von mechanischer Technologie (8 Stund.), Metallhüttenkunde (4 Stund.) und Kalibriren von Walzen (8 Stund.). In der II. Klasse Samariterkursus.

Zu D. Die Abend- und Sonntagschulen haben keinen einheitlichen Lehrplan. Dieser wird von der Schulleitung in jedem Einzelfalle besonders gestaltet.[1])

Die mit den Maschinenbau- und Hüttenschulen verbundenen derartigen Schulen verfolgen den doppelten Zweck:

1. Schüler soweit vorzubilden, dass sie die unterste Klasse der Maschinenbauschule und Hüttenschule überspringen; 2. Schüler, welche nicht beabsichtigen eine Tagesschule zu

[1]) So ist z. B. an der Posener Anstalt neuerdings ein 12 wöchiger Kursus für niederes technisches Personal der landwirthschaftlichen Nebenbetriebe eingerichtet

besuchen, durch Zeichnen und sonstigen Fachunterricht möglichst gut für ihren Beruf auszubilden.

Die mit den höheren Maschinenbauschulen und den Handwerkerschulen verbundenen Abend- und Sonntagsschulen verfolgen lediglich den letzteren Zweck.

Zu E. Die zweisemestrigen Weiterbildungskurse beginnen neben den Fächern der allgemeinen Bildung (Deutsch, Rechnen, Naturlehre) mit vorbereitendem Zeichnen, Skizziren und mit Projektionszeichnen (in der ersten Hälfte des I. Semesters 22 Stund.), gehen dann zur Mechanik (in der zweiten Hälfte 6 Stund.), Festigkeitslehre (4 Stund.) und zu den Maschinenelementen (10 Stund.) sowie zum Zeichnen und Skizziren der Maschinenelemente (12 Stund.) über. Im II. Semester nehmen sie dann die Dampfkessel, Hebe-, Dampf- und Werkzeugmaschinen, die hydraulischen und Kraftgasmotoren (15 Stund.) in den Lehrplan auf neben dem Skizziren und Zeichnen dieser Maschinen und Motoren (14 Stund.). Auch hier findet ein Samariterkursus statt.

§ 81. Für alle Schulen bestehen besondere Kuratorien.[1])

Die Aufnahmebedingungen sind für die höheren Maschinenbauschulen (A) Reife für Obersekunda, Fertigkeit im Zeichnen und 2jährige Werkstattsthätigkeit oder Ablegung einer besonderen Prüfung und Nachweis 3jähriger praktischer Thätigkeit, in Cöln auch Absolvirung der 2semestrigen Vorschule;

für die Maschinenbauschulen (B), Hüttenschulen (C) und die Anstalten unter E:

Nachweis guter Volksschulbildung und 4jährige praktische Thätigkeit. Vorheriger Besuch einer Fortbildungsschule erwünscht;

für die Abend- und Sonntagsschulen zu D:

Nachweis guter Volksschulbildung und Ausweis über Beschäftigung in einem der betreffenden Gewerbe. Auch sollen die Schüler nicht mehr fortbildungsschulpflichtig sein.

Vor Neuaufnahme in eine höhere Klasse müssen Prüfungen abgelegt werden, ausser bei Uebertritt von einer Schule in eine andere.

Die Prüfungskommissionen für die Aufnahmeprüfungen an den höheren Maschinenbauanstalten bestehen aus dem Direktor und den Lehrern, die Prüfungsgebühr beträgt 20 M.

An sämmtlichen Anstalten werden nach Abschluss des Lehrgangs Reifeprüfungen abgehalten und Abgangszeugnisse ertheilt.

Die Prüfungskommissionen für diese Prüfungen bestehen aus 1 Staatskommissar als Vorsitzenden, einem Mitglied des Kuratoriums, 1 Industriellen, dem Direktor und den Lehrern.

Die Prüfung zerfällt in einen zeichnerischen, schriftlichen und mündlichen Theil. Prüfungsgebühr 10 M.

Wer die Prüfung nicht besteht, erhält auf besonderes Erfordern ein Klassenzeugniss und eine einfache Bescheinigung über den Besuch der Anstalt, die sich über Fleiss, Betragen und Schulbesuch auslässt.

Frequenz.

§ 82. Der Schulbesuch ergiebt sich aus der folgenden Zusammenstellung, welche zeigt, dass die Schülerzahl von 1898/99 bis 1901/02 von 1408 auf 2639 Schüler gewachsen ist.

[1]) Geschäftsanweisung für Kuratorien gewerblicher Fachschulen, Min.-Bl. f. H. u. G. 1902 S. 48.

Sitz der Anstalt	Schülerzahl im Wintersemester 1898/99	1899	1900	1901
A. Staatsanstalten:				
1. Iserlohn	47	47	58	101
2. Remscheid	73	91	95	89
3. Dortmund	481	513	530	586
4. Duisburg	155	191	213	244
5. Hagen i. W.	136	165	184	199
6 Gleiwitz	72	83	106	125
7. Breslau	80	94	116	145
8. Elberfeld-Barmen	20	32	148	258
9. Altona	15	42	64	92
10. Görlitz	56	107	205	200
11. Stettin	—	—	62	206
12. Posen	—	—	—	8
13. Einbeck	—	—	37	48
14. Siegen	—	—	20	42
15. Schmalkalden	—	—	—	—
16. Aachen	—	—	—	—
17. Kiel	—	—	—	—
B. Vom Staate mit unterhaltene Gemeindeanstalten:				
1. Magdeburg	68	75	83	104
2. Cöln	205	191	198	205
Insgesammt	1408	1657	2119	2639

§ 83. Was die Lehrer an den Fachschulen für Maschinenbauer anbetrifft, so müssen mehr als drei Viertel der Lehrer volle Hochschulbildung besitzen und zwar an den grösseren Anstalten alle bis auf zwei und an den kleineren alle bis auf einen.

Die Zahl des Lehrerpersonals betrug 1902 an den staatlichen Anstalten: 18 Direktoren, 138 Lehrer mit höheren und 21 mit geringeren Gehältern, dazu kamen 16 Werkmeister; an den staatlich unterstützten 2 Anstalten: 2 Direktoren, 17 Lehrer mit höheren und 4 mit niederen Gehältern.

Etatsmässige Behandlung.

§ 84. Fast sämmtliche Fachschulen der Metallindustrie sind staatlich.[1]) Die staatlichen hierher gehörigen Anstalten laufen mit ihren Einnahmen und Ausgaben ganz durch den Etat und zwar stehen die Einnahmen in Kap. 29 Tit. 2b: Maschinenbauschulen, einschliesslich der höheren Schiff- und Maschinenbauschule in Kiel, Fachschulen für Metallindustrie, Fachschulen für Seedampfschiffs-Maschinisten und aus besonderen Fonds 381 930 M.

Auch die Ausgaben finden sich in Kap. 69 Tit. 1b mit 815 200 M., ferner in den Tit. 2, 3, 5 und 6 gemeinsam zusammengestellt.

---

[1]) Und bezüglich der 2 nicht staatlichen Fachschulen Magdeburg und Cöln schweben Verhandlungen wegen der Verstaatlichung. Formulare zu Entwürfen der Schuletats Min.-Bl. f. H. u. G. 1902 S. 252.

Will man also ein Bild über die Finanzverhältnisse der einzelnen Anstalten gewinnen, so muss man in eine Prüfung der einzelnen Etats eintreten.

Die Uebersichten in Anl. LVIII, LX und LIX geben ein Bild über deren Verhältnisse und umfassen zugleich die Spezialschulen für Metallindustrie (§§ 87 ff.).

Sie geben auch die Verhältnisse der kommunalen Anstalten wieder, welche nicht mit ihren Einnahmen und Ausgaben ganz durch den Staatsetat laufen, sondern zu denen Zuschüsse gezahlt werden aus Kap. 69 Tit. 10, 10b, 10c und 11, und die in der Beil. B zur Handels- und Gewerbeverwaltung (Anl. Bd. II No. 16) unter No. 4 und 5 aufgeführt sind.

Einnahmen.

§ 85. Aus eigenem Vermögen hat nur die Schule in Hagen i. W. aus einem Stipendienfonds 186 M. Einnahmen aufzuweisen. Sonst bestehen die Einnahmen wesentlich aus Schulgeld mit zus. 223 920,25 M., aus Prüfungsgebühren mit zus. 6340 M. und nur mit 2005 M. aus dem Verkauf von Lehrmitteln und Insgemein 1560,75 M., zusammen 3565,75 M.

Da die Gemeinden 222 680 M. Zuschüsse decken[1]) und der Staat 852 455 M., entfallen von den Gesammtausgaben mit 1 308 968 M.

auf eigene Einnahmen	18 Proz.
auf Gemeindezuschüsse	17 „
auf Staatszuschüsse	65 „

Schulgeld.

Bei den höheren Maschinenbauschulen wird ein jährliches Schulgeld von 150 M. erhoben, mit Ausnahme von Cöln, wo 200 M. erhoben werden.

Bei den Maschinenbauschulen und Spezial-Fachschulen (Remscheid u. s. w.) 60 M., bei den Sommer-, Sonntags- und Abendkursen 20 M. Ausserdem werden bei den Fachschulen von nichtpreussischen Schülern aus Deutschland 160 M., von Ausländern 300 M. Schulgeld erhoben. 10 Proz. werden für Fachschüler verwendet.

Prüfungsgebühren (s. § 81).

Ausgaben.

§ 85a. Die Entwickelung der Gesammtausgaben, der staatlichen und städtischen Zuschüsse ist für eine Reihe von Jahren in Anl. LIX und LX gegeben und zwar gesondert nach den staatlichen und den vom Staate gemeinschaftlich mit anderen unterhaltenen Anstalten.

[1]) Die Höhe der mit den Gemeinden vereinbarten Antheilnahme an den Kosten im Einzelnen sind zu ersehen aus den Anmerkungen zu Anl. LX.

Danach sind gestiegen die Aufwendungen

	in den Etatsjahren					
	1891/92		1897/98		1902	
	M.	Proz.	M.	Proz.	M.	Proz.
1. der Gemeinden	52 814	—	119 284	23	222 687	17
2. des Staates	105 645	—	289 152	56	855 590	65
3. die Gesammtaufwendungen (einschl. eig. Einnahmen)	—	—	315 601	—	1 310 123	—

Das Antheilsverhältniss von Staat und Gemeinde hat sich also in den letzten 5 Jahren erheblich zu Ungunsten des Staates geändert.

Den grösseren Theil der Ausgaben machen die persönlichen Ausgaben aus, nämlich (ausweislich der Sp. 10 der Anl. LVIII auf S. 234) bei den Staatsanstalten 955 219 M., während die sachlichen Ausgaben sich belaufen auf 210 625 M. Bei den vom Staate mit unterhaltenen Anstalten: persönliche Ausgaben 124 958 M., sächliche Ausgaben 18 166 M.

Lehrerbesoldungen.

§ 86. Was die Besoldungsfrage anlangt, so hat sich die Staatsregierung bei der Gehaltsregulirung angelehnt an die Gehälter der Eisenbahnbau-Betriebs- und Maschinenbau-Inspektoren.

Die Regelung ist gegenwärtig folgende: Direktoren, Lehrer und Schuldiener der unter I u. II aufgeführten Anstalten werden in der Regel mit Pensionsberechtigung auf Lebenszeit angestellt. Das Anfangsgehalt der Direktoren beträgt 5400 M. und steigt in 9 Jahren auf 6600 M. Die Lehrergehälter steigen v. 1. April 1902 ab nach Dienstaltersstufen. Die Lehrer mit Hochschulbildung beziehen 3600 M., steigend in 18 Jahren auf 5700 M. und zwar 3mal um 400 M. und 3mal um 300 M., die übrigen 2100 M., steigend in 27 Jahren auf 4800 M. und zwar 9mal um je 300 M. Das Anfangsgehalt der Schuldiener beträgt 900 M. und steigt in 21 Jahren auf 1200 M.

Ausserdem bestehen noch für mehrere aus der Unterrichtsverwaltung übernommene wissenschaftliche Lehrer die Gehaltssätze von 2700 M., in 24 Jahren auf 5100 M. steigend, nebst fester pensionsfähiger Zulage, die nach 9 Dienstjahren 300 M., nach 12 Dienstjahren 600 M. und nach 15 Dienstjahren 900 M. beträgt.[1]) Ausserdem sind 16 Werkmeisterstellen mit einem in 18 Jahren von 1800 auf 2700 M. steigenden Gehalt vorhanden.

Die Lehrer haben durchschnittlich 26—28 Stunden die Woche zu geben.[2]) Die Möglichkeit zu Nebenerwerb durch Privatarbeiten ist für die technischen nicht grundsätzlich ausgeschlossen.

---

[1]) Diese Lehrerstellen werden aber nach einem Etatsvermerk zu Kap. 69 Tit. 1b bei ihrer Erledigung in solche mit 3600—5700 M. umgewandelt.

[2]) Ueberstunden über die Pflichtstundenzahl werden besonders remunerirt (Etat 1902 Erläuterungen zu Kap. 69 Tit. 3).

Schuldiener.

Die Zahl derselben beträgt 19 an den staatlichen, 1 an nichtstaatlichen Schulen. Sie beziehen 900—1200 M. und haben sämmtlich Dienstwohnung.

Extraordinarium.

§ 86a. Baukosten entstehen nicht, da in der Regel die Städte, wo Maschinenbauschulen errichtet werden sollen, sich bereit erklären müssen — ausser einem jährlichen Zuschuss für die Unterhaltung der Schule — auch die erforderlichen Schulgebäude zu errichten, zu unterhalten und erstmalig mit Inventar auszustatten.

Die erstmalige Ausstattung (spätere Vervollständigung) mit Lehrmitteln, Bibliothek u. s. w. erfolgt dagegen meist durch den Staat (vergl. z. B. Extraordinarium des Etats 1900 Kap. 7 Tit. 8—20). Von 1890 bis 1901 wurde fast 1 Mill. M. für derartige Zwecke bereitgestellt. S. § 152.

b) Spezialfachschulen für Metallindustrie.[1])

§ 87. Die älteste dieser Schulen ist die 1879 eröffnete Fachschule für Metall- (Bronze- u. Messingwaaren) Industrie in Iserlohn. Sie will tüchtige kunstgewerbliche und gewerbliche Arbeiter und Werkmeister heranbilden.

Da der praktische Unterricht in der Lehrwerkstätte ein Ersatz und eine Ergänzung für die Fabrik- und Werkstattlehre sein soll, so nimmt sie im Gegensatz zu den Maschinenbau- und Hüttenschulen auch junge Leute ohne jede praktische Vorbildung auf, wenn sie nur mindestens 14 Jahre alt sind und die Ziele der Volksschule erreicht haben.

Die Schule hat 3 Abtheilungen: 1. für Modelleure, Ciseleure und Graveure; 2. für Kunstschmiede, Werkzeugschlosser, Dreher und Drucker; 3. für Galvanoplastik, Galvanostegie und Metallfärbung für Former und Metallgiesser.

Der Unterrichtskursus in jeder Abtheilung dauert 3 Jahre.

Die Frequenz, etatsmässige Behandlung, Einnahmen und Ausgaben, Lehrerbesoldungen sind im Zusammenhang mit den Maschinenbauschulen bereits erörtert worden.

§ 88. Eine zweite Gruppe von Spezialfachschulen der Metallindustrie sind die 3 Fachschulen für die Kleineisen- und Stahlindustrie, von denen die zuerst gegründete und vorbildlich gewordene diejenige zu Remscheid ist (gegr. 1882), der später die Siegener (1900) und die zu Schmalkalden (1902) nachgebildet sind.

In diesen Schulen sollen junge Leute, die aus der Volksschule entlassen sind, praktischen Werkstattsunterricht im Schlosser-, Dreher- und Schmiedehandwerk, sowie in den damit verwandten Bearbeitungs-

[1]) Simon S. 780ff.

methoden der Metalle und einen geordneten theoretischen Schulunterricht im Zeichnen, in den Grundlehren der Naturwissenschaften und in den technischen Lehrgebieten erhalten, so dass sie die Stellen von Vorarbeitern, Werkmeistern, Maschinisten, Schmelzmeistern u. s. w. mit Erfolg ausfüllen können. Der Werkstättenunterricht erstreckt sich auf das Schmieden, die Schlosserei, Holzdreherei, Eisendreherei, Tischlerei, Klempnerei, Formerei und Giesserei. Der theoretische Unterricht umfasst Deutsch, Rechnen, Geschäftskunde, Mathematik, Physik, Elektrotechnik, Chemie, Mechanik, Linearzeichnen, darstellende Geometrie, Maschinenzeichnen, Freihandzeichnen, Skizziren, Metallurgie, Technologie, Maschinenlehre, Baukonstruktion und Bauzeichnen. Der Kursus ist zweijährig, doch können Schüler, die sich eine weitergehende theoretische Bildung aneignen wollen, in Remscheid die dort eingerichtete Oberklasse besuchen. Die letztere ist namentlich für Schüler bestimmt, welche später in grössere Betriebe, sei es als Inhaber oder Leiter, eintreten und für welche daher eine genauere Kenntniss der Kraft- und Arbeitsmaschinen, sowie der neueren Arbeitsmethoden von besonderem Werth ist.

Auch hier sind Frequenz, etatsmässige Behandlung, Einnahmen und Ausgaben, Lehrerbesoldung u. s. w. schon im Zusammenhang mit den Maschinenbauschulen erörtert.

§ 89. Als Spezialfachschule für Metallindustrie ist noch die auf Anregung und mit Unterstützung des „Vereins der Kupferschmiedereien Deutschlands“ errichtete Kupferschmiedefachschule in Hannover zu nennen, die eine besondere Abtheilung der dortigen städtischen Handwerker- und Kunstgewerbeschule bildet und am 1. Oktober 1893 eröffnet wurde. S. auch § 78.

Sie will in 2 Jahreskursen (wöchentlich 44 Stunden) Werkmeister und Betriebsleiter für Kupferschmiedereien vorbilden und fordert Volksschulbildung, sowie dreijährige praktische Thätigkeit.

IV. Fachschulen der Textilindustrie.[1])

Entwickelung.

§ 90. Erst im Jahre 1880 begann die Staatsregierung eine planmässige Förderung des Textilschulwesens in ganz Preussen vorzunehmen.

Im Jahre 1880 bestanden ältere Schulen in Einbeck (1861) und Spremberg (1869); weitere Schulen kamen nunmehr hinzu in Aachen, Berlin, Kottbus, Sorau, Falkenburg, Forst i. L. Sommerfeld, Mühlhausen i. Th., Ronsdorf, Langenbielau, Barmen und München-Gladbach.

Die zweite Hälfte der 90er Jahre brachte auch auf dem Gebiete des Textilschulwesens, wie auf anderen Gebieten des mittleren tech-

---

[1]) Simon S. 763.

nischen und gewerblichen Schulwesens eine durchgreifende Reorganisation. Die Staatsregierung liess es sich angelegen sein, die Lehrzeit einzelner Schulen klar zu bestimmen und fest gegen einander abzugrenzen. Dabei wurde zwischen solchen Schulen, die vorwiegend zur Vorbildung von Werkmeistern, „Webeschulen“, seit 1900 Fachschulen für Textilindustrie genannt, und solchen, die auch zur Vorbildung von Fabrikanten und höheren Betriebsbeamten dienen sollten „höheren Webeschulen“, seit 1900 „höhere Fachschulen für Textilindustrie“ genannt, unterschieden, und ferner wurde bei den einzelnen Schulen bestimmt, dass sie vorzugsweise diejenigen Gewebearten behandeln sollten, welche an dem betreffenden Schulorte oder dessen nächster Umgebung vorwiegend gefertigt werden.

In gewissem Zusammenhang mit der Reorganisation im Jahre 1896 stand die Gründung einer Lehrmittelanstalt für die Fachschulen der Textilindustrie, um die Textilschulen mit den erforderlichen Lehrmitteln zu versehen. Der Leiter dieser Anstalt, zunächst nebenamtlich der Direktor der Berliner Webeschule, erhielt zugleich die regelmässige fachliche Beaufsichtigung der Textilschulen, 1898 auch der Stickschulen in Schlesien. Im Jahre 1901 wurde diese Anstalt zu einer besonderen Behörde ausgestaltet, der „Technischen Zentralstelle für Textilindustrie“, welcher neben den obigen Aufgaben und der Erstattung von Gutachten an die Centralbehörde zur Aufgabe gemacht wurde, mechanisch- und chemischtechnische Untersuchungen auf dem Gebiete der Textilindustrie vorzunehmen, die damit also eine über das Schulwesen hinausragende Bedeutung gewann. (Das Nähere zu vergl. §§ 64 u. 94.)

§ 91. Neben den Fachschulen für Textilindustrie giebt es noch in den Handweberbezirken eine Anzahl von Webereilehrwerkstätten. In diesen sollen nicht etwa neue Handweber angelernt werden, sondern die Handweber, welche keinem lohnenderen Erwerbe zugeführt werden können, weitergebildet und befähigt werden, zur mechanischen Weberei überzugehen.

§ 91a. Zwischen den Fachschulen für Textilindustrie und den Webereilehrwerkstätten in der Mitte stehen die Webelehranstalten zu Bramsche und Eupen, in welchen junge Leute, die schon in mechanischen Webereien thätig sind, weiter gebildet werden sollen, ohne dass sie die volle Befähigung zum Werkmeister erhalten, verfolgen also ähnliche Ziele, wie der Sonntags- und Abendunterricht an den Textilfachschulen.

a) Fachschulen für Textilindustrie.

§ 92. Die Fachschulen der Textilindustrie zerfallen 1. in höhere Fachschulen, welche sich als Ziel stecken, Fabrikanten, Fabrikdirektoren, Musterzeichner und Maschinenbauer für die Textilindustrie heranzubilden; 2. Fachschulen niederer Art, welche zur Ausbildung von Werkmeistern bestimmt sind.

In der Textilschule zu Berlin wird jungen Leuten, die in Manufakturwaarengeschäften thätig sind, Gelegenheit zur Erlernung der für ihren Beruf erforderlichen textiltechnischen Kenntnisse gegeben.

Endlich ist bei den meisten Schulen ein Abend- und Sonntagsunterricht für diejenigen Weber eingerichtet, die am Tage ihrem Erwerbe nachgehen müssen; er dient theils zur Vorbildung von Werkmeistern, theils auch zur weiteren Ausbildung der Weber im Deutschen, im Rechnen und in praktischen Arbeiten.

An einzelnen der höheren Fachschulen bestehen besondere Kurse für Musterzeichner, Textilingenieure, Kaufleute, Färber, Spinner.

Eine Eigenthümlichkeit der Textilschulen gegenüber anderen mittleren Fachschulen, z. B. den Maschinenbauschulen, ist die, dass bei ihnen jeweilig die verschiedenen Zweige der Textilindustrie besonders bevorzugt sind. Versuche, einzelne Anstalten für alle Branchen auszubilden, haben sich nicht als erfolgreich erwiesen.

Daher ist man dahin gelangt, die Schulen wie folgt einzutheilen:

I. Webeschulen für die Wollen und Halbwollenindustrie: 1. Höhere Webeschulen: Aachen, Berlin, Kottbus. 2. Webeschulen: Falkenburg, Forst, Sommerfeld, Spremberg, Mühlhausen.

II. Webeschulen für die Leinen-, Halbleinen-, Jute- und Baumwollenindustrie: 1. Höhere Webeschulen: Sorau, München-Gladbach. 2. Webeschulen: Einbeck, Langenbielau.

III. Webeschulen für die Seiden-, Halbseiden- und Sammetindustrie: Crefeld (höhere Fachschule).

IV. Für die sog. Barmer Artikel (Bänder, Besatzstoffe, Spitzen): Barmen (höhere Fachschule).

Forst, Falkenburg und Langenbielau haben auch Abtheilungen für Färberei, Mühlhausen eine solche für Wirkerei. An die Schule in Forst ist ferner eine Abtheilung für Stopferei und an die in Langenbielau eine solche für Stickerei und Wäschekonfektion, endlich an die in Falkenburg eine solche für einfache und Kunsthandarbeiten, Wäsche- und Kleiderkonfektion angegliedert.

Die einzelnen höheren Fachschulen haben folgende Abtheilungen:

Zu I. Aachen: für Spinnerei, Weberei, Färberei, Appretur und Stopferei. — Berlin: für Weberei, Färberei, Wirkerei, Posamentirerei, Kurbelstickerei, Musterzeichnen. — Kottbus: für Weberei, Färberei, Appretur, Stopferei.

Zu II. Sorau: Abtheilung für Weberei, Musterzeichnen, Stickerei, Wäsche- und Kleiderkonfektion. Abtheilungen für Flachskultur, Spinnerei, Seilerei, Färberei und Appretur. — München-Gladbach: für Spinnerei, Weberei, Färberei und Appretur.

Zu III. Krefeld: Abtheilung für Weberei, Färberei, Appretur, Stickerei und Musterzeichnen. Eine Spinnereiabtheilung ist in der Einrichtung begriffen.

Zu IV. Barmen: Abtheilung für Weberei, Klöppelei und Spitzenfabrikation, Stickerei, Besatzkonfektion, Musterzeichnen. Eine Färbereiabtheilung ist in der Einrichtung begriffen.

§ 93. Die Frequenz ist natürlich, entsprechend der weiteren Ausgestaltung der Schulen erheblich gestiegen:

Es betrugen nach Anl. LXI

	1890/91	1894/95	1900/01
A. Bei den höheren Fachschulen:			
a) die Zahl der Tagesschüler . . .	379	345	429
b) der Abends- u. Sonntagsschüler	598	538	518
B. Bei den Fachschulen:			
a) die Zahl der Tagesschüler . . .	40	35	127
b) die Zahl der Abendschüler . .	135	205	199
Zusammen: a)	419	380	556
b)	733	743	717

Organisation und Lehrpläne.

§ 94. Mit Ausnahme der Anstalten in München-Gladbach u. Aachen sind alle Schulen kommunale Anstalten. Die Schule in München-Gladbach hat eigene Rechtspersönlichkeit, die in Aachen hat den dortigen Webeschulverein als Träger.

Die unmittelbare Verwaltung und Beaufsichtigung der Schulen erfolgt durch Kuratorien, denen die Vertreter der betheiligten Behörden und Industriezweige angehören. Die weitere Beaufsichtigung liegt in Bezug auf die Verwaltung dem Regierungspräsidenten und in technischer Beziehung dem Direktor der „Technischen Zentralstelle für Textilindustrie" in Berlin ob. (Siehe §§ 64 u. 90.)

Die Lehrpläne sind gegenwärtig den Zielen der einzelnen Schulen angepasst und sehr verschieden.

Neue Speziallehrpläne werden für alle Textilfachschulen ausgearbeitet und demnächst im Ministerialblatt der Handels- und Gewerbeverwaltung veröffentlicht werden. Das gleiche gilt von den Prüfungsordnungen, aus denen auch die Aufnahmebedingungen zu entnehmen sein werden.

Etatsmässige Behandlung.

§ 95. Da nach § 94 keine der Textilschulen eine rein staatliche Anstalt ist, so gehen sie sämmtlich nicht mit ihren Einnahmen und Ausgaben durch den Etat, vielmehr erscheinen sie in den Anlagen zum Etat des Ministeriums für Handel und Gewerbe mit den an sie zu zahlenden Zuschüssen. (Etatsformular, Erl. v. 8. März 1902.)

Beilage 13 des Etats giebt aber (No. 17—31) nähere Details über die Einnahme- und Ausgabegruppe jeder einzelnen Anstalt.

Die Zuschüsse werden bestritten aus den allgemeinen Titeln Kap. 69 Tit. 10, 10b, 10c, 11. Wenn man daher über die Verhältnisse der einzelnen Anstalten eingehendere Nachrichten haben will, muss man auf die Etats der einzelnen Anstalten zurückgreifen.

Die vorliegende Zusammenstellung auf dieser Grundlage ergiebt folgendes Bild:

Die Gesammteinnahmen der Textilschulen von 788 386 M. werden zu 149 556 M., also etwa einem Fünftel durch Schulgeld aufgebracht, 78 005 M. werden durch sonstige Einnahmen gedeckt, rund 560 000 M. müssen Staat und Gemeinden zuschiessen, und zwar trugen davon der Staat rund 356 584 M. (45,2 Proz.), die Gemeinden rund 203 140 M. (25,8 Proz.) Einnahmen aus eigenem Vermögen kommen nicht in Frage. Im Jahre 1899 brachte bei 476 694 M. Gesammtaufwendung der Staat auf 198 052 (41 Proz.), die Gemeinden 85 823 M. (18 Proz.), das Antheilsverhältnis hat sich also für letztere ungünstiger gestaltet.

Unter den sonstigen Einnahmen sind vor allem Einnahmen aus dem Betriebe der betr. Schulen zu verstehen. Soweit dabei Mehreinnahmen über den veranschlagten Betrag entstehen, sollen sie zur Verstärkung des Ausgabefonds Kap. 69c Tit. 5 verwendet werden.

Schulgeld.

§ 96. Die Höhe des Schulgeldes an den einzelnen Anstalten macht folgende Zusammenstellung ersichtlich:

A. Spinner, Weber, Färber, Appreteure, Wirker, Posamentirer (Vollschüler): Höhere Fachschulen 1. für Deutsche 200 M., 2. für Ausländer 1000 M. (Aufnahmegebühr für Ausländer 60 M.); Fachschulen: 1. Deutsche 60 M., 2. Ausländer 500 M. (Aufnahmegebühr für Ausländer 60 M.)

B. Deutsche Schüler, die lediglich an den praktischen Uebungen der zu A bezeichneten Kurse theilnehmen (ausserordentl. Vollschüler): Höhere Fachschulen 50 M., Fachschulen 25 M.

C. Musterzeichner: Höhere Fachschulen: 1. für Deutsche 60 M., 2. für Ausländer 1000 M. (Aufnahmegebühr für Ausländer 60 M.).

D. Schüler des Praktikums (halbjähriger, praktischer Nachkursus für die zu A aufgeführten deutschen Schüler): Höhere Fachschulen 100 M., Fachschulen 30 M.

E. Stopferinnen: Höhere Fachschulen: 1. für Deutsche 24 M., 2. für Ausländer 24 M; Fachschulen: 1. für Deutsche 12 M., 2. für Ausländer 12 M.

F. Schülerinnen der Stickerei und sonstigen Handarbeiten, Wäsche- und Kleiderkonfektion: Höhere Fachschulen: 1. für Deutsche 30 M., 2. für Ausländerinnen 30 M.; Fachschulen: 1. für Deutsche 15 M., 2. für Ausländerinnen 15 M.

G. Hospitanten: Höhere Fachschulen: 1. für Deutsche 30 M., 2. für Ausländer 100 M.; Fachschulen: 1. für Deutsche 20 M., 2. für Ausländer 60 M.

H. Abend- und Sonntagschüler: Höhere Fachschulen: 1. für Abendschüler 30—48 M., 2. für Sonntagsschüler 10 M.; Fachschulen: für Abendschüler und Sonntagsschüler 10—20 M.

Laufende Ausgaben.

§ 97. Die Ausgaben bestehen zum überwiegenden Theil aus persönlichen Ausgaben, nämlich 1902:

	1. Persönliche	2. Sächliche	3. im Ganzen
	M.	M.	M.
A. Für höhere Fachschulen:	394 262	252 008	646 270
B. Für Fachschulen:	101 122	40 994	142 116
Zusammen	495 384	293 002	788 386

Also ungefähr $^2/_3$ sämmtlicher Aufwendungen waren persönlicher und nur $^1/_3$ sächlicher Natur.

Was die Lehrerbesoldungen anbetrifft, so hat durch den Etat 1901 eine Neuregelung derselben stattgefunden. Danach sollen erhalten:

1. bei den höheren Fachschulen für Textilindustrie die Direktoren ein Gehalt von 5 400 M., steigend in 9 Jahren auf 6 600 M., die Lehrer 2 700 M., steigend in 12 Jahren auf 4 500 M., die Lehrerinnen 1 500 M., steigend in 18 Jahren auf 2 700 M., die Sekretäre und Rechnungsführer 1 800 M., steigend in 18 Jahren auf 3 000 M., die Meister und Meisterinnen 1 200 M., steigend in 15 Jahren auf 2 200 M., die Schul- und Sammlungsdiener 900 M., steigend in 21 Jahren auf 1 200 M. (Im Jahre 1902 wurden für 17 Meisterstellen die für Werkmeister an den Maschinenbauschulen eingeführten Gehaltssätze von 1 800 M., steigend in 18 Jahren auf 2 700 M., ausgebracht.)

2. bei den Fachschulen für Textilindustrie die Direktoren ein Gehalt von 3 600 M., steigend in 9 Jahren auf 4 800 M., die Lehrer 2 100 M., steigend in 24 Jahren auf 3 800 M., die Lehrerinnen 1 500 M., steigend in 18 Jahren auf 2 700 M. und die Meister und Meisterinnen 1 200 M., steigend in 15 Jahren auf 2 200 M.

Ausserdem sollen das Lehr- und Beamtenpersonal die tarifmässigen Wohnungsgeldzuschüsse, die Abtheilungsvorsteher eine pensionsfähige Zulage von 300 M., die Abtheilungsvorsteherinnen eine solche von je 200 M. und die Sammlungsdiener eine nicht pensionsfähige Zulage von je 150 M. erhalten.

Extraordinarium.

Seit einer Reihe von Jahren werden Summen (1902: 15 000 M.) ausgeworfen zur Heranbildung des Lehrpersonals an den Fachschulen für Textilindustrie und zur Anschaffung mustergültiger Lehrmittel. Diese Kosten werden ausser den Etats verrechnet und neben den allgemeinen Staatszuschüssen gewährt.

Baukosten entstehen nicht, da in der Regel die Städte, wo Textilschulen errichtet werden sollen, sich bereit erklären müssen — ausser einem jährlichen Zuschuss für die Unterhaltung der Schule

— auch die erforderlichen Schulgebäude zu errichten, zu unterhalten und erstmalig mit Inventar auszustatten.

Die erstmalige Ausstattung (spätere Vervollständigung) mit Lehrmitteln, Bibliothek u. s. w. erfolgt dagegen meist durch den Staat (vergl. z. B. Extraordinarium 1900 Kap. 7 Tit. 21—23). Von Mitte der 80er Jahre an wurden fast 2 Mill. M. zu derartigen Zwecken bereitgestellt. S. § 152.

b) **Webelehranstalten** (Zweck und Ziele siehe § 91).

§ 98. 1. Bramsche. Eigene Einnahme: Schulgeld 259 M., Erlös aus dem Anstaltsbetrieb und Insgemein 171 M., Zuschüsse nicht staatlicher Art 2570 M.,[1]) Staatszuschüsse 4900 M., der Etat balancirt mit 7900 M., persönliche Ausgaben 4790 M., sächliche Ausgaben 3110 M. — 2. Eupen. Eigene Einnahme: Schulgeld 108 M., Erlös aus dem Anstaltsbetrieb Insgemein 50 M., Zuschüsse nicht staatlicher Art 1650 M.,[2]) Staatszuschüsse 1650 M., der Etat balancirt mit 3458 M., persönliche Ausgaben 2020 M., sächliche Ausgaben 1438 M..

Wegen der etatsmässigen Behandlung gilt das Gleiche wie bei den zu a) genannten Anstalten.

c) **Webereilehrwerkstätten.**

§ 99. An Webereilehrwerkstätten, deren Zweck schon oben angegeben ist (§ 91) bestehen zur Zeit 10 Anstalten in Hannover,[3]) wo die Handweberei noch mehrfach eine Nebenbeschäftigung der ländlichen Bevölkerung bildet, 6[4]) in Schlesien, 2[5]) in Brandenburg, 1 in Westfalen. In diesen Anstalten werden jährlich etwa 250—300 Weber hauptsächlich in der praktischen Weberei und daneben in der Bindungslehre und im Musterzeichnen unterrichtet.

Zur Unterhaltung dieser Lehrwerkstätten stehen im Etat von 1902 in Kap. 69 Tit. 10a: Zur Ertheilung von Wanderunterricht an Weber, zur Unterhaltung von Webereilehrwerkstätten, sowie zu Zuschüssen an solche 56 480 M. (Rückeinnahmen und Zinsen fliessen dem Fonds wieder zu.)

---

[1]) Darunter: Von der Fabrikantenschaft 2000 M., von der Tuchmacherinnung 170 M. und von der Stadt Bramsche 400 M.

[2]) vom Aachener Verein zur Beförderung der Arbeitsamkeit.

[3]) Vilsen, Lamspringe, Wustrow, Osterkappeln, Schledehausen in den 80er Jahren und Melle, Brücken, Bissendorf, Wallenhorst und Steyerberg in den 90er Jahren gegründet. (Kalefeld, Markoldendorf, Puttball, Wagenfeld).

[4]) Katscher, Lewin, Mittelwalde, Neurode, Schömberg, Reinerz, sämmtlich aus den 90er Jahren.

[5]) Nowawes und Luckenwalde.

V. Die Handwerker- und Kunstgewerbeschulen, die Zeichenakademie in Hanau und die keramischen Fachschulen.

Entwickelung.

§ 100. Die napoleonischen Kriege hatten die Fortentwickelung des Unterrichtswesens hart betroffen, insbesondere die vielversprechenden Anfänge der Provinzialkunstschulen fast völlig vernichtet. Von den um die Wende des 18. und 19. Jahrhunderts entstandenen Provinzialkunstschulen gingen die meisten ein. Erhalten blieben nur diedenigen zu Berlin, Breslau und Königsberg i. Pr. Die Schulen in Berlin und Breslau sind in dem Berliner Kunstgewerbemuseum (§§ 518 ff. V. Hauptst. Bd. II, Lief. I) und der Kunst- und Kunstgewerbeschule in Breslau (§ 522 ff. a. a. O.) aufgegangen bezw. fortgesetzt. Hier mit zu behandeln ist nur noch die königliche Provinzial-, Kunst- und Gewerbeschule zu Königsberg i. Pr., welche nach den Kriegen auf den Grundsätzen vom 27. Juni 1800 reorganisirt wurde.

§ 101. Planmässig ging die Regierung erst seit den 70er Jahren auf diesem Schulgebiete vor,[1]) ohne dass ein Abschluss der Organisation bisher erreicht wäre.

Ausser der Königsberger Anstalt kommen heute in Betracht an „Kunstgewerbeschulen“ diejenigen in Frankfurt a. M. und Düsseldorf, an „gewerblichen Zeichen- und Kunstgewerbeschulen“ die in Cassel und Aachen, mit welcher letzteren eine „gewerbliche Tagesschule“ verbunden ist, die „Kunstgewerbe- und Handwerkerschulen“ in Magdeburg, Hannover, Cöln, Barmen, Elberfeld, Charlottenburg, Erfurt, Altona, die Handels- und Gewerbeschulen“ in Danzig[2]) und Gnesen, die „Gewerbeschulen“ in Essen und Elbing,[2]) die erste und zweite „Handwerkerschule“ und der „Gewerbesaal“ in Berlin, eine Handwerkerschule in Halle, die „Fachschule für Kunsttischler und Holzbildhauer“ in Flensburg, die „keramischen Fachschulen“ in Höhr und Bunzlau, die „Zieglerfachschule“ in Lauban und die 1902 eröffnete „Holzschnitzschule“ in Warmbrunn.

Ferner gehört hierher die in den Etat für 1902 neu eingestellte „Schuhmacherfachschule“ in Wermelskirchen.

Lehrpläne.

§ 102. Die meisten der Schulen haben einen 3jährigen Lehrkursus, von welchem das erste Jahr aber meist in einer mit der Anstalt verbundenen Vorschule zurückgelegt wird.

Höhere Vorkenntnisse als diejenigen der Volksschule und einiger Uebung im Zeichnen werden in der Regel nicht verlangt.

Einjährig-freiwilligen-Berechtigung gewähren die Anstalten nicht.

---

[1]) Näheres bei Simon S. 811 ff.

[2]) Beide Schulen sind aus Fortbildungsschulen hervorgegangen (vergl. Etat 1901, Erläuterungen zu Kap. 69 Tit. 7 a).

Mit den meisten der Schulen ist besonderer Abend- und Sonntagsunterricht verbunden, wodurch auch den in Geschäften thätigen Lehrlingen und Gewerbegehilfen Gelegenheit gegeben werden soll, eine gewisse theoretische und zeichnerische Ausbildung zu erlangen.

Man unterscheidet meist verschiedene Unterrichtsklassen, z. B. Möbel- und Geräthеklassen, Malklassen, Modellir-, Ciselir-, Holzbildhauerklassen u. s. w.

Die Unterrichtszeit in den verschiedenen Fachklassen ist eine verschiedene und schwankt zwischen 30 bis 45 Stund., die Abend- und Sonntagsschule pflegt 10 bis 20 Stunden in der Woche zu geben.

Die Zahl der Abend- und Sonntagsschüler ist natürlich eine viel grössere und macht etwa das 10 fache der Vollschüler aus.

Frequenz.

§ 103. Die Frequenz der wichtigsten dieser Schulen gestaltete sich in den letzten Jahren wie folgt:

Sitz der Anstalt	Schülerzahl im Wintersemester a) = Tagesschulen, b) = Abendschulen 1899	1900	1901	1902
I. Vom Staate allein zu unterhaltende Anstalten.				
1. Hanau	[1] 244	241	—	—
	[2] 32	37	—	—
2. Königsberg i. Pr.	175	a 27	—	—
		b 177	—	—
3. Höhr	62	a 19	21	—
		b 44	44	—
4. Bunzlau	41	a 25	28	—
		b 24	25	—
Zusammen	**4 554**	a **312**	**49**	—
		b **282**	**69**	—
II. Vom Staate und von Andern gemeinschaftlich zu unterhaltende Anstalten.				
1. Kassel	674	a 137	169	165
		b 313	384	368
2. Halle a./S.	498	a 43	50	75
		b 629	700	1 100
3. Cöln	341	a 26	54	52
		b 420	459	490
4. Aachen	994	a —	—	—
		b 1 248	926	1 001
5. Aachen	188	a 221	220	220
		b —	—	—
6. Magdeburg	1 270	a 30	42	75
		b 1 455	1 550	1 575
7. Hannover	2 313	a 108	420	370
		b 2 319	2 493	2 565
8. Charlottenburg	409	a + b 400	a + b 475	a 30
				b 595
9. Barmen	591	a 41	40	45
		b 382	450	460
10. Elberfeld	528	a 89	35	53
		b 591	765	697
11. Erfurt	257	a 29	24	30
		b 397	316	361
Zusammen	**8 063**	a **724**	**1 054**	**1 115**
		b **7 749**	**8 043**	**9 212**
		+ a u. b 400	+ a u. b 475	

[1]) Schüler, [2]) Schülerinnen.

Sitz der Anstalt	Schülerzahl im Wintersemester a) = Tagesschulen, b) = Abendschulen				
	1899		1900	1901	1902
III. Von Gemeinden oder Vereinen zu unterhaltende Anstalten, zu deren Kosten der Staat einen Zuschuss gewährt.					
1. Frankfurt a. M.	286	a	27	—	—
		b	218	—	—
2. Berlin	2 551	a	95	102	—
		b	1 859	2 050	—
3. Düsseldorf	75	a	—	101	105
		b	—	102	103
4. Essen	83	a	—	20	35
		b	—	500	360
5. Altona	—	a	—	30	66
		b	—	1 060	1 060
Zusammen	**2 837**	a	**197**	**253**	**206**
		b	**2 160**	**3 712**	**1 523**
Insgesammt	**15 454**	a	**1 233**	**1 356**	**1 321**
		b	**10 191**	**11 824**	**10 735**
			+ a u. b 400	+ a u. b 475	

Etatsmässige Behandlung.

§ 104. Die etatsmässige Behandlung anlangend, so sind bei diesen Anstalten drei verschiedene Arten zu unterscheiden, nämlich:

1. Vom Staate allein zu unterhaltende in Hanau, Königsberg i. Pr., Höhr und Bunzlau (letztere beiden erst seit 1901; vgl. Etatserläuterungen zu Kap. 29 Tit. 2c der Einnahme).

2. Vom Staate und anderen gemeinschaftlich zu unterhaltende Anstalten in Cassel, Halle a. S., Cöln, Aachen, Magdeburg, Hannover, Charlottenburg, Barmen, Elberfeld, Erfurt.

3. Von Gemeinden oder Vereinen zu unterhaltende Anstalten, zu deren Kosten der Staat einen festen Zuschuss giebt, in Frankfurt a. M., Berlin, Düsseldorf, Essen, Altona.

Die zu 1 genannten gehen mit ihren Einnahmen und Ausgaben ganz durch den Etat.[1]) Die Einnahmen erscheinen in Kap. 29 Tit. 2c mit 19 220 M., die Ausgaben in Kap. 69 Tit. 1c mit 86 740 M. Ausserdem sind Bestandtheile ihrer Ausgaben enthalten daselbst in den Titeln 1, 2, 3 und 4—6.

Die Anstalten unter 2 und 3 gehen mit ihren Einnahmen und Ausgaben nicht ganz durch den Staatshaushaltsetat. Nur die Zuschüsse zu den genannten Anstalten werden entnommen aus Kap. 69 Tit. 10, 10b, 10c und 11.

Die einzelnen Anstalten sind aber in der Beilage B des Etats der Handels- und Gewerbeverwaltung (Anl. Bd. II Nr. 6) mit den einzelnen Einnahme- und Ausgabegruppen aufgeführt und zwar die zu 1 genannten daselbst unter A. 6—16, die unter 2 genannten unter B. 1 11.

Ueber Etats, Etatsüberschreitungen u. s. w. vgl. Min.-Bl. f. H. u. G. 1902 S. 146.

[1]) Für Hannover und Königsberg trifft dies erst seit 1900 zu. Damals erfolgte die Einstellung in den Etat auf Grund des § 2 No. 5 des Komptabiliätsgesetzes Bis dahin standen lediglich die Zuschüsse auf dem Etat in Kap. 69 Tit. 8 u. 9.

Einnahmen (vergl. Anl. LXV).

§ 105. Die Einnahmen der in Frage kommenden Anstalten setzen sich zusammen aus Schulgeld, Gemeinde- und Staatszuschüssen.

Ersteres macht noch nicht den 8ten Theil der Einnahmen aus (1902: 12,6 Proz.), bei den Staatsanstalten (sub. I) sogar noch weniger (8,1 Proz.), bei den vom Staat mitunterhaltenen und unterstützten Anstalten etwas mehr (fast 13 Proz.).

Was die Antheilnahme des Staates und der Gemeinden anbetrifft, so betheiligen sich letztere an den 4 Staatsanstalten nur in sehr geringem Masse (2 Proz.). Rechnet man alle Anstalts-Einnahmen zusammen, so ergiebt sich, dass in den Jahren 1897/98 von Gemeinden und Staat je 42,7 Proz. der Gesammtkosten aufgebracht wurden. Für 1902 hat sich das Verhältniss zu Ungunsten des Staates etwas verschoben. Es entfielen nach Anl. LXV auf die Staatszuschüsse 43,9, auf die Gemeindezuschüsse 37,9 Proz. der Gesammteinnahmen.

Ausgaben.

§ 106. Was die Ausgaben anbelangt, so haben sich dieselben in den letzten Jahren ausserordentlich gesteigert, von 952 816 M. in 1897/98 auf 1 545 166 M. in 1902, also in 5 Jahren um rund 62 Proz. Den Hauptheil der Kosten machen auch hier die persönlichen Ausgaben aus, welche etwa zwei Drittel aller Ausgaben betragen.

Hinsichtlich der Lehrerbesoldung sind neuerdings für die aus Kap. 69 Tit. 10 vom Staate mitunterhaltenen oder unterstützten gewerblichen Zeichen-, Kunstgewerbe- und Handwerkerschulen am 1. Febr. 1902 (Min.-Bl. f. H. u. G. S. 75 ff.) allgemeine Grundsätze über Anstellung, Besoldung und Pensionirung des Lehr- und Beamtenpersonals erlassen worden.

Danach sind die Direktoren, die Lehrer im Hauptamt, Sekretäre und Rechnungsführer lebenslänglich, die Schuldiener lebenslänglich oder auf Kündigung, alle aber mit Pension- und Reliktenanspruch anzustellen.

Die Pflichtstunden der Lehrer betragen regelmässig 24 Stunden in der Woche.

Die Gehälter werden nach Dienstaltersstufen normirt und betragen bei Direktoren 5400 bis 6600 M. Höchstgehalt in 9 Jahren, bei Lehrern 2700 bis 4800 M. Höchstgehalt in 15 Jahren, bei Sekretären usw. 1800 bis 3000 M. Höchstgehalt in 18 Jahren, bei Schuldienern 900 bis 1200 M. Höchstgehalt in 21 Jahren.

Die nicht festangestellten Lehrer erhalten für die Jahresstunde 90 bis 150 M. oder eine entsprechende Jahresremuneration.

Gemeinden können ausnahmsweise mit Genehmigung des Ministers höhere Sätze bewilligen, doch müssen sie dann regelmässig auch die Mehrkosten decken.

Um die Gemeinden zu einer den obigen Skalen entsprechenden Normirung der Lehrergehälter zu bestimmen, sind im Etat für 1901 unter Tit. 10d 30 000 M. zur Gewährung von Zuschüssen an die Gemeinden einmalig eingestellt worden.

Extraordinarium.

Baukosten entstehen nicht, da in der Regel die Städte, wo Schulen errichtet werden sollen, sich bereit erklären müssen — ausser einem jährlichen Zuschuss für die Unterhaltung der Schule — auch das erforderliche Schulgebäude zu errichten, zu unterhalten und erstmalig mit Inventar auszustatten.

Die erstmalige Ausstattung (spätere Vervollständigung) mit Lehrmitteln, Bibliothek u. s. w. erfolgt dagegen meist durch den Staat (vergl. z. B. Extraordinarium 1901 Kap. 7 Tit. 15, 1900 Tit. 24, 25, 26). Siehe auch § 152. Danach sind seit 1880 bis 1900 159 120 M. zu derartigen Zwecken verausgabt.

VI. Die gewerblichen Fortbildungsschulen.[1]

(Kap. 69 Tit. 7, 7a und 7b.)

§ 107. Die Fortbildungsschulen haben in Preussen ihren Ursprung genommen aus den sog. Sonntagsschulen, welche schon in der ersten Hälfte des 19. Jahrhunderts bestanden und in mehreren der damals ergangenen Schulordnungen und Cirkularverfügungen der Regierungen ausdrücklich angeordnet wurden.[2])

Bei der Organisation der Provinzialgewerbeschulen im Jahre 1850 (§ 66) bestimmte sodann der Handelsminister, dass mit jeder dieser Anstalten eine Handwerker-Fortbildungsschule zu verbinden sei, in welcher Lehrlinge und Gesellen an den Abenden der Woche und des Sonntags in den für sie besonders wichtigen Lehrgegenständen (Rechnen, Geometrie, Naturlehre, Zeichnen) unterrichtet werden sollten. Auch wurden einige Zuschüsse, wenn auch nur zur Beschaffung von Lehrmitteln, angewiesen.

Trotzdem kam das gewerbliche Fortbildungsschulwesen nicht recht in Fluss.

Ende 1853 gab es in ganz Preussen nur 220 Schulen, wobei die von Privatpersonen und -Vereinen unterhaltenen mitgezählt sind, welche von 18 011 Schülern besucht wurden.

Die Besoldungen mussten — mangels staatlicher Mittel — aus Schulgeld gedeckt werden, und wurden, soweit das nicht reichte, durch Kommunen, Vereine und Private aufgebracht.

Als die neuen Provinzen zu Preussen hinzukamen, übernahm der preussische Staat in Nassau und Hannover als Rechtsnachfolger der

---

[1]) Simon S. 835 ff.

[2]) Vergl. einige bei Simon S. 835 ff.

früheren Regierung etwa 34 582 M. Staatszuschüsse, welche er an die dort „Gewerbeschulen" genannten Fortbildungsschulen weiterzahlte.

Diese Bevorzugung der neuen gegenüber den älteren Provinzen führte im Verein mit der inzwischen ergangenen Bestimmung der Reichsgewerbeordnung, wonach Gesellen und Lehrlinge unter 18 Jahren durch Ortsstatut zum Besuche der Fortbildungsschule gezwungen werden können, dazu, dass zuerst in dem Staatshaushalt von 1874 der oben erwähnten Summe zur Berücksichtigung der Bedürfnisse der alten Provinzen noch 107 568 M. hinzugefügt wurden und so ein Gesammtfonds von 142 150 M. entstand. Dieser Fonds (Kap. 69 Tit. 7) ist im Laufe der Jahre nach und nach erhöht worden und beträgt zur Zeit — nach dem Staatshaushalts-Etat für 1902 — 1 100 000 M.[1]) Hierzu kommen noch die Mittel, die auf Grund des Gesetzes vom 4. Mai 1886 alljährlich für die Fortbildungsschulen in Westpreussen und Posen besonders bereit gestellt werden und die zunächst auf 200 000 M. bemessen wurden, jetzt aber auf 400 000 M. angewachsen sind (Kap. 69 Tit. 7a). Endlich sind noch die zur Aus- und Fortbildung der Lehrkräfte für die Fortbildungsschulen bestimmten Mittel zu erwähnen, die erstmalig im Jahre 1886/87 mit 17 600 M. ausgebracht wurden, sich gegenwärtig aber auf 150 000 M. belaufen (Kap. 69 Tit. 7b).[2]) Demnach werden jetzt in Preussen alljährlich 1 650 000 M. allein aus Staatsmitteln für die Unterhaltung der Fortbildungsschulen aufgewendet.

Aus dem Fonds für Fortbildungsschulwesen erfolgen Bewilligungen für Gemeinden nach Massgabe ihrer Leistungsfähigkeit. Für fakultative Schulen kann der Staat sich an der Kostendeckung bis zu zwei Drittel, für obligatorische bis zu drei Viertel betheiligen (vgl. A. H. Sten. Ber. 1899 S. 1187).

§ 108. Bei dieser starken staatlichen Kostenbetheiligung hat sich die Staatsregierung naturgemäss auch einen gewissen Einfluss auf die Art des Unterrichts und der Organisation dieser Schulen vor Allem auf Durchführung des Schulzwanges gesichert. Die Folge davon war, dass schon am 2. Jan. 1882 von den vorhandenen 623 gewerblichen Fortbildungsschulen 335 mit 32 558 Schülern obligatorisch waren, während die Zahl der fakultativen nur 288 mit 24 526 Schülern betrug.

Die weitere Entwickelung ergiebt sich aus der folgenden Nachweisung, in der die Fortbildungsschulen in Westpreussen und Posen wegen dort bestehender Ausnahmezustände fortgelassen sind.[3]) Ferner

---

[1]) Für 1903 ist eine Erhöhung um 230 000 M. beabsichtigt.

[2]) Vergl. zu diesem Fonds Etatserläuterungen 1902. Es handelt sich besonders um Kurse für Zeichenlehrer. Die Mittel wurden zunächst alljährlich extraordinär, später aus Tit. 7 u. 7a und seit 1901 aus dem neuen Titel 7b des Ordinariums bewilligt. Siehe auch § 152 (Extraordinarium).

[3]) In diesen Provinzen war die Begründung und Ausgestaltung der Fortbildungsschulen — die hier durchweg obligatorisch sind — infolge des Gesetzes vom 4. Mai 1886 und der zu seiner Ausführung bereit gestellten besonderen staatlichen Mittel verhältnissmässig leicht und rasch durchzuführen

sind nicht berücksichtigt die kaufmännischen Fortbildungsschulen (s. § 113), die Innungsschulen und die von freien Vereinigungen (Jünglings-, Gesellen-, Arbeiterbildungs-, Handwerkervereinen) unterhaltenen Fortbildungsschulen.

Jahr am 2. Januar	Obligatorische Schulen Zahl der		Fakultative Schulen Zahl der		Gesammtheit der	
	Schulen	Schüler	Schulen	Schüler	Schulen	Schüler
1882	335	32 558	288	24 526	623	57 084
1889	394	45 874	319	39 420	713	85 294
1891	413	47 720	309	43 969	722	91 689
1892	450	51 333	298	44 133	748	95 466
1893	464	55 484	298	45 757	762	101 241
1894	466	54 445	291	44 921	757	99 366
1895	472	56 147	289	44 270	701	100 417
1900	670	82 842	231	41 230	901	124 072
1902	767	100 519	198	41 787	965	142 306

In den Provinzen Westpreussen und Posen waren vorhanden an gewerblichen Fortbildungsschulen:

am 2. Jan. 1890 159 obligatorische Schulen mit 11 975 Schülern,
„ „ „ 1902 127 „ „ „ 16 579 „

Im Jahre 1902 (2. Jan.) gab es (nach Simon a. a. O. S. 870) in Preussen an gewerblichen Fortbildungsschulen: 1093, davon 895 mit Schulzwang. Von diesen erhielten Staatszuschüsse 866, davon 791 mit Schulzwang. Die Zahl der Schüler betrug 159 235, davon 117 448 in Schulen mit und 41 787 in solchen ohne Schulzwang (kaufmännische Fortbildungsschulen s. § 113 f.).

§ 109. Zu diesen kamen noch hinzu 291 Innungsschulen mit 14 895 Schülern und 56 Schulen von Arbeiter-, Handwerker-, Gesellenvereinen mit 6083 Schülern.

§ 110. Ferner wirkte die Regierung darauf hin, dass eine Vermehrung der Unterrichtsstunden, sowie deren Verlegung vom Sonntage auf die Wochentage und in die Tageszeit stattfinde.

Bei einer 1883 aufgenommenen Statistik zeigte sich, dass die Zahl der Stunden meist nur 4 bis 6, ausnahmsweise 8 beträgt.

Allgemeine Grundzüge für die Errichtung gewerblicher Fortbildungsschulen wurden zuerst unterm 17. Juni 1874 erlassen, an deren Stelle später neuere v. 14. Jan. 1884 traten,[1]) wonach etwa 2 Stunden auf Deutsch, 2 Stunden auf Rechnen nebst den Anfängen der Geometrie, und wenn weitere 2 Stunden zur Verfügung sind, auf Zeichnen und eventl. noch weitere freie Stunden auf Mechanik, Physik, Modelliren u. s. w. entfallen. Auf der Basis dieser Grundzüge sind sodann unterm 5. Juli 1897 vom Handelsminister noch besondere Vorschriften für die Aufstellung von Lehrplänen und das Lehrverfahren im Deutschen und Rechnen an den vom Staate unterstützten gewerblichen Fortbildungsschulen erlassen worden.

[1]) Denkschrift v. 1891 S. 234 ff.

VII. Handelsschulen. Kaufmännische Fortbildungsschulen.[1])

§ 111. Zu den neuesten Formen der öffentlichen Fachschulen in Preussen gehören die sogenannten Handelsschulen. Vereinzelte Schulen dieser Art finden sich allerdings schon seit Beginn des 19. Jahrhunderts vor. Zumeist aber haben sie — obgleich sie ab und zu staatlich unterstützt wurden — nur eine vorübergehende Dauer gehabt und sind vielfach durch allgemeine Reallehranstalten ersetzt worden oder in denselben aufgegangen.

Die einzige öffentliche selbstständige mittlere Handelsschule ist die zu Cöln im Jahre 1897 eröffnete städtische Handelsschule. Seit 1900/01 hat sie die 6. Klasse und die Befugniss, das Einjährig-freiwilligen-Zeugniss zu verleihen. Sie verfolgt im Wesentlichen den Lehrplan der lateinlosen Realschulen, unter besonderer Berücksichtigung derjenigen jungen Leute, die sich dem kaufmännischen Berufe widmen wollen (wöchentlich 30 bis 35 Stund.). Auf die Schule ist noch ein einjähriger Fachkursus (Handelsklasse) aufgesetzt, der die Befähigung zum Einjährigen-Zeugniss voraussetzt. Man beabsichtigt jetzt, diese Klasse durch Hinzufügung zweier weiterer Stufen zu einer „Oberhandelsschule", welche den Oberrealschulen gleichstehen und zugleich Material für die Handelshochschule (s. § 108) liefern soll, auszugestalten.

Der Schulbesuch war 1899/1900 255, in der Handelsklasse 16, 1900/01 327 bezw. 28, 1901/02 414 bezw. 30, ist also ein stark steigender.

Ganz neuerdings hat die Stadt Gnesen die Errichtung einer Handels- und Gewerbeschule zur Ausbildung der gewerblichen und kaufmännischen Jugend beiderlei Geschlechts beschlossen. (Beil. B zum Etat 1901 unter B Ziff. 9.) Sie gehört indessen nur theilweise — mit 2 Klassen — hierher. Gegenwärtig beabsichtigt auch die Stadt Elberfeld mit der dortigen Handelskammer eine Handelsschule zu errichten.

Einige weitere Handelsschulen mit ähnlichen Zielen sind private Veranstaltungen.

§ 112. Wenn sich neuerdings das Bestreben in Handelskreisen stärker, wie bisher geltend macht, besondere Fachschulen für den Handelsstand zu gründen, so scheint sich auf diesem Gebiete eine ähnliche Entwickelung, wie wir sie im landwirthschaftl. und gewerblichen Fachunterrichtswesen sahen, vorzubereiten, indem auch hier zunächst der Ausbau der obersten Stufe, der Handelshochschule die schnellsten Fortschritte macht.

Im Laufe der letzten Jahre sind nicht weniger wie 3 hochschulartige Handelsunterrichtsanstalten gegründet worden, zu Aachen, Cöln und Frankfurt.

---

[1]) Simon S. 872ff.

Die Aachener Schule ist eine staatliche, an die dortige Technische Hochschule angegliederte Einrichtung, welche im Herbst 1898 eröffnet wurde. Sie besteht in der Einrichtung besonderer handelswissenschaftlicher Kurse, welche eine 2jährige Dauer voraussetzen und einem Kuratorium unterstehen, welches den Lehr- und Vorlesungsplan, den Etat und die Vorschläge über die bei den Kursen zu verwendenden Lehrkräfte dem Handels- und Kultusminister, denen die Oberaufsicht zusteht, zur Genehmigung einreichen.

Die Ausgaben der Kurse waren im Etat für 1901 auf 17 612 M. veranschlagt.

Die beiden Anstalten zu Cöln und Frankfurt sind nicht staatliche und bei weitem kostspieligere Einrichtungen.

Die Handelshochschule zu Cöln ist eine städtische Anstalt mit besonderem Kuratorium, dem auch ein Vertreter der Staatsregierung angehört, sie hatte schon im ersten Jahre ihrer Errichtung (1901) einen Einnahme- und Ausgabe-Etat von 92 900 M.

Nach der vom Handels- und Kultusminister genehmigten „Ordnung der Handelshochschule" ist der Zweck der Handelshochschule, in einem 4semestrigen (2jährigen) Kursus, 1. erwachsenen jungen Leuten, welche sich dem kaufmännischen Berufe widmen, eine vertiefte allgemeine und kaufmännische Bildung zu vermitteln, 2. angehenden Handelsschullehrern Gelegenheit zur Erlangung der erforderlichen theoretischen und praktischen Fachbildung zu geben, 3. jüngeren Verwaltungs- und Konsularbeamten, sowie Handelskammersekretären und dergleichen Gelegenheit zur Erwerbung kaufmännischer Fachkenntnisse zu bieten, 4. praktischen Kaufleuten und Angehörigen verwandter Berufe die Möglichkeit zu gewähren, sich in einzelnen Zweigen des kaufmännischen Wissens weiter auszubilden.

Als Studirende können immatrikulirt werden: 1. Abiturienten der höheren 9jährigen Lehranstalten und solcher Handelsschulen, deren oberste Klasse der Oberprima der vorgenannten Anstalten entspricht; 2. Kaufleute, welche die Berechtigung zum einjährig-freiwilligen Dienst erworben und die Lehrzeit beendet haben; 3. Ausländer, deren Vorbildung der Immatrikulationsausschuss für genügend erachtet. Seminaristisch gebildete Lehrer, welche die zweite Prüfung bestanden haben, werden in das Seminar aufgenommen. Ausser den Studirenden können Hospitanten an allen und Hörer an den öffentlichen Vorlesungen theilnehmen.

Im ersten Halbjahr betrug die Zahl der immatrikulirten Studenten 68 (davon 16 aus Cöln, 51 aus dem übrigen Deutschland), Hospitanten 44, Seminaristen 18, Hörer 629.

Die neue „Akademie für Sozial- und Handelswissenschaften" in Frankfurt a. M. verfolgt noch weitere Ziele als die vorgenannten beiden Anstalten. Sie umfasst nicht nur die Handels-, sondern auch die Sozialwissenschaften in ihrem ganzen Umfange. Sie will nicht nur eine Handelshochschule sein für den Kaufmann und Gewerbetreibenden, sie will nicht nur den Gelehrten- und Beamtenkreisen eine ergänzende kaufmännische, volkswirthschaftliche und staatswirthschaftliche Bildung ermöglichen, sondern namentlich auch das Studium der sozialen Verhältnisse, vor Allem der Arbeiterfragen in den Bereich ihrer Wirksamkeit ziehen.

Sie ist eine selbstständige Anstalt. An ihrer Unterhaltung sind betheiligt — abgesehen von dem Ertrag der Kollegiengelder — die Stadt Frankfurt (30 000 M.), das Institut für Gemeinwohl (mindestens 30 000 M.), Handelskammer (5000 M.), Polytechnische Gesellschaft (5000 M.).

Im ersten Halbjahr 1901/02 war die Anstalt von 549 Personen besucht, 36 regelmässige Besucher, 88 Hörer und 337 Hospitanten. Im dritten Halbjahr 94 Besucher, 131 Hörer und 312 Hospitanten.

Als Besucher und Hospitanten können, abgesehen von Personen mit akademischer Vorbildung, zugelassen werden:

1. Abiturienten der neunklassigen höheren deutschen Lehranstalten, der bayerischen Industrieschulen, der sächsischen Gewerbeakademie zu Chemnitz und solcher höheren deutschen Handelsschulen, deren oberste Klasse der Oberprima der genannten Anstalten entspricht; 2. Kaufleute, Industrielle, Versicherungsbeamte und andere bereits beruflich thätige Personen, welche im Deutschen Reich die Berechtigung zum einjährig-freiwilligen Dienst erworben haben — Personen, die sich noch in der Lehre befinden, sind ausgeschlossen —; 3. seminaristisch gebildete Lehrer, welche im Deutschen Reich die zweite Prüfung bestanden haben; 4. Ausländer, deren Vorbildung nach den Bestimmungen des Verwaltungsausschusses für genügend erachtet wird. Ausserdem können zu den Vorlesungen als Hörer auch solche Personen zugelassen werden, welche zu den obigen Anforderungen nicht genügen, aber hinreichende Vorbildung besitzen, um den Vorlesungen mit Verständniss folgen zu können und 20 Jahre alt sind. Hörer haben keinen Anspruch darauf, an Uebungen aktiven Antheil zu nehmen; doch kann der betreffende Dozent ihnen aktive Theilnahme gestatten. Frauen können nicht nur als Hörer, sondern auch als Besucher und Hospitanten zugelassen werden, vorausgesetzt, dass sie eine entsprechende Vorbildung besitzen.

§ 113. Während die Staatsunterstützungen für handels- und kaufmännische Hoch- und Mittelschuleinrichtungen hiernach ziemlich geringe sind, hat sich die Staatsregierung neuerdings mit grösserem Eifer des niederen, kaufmännischen Fortbildungs- und Fachschulwesens angenommen.

Um geeignete Grundlagen für ein organisatorisches Vorgehen auf diesem Gebiete zu gewinnen, haben am 31. Jan. und 1. Febr. 1898 auf Veranlassung des Handelsministers eingehende Konferenzen über diese Frage stattgefunden, unter Theilnahme von Vertretern der Ministerien, des Handelsstandes, der grösseren Städte u. s. w.

Auf diesen Konferenzen ist die Vermehrung der Zahl der kaufmännischen Fortbildungsschulen möglichst mit Schulzwang als durchaus nothwendig bezeichnet. Die Zahl der Unterrichtsstunden soll möglichst auf wöchentlich 6 erhöht werden, möglichst Tagesstatt Abendstunden. Gleichviel ob die Träger der Schulen Kommunen, Handelskammern oder Vereine sind, sollen überall besondere Kuratorien geschaffen werden. Die Hauptgrundsätze der Lehr- und Stundenpläne und deren Beaufsichtigung bleibt aber der Staatsregierung vorbehalten.

An kaufmännischen Fortbildungsschulen ausserhalb Westpreussens und Posens[1]) waren vorhanden:

Am 2. Jan. 1891	97	mit	6 941	Schülern,
„ „ „ 1895	134	„	10 600	„
„ „ „ 1900	203	„	18 174	„
„ „ „ 1902	229	„	21 833	„

Von den am 2. Jan. 1902 vorhandenen Schulen waren 131 mit 10 285 Schülern obligatorisch und 98 mit 11 548 Schülern fakultativ.

§ 114. Die vom Staate für kaufmännische Fortbildungsschulen bewilligten Zuschüsse werden auf den allgemeinen Fonds für Fortbildungsschulwesen (Kap. 69 Tit. 7) mit verrechnet. Die Erhöhung dieses Fonds von 1901 auf 1902 von 700 000 M. auf 1 100 000 M. ist zum Theil auf die Vermehrung der kaufmännischen Schulen zurückzuführen.

Im Ganzen gab es (nach Simon a. a. O. S. 871) am 2. Jan. 1902 in Preussen an kaufmännischen Fortbildungsschulen: 244, davon 146 mit Schulzwang; 100 erhielten Staatszuschüsse, davon 84 mit Schulzwang. Die Gesammtzahl der Schüler betrug 23 037, davon 11 489 in Schulen mit und 11 548, also eine verhältnissmässig grössere Zahl in solchen ohne Schulzwang.

VIII. Fortbildungs- und Fachschulen für Mädchen.

§ 115. Die Einrichtung von staatlichen Fachschulen für Mädchen ist ganz neuen Datums. Die erste Schule dieser Art war die 1897 gegründete Handels- und Gewerbeschule für Mädchen mit Seminar für Gewerbeschullehrerinnen in Posen.

Sie will Mädchen Gelegenheit geben, sich für einen gewerblichen oder kaufmännischen Beruf, als technische Lehrerin (Handarbeits-industrie-, Koch- und hauswirthschaftliche Lehrerin), als Stütze der Hausfrau oder für den Haushalt auszubilden. Mit der Schule ist ein Pensionat verbunden.

Das Lehrpersonal der Schule besteht aus der Vorsteherin, 15 Lehrerinnen und 1 Handelslehrer, ausserdem einer Anzahl von Hülfslehrern und Hülfslehrerinnen.

Der Schulbesuch betrug im

Winter	1897/98	127	Schülerinnen, darunter	6	Pensionärinnen,
Sommer	1898	219	„ „	14	„
Winter	1898/99	220	„ „	16	„

[1]) In Westpreussen und Posen, wo Ausnahmeverhältnisse vorliegen (s. § 108 Anm. 1), bestanden am 2. Jan. 1902 im Ganzen 15 selbstständige kaufmännische Fortbildungsschulen, die in der Hauptsache in den letzten 5 Jahren entstanden, durchweg obligatorisch sind und zusammen 1200 Schüler zählten. Dazu kommen noch rund 450 Schüler, die die kaufmännischen Klassen der Handels- und Gewerbeschule zu Danzig besuchen.

Sommer 1899	203	Schülerinnen, darunter	15	Pensionärinnen,
Winter 1899/1900	197	„ „	25	„
Sommer 1900	179	„ „	13	„
Winter 1900/01	182	„ „	25	„
Sommer 1901	195	„ „	24	„
Winter 1901/02	185	„ „	25	„
Sommer 1902	216	„ „	24	„

Die Unterhaltung der Schule erfolgte ursprünglich aus Kap. 69 Tit. 7a, sie wurde also zunächst als gewerbliche Fortbildungsschule für Mädchen behandelt. Da sie aber immer mehr einen fachlichen Charakter annahm, wurde sie seit 1901 wie andere staatliche Fachschulen behandelt, ihre Einnahmen und Ausgaben wurden sämmtlich in den Staatshaushaltsetat aufgenommen (Etat 1901). In diesem Jahre wurden an Einnahmen bei Kap. 29 Tit. 2d der Einnahme eingestellt.

Aus dem mit der Schule verbundenen Pensionate werden an Pensionsgeld 17 200 M., an Schulgeld von Schülerinnen 16 242 M., aus dem Verkaufe von Speisen und Material 4200 M. und an sonstigen Einnahmen 2158 M., insgesammt 39 800 M. aufkommen.

Die Ausgaben sind unter Kap. 69 Tit. 1 d 29 400 M., Tit. 2 5412 M. Tit. 3 4100 M., Tit. 4 37 588 M., Tit. 5 1300 M., mit zusammen 48 400 M. ausgebracht.

Es erhalten: die Vorsteherin, deren Gehalt von 2 700 M. in 9 Jahren in 3 Abstufungen von je 300 M. auf 3 600 M. aufsteigen soll, den ihrem jetzigen Einkommen entsprechenden Gehaltssatz von 3 600 M., 15 Lehrerinnen je 1500 M., steigend in 18 Jahren auf 2700 M., zus. 22 500 M., 1 Lehrer für Handelswissenschaften 2 700 M., steigend in 12 Jahren auf 4 500 M., 1 Sekretär und Rechnungsführer 1800 M., steigend in 18 Jahren auf 3000 M., 1 Schuldiener 900 M., steigend in 21 Jahren auf 1200 M., alle zusammen 31 500 M.

Die Vorsteherin, 5 Lehrerinnen und der Schuldiener erhalten Dienstwohnung. Der Vorsteherin sind 600 M. und den in der Anstalt wohnenden 5 Lehrerinnen je 300 M. für Verpflegung, Beleuchtung, Heizung, Wäsche und ärztliche Behandlung im Anstaltsgebäude, zusammen 2100 M. auf die Gehaltsbezüge in Anrechnung zu bringen.

§ 116. Eine zweite Schule dieser Art ist die zu Rheydt, welche seit 1902 auf dem Etat erscheint. Diese war bisher eine private Handels- und Gewerbeschule für Mädchen (errichtet 1870).

Die Schule stellt sich die Aufgabe, junge Mädchen zu allen, dem weiblichen Geschlechte zugänglichen kaufmännischen und gewerblichen Berufen gründlich vorzubereiten und sie dadurch zu befähigen, sich ihren Lebensunterhalt selbstständig zu erwerben. Ausserdem werden in der Anstalt Lehrerinnen für Fortbildungs- und Fachschulen vorgebildet. Mit der Schule ist ein Pensionat und ein ständiger Mittagstisch verbunden, um die in der Kochabtheilung gefertigten Speisen regelmässig und zu angemessenen Preisen verwerthen zu können. Die Anstalt verfügt über eine grosse Anzahl guter Unterrichtsräume; Gebäude und Mobiliar haben einen Werth von über 187 000 M.

Die mit der Provinz, der Stadt Rheydt und den betheiligten Kreisen angeknüpften Verhandlungen wegen Uebernahme eines Theiles der Unterhaltungskosten haben zu folgendem Ergebnisse geführt:

Der Staat einerseits und die Provinz, die Stadt Rheydt sowie die betheiligten Kreise andererseits bringen den Bedürfnisszuschuss je zur Hälfte auf; der Antheil der Provinz und der Kreise u. s. w. beträgt jedoch mindestens 15 000 M. und höchstens 20 000 M.

Mit dieser Massgabe werden aufbringen:

1. die Provinz	7 500	bis	10 000 M.
2. „ Stadt Rheydt	4 500	„	6 000 „
3. der Stadtkreis M.-Gladbach	1 000	„	1 350 „
4. „ Kreis M.-Gladbach	1 700	„	2 250 „
5. „ „ Grevenbroich	300	„	400 „
zusammen . .	15 000	bis	20 000 M.

Die Verstaatlichung der Anstalt soll erfolgen, sobald die Betheiligten die in Aussicht genommenen Leistungen in rechtsverbindlicher Form übernommen haben werden, was nach den Berichten der zuständigen Behörden in kurzer Zeit zu erwarten ist.

Es sind an Einnahmen eingestellt 1902 61 200 M., an Ausgaben bei Kap. 69 Tit. 1d 28 500 M., Tit. 2 4500 M., Tit. 3 4800 M., Tit. 4 31 400 M., Tit. 5 2000 M., in Summa 71 200 M.

Die Besoldungsregelung ist die gleiche wie in Posen, auch hier hat ein Drittel der Lehrerinnen Dienstwohnung.

Der Staat beabsichtigt nicht, die Sorge für die Mädchenfach- und -Fortbildung allgemein auf seine Schultern zu übernehmen. Die Hauptsorge wird den Gemeinden verbleiben müssen, wenngleich von diesen der Sache bisher lange nicht die verdiente Aufmerksamkeit geschenkt wird.[1])

IX. Die einzelnen Fonds des Kap. 69.

§ 117. Die Struktur des Kap. 69 ist nicht ganz durch- und übersichtlich.

Zunächst ist die Unterscheidung von „Sächliche und vermischte Ausgaben" (Tit. 4—6) und „Sonstige Ausgaben" (Tit. 7—14), insofern keine schlüssige, als auch unter letzterer Rubrik Ausgaben zu sächlichen Zwecken mit erscheinen.

Man kann im Allgemeinen davon ausgehen, dass die Tit. 1—6 auf die rein staatlichen Anstalten (Baugewerk-, Maschinenbau- und

1) Simon S. 913. Eine Uebersicht der gegenwärtigen öffentlichen und privaten Fortbildungsschulen für Mädchen s. im Min.-Bl. f. H. u. G. 1902 S. 100.

Zeichenschulen, sowie Navigationsschulen) Bezug haben, während unter „Sonstige Ausgaben" die Kosten für die Zuschussanstalten (Fortbildungs-, Textil-, einige Kunstgewerbeschulen u. s. w.) enthalten sind. Ganz trifft dies indess nicht zu, indem z. B. die Tit. 12 u. 13 auf beide Arten von Anstalten sich beziehen. Tit. 14 betrifft das Schulwesen überhaupt nicht, Tit. 13 nicht lediglich. Diese letzteren beiden Titel rechtfertigen allein die Einfügung der „gemeinnützigen Zwecke" in die Ueberschrift des ganzen Kapitels (vergl. auch über letztere beiden Titel das in §§ 122 ff. Gesagte).

§ 118. Die *Tit. 1—6 des Kap. 69.* Der Antheil der einzelnen Schulgruppen (Baugewerk-, Maschinenbauschulen u. s. w.) an den hier benannten Titeln ist bereits bei der Behandlung ersterer dargestellt worden. Vergl. daher wegen der Baugewerkschulen §§ 74 ff., wegen der Fachschulen für Metallindustrie §§ 84, 85, 87, 88, wegen der Zeichen- u. s. w. Schulen §§ 104 ff., wegen der Mädchengewerbeschulen §§ 115, 116.

Hier mag nur darauf hingewiesen werden, dass in den letzten Jahren der Tit. 3 (zur Remunerirung der Hilfslehrer u. s. w.) eine unverhältnissmässig grosse Steigerung erfahren hat.

Es betrugen die Ausgaben

	in Mark 1888/89	1902	Steigerung in Proz.
aus Tit. 1—1d . .	1 538 536	2 576 165	67
„ Tit. 2. . . .	176 334	317 327	80
„ Tit. 3. . . .	100 987	279 131	176
„ Tit. 4. . . .	307 187	689 362	124

Zu Tit. 4 ist zu erwähnen, dass die dort benannten besonderen Fonds das Otto'sche Legat aus Stralsund (Jahreseinnahme 140 M.) für die dortige Navigationsschule und der Stipendienfonds der höheren Maschinenbauschule in Aachen (Jahreseinnahme 181 M.) sind (vergl. Etat 1900 Beil. E.).

Ferner ist hinsichtlich der Baugewerkschulen auf die in den Etatserläuterungen von 1901 bei dem gedachten Titel mitgetheilten Normalsätze für die einzelnen Gruppen des Sachbedarfs hinzuweisen.

§ 119. Die *Tit. 7—14 des Kap. 69.* Wegen Tit. 7, 7a, 7b vergl. § 107, wegen Tit. 8 u. 9 Anm. zu § 104.

Tit. 10, dessen schon bei den einzelnen Hauptgruppen der Fachschulen mehrfach Erwähnung geschehen ist, ist ein Bedürfnisszuschussfonds für alle diejenigen Zeichen-, Baugewerk-, Textil- und andere Fachschulen, welche A. vom Staate und von Anderen gemeinschaftlich zu unterhalten sind; B. von Gemeinden oder Vereinen zu unterhalten sind, zu deren Kosten der Staat einen Zuschuss gewährt, einschliesslich 12 300 M., künftig wegfallend. (Nach einem Etatsvermerk können

Ersparnisse bei den Lehrmittelfonds der aus Tit. 10A unterstützten Unterrichtsanstalten sowie bei den Fonds zu Studienreisen des Lehrpersonals an den Textilfachschulen zur Verwendung in die folgenden Jahre übertragen werden.)

Zur Erläuterung des Fonds im Einzelnen wird dem Etat alljährlich eine besondere Beilage B beigegeben, in welcher die einzelnen Anstalten, ihre Ausgaben und Einnahmen im Einzelnen angegeben werden. Es kommen danach in Betracht gegenwärtig unter A 31 Anstalten mit 931 319 M. staatlichem Zuschuss und unter B 11 Anstalten mit 322 800 M. Staatszuschuss, zusammen 1 254 119 M.

1885/86 standen auf dem Etat unter A 20 Schulen mit 128 836 M. und unter B 7 Schulen mit 69 630 M. Zuschuss, zusammen 198 467 M. Die Steigerung des Zuschusses seit jener Zeit ist also eine sehr beträchtliche.

Die meisten der unterstützten Schulen haben schon unter den früher behandelten Hauptgruppen Erwähnung gefunden.

Hier sind nur noch einige Fachschulen für Hausindustrie namhaft zu machen, die aus Tit. 10 unterstützt werden. Es sind dies 1. die 1901 eröffnete Handschuhnähschule zu Ziegenhals (Gesammtkosten 1902: 9430 M., Staatszuschuss 6000 M.); 2. die 1902 eröffnete Holzschnitzschule in Warmbrunn (Staatszuschuss 12 000 M.). Einige weitere Schulen ähnlicher Natur (z. B. die Korbflechtschule zu Heinsberg im Reg.-Bez. Aachen u. s. w. und die Stickschulen in Schlesien — Mittelwalde, Habelschwerdt, Reinerz, Lewin, Neurode, Wünschelburg und Schömberg) werden aus dem Dispositionsfonds Kap. 69 Tit. 13 unterstützt.

Wegen Tit. 10a vergl. § 99, wegen Tit. 13 u. 14 §§ 122 ff.

Die Tit. 10b, 10c und 11 mit 10 000, 3000 u. 15 000 M. sind centrale Bedürfnissfonds, aus denen zu den dort aufgeführten Zwecken den einzelnen Anstalten Extrazuschüsse gegeben werden, die nicht auf den Etats jener Anstalten erscheinen, sondern ausseretatsmässig verrechnet werden. Tit. 10b existirt seit 1899, 10c seit 1901, Tit. 11 schon seit längerer Zeit, in der Höhe von 15 000 M. seit 1898/99. (Er ist kein Dispositionsfonds, vergl. Etatserläuterungen 1902.)

Alle 3 Fonds wollen den vom Staate nur unterstützten Anstalten bezw. den sie unterhaltenden Gemeinden in gewissen besonderen Fällen (Einführung von Pensionen und Reliktengeldern — Tit. 10b — Remunerationen — Tit. 10b — Deckung der Ausfälle bei der Rechnung — Tit. 11) in etwas zu Hülfe kommen. Was speziell Tit. 10b anbelangt, so ist in Aussicht genommen, Direktoren, Lehrern, Beamten und Angestellten der unter Kap. 69 Tit. 10 fallenden Anstalten unter bestimmten Voraussetzungen Ruhegehälter zu gewähren und ihre Hinterbliebenen in demselben Verhältnisse zu versorgen, wie dies für die Staatsbeamten uud ihre Hinterbliebenen vorgeschrieben ist. Denjenigen Gemeinden und Vereinigungen, welche bereit sind, diese

Leistungen zu übernehmen, sollen die Aufwendungen seitens des Staates in demselben Verhältnisse erstattet werden, in welchem derselbe an der Unterhaltung der Anstalt sich betheiligt.

§ 120. Auf den Einzelnetats erscheint ferner nicht der Fonds *Kap. 69 Tit. 12:* Zur Ausbildung von Personen, die sich einem gewerblichen oder kaufmännischen Berufe widmen wollen 100 000 M.

Der Fonds ist in Höhe von 20 000 M. im Jahre 1885/86 bei der Rückübertragung des technischen Unterrichtswesens vom Etat des Kultusministeriums an den Handels- und Gewerbeminister von dort übernommen worden und diente vor Allem dazu, besonders tüchtigen und fleissigen, aber mittellosen Schülern Unterstützungen zu gewähren, um sie in den Stand zu setzen, durch den Besuch einer Fachschule ihr Können und damit ihre Erwerbsfähigkeit zu vermehren. Die Stipendien werden meist auf mehrere Jahre ertheilt. (Etat 1898/99 Erläuterungen.) 1889/90 fand eine Erhöhung auf 35 000 M. statt, 1896/97 auf 40 000 M., 1898/99 auf 60 000 M.

Seit 1901 wurden 100 000 M. eingestellt, wobei der Fonds zugleich eine Aenderung in der Titelbezeichnung erhielt, um die Mittel aus diesem Fonds nicht nur zur Ausbildung von Handwerkern, sondern aller Personen verwenden zu können, die sich einem gewerblichen oder kaufmännischen Berufe widmen wollen.[1])

§ 121. Von Tit. 13 (Dispositionsfonds), der noch in § 124 näher behandelt werden wird, kommt nur ein Theil für gewerbliche Unterrichtszwecke in Betracht (1901: 183 193 M.). Ueber die Art der Verwendung siehe z. B. § 119.

IV. Abschnitt.

Ausgaben zur direkten Pflege und Förderung von Handel und Gewerbe.

§ 122. Wenn hier ähnlich, wie dies in Band II Buch II bei der Behandlung der landwirthschaftlichen Verwaltung im VI. Hauptabschnitt geschehen ist, für die oben genannten Zwecke ein besonderer Abschnitt gemacht worden ist, so sind unter dieser Rubrik im vorliegenden Falle allerdings bei Weitem geringere Ausgabebeträge zu erwähnen, als an jener Stelle. Auf dem Gebiete der landwirthschaftlichen Verwaltung war, wie in § 311 ff. a. a. O. des Näheren ausgeführt worden ist, in der ersten Hälfte des 19. Jahrhunderts zur direkten Pflege und Förderung des landwirthschaftlichen Gewerbes allerdings auch nur wenig geschehen, seit jener Zeit und ganz besonders in den letzten Dezennien hat aber der Staat in stark steigen-

[1]) Vgl. auch den Min.-Erl. v. 20. Febr. 1902 (Min.-Bl. f. H. u. G. S. 112).

dem Masse Mittel für derartige Zwecke im landwirthschaftlichen Etat ausgeworfen.

Nun muss allerdings zugegeben werden, dass im Allgemeinen eine direkte Förderung von Handels- und Gewerbetreibenden aus den verschiedensten Gründen weniger nothwendig erscheint und grössere Schwierigkeiten verursachen würde, als dies auf dem Gebiete der Landwirthschaft der Fall ist, indessen tritt in neuerer Zeit die Nothlage einer gewissen Klasse von Gewerbetreibenden derartig in den Vordergrund, dass die Nothwendigkeit einer direkten staatlichen Pflege und Förderung ihrer Betriebe durch Bereitstellung staatlicher Mittel immer weiteren Kreisen zum Bewusstsein kommt. Es handelt sich um die Handwerker und Kleingewerbetreibenden, deren Stand durch Ueberhandnehmen der maschinenmässigen Grossbetriebe und der Fabrikindustrie auf manchen Gebieten (Weberei) bereits gänzlich lahmgelegt, auf anderen auf das Härteste bedroht ist.

In indirekter Weise geschieht für diesen Stand schon seit Jahren, besonders durch die Förderung des gewerblichen Unterrichtswesens seitens der Staatsregierung sehr viel. Ausgaben, welche eine direkte Gewerbeförderung bedeuten, sind aber gegenwärtig nur in geringem Umfange dem Staatshaushaltsetat zu entnehmen.

Der Unterschied auf dem Gebiete des Handwerks zwischen dem gewerblichen Fachunterricht und den Massnahmen zur direkten Förderung des Gewerbes, wohin z. B. Meisterkurse zählen, lässt sich dahin präzisiren, dass ersterer die Vorbildung der Meister bezweckt, während letztere Massnahmen den ausgebildeten Meister mit Belehrungen und Unterstützungen aller Art in seinem Fortkommen fördern wollen.

Als zur direkten Gewerbeförderung bestimmte Ausgaben im Ordinarium des Handels- und Gewerbeetats können unseres Erachtens nur ein Theil des Tit. 13 des Kap. 69, allenfalls auch noch Tit. 14, in Betracht kommen.

Der letztere Fonds lautet:

§ 123. *Kap. 69 Tit. 14.* Zur Gewährung von Beihilfen für wasserwirthschaftliche Anlagen und zu Vorarbeiten für solche 10 000 M.

Dieser Titel kann an diese Stelle um deswillen eingestellt werden, weil unter den hier genannten wasserwirthschaftlichen Anlagen die sogen. Thalsperren verstanden sind, welche vorzugsweise die Förderung kleingewerblicher Anlagen zum Ziele haben.

In Preussen bedecken nämlich zahlreiche, meistens kleingewerbliche Anlagen, welche sich die Ausnutzung der Wasserkräfte zur Aufgabe stellen, das Land; aber die fortschreitende Entwaldung insbesondere der Höhengebiete, die Trockenlegung von Sümpfen und ausgedehnte Entwässerungsanlagen haben die Ausnutzung der Wasserkräfte immer mehr erschwert, indem durch sie die Wasserabführung in den niederschlagsreichen Zeiten beschleunigt und in den Sommermonaten Wassermangel herbeigeführt worden ist. Hierdurch sind zahlreiche kleingewerbliche Anlagen in missliche Lage gekommen, indem sie ihren Betrieb wegen Ueberschwemmungen oder Wassermangel oft längere Zeit hindurch aussetzen müssen. Zur Abwendung dieser Nachtheile haben sich die sogen. Thalsperren bewährt, welche es ermöglichen, das Wasser in niederschlagsreichen Zeiten zurückzuhalten und den Betrieben in wasserarmen Zeiten zuzuführen. Das Zustandekommen solcher Anlagen scheitert aber oft daran, dass die Kosten ihrer Ausführung, ja schon die der Vorarbeiten von den Betheiligten nicht ganz aufgebracht werden können. Wird auch im Allgemeinen daran festgehalten werden müssen, dass die Ausführung dieser Anlagen den Betheiligten zu überlassen ist, und dass, wo deren finanzielle Kräfte nicht ausreichen, die betheiligten Kommunalverbände (Städte, Kreise, Provinzen) helfend und fördernd einzutreten haben, so erschien es doch gerechtfertigt, ausnahmsweise auch Staatsmittel zur Förderung solcher Anlagen zu verwenden, wenn sich auf andere Weise die dazu nöthigen Geldmittel nicht beschaffen lassen. Aus diesem Grunde ist die Einstellung des obengenannten Fonds in den Etat im Jahre 1895/96 beschlossen worden.

Ein Theil der eingestellten Mittel wird insbesondere in den ersten Jahren auch zur Ermittelung der in den einzelnen Gegenden vorhandenen Wasserkräfte und der zweckmässigsten Art ihrer Ausnutzung Verwendung zu finden haben.

Die Uebertragung der in einem Jahre gemachten Ersparnisse auf die folgenden Jahre findet in der Natur dieser Ausgaben ihre Rechtfertigung. Die Verhandlungen über die Ausführung solcher Anlagen nehmen lange Zeit, mitunter Jahre in Anspruch; es kommen also die in einem Jahre in Aussicht genommenen Beihilfen oft erst in einem späteren Jahre zur Auszahlung.

§ 124. Der hauptsächlich in Betracht kommende Fonds ist aber Kap. 69 Tit. 13. Dispositionsfonds zu Aufwendungen behufs Förderung des gewerblichen Unterrichts, für gemeinnützige gewerbliche Unternehmungen, Einrichtungen und Vereine, zu gemeinnützigen Einrichtungen für Schiffahrt und Handel, für technische Sammlungen, Herausgabe technischer Werke und Zeitschriften, technisch-wissenschaftliche Anstalten, Untersuchungen und Reisen, zur Förderung der Industrie durch Verleihung von Maschinen und Unterstützungen, zu Prämien für das Auslehren Taubstummer in Handwerken, zu Ausgaben für gewerbepolizeiliche Zwecke und zu sonstigen allgemeinen Handels- und gewerblichen Zwecken, einschliesslich der Ausgaben bei besonderen Fonds 343 295 M.

(Rückeinnahmen und Zinsen fliessen dem Fonds wieder zu. Die am Jahresschlusse verbleibenden Bestände können zur Verwendung in die folgenden Jahre übertragen werden.)

Wie schon die Titelbezeichnung ersehen lässt, kann auch von diesem Fonds nur ein gewisser Theil für direkte Förderung von Handel und Gewerbe in Rechnung gestellt werden.

Nach der neuesten Rechnungsübersicht der aus diesem Titel geleisteten Zahlungen (für das Jahr 1901) wurden aufgewendet:

1. Aufwendungen behufs Förderung des gewerblichen Unterrichts 183 192 M.

2. Beihilfen an Vereine: a) an den gewerblichen Centralverein in Ostpreussen 4000 M., b) an den Verein zur Förderung des Gewerbefleisses in Berlin 8673 M., c) an die Centralstelle für Arbeiter-Wohlfahrtseinrichtungen 4500 M., d) an den deutschen Schulschifferverein 3000 M., e) an den Gewerbeverein in Hannover 23 000 M., f) an die Tischlerwerkgenossenschaft in Osnabrück 2000 M., g) an die Gewerbehalle in Cassel 4000 M, h) an den Centralverein des Gewerbevereins in Nassau 10 250 M, i) an den Rheinischen Verein zur Förderung des Arbeiterwohnungswesens in Düsseldorf 3500 M, k) zur Hebung gewerblicher Unternehmungen in Hohenzollern 600 M., zusammen 63 523 M.

3. Remuneration für statistische Erhebungen, insbesondere für solche über den Verkehr auf Wasserstrassen 4785 M.

4. Ausgaben für Ausstellungen, insbesondere zu Prämienarbeiten von Handwerkslehrlingen 2750 M.

5. Ausgaben für Drucksachen (darunter Druck der Jahresberichte der preussischen Regierungs- und Gewerberäthe sowie der Mittheilungen der technischen Versuchsanstalten) 5661 M.

6. Für die mechanisch- und chemisch-technischen Untersuchungen von Waarenproben u. s. w. 2224 M.

7. Für Instruktionsreisen (Beihilfen zur Theilnahme an Lehrkursen, Konferenzen u. s. w.)

8. Prämien für Auslehren Taubstummer in Handwerken 40 135 M.

9. Ausgaben für allgemeine gewerbliche Zwecke 55 147 M.

10. Ausgaben bei besonderen Fonds (§ 2 No. 4 des Staatshaushalts-Gesetzes vom 11. Mai 1898) 9368 M., insgesammt 366 785 M.

Rechnet man von obigen Posten Ziff. 2, 4, 6, 7, 8 und 9 als zur direkten Gewerbeförderung verausgabt, so geben diese Posten zusammen einen Betrag von 163 779 M. im Ordinarium.

So würden sich im Ganzen aus den genannten 2 Titeln 13 u. 14 des Kap. 69 173 779 M. an Staatsausgaben zur direkten Gewerbeförderung ergeben, eine Summe, die, wenn man sie mit der im Landwirthschaftlichen Etat ausgeworfenen Summe von rund 1 770 411 M. (nach dem Etat 1901: Kap. 104, 105, 107 Tit. 1 u. 2) vergleicht, sehr gering erscheinen muss.

§ 125. Neuerdings ist ferner die Preussische Regierung dazu übergegangen, Fortbildungskurse für Handwerksmeister, sogen. Meisterkurse zu veranstalten. In diesen Kursen, die zunächst versuchsweise in Hannover und Posen für Schuhmacher, Schneider, Schlosser und Tischler abgehalten werden, und im Jahre 1902 auch auf Cöln ausgedehnt worden sind, werden nur selbständige Meister und ältere Gesellen in beschränkter Zahl zugelassen und in 4 bis 6 Wochen im Fachzeichnen, kaufm. Rechnen, Kalkuliren, in der Materialienkunde, Buchführung und Gesetzeskunde unterwiesen, namentlich aber mit erprobten Arbeitsmethoden und Techniken, sowie mit den neuesten in kleineren Gewerbebetrieben verwendbaren Kraft- und Arbeitsmaschinen in besonders eingerichteten Musterlehrwerkstätten, in denen sie unter Anleitung besonders befähigter Meister praktisch arbeiten, eingehend bekannt gemacht. Zugleich lernen sie auf Exkursionen mustergiltige Betriebe verschiedenster Art kennen. Dauernde Ausstellung von Rohstoffen, Halb- und Ganzfabrikaten, von Antriebs- und Arbeitsmaschinen, die im Betriebe vorgeführt werden, von Werkzeugen und Fachwerken sollen diesen Unterricht ergänzen. Kleinere Ausbildungskurse, die sich lediglich auf theoretischen Unterricht (Buchführung, Kalkulation, Korrespondenz, Zeichnen u. s. w.) erstrecken, werden an vielen Fortbildungs- und Fachschulen abgehalten, neuerdings auch von den Handwerkskammern veranstaltet. Einzelne Kammern haben ausserdem auch praktische Kurse eingerichtet.

Die staatlichen Unterstützungen zu diesem Zwecke, zunächst für Posen und Hannover, sind in einem besonderen Titel des Extraordinariums (zum ersten Mal 1900 Kap. 7 Tit. 28: 97000 M. und sodann 1901 Kap. 7 Tit. 21: 26000 M., zusammen 123000 M.) bereitgestellt worden. Der Staat giebt den Städten, die die Kurse einrichten, entsprechende Beihülfen (vergl. näheres in den betreffenden Etatserläuterungen). Neuerdings ist auch in Cöln ein Kursus im Gange.[1])

Endlich ist die Förderung des kleingewerblichen Genossenschaftswesens in den letzten Jahren extraordinär unterstützt worden. (S. S. 1112 Anm. 1.)

§ 126. Es lässt sich nicht leugnen, dass in anderen europäischen Staaten für die direkte Förderung des Handwerkerstandes verhältnissmässig erheblich höhere Beträge von Staatswegen verausgabt werden.[2]) Ausser einigen der süddeutschen Staaten kommt hier namentlich Oesterreich in Betracht.

Gerade die Verhältnisse des letzteren Staates sind es gewesen, deren genaueres Studium den Abgeordneten Trimborn veranlasst haben, bei Gelegenheit der Etatsberathungen für 1902 einen Antrag an die Staatsregierung zu stellen, der unter Hinweis auf die neuen Bahnen, welche namentlich in Oesterreich zur Förderung von Handwerk und Kleingewerbe beschritten worden sind, fordert, dass von Staatswegen unter Bereitstellung staatlicher Mittel eine systematische Förderung des Kleingewerbes mit dem Ziele einer Anpassung des Handwerksbetriebes an die modernen wirthschaftlichen Verhältnisse stattfinde, wozu vor Allem die Errichtung einer Centralstelle vorgeschlagen wird, die alle dafür befähigten Faktoren (Handwerkerkammern, Innungen, Gewerbevereine, Provinzen, Kreise, Gemeinden) im Lande zu einer einheitlichen planmässigen Gesammtaktion anregen und zusammenführen soll. (A.-H. 1902 Drucks. 54, Sten. Ber. S. 1267 ff.)

Als Massnahmen werden im einzelnen (ohne den Gegenstand erschöpfen zu wollen) vorgeschlagen a) Veranstaltung dauernder und zeitweiliger Ausstellungen von kleingewerblichen Motoren, Maschinen und Werkzeugen in gewerblich entwickelten Orten; Unterweisung in deren Gebrauch und entgeltliche Ueberlassung solcher an Genossenschaften; Errichtung einer Auskunftsstelle über bezügliche Fragen, insbesondere über Leistungsfähigkeit,

[1]) 1902 wurden daher 59500 M., 1903: 37000 M. im Extraordinarium vorgesehen.

[2]) vergl. auch die Rede des Handelsministers Möller A.-H. 1902. Sten. Ber. S. 1371.

Materialienverbrauch, Anschaffungsgelegenheit und Preis derartiger Maschinen und Werkzeuge; b) Vorführung bewährter Arbeitsmethoden und technischer Fortschritte des Kleingewerbes in Lehrkursen; Vermehrung und weiterer Ausbau der Meisterkurse mit Unterweisung in der Buch- und Rechnungsführung; Erleichterung des Besuchs dieser Kurse durch Gewährung von Stipendien; Errichtung einer Auskunfsstelle für alle einschlägigen Fragen; c) Förderung der Lehrlingsausbildung; d) Förderung des gewerblichen Genossenschaftswesens (Anregung zur Begründung und materielle Hilfe, die über die ersten Schwierigkeiten hinweghilft).[1]

Der Antrag hat von allen Seiten des Hauses warme Zustimmung gefunden und ist einer Kommission von 14 Mitgliedern überwiesen worden. Sten. Ber. a. a. O. S. 1386.

Die Staatsregierung ist gegenwärtig damit beschäftigt, eine Denkschrift über die z. Zt. zur Förderung des Handwerks und Kleingewerbebetriebs bestehenden staatlichen Massnahmen auszuarbeiten.

Doch hat die Regierung auch in dem Etatsentwurf für 1903 den Wünschen des Abgeordnetenhauses nach Vermehrung der in Frage stehenden Staatsmittel in etwas Rechnung getragen. So finden wir im Ordinarium unter Kap. 69 Tit. 15 eingestellt: 100000 M. zu Zuschüssen für die in Gemässheit des § 103e Abs. 3 von den Handwerkerkammern getroffenen Veranstaltungen und zur Hebung des Kleingewerbes. Der Fonds ist in die folgenden Jahre übertragbar.

Ausserdem sind aber auch im Extraordinarium 15000 M. für Reisen „zum Studium der in anderen Bundesstaaten und im Auslande getroffenen Massnahmen zur Förderung des Kleingewerbes“ bereit gestellt. Die Reisen sollen vor allem zu einer näheren Prüfung führen, ob und in wieweit bewährte Einrichtungen auf dem fraglichen Gebiete sich zur Einführung in Preussen eignen. Hier ist also der Keim zu neuen und vermehrten Ausgaben im zukünftigen Ordinarium gegeben.

V. Abschnitt.

Königliche Porzellanmanufaktur.

Geschichte und Entwickelung bis in die neueste Zeit.

I. Bis 1875.

§ 127. Die Königliche Porzellanmanufaktur[2]) ist aus einer im Jahre 1761 von einem Privatmann angelegten, 1763 vom Staate für 225000 Thlr. altbrandenburgisch Courant angekauften privaten Anstalt hervorgegangen. Zur Zeit dieses Ankaufs hatte die Manufaktur

---

[1]) In Preussen giebt es gegenwärtig nur 200 Handwerker-Kreditgenossenschaften; eine gewisse Vermehrung ist der Wirksamkeit der Centralgenossenschaftskasse zuzuschreiben (vergl. Bd. II Buch II §§ 439ff.), doch waren 100 schon vor deren Errichtung vorhanden. A.-H. Sten. Ber. 1902 S. 1282. Der Staat stellte zur Förderung des kleingewerblichen Genossenschaftswesens extraordinär von 1896/97—1902 140000 M. zur Verfügung (1903: 30000 M.). Vgl. auch Min. f. H. u. G. 1902 S. 262.

[2]) Vgl. Kolbe, Geschichte derselben. Berlin 1863 (R. Decker).

bereits einen nicht unerheblichen Umfang, ein Personal von 146 Köpfen und einen Jahresetat von 10 200 Thlr.

Zur Verbesserung der inneren Einrichtung der neuen Anstalt wurde die Summe von 140 000 Thlr. gegen 5 Proz. von der Churmärkischen Landschaft angeliehen (getilgt in der Zeit von 1798—1802). Auch erhielt die Fabrik das Fabriks- u. Verkaufsmonopol sowie allen Brennholzbedarf frei aus den Kgl. Forsten. Um den Absatz zu steigern, wurden u. A. die Juden verpflichtet, bei Hochzeiten, Uebernahme eines Gewerbes u. s. w. jeder ein gewisses Quantum Porzellan gegen baare Zahlung zu entnehmen und im Auslande abzusetzen, eine Auflage, die erst im Jahre 1787 gegen Zahlung von 120 000 M. Seitens der Judenschaft abgelöst wurde. Auch die Lotteriepachtsozietät und später die Seehandlung hatten vertragsmässig den Absatz von Porzellan im Auslande wahrzunehmen.

Die Anstalt nahm unter der Leitung eines tüchtigen Direktors (Grieninger) raschen Aufschwung. Im Jahre 1771 waren bereits 400 Arbeiter beschäftigt und der jährliche Absatz betrug über 100 000 Thlr.

Friedrich der Grosse interessirte sich sehr lebhaft für die Manufaktur, besuchte dieselbe häufig und machte auch viele Bestellungen bei ihr.[1])

Vom Jahre 1787 ab wurde eine kollegiale Verwaltungsbehörde unter dem Namen der Königl. Porzellanmanufaktur-Commission eingerichtet, die aus einem ständigen Kgl. Kommissar, 2 Direktoren (1 für den Fabrikbetrieb und 1 für die Debitsangelegenheiten) und einem zugeordneten Rath (für Etats-, Kassen- u. Rechnungswesen) bestand. Die Kommission berieth wöchentlich einmal. Sie arbeitete aber für ein gewerbliches Institut zu schwerfällig, auch führte die Einrichtung zu mannigfachen Reibungen und Kränkungen[2]), sodass nach dem Tode der beiden genannten Direktoren 1808 ihre Stellen nicht wieder besetzt und die Geschäfte thatsächlich von einem Leiter versehen wurden.

Im Jahre 1795 wurde in der Manufaktur eine neue keramische Masse, die sog. Gesundheits- oder Sanitätsgeschirr-Masse eingeführt, welche im Wesentlichen einen grösseren Zusatz von Thonmaterial, als die echte Porzellanmasse verlangt. Dieses Geschirr fand von vorneherein wegen seiner Brauchbarkeit und Wohlfeilheit grossen Geschmack bei dem Publikum. Von 1795 bis 1817 steigerte sich der Debit dieses Geschirrs allein von 1029 Thlr. auf 80 000 Thlr. 1817 wurde eine besondere Fabrik dafür errichtet, welche bis 1849 auch unter besonderer

[1]) Auch die späteren Könige bestellten grosse Aufträge. Im Jahresdurchschnitt wurden z. B. gekauft von Friedrich Wilhelm II. für 16 887 Thlr., von Friedrich Wilhelm III. für 14 482 Thlr., von Friedrich Wilhelm IV. für 11 926 Thlr. Auch gegenwärtig gehört der König zu den ersten Abnehmern des Instituts.

[2]) Kolbe a. a. O. S. 172 ff.

Direktion betrieben, seitdem aber wieder mit der Manufaktur vereinigt wurde.

Seit 1821 war die Verwaltung in zwei Theile getheilt worden, welche besondere Etats und Direktoren hatten, die Partie des weissen Porzellans und die des bemalten Porzellans. Seit 1832 waren beide Partien wieder unter einem Direktor vereinigt, bestanden aber sachlich noch fort bis 1851, wo auch die sachliche Trennung wieder beseitigt wurde.

§ 127a. Die finanziellen Ergebnisse der Porzellanmanufaktur waren dauernd recht zufriedenstellende.

Es betrug nach Kolbe a. a. O. S. 286 der Jahresüberschuss von

	durchschnittlich		In Proz. der Einnahmen
1763—1787	19 335	Thaler	21,25
1788—1807	40 839	„	26,20
1808—1821	33 509	„	18,30
1822—1831	7 628	„	4,72
1832—1849	6 792	„	4,27
1850—1862	18 800	„	12,70

In Summa betrugen von 1763 bis 1862 die Gesammtbruttoeinnahmen 14 507 190 Thlr., der Gesammtüberschuss 2 254 164 Thlr.

Insbesondere war es der Besitz des Monopols —, des rechtlichen und (nach dessen Aufhebung 1810) noch geraume Zeit des faktischen —, welcher während der ersten 3 Perioden jenen erheblichen Gewinn sicherte. Mit dem Beginn der 20er Jahre machte sich indessen starke ausländische und später auch inländische Konkurrenz geltend, durch welche die Erträgnisse stark geschwächt wurden. Seit den 50er Jahren hob sich die Rentabilität indessen wieder.

Anfang der 60er Jahre berechnet Kolbe (a. a. O. S. 292) das Anlage- und Betriebskapital auf rund 401 587 Thlr., welche bei einem durchschnittlichen Reinertrag von 24 041 Thlr. sich mit beinahe 6 Proz. verzinsten.

Bis 1862 waren ferner sämmtliche Kosten, welche die Unterhaltung, Erneuerung, Verbesserung des Werkes im Laufe der Zeit beanspruchten[1]), lediglich aus dessen Erträgnissen bestritten worden, und bis dahin ist niemals ein Zuschuss aus allgemeinen Staatsmitteln dazu gegeben worden.

§ 127 b. Auch in der Zeit nach Veröffentlichung der Kolbeschen Schrift waren, wie die Anl. LXVIII ergiebt, die Erträgnisse zunächst noch recht günstige. Von 1863 bis 1875 betrugen die Ueberschüsse im Jahresdurchschnitt 43 436 M. Rechnete man nur das reine Betriebsvermögen, so ergab sich ein durchnittlicher Ueberschuss von 68 203 M. pro Jahr.

---

[1]) z. B. in den 30er und 40er Jahren für Um- und Erweiterungsbauten 98 000 Thlr.

II. Nach 1875.

§ 128. Seitdem machte sich aber die Privatkonkurrenz immer nachtheiliger geltend. Es rächte sich, dass man staatlicherseits die Porzellanmanufaktur immer mehr zu einem mit einfachen Dekorationen arbeitenden, in künstlerischer Hinsicht nichts Aussergewöhnliches leistenden besseren Porzellanfabrikgeschäft hatte herabsinken lassen, welches wesentlich in Folge nicht genügender Konkurrenz von privater Seite, also faktischen Monopols, günstige finanzielle Erträgnisse für den Staat liefern konnte. Sobald daher die Privatindustrie bei dem allgemeinen wirthschaftlichen Aufschwung Ende der 60er und Anfang der 70er Jahre sich in stärkerem Masse der Fabrikation von Porzellanwaren zuzuwenden begann, zeigte sich, dass der seiner Natur nach schwerfälligere und theuere Staatsbetrieb Gefahr lief, ins Hintertreffen zu kommen.

Man sah regierungsseitig ein, dass die Porzellanmanufaktur eine führende Stelle in der Porzellanindustrie auf die Dauer nur dann einzuhalten vermochte, wenn sich ihre Leistungen, auch wenn sie für den Augenblick eine beträchtliche Ausgabensteigerung forderten, oder eine Verminderung der Gewinnrente zu Folge hatten, auf einer künstlerischen Höhe hielten, welche für die mit geringerem Kapital und der Nothwendigkeit grösserer Gewinnquoten arbeitenden Privatindustrie unerreichbar blieb.

Man richtete deshalb Ende der 70er Jahre (1877) die chemisch-technische Versuchsanstalt ein, deren spezieller Zweck ist, wissenschaftlich-technische Grundlagen zur Verbesserung der Porzellan- und Thonwaarenindustrie zu schaffen und dabei die Bedürfnisse des Kunstgewerbes besonders zu berücksichtigen.

Sodann wurde seit 1881 dem ersten (chemisch vorgebildeten) Direktor die Stelle eines zweiten, artistischen Direktors, welcher die künstlerische Leitung des Betriebes speziell zu überwachen und zu leiten hatte, beigegeben.

Endlich wurde auch die Unterrichtung von Porzellanmalern und -Modelleuren schärfer wie bisher ins Auge gefasst.

§ 128a. Die Folge der veränderten Zweckbestimmung der Porzellanmanufaktur war nun, dass seit jener Zeit fortgesetzt erhebliche Staatszuschüsse erfordert wurden.

Die näheren Ziffern für die einzelnen Jahre ergeben sich aus Anlage LXVIII, wo auch die Entwickelung der einzelnen Haupteinnahme- und Ausgabegruppen nach der Rechnung dargestellt ist.

Auf die bei einem geschäftlichen, von der allgemeinen Konjunktur mehr oder weniger abhängigen Unternehmen, häufiger als bei sonstigen Etatsposten vorkommenden Schwankungen in den verschiedenen Jahren näher einzugehen, würde den Rahmen dieses Werkes übersteigen, zumal die vielen in Betracht zu ziehenden Faktoren weitgehende Erörterungen nötig machen würden.

Wir beschränken uns daher darauf, in Nachfolgendem die Durchschnittsergebnisse für einige längere Zeitperioden zu geben. Dabei unterscheiden wir einmal die Zeit von 1863 bis 1875, in welcher noch nach den in der voraufgegangenen, von Kolbe a. a. O. ausführlich geschilderten Gesichtspunkten gearbeitet und gewirthschaftet wurde und auch annähernd gleiche finanzielle Resultate — abgesehen von den allerletzten Jahren — erzielt worden sind.

Sodann geben wir den Durchschnitt der Periode 1877 bis 1892, in welcher die Neueinrichtungen der chemisch-technischen Versuchsanstalt, Einführung eines geregelten Malunterrichts, Erweiterung der Kunstabtheilungen unter der verantwortlichen Leitung eines artistischen Direktors, sowie die stärkere Bevorzugung der Herstellung von Porzellangeräthen zu technischen Zwecken fallen.

Die dritte Periode beginnen wir mit 1. April 1894 (das Jahr 1893/94 stellte einen Uebergangszustand dar und ist deshalb ausser Betracht gelassen), wo die Reformen auf dem Gebiete der Buch- und Wirthschaftsführung (§ 129) eine genauere Bewerthung des Betriebskapitals und seiner einzelnen Bestände, sowie einen klareren Einblick in die Rentabilität der verschiedenen Betriebszweige, sowie vor Allem auch eine Scheidung des Anlage- von dem eigentlichen Betriebskapital und endlich desjenigen Theiles der Geschäftsthätigkeit, welcher mehr von kaufmännischen und desjenigen, welcher mehr von allgemeinen kameralistischen Grundsätzen aus behandelt und beurtheilt werden muss, gestatten.

Es ergiebt sich danach das folgende Resultat:

	Zeitabschnitt		
Einnahmen:	1863/1875	1877/78 bis 1892/93	1894/95 bis 1901
	M.	M.	M.
Aus dem Betriebe[1]	6 319 515	10 075 495	7 928 803
Im Jahresdurchschnitt	486 116	629 719	991 101
Aus Miethen und Pächten	51 202	229 443	71 781
Im Jahresdurchschnitt	3 939	14 340	8 972
zusammen	**6 370 717**	**10 304 938**	**8 000 584**
Im Jahresdurchschnitt	490 055	644 059	1 000 073
Ausgaben:			
Beamtenbesoldungen (Spalte 6 der Anl. LXVIII)	545 077	1 034 858	796 651
Im Jahresdurchschnitt	41 929	64 678	99 581
Proz. der Gesammtausgabe	9,39	9,13	9,57
Arbeitslöhne	2 928 481	6 336 850	4 757 725
Im Jahresdurchschnitt	225 268	396 053	594 716
Proz. der Gesammtausgabe	50,44	55,89	57,14

[1]) Hier sind Spalten 2 und 3, bei Spalte 7, 13 und 14 der Anl. LXVIII zusammengezogen worden, da die Trennungen nicht durchweg nach übereinstimmenden Gesichtspunkten durchgeführt sind.

Materialien (Spalte 12 der Anl. LXVIII)	1 534 795	1 780 652	1 191 624
Im Jahresdurchschnitt	118 061	111 292	148 953
Proz. der Gesammtausgabe	26,43	15,70	14,30
Sonstige Betriebs- und Verwaltungsausgaben einschl. der Kosten der Unterhaltung der Gebäude, Maschinen und des beweglichen Beilasses, kleinerer Um- und Neubauten	797 698	2 186 453	1 579 157
Im Jahresdurchschnitt	61 361	136 653	197 394
Proz. der Gesammtausgabe	13,74	19,28	18,99
zusammen	**5 806 051**	**11 338 813**	**8 325 157**
Im Jahresdurchschnitt	**446 619**	**708 676**	**1 040 644**
Mithin Mehr-Einnahme	564 666	12 098	46 499
Im Jahresdurchschnitt	**43 436**	—	—
Mithin Mehr-Ausgabe	—	1 045 973 **1 033 875**	371 072 **324 573**
Im Jahresdurchschnitt	—	**64 617**	**40 571**

Wenn hiernach auch die Zeit seit 1894 immer noch eine erhebliche Durchschnittsmehrausgabe zeigt, so hat sich doch das finanzielle Durchschnittsergebniss seit jener Zeit nicht unerheblich gegen die vorhergehende Periode gebessert. Dies tritt noch deutlicher in die Erscheinung, wenn man den Bestand des Betriebsvermögens — bei einem gewerblichen Privatunternehmen etwa dem sog. Betriebskapital (im Gegensatze zum Anlagekapital) entsprechend — zu Anfang und Ende der betreffenden Perioden mit einander vergleicht und ihrem Ergebnisse die Mehr-Einnahmen und -Ausgaben dieser Perioden gegenüberstellt.

Es ergiebt sich dann folgendes Bild:

Zu I. Das Betriebsvermögen betrug:

Anfang 1863	536 539 M.
Ende 1875	858 518 „
sodass in der Periode 1863/75 eine Vermehrung von	321 979 M.
zu verzeichnen ist, die unter Hinzurechnung der Mehreinnahme von	564 666 „
einen Ueberschuss von	886 645 M.
und einen Jahres-Durchschnitt von	68 203 „
ergiebt.	

Zu II. Das Betriebsvermögen betrug:

Anfang 1877/78	917 951 M.
Ende 1892/93	1 293 158 „
sodass in der Periode 1877/78, 1892/93 eine Vermehrung von	375 207 M.
zu verzeichnen ist, diese der Mehrausgabe von	1 033 875 „
gegenübergestellt, ergiebt einen Zuschuss von	658 668 M.
und einen Jahres-Durchschnitt von	41 167 „

Zu III. Das Betriebsvermögen betrug:

Anfang 1894/95 einschl. 31 353 M. ausstehende Forderungen	1 148 198 M.
Ende 1901/02	1 601 701 „
sodass in der Periode eine Vermehrung von	453 503 M.
zu verzeichnen ist, hiervon die Mehrausgabe von	324 573 „
abgesetzt, ergiebt einen Ueberschuss von	128 930 M.
und einen Jahres-Durchschnitt von	16 116 „

Daneben sind zu Abschnitt A der Geschäftsberichte verzeichnet

	1. April 1894	1. März 1902	mehr	weniger
Edelmetalle	10 411 M.	11 348 M.	938 M.	— M.
Gebrauchsgeschirre . . .	513 874 „	500 332 „	— „	13 542 „
Veraltete Geschirre . .	47 081 „	20 475 „	— „	26 607 „
Versuchsfabrikate	54 881 „	144 733 „	89 852 „	— „
Summe . .	626 247 M.	676 888 M.	90 790 M.	40 149 M.
			50 641 M.	

An diesem verhältnissmässig günstigen Resultate der letzten Periode hat zweifellos die ausnehmend gute Konjunktur in unserem gesammten Wirthschaftsleben in der 2. Hälfte der 90er Jahre einen bedeutenden Antheil genommen. Indessen wird man nicht fehlgehen, wenn man auch der durch die 1894 begonnene Reform in der Buch- und damit gleichzeitig auch der finanziellen Wirthschaftsführung einen entsprechenden Antheil an dem günstigen Schlussergebniss zuweist.

§ **128b.** Wenn nach Vorgesagtem das finanzielle Gesammtresultat heute als ein nicht besonders günstiges im Verhältniss zu den Perioden vor 1875 erscheint, so darf dafür die Verwaltung der Porzellanmanufaktur auf der andern Seite den Ruhm für sich in Anspruch nehmen, dass das Institut gegenwärtig auf einer von der Privatindustrie nicht entfernt erreichten Höhe künstlerischen Schaffens steht, und ihrem Zwecke, für jene ein Vorbild und Wegweiser zu sein, im vollsten Masse gerecht wird. Die Ausstellungen in Chicago und vor Allem in Paris legen hiervon ein glänzendes und beredtes Zeugniss ab.

Auch darf bei Beurtheilung der finanziellen Endergebnisse nicht übersehen werden, dass es nicht der eigentliche, gewerblichen Charakter tragende Geschäftsbetrieb ist, welcher mit Mindererträgen arbeitet. Bei diesem zeigt sich vielmehr auch heute noch ein Ueberschuss, was zum grossen Theil auf der lukrativen Herstellung von Porzellanwaaren zu technischen Gegenständen und Apparaten beruht, die seit Anfang der 80er Jahre mit Erfolg begünstigt worden ist und heute etwa die Hälfte des Gesammtabsatzes ausmacht[1]).

Der Fehlbetrag entsteht vielmehr vor Allem durch die sehr erheblichen Kosten, welche die Versuchsanstalt und das Laboratorium für Zwecke der Erfindung und Erprobung neuer Stoffzusammensetzungen, Brennarten, Formenbildungen u. s. w., sowie die Veranstaltungen für Unterrichtung von Malern und Modelleuren in Anspruch nehmen, Ausgaben, die sämmtlich mehr Kunst- und Unterrichts-, als reinen Erwerbszwecken dienen.

---

[1]) Wenn man die Fabrikation der Isolatoren (Telegraphenglocken) für die Postverwaltung einrechnet.

Nach dem neuesten Etat entfallen z. B. an Zuschüssen auf die Versuchanstalt rund 22000 M., das Laboratorium rund 9 000 M., Versuche für Modelliren 21 000 M., für Malereistudien und Unterricht rund 61 000 M., Gärtnerei 6 000 M. u. s. w.

Nach den dem Etat für 1903 beigegebenen Geschäftsberichten war der Reinüberschuss aus dem eigentlichen Betriebe für das Etatsjahr 1901 mit 131 757 M. bewerthet, der zur Bilanzirung erforderliche Baarzuschuss aus der Generalstaatskasse betrug aber gleichwohl 38 568 M., weil allein die Mehrausgaben bei dem Posten: „Für Versuche, Studien und Unterricht mit Einschluss der Versuchsanstalt, des Laboratoriums und der Gärtnerei" 140 960 M. betrugen und ausserdem einige weitere Mehrausgaben für Wohlfahrtseinrichtungen u. s. w. zu decken blieben.

Verbesserung in der Buchführung und in der Verwaltungs-Organisation.

§ 129. Das Verdienst, die Möglichkeit geschaffen zu haben, dass aus den Geschäftsabschlüssen der Manufaktur mit Leichtigkeit ersehen werden kann, wo und in welcher Höhe die einzelnen Geschäfts- und Verwaltungszweige der Anstalt mit Gewinn oder Verlust arbeiten, ist in erster Linie der neuen Buchführung zuzuschreiben, welche seit dem Jahre 1894 in der Manufaktur eingeführt worden ist.

Schon 1821 war (gleichzeitig mit der Trennung der Verwaltung in 2 Theile s. § 127) auch eine doppelte italienische Buchführung, wie sie bereits in den Jahren 1796 bis 1804 vorübergehend bestanden hatte, wieder eingeführt worden. Auch wurde anfänglich strenge Trennung der Buchführung für die genannten beiden Partieen durchgeführt, um ersichtlich zu machen, welcher der beiden Betriebe der rentabelere war. Es war dies bei weitem die Partie des weissen Porzellans.

Von Ausgang der 40er Jahre bis zu den 60er Jahren hatte die Manufaktur aber sehr um ihre Existenz zu kämpfen, und das Interesse für eine detaillirte kaufmännische Buchführung erlosch wieder, zumal die ungünstigen finanziellen Verhältnisse der Verwaltung nicht gestattet hätten, die nötigen Hülfskräfte für eine solche Buchführung zu stellen. Als nun in den 70er und 80er Jahren der Betrieb der Manufaktur eine immer grössere Steigerung erfuhr, auch durch Verbesserungen und Veränderungen immer verwickelter wurde, sah sich die Manufaktur genötigt, um nur die Bewältigung der Kassengeschäfte durch den vorhandenen einzigen Beamten zu ermöglichen, die Buchführung zu vereinfachen, wodurch zwar in den Grundbüchern für Ordnung und Zuverlässigkeit gesorgt, jedoch die Möglichkeit, sich jederzeit über die Rentabilität des Ganzen und seiner einzelnen Theile zu informiren, ausgeschlosen wurde. Dies war mit erheblichen Nachtheilen auch materieller Natur verbunden.

In dem Doppelcharakter des Instituts, den es als Kunst- und technische Anstalt einerseits und durch die nicht unbedeutende gewerbliche Thätigkeit andererseits an sich trägt, liegt die Gefahr, dass die finanziellen und geschäftlichen Interessen leicht mehr zurücktreten, als für die Pflege von Kunst und Technik nothwendig ist, und dass sich dadurch die Aufwendungen häufen, ohne einen klaren Nachweis des Zweckes und der Nothwendigkeit führen zu können. Als sich vor etwa 10 Jahren hieraus für die Betriebsleitung erhebliche Unbequemlichkeiten ergaben, haben, einer Anregung der Oberrechnungskammer folgend, eingehende Erhebungen über die Geschäftslage und die wirthschaftlichen Verhältnisse der Manufaktur stattgefunden, die schliesslich zu einer gründlichen Aenderung der Buchführung und einer Neuorganisation der Verwaltung führten. Die Neuregelung geht von der Einführung kaufmännischer Grundsätze aus und soll neben einer klaren Arbeitstheilung und genauen Gliederung des Betriebes die für einen Grossbetrieb unerlässlichen Aufschlüsse über Fabrikation und die Verwerthung der Manufakturerzeugnisse, sowie die Verwaltung des in der Nutzung der Manufaktur befindlichen Staatsvermögens sicher stellen, damit in denjenigen Theilen des Betriebes, wo höhere Interessen von Kunst und Technik nicht vorwalten, die finanziellen und geschäftlichen Rücksichten mit kaufmännischer Sorgfalt zur Geltung kommen und jeder Zeit in klarer Weise Rechenschaft über Betrieb und Verwaltung gegeben werden kann.

A. Veränderung der Buchführung.

§ 129 a. Die neue Instruktion für die Veränderung der Buchführung trat bereits im Jahre 1894 in Kraft.

Eine definitive Regelung fand späterhin durch die unterm 18. März 1902 erlassene Geschäftsanweisung statt.

Nach letzterer (S. 115) soll die Hauptbuchhalterei die für den Vermögensnachweis und die Gewinn- und Verlustberechnungen der Manufaktur erforderliche kaufmännische Buchführung unterhalten. Die Geschäfte der Hauptbuchhalterei sind in Verbindung mit denjenigen der Hauptkasse von dem vom Minister zu ernennenden Kassirer zu erledigen.

Ferner wird zwecks Kontrolle des Kassen- und Rechnungswesens ein Revisionsbureau eingerichtet, das unter der speziellen Aufsicht des Verwaltungsdirektors (s. § 130a) arbeitet.

Diese Kontrolle soll die Gewähr sowohl für eine einheitliche und geordnete Verwaltung der Manufaktur als auch dafür bieten, dass über Verwaltung und Betrieb durch die eingerichtete Buch- und Rechnungsführung eine genaue und erschöpfende Rechenschaft gegeben wird.

Ueber das gesammte Abrechnungs- und Kassenwesen sind sodann in Ergänzung der Geschäftsanweisung noch besondere Vorschriften „betreffend den Vermögensnachweis, die Geschäftsberichte und die Rechnungslegung der Kgl. Porzellanmanufaktur“ erlassen worden (Näheres weiter unten).

B. Verwaltungsreorganisationen.

§ 129 b. Die Leitung der Manufaktur, welche, wie schon hervorgehoben, nur vorübergehend im Anfang des 19. Jahrhunderts eine kollegiale gewesen und bald wieder eine einheitliche geworden war, behielt diesen letzteren Charakter eine lange Reihe von Jahrzehnten hindurch bei. Erst seit Anfang der 80er Jahre wurde die Einrichtung getroffen, dass neben dem ersten (chemischen) Direktor ein zweiter artistischer Direktor aber mit damals wesentlich geringerem Gehalte angestellt wurde (der Direktor erhielt 1885/86 bei Uebernahme der Porzellanmanufaktur auf den Handelsetat 12 000 M., der artistische Direktor 8 100 M.), 1887/88 bei Neubesetzung der Stelle des ersten Direktors fand eine Gleichstellung beider Stellen im Gehalte statt (8400 M.).

Durch den Etat von 1895/96 wurde die neue Stelle eines besonderen Betriebs- und Rechnungsrevisors geschaffen (3000 bis 5400 M., Gehalt der Bureaubeamten der Centralbehörde), „um die neu eingerichtete kaufmännische Betriebs-, Buch- und Rechnungsführung zu beaufsichtigen und die Befolgung der darüber den Betriebsstationen und Angestellten ertheilten Vorschriften zu sichern.“ Durch den Etat von 1898/99 wurde unter gleichzeitigem Erlasse einer entsprechenden Geschäftsanweisung die Stelle des Betriebs- und Rechnungs-Revisors in die eines Oekonomieraths (6000 M.) umgewandelt, welcher als Direktionsmitglied die Verwaltungsgeschäfte „unter Mitwirkung des technischen bezw. artistischen Direktors besorgen sollte“. Nach der gedachten Geschäftsanweisung wurden u. A. regelmässige Konferenzen angeordnet; der erste (technische) Direktor behielt indessen noch insofern eine Art Oberleitung, als die schliessliche Bestimmung und Entscheidung in allen Dingen ihm gebührte und er nur zu Massnahmen, welche in der Anweisung von der ausdrücklichen Zustimmung des artistischen Direktors oder des Oekonomierathes abhängig gemacht sind, oder die diesen beiden Beamten zustehenden besonderen Machtbefugnisse berühren, bei deren Widerspruch die Genehmigung des Ressortministers einzuholen hatte. 1899 wird der Oekonomierath als Verwaltungsdirektor im Etat aufgeführt. Durch die neueste, 1902 erlassene Geschäftsanweisung ist seine Stellung eine den beiden anderen Direktoren gleichgeordnete geworden. Die Verfassung ist hiernach nunmehr wieder eine rein kollegiale.

I. Oberaufsicht.

§ 129c. Was die Oberaufsicht anbelangt, so war in den 30er und 40er Jahren die Manufaktur bald dem Ministerium des Innern, bald dem Finanzministerium unterstellt. Seit 1848 kam sie an das neuerrichtete Handels- u. s. w. Ministerium. Später (1879) ging die Manufaktur zugleich mit dem technischen Unterrichtswesen auf das Kultusministerium[1]) über und wurde 1885 zugleich mit diesem an das Handels- und Gewerbeministerium zurückübertragen und auf dessen Etat gebracht.

[1]) Vgl. Etat 1880/81 des Kultusministeriums. Bis dahin hatte die Porzellanmanufaktur einen eigenen Etat.

II. Gegenwärtige Organisation.

Die Direktion.

§ 130. Nach der gegenwärtig geltenden Geschäftsanweisung von 1902 gehören der Direktion an:

1. der leitende Techniker als Manufakturdirektor (technischer Direktor),
2. der leitende Künstler als artistischer Direktor (zu 1 und 2 Betriebsdirektoren),
3. der geschäftsführende Beamte als Verwaltungsdirektor.

Die Behandlung der Geschäfte ist eine kollegiale. Mindestens 2 Mal im Monat finden Direktorialsitzungen statt. Alle 3 Mitglieder der Direktion sind gleichberechtigt. Den Vorsitzenden der Direktion bestimmt die Aufsichtsinstanz. Die Gleichberechtigung geht soweit, dass jedes Mitglied der Direktion Vorgesetzter sämmtlicher Beamten und Angestellten der Manufaktur, auch der den ihm unterstellten Betriebs- und Verwaltungsabtheilungen nicht angehörenden Personen ist.

Sowohl, um den einzelnen Direktoren gewisse, vorzugsweise ihnen unterstehende Geschäftskreise zuzuweisen, als auch um die reale Grundlage einer geordneten Buchführung und Bilanzirung zu sichern, ist die Manufaktur in zwei Theile getheilt a) in die Verwaltung und b) in den Betrieb.

Die Verwaltung.

§ 130a. Der Verwaltung fällt vor Allem die Sorge für eine geordnete und zweckmässige Wirthschaftsführung der Manufaktur zu, insbesondere die Kontrolle des gesammten Kassen- und Rechnungswesens und des gegenseitigen Abrechnungsverkehrs der einzelnen Abtheilungen, sowie die Aufsicht über das Verkaufs- und Absatzwesen des Unternehmens. Alle Angelegenheiten geschäftlicher und vermögensrechtlicher Natur, auch wenn sie zugleich den Betrieb berühren, fallen mit in den Bereich der Verwaltung.

Für die Verwaltung sind neben den für die Staatsverwaltung allgemein massgebenden Gesetzen, allgemeinen Verwaltungsvorschriften und Grundsätzen die für die Manufakturverwaltung erlassenen besonderen Vorschriften massgebend, nach denen überall unter Berücksichtigung der Aufgaben und Bedürfnisse des Betriebes die fiskalischen Interessen mit der Sorgfalt des ordentlichen Kaufmannes zu wahren sind.

Die Leitung der Verwaltung liegt dem Verwaltungsdirektor ob. Innerhalb der Verwaltung wird zwischen a) der Kontrolle des Kassen- und Rechnungswesens einerseits und b) der eigentlichen Geschäftsführung andererseits unterschieden. Letzterer gehören unter Anderem insbesondere der Verkehr mit der Aufsichts- und Revisionsinstanz, die Etatssachen, Geschäfts- und Personalberichte, die Angelegenheiten der Wohlfahrtseinrichtungen und Kassen der Manufaktur sowie die Regelung des Absatzes und die Aufrechterhaltung und Pflege der Geschäftsbeziehungen des Unternehmens an.

Während die Kontrolle des Kassen- und Rechnungswesens lediglich von dem Verwaltungsdirektor geübt wird, sind an der Geschäftsführung die Betriebsdirektoren mit betheiligt. Das Direktionsbureau steht unter besonderer Aufsicht des Verwaltungsdirektors.

Auch die Materialienverwaltung steht unter Aufsicht des Verwaltungsdirektors. Sie beschafft die für den Betrieb und die Verwaltung der Manufaktur erforderlichen Materialien und macht sie den Verbrauchsstellen zugänglich.

Der Betrieb.

§ 130b. Der Betrieb umfasst die gesammte Fabrikation von der Be- und Verarbeitung der Materialien bis zur Fertigstellung der Erzeugnisse, sowie die Beaufsichtigung der Betriebsanlagen und die Handhabung der Disziplin im Betriebe.

Für den Betrieb ist, soweit keine bindenden Vorschriften bestehen, lediglich nach dem sachverständigen Ermessen der Techniker und Künstler zu verfahren.

Den Betrieb leiten die 2 Betriebsdirektoren, die ihre technischen und künstlerischen Bestrebungen mit einander in Einklang zu halten haben. Im Uebrigen ist jeder der Betriebsdirektoren in der Leitung der ihm unterstellten Betriebsabtheilungen selbstständig. Der selbstständigen Leitung des artistischen Direktors unterstehen: die Malerei, die Bronzewerkstatt, die Gärtnerei, ausserdem in der Porzellanfabrik die Modellwerkstatt. Die übrigen Betriebsabtheilungen leitet der technische Direktor.

Für die Herstellung der Kunsterzeugnisse ist in erster Linie das Urtheil des artistischen Direktors massgebend, sofern es sich um die Ausführung neuer Modelle und Entwürfe und darum handelt, in welchem Umfange die Erzeugnisse einzelner Perioden mit Rücksicht auf die veränderten Geschmacksrichtungen jeweilig angefertigt werden sollen. Der artistische Direktor hat hierbei möglichst auch die Nachfrage und die vorhandenen Bestände in Betracht zu ziehen.

Für die einzelnen Abtheilungen des Betriebes werden verantwortliche Vorsteher ernannt, welche die Direktoren in der Betriebsleitung zu unterstützen haben (Abtheilungsvorstände).

§ 131. Die hauptsächlichsten der einzelnen Betriebsabtheilungen sind folgende:

Die Massefabrik umfasst die Bereitung und Verwaltung der für die Fabrikation erforderlichen Massen von der Abnahme und Lagerung der Materialien bis zur Aushändigung der fertigen Massen an die Verbrauchsstellen, mithin den Mühlenbetrieb, die Erde- und Thonschlämmerei, die Versatz-, Press- und Massekollerarbeiten.

Die Chamottefabrik stellt alle für den Manufakturbetrieb und den Verkauf erforderlichen Chamottegegenstände (Kapseln, Steine, Platten, Muffeln, Stützen u. s. w.) her. Im Dienste der Chamottefabrik steht das zur Zerkleinerung der Kapselscherben bestimmte Walzwerk.

In der Porzellanfabrik erfolgt die Gestaltung der Massen und die weitere Behandlung der gestalteten Stücke bis zur Abgabe an das Magazin oder die sonstigen Auftragsstellen. Die Porzellanfabrik zerfällt in zwei Abtheilungen: die plastische und die technische.

Das Magazin verwaltet die ihm zur Verwahrung zugehenden Geschirre und vermittelt den Verkehr zwischen der Pozellanfabrik einerseits und der Malerei und den Verkaufsstellen andererseits.

Die Malerei beschäftigt sich mit der künstlerischen Ausstattung der Gebrauchsgeschirre und Kunstgegenstände.

Die Bronzewerkstatt fertigt und bearbeitet die für die Porzellanfabrik erforderlichen Metallschablonen und sonstigen Hülfsmittel, sowie die zur Ausstattung von Kunstgegenständen bestimmten Fassungen.

Die Betriebswerkstatt hat die Aufgabe, sämmtliche zur Instandhaltung und Ergänzung der Gebäude, Betriebsanlagen, Maschinen, Mobilien und Utensilien erforderlichen Arbeiten und Anschaffungen zu bewirken.

Das Betriebslaboratorium soll in erster Linie dem Betriebschemiker diejenigen Einrichtungen und Mittel bieten, welche zur Ausführung der durch die Leitung des Fabrikationsbetriebes bedingten Untersuchungen und sonstigen Arbeiten dienen. Ferner dient das Laboratorium den von dem Manufakturdirektor — allein oder in Verbindung mit dem Leiter der Versuchsanstalt — fortgesetzt anzustellenden wissenschaftlichen Versuchen zur Förderung der Kenntniss der für die Thonwaarenindustrie zweckmässigsten Arbeitsmethoden und Materialien.

Die chemisch-technische Versuchsanstalt bei der Königlichen Porzellanmanufaktur hat die Aufgabe, zur Hebung der Thonwaarenindustrie in allen ihren Zweigen vom wissenschaftlichen und technischen Standpunkte aus unter besonderer Berücksichtigung der Bedürfnisse des Kunstgewerbes zu wirken.

Der Vertrieb der Manufakturerzeugnisse ist in erster Linie Sache des Verkaufslagers. Zur Förderung desselben sind die Kunsterzeugnisse durch eine fortgesetzte, nach den Anordnungen des artistischen Direktors erfolgende Ausstellung in den Verkaufsräumen dem Publikum vorzuführen; auch ist die Oeffentlichkeit im Bedarfsfalle durch zweckentsprechende Hinweise und Abbildungen in Tagesblättern und Zeitschriften, durch gelegentliche Ausstellungen u. dergl. möglichst über die Bestrebungen der Manufaktur und die Bedeutung der Kunsterzeugnisse aufzuklären. Dasselbe gilt für die grösseren Städte Deutschlands, woselbst geschäftliche Verbindungen mit Kaufleuten oder sonstige geeignete Absatzgelegenheiten zu suchen sind. Ueber die Erzeugnisse sind Preislisten herauszugeben, aus denen sich die Abnehmer zu unterrichten im Stande sind. Zwischenhändler sind in entgegenkommender Weise überall, wo der Einzelvertrieb in Frage kommt, für diesen zu gewinnen.

Der Fabrikverkaufsstelle liegt die Vermittelung aller derjenigen Verkäufe ob, die nach dem Ermessen der Direktion aus geschäftlichen Rücksichten besser von der Fabrik aus erledigt werden.

III. Beamte und Arbeiter der Manufaktur.

Beamte.

§ 132. An Beamten[1]) sind in der Manufaktur gegenwärtig thätig 1 Hauptbuchhalter, dessen Stelle aber in Folge der Neuregelung der Buchführung entbehrlich ist und daher (seit dem Etat 1895/96) als „zukünftig wegfallend" bezeichnet wird, 1 Kassirer, 1 Malereibuchhalter, 1 Magazinverwalter, 1 Direktionssekretär, Registrator und Kalkulator und 1 Buchhalter und Kontroleur im Verkaufslager, 1 Formereibuchhalter, 1 Chemiker, 1 Chemiker der chemisch-technischen Versuchsanstalt, 1 Modellmeister, 1 Malereivorsteher, 1 Debitsvorsteher, 3 Debitsbeamte und 1 Hausinspektor und Materialienverwalter, 1 technischer Assistent, 1 Obermaler als technischer Assistent der Malerei, 1 Lehrer für Zeichnen und Malen, 2 Assistenten für die Geschirrverwaltung, 1 Kassendiener und 1 Portier.

Die Anstellung der etatsmässigen Beamten erfolgt, soweit nicht in der Anweisung besondere Bestimmung getroffen ist, durch die Direktion. Ihr Einkommen und ihre sonstigen Dienstverhältnisse regeln sich nach den für Staatsbeamte allgemein gültigen Vorschriften.

---

[1]) abgesehen von den Direktoren.

Die Hülfsarbeiter, einschliesslich derjenigen, welchen Beamteneigenschaft beigelegt wird, werden gleichfalls durch die Direktion angestellt. Die Anstellung erfolgt grundsätzlich unter Vorbehalt einer Kündigungsfrist von höchstens 3 Monaten. Zur Kündigung und Entlassung ist die Direktion selbstständig befugt. Ebenso regelt dieselbe innerhalb der etatsmässigen Grenzen die Bezüge der Hülfsarbeiter nach freiem Ermessen, ohne Rücksicht auf das Dienstalter.

Der Staatsdienereid wird von den neu in die Manufaktur eintretenden Beamten vor dem Vorsitzenden der Direktion abgelegt.

Mit Künstlern, Technikern, Meistern und sonstigen, für Vertrauensstellungen in Aussicht genommenen Personen kann die Direktion besondere Verträge schliessen; indessen bedürfen diese der ministeriellen Genehmigung, wie es auch zu ihrer Aufhebung einer solchen bedarf.

Die Entwickelung der Zahl der Beamten seit 1863 ergiebt folgende Tabelle:

Personal-Nachweisung der Königlichen Porzellanmanufaktur.

Lfde. No.	Beschäftigung	1./1. 1863	31./12. 1875	1./4. 1881	31./3. 1893	31./3. 1902
1.	Etatsmässige Beamte	16	13	15	17	26
	Porzellanfabrik.					
2.	Modelleure	5	5	6	12	10
3.	Formengiesser	4	5	6	16	17
4.	Dreher	22	21	22	32	35
5.	Former	19	17	20	27	34
6.	Ciseleure	—	—	—	10	7
7.	Lehrlinge	18	21	9	30	25
8.	Schlämmerei-Arbeiter	12	8	7	17	14
9.	Glasirer	10	13	16	19	18
10.	Ofenarbeiter	45	33	30	40	37
11.	Schleifer	10	10	9	12	14
12.	Kapseldreher und Muffelmacher	12	8	6	13	11
13.	Magazin-, Laboratoriums- u. sonstiges Personal	20	19	22	20	22
	zusammen	177	160	153	248	244
	Malerei.					
14.	Blumen-, Figuren-, Landschafts- u. Dekorationsmaler	39	37	37	94	95
14a.	Malerlehrlinge	2	6	6	43	33
15.	Sonstiges Personal	17	16	15	19	23
	zusammen	58	59	58	156	151
	Verkaufslager, Nebenbetriebe und Generalverwaltung.					
16.	Verkäufer, Verpacker u. Diener im Verkaufslager	13	14	14	23	26
17.	Laboratoriumsassistenten und Arbeiter in der Versuchsanstalt	—	—	2	7	8
18.	Haus-, Hofleute, Handwerker u. sonst. Personal	34	25	20	28	45
	zusammen	47	39	36	58	79
	Summe No. 2—18	282	258	247	462	474

Arbeiter.

§ 133. Der Verdienst der Arbeiter wird entweder nach Stücksätzen oder nach Zeitsätzen bemessen. Die Zeitsätze schreibt die

Direktion nach Anhörung der Abtheilungsvorstände (s. § 130b) vor. Die Stücksätze sind von den Abtheilungen nach den für sie von der Direktion zu erlassenden Vorschriften festzustellen und müssen in die Lohn- oder Kostentaxen aufgenommen werden. Wo es die Natur der Arbeit gestattet, soll nach Möglichkeit auf die Einführung von Stücklohnsätzen Bedacht genommen werden.

Die Zunahme des Arbeiterpersonals seit 1863 (für die frühere Zeit vergl. näheres bei Kolbe a. a. O.) ergiebt die vorstehende Tabelle ebenfalls.

IV. Etatsmässige Behandlung.

§ 134. Bis zum Jahre 1879/80 hatten die Kgl. Porzellanmanufaktur wie auch die Kgl. Gesundheitsgeschirr-Manufaktur noch ihren eigenen Etat. Schon aus der Stellung dieser Etats unter den Ueberschussverwaltungen würde man schliessen können, dass in früherer Zeit die Bedeutung der Porzellanmanufaktur als ein gewerbliches, auf Erzielung von Gewinn gerichtetes Unternehmen überwog, wie dies in § 128 bereits näher dargestellt ist.

Als im Jahre 1879/80 die Porzellanmanufaktur (einschl. der Gesundheitsgeschirr-Abtheilung) zugleich mit dem technischen Unterrichtswesen auf den Etat des Kultusministeriums und später des Handelsministeriums, übertragen wurde, kam hiermit auch äusserlich zur Erscheinung, dass man nunmehr die Porzellanmanufaktur mehr als ein kunstgewerbliches Institut ausbilden wollte, welches weniger ein Ueberschüsse erzielendes, als ein der Privatindustrie zum Vorbild dienendes Musterinstitut sein sollte, welches daher auch trotz mangelnder Reinüberschüsse seinen Zwecken gerecht werden könne.

In der neuen Geschäftsanweisung von 1902 ist dieser Zweck der Porzellanmanufaktur in den §§ 139 u. 140 deutlich zum Ausdruck gelangt:

Ihrer wichtigen Aufgabe, für die Privatindustrie ein Vorbild und Wegweiser zu sein, entsprechend, ist in allen Zweigen der Manufaktur im Grossen wie im Einzelnen als Ziel im Auge zu behalten, dass die Manufaktur im Rahmen der etatsmässig zur Verfügung stehenden Mittel nach der künstlerischen und technischen Seite stets das Ausgezeichnetste und möglichst Vollkommene zu leisten hat.

Um dies Ziel zu erreichen, sind Rohstoffe und Hülfsmaterialien nie in anderer als der besten Qualität anzuschaffen; auch ist stets sorgfältig darauf Bedacht zu nehmen, dass die zweckmässigsten Maschinen im Betriebe verwendet werden, die vollkommensten Fabrikationsmethoden zur Anwendung gelangen.

§ 135. Eine wesentliche Aenderung in den etatsmässigen Grundlagen der Manufaktur hatte die seit 1894 (s. § 127) durchgeführte neue kaufmännische Buchführung zur Folge. Es wurde dabei bestimmt, dass der Etat der Manufaktur in Zukunft so aufgestellt werden sollte, dass die Abrechnung zu demselben durch die in dem Hauptbuche der Hauptbuchhalterei zu eröffnenden Konten ohne Weiteres erfolgen könne, womit der enge Zusammenhang der Etatsaufstellung mit der neuen Buchführung gesichert war.

Detaillirte Vorschriften über die Art der Etatsaufstellung und ihre Grundlagen sind neuerdings in Uebereinstimmung mit der Oberrechnungskammer ergangen in einem Nachtrag zur Geschäftsordnung (s. § 129a). Thatsächlich sind indess schon seit einigen Jahren die Etatsaufstellungen mit der neuen Buchführung in Einklang gebracht und auch dem Staatshaushaltsetat entsprechende Geschäftsberichte vorgelegt worden.

Bis zum Jahre 1898/99 enthielten nämlich die Anlagen zum Handels- und Gewerbeetat über die Porzellanmanufaktur nichts mehr als die üblichen Erläuterungen über Einnahme und Ausgabe, wie das Gleiche auch bei nicht gewerblichen Staatsbetrieben der Fall ist. Die Einführung der kaufmännischen Buchführung brachte hierin seit 1899 folgende Aenderung.

Zu diesem Etat wurden zum ersten Male mittelst besonderen Anschreibens des Finanz- und Handelsministers besondere Geschäftsberichte der Kgl. Manufaktur auf Grund der kaufmännisch geführten Bücher dem Landtag vorgelegt. Der erste Bericht behandelte summarisch die Zeit vom 1. April 1894 bis 1897, der zweite das Jahr 1897/98. Seitdem werden die Geschäftsberichte für das letzte abgeschlossene Geschäftsjahr dem jedesmaligen Etat als besondere Beilage D, D 1 u. D 2 beigefügt. Die Beilagen D 1 u. D 2 enthalten die Bilanz und die Erläuterungen.

Die Geschäftsberichte stellen sich als eine Ergänzung der der Oberrechnungskammer vorzulegenden Geldrechnung dar und vertreten gleichzeitig die Betriebs- und Naturalrechnung, welche nach § 10 Nr. 1 des Gesetzes über die Befugnisse der Oberrechnungskammer vom 27. März 1872 dieser obersten Revisionsbehörde vorzulegen sind. Dem Doppelcharakter der Manufaktur Rechnung tragend, werden in den Geschäftsberichten die Aufwendungen für allgemeine Zwecke und den Einkünften daraus im Abschnitt A aufgerechnet und gegenübergestellt, und so der Mehraufwand ermittelt, der jährlich für allgemeine Zwecke entstanden ist, während in einem Abschnitt B über den gewerblichen Betrieb eine formelle Gewinn- und Verlustrechnung unter Beifügung der das Betriebsvermögen darstellenden Bilanz geliefert wird. In kaufmännischer Weise nachgewiesen und abgerechnet, aber in die Gewinnberechnung des Betriebes nicht einbezogen, werden auch die im Abschnitt A nachrichtlich zu führenden Vermögenswerthe, die der freien kaufmännischen Verwerthung seitens der Manufaktur-Direktion unterliegen, während die in dem Grund und Boden, den Gebäuden, Maschinen u. s. w. und in dem beweglichen Beilass sowie den Lehrmitteln steckenden Anlagewerthe lediglich nach kameralistischen Grundsätzen verwaltet werden. Ueber den buchmässigen Nachweis dieser Anlagewerthe enthält der schon erwähnte Nachtrag zur Geschäftsanweisung ebenfalls genaue Vorschriften, während der Nachweis des Betriebsvermögens u. s. w. durch die durch spezielle von der Direktion für die einzelnen Betriebs- und Verwaltungs-Abtheilungen erlassenen Vorschriften geregelt und mit dem 1. April 1894 ins Leben getretene Betriebs- und Lagerbuchführung geführt wird.

§ 136. Die beiden Geschäftsberichte weisen links ein Soll und rechts ein Haben nach.

Zu A. Auf dem Soll der Verwaltung stehen die persönlichen und sächlichen Verwaltungskosten (einschliesslich der an den Betrieb für besondere Gegenleistungen zu erstattenden Vergütungen); auch die Kosten der Herstellung der Gebrauchsgeschirre werden hierher gerechnet; ferner die Kosten der Neuherstellung, Beschaffung und Unterhaltung von Anlagewerthen (Gebäude, Maschinen u. s. w.). Diese Werthe selbst, soweit sie schon bestehen, gehen aber nicht durch die Bücher, sondern werden entsprechend den Vorschriften, welche für die Allgemeine Staatsverwaltung gelten, verwaltet und nachgewiesen.

Der Verwaltung (A) zur Last geschrieben in ihrem Soll werden ferner die Ausgaben für die technische Versuchsanstalt, Laboratorium und Gärtnerei und die Arbeiter-Wohlfahrts-Anstalten.

In das Haben der Verwaltung kommen dagegen Miethe, Pächte, Abgaben für Dienstemolumente, ferner als Hauptposten die Nutzungsentschädigung, welche der Betrieb für die Benutzung der Anlagewerthe der Verwaltung zu vergüten hat. Der Betrieb wird also gewissermassen als Pächter der allgemeinen Verwaltung behandelt. Auch die vom Betrieb antheilig zu tragenden Kosten der allgemeinen Verwaltung werden der Verwaltung gutgeschrieben; ebenso die Einnahmen aus Versuchsanstalt u. s. w. Endlich der von dem Betrieb erzielte buchmässige Reingewinn (abzüglich des am Ende des Jahres gegen den Anfang vorhandenen Mehrs von Vermögensbeständen (Materialien, Fabrikate u. s. w.) welche dem Betriebsvermögen zuwachsen).

Soweit das so ermittelte Haben das Soll nicht erreicht, wird der Betrag „baar aus der General-Staatskasse“ zugeschossen. Würde das Soll überstiegen werden, so würde der Ueberschuss an diese Kasse abzuführen sein.

Die der Verwaltung angehörenden Werthe (z. B. veraltete Geschirre, Versuchsfabrikate der technischen Versuchsstation) werden nicht in eine Bilanz aufgenommen, sondern in einer besonderen Anmerkung am Schlusse des Geschäftsberichts der Verwaltung (A) angegeben.

§ 137. Zu B.: Der Geschäftsbericht des Betriebs enthält gegenwärtig im Soll erstlich die Bestände von Brenn-, Roh-, Betriebsmaterialien, von weissem und bemaltem Porzellan, an Fabrikaten in neueren Massen und von Fassungsgegenständen (Bronzen, Silber u. s. w.) am Beginn des Geschäftsjahres, sodann die Kosten für Herstellung und Vertrieb des Weissporzellans unter der Rubrik „Porzellanfabrik“, die Kosten für die dekorative und malerische Ausstattung der weissen Ziergeräthe und Gebrauchsgeschirre, sowie Vertrieb der Malereierzeugnisse unter der Rubrik „Malerei“, endlich die Ausgaben, welche die Fabrikation in neueren Massen und der Ankauf von besonderen (bronzenen, silbernen u. s. w.) Fassungsgegenständen verursachen.

Im Haben gutgeschrieben werden dagegen dem Betrieb die Materialienbestände u. s. w. wie oben am Schlusse des Geschäftsjahres die Einnahmen aus der Verwerthung des Weissporzellans (Verkaufserlös und Vergütung der Malereiverwaltung für zum Bemalen entnommene Ziergeräthe), ferner die Einnahmen der Malerei aus verkauften Kunstgegenständen u. s. w., Erlös vom Verkauf von Fabrikaten in neueren Massen und von Fassungsgegenständen, endlich die Herstellungskosten der Gebrauchsgeschirre.

Das Mehr vom Haben gegenüber dem Soll bildet den Gewinn des Betriebes. Soweit der Gewinn in einem Mehr an Vermögensbeständen besteht, wächst er dem Betriebskapital zu, der Rest (also Verkaufserlös u. s. w.) wird der Verwaltung gutgeschrieben.

Dem Geschäftsberichte über den Betrieb (B) wird eine besondere Bilanz beigegeben, welche im Soll das am Beginn des Geschäftsjahres vorhandene Betriebsvermögen nebst dem erfolgten Zuwachs (s. o.) und im Haben den am Schlusse des Jahres vorhandenen Vermögensbestand, nach den einzelnen Hauptgruppen spezialisirt (Materialien, Weissporzellan u. s. w.), aufführt.

Für die Zukunft ist nach dem mehr erwähnten Nachtrage zur Geschäftsordnung der Manufakturverwaltung insofern etwas freiere Hand in der Abfassung und Form gegeben, als nach Ziff. 21 daselbst der Geschäftsberichte des Betriebes (B) und die zugehörige Bilanz ihre Fassung lediglich nach dem Ermessen der Direktion zu erhalten hat.

§ 138. Da die Porzellanmanufaktur ein rein staatliches Unternehmen ohne selbstständige juristische Persönlichkeit ist (statio fisci), so laufen sämmtliche Einnahmen und Ausgaben nach Art. 99 der Verf.-Urkunde durch den Etat.

Die Einnahmen erscheinen gegenwärtig unter Kap. 29 (Tit. 5a) und die Ausgaben in Kap. 69a.

Mit Rücksicht auf den geschäftlichen Charakter des Instituts ist am Schlusse des Kap. 69a allgemein bestimmt, dass die Ausgaben dieses Kapitels nach Massgabe ihrer wirthschaftlichen Zugehörigkeit zum Etat zu verrechnen sind.

Bei Kap. 69a findet sich im Uebrigen die übliche Unterscheidung in Besoldungen (Tit. 1), Wohnungsgeldzuschüsse (Tit. 2), Andere persönliche Ausgaben (Tit. 3) u. Sächliche Ausgaben (Tit. 4—5). Die Entwickelung der einzelnen Posten ergiebt sich des Näheren aus Anl. LIII S. 220ff. der Anlagen.

§ 139. Speziell ist zu bemerken zu 1. Besoldungen und Wohnungsgeldzuschüsse (Tit. 1a u. 2):

Für Wohnungsgeldzuschüsse (1902: 10800 M.) gelten die allgemeinen gesetzlichen Bestimmungen.

Was die Besoldungen anbetrifft, so befinden sich unter diesen mit Rücksicht auf die Besonderheit der Vorbildung wie der Thätigkeit der Beamten eine ganze Anzahl von Stellungen mit Einzelgehältern. Hierhin gehören zunächst die 3 Direktoren.

Der technische und artistische Direktor beziehen jeder 10500 M. und 1500 M. pensionsfähige künftig wegfallende Zulage. Ausserdem haben beide Dienstwohnungen.[1] Zur Dienstwohnung des Direktors gehört ein Garten von rund 4760 qm Grösse, der für Unterrichtszwecke der Manufaktur und zur Gewinnung von Vorlagen für die Blumenmaler verwendet und, soweit er nicht von dem Wohnungsinhaber ausschliesslich benutzt wird, auf Staatskosten zu unterhalten ist.

Der Verwaltungsdirektor bezieht 6000 M. (Näheres über die früheren Gehälter in § 129b.)

An weiteren Einzelgehältern erhalten je 1 Modellmeister[2]) und Chemiker 4800 M., je 1 Debitsvorsteher und technischer Assistent 3000 M., 1 Obermaler als technischer Assistent der Malerei und 1 Lehrer für Zeichnen und Malen beziehen je 2700 M.

Mit Gehältern nach Dienstaltersstufen sind angestellt: 4200 bis 5400 M: 1 Chemiker der technischen Versuchsanstalt, 2100 bis 4800 M.: 1 Formerei-Buchhalter, 1800 bis 4200 M.: 1 Hauptbuchhalter (künftig

[1]) Im Ganzen haben 8 Beamte Dienstwohnungen.

[2]) dieser noch 500 M. künftig wegfallende persönliche Zulage.

wegfallend), 1 Kassirer, 1 Malereibuchhalter, 1 Magazinverwalter, 1 Direktionssekretär, Registrator und Kalkulator und 1 Buchhalter und Kontroleur im Verkaufslager, 1800 bis 3000 M.: 1 Hausinspektor und Materialienverwalter und 3 Debitsbeamte, 1500 bis 2700 M.: 2 Assistenten für die Geschirrverwaltung, 1000 bis 1500 M.: 1 Portier und 1 Kassendiener.

Andere persönliche Ausgaben.

§ 140. *(Tit. 3)* Die hier ausgeworfenen 42100 M. werden verwendet zur Remunerirung der Assistenten bei der Versuchsanstalt, dem Laboratorium und der Manufaktur, der übrigen Hülfsbeamten und der Hülfskräfte bei Stellvertretungen und ausserordentlichem Geschäftsandrange; Belohnungen für Versuche behufs Verbesserung der Fabrikation; Prämien für neue Erfindungen; zur Ertheilung von Unterricht an Maler und Modelleure; Tantième der Debitsbeamten; ausserordentliche Remunerationen und Unterstützungen für mittlere und untere Beamte, sonstige Angestellte, Bedienstete und Arbeiter und Unterstützungen für deren Wittwen und Waisen, sowie 400 M. (künftig wegfallend) zu Stellenzulagen für Bureau- und Kassenbeamte und 2100 M. (künftig wegfallend) persönliche Zulagen für den Magazinverwalter und den Buchhalter und Kontroleur im Verkaufslager.

Aus Titel 3 beziehen neben den in Tit. 1 erwähnten Besoldungen: der Debitsvorsteher und die drei Debitsbeamten zusammen 8 vom Tausend des Erlöses aus dem Porzellanverkaufe widerruflich als Tantième, wovon 3,5 vom Tausend der Debitsvorsteher und 1,5 vom Tausend jeder der anderen Debitsbeamten erhält; der artistische Direktor für den Unterricht der Maler im Zeichnen und Malen nach der Natur, soweit er von ihm ertheilt, eine Vergütung von 5 M. für die Stunde; der Malereivorsteher für den von ihm bei Behinderung des artistischen Direktors zu ertheilenden Unterricht im Zeichnen und Malen nach der Natur eine Vergütung von 2 M. 50 Pf. für die Stunde; der Modellmeister für den Unterricht der Former und Dreher im Modelliren eine Vergütung von 8 M. für jeden Unterrichtstag.

Sächliche Ausgaben.

§ 141. Der bei weitem erheblichste Ausgabeposten ist Tit. 4, welcher die sämmtlichen Betriebskosten umfasst.

Unter diesen Betriebskosten sind u. A. enthalten die Arbeitslöhne und die Kosten der gesetzlichen Kranken-, Unfall- und Invalidenversicherung; Verkaufskosten, Abgaben und Lasten, sowie Zuschüsse an die Arbeiterversorungskasse und Aufwendungen für die Arbeiter-Badeanstalt und die Arbeiter-Speiseanstalt (s. u.); für Bureaubedürfnisse, einschliesslich der nicht aversionirten Postporto- und Gebührenbeträge und sonstigen Frachtgebühren für dienstliche Sendungen sowie der Telegrammgebühren; Reisekosten; für Materialien und Utensilien, für den Ankauf von Büchern, Kupferwerken, Zeichnungen und sonstigen Vorbildern und für deren Aufbewahrung, sowie zur gewöhnlichen Instandhaltung der Gebäude, Betriebsanlagen und Maschinen.

(Aus diesem Titel erhalten u. A. der Modellmeister für gelieferte Modelle eine besondere von der Direktion festzusetzende Vergütung und der Malereivorsteher für gelieferte Zeichnungen, Entwürfe und Malereien eine solche bis zum Höchstbetrage von 1000 M. Dem Obermaler können die von ihm ausgeführten Malereien nach den für die Berechnung der Malerlöhne geltenden Grundsätzen besonders vergütet werden. Vergütungen und Gehalt dürfen jedoch zusammen jährlich 3300 M. nicht übersteigen.)

§ 142. Besondere Erwähnung verdienen hierbei die Ausgaben für Wohlfahrtszwecke innerhalb der Anstalt. In dem Geschäftsberichte 1900 (s. Etat 1902) sind unter dem Soll der Verwaltung Ziff. 5 bis 7 aufgeführt: Kosten der Wohlfahrtseinrichtungen und zwar: 5. Unterstützungen an das Personal 7 759,88 M., 6. Aufwendungen für die Arbeiter-Speiseanstalt 3 126,60 M., 7. Aufwendungen für die Arbeiter-Badeanstalt 305,32 M. Im Haben stehen bei Ziff. 6 für verabfolgte Bäder 37,40 M.

Was den erstgenannten Posten anbetrifft, welcher sich in den späteren Geschäftsberichten noch erhöht, so wird er von 1901 ab 1500 M. Beitrag zur Versorgungskasse — vergl. unten — enthalten und setzt sich sonst zusammen aus Unterstützungen und Entschädigungen bei Dienstbehinderungen und Beurlaubungen an das Personal. Ueber die einzelnen Wohlfahrtsanstalten, die zum Theil selbstständiges Vermögen besitzen, mögen folgende Nachrichten von Interesse sein:

§ 143. 1. Die Sterbekasse. Am 12. Okt. 1765 gegründet, umfasst die Sterbekasse alle aktiven Arbeiter der Manufaktur und als freiwillige Mitglieder viele Beamte, Invaliden und deren Frauen und Wittwen, zusammen über 1000 Personen. Sie hat nur den Zweck, den Hinterbliebenen der Mitglieder ein unpfändbares Sterbegeld im Betrage von 60 bis 355 M. zu gewähren. Ihre Mittel gewinnt die Kasse zu zwei Dritteln aus den Beiträgen der Mitglieder (monatlich 50 Pf.), zu einem Drittel aus den Zinsen des angesammelten Kassenvermögens, das z. Z. 106 200 M. beträgt.

Die Kasse wird nach dem Statut von 1828 durch die Direktion und Beamte der Manufaktur unter Mitwirkung von 9 gewählten Mitgliedern verwaltet.

2. Die Arbeiter-Versorgungskasse wurde am 6. Februar 1789 als „Arbeiter-Verpflegungs- und Versorgungs-Anstalt“ zu dem Zwecke gegründet, Invalidenpensionen, Wittwen- und Waisengelder, Krankengeld, ärztliches Honorar, Arzneien, sowie Schulgeld an die Mitglieder bezw. deren Angehörige zu zahlen. Die erforderlichen Mittel wurden etwa je zur Hälfte durch Beiträge des Staates und der Mitglieder aufgebracht. Später überwogen die letzteren und es traten auch die Zinsen von dem inzwischen angesammelten Kapital hinzu.

Mit dem Inkrafttreten des Krankenversicherungs-Gesetzes vom 15. Juni 1883 erfuhr die Anstalt insofern eine Umgestaltung, als die Krankenfürsorge auf die neu begründete Betriebs-Krankenkasse überging. Dafür zahlte sie an die Krankenkasse eine Abfindung von 14 000 M. Die Erstattung des Schulgeldes war schon früher fortgefallen. Die nunmehrige Arbeiter-Versorgungskasse wird nach dem Statut vom 24./30. Dezember 1884 durch die Direktion unter Beihilfe von 8 gewählten „Aeltesten“ verwaltet. Sie gewährt Invalidenpensionen von 13,50 bis 105 M., Wittwenpensionen von 3 M. und Kindergelder (bis zum vollendeten 14. Lebensjahre) von 3 M. monatlich, welche den Berechtigten neben den reichsgesetzlichen Alters- und Invalidenrenten zufliessen. Das Kassenvermögen beträgt zur Zeit 215 200 M. und ist der Staatszuschuss zur Versorgungskasse mit Rücksicht auf die Höhe der Zinsen seit 1895 auf den festen Betrag von 1500 M. jährlich normirt.

3. Die Speiseanstalt. Die Speiseanstalt besteht seit 1890 und liefert Mittagessen zu 25 Pf. und zu 50 Pf., sowie Kaffee, Bouillon und kalte Speisen zu Preisen, die von der Direktion genehmigt sind. Die Direktion bezahlt den Oekonom und sein Personal, giebt die Räume miethefrei her und liefert die Utensilien, das Geschirr, Gas, Wasser und Feuerungsmaterial unentgeltlich. Die Aufsicht führt die Direktion.

4. Die Badeanstalt, errichtet 1887 und mit 2 Wannen und 8 Brausen ausgestattet, gewährt kalte und warme Bäder und Douchen. Die Anstalt ist im Sommer an den Nachmittagen des Mittwoch und des Sonnabend, im Winter am Sonnabend nachmittags während der Arbeitszeit für die Arbeiter der Manufaktur geöffnet. Ein Wannenbad kostet 10 Pf., eine Douche nichts.

5. Die Darlehnskasse. Von den Ueberschüssen des Bierverkaufes in der Manufaktur wurde im Jahre 1894 ein Darlehnsfonds von 2000 M. begründet, aus welchem Arbeitern und Angestellten, die grossjährig und mindestens 1 Jahr in der Manufaktur beschäftigt sind, in Fällen der Noth nach Zustimmung des Arbeiter-Ausschusses Darlehne bis zu 100 M., die in kleinen Monatsraten zurückzuzahlen sind, bewilligt werden.

Auch im Uebrigen kommt der Gewinn aus dem Bierverkauf den Arbeitern und Arbeiter-Wittwen nach den Vorschlägen des Arbeiter-Ausschusses zu gute.

Extraordinarium.

§ 144. Die Porzellanmanufaktur hat seit den 80er Jahren fortdauernd neben den laufenden Zuschüssen auch die Bereitstellung extraordinärer Mittel erforderlich gemacht. So sind seit Mitte der 80er Jahre bis 1901 zusammen 613 150 M. erforderlich geworden, die zum Theil zu baulichen Verbesserungen erheblicherer Art, neuen Ofeneinrichtungen, zur Betheiligung an Weltausstellungen u. s. w. verwendet wurden.

Grössere Neubauten von Gebäuden sind dagegen seit den 70er Jahren nicht mehr nothwendig gewesen. Die Fabrikanlagen, welche bis 1872 zum Theil auf dem Territorium, auf dem jetzt die Gebäude für Abgeordneten- und Herrenhaus errichtet sind, zum Theil auf dem Grundstück in der Wegelystrasse standen, sind mit jenem Zeitpunkt auf letzterem vereinigt. Dieses noch jetzt Manufakturzwecken dienende, theils in Berlin, theils in Charlottenburg gelegene und von der Strasse Siegmundshof, der Berliner und der Englischen Strasse, sowie der Spree begrenzte und von dem Landwehrgraben, der auf dem Manufakturetablissement zum Hafen erweitert ist, durchschnittene Terrain ist etwa 5 Hectar gross und weisst zur Zeit auf Charlottenburger Seite die eigentliche Porzellanfabrik, die Versuchsanstalt und Dienstwohnungs- und Arbeiter-Wohnungshäuser, auf Berliner Seite die Malerei-, Magazin- und Verwaltungsräume auf, wie sie 1872 theils neu errichtet, theils zweckentsprechend umgebaut und später den veränderten Aufgaben und der gesteigerten Fabrikation entsprechend erweitert wurden. Der Werth der Baulichkeiten ist 1894 bauamtlich auf

1 856 500 M., der der Dampfmaschine und sonstigen maschinellen Einrichtungen auf 50 400 M. + 78 350 M. geschätzt. Seit 1894 sind insofern viele erhebliche Veränderungen vorgekommen, als das Grundstück für Be- und Entwässerung an die Städtischen Leitungsnetze angeschlossen, die Räume der Gestaltungsabtheilung und der Malerei erweitert und die Kraftübertragung und Beleuchtung durch selbst erzeugte Elektricität anderweit geregelt, auch sonstige betriebstechnische Einrichtungen in grösserer Anzahl getroffen wurden, die in Porzellanfabrikation an Stelle der Handarbeit Maschinenbetrieb ermöglichen.

1872 war für den Brennereibetrieb lediglich der kontinuirlich arbeitende, aus 22 Kammern bestehende Gasofen eingerichtet, welcher noch jetzt unverändert weiterbenutzt wird; in den Jahren 1883 bis 1888 sind dem Gasofen aber 4 neu hergerichtete Rundöfen hinzugetreten. In den letzten Jahrzehnten ist auch eine erhebliche Vermehrung der keramischen Sammlung und der Lehrmittel erfolgt und für Studienzwecke eine eigene Gärtnerei auf dem Etablissement in Betrieb genommen.

In dem fiskalischen Grundstücke Leipziger Strasse 2 befindet sich seit 1890 der Verkauf in zu jener Zeit in vornehmer zweckentsprechender Weise ausgestatteten Räumen.

VI. Abschnitt.

Institut für Glasmalerei.

(Kap. 29 Tit. 5b der Einnahme, Kap. 69b der Ausgabe.)

§ 145. Das königliche Institut für Glasmalerei ist eine aus der eigensten Initiative des König Friedrich Wilhelms IV. im Anfang der 40er Jahre hervorgegangene Schöpfung, mit der Absicht, die in Preussen seit Mitte des 18. Jahrhunderts gänzlich in Vergessenheit gerathene alte Glasmalereikunst wieder von Neuem zu kultiviren und die Privatindustrie zur Nachahmung anzureizen.

Die finanzielle Fundation war von vornherein eine ungenügende. Ein Betriebskapital wurde dem Institut nicht zugewiesen, sondern nach Bedürfniss wurden dem langjährigen Leiter, Major später General Vogel von Falkenstein, Vorschüsse aus der königlichen Schatulkasse überwiesen, die nach Friedrich Wilhelms IV. Tode aber wegfielen. Dabei gingen die Leistungen des Instituts immer mehr zurück. Die Bestellungen auf Arbeiten wurden nicht nur von Regierungsseite immer knapper. Die kirchenpolitischen Wirren hatten zur Folge, dass auch von katholisch-kirchlicher Seite immer seltener Bestellungen stattfanden. Es musste daher im Laufe der 70er Jahre ein Vorschuss von 5000 M. aus dem Allerhöchsten Dispositionsfonds bewilligt werden.

Anfang der 80er Jahre betrug der jährliche Bedarf 25000 M., davon 18000 M. Besoldungen, während die Einnahmen aus Privaterlös durchschnittlich 20188 M. und aus Staatsbestellungen 2650 M., Summe 22838 M., ausmachten. 1881 wurde ein weiterer Vorschuss von 3000 Mark durch den Kultusminister, 1882 ein solcher von 5500 M. aus dem Allerhöchsten Dispositionsfonds und 5900 M. zur Verlegung des Instituts nach den Baulichkeiten der Porzellanmanufaktur bewilligt. Späterhin wurden die Vorschüsse nicht mehr aus dem Allerhöchsten Dispositionsfonds, sondern aus dem für die Hebung des technischen Unterrichts bestimmten, seit 1885 an den Handelsminister übertragenen Dispositionsfonds, bewilligt.

§ 146. Nach dem Ableben des Generals Vogel von Falkenstein im Jahre 1885 wurde auf Allerhöchsten Wunsch die Frage der Umgestaltung des Instituts zu einer Staatsanstalt in Erwägung gezogen.

In einem Schreiben des Handelsministers v. 14. Dez. 1885 wurde die Umwandlung, wie folgt, begründet:

Die Leistungen der Privatindustrie in Norddeutschland sind in diesem Zweige des Kunstgewerbes (Glasmalerei) ungenügend und werden im besten Falle stets von wechselnder Güte sein, da auf diesem Gebiete kein Privatunternehmen von dauerndem Bestande ist und künstlerische Tradition sich nicht bilden kann. Dass beides aber vorhanden sei, ist unumgänglich für einen Gewerbszweig, dessen Mitwirkung die monumentale Baukunst nicht entbehren kann. Die Konkurrenz eines Staatsinstituts, welches nur zu bestehen, nicht zu verdienen braucht, hat die Privatindustrie übrigens nicht zu fürchten, da die technisch bessere Arbeit des ersteren stets auch die theuerere sein wird.

Der Antrag der Regierung auf Uebernahme des Instituts auf den Staat fand in der Budgetkommission des Abgeordnetenhauses mannigfachen Widerspruch, doch wurde die Einstellung der betreffenden Etatspositionen im Jahre 1887/88 schliesslich angenommen, nachdem vom Regierungstische betont worden war, dass ein zu jeder Zeit leistungsfähiges staatliches Institut hauptsächlich deshalb unentbehrlich sei, um die Arbeiten zur Restauration der Fenster in älteren monumentalen Gebäuden auszuführen, für deren exakte Arbeit Privatinstitute nicht die nöthige Sicherheit ihres Fortbestehens gäben, dass die Lehrthätigkeit des Instituts möglichst gefördert werden solle u. s. w.[1]) und ferner ausdrücklich die Zusicherung gegeben worden war, dass die Absicht der Staatsregierung nur sei, in Form bestimmter Etatstitel Dispositionsfonds zur Forterhaltung des Instituts in die Hände zu bekommen, dass endlich die Regierung sich nicht weigern werde, wenn überwiegende Gründe dafür sprächen, das Institut wieder als staatliches aufzugeben, dahingehenden Wünschen des Landtags entgegenzukommen.

Seitdem sind mit Rücksicht auf das Vorhandensein zahlreicher leistungsfähiger Privatinstitute auf dem Gebiete der Glasmalerei mehr-

---

[1]) A.-H. Sten.-Ber. 1887 S. 217 ff., 221.

fache Versuche auf Streichung der betreffenden Etatstitel gemacht worden, ohne aber die Mehrheit des Hauses zu finden.[1])

Etatsmässige Behandlung.

§ 147. Da das Institut rein staatlichen Charakters ist, so gehen sämmtliche Einnahmen und Ausgaben durch den Staatshaushaltsetat.

Die Einnahmen (Kap. 29 Tit. 5b) werden nach dem 2jährigen Durchschnitt bemessen. Sie wurden 1887/88 mit 54 200 M. veranschlagt, erreichten ihren Höhepunkt im Jahre 1898/99 mit 63 700 M., fielen bis 1900 auf 40 100 M., sind aber seitdem bis 1902 wieder auf 60 700 M. gestiegen. Die Einnahmen bestehen hauptsächlich aus dem Verkauf der Erzeugnisse.

Die Ausgaben (Kap. 69b) betragen nach dem Etat 1887/88 56 700 M., stiegen bis 1897/98 auf 78 120 M., haben aber seitdem einen Rückgang erfahren.[2]) 1902: 67 720 M. Der Zuschuss aus allgemeinen Staatsmitteln beträgt also etatsmässig gegenwärtig 7020 M.

Nach den allgemeinen Rechnungen stellten sich in den letzten Jahren die

	Einnahmen	Ausgaben
1892/93	54 402 M.	65 200 M.
1893/94	60 429 „	71 926 „
1894/95	55 023 „	71 745 „
1895/96	69 076 „	71 583 „
1896/97	58 329 „	57 599 „
1897/98	50 322 „	58 211 „
1898/99	29 571 „ [3])	53 570 „
1899	58 857 „	53 002 „
1900	63 369 „	62 825 „

Von den einzelnen Titeln (Tit. 1 bis 6), deren Entwickelung aus Anl. LIII S. 228 ff. des Näheren hervorgeht, bedarf nur Tit. 1 einer näheren Besprechung.

Mit Rücksicht auf die etatsmässige Eigenart des Instituts (s. oben § 146 u. A.-H. Sten. Ber. 1895 S. 1191), sind die Beamten des Instituts sämmtlich nicht etatsmässig angestellt, was für manche derselben zweifellos eine gewisse Härte gegenüber anderen Beamtenkategorien der Handels- und Gewerbeverwaltung bedeutet, wenn auch ihre Bezüge verhältnissmässig etwas höher sein mögen.

Der Direktor erhielt bisher 4600 M. Honorar und 2 Proz. Tantième von dem Kauferlöse bis zu 50 000 M., 3 Proz. von dem darüber

---

[1]) a. a. O. 1889 S. 329 ff., 1895 S. 1191.

[2]) Der Rückgang trat hauptsächlich bei den Bureau-Materialien- und Utensilienkosten (Kap. 69b Tit. 2 u. 3) ein, was auf eine Verminderung der Aufträge schliessen lässt.

[3]) Verbliebene Reste 26 318 M.

hinausgehenden Betrage (für 1902 also etwa 1318 M.). Der Direktions-Assistent erhält seit 1895/96 3600 M., 1899: 4000 M. 1902 sind ihre Honorare auf 5200 M. bezw. 4400 M. erhöht worden. (Die Direktoren der Kunstgewerbe- und Handwerkerschulen erhalten 5400—6600 M., die Lehrer 2700—4800 M). Wohnungsgeldzuschüsse der Genannten 900 M. bezw. 540 M.

Die ausgelernten Lehrlinge beginnen mit 60 M. monatlich Anfangsremuneration. Bessere Maler erhalten bis 2000 M. Remunerationen.

VII. Abschnitt.

Vermischte Ausgaben.

§ 148. *Kap. 70 Tit. 1.* Zur Bestreitung der Kosten für technische Arbeitshilfe und der Stellvertretungskosten, sowie der Versetzungs- und Umzugskosten (auch für diejenigen ausseretatsmässigen Gewerbeaufsichtsbeamten, die das 32. Lebensjahr vollendet haben und mindestens zwei Jahre im Gewerbeaufsichtsdienste thätig gewesen sind) 35 000 M.

Der Fonds betrug in früheren Jahren 5000 M., musste aber 1898/99 auf 25 000, 1902 auf 35 000 M. gesteigert werden, was hauptsächlich eine natürliche Folge der Vermehrung und Neuorganisation der gewerblichen Fachschulen wie auch des Gewerbeaufsichtspersonals war. Wegen der Gewerbeaufsichtsbeamten vergl. § 56 a. E.

§ 149. *Tit. 2.* Zu Unterstützungen für ausgeschiedene Beamte und Lehrer und zu Pensionen und Unterstützungen für Wittwen und Waisen von Beamten und Lehrern der Handels- und Gewerbeverwaltung 19 000 M.

(Die am Jahresschlusse verbleibenden Bestände können zur Verwendung in die folgenden Jahre übertragen werden.)

Der Fonds betrug seit Mitte der 80er Jahre 19 000 M., ist aber ebenfalls wie der Fonds zu 1 neuerdings (1901) auf 25 000 M. erhöht.

Aus diesem Fonds können auch die ausgeschiedenen Beamten und Lehrer der vom Staate mitunterhaltenen und unterstützten gewerblichen Fachschulen bezw. deren Wittwen und Waisen mit Unterstützungen bedacht werden.

§ 150. *Tit. 3.* Einmalige Unterstützungen für Personen, welche, ohne die Eigenschaft von Beamten zu haben, im Staatsdienst oder an einer vom Staate mitunterhaltenen oder unterstützten gewerblichen Fachschule beschäftigt werden oder beschäftigt gewesen sind, sowie für Hinterbliebene solcher Personen 1000 M.

Der Fonds steht seit 1901 auf dem Etat.

§ 151. *Tit. 4.* Beiträge zur gesetzlichen Krankenversicherung der Arbeiter, zu Heilungskosten, Sterbegeldern und Aszendentenrenten auf Grund des Unfallfürsorgegesetzes, sowie zu Ausgaben auf Grund des Gesetzes, betreffend die Invaliditäts- und Altersversicherung 1800 M.

Der Fonds wurde zum ersten Male 1890/91 mit 500 M. eingestellt, um für die auf Grund des Gesetzes vom 18. Juni 1887, betreffend die Fürsorge für Beamte in Folge von Betriebsunfällen (G.-S. S. 282), zu leistenden Zahlungen an Kosten des Heilverfahrens, an Sterbegeld für Hinterbliebene verunglückter Beamten und an Ascendentenrenten erforderlichen Mittel bereitzustellen. Allmählich fand eine Erhöhung auf 1800 M. statt.

Vierter Hauptabschnitt.

Extraordinarium.

§ 152. Wie aus Anlage LXIX hervorgeht, hat der Durchschnitt des Extraordinariums im Verhältniss zu den ordinären Ausgaben seit Anfang der 80er Jahre etwa rund 5½ Proz. betragen, ein im Verhältniss zu anderen Verwaltungen, besonders der Bauverwaltung mässiger Betrag.

Im Folgenden sind die Hauptausgabegruppen namhaft gemacht, für deren Zwecke die Inanspruchnahme des Extraordinariums erfolgte. Bei weitem den Hauptantheil nahmen dabei die Ausgaben für das gewerbliche Fachschulwesen ein, obgleich es sich hierbei weniger um Neubauten, als um die Ausstattung mit Lehrmitteln, Bibliotheken u. s. w. handelt. (Vergl. die einzelnen Schulgruppen.)

Aus dem Extraordinarium der Handels-Gewerbeverwaltung wurden in der Zeit von 1880/81 bis 1902 folgende Summen für die Hauptausgabegruppen bereitgestellt:

Für Fahrzeuge für Schiffahrtspolizeibehörden	139 660	M.
„ „ „ Lootsenwesen	501 438	„
Verstärkung des Kap. 68 Tit. 6 des Ordinariums (seit 1892/93) für Gewerbeaufsichtsbeamte	101 000	„
Vorschüsse für Aufhebung von Gewerbeberechtiguugen (von 1880/90 u. 46 000 M. in 1895/96)	297 200	„
Aichungsämter	579 690	„
Navigationsschulen	67 190	„
Baugewerkschulen	391 150	„
Maschinen- und Metallindustrieschulen	936 400	„
Textilschulen	1 954 350	„
Keramische, Zeichen- und Kunstgewerbeschulen . . .	179 120[1]	„
Fortbildungsschulen (Fortbildung der Lehrer)	308 400	„
Fachschulwesen insgesammt	3 836 610	M.
Porzellanmanufaktur	613 150	M.
Kunstgewerbemuseen Düsseldorf und Flensburg . . .	182 000	„
Meisterkurse u. gewerbl. Genossenschaftswesen	322 500	„
Musterbleiche Sohlingen	68 980	„
Beschussanstalt Suhl 1893/94	22 300	„
Ministerwohnung (1902)	250 000	„
Entsendung von Kommissarien für Weltausstellungen Chicago und Paris	87 000	„
Betheiligung von Kommissarien, Fachschulen u. s. w. bei der Düsseldorfer Ausstellung zus.	44 000	„
u. A. m.		
Insgesammt wurden bereitgestellt von 1878/9–1902	7 658 008	M.

[1]) Dazu Holzschnitzschule (1900) 12 000 M.

Fünftes Buch.

Bauverwaltung.

Erster Hauptabschnitt.

Einleitung.

§ 153. Ebenso wie der preussische Handelsminister sowohl Ueberschuss- wie Zuschussverwaltuugen unter sich vereinigt, hat auch der Minister der öffentlichen Arbeiten zugleich eine Ueberschussverwaltung — die Eisenbahnen — und eine Zuschussverwaltung — die Bauverwaltung — zu leiten.

Zu Beginn der Eisenbahn-Verstaatlichungsaera wurde weder vom Parlamente, noch von der Regierung angenommen, dass die Reineinnahmen der Eisenbahnen für den Staat von grosser finanzieller Tragweite werden würden. Die Eisenbahnen sollten „Strassen für den öffentlichen Verkehr sein, wie Kanäle, Landstrassen u. s. w.“, so hatte der Minister von Maybach am 10. Juni 1888 im Herrenhause erklärt; die Eisenbahnverwaltung war mehr als ein „öffentliches Verkehrsinstitut“, denn als eine finanzielle Ueberschussverwaltung gedacht. Die thatsächlichen Verhältnisse haben indessen dahin geführt, dass diese Verwaltung heute die finanziell bedeutsamste Basis der preussischen Finanzverwaltung geworden ist; sie spielt thatsächlich die Rolle der „Henne mit den goldenen Eiern“ und ohne ihre Reinerträgnisse würde man sich ein Bild der preussischen Finanzgebahrung heute überhaupt nicht mehr machen können. Rund 170 Millionen Staatsverwaltungsausgaben sind gegenwärtig auf Reinüberschüssen der Eisenbahnen — nach Abzug des Dienstes der Eisenbahnschuld — basirt.

Die Bauverwaltung hat ihren ursprünglichen Charakter als staatliche Zuschussverwaltung strenger gewahrt. Die in früherer Zeit noch vorhandenen, nicht unerheblichen eigenen Einnahmen, wie Chausseegelder und Schiffahrtsabgaben fielen im Gegentheil in den 60er und 70er Jahren zu ihrem grössten und wichtigsten Theile fort. Erst ganz neuerdings tritt die Neigung der preussischen Staatsregierung, die Schiffahrtsabgaben zu erhöhen, wieder stärker hervor, gründet sich aber auf die ganz ausserordentlich hohen Kosten, die im Laufe der letzten Dezennien für die vielfachen Anlagen zur Förderung der Schiffahrt aufgewendet worden sind.

Die Eisenbahnen haben — bei Anwendung der gleichen Berechnungsgrundsätze, insbesondere auch unter Berücksichtigung der Pensionslast — im Jahre 1900 eine Verzinsung von 6,88 Proz. ergeben, während die abgabenpflichtigen fiskalischen Wasserstrassen nur ganz ausnahmsweise, bei einer sehr kurzen kanalisirten Flussstrecke und in Folge besonders günstiger Verhältnisse zu einer etwa $3^1/_4$ prozentigen Verzinsung gelangen konnten, im Durchschnitt aber nicht einmal die Betriebs- und Unterhaltungskosten deckten, sondern aus allgemeinen Staatsmitteln einen Zuschuss von etwa 1 000 000 M. erforderten, der bei Berechnung der vollen Selbstkosten — einschliesslich Kapitalverzinsung — auf etwa $9^1/_2$ Millionen Mark sich steigert.

Hat die Bauverwaltung in dieser Richtung ihren Charakter im wesentlichen gewahrt, so zeigt dagegen der Bauetat — abgesehen von der mehr formalen Thatsache, dass er 1879/80 von dem bis dahin gemeinsamen Etat mit der Handels- und Gewerbeverwaltung losgelöst wurde — insofern gegen früher ein wesentlich anderes Bild, als bis Mitte der 70er Jahre neben der auch schon früher ihren Platz beanspruchenden Hochbauverwaltung bei Weitem der Schwerpunkt der Verwaltung im Wege- (Chaussee-) Bauwesen beruhte. Seitdem ist nun diese Seite der Verwaltung infolge der Provinzialdotationsgesetzgebung fast gänzlich verschwunden (§§ 269 ff. das Nähere), während vom Ende der 70er Jahre an die Wasserbauverwaltung von Jahr zu Jahr mehr in den Vordergrund tritt, was sich ebenso in der Steigerung des Personals wie des Sachbedarfs dieser Verwaltung äussert (§§ 216 ff.).

Auf reiche Erfolge kann die Wasserbauverwaltung in den letzten Dezennien zurückblicken:

Die Verhältnisse der Ströme sind einer eingehenden Untersuchung unterzogen, für die Beseitigung und Milderung der Hochwassergefahren sind vielfache Massregeln getroffen. Der Ausbau der natürlichen Wasserstrassen für die Schiffahrt ist mit reichen Mitteln gefördert; zahlreiche Häfen sind entstanden. Um das rheinisch-westfälische Industriegebiet mit einem deutschen Seehafen zu verbinden, ist der Dortmund-Ems-Kanal erbaut, der Oder-Spree-Kanal hat eine erhebliche Erweiterung erfahren, die alte Hansestadt Lübeck ist bei Herstellung einer Schiffahrtstrasse nach der Elbe, des Elbe-Trave-Kanals, in erheblicher Weise unterstützt. Auch die Entwickelung der Seehäfen und ihrer Schiffahrtswege zur See ist wesentlich gefördert worden. Preussen besitzt jetzt in Emden einen für die grössten Seeschiffe geeigneten Nordseehafen wie die Hansestädte; der neue Fischereihafen zu Geestemünde ist der bedeutendste des europäischen Festlandes, in Altona, Harburg, Sassnitz, Danzig, Königsberg und anderen Orten sind Häfen theils neu gebaut, theils erheblich verbessert. Unter Aufwendung reicher Staatsmittel sind Meeresufer und Inseln — Norderney, Borkum und andere ostfriesische Inseln — Helgoland, die nordfriesischen Inseln, die schleswigschen Halligen vor dem Andrang der Meeresfluthen geschützt, grosse Strecken von Wanderdünen an der Ostsee sind durch Bewaldung festgelegt worden.

Die Krönung der Arbeiten zur Verbesserung des Wasserstrassennetzes durch die Fertigstellung des Mittellandkanalprojektes ist bisher leider an der ablehnenden Haltung des Parlamentes gescheitert. Doch hat die Staatsregierung nach gelegentlichen, offiziell abgegebenen Erklärungen ihrer berufenen Vertreter die Hoffnung noch nicht aufgegeben, dass mit diesem gross angelegten Unternehmen für Preussen auch auf dem Wasserwege eine der wichtigsten Grundbedingungen für allen gewerblichen, industriellen und in gewisser Weise auch landwirthschaftlichen Fortschritt durch Erschliessung eines alle Hauptströme untereinander verbindenden einheitlichen Wasserverkehrsnetzes geschaffen werde (vergl. auch das in § 237 Gesagte).

Zweiter Hauptabschnitt.

Die Einnahmen der Bauverwaltung.

(Kap. 28 der Einnahmen.)

§ 154. Die Einnahmen im Gebiete der Bauverwaltung waren — wenn man von den 1875 fortgefallenen Rückeinnahmefonds bei der Chausseeverwaltung absieht —, Anfangs der 50er Jahre sehr geringe. 1852 bestanden sie lediglich aus zwei Posten: 21 462 M. Beiträge von Interessenten u. s. w. zur Unterhaltung von Land- und Wasserstrassen (jetziges Kap. 28 Tit. 5 der Einnahme) und 110 204 M.: Miethen und Pächte, Nutzungen von fiskalischen Grundstücken und Anlagen (jetzt Kap. 28 Tit. 1), Ueberschüssen des Aichungsamts — jetzt zum Reich gehörig — und Einnahmen aus der Ruhrschiffahrts- und Hafenverwaltung (jetzt Kap. 28 Tit. 4), insgesammt also nur 131 666 M.

Im Laufe der nächsten Dezennien steigerten sich einige dieser Einnahmeposten sehr erheblich. Die obengenannten Beiträge stellten sich allerdings auch 1870 nur auf 31 839 M., dagegen kamen aus der Ruhrschiffahrtsverwaltung damals bereits 443 430 M. ein, während aus Miethen und Pächten u. s. w. 359 229 M. flossen, insgesammt 834 498 M.

Bis 1880/81 stiegen auch die Einnahmen aus Beiträgen u. s. w. (Tit. 5) auf 263 821 M., allerdings hauptsächlich deshalb, weil seit 1879/80 der Mehrerlös für alte Baumaterialien bei diesem Titel in Ansatz gebracht wurde, was damals allein eine Steigerung um 152 165 M. zur Folge hatte (jetzt etwa 2 bis 300 000 M. Erlös daraus).

Die Miethseinnahmen von Grundstücken (Tit. 1) machten 1880/81 248 766 M. aus, dagegen hatten sich die Einnahmen der Ruhrschiffahrtsverwaltung auf 772 000 M. gesteigert. Insgesammt betrugen die Einnahmen 1880/81 1 300 597 M. (s. Anl. LXX). Von da bis 1894/95 war die Steigerung eine nur geringe, auf 1 697 260 M. Im Jahre 1895/96 aber kam von den bis dahin auf dem Etat der indirekten Steuern stehenden nun auf den Bauetat übernommenen Verkehrsabgaben allein ein Betrag von 3 300 000 M. hinzu, der sich zum Theil infolge von Tariferhöhungen bis 1902 auf 6 150 000 M. steigerte (s. § 157). Ferner kamen hinzu 1896/97 Baupolizeigebühren (Tit. 8) mit 300 000 M. (1902: 372 300 M.), 1898/99 Beiträge zur Deckung von Bauleitungskosten (Tit. 9) (1902: 300 000 M.), sodass sich hierdurch und durch die

Steigerung bei Tit. 1 (Miethe und Pächte 1902: 582 000 M.), bei Tit. 4, Ruhrverwaltung (1902: 1 025 000 M.), Interessentenbeiträge (Tit. 5, 845 200 M.), die Gesammteinnahmen für 1902 bis auf 9 659 000 M. erhöhten. 1880/81 betrugen die Einnahmen 7,8 Proz. der laufenden Ausgaben, 1902 29 Proz. Der von dem Finanzminister v. Miquel befolgte Grundsatz, die eigenen Einnahmen der Zuschussverwaltungen nach Möglichkeit zu steigern, tritt hiernach auch auf dem Gebiete der allgemeinen Bauverwaltung deutlich hervor.

Von den einzelnen 9 Einnahmetiteln auf dem Etat der Bauverwaltung werden hier zunächst nur diejenigen Erörterung finden, welche ohne Schaden für die sachliche Darstellung gesondert behandelt werden können (Tit. 1, 5, 6, 7, 8, 9). Dagegen werden Tit. 2 und 3 bei §§ 176 ff. und 194 Tit. 4 bei § 285 mitbehandelt werden.

§ 154a. *Tit. 1.* Miethe und Pächte von fiskalischen Grundstücken, Gras-, Baum-, Weiden- und sonstige Nutzungen von fiskalischen Grundstücken, 1902 582 000 M.

Die Entwickelung dieses Postens bis 1880/81 ist bereits in § 2 angedeutet.

Die Steigerung von 1880/81 bis 1902 ist nach Anl. LXX eine ziemlich allmähliche gewesen; die Steigerung liegt zum Theil in der Vermehrung der Erträge, zum Theil ist sie eine Folge der im Laufe der Zeit entstandenen Neuanlagen (z. B. 1897/98 + 33 000 M. aus dem neuen Fischereihafen Geestemünde, 1898/99 + 12 000 M. Dortmund-Emskanal u. s. w.), Beamtenvermehrungen (Dienstwohnungen, Dienstländereien) u. s. w. Der Fonds wird bemessen auf Grundlage des dreijährigen Durchschnitts. Für Verpachtungen und Vermiethungen von Dienstgrundstücken u. s. w. sind die allgemeinen Grundsätze massgebend.

Besondere Bestimmungen sind gegeben für die Verpachtung und Nutzung von Grundstücken im Gebiete der Wasserbauverwaltung (Allgem. Verfügung No. 11 vom 15. März 1901 VI—VIII).

Bei der Verwerthung der Nutzungen öffentlicher Gewässer ist neben der allgemeinen Bauverwaltung die Domänenverwaltung mitbetheiligt.

Die gegenseitige Zuständigkeit ist durch Ministerial-Erlass vom 10. März 1881 (Centralblatt der Bauverwaltung Seite 13) zwischen den beiden betheiligten Ministerialressorts geregelt. Verfügungen über Uferanwüchse, Inseln, Zulandungen, sowie über Theile des Bettes sind Sache der Strombauverwaltung, diesbezügliche Anträge daher an den Minister der öffentlichen Arbeiten zu richten. Dem Geschäftskreise der Domänenverwaltung sind vorbehalten:

a) die Fischerei, die Wasserzinse, die Eisgewinnung, sowie alle sonstigen Nutzungen öffentlicher Flüsse, soweit sie bisher zum Geschäftskreis der Domänen- und Forstverwaltung gehört haben,
b) die Anwüchse, Zulandungen, Inseln u. s. w., die sich im Besitze der Domänen- und Forstverwaltung befinden und

c) da, wo Domänen- und Forstgrundstücke an öffentliche Flüsse grenzen, die aus der Angrenzung folgenden Rechte des Uferbesitzers.

Bei Bauausführungen, deren Kosten aus dem Extraordinarium oder aus Anleihefonds bestritten werden, dürfen die Einnahmen aus Nutzungen zu den Kosten des Baues mitverwendet werden, wenn sie in dem Bauanschlage veranschlagt und von dem gesammten Kostenbedarfe in Abzug gebracht sind. In diesem Falle werden die Bekanntmachungs-, Erhebungs- und sonstigen Kosten aus dem Erlöse vorweg bestritten und nur die danach verbleibenden Reineinnahmen den Baufonds zugeführt.

Die aufkommenden Gelder werden — abgesehen von obigem Falle — mit ihrem vollen Betrage bei Kap. 28 des Etats in Einnahme gestellt und zwar, soweit es sich um Nutzungen von fiskalischen Grundstücken handelt, bei Tit. 1, soweit es sich dagegen um Nutzungen schiffbarer Ströme handelt, bei Tit. 5. Die mit den Verpachtungen oder Versteigerungen verbundenen, der Staatskasse zur Last fallenden Werbungs-, Bekanntmachungs-, Erhebungs- und sonstigen Kosten werden dagegen bei Kap. 66 Tit. 4 des Etats in Ausgabe nachgewiesen.

§ 155. *Kap. 28 Tit. 5.* Beiträge zur Unterhaltung der Land- und Wasserstrassen, Kanäle, Brücken und Wasserleitungen, zur Besoldung der Baubeamten, für Benutzung von Schleppdampfschiffen, von Lösch- und Lootsengeräthschaften in den Seehäfen, Erlös für alte Baumaterialien und Geräthe und sonstigen Einnahmen 1902: 845 200 M.

Siehe über die Entwickelung des Fonds bis 1880/81 § 154.

Während der Fonds sich 1880/81 auf 263 821 M. belief, ging er Anfangs der 80er Jahre noch weiter zurück (1883/84: 200 000 M.), erfuhr bis Ende der 80er Jahre eine kleine Zunahme, nahm aber eine stark aufsteigende Tendenz erst seit dem Amtsantritt des Ministers von Miquel, Anfang der 90er Jahre.

Dieser legte auf die Betheiligung der Interessenten an den Aufwendungen für Schiffahrtszwecke besonderen Werth, weil sie der Gerechtigkeit und dem von ihm in Gesetzgebung und Verwaltung zur Geltung gebrachten Grundsatze von Leistung und Gegenleistung entspricht, dann aber auch, weil sie der beste Prüfstein für den wirthschaftlichen Werth und die Ertragsfähigkeit eines Unternehmens ist.

Nach dem Wortlaute des Titels sollte man glauben, dass es sich nur um laufende Beiträge zur Unterhaltung der Land- nnd Wasserstrassen handele, indessen kommen auch einmalige Beiträge zum Bau und zur Neuanlage hier zur Einstellung. So kamen in den Jahren 1890 bis 1895/96 zusammen 730 000 M. Beiträge der Stadt Cassel zur Kanalisirung der Fulda, 1893/94 110 168 M. Beitrag des Reichs zur Umgestaltung der Hafenanlagen in Rendsburg, 1892/93

100 000 M. als Beitrag Bayerns zum Flosshafenbau Kostheim und 70 000 M. der Stadt Köpenick zum Neubau der Dammbrücke über die Spree, 1897/98 100 000 M. von der Niederländischen Regierung Beitrag zum Bau eines Tonnenlegedampfers für die Wasserbauinspektion Emden zur Einstellung. Siehe ferner die Erläuterungen im Etat für 1899 und 1900, wo 377 880 M. derartige einmalige Interessentenbeiträge erscheinen, ebenso von 1901 (230 000 M.), 1902 (297 300 M.) u. s. w. Für 1902 stellt sich Tit. 5 auf 845 200 M.

Diese Leistung von einmaligen Kapitalbeiträgen der Interessenten, wie sie ausser den schon genannten Fällen in grossem Massstabe besonders auch bei dem Dortmund-Ems-Kanal (4 854 967 M.), der oberen Oder (1 617 000 M.) und der Spree innerhalb der Stadt Berlin (3 200 000 M.), ferner beim Ausbau der oberen Netze (237 250 M.), bei der Fuldakanalisirung (730 000 M.) zur Anwendung gekommen ist, bildet aber nicht die einzige Form der Heranziehung der Interessenten zu den Schiffahrts- und Kanalstrassen. Vielfach haben sie neuerdings auch die Gewähr dafür übernehmen müssen, dass die Ausgaben für den Betrieb und die Unterhaltung der Anlage, sowie für die Verzinsung und Tilgung eines Theiles des Baukapitals in den einzuführenden Schiffahrtsabgaben Deckung fänden. Die letztere Art der Betheiligung ist z. B. bei den Seekanälen von Königsberg nach Pillau und von Stettin nach Swinemünde zur Anwendung gekommen. Sie verdient nach den gemachten Erfahrungen regelmässig den Vorzug wegen der Vortheile, die sie für die Interessenten wie für den Staat bietet. Die ersteren werden hierbei zu wirklichen Leistungen nur herangezogen, wenn und soweit das Unternehmen nicht die erwartete Rentabilität besitzt, und auch erst dann, wenn sie bereits die Vortheile desselben geniessen. Die Lasten können gerechter vertheilt werden, da die Garantieverpflichtungen von grösseren öffentlichen Verbänden zu übernehmen sind, die in jedem Rechnungsjahre die erforderlichen Zubussen auf die einzelnen Interessenten nach Massgabe des Nutzens, den sie von der Anlage ziehen, umzulegen in der Lage sind. Ferner ermöglicht dieses System dem Staate, im Interesse der Entlastung der Steuerzahler das Risiko der Kanalbauten auf diejenigen, denen sie vorzugsweise zu Gute kommen, in höherem Masse zu übertragen, als wenn im Voraus zu entrichtende baare Beihülfen in Anspruch genommen werden, und endlich hat es die erwünschte Wirkung, dass die Nächstbetheiligten dauernd an der Erhebung angemessener Schiffahrtsabgaben interessirt sind. Eine Erhöhung des Tit. 5 findet bei dieser Interessentenheranziehung natürlich nicht statt.

Uebrigens ist bisher die Heranziehung der Nächstbetheiligten zu den Kosten der Herstellung neuer Wasserstrassen, der Regulirung und Vertiefung des Fahrwassers der Flüsse u. s. w. immer noch erheblich hinter den dieserhalb von anderen Staaten gestellten Anforderungen zurückgeblieben.

§ 156. *Kap. 28 Tit. 6.* Berge- und Hilfslöhne der Regierungsschiffe für Beistand in Seenoth (6000 M.), sowie Eintrittsgelder bei den staatlichen Leuchtthürmen (5000 M.) 11000 M.

1. Der nach Art. 741 des Handelsgesetzbuchs und den §§ 36 ff. sowie §§ 21 ff. der Strandungsordnung[1]) durch die Besatzungen von Regierungsschiffen zu Gunsten des Staats erdiente Berge- und Hilfslohn für die Rettung eines in Seenoth befindlichen Fahrzeuges oder der Ladung desselben wird, nachdem der Staatskasse die bei der Bergung entstandenen Unkosten ersetzt sind, dazu verwandt, den Mannschaften und Beamten der Regierungsschiffe, auf welche der § 751 d. H.-G.-B. keine Anwendung findet, zur Anspornung des Diensteifers und zur Anerkennung für die oft mit grossen Gefahren verbundenen Anstrengungen, besonders, wenn solche nur die Rettung von Menschenleben zum Ziele haben, eine Belohnung zu Theil werden zu lassen. Dieses Verfahren kommt seit 1885/86 durch den Etat zum Ausdruck. Seitdem ist ein besonderer Einnahmetitel (6) im Betrage von 3400 M. (seit 1887/88 6000 M.) und unter Kap. 65 Tit. 12a ein Ausgabetitel in gleicher Höhe neu eingestellt worden. Die Bestimmung des letzteren zur Gewährung von Prämien ist durch den zugefügten Vermerk auf die Höhe der wirklichen Einnahme beschränkt worden, während es andererseits, um im einzelnn Falle genügende Mittel zu Belohnungen zur Verfügung zu haben, geboten erschien, die Uebertragbarkeit etwaiger Bestände besonders zum Ausdruck zu bringen.

2. Von den Besuchern der staatlichen Leuchtthürme werden v. 1. April 1901 ab feste Eintrittsgelder erhoben, die — mit der unten bezeichneten Ausnahme — als reine Staatseinnahmen der Staatskasse zugeführt werden. Aus dem auf 5000 M. jährlich veranschlagten Ertrage werden zunächst die der Bauverwaltung durch den Besuch erwachsenden Ausgaben (für Reinigung der Thürme, Beschaffung von Eintrittskarten u. s. w.) bestritten. Der Rest dient zur Gewährung von Vergütungen an die dabei betheiligten Beamten (vergl. Kap. 65 Tit. 12a).

Ein aus ähnlichen Aufkünften bei den Leuchtfeuern zu Borkum und Norderney bereits angesammelter Fonds ist zu den allgemeinen Staatsfonds eingezogen worden.

Die auf Helgoland erhobenen Eintrittsgelder verbleiben bis auf weiteres dem dortigen Leuchtfeuerpersonal, insoweit es nach seinen Verträgen mit der Trinity-Housekorporation Anspruch darauf hat.

Verkehrsabgaben.

Kap. 28 Tit. 7: 6150000 M.

A. Brücken-, Fähr- und Hafengelder, Strom- und Kanalgefälle.

Entwickelung.

§ 157. Während in den 30er und 40er Jahren des 19. Jahrhunderts die Abgabenerhebung auf den Binnenschiffahrtsstrassen,

[1]) Die Strandämter gehören zum Ressort der Handels- und Gewerbeverwaltung. S. Buch IV § 34.

namentlich auf den märkischen Wasserstrassen noch vielfach Ueberschüsse lieferte, machte sich in den 50er und 60er Jahren in Preussen allgemein die Anschauung in der Verwaltung mehr und mehr geltend, dass nur die Unterhaltungskosten und Verwaltungskosten der Wasserstrassen zweckmässiger Weise durch Schiffahrtsabgaben zu decken seien. Auf einer Reihe von Schiffahrtsstrassen, insbesondere auf den natürlichen grossen Wasserstrassen, der Weser, dem Rhein und der Elbe, Saale, Werra u. s. w. ging man sogar in den 60er und 70er Jahren zur völligen Aufhebung aller Verkehrsabgaben über.

Von massgebender Bedeutung für diese Anschauungsweise waren einmal die Bestrebungen des Zollvereins, alle lästigen Binnenabgaben und -Zölle thunlichst zu beseitigen, sodann aber auch die wachsende Konkurrenz der Eisenbahnen, die seit den 40er Jahren von Jahr zu Jahr mit der Binnenschiffahrt in drohenderen Wettbewerb traten.

Man nimmt heute an, dass die Schiffahrtstarife die Eisenbahntarife um mindestens 15 Proz. unterbieten müssen, um sich die der Konkurrenz des Schienenweges ausgesetzten Gütermengen zu sichern.

Was die Zollvereinsgesetzgebung anbelangt, so wurde — in Uebereinstimmung mit den Bestimmungen der alten Zollvereinsverträge aus den Jahren 1833 und 1835 — in den Art. 22 und 25 des Vertrags über die Fortdauer des Zoll- und Handelsvereins v. 8. Juli 1867 und dem Art. 54 der Reichsverfassungsurkunde v. 16. April 1871 ausdrücklich ausgesprochen, dass auf allen natürlichen Wasserstrassen Abgaben nur für die Benutzung besonderer Anstalten, die zur Erleichterung des Verkehrs bestimmt sind, erhoben werden, und dass diese Abgaben, sowie die Abgaben für die Befahrung solcher künstlichen Wasserstrassen, welche Staatseigenthum sind, und die Brücken-, Fähr-, Hafengelder u. s. w. die zur Unterhaltung und gewöhnlichen Herstellung der Anstalten und Anlagen erforderlichen Kosten (einschliesslich landesüblicher Zinsen des Anlagekapitals) nicht übersteigen dürfen.

In Uebereinstimmung hiermit standen u. a. Art. 3 der revidirten Rheinschiffahrtsakte v. 17. Okt. 1868 und Art. 1 des Vertrags über die Aufhebung des Elbzolls v. 22. Juni 1870.

Auch soweit nur die preussische Regierung nicht zu einer vollständigen Aufhebung der Schiffahrtsabgaben schritt, wurden letztere so niedrig gehalten, dass nicht einmal die reichsgesetzlich zulässigen Höchstgrenzen erreicht wurden. Während der Zoll- und Handelsvertrag des norddeutschen Bundes mit den süddeutschen Staaten v. 8. Juli 1867 für die auf den nicht gemeinsamen Flüssen etwa zu erhebenden Abgaben einen Höchstbetrag (etwa 6,5 Pf. für 1 To.-km) bestimmte, betrug die Durchschnittsabgabe auf sämmtlichen deutschen Wasserstrassen, auf denen Abgaben erhoben werden, nach Symphers Schätzung Ende der 90er Jahre ungefähr 0,2 Pf. für jedes Güter-Tonnenkilometer des auf diesen Wasserstrassen sich bewegenden Verkehrs.

§ 158. Seit dem letzten Dezennium macht sich indessen gegen die zu niedrige Tarifirung der Schiffahrtsabgaben eine gewisse Gegenströmung geltend.

Vor Allem sind es die enormen Aufwendungen, welche im Laufe der letzten 30 Jahre zur Verbesserung der Wasserstrassen staatlicherseits gemacht worden sind, und im Hinblick auf die geplante weitere Ausdehnung des inländischen Wasserstrassennetzes noch bevorstehen, die neuerdings, wie schon im § 153 angedeutet wurde, wieder die Ueberzeugung zur Geltung kommen lässt, dass eine solche Erweiterung, Verbesserung und Vermehrung der vorhandenen Wasserstrassen und Verkehrsanlagen nur dann berechtigt und durchführbar sei, wenn die zum wesentlichen Vortheil eines Theiles der Bevölkerung gemachten Veranstaltungen der Staatskasse auch ein möglichst entsprechendes Entgelt seitens der Interessenten einbrächten. Wie weit man hierin gehen kann, ist allerdings sehr bestritten und vor Allem von der Auslegung abhängig, welche dem Art. 54 der Reichsverfassung gegeben wird.

Hinsichtlich der natürlichen Wasserstrassen kommt in Frage, ob man die Worte: „Benutzung besonderer Anstalten“ soweit auslegen kann, dass man die Schiffahrtsinteressenten stärker wie bisher zu den ausserordentlich hohen Verbesserungskosten, welche in den letzten Jahrzehnten für Regulirung der grossen Ströme (Rhein, Elbe u. s. w.) aufgewendet sind, durch entsprechende Abgabenerhebung belasten kann [1]. Vom finanzwirthschaftlichen Standpunkt und aus Zweckmässigkeitsgründen würde diese Auslegung allerdings für die Verbesserung unserer Binnenschiffahrtsstrassen grossen Werth haben, indessen thut sie ohne Zweifel dem Wortlaute der Verfassung einen gewissen Zwang. [2]

Unbedenklicher erscheint die Bejahung der anderen strittigen Frage, ob unter den „Unterhaltungs- und gewöhnlichen Herstellungskosten“ auch die Zinsen des Anlagekapitals mitzuverstehen seien. Vor allem spricht hierfür die langjährige in Preussen (ohne Widerspruch anderer Bundesstaaten) geübte Praxis. Die preussische Regierung würde andernfalls ihre gesetzlichen Befugnisse bei der Tarifirung von Binnenschiffahrtsabgaben in einigen Fällen (z. B. bei den Märkischen Wasserstrassen, im Ruhrorter Hafen u. s. w.) in auffälliger Weise überschritten haben.

Sie hat den Art. 54 der Reichsverfassung ebenso wie die ähnlich lautenden Bestimmungen der Zollvereinsverträge immer nur so ausgelegt, dass er ein Verbot enthalte, die fiskalischen Wasserstrassen als Finanzquelle nutzbar zu machen, dass die hierdurch dem Tarifhoheitsrecht der Einzelstaaten gezogenen Schranken aber keineswegs überschritten werden, wenn den Wasserstrassen die volle finanzielle Selbsterhaltung einschliesslich der Verzinsung des Anlagekapitals zugemuthet wird. [2]

In demselben Sinne haben übrigens neuerdings die gesetzgebenden Faktoren des Reichs bei der Vorbereitung und Berathung des Reichsgesetzes vom 6. April 1886, welches Bremen die Erhebung einer Schiffahrtsabgabe auf der Unterweser gestattete, Stellung genommen. Denn in der Begründung dieses Gesetzes wurde ausdrücklich die Verzinsung

[1]) Dabei ist natürlich noch zu beachten, dass — die Verfassungsmässigkeit vorausgesetzt — zunächst die entgegenstehenden für Elbe und Rhein geltenden Schiffahrtsverträge mit den betheiligten fremden Staaten abgeändert werden müssten.

[2]) Vergl. hierzu u. a Victor Kurs in den Jahrb. für Nationalökonomie u. s. w. von Conrad, 1901 S. 627 und in der Schrift „Ueber den Artikel 54 der Reichsverfassung“, Berlin 1902; Schuhmacher in seinem im amtl. Auftrag geschriebenen Buche „Zur Frage der Binnenschiffahrtsabgaben“, Berlin 1901 und neuerdings Peters „Die finanzielle Entwickelung der preussischen Binnenwasserstrassen“ im Archiv für Eisenbahnwesen, 1902.

und Tilgung des Anlagekapitals als Ziel der künftigen Tarifbildung bezeichnet; die Rechtsbedenken, die damals hinsichtlich des Art. 54 der Reichsverfassung als möglich angesehen wurden und durch einen Gesetzgebungsakt beseitigt werden sollten, bezogen sich nicht auf die vom Bundesrath und Reichstag unbezweifelte Zulässigkeit der Verzinsung und Tilgung des Baukapitals durch Schiffahrtsabgaben, sondern nur auf die Zulässigkeit der Einreihung des verbesserten Unterlaufes der Weser in die Klasse der „künstlichen“ Wasserstrassen. Eine gleiche rechtliche Auffassung findet sich in dem Gesetzentwurf von 1878 betreffend Märkische Wasserstrassen, sowie in den Entwürfen zum Dortmund-Emskanal und zur Kanalisirung der oberen Oder.

Auch die neuesten preussischen Kanalgesetzentwürfe von 1899 und 1901 enthalten in ihrem Texte die Bestimmung, dass die Erträge an Schiffahrtsabgaben und sonstigen Einnahmen der Wasserstrassen zur Deckung der Betriebs- und Unterhaltungskosten sowie zur 3prozentigen Verzinsung und ½prozentigen Tilgung des Baukapitals dienen sollen; darüber hinausgehende Einnahmeüberschüsse sind zunächst zur weiteren Abschreibung des Baukapitals, nach vollendeter Abschreibung zur Rückzahlung der vom Staate und den Garantieverbänden geleisteten Zubussen, sodann zur Erstattung der dem Staate erwachsenen Bauzinsen und schliesslich zur Deckung einer 3prozentigen Verzinsung jener Zubussen zu verwenden.

§ 159. Wenn man indessen auch die verfassungsrechtlichen Bestimmungen in möglichst weitgehendem Sinne auslegt, so wird eine zu hohe Tarifirung der Schiffahrtsabgaben vor allem schon durch die Eisenbahntarifpolitik verhindert.

Jede Eisenbahntarifermässigung — in Preussen z. B. sank die durchschnittliche Roheinnahme für jedes Gütertonnenkilometer von 3,83 Pf. im Jahre 1885 auf 3,52 Pf. im Jahre 1900 — übt auch für die Schiffahrtstarife einen gewissen Druck nach unten aus.

Bei dieser Sachlage und da bei den Eisenbahntarifen im allgemeinen keine Erhöhung über den jetzigen Stand zu erwarten, sondern im Gegentheil mit dem Fortgange der sinkenden Bewegung zu rechnen ist, so muss, wie Peters a. a. O. richtig hervorhebt, nicht nur im Interesse der finanziellen Entwickelung der Wasserstrassen, sondern des Bestehens der Binnenschiffahrt überhaupt, darauf Bedacht genommen werden, nicht nur eine zweckmässigere Ausnutzung des für die Abgabenerhebung in Betracht kommenden Spielraums durch ein geeignetes Tarifsystem zu erreichen, sondern auch durch Verringerung der Schiffahrtsselbstkosten die Schiffer zur Tragung der Abgaben leistungsfähiger zu machen, und andererseits regierungsseitig durch Uebernahme des Schleppbetriebs auf staatliche (kommunale u. s. w.) Schultern die laufenden Einnahmen der Verwaltung zu steigern und dadurch den Bedarf nach Einnahmen aus Abgaben herabzumindern.

Die preussische Regierung ist nun zunächst mit einer Neuregelung des Tarifsystems in umfassender Weise vorgegangen.

Es sind deshalb seit 1891/92 allgemeine Ermittelungen darüber angestellt, ob nicht — ohne erheblichen Nachtheil für den Verkehr — eine Erhöhung der Abgaben bezw. eine Einführung von solchen, wo sie noch nicht bestanden, angängig ist, vor allem aber ist eine Verbesserung der Tarife selbst in Aussicht genommen worden.

Der Nachtheil der bisherigen Erhebung lag hauptsächlich darin, dass bei der Erhebung nach Raumgehalt und Tragfähigkeit die Belastung sich um so höher stellte, je weniger die Fahrzeuge thatsächlich ausgenutzt werden konnten. In Zukunft soll die Tariferhebung nach dem allerdings schwieriger zu ermittelnden Ladungsgewicht erfolgen.

Neuerdings wird ferner beabsichtigt, eine grössere Klassifikation der Ladungsgüter mit entsprechend abgestuften Tarifen durchzuführen, da bisher bei dem generellen Satze die Abgabensätze naturgemäss so gewählt werden mussten, dass sie von den wenigst werthvollen und transportfähigen Gütern noch getragen werden konnten, während die belastungsfähigeren nicht ausreichend herangezogen werden konnten.

Eine neue Tarifirung nach diesem Gesichtspunkte, nach dem Ladungsgewicht und der durchfahrenen Strecke (also nach Tonnenkilometern) kam zum ersten Male beim Dortmund-Emskanal zur Anwendung (Amtsblatt der Reg. zu Aurich 1898 Stück 11).

Die Schiffahrtsabgaben werden für die Strecke von Hermbrum bis Dortmund nach drei Tarifklassen erhoben und zwar unter Zugrundelegung der wirklichen Ladung. Leere Schiffe zahlen $^1/_{10}$ der Sätze der niedrigsten Tarifklasse, nach ihrer Tragfähigkeit bemessen. Die Strecke der freien Ems von Hermbrum bis Emden ist abgabefrei. Die Sätze werden antheilmässig für die durchfahrene Strecke berechnet und zwar so, dass für die 215 Tarifkilometer von Dortmund bis Herbrum vorläufig bis zum 1 April 1905 0,50 M. für die Tonne in der I. Tarifklasse, 0,25 M. in der II. und 0,10 M. in der III. Klasse erhoben werdon Vom 1. April 1905 ab steigern sich die Sätze auf 0,70 bezw 0,50 und 0,30 M. für die Tonne. Ausserdem wird in den öffentlichen Kanalhäfen eine besondere Gebühr für Löschen und Laden erhoben, die beispielsweise bei den kleineren fiskalischen Häfen 6 bezw. 4 und 2 Pf für die Tonne beträgt (vergl. auch § 262 No. 2).

Das neue System war sodann auch bei der Neubezollung des kanalisirten Mains und der kanalisirten Fulda angewendet worden. Seiner Verallgemeinerung stand bisher nur der Mangel einer Schiffsaichung d. h. einer Schiffsvermessung, welche die Feststellung des Ladungsgewichts durch Ablesung von aussenbords angebrachten Massstäben gestattet, für die mittleren und östlichen Wasserstrassen entgegen. Dieser Mangel ist nunmehr dadurch gehoben, dass die zwischen Oesterreich und Deutschland für die Elbe vereinbarte Aichordnung auf sämmtliche preussische Wasserstrassen, abgesehen vom Rheingebiet und dem Dortmund-Emskanal, wo andere Aichungsvorschriften in Geltung sind, ausgedehnt ist; übrigens eine Massregel, die gleichzeitig auch die Handels- und Zollinteressen wesentlich fördert.

Es ist nunmehr zunächst für die Wasserstrasse zwischen Elbe und Oder unterm 28. Juni 1902 ein Tarif erlassen worden[1]), welcher zugleich eine mässige Erhöhung des Abgabenertrags um 9 Proz. beabsichtigt und vorbildlich für eine ganze Anzahl weiterer Schifffahrtsstrassen geworden ist und noch werden wird[2]). Dieser Tarif unterscheidet 4 Güter-

[1]) Vergl. Amtsblatt der Regierung zu Potsdam Stück 27.

[2]) Nur die Tarife für einige erst vor kurzem nur mit solchen versehene Ströme bleiben bestehen, z. B. Fulda (Amtsblatt der Regierung Hannover 1899 Stück 37), Main (Amtsblatt Frankfurt a. M. 1901 No. 2) u. s. w.

klassen und erhebt für je 1 Tonne zu 1000 kg. Ladung in den Wasserstrassen erster Ordnung 11, 9, 7 und 5 und zweiter Ordnung 10, 9, 6 und 4 Pf.

Bei leeren Fahrzeugen wird die Abgabe nach Tragfähigkeit bemessen. Ausserdem sind auch die Flössereiabgaben im Tarif geregelt. In den Güterklassen befinden sich u. a. in Kl. I Getreide, Mehl, Feinzucker, Wein, Branntwein, feine Holzwaaren, Felle, in Kl. II Holz und grobe Holzwaaren, Eisen und Stahl, Kartoffeln, Rohzucker, grobe Thonwaaren, in Kl. III Alt- und Brucheisen, Eis, leere Flaschen, Lumpen, Steinwaaren, in Kl. IV. Abfälle, Asche, Braunkohle, Dachziegel, Düngemittel, Futtermittel, Knochen, Pflanzen, Viehsalz, Wegebaumaterial, Ziegel, Zuckerrüben u. s. w.

Dass die Staatsregierung neben einer Verbesserung des Tarifsystems an sich auch auf eine mässige Erhöhung der Tarifsätze bedacht ist, wird nur gutgeheissen werden können, wenn man die in Anl. LXXVI gegebenen näheren Zahlen[1]) über die Rentabilität der preussischen künstlichen Wasserstrassen im Rechnungsjahre 1900 verfolgt. Danach betrug bei einem Anlagekapital von rund 243,3 Mill. M. die Jahreseinnahme 3,5 Mill., sodass noch 9,6 Mill. M. fehlten, um die Zinsen des Anlagekapitals (8,5 Mill., zu 3½ Proz. gerechnet, und die Betriebs- und Unterhaltungskosten 4,6 Mill., zusammen 13,1 Mill.) zu decken. Eine Verzinsung des Anlagekapitals aus Betriebsüberschüssen fand nur in 4 von 19 Fällen statt.

§ 159 a. Bei den Verkehrshäfen an den Binnenschiffahrtsstrassen ist die Rentabilität schon deshalb eine bessere als bei Schiffahrtsstrassen, weil der Hafenbetrieb vielfach schon in den Bereich des eigentlichen Transportgewerbes übergreift und auf positive Verkehrsleistungen ausgedehnt wird, welche unter günstigen Umständen einen Gewinn abwerfen oder wenigstens die Selbstkosten decken. Die Einnahmen der Häfen fliessen nicht nur aus den eigentlichen Schiffahrtsabgaben, sondern zum grossen Theil aus der Verwerthung von Transportvorrichtungen (Krahnen, Kippern u. dergl.) und namentlich von Grundstücken. Beispielsweise verzinsen sich im Ruhrorter Hafen die für eigene Rechnung des Staates betriebenen Kohlenkipper mit 8 bis 9 Proz.; die Einnahmen des Hafens fliessen zum kleineren Theile aus den eigentlichen Schiffahrtsabgaben, während unter den sonstigen Einnahmequellen die Miethen für die Magazinplätze zum Aufstapeln und Mischen der Kohlen eine sehr wichtige Rolle spielen.

Im Allgemeinen wird die Einrichtung und Unterhaltung aller zum Löschen und Laden erforderlichen Einrichtungen, auch die Anlegung der Verkehrshäfen, als eine Obliegenheit der Gemeinden und privaten Uferanlieger betrachtet. Diesem Grundsatze entsprechend sind zahlreiche und bedeutende städtische Häfen eingerichtet worden, wie in neuerer Zeit Magdeburg, Mainz, Cöln, Düsseldorf, Breslau Auch durch private Unternehmung sind einzelne Hafenanlagen, wie in Duisburg, Brahemünde bei Bromberg, Gustavsburg, Aken, Wallwitzhafen entstanden Nur wenige Häfen sind, wie der Ruhrorter, in Staatsbesitz. Die Abgaben für städtische und private Wasserstrassen und Häfen unterstehen überall der Genehmigung der zuständigen Regierungsbehörden und werden innerhalb der für staatliche Anlagen zulässigen Grenzen gehalten. Nähere Zahlen über die finanzielle Lage der Binnenhafenanlagen im Jahre 1900 siehe in Anl. LXXVI (nach Peters a. a. O.).

B. Niederlage-, Krahn- und Waagegeld.

§ 160. Waage-, Krahnen- und Niederlagegebühren sollen nach dem schon angeführten Art. 25 des Zollvereinsvertrags vom 8. Juli

---

[1]) Sie sind der schon erwähnten Peters'schen Denkschrift entnommen.

1867 ebenfalls die zur Unterhaltung und gewöhnlichen Herstellung der Einrichtungen erforderlichen Kosten nicht übersteigen. Für staatliche Niederlagen sind im § 99 des Vereinszollgesetzes ausserdem ganz bestimmte Sätze vorgeschrieben, die nicht überschritten werden dürfen. Im Uebrigen ist die Feststellung des früher gesetzlich geordneten staatlichen Lagergeldes schon durch allerhöchsten Erlass vom 13. Dezember 1828 dem Finanzminister überlassen worden. Wie das Lagergeld selbst wird auch das Entgelt für die Benutzung von Krahnen und Waagen behandelt, die sich auf den Niederlagen und Packhöfen befinden, während sonstige Krahn- und Waagegebühren als Verkehrsabgaben anzusehen sind.

Das Niederlage-, Krahn- und Waagegeld ist von 1890/91 bis 1895/96 ab von 149 382 M. auf 160 716 M. gestiegen. Von 1895/96 ab sind diejenigen Krahnen und Waagen, die sich als Verkehrsanstalten darstellen, auf die Bauverwaltung übergegangen (s. § 161).

C. Behörden für das Verkehrsabgabenwesen.

§ 161. Die Befugniss zur Verleihung des Rechtes auf Erhebung von Verkehrsabgaben und zur Feststellung der Tarife über solche Abgaben ist durch den Allerh. Erl. vom 4. September 1882 (G.-S. S. 360) auf den Minister der öffentlichen Arbeiten und den Finanzminister, bezüglich der Hafenabgaben auf diese und den Minister für Handel und Gewerbe übertragen, welche ihrerseits auf Grund der gleichzeitig gegebenen Ermächtigung für Verkehrsanlagen, Wasserstrassen und Häfen von geringerer Bedeutung die Provinzialbehörden mit hierauf bezüglichen Zuständigkeiten ausgestattet haben.

Was die Verwaltung der Verkehrsabgaben anbelangt, so wurde sie auf Grund der Allerhöchsten Kabinetsordre vom 8. Juni 1825 bis zum 1. April 1875 — mit Ausnahme der inzwischen fortgefallenen Chausseeeinkünfte — sowie die Verwerthung des Fährregals (in der Rheinprovinz des Rechtes auf Ertheilung von Fährkonzessionen) von der Verwaltung der indirekten Steuern besorgt. Mit dem 1. April 1895 ist zufolge der Allerhöchsten Kabinetsordre vom 31. Dezember 1894 die Verwaltung des Verkehrsabgabenwesens einschliesslich der Abgabenerhebung und Verwerthung des Fährregals auf die allgemeine Bauverwaltung, welcher bisher schon die Herstellung und Unterhaltung der Verkehrsanstalten in der Hauptsache oblag, übergegangen. Die Trennung dieser Geschäfte erschwerte nämlich die dauernde Uebersicht über das Verhältniss des Abgabenertrags zu den Herstellungs-, Betriebs- und Unterhaltungskosten und verminderte somit die Sicherheit dafür, dass einem hierbei eintretenden Missverhältnisse rechtzeitig durch Aenderung der Abgabentarife abgeholfen werde. Nur da, wo die Verkehrsabgabenerhebung bei den Amtsstellen der Verwaltung der indirekten Steuern durch die ohnedies erforderlichen

Beamten wahrgenommen werden kann, während die Bauverwaltung besondere Beamte hierfür anstellen müsste, z. B. in den Seehäfen, wird sie in der früheren Weise, jedoch für Rechnung der Bauverwaltung, von der Verwaltung der indirekten Steuern fortgesetzt.

Auf dem Gebiete des Verkehrsabgabewesens ist die Thätigkeit des Finanz-Ministeriums seit dem 1. April 1895 hiernach auf die Mitwirkung bei Erlass der Tarife beschränkt.

(Auch in der Provinzialinstanz findet lediglich bei der Festsetzung, Ernennung oder Aenderung der Verkehrsabgaben eine Mitwirkung der dem Finanzminister unterstellten Provinzialsteuerdirektionen statt, Erl. d. Fin.-Min. v. 9. April 1901 III 2604).

§ 161 a. Dass die Uebertragung der Abgabenerhebung auf die Bauverwaltung der Sache förderlich gewesen ist, zeigt am besten die Entwickelung des Kap. 29 Tit. 7 im Laufe der letzten Jahre.

Der Etatsansatz für die Einnahmen aus Verkehrsabgaben betrug bei der Uebernahme dieses Geschäftszweiges durch die Bauverwaltung 3 300 000 M. Durch Bezollung neuer Verkehrsanlagen, namentlich von Binnenwasserstrassen, ferner durch Erhöhung bestehender Abgabentarife und durch Zunahme des Verkehrs auf bezollten Anlagen bei gleichbleibender Abgabenhöhe ist eine fortlaufende Steigerung der Verkehrseinnahmen eingetreten.

Die Gesammteinnahmen betrugen:

im Jahre 1895 = 3 770 700 M.,		im Jahre 1899 = 5 359 700 M.,
„ „ 1896 = 3 823 400 „		„ „ 1900 = 5 463 100 „
„ „ 1897 = 4 333 500 „		„ „ 1901 = 6 372 100 „
„ „ 1898 = 4 818 100 „		

Die Steigerung trat hauptsächlich ein bei den Hafengeldern und bei den Schleusengeldern.

Es waren nämlich veranschlagt:

	1895/96
Brückengelder	330 000 M.
Fährgelder	120 000 „
Hafengelder	1 300 000 „
Schleusengelder von Strömen und Kanälen	1 450 000 „
Andere Strom- und Kanalgefälle und sonstige Einnahmen	100 000 „
Summe . . .	3 300 000 M.

Dagegen waren eingekommen 1901:

Brückengelder	320 800 M.
Fährgelder	125 300 „
Hafengelder in Binnenhäfen	322 400 „
„ „ Seehäfen	2 020 700 „
Schleusengelder, sowie andere Strom- und Kanalgefälle	3 582 900 „
Summe . . .	6 372 100 M.

Von dem Betrage für Schleusengelder u. s. w. entfielen wieder auf die einzelnen Wasserstrassen:

Wasserstrasse zwischen Pregel und Memel	47 100 M.
Oberländischen Kanal	9 600 „
Weichsel-Haffkanal und Elbinger Weichsel	32 600 „
Wasserstrasse zwischen Weichsel und Warthe	522 900 „
Märkische Wasserstrassen — mit Ausnahme der Berliner Wasserstrassen und des Ihle-Plaue-Kanals	1 850 800 „
Berliner Wasserstrassen	353 700 „
Ihle-Plaue-Kanal	174 300 „
Ueckerkanal und Ueckerfluss	8 700 „
Obere Oder	261 600 „
Kanalisirte Saale und Unstrut	24 500 „
Dortmund-Emskanal	123 700 „
Kanalisirter Main	113 400 „
Kanalisirte Saar	28 300 „
Verschiedene kleinere Gewässer und zur Abrundung	31 700 „
Summe . . .	3 582 900 M.

Baupolizeigebühren.

§ 162. *Kap. 28 Tit. 8* der Einnahme: Baupolizeigebühren 372 300 Mark. Nachdem durch § 6 des Kommunalabgaben-Gesetzes vom 14. Juli 1893 den Gemeinden die Befugniss verliehen worden ist, für die Beaufsichtigung von Neubauten, Umbauten und anderen baulichen Herstellungen Gebühren zu erheben, erschien es billig, die gleiche Befugniss für den Fiskus in den Gemeinden und Landestheilen einzuführen, in denen die Baupolizei durch Staatsbeamte verwaltet wird. Es sind daher die Minister der öffentlichen Arbeiten, des Innern und der Finanzen durch Allerh. Erl. v. 30. Dez. 1895 zur Feststellung von Tarifen ermächtigt worden, auf Grund deren für die Staatskasse solche Gebühren erhoben werden. Solche Tarife sind bisher für Berlin, Charlottenburg, Schöneberg, Rixdorf, Königsberg, Danzig, Potsdam, Cassel, Marburg, Fulda, Wiesbaden und die Vororte von Kiel, sowie neuerdings auch für Koblenz, Saarbrücken, St. Johann und Malstatt-Burbach aufgestellt worden. Die Einnahmen an Baupolizeigebühren wurden zum ersten Mal 1896/97 mit 300 000 M. eingestellt und später bis auf 400 000 M. erhöht, im Jahre 1902 aber wieder auf 372 300 M. vermindert.

An dieser Summe sind betheiligt die Gemeinden:

Stadtkreis Königsberg		21 700 M	
„ Danzig		28 500 „	
„ Berlin		176 100 „	262 600 M.
„ Charlottenburg		39 700 „	
„ Schöneberg		31 200 „	
„ Rixdorf		15 600 „	
„ Potsdam		5 000 „	
Stadt Cassel .			
„ Marburg		18 100 „	die Einzelsummen sind hier nicht bekannt
„ Fulda .			

Stadtkreis Wiesbaden	15 700 M.	
Reg.-Bez. Schleswig	2 400 „	(Vororte von Kiel)
Stadtkreis Koblenz	8 000 „	
Saarbrücken ... St. Johann und Malstatt-Burbach	10 300 „	
Summe	372 300 M.	

Hinsichtlich der Höhe der Gebührensätze werden nach der bisherigen Verwaltungspraxis 3 Gruppen von Städten unterschieden: 1. Die Stadtkreise Berlin, Charlottenburg, Schöneberg, Rixdorf, Königsberg, Danzig, Potsdam, Cassel, Vororte von Kiel und Stadtkreis Koblenz; 2. Stadtkreis Wiesbaden; 3. Städte Marburg und Fulda. Die Gebühren betragen bei Neu-, Um- und Erweiterungsbauten[1]) in den verschiedenen Gruppen:

	1.	2.	3.
Für 100 cbm Raum	2 M.	1,75 M.	1 M.
und mindestens	30 „	20 „	5 „
Bei Neubauten u. s. w. von untergeordneter Bedeutung	1 „	0,75 „	0,50 „
und mindestens	10 „	5 „	3 „
Bei sonstigen baulichen Herstellungen	5 „	5 „	3 „

Ausserdem gelten noch besondere Sätze für Nachtragsprojekte, gesonderte Rohbau- und Gebrauchsabnahme, Verlängerung des Bauscheines u. s. w.

Gebühren für Reichs-, Staats-, königliche Hofbauten werden nicht erhoben.

Bauleitungskosten.

§ 163. *Kap. 28 Tit. 9* der Einnahme. Beiträge zur Deckung von Bauleitungskosten 300 000 M.

Dieser Titel steht erst seit 1898/99 auf dem Etat der Bauverwaltung.

Zur Vereinfachung der Veranschlagung und Abrechnungen von Bauarbeiten, mittelbar aber auch zur Herbeiführung gleichmässiger Grundsätze hinsichlich der Annahme von Hülfskräften u. s. w. ist vom Jahre 1898 ab in der Verrechnung der Bauleitungskosten eine Aenderung dahin eingeführt, dass die Ausgaben für die Besoldung der bei Vorarbeiten oder bei Bauausführungen beschäftigten Regierungs-Baumeister, Regierungs-Bauführer und Techniker, sowie die Ausgaben für die Unterhaltung der Baubureaus nicht mehr den einzelnen Baufonds zur Last gelegt, sondern bei den allgemeinen Besoldungstiteln oder den sächlichen Fonds des Etats der allgemeinen Bauverwaltung verausgabt werden. Es findet somit in den Anschlägen über Bauausführungen der allgemeinen Bauverwaltung eine Berücksichtigung der vorgedachten Bauleitungskosten nicht mehr, wie bisher statt.

[1]) Erheblicherer Art.

Es wurden vielmehr von 1898/99 an die Bezüge der etatsmässigen (sog. fliegenden) bei Bauausführungen beschäftigten Beamten bei den allgemeinen Besoldungstiteln (Kap. 65 Tit. 1, 2, 3 u. s. w.) ausgebracht. Für die nur remuneratorisch Beschäftigten wurden neue Fonds geschaffen (Kap. 65 Tit. 10a, 10b. s. bei diesen Titeln Näheres).

Diese etatsmässige Neuregelung der Bauleitungskosten hat gleichzeitig auch eine Veränderung der sächlichen Ausgabekosten (Kap. 65 Tit. 13a, 13b) zur Folge gehabt, worüber bei diesen Titeln das Nähere zu finden ist.

Die gesammten in diesen Titeln enthaltenen Bauleitungskosten — wobei die Ausgaben für etatsmässige bei Bauleitungen thätige Beamte noch nicht einbegriffen sind — betrugen für 1902 etwa 3 Mill. M.

Demgegenüber erscheint die in Kap. 28 Tit. 9 der Einnahme eingestellte Summe an Beiträgen zur Deckung von Bauleitungskosten mit 300000 M. sehr gering. Im ersten Jahre der Neuregelung war hier ein weitaus höherer Betrag (2600000 M.) ausgeworfen. Der Grund dieser Differenz war folgender:

Diese Summe war in der Weise ermittelt worden, dass von allen Baukostenausgaben für die schwebenden Bauten 6 Proz. als Bauleitungskosten in Ansatz gebracht wurden, welche von den Privatbetheiligten oder von den betheiligten Staatsressorts zum vorliegenden Etatstitel der Bauverwaltung zur Deckung des erhöhten Ordinariums (Kap. 65 Tit. 1ff., 10a, 10b, 13a, 13b) erstattet werden sollten.

Schon im Jahre 1899 wurde aber an Stelle jener 2600000 M. nur ein Betrag von 300000 M. auf Grund einer zwischen der Oberrechnungskammer, der Finanzverwaltung und der allgemeinen Bauverwaltung getroffenen, von den übrigen Ressorts gebilligten Vereinbarung eingestellt. Diese 300000 M. enthalten danach nur die Beiträge aus Anleihefonds und der Interessenten, während von den anderen Ressorts eine Erstattung der Bauleitungskosten überhaupt nicht mehr stattfindet, sondern von vornherein der Baukostenbetrag in dem Extraordinarium der betreffenden Ressortetats um die Bauleitungskosten gekürzt aufgeführt wird.

Die Vereinbarung hatte folgenden Inhalt:

1. Bei den Bauten aus dem Ordinarium der allgemeinen Bauverwaltung und dem Extraordinarium aller Ressorts — mit Ausnahme der Berg-, Eisenbahn-, Meliorations- und Militär-Bauverwaltung — sowie bei den ausschliesslich aus dem Patronatsbaufonds bestrittenen Bauten findet eine Veranschlagung der Bauleitungskosten und daher auch eine Erstattung von Beiträgen aus Baufonds zu den Bauleitungskosten nicht mehr statt.

Die in das Extraordinarium des Etats neu einzustellenden Baufonds und Bauraten enthalten demnach vom 1. April 1899 ab keine Bauleitungskosten mehr, sondern sind vielmehr entsprechend niedriger veranschlagt.

2. Bei den aus Anleihefonds bestrittenen Bauten wird, um die Herstellung des Gleichgewichts in dem mit den Kosten der Bauleitung belasteten Ordinarium nicht zu erschweren, das Erstattungsverfahren beibehalten.

3 Interessenten, für deren alleinige Rechnung Bauten durch die staatliche Bauverwaltung ausgeführt werden, haben die Staatskasse durch Zahlung des prozentualen Beitrags schadlos zu halten. Dies trifft auch dann zu, wenn zu derartigen Bauten ein fester Zuschuss aus der Staatskasse bewilligt worden ist.

4. Bei Bauten für gemeinschaftliche Rechnung des Staates und von Interessenten trägt der Staat zunächst die gesammten Bauleitungskosten. Die Interessenten haben indessen den auf sie entfallenden Betrag derselben durch Zahlung des nach ihrem Baukostenantheil zu berechnenden prozentualen Beitrages zu erstatten.

5. Bei Bauten, deren Kosten nicht aus dem Ordinarium der Bauverwaltung, sondern aus Fonds des Ordinariums der übrigen Ressorts — mit Ausnahme der Berg-, Eisenbahn-, Meliorations- und Militär-Bauverwaltung und des Patronatsbaufonds — entnommen werden, verbleibt die Deckung der sächlichen Bauleitungskosten den Baufonds, während die persönlichen Kosten der Bauleitung das Ordinarium der allgemeinen Bauverwaltung trägt. Auch hier ist von der Einführung des Erstattungsverfahrens, sowie wegen der Geringfügigkeit der in Frage kommenden Beträge von der Kürzung dieser Baufonds abgesehen worden.

Bei Gelegenheit der Berathung des Komptabilitätsgesetzes vom 11. Mai 1898 (G.-S. S. 77) lag ein Antrag vor, gesetzlich auszusprechen, dass „Bewilligungen an Beamte aus den durch Spezialetats oder durch besondere Gesetze bereitgestellten Baufonds unzulässig seien“, doch wurde davon Abstand genommen, da die Staatsregierung die Neuregelung hinsichtlich der Bauleitungskosten zunächst noch als einen Versuch hinstellt.

Dritter Hauptabschnitt.

Laufende Ausgaben.

I. Abschnitt.

Allgemeines.

§ 164. Ein Vergleich der gegenwärtigen Zahlen des Etats der Bauverwaltung mit der Zeit vor Ende der 70er Jahre hat nicht nur aus dem Grunde, weil bis 1879/80 die Einnahmen und Ausgaben der Bauverwaltung mit denjenigen der Handels- und Gewerbeverwaltung vermischt waren, sondern auch wegen der schon in der Einleitung (§ 153) hervorgehobenen Thatsache, dass seit Mitte der 70er Jahre der frühere Hauptposten der Ausgaben, die Kosten für das Chausseewesen, seit 1875 fortgefallen ist, nur geringen Werth.

Seit 1880/81[1]) bis 1902 sind die laufenden Ausgaben gestiegen von 16 658 603 M. auf 33 270 379 M., also auf etwa das Doppelte.

Geht man auf die Hauptausgabegruppen ein, so bietet die Eintheilung des Bauetats selbst hierfür keinen geeigneten Vorgang. Der Etat unterscheidet nur 3 Hauptgruppen: 1. Ministerium; 2. Bauverwaltung (sc. in den Provinzen) und 3. Vermischte Ausgaben. Die beiden erstgenannten Hauptgruppen werden wieder je in 4 Untergruppen zerlegt: a) Besoldungen, b) Wohnungsgeldzuschüsse, c) andere persönliche Ausgaben, d) sächliche Ausgaben.

Während aber unter den sächlichen Ausgaben zu 1. Ministerium nur solche verstanden werden, die sich auf den eigentlichen sachlichen Dienstbedarf für das Beamtenpersonal (Bureau-, Reisekosten, Kosten für Unterhaltung der Dienstgebäude) beziehen, enthält die Rubrik „Sächliche Kosten“ bei No. 2 (Bauverwaltung sc. in den Provinzen) auch alle diejenigen sächlichen Kosten, welche regierungsseitig zur Ausführung der vom Staate oder von Dritten herzustellenden Hoch- und Wasserbauten, also auch für Baumaterialien, Arbeitslöhne, Grunderwerb u. s. w. bereit gestellt werden.

---

[1]) Die Zahlen des Etats für 1880/81 an Stelle derjenigen des Etats für 1879/80 wurden gewählt, weil damals für sehr wichtige Etatsposten eine anderweitige Eintheilung bestand, als seit 1880/81, s. § 220.

Für eine zweckmässige Vergleichung der gegenwärtigen Etatszahlen mit denjenigen von 1880/81 erscheint es aber richtig, gerade die sächlichen Kosten in dem letzterwähnten Sinne besonders aus den Gesammtausgaben herauszuheben. Die hier in Betracht kommenden Tit. 14 bis 18 a des Kap. 65 machten im Jahre 1880/81 zusammen 10 561 068 M., 1902 aber 18 892 740 M. aus, also 55 Proz. des gesammten Bauetats.

Unterscheidet man dabei wieder Hoch-, Wasser- und Wegebauten, so ergeben sich folgende Ziffern (Mark):

	1880/81	1902
Hochbauten (Tit. 14)	346 066	393 845
Wasserbauten (Tit. 15—17)	9 391 574	18 143 895
Wegebauten (Tit. 18)[1]	823 428	360 000[2]

Bei weitem der Haupttheil des Mehrs an sächlichen Kosten fällt hiernach denjenigen für Wasserbauten zu.

Aus dieser viel stärkeren Vermehrung der laufenden Kosten für Wasserbauten gegenüber den Hochbauten darf indessen nicht geschlossen werden, dass nicht auch auf hochbaulichem Gebiete im Laufe der beiden letzten Dezennien eine sehr gesteigerte finanzielle und bautechnische Mehrleistung von Seiten der Staatsverwaltung stattgefunden hat. Der allgemeine Bauetat giebt nur über diesen Punkt eine weniger erschöpfende Auskunft, weil die sachlichen Kosten für Staatshochbauten auf den Etats verschiedener Ressorts verstreut sind und nur zum Theil durch den Bauetat laufen. Siehe das Nähere hierüber in § 210 ff. Aus den dort angeführten Zahlen geht hervor, dass von 1878 bis 1900 im Ganzen für Herstellung von Hochbauten auf den Gebieten aller in Betracht kommenden Ressorts an sächlichen Mitteln rund 348 Millionen Mark verausgabt sind.

Für Herstellung von Wasserbauten (abgesehen von kleineren, aus den Ordinarienfonds zu deckenden Bauten) wurden nach §§ 234, 265, 267 extraordinär und ausseretatsmässig verausgabt in der Zeit von 1880 bis 1901 (Mark) für:

	1880—89	1890—1901	zusammen
a) Seeschifffahrtsanlagen	39 809 300	110 534 500	150 343 800
b) Binnenschifffahrtsanlagen	108 321 000	198 916 000	307 237 000
zusammen	148 130 300	309 450 500	**457 580 800**

Der für Herstellung von Wasserbauten[3]) in den beiden letzten Dezennien aufgewendete Betrag ist hiernach nur um rund 100 Mill. M. oder um 30 Proz. höher, als derjenige für Hochbauten.

---

[1]) Tit. 18 a bezieht sich auf alle 3 Arten von Bauten. Im Jahre 1880/81 existirte dieser Titel noch nicht. Er konnte hier ohne wesentlichen Nachtheil für die Rechnung unberücksichtigt bleiben.

[2]) s. Anm. 4 auf S. 1162.

[3]) Abgesehen natürlich von den auf dem Etat des Landwirthschaftsministeriums

§ 165. Entsprechend den in § 164 hervorgehobenen Gesichtspunkten werden auch im folgenden die für das staatliche Baupersonal und die für sächliche Bauzwecke in dem Etat der Bauverwaltung vorhandenen Ausgabeposten gesondert behandelt, im Uebrigen aber die Reihenfolge und Eintheilung des Staatshaushaltsetats thunlichst beibehalten werden. Es folgen daher zunächst Abschnitt II. (Centralverwaltung), III. (Provinzialverwaltungen), IV. (Sächliche Fonds für Hochbau-, Wasser-, Wegewesen), V. (Vermischte Ausgaben), VI. (Ruhrschiffahrts- und Ruhrhafenverwaltung).

II. Abschnitt.

Centralverwaltung.

Entwickelung.

§ 165a. Das Ministerium der öffentlichen Arbeiten ist als selbstständiges Ministerium durch Allerh. Erl. v. 7. Aug. 1878 (G.-S. 1879 S. 25) eingerichtet worden.

Durch diesen Erlass wurde nämlich das bisherige Ministerium für Handel, Gewerbe und öffentliche Arbeiten in zwei getrennte Ministerien in der Weise getheilt, dass für die Verwaltung der Angelegenheiten von Handel und Gewerbe ein besonderes „Ministerium für Handel und Gewerbe" und für die Verwaltung der übrigen, bisher im Ministerium für Handel, Gewerbe und öffentliche Arbeiten vereinigten Verwaltungszweige ein besonderes Ministerium mit der Bezeichnung „Ministerium der öffentlichen Arbeiten" errichtet worden ist. Das Gesetz v. 13. März 1879 (G.-S. S. 123) hat demnächst im Art. II vorgeschrieben, dass die gesetzlichen Bestimmungen über die Zuständigkeiten des Ministers für Handel, Gewerbe und öffentliche Arbeiten dahin abgeändert werden, dass in Beziehung auf die Handels- und Gewerbeangelegenheiten der Minister für Handel und Gewerbe, im Uebrigen der Minister der öffentlichen Arbeiten an die Stelle desselben tritt.

Das Ministerium der öffentlichen Arbeiten bestand seitdem unter der oberen Leitung seines verantwortlichen Chefs, aus vier Abtheilungen, nämlich a) der Abtheilung für Berg-, Hütten- und Salinenwesen, b) der Abtheilung für Verwaltung der Staatseisenbahnen, c) der Abtheilung für Verwaltung des Bauwesens, und d) der Abtheilung für die Staatsaufsicht über die Privateisenbahnen.

Die Abtheilung für Berg-, Hütten- und Salinenwesen wurde späterhin durch Erl. v. 17. Febr. 1890 (G.-S. S. 35) auf das Ministerium für

---

stehenden wasserwirthschaftlichen Bauanlagen, welche nach dem in Bd. II Buch II §§ 154—158a Gesagten für die letzten 2 Dezennien ebenfalls auf 80 bis 100 Mill. M. zu schätzen sind.

[4]) Wegen des Rückganges der Ausgaben für Wegebauzwecke muss auf das in §§ 269 ff. Gesagte verwiesen werden.

Handel und Gewerbe zurück übertragen. Die beiden Eisenbahnabtheilungen wurden dagegen am 1. Juli 1889 in vier neue Abtheilungen umgewandelt.

Die Aufgabe und Organisation und Zusammensetzung der Ministerialabtheilungen für das Eisenbahnwesen haben bereits in Bd. I Buch VII § 196 ihre Erörterung gefunden.

Im vorliegenden Buche ist daher nur die Abtheilung für Verwaltung des Bauwesens zu behandeln.

§ 166. Der älteste Vorläufer der heutigen Bauabtheilung war das 1770 eingerichtete „Oberbaudepartement des Generaldirektoriums". Durch Publikandum vom 16. Dez. 1808 wurde diese Behörde nebst dem ihr zugetheilten „Hofbauamt" dem Ministerium des Innern (Sektion der Gewerbepolizei) untergeordnet. Eine „technische Baudeputation" fungirte von da an nur als eine berathende Behörde, die allerdings zugleich die Prüfungen für „Baukünstler und Feldmesser" vorzunehmen hatte.

Als durch K.-O. v. 6. Juni u. 13. Dez. 1837 u. 11. Jan. 1838 G.-S. 10) die Gewerbesektion des Ministeriums des Innern aufgelöst wurde, ging die Leitung des gesammten, nicht von speziellen Ressorts abhängigen Bauwesens, ausschliesslich der dem Minister des Innern verbleibenden Baupolizei, an das Finanzministerium[1]) über, welchem dann auch die Oberbaudeputation untergeordnet wurde.

Nachdem in Folge des Allerh. Erl. v. 17. April 1848 die Verwaltung des öffentlichen Bauwesens dem Minister des Innern wieder abgenommen und auf das Ministerium für Handel, Gewerbe und öffentliche Arbeiten übergegangen war, wurde eine neue Organisation der oberen Verwaltung des Bauwesens für erforderlich erachtet und durch den Allerh. Erl. v. 14. Jan. 1850 nebst dadurch bestätigter Verordnung des Staatsministeriums v. 22. Dez. 1849 (G.-S. 1850 S. 13 ff.) angeordnet. Dadurch wurde die bisherige Oberbaudeputation aufgelöst, und die von ihr wahrgenommenen Geschäfte wurden der Abtheilung für das Bauwesen im Ministerium für Handel, Gewerbe und öffentliche Arbeiten (jetzt Ministerium der öffentlichen Arbeiten) übertragen (Einrichtung einer technischen Baudeputation s. § 167).

Der Geschäftskreis wurde späterhin mehrfach ergänzt und erweitert.

§ 167. Gegenwärtig gehören zum Geschäftskreise der Bau-Abtheilung — unbeschadet der Mitwirkung anderer Ministerien nach Massgabe ihrer sachlichen Betheiligung — folgende Angelegenheiten:

1. die Aufstellung und Ausführung des Etats der allgemeinen Bauverwaltung; 2. die Personalangelegenheiten und die Ueberwachung der Geschäftsführung der Beamten der allgemeinen Bauverwaltung;

---

[1]) Welchem inzwischen bereits durch K.-O. v. 4. April 1837 G.-S. S. 40 die Verwaltung des Handels-, Fabrik- und Bauwesens zugetheilt worden war.

3. die Ausbildung und Prüfung der Anwärter für den höheren Staatsdienst im Baufach in Gemeinschaft mit den Eisenbahnabtheilungen; 4. die Förderung der Ausbildung und weiteren Entwickelung des Baufachs in technischer, wissenschaftlicher und künstlerischer Hinsicht; 5. die Bearbeitung und Förderung der Herausgabe von statistischen und kartographischen Werken in Bezug auf das der Bauverwaltung unterstehende Verkehrswesen; 6. die Feststellung der Entwürfe und Anschläge zu den staatlichen Hochbauten sämmtlicher Ressorts in dem durch den Allerh. Erl. vom 31. Mai 1880 vorgeschriebenen Umfange, (s. unter § 206), soweit nicht hinsichlich der Eisenbahnbauten, der Bauten an Pfarreien, Küstereien, Volksschulen, der gewöhnlichen Hochbausachen auf Domänen- und Forstgrundstücken, der fiskalischen Bäder- und Gestütsverwaltung und der Bauten der Bergverwaltung Ausnahmen mit den betreffenden Ressorts vereinbart sind; 7. die obere Leitung und Ueberwachung der Ausführung aller staatlichen Hochbauten, für welche die Baupläne von der Abtheilung festgestellt sind; 8. die Fürsorge für die öffentlichen Flüsse, insbesondere die bauliche Unterhaltung und Verbesserung der schiffbaren Flüsse und sonstigen öffentlichen Gewässer; 9. die Anlage und Unterhaltung staatlicher Schiffahrtskanäle; 10. die Herstellung und Unterhaltung der Schutzhäfen und der staatlichen Verkehrshäfen an den Binnenwasserstrassen; 11. die Unterhaltung und Verbesserung der Seeschiffahrtsverbindungen und Seehäfen, insbesondere das Seezeichenwesen; 12. die Seeschutzbauten einschliesslich der Unterhaltung und Ausbildung der Vordünen (zum Theil auch der Binnendünen); 13. die Unterhaltung der wegefiskalischen Wege, Brücken und Fähren und die staatliche Oberaufsicht über das gesammte Wegewesen, einschliesslich der Wegepolizei; 14. die Baupolizei; 15. Enteignungssachen, soweit deren Bearbeitung nicht durch die Eisenbahnabtheilungen oder in Gemeinschaft mit ihnen erfolgt; 16. die Fluchtlinienfestsetzung in Berlin, Potsdam, Charlottenburg und deren nächster Umgebung; 17. die Verwaltung der Verkehrsabgaben; Allerh. Erl. v. 31. Dez. 1894; 18. die Kleinbahnangelegenheiten, soweit sie nicht in Gemeinschaft mit den Eisenbahnabtheilungen bearbeitet werden[1]).

Eine Mitwirkung der allgemeinen Bauverwaltung in ihrer Eigenschaft als allgemeines Ressort für sämmtliche ihr nicht durch besondere Bestimmung entzogene Hoch- und Ingenieurbausachen erfolgt:

19. in Schiffahrtsangelegenheiten und bei der Wahrnehmung der Strom- und Schiffahrtspolizei; 20. bei der Abwendung und Bekämpfung von Hochwasser- und Eisgefahren; 21. in Deichangelegenheiten für den Bereich der schiffbaren Flüsse; 22. bei Meliorationen; 23. bei allgemeinen Entwässerungsanlagen von Ortschaften (Erl. v. 1. Sept. 1877, 8. Sept. 1886 u. 30. März 1896); 24. bei der Anlage und Beaufsichtigung von Thalsperren u. s. w.

---

[1]) d i. soweit die Bahnen ganz oder zum Theil mit Maschinenkraft betrieben werden.

Ausserdem ist der Abtheilung die Mitwirkung bei der Prüfung der Entwürfe und Kostenanschläge zu den wichtigeren Reichsbauten — sowohl auf dem Gebiete des Hochbau- wie des Ingenieurbaufaches — in dem für die preussischen Staatsbauten vorgeschriebenen Umfange übertragen. Hinsichtlich der Bauten der Reichspostverwaltung erstreckte sich die Mitwirkung jedoch nur bis zum Jahre 1891.

Zusammensetzung.

§ 168. An der Spitze des seit 1879 selbstständigen Ministeriums der öffentlichen Arbeiten und damit auch der Abtheilung für das Bauwesen steht ein nach Art. 61 der Verf.-Urkunde vom 31. Jan. 1850 verantwortlicher Minister. Namen und Amtsdauer der bisherigen Minister der öffentlichen Arbeiten sind folgende:

v. Maybach von der Einrichtung (1. April 1879) bis 20. Juni 1891,
v. Thielen vom 21. Juni 1891 bis 23. Juni 1902,
Budde seit 24. Juni 1902.

Dem Minister zur Seite steht zunächst ein Ministerialdirektor. Unter den Räthen, deren Zahl gegenwärtig (1902) 26[1]) beträgt, nehmen wiederum 2 eine bevorzugte Stellung ein, die beiden Oberbaudirektoren.

Seit 1882/83 sind nämlich 2 vortragenden Räthen mit dem Charakter als Oberbaudirektoren und dem Rang von Räthen 1. Klasse die Korrevisionen der bautechnischen Sachen in der Weise übertragen, dass der eine als Korrevisor für die Angelegenheiten des Hochbaus, der andere für diejenigen des Ingenieurwesens thäthig ist. Zugleich ist denselben die Leitung der technischen Konferenzen übertragen, in denen unter jedesmaliger Mitwirkung der bautechnischen Räthe der übrigen Ministerien, deren Bauprojekte in der Bauabtheilung zur Feststellung gelangen, die wichtigeren Baupläne und technischen Fragen anderer Art zum Vortrage und zur gemeinsamen Erörterung gebracht werden.

Ausser den 26 vortragenden Räthen sind — abgesehen von den in besonderen Centralinstituten beschäftigten Beamten s. §§ 169 ff. — ein ständiger maschinenbautechnischer Hülfsarbeiter, administrative sowie 11 nicht ständige technische Hülfsarbeiter im Ministerium thätig.[2])

Die Scheidung der übrigen Beamten erfolgt, wie in allen Ministerien in Bureau-, Kanzlei- und Unterbeamte. An Bureaubeamten sind vorhanden — wieder abgesehen von den in §§ 169 ff. erwähnten Instituten

---

[1]) Davon haben 8 eine Justiz- oder verwaltungsrechtliche und 18 eine technische Vorbildung.

[2]) Der Etatsentwurf für 1903 sieht mehrfache Aenderungen vor. Die gegenwärtige Bauabtheilung soll danach in eine Abtheilung für den Wasserbau und eine solche für den Hochbau und die übrigen nicht zu den eigentlichen Wasserbausachen gehörigen Geschäftszweige der allgemeinen Bauverwaltung (Wegewesen, Baupolizei, Kleinbahn-Angelegenheiten u. s. w.) zerlegt, an die Spitze der gesammten Verwaltung und zugleich der Abtheilung für den Wasserbau ein Unterstaatssekretär und an die Spitze der anderen Abtheilung ein aus der Reihe der vortragenden Räthe zu entnehmender Ministerial-Direktor gestellt werden. Die Zahl der vortragenden Räthe wird auf 28 vermehrt.

— 1 Vorsteher des Centralbureaus, 55 expedirende Sekretäre, Kalkulatoren, Revisoren, Registratoren, Beamten für die Kartensammlung und 1 Kanzleidirektor.

Die Klasse der auf dem Bauetat stehenden Kanzleibeamten besteht aus 18 Kanzleisekretären, der Unterbeamten aus 32 Personen.

Bautechnisches Bureau.

§ 169. Die im Laufe der Zeit dauernd gewachsene Ausdehnung der bautechnischen Geschäfte hatte es nothwendig gemacht, dass, während den technischen Räthen der Bauverwaltung früher 4 Bauinspektoren als ständige und ausserdem nach Erforderniss einige Baumeister und Bauführer als zeitweilige Hülfsarbeiter zugewiesen waren, vom 1. April 1880 ab nach dem bewährten Vorgange der Eisenbahnverwaltung ein förmliches bautechnisches Bureau eingerichtet und an dessen Spitze ein mit den Verwaltungsgrundsätzen vertrauter Vorsteher aus der Reihe der Regierungs- und Bauräthe gestellt wurde. Im Laufe der 90er Jahre fand eine Theilung dieses Bureaus in zwei selbständige Abtheilungen für Hochbau und Wasserbau statt. Die Zahl der Beamten beträgt gegenwärtig je 2 Regierungs- und Bauräthe als Vorsteher, 4 Bauinspektoren, 2 Reg.-Bausekretäre, 1 Zeichner. Die Besoldungen für diese Beamten nahmen 1902 36 600 M. in Anspruch.

Akademie des Bauwesens.[1])

§ 170. Die auf Grund der unter dem 14. Jan. 1850 Allerh. genehmigten Verordnung des Staatsministeriums über die obere Verwaltung des Bauwesens vom 22. Dez. 1849 (G.-S. 1850 S. 13—16) errichtete technische Baudeputation, die dazu bestimmt sein sollte, das gesammte Baufach in künstlerischer und wissenschaftlicher Hinsicht würdig zu repräsentiren, grosse öffentliche Bauunternehmungen in baulich technischer Beziehung zu beurtheilen, die Anwendung allgemeiner Grundsätze im öffentlichen Bauwesen zu berathen, neue Erfahrungen und Vorschläge in künstlerischer, wissenschaftlicher und baulich-technischer Beziehung zu begutachten und für weitere Ausbildung des Baufachs Sorge zu tragen, hatte, wohl zum grössten Theile in Folge ihrer Einrichtung und Zusammensetzung, nicht vermocht, ihrem Wirken diejenigen Anerkennung und ihren technischen Gutachten diejenige Autorität zu erringen, welche für eine gedeihliche Wirksamkeit nothwendig ist. Eine Umbildung dieser Behörde erschien deshalb unvermeidlich. Es ist daher die technische Baudeputation aufgelöst und eine neue Behörde durch den Allerh. Erl. v. 7. Mai 1880 als Akademie des Bauwesens begründet worden, die mit dem 1. Okt. 1880 in Wirksamkeit getreten ist. Auf Grund des vorerwähnten Allerh.

[1]) Nicht zu verwechseln mit der früheren Bauakademie, einer Unterrichtsanstalt und Vorläuferin der Technischen Hochschule (Bd. II Buch I §§ 176 ff.).

Erlasses sind sodann die näheren Bestimmungen zu dessen Ausführung durch eine unterm 27. Aug. 1880 erlassene Instruktion getroffen worden. Jene Bestimmungen sind festgestellt worden, nachdem inzwischen durch den Allerh. Erlass an den Reichskanzler vom 7. Juli 1880 genehmigt war, dass bei allen wichtigeren Bauunternehmungen des Reichs eine Beurtheilung durch die Akademie des Bauwesens eintrete, im Wege der Vereinbarung mit den Reichs- und preussischen Staatsverwaltungen diejenigen Bauunternehmungen, welche der Akademie des Bauwesens theils unbedingt in jedem Falle, theils dann, wenn die Kosten für die Hauptanlage mit Ausschluss der Grunderwerbskosten über den Betrag von 750 000 M. hinausgehen, zur Beurtheilung vorzulegen sind.

Die Akademie des Bauwesens ist so zusammengesetzt, dass sie ausser den in jeder Abtheilung vorhandenen fünfzehn ordentlichen Mitgliedern aus siebzehn ausserordentlichen, darunter fünf nichtpreussischen Mitgliedern der Abtheilung für den Hochbau und aus achtzehn ausserordentlichen, darunter dreizehn nichtpreussischen Mitgliedern der Abtheilung für das Ingenieur- und Maschinenwesen besteht.

Bautechnische Centralblätter.

§ 171. Zugleich ist man bestrebt gewesen, die seit dem Jahre 1851 von der Abtheilung für das Bauwesen herausgegebene und zu einer würdigen Vertretung der wissenschaftlichen und künstlerischen Interessen des Bauwesens bestimmte in vierteljährlichen Heften erscheinende Zeitschrift für Bauwesen in höherem Masse als bisher für die Bauverwaltungen aller deutschen Staaten nutzbar zu machen und für Veröffentlichungen besonders hervorragender und lehrreicher Bauten aus denselben zur Verfügung zu stellen.

Sodann ist mit dem 1. April 1881 ein bautechnisches Journal unter dem Titel „Centralblatt der Bauverwaltung" ins Leben getreten, welches öfters und zwar wöchentlich in einer Nummer erscheint, oder wenn, wie dies häufig der Fall ist, der Stoff besonders reichhaltig vorhanden ist, in zwei Nummern mit dem regelmässig jeden Mittwoch und Sonnabend erscheinenden Inseratenanzeiger. Dieses Blatt geht ebenso wie die Zeitschrift für Bauwesen allen Staatsbaubeamten unentgeltlich zu.

Beide Zeitschriften, die seit dem 1. April 1885 derselben, aus einem Bauingenieur und einem Architekten gebildeten Redaktion unterstehen, ergänzen und entlasten sich gegenseitig.

§ 172. Sodann sind in neuerer Zeit 2 zentrale Einrichtungen zum Zwecke besserer Beobachtung der Wasser- und Hochwasserverhältnisse geschaffen worden. Hier kommt erstens in Betracht das Bureau für die Hauptnivellements, sodann die Landesanstalt für Gewässerkunde.

Bureau für die Hauptnivellements.

Bis zum Jahre 1891/92 erfolgte die Ausführung der grossen, einen besonderen Grad von Zuverlässigkeit und Genauigkeit erfordernden Nivellements, welche für die Regulirung der Ströme, für Kanalanlagen, für die Beurtheilung der Hochwasserverhältnisse der Ströme, für Deichanlagen u. s. w. unentbehrlich sind, auf Kosten der allgemeinen Bauverwaltung (aus Kap. 65 Tit. 16) durch die königliche Landesaufnahme und durch Beamte des königlichen Geodätischen Instituts. Die sich hieraus ergebenden Unzuträglichkeiten für beide Stellen führten 1891/92 zur Anstellung eines besonderen Beamten mit dem Range der Reg.- und Bauräthe in der Bauverwaltung, der der Centralstelle angegliedert wurde. 1893/94 wurde ihm ein besonderes Bureau, Assistenten u. s. w. beigegeben und die entstehenden Ausgaben in Kap. 64 Tit. 6a eingestellt.

Die an die Vorbildung zu stellenden Anforderungen haben sich an diejenigen anschliessen müssen, welche an die Beamten des königlichen geodätischen Instituts gestellt werden; ebenso musste die äussere Stellung der hier neu zu schaffenden Beamtenklasse thunlichst derjenigen der Assistenten des oben erwähnten Instituts angepasst werden.

Die Kosten betrugen einschliesslich der Messinstrumente, Reisekosten u. s. w. 23 500 M., ein Betrag, um den Kap. 65 Tit. 16 (siehe oben) entsprechend gekürzt wurde.

Gegenwärtig sind in dem Bureau ausser dem Vorsteher thätig: 3 Assistenten (2400--4200 M.) und 2 Reg.-Bausekretäre. Die Besoldungen für diese Beamten machten allein im Jahre 1902 20 800 M. erforderlich.

Landesanstalt für Gewässerkunde.

§ 173. Diese Einrichtung erscheint 1902 zum ersten Male im Etat[1]). Ihre Aufgabe besteht in der Sammlung, einheitlichen Bearbeitung und Ergänzung der Beobachtungen über den Abflussvorgang bei schiffbaren und nicht schiffbaren Gewässern, sowie Ermittelung der dafür massgebenden Verhältnisse (Wasserstand, Abflussmengen, Eis- und Hochwassererscheinungen, Zusammenhang von Niederschlag, Verdunstung, Versickerung und offenem Abflusse, Grundwasserbewegung und Quellenbildung, Durchlässigkeitsverhältnisse, Einwirkung der Bodenbedeckung, Geschiebe und Sinkstoffführung u. a. m.).

Von gleicher Bedeutung ist die zweite Aufgabe der Anstalt, nämlich die Verwerthung der Untersuchungsergebnisse durch Veröffentlichung und durch Mitwirkung bei der Lösung wasserwirthschaftlicher Fragen aller Art. Die kritisch bearbeiteten Ergebnisse der Untersuchungen sollen in Jahrbüchern veröffentlicht werden, die ausser den in Tabellen und bildlichen Darstellungen mitgetheilten, regelmässigen Beobachtungsergebnisse zusammenfassende, von den Beamten der

---

[2]) Siehe die besondere Denkschrift, Beil. B des Bauetats.

Landesanstalt bearbeitete Abhandlungen aus dem Bereiche der Gewässerkunde bringen. Es erstrecken sich diese Abhandlungen auf alle Fragen, die in den bereits erschienenen hydrographisch-wasserwirthschaftlichen Darstellungen der preussischen Ströme berührt worden sind, und bilden somit eine stetige Ergänzung dieser Werke. Im Zusammenhange mit ihnen sollen die Jahrbücher als zuverlässige, von jedem Sachverständigen zu verwerthende Quelle für die Bearbeitung wasserwirthschaftlicher Aufgaben aller Art dienen.

Die Landesanstalt soll den Ressorts der Minister der öffentlichen Arbeiten und für Landwirthschaft, Domänen und Forsten zur Verfügung stehen, sodann aber auch bei wasserwirthschaftlichen Fragen anderer Ressorts durch Abgabe von Gutachten mitwirken, besonders bei den Fragen der Ausnutzung von Wasserkräften durch Thalsperren und Sammelbecken, der Zulässigkeit des Einlassens von Schmutzwasser in fliessende Wasserläufe u. s. w. Aufträge zur Erstattung von Gutachten werden von den Ministern der öffentlichen Arbeiten und für Landwirthschaft, Domänen und Forsten gemeinsam ertheilt.

Die Landesanstalt ist keine besondere Behörde, sie bildet vielmehr ein Bureau im Ministerium der öffentlichen Arbeiten, in dessen Etat die erforderlichen Mittel ausgebracht werden, und ist eine gemeinschaftliche Einrichtung dieses Ministeriums und des Ministeriums für Landwirthschaft, Domänen und Forsten. Von diesen beiden Ministerien ressortirt ihre gesammte Verwaltung.

Die Leitung der Anstalt ist einem wasserbautechnischen vortragenden Rathe des Ministeriums der öffentlichen Arbeiten übertragen, dem als Abtheilungsvorsteher zwei Regierungs- und Bauräthe des Wasserbaufaches und als weitere Mitarbeiter zwei — im Stellen- und Besoldungsrange der Bauinspektoren stehende — wissenschaftliche Hülfsarbeiter zugetheilt werden.

Ferner sind ein expedirender Sekretär und Kalkulator und für die technischen Arbeiten mehrere besonders geschulte, mittlere technische Beamte erforderlich. Zunächst sollen als ständige Beamte zwei technische Revisoren angestellt werden. Die übrigen technischen Hülfskräfte sind von den Provinzialbehörden der allgemeinen Bauverwaltung und der Meliorations-Bauverwaltung heranzuziehen und kommissarisch zu beschäftigen.

Die Berufung zur Leitung der Landesanstalt erfolgt gemeinschaftlich durch die Minister der öffentlichen Arbeiten und für Landwirthschaft, Domänen und Forsten. Ebenso wird von ihnen über die Besetzung der sonstigen etatsmässigen Stellen und die Heranziehung von Provinzialbeamten als Hülfsarbeitern gemeinschaftlich Verfügung getroffen.

Die Kosten der Einrichtung der Landesanstalt mit Einschluss derjenigen für Bureaubedürfnisse, sowie für Reisekosten, Tagegelder und Versetzungskosten betragen, wie aus den Erläuterungen zu Kap. 64

Tit. 2, 3, 7, 8, 12 und 13 des Etats 1902 erhellt, insgesammt (23 100 + 9000 + 7500 + 20 000 + 20 000 + 4000) = 83 600 M.

Bautechniker bei Gesandtschaften.

§ 174. Zur besseren Erreichung der Aufgaben der erwähnten bautechnischen Blätter ist die Attachirung von Bautechnikern an einzelne diplomatische Vertretungen im Auslande eingeführt. Hierdurch ist es ermöglicht worden, zuverlässigere und vollständigere Nachrichten, wie bisher, über die in anderen Staaten ausgeführten und geplanten besonders wichtigen Bauten und über die dort auf dem Gebiete der Bautechnik gemachten Erfahrungen und Erfindungen zu erhalten. Die Hoffnung, die im Jahre 1882 bei der erstmaligen Forderung und Bewilligung der hierfür nöthigen Mittel gehegt wurde, ist voll in Erfüllung gegangen, und es ist infolgedessen die Erweiterung dieser Einrichtung bei der Landesvertretung auf keinen Widerspruch gestossen (vergl. Abg.-H. Sten. Ber. 1884 S. 652 ff u. 1885 S. 254 ff).

1882/83 wurden bei Kap 64 Tit. 8a 30 000 M (je 15 000 M. für eine Stelle in Paris und Washington) eingestellt, 1884/85 weitere 15 000 M. für eine in London, 1886/87 weitere 2 in Rom und St. Petersburg, sodass sich der Fonds auf 75 000 M erhöhte, 1898/99 kamen 20 000 M. aus formellen Gründen — Uebertragung auf andere Fonds — in Abgang. 1902: 55 000 M.

Ausgaben.

§ 175. *(Kap. 64 der Ausgabe.)* Die gesammten Ausgaben für die Bauabtheilung (einschl. des Gehalts für den Minister, sowie der schon erwähnten Centralinstitute) machten im Jahre 1902 1 271 658 M. aus, wovon auf Besoldungen 698 348 M., Wohnungsgeldzuschüsse 114 300 M., andere persönliche Ausgaben 268 210 M., sächliche Kosten 190 800 M. entfielen. 1880/81 betrugen die gleichen Ausgaben 669 725 M. (400 500 + 63 000 + 128 525 + 77 700 M.). Die Steigerung beträgt also fast das Doppelte, was indess bei der starken Steigerung des Beamtenpersonals nicht Wunder nehmen kann. Die Zahl der vortragenden Räthe war gestiegen von 17 auf 26, der Bureaubeamten[1]) von 31 auf 55 u. s. w.

Ein näheres Eingehen auf die Gehälter der höheren und niederen Ministerialbeamten erübrigt sich hier, da die allgemeinen schon bei früher behandelten Ministerien (vergl. Bd. II Buch I § 23, Buch II § 30) gegebenen Darstellungen auch für die Bauverwaltung zur Anwendung gelangen.

Die von einzelnen höheren Beamten des Ministeriums bezogenen zum Theil pensionsfähigen, zum Theil nicht-pensionsfähigen Zulagen sind in Kap. 64 Tit. 2 aufgeführt.

Ueber die besonderen Institute vergl. das bei diesen Gesagte. Ueber die Gattung der bei diesen vorkommenden Bausekretäre speziell s. § 195a.

[1]) Abgesehen von den besonderen Instituten.

III. Abschnitt.

Provinzialverwaltungen.

A. Höhere Baubeamten.

Vorbildung.

(Kap. 28 Tit. 2 der Einnahme und Kap. 64 Tit. 11 u. 66 Tit. 1 u. 2a der Ausgabe.)

§ 176. Noch die alte preussische Gewerbeordnung v. 17. Jan. 1845 stand auf dem Standpunkte, dass auch Privatbaumeister, welche aus der Leitung von Bauunternehmungen ein Gewerbe machten, eines staatlichen Prüfungszeugnisses bedurften. Nach Erlass der Reichsgewerbeordnung v. 21. Juni 1869 ist eine staatliche Prüfung nur noch für staatliche Baubeamte vorgeschrieben. Allerdings sorgt der Staat indirekt auch heute noch dafür, dass dem Privatpublikum ein genügend geschultes Personal von Baumeistern zur Verfügung steht, indem er die erforderliche Anzahl von Vorbildungsstätten (technische Hochschulen) unterhält (s. Etat des Kultusministeriums Bd. II Buch I § 198). Für die nöthige Ausbildung mittlerer Techniker (Poliere, Maschinenmeister u. s. w.) wird durch Errichtung von Baugewerk-, Maschinenschulen u. s. w. (s. Etat des Handelsministeriums Bd. II Buch IV) Sorge getragen.

Staatliche höhere Baubeamte.

Die Vorschriften für die Vorbildung der staatlichen Baubeamten haben im Laufe der Zeit mehrfach gewechselt.

Die ältesten Vorschriften v. 1. Aug. 1849 und 18. März 1855 gingen davon aus, dass ein jeder angehende Staatsbaubeamte thunlichst in allen Richtungen des Baufaches ausgebildet sein müsse, und kannten je nach dem Ausfalle der Baumeisterprüfung noch eine verschiedene Befähigung für die Verwaltung einer jeden Staatsbau-Beamtenstellung, für die Verwaltung einer Bauinspektorstelle oder nur für die Verwaltung einer Kreisbaumeisterstelle. Seit den späteren Bestimmungen v. 3. Sept. 1868 kann die Prüfung überhaupt nur bestanden oder nicht bestanden werden. Ersterenfalls hängt das Aufrücken in höhere Dienststellen von der Bewährung in den unteren Stellen ab, letzterenfalls ist überhaupt eine jede Anstellung ausgeschlossen.

Durch die weiteren Vorschriften v. 27. Juni 1876 wurde sodann die Trennung des Baufaches in die drei Hauptvorrichtungen des Hoch-, des Ingenieur- und des Maschinenwesens durchgeführt. Zugleich wurde ein 4jähriges akademisches Studium mit Abschlussprüfung und darnach eine 2jährige praktische Vorbereitungszeit mit nachfolgender 2. Prüfung vorgeschrieben. Durch die unterm 6. Juli 1886 erlassenen Vorschriften über die Ausbildung und Prüfung für den Staatsdienst im Baufache trat eine Verlängerung der bisherigen zweijährigen praktischen Vorbereitung der Kandidaten des Baufachs um ein drittes Jahr ein. Eine Verbesserung des Prüfungswesens fand auch insofern statt, als eine Theilung der früheren (ersten) Bauführerprüfung in die inmitten des vierjährigen akademischen Studiums gelegte Vorprüfung und in die nach abgeschlossenem Studium stattfindende (erste) Hauptprüfung erfolgte und als ferner auf eine noch strengere Durchführung der drei Prüfungen nach den drei Fachrichtungen gehalten wurde.

Mit der Abnahme der Vorprüfung und der ersten Hauptprüfung wurden die am Sitze der drei technischen Hochschulen eingesetzten, den bisherigen Prüfungskommissionen im Wesentlichen nachgebildeten technischen Prüfungsämter betraut.

Jedes Prüfungsamt zerfällt in zwei Abtheilungen, nämlich:

Abtheilung I für die Vorprüfung, und Abtheilung II für die erste Hauptprüfung.

Es besteht aus einem Vorsitzenden, zwei Stellvertretern, die zugleich Vorsteher der Abtheilungen sind, und den für die Abhaltung der Prüfungen erforderlichen Mitgliedern.

Der Vorsitzende, die Stellvertreter und die Mitglieder werden vom Minister der öffentlichen Arbeiten auf die Dauer von je drei Jahren ernannt. Die zweite Hauptprüfung liegt in der Hand des technischen Oberprüfungsamts in Berlin. Beide erhielten Geschäftsordnungen unter dem 20. März bezw. 12. April 1887.

Das Oberprüfungsamt besteht aus einem vom Könige ernannten Präsidenten, seinem ständigen Stellvertreter und der für die Prüfungen erforderlichen Zahl von Mitgliedern.

Der ständige Stellvertreter und die Mitglieder werden durch den Minister der öffentlichen Arbeiten auf die Dauer von drei Jahren ernannt.

Hatte die weitausgreifende Entwickelung der modernen Technik schon im Jahre 1886 die Spaltung der Ausbildungsnormen für die Staatstechnik des Hochbaufaches einerseits und des Ingenieur- und Maschinenbaufaches andererseits nothwendig gemacht, so führten die erhöhten Anforderungen, welche infolge der gewaltigen Fortschritte der Ingenieurwissenschaften an die Beamten des Ingenieurbaufaches in der Staatseisenbahn- und der allgemeinen Bauverwaltung gestellt werden mussten, im Jahre 1895 zu einer abermaligen Abänderung der Vorschriften über die Ausbildung und Prüfung für den Staatsdienst im Baufach, die in der Lostrennung des Eisenbahnbaufaches vom eigentlichen Ingenieurbaufach gipfelte.

Aber auch die Prüfungsvorschriften von 1895 sind bereits wieder durch neue ersetzt worden unter dem 1. Juli 1900,[1]) denen unter dem 15. Febr. 1901 auch neue Geschäftsordnungen für die technischen Prüfungsämter (zu Berlin, Hannover, Aachen), sowie für das technische Oberprüfungsamt folgten, die aber die bisherige Organisation im Wesentlichen beibehielten.

---

[1]) Und gegenwärtig stehen schon wieder Aenderungen bevor. Zunächst soll das Bauführerexamen als solches ganz fortfallen; es bleibt lediglich das Diplomexamen und die darauf folgende Doktorprüfung bestehen. Staatlich geprüfte Baumeister sind fortan ohne Weiteres befugt, sich zur Doktor-Ingenieurprüfung zu melden. Doch sind für einige Jahre Uebergangsbestimmungen getroffen. Vgl. Bekanntmachung v. 27. Nov. 1902.

§ 177. Nach diesen neuesten Bestimmungen ist zur Anstellung als Baubeamter im höheren Staatsdienst das Bestehen einer Vorprüfung (frühestens nach 4 Studiensemestern) und zweier Hauptprüfungen erforderlich. (Erste spätestens 3 Jahre nach der Vorprüfung, zweite nach 3 Jahren bei Maschinenbauern, 2 Jahren praktischer Thätigkeit.)

Es unterscheiden sich diese Prüfungen (schriftliche und mündliche) nach den Fachrichtungen:

des Hochbaues, des Ingenieurbaues und des Maschinenbaues.

Die Bauingenieure haben die zweite Hauptprüfung entweder in der Fachrichtung des Wasser- und Strassenbaues oder des Eisenbahnbaues abzulegen.

Für die Anstellung im höheren Staatseisenbahndienst ist von den Maschinenbau-Beflissenen ausser diesen Prüfungen noch diejenige als Lokomotivführer abzulegen.

Voraussetzung für die Zulassung zu den Prüfungen ist:

1. der Besitz eines vor Beginn des Studiums erworbenen Reifezeugnisses von einem Gymnasium oder Realgymnasium des Deutschen Reiches oder einer preussischen Oberrealschule;
2. ein mehrjähriges Studium auf den technischen Hochschulen des Deutschen Reiches.

Ob ein Reifezeugniss ausserdeutscher oder ausserpreussischer Lehranstalten oder das Studium auf technischen Hochschulen ausserhalb des Deutschen Reiches als gleichwerthig zu erachten ist, wird von den Ministern der öffentlichen Arbeiten und der geistlichen, Unterrichts- und Medizinalangelegenheiten entschieden [1]).

Ob und inwieweit ein Studium auf Universitäten anzurechnen ist, entscheidet nach den besonderen Verhältnissen des einzelnen Falles der Minister der öffentlichen Arbeiten.

Für die Zulassung zu den einzelnen Prüfungen ist nachzuweisen;

1. Zur Vorprüfung ein zweijähriges Studium, bei den Maschinenbau- und Hochbaubeflissenen ausserdem eine praktische Thätigkeit;
2. zur ersten Hauptprüfung ein vierjähriges Studium, von dem mindestens drei Studienhalbjahre in die Zeit nach dem Bestehen der Vorprüfung fallen müssen;
3. zur zweiten Hauptprüfung eine praktische Ausbildung nach dem Bestehen der ersten Hauptprüfung.

Die Vorprüfung und die erste Hauptprüfung sind bei einem der technischen Prüfungsämter in Preussen, die zweite Hauptprüfung ist bei dem technischen Oberprüfungsamte in Berlin abzulegen. Die bei den technischen Prüfungsämtern in Braunschweig und Darmstadt abgelegte Vorprüfung und erste Hauptprüfung berechtigen für die Zulassung zur zweiten Hauptprüfung wie auch die bei den technischen Prüfungsämtern in Preussen abgelegte Vorprüfung und erste Hauptprüfung für die Zulassung zur zweiten Hauptprüfung in Braunschweig und Darmstadt berechtigen.

Nach den Prüfungsvorschriften werden die Hochbaubeflissenen von dem Präsidenten einer Regierung, die Wasserbaubeflissenen vom Chef einer Strombau- (Kanal) Verwaltung oder dem Präsidenten einer Regierung, die Eisenbahn- und Maschinenbaubeflissenen von dem Präsidenten einer Eisenbahndirektion für den Vorbereitungsdienst angenommen, nach bestandener erster Hauptprüfung, nach der die Angehörigen des Ingenieurbaufaches ihre Wahl der Fachrichtung zu treffen haben, zum Regierungs-Bauführer ernannt und in der Ausbildung geleitet und überwacht. Nach beendeter Ausbildung ist die zweite Hauptprüfung für eine der vorgeschriebenen Fachrichtungen abzulegen. Nach bestandener Hauptprüfung wird der Regierungs-Bauführer, der im Staatsdienst beschäftigt zu werden wünscht, zum

---

[1]) Den preussischen Oberrealschulen als gleichwerthig erachtet werden zur Zeit die Oberrealschulen in Braunschweig, Oldenburg und in den Reichslanden Elsass-Lothringen.

Regierungs-Baumeister ernannt (vergl. auch Bd. II Buch I § 198).

Eine Besoldung der Bauführer kann nur während der Beschäftigung bei Ausführung von Bauten (§ 28 Absatz 5) oder bei dem Entwerfen und der Ausführung von Maschinen und Maschinenanlagen (§ 29 Absatz 2) nach Massgabe der vorhandenen Fonds und der hierüber ergangenen Bestimmungen erfolgen. Während der übrigen Zeit der praktischen Ausbildung vor der 2. Hauptprüfung ist die Besoldung ausgeschlossen.

Prüfungsgebühren und -Vergütungen.

§ 178. Die Neuregelung der Prüfungsvorschriften im Jahre 1900 hatte auch neue Bestimmungen für die Vergütungssätze zur Folge, welche den Mitgliedern der Prüfungskommissionen für die Theilnahme an den Prüfungen zuzuweisen sind. Erhebliche Aenderungen fanden dabei aber gegen früher nicht statt. Im Allgemeinen werden in jedem Prüfungsgegenstand für eine $^3/_4$ oder 1stündige Prüfung 9 M., eine $1^1/_2$ stündige 12 M., eine 2stündige 15 M. Vergütung gewährt.

Zur Zahlung der Vergütungen werden die eingehenden Prüfungsgebühren mitverwandt.

Dieselben betragen 30 M., bei der 2. Hauptprüfung 60 M. Sie werden vereinahmt bei Kap. 28 Tit. 2.

Für 1902 sind sie mit 38 000 M. veranschlagt (1880/81 13 275 M., 1890/91 20 000 M., 1897/98 24 000 M., 1899 30 000 M.).

Die Remunerirung der Mitglieder der Prüfungskommissionen erfolgt aus Kap. 64 Tit. 11, welcher 1902 47 000 M. betrug und obige 38 000 M. eigene Prüfungseinnahmen einschliesst.

Der Fonds vermindert oder erhöht sich gegebenenfalls um denjenigen Betrag, um welchen die Ist-Einnahme bei Kap. 28 Tit. 2 hinter der vorstehend erwähnten Soll-Einnahme zurückbleibt oder dieselbe übersteigt.

§ 179. Die Entwickelung der Zahl der Prüfungen seit 1890 ist in Anl. LXXII näher dargestellt.

Die Steigerung der Zahl der Prüfungen von 1890 bis 1901 ist darnach eine ausserordentlich grosse. Sie betrug in den Jahren:

	Vorprüfung		1. Hauptprüfung		2. Hauptprüfung		
	1890	1901	1890	1901	1882/83	1890	1901
Hochbaufach . .	43	181	21	123	69	33	78
Ingenieurbaufach.	71	219	48	124	119	31	129
Maschinenbaufach	55	244	42	118	34	25	77
Zusammen	169	644	111	365	222	89	284

Aus der in Anl. LXXII gegebenen Zahlenreihe ist zugleich zu ersehen, wie seit Mitte der 80er bis Mitte der 90er Jahre die Zahl der zur 2. Hauptprüfung zugelassenen Reg.-Baumeister herabgegangen, in den letzten Jahren aber wieder rapid gestiegen ist.

Rang und Titel, Zahl der höheren Baubeamten.

§ 180. Die Regierungsbauführer und -Baumeister erhielten durch Allerh. Erl. v. 11. Okt. 1886 den Rang der Referendarien, bezw. der 5. Klasse der höheren Beamten der Provinzialbehörden beigelegt, auch wurde ihnen mittels der Allerh. Erlasse vom 26. Januar und 20. Jul 1887 eine bestimmte Uniform verliehen.

Die Bauinspektoren wurden früher nach 16 bis 18 Jahren Dienstzeit „Bauräthe“ und rangirten nach den Reg.-Räthen und vor den Assessoren. Durch Allerh. Erl. v. 27. Jan. 1898 (G.-S. S. 5) erhielten sie den Rang der Reg.-Räthe (4. Klasse) und dürfen jetzt bis zur Hälfte der Gesammtzahl schon nach 12jähriger Dienstzeit zu Bauräthen ernannt werden.

§ 181. Die Entwickelung der Zahl der höheren Baubeamten war seit 1890 in der Provinzial- und Lokalinstanz folgende:

	1890	1899	1902
Regierungs- und Bauräthe . . .	76	103	110
Bauinspektoren	467	519	578
Maschineninspektoren	—	7	7
	543	629	695

Dazu treten die bei den Bauausführungen und zur Aushülfe bei den Regierungen und Bauinspektionen verwendeten Regierungs-Baumeister, deren Zahl im Laufe der Berichtszeit je nach dem Umfang der Bauthätigkeit geschwankt hat (1902: 219). In neuerer Zeit ist die Zahl der im Bereich der allgemeinen Bauverwaltung beschäftigten Regierungs-Baumeister auf 280 begrenzt worden.

Die Zahl der staatlich beschäftigten Regierungs-Bauführer ist eine schwankende. 1902 wurden 80 beschäftigt.

§ 182. Während früher an den meisten Regierungen nur eine Regierungs- und Baurathstelle bestand, die entweder mit einem Hochbau- oder Wasserbautechniker besetzt war, sind neuerdings bei allen[1]) Regierungen besondere Stellen für das Hochbaufach und das Ingenieurbaufach eingerichtet worden.

Auch in den Kreisbauinspektionen muss häufig der hochbautechnisch ausgebildete Beamte wasserbautechnische Funktionen wahrnehmen und umgekehrt. In einzelnen Regierungsbezirken hat auch hier neuerdings eine andere Abgrenzung der Thätigkeit der Lokalbaubeamten stattgefunden, wobei die Kreibauinspectionen — bis auf einige wenige — auf die Geschäfte der Hochbauverwaltung beschränkt wurden

[1]) ausser Sigmaringen. In Osnabrück ist ein Wasserbauinspektor in fliegender Stelle.

und zur Wahrnehmung der wasserbautechnischen Geschäfte besondere Wasserbauinspektionen eingerichtet wurden.

Von den höheren Baubeamten in der Provinzialverwaltung gehören gegenwärtig (1902) an

	dem Hochbaufach	dem Tiefbaufach	dem Maschinenbaufach	zusammen
ständige Regierungs- und Bauräthe . .	52	47	—	99
„fliegende“ Regierungs- und Bauräthe .	5	7	—	12
ständige Bauinspektoren:				
a) bei den Regierungen	27	23	1	51
b) bei der Lokalinstanz	299	94	7[1])	400
„fliegende“ Bauinspektoren	32	80	—	112
Regierungs-Baumeister	136	78	5	219

§ 183. Zu dem Ausdruck „fliegende“ Stellen ist zu bemerken:

Wenn Regierungs-Baumeister, die mit der speziellen Leitung grösserer, eine Reihe von Jahren in Anspruch nehmender Bauausführungen beauftragt sind, während dieser Beschäftigung zur festen Anstellung ihrer Anciennität nach heranreifen, so trat früher der Uebelstand ein, dass entweder ein der Bauleitung nachtheiliger Wechsel in der Person des leitenden Baubeamten vorgenommen werden musste oder der bewährte Baumeister, welcher bis zur Beendigung des Baus bei demselben belassen wurde, dadurch genöthigt war, dem dienstlichen Interesse oft für längere Zeit die Vortheile zu opfern, die mit dem Einrücken in eine etatsmässige Stelle verbunden sind. Um diesem Uebelstande abzuhelfen, war bereits im Jahre 1875 die Einrichtung von 11 Bauinspektor-Stellen veranlasst worden, welche ohne Zuweisung einer etatsmässigen Stelle alle mit einer festen Anstellung verbundenen Rechte erhalten und deren Besoldung aus Baufonds bezw. Hülfsarbeiterfonds erfolgte. Mit Rücksicht auf die eingetretene wesentliche Vermehrung grösserer Bauausführungen sind jene Stellen, durch die späteren Etats festgesetzt, vermehrt worden.

Gehalt, Pension u. s. w.

§ 184. Bis zum Jahre 1886/87 wurden entspechend der im Jahre 1852 stattgehabten allgemeinen Neuorganisation der Bauverwaltung 2 Arten von Lokalbaubeamten, nämlich sog. Bauinspektor- und Kreisbaumeisterstellen unterschieden, deren Inhaber zwar meist verschiedene Qualifikation, im Wesentlichen aber dieselben Amtsverrichtungen hatten und auch verschieden besoldet waren. 1886/87 wurden diese beiden Klassen aufgehoben. Zugleich wurde bestimmt, dass den sämmtlichen Lokalbaubeamten, sowie den bei den Provinzialbehörden angestellten technischen Hülfsarbeitern, unter Berücksichtigung der bisherigen Besoldungssätze der Kreisbaumeister von 2400 bis 3000 M. und der Bauinspektoren von 3000 bis 3600 M. eine einheitliche Besoldung von 2400 bis 3600 M., im Durchschnitt 3000 M., gewährt werden solle.

Später wurde auf eine Erhöhung der Besoldungen der Bauinspektoren der allgemeinen Verwaltung hingewirkt und im Durchschnitt Zulagen von 600 M. durch den Staatshaushaltsetat vom 1. April 1886/87 bewilligt. Das Gehalt der Bauinspektoren wurde damit auf 2400 bis 4800 M., im Durchschnitt 3600 M., festgesetzt.

[1]) in Pillau, Buchwalde, Gr.-Plehnendorf, Stettin, Breslau, Münster (Kanalverwaltung) und Koblenz.

Von 1891 an wurde sodann das Gehalt auf 3 600 bis 4 800 M. und von 1897 ab auf 3 600 bis 5 700 M. erhöht.

Das Gehalt der Regierungs- und Bauräthe rangirt mit dem Gehalt der Regierungsräthe der allgemeinen Verwaltung und beträgt gegenwärtig 4 200 bis 7 200 M. Die 6 den Oberpräsidenten als Chefs der Strombauverwaltungen bezw. der Kanalverwaltung in Münster zugetheilten Regierungs- und Bauräthe erhalten je 900 M. Zulage.

Die Besoldungen der Regierungs- und Bauräthe werden aus Tit. 1, die der Bauinspektoren aus Tit. 2 bezahlt.

Von den höheren Baubeamten befinden sich fortgesetzt einige in ausserordentlicher Verwendung bei solchen der allgemeinen Bauverwaltung nicht unterstehenden Bauausführungen u. s. w., an denen der Staat ein erhebliches Interesse hat. Es erschien billig, diesen Baubeamten für die Dauer einer derartigen Verwendung die Rechte der Staatsbeamten hinsichtlich der Wahrung des Dienstalters, der Pensionsberechtigung und der Fürsorge für die Hinterbliebenen u. s. w. zu erhalten. Um einer solchen Regelung die etatsrechtliche Grundlage zu geben, sind durch den Etat 1902 12 sogenannte „fliegende" Stellen vorgesehen, von denen 4 auf die Fachrichtung des Hochbaues und 8 auf diejenige des Wasserbaues entfallen. Die Bezüge jener Beamten gelangen vor der Linie zur Absetzung, weil die Beamten von den Verbänden, Korporationen u. s. w., in deren Diensten sie verwendet werden, zu entschädigen sind.

§ 185. Die Bestimmungen über Pensionirung, Reliktenverhältnisse u. s. w. folgen den Grundsätzen über die unmittelbaren Staatsbeamten. Pensionen werden aus Kap. 62 Tit. 3, Reliktengelder aus Kap. 62 Tit. 5a des Etats des Finanzministeriums bestritten.

Auch für den Wohnungsgeldzuschuss sind die allgemeinen Bestimmungen massgebend. Von dem Fonds Kap. 65 Tit. 9 entfielen (1902) auf höhere Baubeamte 303 240 M.

Andere persönliche Bezüge von höheren Baubeamten.

(Kap. 65 Tit. 10, 10a, 11b, 11c, 12 der Ausgabe.)

§ 186. *Kap. 65 Tit. 10.* Hierin gehören zunächst 30 600 M. nicht pensionsfähige Stellenzulagen für 51 bei Provinzialbehörden (Regierungen u. s. w.) dauernd beschäftigte Bauinspektoren von je 600 M., und 9 000 M. für vorübergehend beschäftigte Bauinspektoren, welche bei Kap. 65 Tit. 10 ausgeworfen sind. Diese Stellenzulagen (früher Funktionszulagen benannt) sind durch den Etat 1885/86 eingeführt, weil die bei den Regierungen beschäftigten Bauinspektoren „Gelegenheit für gewinnbringende Nebenbeschäftigung nicht haben und in der Regel in theueren Orten zu wohnen genöthigt sind".

Die in Tit. 10 ebenfalls ausgeworfenen je 450 M. Zulagen für 16 Bauinspektoren in Berlin haben den Charakter von Lokalzulagen und sind schon älteren Datums. Da nach den neuen Besoldungsgrundsätzen Lokalzulagen in der Regel aufgehoben sind, werden auch diese Zulagen nur noch den gegenwärtigen Stelleninhabern gewährt (daher: „zukünftig wegfallend").

§ 187. *Kap. 65 Tit. 10a.* Zur Remunerirung von Reg.-Baumeistern und Reg.-Bauführern 1902: 996 200 M.

Dieser Fonds wurde aus Anlass der Neuregelung der Bauleitungskosten (§ 163) neu geschaffen für die bisher aus den Baufonds remunerirten bei Bauausführungen thätigen höheren Beamten.

Die Bezüge sind im Allgemeinen folgende: Die Reg.-Baumeister erhalten während der ersten 3 Jahre ihrer Beschäftigung im Staatsdienste 9 M. Tagegeld, später 300 M. monatlich und zwar anfänglich post-, nach einigen Jahren pränumerando.

Die Bauführer beziehen 6 M. Tagegelder, soweit Mittel verfügbar sind (erst im 2. Ausbildungs-Abschnitte).

Der Fonds wurde zunächst auf 1 283 000 M. bemessen, wobei für 280 Regierungsbaumeister je 3 600 M Jahresremuneration, zur Gewährung von Tagegeldern an 70 Regierungsbaumeister je rund 3 300 M. und zur Remunerirung von 20 Regierungsbauführern durchschnittlich je 2 200 M. in Ansatz gebracht wurden.

In den folgenden Jahren mussten vorübergehend wegen des Mangels an Regierungsbaumeistern vielfach Techniker mit Baugewerkschulbildung den Provinzial- und Lokalbehörden als Arbeitshülfe beigegeben, in einigen Fällen auch solchen Kräften die örtliche Leitung von Bauausführungen übertragen werden, sodass der Rückgang der Zahl der Regierungsbaumeister eine Verminderung des Fonds herbeiführte (177 000 M.: 1899). Eine weitere Verminderung brachte die Vermehrung der etatsmässigen Stellen, 1902 betrug der Fonds nur noch 996 200 M., woraus nur noch 232 Regierungsbaumeister und 80 Regierungsbauführer remunerirt wurden.

Die Regierungsbauführer wurden, soweit sie — im zweiten Abschnitte des Ausbildungsganges — Tagegelder aus der Staatskasse erhalten haben, bis 1900 nur dann aus Tit. 10a remunerirt, wenn sie an Stelle eines Regierungsbaumeisters verwendet wurden; im Falle ihrer Beschäftigung an Stelle eines sonst erforderlichen Technikers bezogen sie etwaige Tagegelder aus dem Bauleitungskostenfonds Tit. 13a dieses Kapitels.

Etatsrechtliche Bedenken liessen eine Abweichung von dieser Uebung angebracht erscheinen,[1]) es sind deshalb für 1900 die Bezüge von 60 Regierungsbauführern mit durchschnittlich je 2 200 M. jährlich, zusammen mit 132 000 M. hier in Zugang und bei Kap. 65 Tit. 13a in Abgang gebracht worden.

§ 188. *Kap. 65 Tit. 11b,* s. hierzu Bd. I Buch I S. 97.
Kap. 65 Tit. 11c (28 000 M.).

Der Fonds wurde zum ersten Male 1883/84 ausgebracht mit 20 000 M. und wie folgt motivirt:

Das bisherige Verfahren, nach welchem den etatsmässig angestellten Baubeamten der allgemeinen Bauverwaltung für besonders verdienstliche Leistungen bei hervorragenden Bauausführungen Remunerationen theils aus dem Allerhöchsten Dispositionsfonds, theils aus Baufonds gewährt worden sind, hat zu vielfachen Unzuträglichkeiten geführt. Um letztere für die Zukunft zu vermeiden, andererseits aber die Möglichkeit nicht zu verlieren, besonders hervorragende Leistungen auch ferner gebührend zn belohnen, ist auf Grundlage genauer Ermittelungen ein Fonds von — ausgebracht, aus welchem künftig alle Remunerationen für hervorragende Leistungen bei Bauten u. s. w. ohne Unterschied des Ressorts, sofern deren Ausführung zu den Aufgaben der allgemeinen Bauverwaltung gehört, ausschliesslich zu übernehmen sein werden.

---

[1]) Da nämlich Tit. 13a sächliche Kosten enthält, wozu nur die Remunerationen im Vertragsverhältnisse stehender Hülfskräfte gerechnet werden.

1898/99 fand eine Erhöhung um 8 000 M. statt aus Anlass der Neuregelung der Bauleitungskosten (§ 163), indem nunmehr auch die in „fliegenden“ Stellen thätigen Bauinspektoren und Riegieruugsbaumeister an dem Fonds theilnehmen.

Kap. 65 Tit. 12, s. hierzu das Nähere in § 194.

Sächliche Ausgaben für höhere Baubeamte.

(Kap. 65 Tit. 13, 13a, Kap. 66 Tit. 1, Kap. 65 Tit. 20.)

§ 189. *Kap. 65 Tit. 13* (1902: 1 488 218 M.). Dieser Fonds, der gleichzeitig höhere, mittlere und niedere Beamte betrifft, enthält hinsichtlich der höheren Beamten:

a) die Dienstaufwandsentschädigungen. Derartige Entschädigungen erhalten von höheren Beamfen nur die lokalen Baubeamten. Sie schliessen zugleich Reisekostenentschädigungen für Reisen innerhalb des Dienstbezirks in sich. Der Betrag für 1902 stellte sich insgesammt auf 911 785 M.

Bei jeder neuen Stelle wird ein Durchschnittssatz von 3 120 M. ausgebracht, die Vertheilung auf die einzelnen Stellen erfolgt aber nach Massgabe des Bedürfnisses. Maximal- und Minimalsätze sind nicht festgestellt.

§ 190. b) Beschaffung von einigen Gegenständen des Dienstinventars für Lokalbaubeamte (z. B. Aktenmappen, Vermessungsinstrumente, nicht aber Tische, Stühle u. s. w., die aus der Dienst aufwandsentschädigung zu bestreiten sind, § 38 No. 5 der Dienstanweisung v. 1. Dez. 1898, der auch für Wasserbaubeamte gilt). Ferner bei besonders theuren Neuanschaffungen. Im Ganzen 1902: 4 790 M.

§ 191. c) Reisekostenentschädigungen (1902: 158 245 M.) für die Regierungs- und Bauräthe an den Regierungen. Denselben wird je nach Bedürfniss ein Betrag von 1 500 M., 1 800 M. u. s. w. jährlich festgesetzt. Sie haben ihre Reisen zu liquidiren. Wenn sie den Betrag überschreiten, müssen sie für das Mehr Genehmigung nachsuchen. (Die bei den Regierungen beschäftigten Bauinspektoren liquidiren nach den allgemeinen Grundsätzen aus dem allgemeinen Tagegelder- und Reisekostenfonds auf dem Etat des Finanzministeriums Kap. 58 Tit. 11.)

Der Titel betrug schon Anfang der 80er Jahre rund 1 330 000 M., sank dann bis 1897/98 allmählich um 100 000 M. und ist für 1898/99 auf rund 1 440 000 M. erhöht worden, was hauptsächlich darin seinen Grund hatte, dass seitdem die Dienaufwandsentschädigungen für die bei Bauleitungen thätigen Beamten nicht mehr aus den besonderen Baufonds, sondern aus den allgemeinen Staatsfonds gedeckt werden (s. § 163).

§ 192. *Kap. 65 Tit. 13a.* Kosten von Vorarbeiten und Bauleitungen, einschliesslich der Vergütungen für die im Vertragsverhältnisse stehenden Hülfskräfte, 1902: 1 527 000 M., davon für Vorarbeiten: 175 000 M., für Bauleitungen: 1 352 000 M.

Der Fonds wurde eingestellt 1882/83 und lautete damals: zu den Kosten für Arbeitshülfen und zu Vorarbeiten für grössere Bauausführungen. Er betrug anfänglich 200 000 M. und stieg allmälig bis auf 500 000 M. (seit Mitte der 90er Jahre). Die Einstellung erfolgte, weil eine feste Regel nicht möglich ist, in welchen Fällen die durch Heranziehung von Hülfskräften entstehenden Kosten bei grösseren Vorarbeiten auf Bau- oder auf Dispositionsfonds zu übernehmen sind, für eine gleichmässige Behandlung der Angelegenheit mithin eine ausreichende Garantie nicht gegeben ist. Die Kosten solcher Vorarbeiten, welche erst die Bereitstellung der Baumittel vorzubereiten bestimmt sind, konnten daher nicht auf Baufonds angewiesen werden, weil es bei der Beschlussnahme über die Ausgabe an zur Deckung bereiten Mitteln fehlen würde.

Daher sollten für alle Zweige der Staatsverwaltung die Kosten, welche für die Vorbereitung grösserer Bauausführungen bis zur erfolgten Bewilligung der Geldmittel erwachsen, fernerhin ausschlieslich bei der allgemeinen Bau-Verwaltung verrechnet werden, wozu der neue Titel eingestellt wurde.

Im Jahre 1898/99 erhielt der Fonds in Folge der Neuregelung der Bauleitungskosten (s. § 163) seine jetzige Titelbezeichnung und wurde auf 1 630 000 M. erhöht, zugleich wurde Tit. 13b abgezweigt (§ 202).

Aus diesem Fonds sollen nach den Erläuterungen zum Etat 1898/99 alle sächlichen Kosten von Vorarbeiten und der Leitung von Bauausführungen, also auch Miethe, Heizung, Beleuchtung von Bureauräumen, Schreib- und Zeichenmaterialien, soweit sie die betreffenden Beamten nicht aus ihrer Dienstaufwands-Entschädigung vorzuhalten haben, sowie die Vergütungen für die dazu im Vertragsverhältnisse angenommenen Hülfskräfte (Techniker, Zeichner und Schreiber) verrechnet werden. 1899 trat eine Vermehrung durch die Steigerung der Zahl der mit Bauleitungen betrauten Techniker (s. § 187 29 000 M.) ein. 1900 kamen 132 000 M. Bezüge für 60 Regierungsbauführer in Abgang (s. unten Anmerkung[1]), sodass der Fonds jetzt 1 527 000 M. beträgt.

§ 193. *Kap. 66 Tit. 1.* Zu Stellvertretungs-, Versetzungs- und Umzugskosten 101 000 M.

Dieser Fonds ist gemeinsam für höhere wie für mittlere und Unterbeamte der Bauverwaltung bestimmt. Stellvertretungskosten werden aus diesem Fonds gewährt, falls der mit der Stellvertretung betraute Beamte seine Bezüge nicht bereits aus Tit. 1, 2, 13a u. s. w. erhält. Wegen der Versetzungs- und Umzugskosten gelten die allgemeinen Grundsätze für Staatsbeamte.

---

[1]) Diese 60 Bauführer werden seit 1899 aus Tit. 10a remunerirt (s. Erläuterungen des Etats für 1900) s. § 187.

Wieviel von dem Fonds für 1902 auf höhere und wie viel auf mittlere und Unterbeamte entfallen, liess sich nicht feststellen. Da Versetzungen bei höheren Beamten verhältnissmässig häufiger vorkommen, auch die Bezüge hier höher sind, wird man die grössere Hälfte des Fonds für höhere Beamte rechnen können.

Der Fonds betrug 1880/81 60 000 M. und stieg im Laufe der 80er Jahre auf 75 000 M., die Erhöhung auf den jetzigen Betrag (101 000 M.) erfolgte 1898/99 als Folge der Etatisirung der Bauleitungskosten (s § 163).

Kap. 66 Tit. 2. Unterstützungen für ausgeschiedene Beamte und Pensionen und Unterstützungen für Wittwen und Waisen von Beamten, einschliesslich des gesetzlichen Zuschusses für die Bau-Wittwenkasse in Cassel — jetzt 4 920 M. — künftig wegfallend 102 420 M.

Der Fonds hat schon seit Ende der 70er Jahren die Höhe von 100 920 M. Auf 102 420 M. wurde er 1896/97 durch entsprechende Kürzung des Tit. 3 erhöht (s. § 281), weil damals auch Unterstützungen u. s. w. für die mit Beamteneigenschaft ausgestatteten Hülfskräfte und für Hinterbliebene von solchen auf diesen Fonds übernommen worden sind.

Es werden sowohl laufende (auf eine Reihe von Jahren — in der Regel 3 bis 5) als auch einmalige Unterstützungen bewilligt. Die ebenfalls aus diesem Fonds fliessenden Erziehungsbeihülfen für minderjährige Kinder werden bis zum Ablauf desjenigen Monats gewährt, in dem das Kind das 18. Lebensjahr vollendet.

Pensionen sollen aus diesem Fonds nach Ableben der jetzigen Empfänger nicht mehr bewilligt werden. Ebenso kommt auch der gesetzliche Zuschuss zur vormals hessischen Bauwittwenkasse in Cassel, welcher nach Einverleibung Hessen-Cassels in Preussen auf diesseitigen Staatsfonds übernommen werden musste, nach dem Aussterben der Mitglieder und der bezugsberechtigten Wittwen jener Kasse in Wegfall.

Nebeneinnahmen.

§ 194. Mit der Verbesserung der Gehälter der Bauinspektoren ist gleichzeitig durch die Erlasse vom 18. April und 31. August 1886 eine anderweite Regelung der Nebenbeschäftigungen derselben eingetreten. Das dienstliche Interesse erforderte es, die Uebernahme von entgeltlichen Nebenarbeiten aller Art an die Ertheilung der Genehmigung der unmittelbar vorgesetzten Behörde zu knüpfen und die Genehmigung von der Voraussetzung abhängig zu machen, dass die dem Beamten obliegenden amtlichen Geschäfte Nebenarbeiten überhaupt zulassen und die Uebernahme der letzteren im öffentlichen Interesse nothwendig und zweckmässig erscheine. Bei der Beurtheilung dieser Frage soll nicht engherzig verfahren und ein öffentliches Interesse ohne Weiteres als vorhanden angenommen werden, wenn es sich um die Aufstellung von Entwürfen, sowie um die Beaufsichtigung der Ausführung von Bauten und sonstigen Anlagen für Kirchen- und

Schulverbände, Deich-, Ent- und Bewässerungs-Genossenschaften und für andere öffentliche Verbände, für Stiftungen u. s. w. handelt. Unter besonderen Umständen soll auch die Erlaubniss zur Entwerfung, Leitung und Ausführung von Privatbauten u. s. w., als im öffentlichen Interesse liegend, ertheilt werden, insbesondere dann, wenn andere technische Kräfte nicht zur Verfügung stehen. Im Interesse der Baubeamten selbst ist angeordnet worden, dass diese, sofern es sich nicht um Gebühren für vor Gericht abgegebene technische Gutachten oder für die Prüfung der Zeichnungen zu Baukonsensgesuchen handelt, mit der Einziehung der Vergütungen für die Nebenarbeiten sich nicht mehr zu befassen haben, diese Vergütungen vielmehr von der vorgesetzten Dienstbehörde festgesetzt, zur Staatskasse vereinnahmt und an die Baubeamten ausbezahlt werden.

Da hiernach die betreffenden Vergütungen durch die Staatskasse einzuziehen und demnächst die den Bauinspektoren zugebilligten Beträge wieder zu verausgaben sind, sind sie seit 1887/88 in gleicher Weise durch den Staatshaushalts-Etat in Einnahme und Ausgabe ausgebracht, wie solches bereits betreffs ähnlicher Bezüge in anderen Ressorts geschehen war.

Zu diesem Zwecke wurden zunächst 330 000 M. bei Kap. 28 Tit. 3 der Einnahme und bei Kap. 65 Tit. 12 der Ausgabe neu eingestellt, an letzterer Stelle auch ein entsprechender Vermerk hinzugefügt.

Bis 1891/92 stieg der Posten auf 500 000 M. In den Jahren 1892/93 und 1893/94 fanden aber Kürzungen um je 120 000 M. statt, weil die Gebühren für Dampfkesselrevisionsgeschäfte, welche bisher einen grossen Theil der Nebeneinahmen der Bauinspektoren gebildet hatten, auf die Gewerbeinspektoren übertragen wurden, s. Buch IV § 57. Seit Mitte der 90er Jahre stieg der Fonds dann allmählich wieder bis auf 335 500 M. in 1902. Diese Wandlungen machten natürlich in gleicher Weise Kap. 28 Tit. 3 der Einnahme wie Kap. 65 Tit. 12 der Ausgabe durch.

§ 194a. Wesentlich für höhere Baubeamte kommt endlich in Betracht:

Kap. 65 Tit. 20. Dispositionsfonds zu literarischen und anderen gemeinnützigen Zwecken im Fache der Baukunst und Bauwissenschaft, insbesondere für die Herausgabe von bautechnischen Zeitschriften, Beförderung der Herausgabe von Kartenwerken, zu wissenschaftlichen Ermittelungen und praktischen Versuchen im Gebiet der Wasserbaukunst, zur Gewährung von Beihülfen zu Studienreisen von Bautechnikern, insbesondere zu Reisebeihülfen für je 5 Regierungs-Bauführer und Baumeister, welche die Prüfung am besten bestanden haben, und zu Preisen für die Preisaufgaben des Architektenvereins zu Berlin 95 400 M.

Dieser Dispositionsfonds, dessen Zweck sich aus der Spezialisirung von selbst ergiebt, erscheint als besonderer Fonds zum ersten Mal im Etat für 1878, während die Ausgaben für ähnliche Zwecke bis dahin aus verschiedenen anderen Fonds (General-Baufonds, Rückeinnahmefonds u. s. w.) geleistet wurden. 1873 wurden 42000 M. ausgesetzt, allmählich hat sich eine Verstärkung bis über das Doppelte nothwendig gemacht. Der Fonds ist zum grössten Theil ein Centralfonds und wird nach Bedürfniss aufgebraucht. An feststehenden Leistungen waren 1902 nur folgende Summen zu berücksichtigen:

a) 5 Reiseprämien für Regierungs-Bauführer à 900 M.,
b) 5 Reiseprämien für Regierungs-Baumeister à 1800 M.,
c) 3 (Schinkel-) Preise für Preisaufgaben des Architekten-Vereins zu Berlin à 1700 M.,
d) 1 (Beuth-) Preis für Preisaufgaben des Vereins deutscher Maschinen-Ingenieure zu 1700 M.,

Jahresaufwand für diese Zwecke mithin 20300 M.

B. Mittlere und niedere Beamte der Bauverwaltung.

Allgemeines. Vorbildung.

§ 195. Die Zahl dieser Beamten ist ebenso wie die Besoldung derselben eine sehr bunte und mannigfaltige. In den Bureaus sind Bausekretäre und Landmesser, auf den Schiffen, Baggern u. s. w. der Bauverwaltung sind Schiffsführer, Maschinenmeister und -Gehülfen, Baggermeister, Ober- und Steuermänner, Fährmeister u. s. w., an den regulirten Strömen Strom-, Schleusen-, Wehr-, Brückenmeister und -Aufseher, in Häfen und Dünen Hafen- und Dünenaufseher und -Meister thätig, ohne dass hiermit die Zahl der Benennungen ganz erschöpft wäre. In Hannover giebt es z. B. noch Stackmeister, im Reg.-Bez. Danzig kommt ein Ballastmeister vor u. s. w.

Auch lässt sich aus der Art der Bezeichnung nicht ohne Weiteres ersehen, ob es sich um eine mittlere oder niedere (Unter-) Beamtenstelle handelt. Schiffsführer- und Schleusenmeisterstellen z. B. können zu der Gruppe der mittleren wie der Unterbeamten gehören. Die Einreihung in eine dieser Gruppen hängt von der Wichtigkeit, dem Umfang der Dienstthätigkeit, dem Werth und der Grösse der Dienstfahrzeuge und ähnlichen Voraussetzungen ab. Auch die Aufseher (Bau-, Lagerhof-, Hafen-, Kanal-Oberaufseher und Aufseher) gehören zum Theil der mittleren, zum Theil der niederen Beamtenklasse an.

Im Etat ist gegenwärtig die Gruppe der niederen Beamten in einem besonderen Etatstitel (5) untergebracht, während die Bureau- und mittleren Beamten in Tit. 3 bezw. Tit. 4 aufgeführt sind.

Vergleicht man die zur Zeit auf dem Etat stehenden Beamtengruppen der mittleren Klassen mit denen früherer Jahrzehnte, so befinden sich zwei wichtige Beamtengattungen darunter, welche erst im Laufe der 90er Jahre geschaffen sind, das sind einmal die Bau- (und einige Regierungs-Bau-) sekretäre und dann die Wasserbauwarte (nebst einigen Oberbauwarten).

1. Bau- (und Regierungs-Bau-) Sekretäre.

§ 195 a. Die zunehmende Geschäftslast sowohl bei den Provinzial-Verwaltungen als auch bei den Bauinspektionen macht es nothwendig, zur Entlastung der bautechnischen Mitglieder der Regierungen und Strombauverwaltungen wie der Lokalbaubeamten von zahlreichen minder wichtigen Obliegenheiten technisch vorgebildete Bureaubeamte einzustellen. In den Etat für 1892 wurden zunächst 20 Regierungs-Bausekretärstellen für die Regierungen und Strombauverwaltungen und 40 Bausekretärstellen für die Bauinspektionen ausgebracht, ausserdem auch noch 20 Stellen für technische Bureauhülfsarbeiter eingerichtet, um die als Anwärter angenommenen und ausgebildeten Techniker zunächst diätarisch zu beschäftigen. Die Zahl der neu eingestellten Beamten wurde dem Bedürfniss entsprechend nach und nach erhöht, so dass für das Jahr 1902 bereits 80 Regierungs-Bausekretäre[1]) und 186 Bausekretäre vorhanden waren.

Der Vorbereitungsdienst dieser technischen Bureaubeamten dauert 3 Jahre, worauf die Einstellung als Bureauhülfsarbeiter und demnächst die Ernennung zum etatsmässigen Bausekretär erfolgt. Die Beförderung zum Regierungs-Bausekretär ist bedingt durch die Ablegung einer Prüfung für das Hochbaufach oder das Ingenieurbaufach vor einer für jede Provinz am Sitze des Oberpräsidenten gebildeten Prüfungs-Kommission.[2])

Die näheren Bestimmungen über die Vorbildung sind enthalten in der Cirk.-Verf. v. 26. Mai 1893 III 8245 I. Ang. und v. 26. Jan. 1894 III 26 580.

Die Regierungs-Bausekretäre beziehen seit 1897/98 ein Gehalt von 2100 bis 4200 M., die Bausekretäre ein solches von 1500 bis 3300 M. (Bis dahin erhielten die sog. technischen Sekretäre 2100 bis 3600 M., die Bauschreiber 1500 bis 2700 M.).

2. Wasser- (und Ober-) Bauwarte.

§ 195 b. Die Einrichtung dieser Beamtenklasse entspricht einem ähnlichen Bedürfnisse, wie es in neuerer Zeit auch im Gebiete des

---

[1]) 4 im Ministerium beschäftigt.

[2]) Ueber die Verwendung ehemaliger Militärpersonen ist folgendes bestimmt: Für die Besetzung der Stellen, soweit dabei ehemalige Militärpersonen in Betracht kommen, sind nicht die für die Militäranwärter erlassenen allgemeinen Vorschriften zur Anwendung zu bringen. Es ist vielmehr daran festzuhalten, dass die hier in Rede stehenden Stellen nicht zu den den Militäranwärtern vorbehaltenen gehören, auch nicht zu denjenigen, bei welchen derartigen Bewerbern ein Anrecht auf vorzugsweise oder auch nur auf alternirende Berücksichtigung zur Seite steht. Es ist deshalb ohne Bedeutung, ob die als Bewerber auftretenden Militärpersonen den Civilversorgungsschein erworben haben oder nicht; der Besitz des letzteren kann vielmehr nur unter Umständen, wenn zwei aus dem Militärstande hervorgegangene, im Uebrigen gleich beanlagte Bewerber hervortreten, zu Gunsten des einen oder des andern den Ausschlag geben. Ebensowenig geniessen die ehemaligen Militärpersonen hinsichtlich der Höhe der Remuneration u. s. w. irgendwelche Vorzüge gegenüber den Civilanwärtern.

Meliorationswesens zur Schaffung von Meliorationsbauwartstellen geführt hat (vergl. hierzu Bd. II Buch II § 163 u. § 170).

Dies Bedürfniss nach Errichtung von Wasserbauwartstellen wurde durch die gesteigerten Anforderungen bedingt, die an die Befähigung der Beamten des praktischen Aussendienstes an den wichtigeren und in der baulichen Unterhaltung schwierigeren Wasserstrassen in immer höherem Masse gestellt werden mussten. Es sind daher vom Jahre 1898 ab an Stelle von eingezogenen Unterbeamtenstellen 126 Stellen für Wasserbauwarte mit einem Gehaltssatze von 1500 bis 2700 M. errichtet worden. Die Anwärter für die Wasserbauwartstellen haben nach einem Vorbereitungsdienst von 3¼ Jahren eine technisch-praktische Prüfung vor einer Kommission bei einer Strombauverwaltung oder Regierung, welche aus dem Strombaudirektor oder dienstältesten Regierungs- und Baurath (des Wasserbaufachs) als Vorsitzenden, einem Lokalbaubeamten und einem technischen Sekretär besteht, abzulegen.[1]) Die Anforderungen an die Kenntnisse und Fähigkeiten des Wasserbauwarts gehen dahin, dass er im Stande sein soll, die Thätigkeit von Landmessern und Regierungsbaumeistern, die bisher auch zu einfacheren technischen Geschäften herangezogen werden mussten, im erforderlichen Umfange zu ersetzen.

Die näheren Vorschriften über Vorbildung, Prüfung und Besoldung finden sich im Circ.-Erl. vom 6. Dez. 1897.

Die Zahl der Oberbauwarte betrug 1902 5, der Wasserbauwarte bereits 139.

Auch abgesehen von der Neuschaffung dieser beiden Beamtengruppen haben sich in der Organisation des den Lokalbaubeamten der Wasserbauverwaltung unterstellten, nicht akademisch gebildeten Personals innerhalb des letzten Jahrzehnts mehrfache Veränderungen vollzogen, die zu einer Vermehrung der mittleren und zu einer Verminderung der unteren Beamten führten.

Abgesehen von der im Jahre 1895 erfolgten Uebernahme von 37 mittleren Beamten der Verkehrsabgabenerhebung ist eine Vermehrung der mittleren Stellen, z. B. auch durch den Hinzutritt von Betriebsbeamten für die neubeschafften Baggerapparate, herbeigeführt.

Ferner hat die Besserung und Erweiterung der Wasserstrassen und die dadurch ermöglichte Steigerung des Schiffsverkehrs eine Vermehrung der Zahl der Aufsichtsbeamten nöthig gemacht, auch haben durch die Einstellung neuer Bagger- und Schiffsfahrzeuge in die staatlichen Baubetriebe die Stellen der Betriebsbeamten vermehrt werden müssen. Andererseits konnte infolge der Umwandlung von Stromaufseher- in Wasserbauwartstellen und durch Einziehung zahlreicher Stellen, deren Inhaber gewöhnliche Arbeitsleistungen gegen geringe Besoldung zu verrichten hatten oder nicht genügend beschäftigt waren,

[1]) Inhaber des Civilversorgungsscheines können noch bis zum vollendeten 38. Lebensjahre zur Prüfung zugelassen werden.

die Zahl der Unterbeamtenstellen erheblich beschränkt werden. Eine wesentliche Ersparniss an Personal ist ferner dadurch erzielt, dass bei der Uebernahme der Verkehrsabgabenerhebung vielfach bisher getrennte Geschäfte des Erhebungs- und Betriebsdienstes in der Hand eines früher nicht voll in Anspruch genommenen Beamten vereinigt worden sind (s. § 161).

Während im Jahre 1889 136 mittlere und 1007 Unterbeamte, zusammen 1143 Beamte im Betriebs- und Aufsichtsdienste angestellt waren, betrug die Zahl im Jahre 1899: 330 mittlere und 955 Unterbeamte, zusammen 1285 Beamte.

Besoldung.

§ 196. Ebenso mannigfaltig, wie die Bezeichnung der Beamtenstellen ist die Besoldung geregelt. Vor der allgemeinen Besoldungsverbesserung der mittleren und niederen Beamtengruppen im Jahre 1890/91 war die Regelung eine noch viel buntscheckigere als seitdem. In Anl. LXXI sind die Besoldungen nach den Etats von 1880/81, 1891/92 und 1902 einander gegenübergestellt. Bis zum Jahre 1890/91 wurden nicht Besoldungsgruppen unterschieden, sondern die Beamten wurden nach ihrer Beschäftigungsart gruppirt, sodass ein Vergleich mit der früheren Zeit auf grosse Schwierigkeiten stösst.

Von 1890/91 bis 1902 sind nicht nur zu den bisherigen Besoldungsgruppen einige neue (höher dotirte) hinzugekommen, sondern es sind auch überhaupt in die höher besoldeten Gruppen verhältnissmässig sehr viel mehr Stellen eingestellt als in die niedrigeren (den Grund siehe in § 195b). Es waren in den Hauptbesoldungsgruppen untergebracht:

Mittlere Beamte:	1890/91 Beamte	1902 Beamte
2100—4800 M.	—	3
2100—4200 „	9 (2100—3600)	90
1500—3300 „	—	186
1500 bezw. 1800—2700 M. .	40 (versch. besold.)	204
1500—2000 M.	—	118
1400—1800 „	100	7
Unterbeamte:		
1200—1800 M.	26	198
1200—1600 „	84	265
1100 bezw. 1000—1500 M. .	276	20
900—1500 M.	287	245
800 bezw. 900—1200 M. .	176	139
700—900 bezw. 1000 M. .	33	17
500—700 M.[1]	31	20

Die Gruppen 2100 bis 4800 M. bezw. bis 4200 M. beziehen sich auf den Bureaudienst (Landmesser u. Bausekretäre), nur 4 Bauhofsvorsteher

[1]) von den (künftig wegfallenden) 16 Stackmeistern in Hannover und einigen Brückenaufziehern wird hier abgesehen.

und 5 Oberbaubeamte rangiren in der Gruppe 2100 bis 4200 M. Die Wasserbauwarte rangiren in der Gruppe 1500 bis 2700 M.

§ 197. Hinsichtlich der Pensionirung, der Reliktenbezüge gilt für mittlere und Unterbeamte dasselbe wie bei den höheren Baubeamten, ebenso hinsichtlich der Wohnungsgeldzuschüsse (s. § 185 ff.). Allerdings haben eine grosse Anzahl der Beamten Dienstwohnungen; nach dem Etat für 1902 im Ganzen 691, also etwa die Hälfte.

Andere persönliche Bezüge.

(Kap. 65 Tit. 10, 10b, 11, 11a, 12a.)

§ 198. *Kap. 65 Tit. 10.* (1902: 93170 M. Siehe auch § 186.) In diesem Titel sind für 1902 nicht pensionsfähige Stellenzulagen für eine Anzahl mittlerer und vor Allem niederer Beamten ausgeworfen.

Für 1902: für Beamte unter Tit. 4 bis 7 im Ganzen 42115 M., und zwar 7000 M. für mittlere Beamte bis zum Höchstbetrage von 400 M. und 35115 M. für Unterbeamte bis zum Höchstbetrage von 200 M., ausserdem für 5 Unterbeamte je 300 M. = 1500 M. (darunter 500 M. künftig wegfallend); Miethsentschädigungen für einige unter Tit. 5 aufgeführte Unterbeamte 1080 M.; zur Remunerirung des Baubeamten in Swinemünde als Vorsteher des fiskalischen Gutsbezirks Swinemünde-Hafengrund 450 M., für 2 Bauhofsvorsteher in Neufahrwasser und Swinemünde je 300 M. = 600 M. (künftig wegfallend), Vergütung für die Besorgung der Ballast-Inspektorgeschäfte in Memel 500 M. (künftig wegfallend) und zur Gewährung einer Entschädigung zur Beschaffung von Feuerungsmaterial an zwei Dünenbeamte 75 M. und 50 M.

Diese Stellen-Zulagen sind bei Gelegenheit der allgemeinen Besoldungsverbesserung der mittleren und Unterbeamten im Jahre 1890/91 eingeführt (vgl. Etat 1891/92 Erläuterungen zu Tit. 10). Die Zulagen werden gewährt:

1. wegen schwieriger wirthschaftlicher Verhältnisse in Folge der Abgelegenheit ihres amtlichen Wohnsitzes, besonderer Theuerung, Mangel geeigneter Wohnungen in demselben u. s. w., insbesondere: Hafen-, Strom- und Schleusenmeister, Dünen- und Leuchtfeuerbeamte, Buschwärter u. A.

2. wegen schwerer, gefährlicher und verantwortungsvollerer Dienstobliegenheiten, insbesondere: Maschinenbeamte, Schiffsführer, Baggermeister, Hafenbau- und Materialienschreiber und Aufseher, Lagerhofverwalter u. A.

3. für solche Beamte, an deren Leistungsfähigkeit und Thatkraft in Folge eines ungewöhnlich umfangreichen Aufsichtsbezirks, besonders zahlreicher Bauwerke, wegen starken Schiffsverkehrs u. dergl. höhere Anforderungen gestellt werden müssen, insbesondere: Brücken-, Strom-, Wehr- und Schleusenmeister und Aufseher, Leuchtfeuerbeamte, Steuerleute, Fähraufseher u. A.

§ 199. *Kap. 65 Tit. 10b.* Zur Remunerirung von 46 Bureauhilfsarbeitern und von Bausupernumeraren 145700 M.

Der Fonds wurde bis 1898/99 als Tit. 10a geführt und erhielt erst bei Gelegenheit der Neuregelung der Bauleitungskosten die jetzige Numerirung und Bezeichnung.

Aus dem Fonds wurden 1897/98 40 Bureauhilfsarbeiter bei den Bauinspektoren in besonders umfangreichen Baukreisen mit 58 000 M. remunerirt. Dazu kamen 1898/99 70 000 M. zur Remunerirung von Bauschreiber-Anwärtern, deren Bezüge bisher je nach der Art ihrer dienstlichen Verwendung theils bei Baufonds, theils bei dem Fonds zur Remunerirung von Arbeitshilfen (Kap. 65 Tit. 13a) des Etats 1897/98 verrechnet, theils aus den gelegentlich ihrer Zutheilung an einzelne Lokalbaubeamte an deren Dienstaufwands-Entschädigung gemachten Abzügen (Tit. 13 dess. Kap.) bestritten wurden.

Der im Interesse der Ausbildung der Bauschreiberanwärter gebotene häufige Wechsel der Beschäftigung, welcher demnach Veränderungen in der Verrechnung ihrer Bezüge mit sich brachte, vermehrte das Schreibwerk in unerwünschter Weise. Es wurde daher im Interesse der Vereinfachung des Geschäftsganges auch hier vorgezogen, einen besonderen Fonds für die Verrechnung dieser Bezüge — ohne Rücksicht auf die Art der Verwendung des einzelnen Anwärters — vorzusehen.

Die Remunerationen der 46 Bureauhülfsarbeiter betragen im Durchschnitt 1 450 M., im Höchstbetrage 1 500 M. jährlich.

Die Zahl der Bausupernumerare beträgt gegenwärtig etwa 70. Sie erhalten gegenwärtig im 1. Jahre 75 M., im 2. Jahre 90, im 3. Jahre 100 M. monatlicher Remuneration.

§ 200. Zu *Kap. 65 Tit. 11 u. 11a* vergl. das zu Band I Buch I S. 97 Gesagte, Tit. 12a ist bereits im § 156 zur Erörterung gekommen.

Sächliche Bezüge.

(Kap. 65 Tit. 13, 13a und b, Kap. 66 Tit. 1 und Tit. 2.)

§ 201. Aus *Kap. 65 Tit. 13* (s. auch § 189) werden für mittlere und Unterbeamte im Aussendienste folgende Bezüge gewährt:

a) Entschädigungen für Fortfall der Nachtschleusengelder (1902: 15 150 M.). Diese Entschädigungen treten an Stelle der früher von den Schiffern zu zahlenden Gebühren bei Nachtdienst an den Schleusen. Die jetzigen Entschädigungen werden je nach der Inanspruchnahme der betreffenden Beamten auf Grund der Berichte der Provinzialbehörden vom Minister bewilligt.

b) Tagegelder und Uebernachtungsgelder an mittlere und untere Beamte bei auswärtigen Beschäftigungen. Die Bestimmungen über deren Höhe sind im M.-Bl. f. d. i. V. 1900 S. 124 und 1902 S. 18 abgedruckt.

c) Entschädigungen für Taucherdienste der Beamten (vergl. Erläuterungen zum Etat 1902).

d) Pferdezulagen für 7 Dünenbeamte (à 360 M).

§ 202. *Kap. 65 Tit. 13a* u. *b.* — (Wegen Tit. 13a vergl. § 192.)

Tit. 13b. Zu Vergütungen für die bei den Provinzialbehörden und den Lokalbaubeamten im Vertragsverhältnisse angenommenen bautechnischen Hülfskräfte 338 200 M.

Auch dieser Titel ist neueingerichtet worden in Folge der anderweitigen Vermehrung der Bauleitungskosten (vergl. § 163).

In diesem Titel wurden im Jahre 1898/99 die bis dahin aus Tit. 13a (s. § 192) bestrittenen Bezüge der im Vertragsverhältniss angenommenen Hülfskräfte zur Unterstützung der bautechnischen Dezernenten bei den Provinzialbehörden und der Lokalbaubeamten, wie Techniker, Zeichner und Schreiber — abgesehen von den bei Vorarbeiten und Neubauten beschäftigten — ausgebracht (1898/99: 115 000 M.).

Der Fonds war bisher Centralfonds, wird aber neuerdings versuchsweise auf die Provinzialetats vertheilt. Es handelt sich hier um im Bureaudienst beschäftigte Techniker, während die auf der Baustelle beschäftigten meist aus den Baufonds bezahlt werden.

Schon das Jahr 1899 brachte eine erhebliche Steigerung um 105 000 M. in Folge der vermehrten Anstellung von Privattechnikern (s. § 187). 1900 kamen aus gleichem Grunde 50 000 M., 1901: 16 000 M. hinzu. Weitere 50 000 M. bisher aus Stromunterhaltungsfonds gezahlte Bezüge bei der Weichsel- und Oderstrombauverwaltung waren im Jahre 1900 eingestellt worden, sodass sich der Fonds (1902) bereits auf 338 200 M. stellte.

Wegen Kap. 66 Tit. 1 u. 2, die für höhere und niedere Beamte gelten, vergl. das zu §§ 193 Gesagte.

IV. Abschnitt.

Sächliche Fonds.

(Bauten und Bautenunterhaltung.)

Allgemeines.

§ 203. Die laufenden Ausgaben für sachliche, nicht auf das staatliche Baupersonal bezughabende Zwecke, sind im Ordinarium des Bauetats mit den Ausgaben jener Art vermischt und unter der Rubrik „sächliche Ausgaben“ mit ausgebracht, nämlich in Kap. 65 und zwar in den Tit. 14, 15, 16, 16a, 16b, 17, 18, 18a. Dagegen enthält das — bei dem Bauetat besonders erhebliche — Extraordinarium in der Hauptsache nur Ausgaben zu sachlichen Zwecken (Bauten und Bautenunterhaltung). Im vorliegenden Werke schien es richtig, im Ordinarium eine Trennung der Ausgaben für Baupersonal und für Bauten vorzunehmen.

§ 204. Die meisten der im Ordinarium behandelten Fonds (Tit. 14, 15, 16, 17, 18) bezeichnen sich nur als Unterhaltungsfonds, wodurch sie als laufende Fonds charakterisirt werden sollen. Trotzdem finden aus ihnen auch kleinere Bauten, dagegen keine „grösseren Neubauten und Hauptreparaturen“, wie das meist auch noch in dem Wortlaut der einzelnen Titel zum Ausdruck gebracht wird,

Deckung. Nur für grössere Bauten tritt das Extraordinarium ein (s. § 220), falls nicht etwa Anleihen zur Deckung aufgenommen werden. Eine feste Grenze dessen, was als grössere Neubauten und Hauptreparaturen anzusehen ist, giebt es nicht.

Nach neueren Vorschriften — vergl. Allg. Verf. Nr. 4 v. 9. April 1897 —, die allerdings zunächst für die Wasserbauverwaltung gilt — werden im Allgemeinen die Kosten der Neubauten und Hauptreparaturen von Dienstgebäuden bis zum Betrage von 15 000 M., der sonstigen Neu- und Reparaturbauten bis zum Betrage von 20 000 M. aus dem Ordinarium bestritten, die Kosten aller übrigen, diese Grenzen überschreitenden Bauten und Beschaffungen aber in das Extraordinarium des Staatshaushaltsetats eingestellt, während die Bereitstellung von Geldmitteln durch besondere Gesetze (sogenannte Anleihegesetze) nur für solche Bauten erfolgt, die in Folge ihrer besonderen Bedeutung und der Höhe des Kostenbedarfs nicht in den Rahmen des Staatshaushaltsetats passen.

Für die Einheitlichkeit der Darstellung empfiehlt es sich nicht, im vorliegenden Falle, wie dies sonst meist geschieht, die ordinären und extraordinären Fonds gesondert darzustellen. Beide werden vielmehr im Zusammenhange erörtert werden.

Die Fonds für Bauten und Bautenunterhaltung (Tit. 14 bis 18a), welche 1902 zusammen rund 19 Mill. M. ausmachten, umfassen 3 Hauptgebiete der staatlichen Bauthätigkeit:

1. Hochbauten (Tit. 14 u. 18a).
2. Wasserbauten (Tit. 15 bis 17 u. 18a) und zwar:
   a) Seehäfen-, Ufer-, Dünen-Bauten u. s. w. (Tit. 15),
   b) Binnenhäfen-, -wasser-, Brückenbauten u. s. w. (Tit. 16, 16a u. 16b),
   c) Kanalbauten (Tit. 17).
3. Wegebauten (Tit. 18).

§ 205. Bevor auf die einzelnen Hauptgruppen eingegangen wird ist vorab kurz zu erwähnen der gemeinschaftliche Fonds:

Kap. 65 Tit. 18a: Unvorhergesehene Bauten[1]) 95 000 M.

Bis zum Jahre 1881/82 einschliesslich wurde für unvorhergesehene Bauten von Brücken, Strassen, Gebäuden u. s. w. alljährlich im Extraordinarium eine Summe von 100 000 M. ausgeworfen. Seit 1883/84 wurde dieser Dispositionsfonds, der gewissermassen zur Ergänzung der Tit. 14ff. diente, da er Jahr für Jahr wiederkehrte, in das Ordinarium übernommen. Er betrug bis 1897/98 100 000 M. und ist seitdem — in Folge der anderweitigen Regelung der Bauleitungskosten (§ 163) — auf 95 000 M. ermässigt.

A. Hochbauten.[2])

Allgemeines.

§ 206. Nach der Regierungsinstruktion vom 23. Oktober 1817 mussten die Regierungen Ministerialgenehmigung einholen (§ 21 Ziff. 9

[1]) Von diesem Fonds wird alljährlich Nachweisung über die Verwendung in der Allgemeinen Uebersicht über die Einnahmen und Ausgaben, welche dem Landtag vorgelegt wird, gegeben.

[2]) Benutzt sind hierbei, wie auch bei den Ausführungen über Wasserbauverwaltung

ebenda) bei Neubauten, welche die Summe von 1500 M. und bei Reparaturbauten, welche die von 3000 M. überstiegen.

Diese Bestimmungen des § 21 Nr. 9 der Instruktion v. 23. Okt. 1817 (beziehungsweise der Kabinetsordre v. 28. Aug. 1836 und des Allerh. Erl. v. 30. März 1868) waren indess durch den Allerh. Erl. v. 20. April 1874 (M.-Bl. f. d. i. V. S. 119) dahin abgeändert worden, dass bei fiskalischen Bauten die Einholung der ministeriellen Genehmigung und die Einreichung der Anschläge zur Superrevision nur stattzufinden hatte für Neubauten, welche die Summe von 3000 M., und für Reparaturbauten, welche die Summe von 9000 M. überstiegen, und dass in denjenigen Fällen, in welchen Bauten nicht ausschliesslich auf fiskalische Kosten ausgeführt wurden, für welche vielmehr nur ein Beitrag aus Staatsfonds, sei es als Gnadengeschenk, sei es als Freibauholz geleistet wurde, die Superrevision der bezüglichen Anschläge und Bauentwürfe nur dann einzutreten hatte, wenn ein zu befürwortendes Gnadengeschenk oder der Werth des vom Fiskus zu gewährenden Bauholzes die Höhe von 3000 M. bei Neubauten und von 9000 M. bei Reparaturbauten überstieg.

Eine weitere Aenderung zur Entlastung der Centralinstanz und der Hebung der Selbstständigkeit und Berufsfreudigkeit der Provinzialbaubeamten trat bereits 1880 ein.

Durch den Allerh. Erl. vom 31. Mai 1880 und die vom Minister erlassene allgemeine Verfügung vom 20. Juni desselben Jahres wurde nämlich bestimmt, dass die Superrevision der Projekte und Kostenanschläge in der Centralinstanz in Zukunft erst einzutreten habe:

1. bei sämmtlichen staatlichen Neu- und Reparaturarbeiten, wenn deren Kosten die Summe von 30 000 M. übersteigen;

2. bei Bauten für Kirchen und Kunstdenkmäler hinsichtlich der Entwürfe bei einem Kostenbetrage über 5000 M., hinsichtlich der Anschläge von über 10 000 M.;

3. bei nicht ausschliesslich staatlichen Bauausführungen, für welche nur ein Betrag aus Staatsfonds, sei es als Gnadengeschenk, sei es als Freibauholz u. s. w., geleistet wird, wenn ein zu befürwortendes Gnadengeschenk oder der Werth des vom Fiskus zu gewährenden Bauholzes die Höhe von 30 000 bezw. 5000 und 10 000 M. übersteigt.

Weiter ist festgesetzt, dass es bei fiskalischen Bauten der Veranschlagung, Revision und Abnahme seitens der staatlichen Baubeamten in der Regel überhaupt nur dann bedürfe, wenn die Kosten der Bauausführung den Betrag von 500 M. übersteigen und nicht besondere, eine Abweichung hiervon bedingende, Verhältnisse vorliegen. Endlich wurde den Baubeamten auch dadurch noch mehr Selbstständigkeit gewährt, dass ihnen überlassen bleibt, hinsichtlich der Art der Vergebung nach eigenem pflichtmässigen Ermessen zu befinden,

---

ausser den Akten des Ministeriums u. A. die (theilweise im Druck erschienenen) Immediatberichte an den König.

wenn der Werth der Lieferung oder der baulichen Ausführung innerhalb des Betrags von 1000 M. bleibt.

§ 207. In dem gedachten, durch den Allerh. Erl. v. 31. Mai 1880 vorgeschriebenen Umfange hat die Allgemeine Bauabteilung des Ministeriums der öffentlichen Arbeiten die Feststellung der Entwürfe und Anschläge zu den staatlichen Hochbauten sämmtlicher Ressorts vorzunehmen, soweit nicht hinsichtlich der Eisenbahnbauten, der Bauten an Pfarreien, Küstereien, Volksschulen, der gewöhnlichen Hochbausachen auf Domänen- und Forstgrundstücken, der fiskalischen Bäder- und Gestütsverwaltung und der Bauten der Bergverwaltung Ausnahmen mit den betreffenden Ressorts vereinbart sind.

Derartige Sonderbestimmungen bestehen z. B. dahin, dass bei den Bauten im Bereiche der Staats-Eisenbahn-, Bergwerks- und Militärbauverwaltung die Beamten der allgemeinen Bauverwaltung überhaupt nicht mitwirken.

Bei den zum Ressort der Minister der geistlichen, Unterrichts- und Medizinal-Angelegenheiten und für Landwirthschaft, Domänen und Forsten gehörigen Bauten findet dagegen nur eine Mitwirkung der in diesen Ministerien angestellten besonderen hochbautechnischen vortragenden Räthe und eventuell auch von bedeutenden Privatarchitekten statt.

§ 208. Um eine möglichst vollkommene und zugleich sparsame Projektirung und Ausführung der staatlichen Bauten zu sichern, sind besonders in der Mitte der 80er Jahre eine grössere Anzahl von Ministerial-Verfügungen ergangen, welche ein sachgemässes gemeinsames Vorgehen zwischen den Beamten des Bautenministeriums und der betheiligten sonstigen Ressorts, der rechtzeitigen Berichterstattung über den Fortgang der Bauten, über nothwendige Abänderungen und Ergänzungen u. s. w. herbeiführen sollten (Erlasse v. 22. Jan. 1884, v. 4. August 1885, 7. Juni 1882, 10. Febr. 1881, 16. Dezember 1882 u. A. m.). Speziell behufs Vermeidung unwirthschaftlicher Verwendung von Staatsgeldern sind wieder ältere Anweisungen durch den Erlass vom 25. November 1879 nachdrücklich wiederholt und die Baubeamten persönlich für die Beobachtung der auf Einhaltung der Kostenanschläge und ein durchaus wirthschaftliches Verfahren bezüglichen Bestimmungen verantwortlich gemacht worden. Ausserdem wurden, behufs Erreichung einer sachgemässen Kontrole der in Ausführung begriffenen Staatsbauten durch den Erlass vom 30. März 1881 noch besondere Weisungen ertheilt.

Durch diesen wurde für vornehmlich alle den Kostenbetrag von 50 000 M. übersteigende Bauten eine weitere finanzielle Kontrole dahin eingeführt, dass die Baubeamten angewiesen wurden, vierteljährlich spezielle Nachweisungen über die finanzielle Lage der in der Ausführung begriffenen derartigen Bauten einzureichen. Ausserdem wurde auch durch den bereits erwähnten Erlass vom 4. August 1885 für eine möglichst sparsame Verwendung der bewilligten Baugelder Sorge getragen, indem darin für den Fall, dass sich Abänderungen oder Ergänzungen des genehmigten Projekts und Kostenanschlags als nöthig bezw. wünschenswerth erweisen sollten, hierfür die Einholung des Ministers bezw. der etwa sonst betheiligten Ressortschefs Genehmigung vorgeschrieben worden ist.

Sodann ist in dem Erl. v. 21. Juni 1882 für alle Hochbauten, deren Kosten für das Hauptgebäude den Betrag von 30000 M. übersteigen, bestimmt, dass die auf die verschiedenen Bauarbeiten bezüglichen Abrechnungen schon während des Baus möglichst zu fördern sind, die Schlussabrechnung aber einschliesslich der Aufstellung der etwa erforderlichen Revisionsnachweisung im Allgemeinen längstens 6 Monate nach Fertigstellung des Baus bewirkt werden soll.

Endlich ist in allen Kostenanschlägen, deren Gesammtsumme den Betrag von 100000 M. übersteigt, im Titel „Insgemein" ein angemessener Betrag für die Ausführung von Versuchen auf dem Gebiete des Bauwesens vorzusehen. (Erlass vom 24. Dezember 1896 — III. 16884.)

§ 208a. Ein grosser Theil dieser Vorschriften ist neuerdings in die unterm 1. Dez. 1898 neu erlassene[1]) Dienstanweisung für die Lokalbeamten der Staatshochbauverwaltung aufgenommen worden, welche in 274 Paragraphen und einem Anhang mit ebenfalls 61 Paragraphen in eingehender Weise die Dienstpflichten dieser Beamten regelt.

In Abtheilung I (§§ 1 bis 55) der Dienstordnung werden die amtliche Stellung und die Personalangelegenheiten des Lokalbaubeamten behandelt. Abtheilung II (§§ 56 bis 103) behandelt die Art und den Umfang der den Lokalbaubeamten obliegenden Dienstgeschäfte, wobei nicht nur die Thätigkeit der Lokalbeamten bei Bauten, welche auf Staatskosten ausgeführt oder für Staatszwecke angemiethet werden (§§ 56 bis 65), geregelt wird, sondern auch spezielle Vorschriften über die Mitwirkung der staatlichen Baubeamten bei Universitätsbauten (§§ 66 bis 69), Kirchen-, Schul- und Pfarrbauten (§§ 70 bis 91), in polizeilichen Angelegenheiten (§§ 92 bis 95), bei Denkmälern (§§ 96 bis 98), Strassenverzeichnissen, eisernen Brücken u. s. w. (§§ 99 bis 103) gegeben sind. Abtheilung III (§§ 104 bis 172) handelt sodann von der eigentlichen Geschäftsführung (Bureaueinrichtung, Bauentwürfe, Kostenanschläge, Bauausführungen, Bauabnahme, Abrechnungswesen, Gebäudeunterhaltung) statistische und finanzielle Nachweisungen u. s. w.

Im Anhang kommen in Abschnitt I (§§ 1 bis 7) die Besoldungsverhältnisse, in Abschnitt II (§§ 1 bis 52) die besonderen Obliegenheiten der Lokalbaubeamten auf dem Gebiete der Kranken-, Unfall-, sowie der Invaliditäts- und Altersversicherung zur Erörterung.

Etatsbehandlung.

§ 209. Wenn auch die Staatsbauten sämmtlicher Ressorts — abgesehen von Eisenbahn-, Bergwerks- und Militärbauten (s. § 207) — von den Beamten der allgemeinen Bauverwaltung ausgeführt und hinsichtlich der Reparaturbedürftigkeit fortlaufend von diesen mit kontrolirt werden, so werden doch weder die Baukosten, noch die Unterhaltungskosten der Bauten der anderen Ressorts auf den Etat der allgemeinen Bauverwaltung gebracht, sondern vielmehr auf dem Etats dieser Ressorts selbst geführt (vergl. die Extraordinarien der Spezialetats sowie die laufenden Bauunterhaltungsfonds, z. B. Kap. 81

---

[1]) Sie ist an Stelle einer unterm 1. Oktober 1888 ergangenen Dienstanweisung getreten.

des Justizetats, Kap. 96 Tit. 9 (Strafanstalten) auf dem Etat des Ministeriums des Innern, Kap. 121 Tit. 6 und 13 (Seminare und Präparandenanstalten) auf dem des Kultusministeriums, Kap. 1 Tit. 18 (Domänen) und Kap. 2 Tit. 17 (Forstverwaltung) u. s. f.

§ 210. Ausser den genannten Hochbauten werden auf dem Bauetat auch, jedoch an anderer Stelle, diejenigen Hochbauten aufgeführt, welche im Zusammenhange mit staatlichen Wasserbauanlagen errichtet werden.

Die Mittel zum Bau und zur Unterhaltung dieser Bauten stehen im Ordinarium wie im Extraordinarium bei dem auf die Wasserbauten bezüglichen Titel, also bei Tit. 15—17 des Ordinariums.

§ 211. Nur wenige Kategorien von Hochbauten werden sowohl im Extraordinarium wie im Ordinarium der allgemeinen Bauverwaltung geführt.

Dahin gehören — abgesehen von dem Dienstgebäude des Ministeriums der öffentl. Arbeiten selbst — vor allem die sämmtlichen Regierungs- und Oberpräsidialgebäude, deren Behörden ja thatsächlich die Interessen der verschiedensten Ressorts vertreten.

Für die Unterhaltung dieser Gebäude ist im Ordinarium bestimmt — für das Ministerialgebäude siehe Kap. 64 Tit. 14 — der Fonds:

Kap. 65 Tit. 14. Unterhaltung der Regierungs-Dienstgebäude und sonstiger Staatsgebäude mit Ausschluss der grösseren Neubauten und Hauptreparaturen, Unterhaltung der dazu gehörigen Gärten und Unterhaltung und Ergänzung der Inventarienstücke in den Gesellschaftsräumen und den Dienstwohnungen, soweit solche dem Staate obliegt (1902: 393 845 M.).

Wenn hier von sonstigen Staatsgebäuden die Rede ist, so werden darunter nur einzelne wenige Arten von Gebäuden begriffen, die entweder für gewisse höhere Sonder-Baubehörden (Strombauverwaltungen) oder für einige solche Provinzialbehörden bestimmt sind, die bis in die neueste Zeit vielfach mit den allgemeinen Verwaltungsbehörden in gemeinsamen Gebäuden untergebracht waren und zum Theil noch sind. (Provinzial-Schulkollegien und Konsistorien. Vergl. aber hinsichtlich der extraordinären Kosten von Konsistorien auch Bd. II Buch I § 70 Anm. 1.) Auch die Gebäude der Militär-, Ministerial- und Baukommission und neuerdings des statistischen Bureaus stehen auf dem Fonds.

Es wird übrigens beabsichtigt, in Zukunft allgemein die Unterhaltung solcher Gebäude, welche von verschiedenen Staatsbehörden zugleich benutzt werden, im Interesse der Erleichterung der Verrechnung aus diesem Fonds zu decken.

§ 212. Aus dem Fonds findet nach seinem Wortlaute auch die Unterhaltung der dazu gehörigen Gärten und Unterhaltung und Ergänzung der Inventarienstücke in den Gesellschaftsräumen und den Dienstwohnungen, soweit solche dem Staate obliegt, statt. Die Ergänzung der Inventarienstücke in den eigentlichen Geschäftsräumen erfolgt dagegen aus Kap. 58 Tit. 10 des Finanzministeriums (sogen. Geschäftsbedürfnissfonds für die Regierungen).

Der Fonds weist seit Beginn der 80er Jahre nicht entfernt so erhebliche Steigerungen auf, wie die Fonds Tit. 15, 16, 17. Er betrug 1890/91 346 066 M. und hat sich allmählich bis auf 393 845 M. (für 1902) erhöht. Zum Theil beruht die Steigerung auf einer Vermehrung von Staatsdienstgebäuden, zum Theil, besonders in den letzten Jahren, aber auch auf Steigerung der Löhne und Materialienpreise (vergl. Etatserläuterungen für 1902).

§ 213. Um die gesammte Thätigkeit der allgemeinen Bauverwaltung auf dem Gebiete des Hochbaues richtig beurtheilen zu können, genügt es nach dem in § 207 und 209 Gesagten nicht, lediglich die auf ihrem Etat stehenden Bauten zu erwähnen. Vielmehr müssen auch die zu anderen Ressorts gehörigen Staatsbauten, und sogar auch die von dritter Seite (Schul-, Kirchenbauten u. s. w.) mit staatlicher Unterstützung aufgeführten Gebäude mitgezählt werden.

Nach der in Anlage LXXIII gegebenen Zusammenstellung sind von 1878 bis 1888 Seitens der Hochbauverwaltung 2143 Gebäude aufgeführt, welche 144 593 050 M. Ausführungskosten verursachten, im Durchschnitt kamen also auf das Gebäude 67 472 M. Die grösste Zahl der Gebäude entfiel in diesem Zeitraume auf landwirthschaftliche Gebäude (661), forstwirthschaftliche (403), Volksschulgebäude (230), dann kamen 141 Pfarr-, 117 Universitäts-, Kunst- u. s. w. Gebäude, 113 Gefängnisse und 103 Gerichtsgebäude.

Weit über dem Durchschnitt im Hinblick auf die Kosten standen die Gebäude der Central- und Provinzial-Verwaltungsbehörden (430 700 M.), Seminare (250 052 M.), höhere Schulen (241 241 M.), Universitäts- u. s. w. Gebäude (241 006 M.), Gerichtsgebäude (233 867 M.), Gefängnisse (149 783 M.).

In der Periode von 1889 bis 1899 wurden ausgeführt 4071 Hochbauten, also fast die doppelte Zahl gegen die Vorperiode. Die Kosten stellten sich aber nur auf 174 356 504 M., indem die Durchschnittskosten für den Bau auf 42 829 M. sanken. Das nimmt auf den ersten Anblick Wunder, da doch Arbeitslöhne und Materialienpreise eher gestiegen als gefallen sind. Der Grund liegt einmal in der verhältnissmässig starken Vermehrung gerade der billigeren Gebäude. So stieg z. B. die Zahl der mit einem Durchschnittssatz von 15 bis 16 000 M. gebauten Volkschulhäuser von 230 auf 1320 (+ 417) = 1737 M., also auf fast das 8 fache. An landwirthschaftlichen Gebäuden (je 21 bis 23 000 M.) wurden statt 661 in der Vorperiode 908 gebaut, an Pfarrgebäuden (je 14 bis 23 000 M.) statt 141 jetzt 319, an Kirchen (je 58 bis 67 000 M. durchschnittlich) statt 121 jetzt 244 u. s. w.

Zum Theil dürfte aber auch die sparsamere Ausführung der Bauten eine Rolle spielen, wie dies vor Allem bei den Justizgebäuden der Fall zu sein scheint, bei denen die Durchschnittskosten von 233 867 auf 172 780 bezw. 188 538 M. herabgingen. Auch bei höheren Schulen und Seminaren (zum Theil in Folge stärkerer Vermehrung der Externate statt Internate vgl. Bd. II Buch I § 351) der Universitäts- u. s. w. Gebäude sind die Durchschnittskosten sehr zurückgegangen. Natürlich können diese Durchschnittszahlen mehr den Anlass zu genaueren Prüfungen geben, als selbst ein abschliessendes Bild liefern, da ja auch die Grösse der Bauten, ihre Zweckbestimmung bei einer Vergleichung mit in Rücksicht zu ziehen sind.

In dem ganzen Zeitraum von 1878 bis 1900 sind nach Anl. LXXIII an Hochbauten hergestellt 7105 Gebäude für rund 348 Mill. Mark.

§ 214. Aus der Zeit von 1878 bis 1887 sind an erheblichen Gebäuden — über 600 000 M. Ausführungskosten — hervorzuheben: Neue Packhofsanlage in Berlin (Moabit) einschl. des Provinzial-Steuer-Direktionsgebäudes 4 318 511, Dienstgebäude der Direktion für die Verwaltung der direkten Steuern in Berlin 669 953, Landgerichtsgebäude in Münster i. W. 697 730, Land- und Amtsgerichtsgebäude in Cassel 1 899 141, desgl. in Hannover 1 282 823, desgl in Berlin II 819 186, desgl. in Cöln 2 258 927 (I. und II. Bautheil.), desgl. in Aachen 722 537, Amtsgericht in Frankfurt a. M. 1 723 634, desgl. in Breslau 811 262, Gerichtsgebäude mit Gefängniss in Osnabrück 814 839, Land- und Amtsgerichtsgebäude in Flensburg 862 987, desgl. in Erfurt 1 022 888, Kriminalgerichtsgebäude in Berlin (Moabit) 6 902 164, Gerichtsgefängniss in Glatz 658 771, Strafgefängniss in Preungesheim 1 576 331, Strafanstalt in Herford 1 627 289, desgl. in Wehlheiden 2 872 241, desgl. in Gross-Strelitz 1 211 842, Dienstgebäude des Kultusministeriums 1 855 326, Joachimsthal'sches Gymnasium in Berlin (Charlottenburg) 2 696 186 (einschl. 99 213 für die Turnhalle), Physiologisches und Physikalisches Universitätsinstitut in Berlin 3 149 883 (der gemeinschaftlichen Bauleitung wegen lassen sich die Kosten nicht trennen), Erweiterungsbau der Universitätsbibliothek in Göttingen 649 783, Seminar für Stadtschullehrer in Berlin 809 641, Medizinische Klinik in Bonn 605 000, Technische Hochschule in Charlottenburg 8 261 578, Kunstakademie in Düsseldorf 1 340 137 (einschl. 55 433 für Beleuchtungskörper, Nebenanlagen u. s. w. und 25 553 für innere Einrichtung), Naturhistorisches Museum in Berlin (identisch mit dem Museum für Naturkunde), Etnologisches Museum in Berlin (Museum für Völkerkunde) 2 039 924, Landwirthschaftliche Hochschule in Berlin 1 938 395, Regierungsgebäude in Schleswig 1 817 950, Regierungsgebäude in Königsberg 1 890 436, Regierungsgebäude in Cassel 1 826 497, Regierungsgebäude in Danzig 1 328 653, Regierungsgebäude in Breslau 1 497 911, Um- und Erweiterungsbau des Regierungsgebäudes in Hildesheim 756 800.

Aus der Zeit von 1889 bis 1899 sind hervorzuheben: Landtagsgebäude 9 566 358 (verausgabt bis 30. 9. 1902), Dienstgebäude für das Staatsministerium und die General-Ordenskommission u. s. w. 497 781 (bis 30. 3. 1902, aber ausschl. Grunderwerb), Erweiterungsbau des Ministeriums der öffentlichen Arbeiten 1 640 000, Geheimes Civilkabinett 710 034, Schauspielhaus Hannover 1 013 000 (einschl. 106 900 für im Jahre 1897 ausgeführte Umbauten), Gerichtsgebäude in Cöln 1 413 400, Gerichtsgebäude in Coblenz 887 000, Gerichtsgebäude in Hamm 772 000, Gerichtsgebäude in Wiesbaden 827 900, Gerichtsgebäude in Berlin (Land- und Amtsgericht I) 4 039 800 (bis 30. 9. 1902), Erweiterungsbau des Gerichtsgebäudes in Stettin 585 000, Gerichtsgebäude in Beuthen 665 700, Gerichtsgebäude in Dortmund 1 221 628 (bis 30. 9. 1902), Gerichtsgebäude in Magdeburg 1 157 575 (bis 30. 9. 1902), Gerichtsgebäude in Rixdorf 800 000 (bis 31 3. 1902), Gerichtsgebäude in Inowrazlaw 585 479, (bis 30. 9. 1902), Gerichtsgebäude in Myslowitz 534 281 (bis 30. 9. 1902), Gerichtsgebäude in Kattowitz 782 300, Gerichtsgefängniss in Bochum 1 228 000, Gerichtsgefängniss in

Preungesheim 1 576 300, Gerichtsgefängniss in Berlin (Alexanderstr.) 1 065 980, Gerichtsgefängniss in Tegel 3 113 395, Gerichtsgefängniss in Wronke 2 335 545, Strafanstalt in Düsseldorf 1 463 800, Strafanstalt in Siegburg 167 300, Strafanstalt in Breslau 1 746 500, Strafanstalt in Wohlau 1 290 100, Strafanstalt in Anrath 609 246 (bis 30. 9 1902 ausschl. der Bauleitung), Strafanstalt in Wittlich 1 286 321 (bis 31. 3. 1902), Wiederherstellung der Willibrodtkirche in Wesel 1 400 000, Schlosskirche in Wittenberg 900 000, Dom in Berlin 9 904 183 (bis 30. 9. 1902), Gnadenkirche in Berlin 825 900, Psychiatrische und Nervenklinik in Halle 704 200, Irrenklinik in Kiel 1 140 000 (bis 30. 9. 1902), Erweiterungsbau der technischen Hochschule in Charlottenburg 1 208 800 (bis 30. 9. 1902), Institut für Infektionskrankheiten in Berlin 743 700, Museum für Naturkunde 4 160 000, I. Chemisches Institut in Berlin 1 468 600 (ausschl. der Kosten für Apparate, Instrumente u. s. w. 143 800), Charité-Krankenhaus 3 671 000 (bis 30. 9. 1902), Botanischer Garten in Dahlem 1 857 224, Chirurgische Klinik in Breslau 622 400 (für letztere zwei bis 30. 9. 1902, ausschl. des Pharmaceutischen Instituts 525 000), Technische Hochschule in Danzig 1 593 850 (bis 30. 9. 1902), Kaiser Friedrich-Museum in Berlin 3 206 074 (bis 30. 9. 1902), Akademische Hochschule für die bildenden Künste und für Musik 5 243 819 (bis 30. 9. 1901), Pergamonmuseum 827 135 (bis 30. 9. 1902), Marienburg (vergl. hierzu Bd. II Buch I § 550), Thierärztliche Hochschule in Hannover 1 951 368 M. (bis 24. 10. 1900).

B. Wasserbauten.

I. Allgemeines.

§ 215. Das Wasserbauwesen wird gegenwärtig von zwei verschiedenen Ressorts bearbeitet, dem Landwirthschaftsministerium und dem Ministerium der öffentlichen Arbeiten.

Im ersteren Ressort werden hauptsächlich die mit der Wasserwirthschaft der nicht schiffbaren Flüsse verbundenen Bauarbeiten und zwar von den für dieses Gebiet besonders ausgebildeten Meliorationsbaubeamten[1]) bearbeitet,[2]) während für das Ministerium der öffentlichen Arbeiten hauptsächlich die Wasserbauten an schiffbaren Strömen in Frage kommen, welche technisch von den Wasserbaubeamten bearbeitet werden (s. § 176ff., 217). Das Landwirthschaftsministerium nimmt mehr die landwirthschaftlichen und Landeskultur-, das Bautenministerium mehr die Handels- und Schifffahrtsinteressen wahr.

Bei vielfachen Anlagen berühren sich indessen die verschiedenen Zwecke und Interessen sehr nahe. Kanäle, die in erster Linie zu Meliorationszwecken angelegt sind, kommen auch der Schiffahrt zu Gute (Emsmoorkanäle), andererseits hat die Unterhaltung und Regulirung der Ströme oft den Schutz und die Verbesserung der an die Uferanlagen angrenzenden Ländereien zur Folge. Massregeln gegen Hochwasser- und Eisgefahren kommen den Schiffahrts- wie den Landeskultur-Interessen vielfach in gleichem Masse zu Gute.

---

[1]) über deren Vorbildung s. Bd. II Buch II § 165.

[2]) Das Ministerium für Landwirthschaft entfaltet aber eine eigene Bauthätigkeit so gut wie gar nicht, stellt vielmehr seine technischen Beamten nur den Genossenschaften etc. zur Verfügung, während das Ministerium der öffentlichen Arbeiten durchweg selbst, unter Aufwendung von Staatsmitteln baut.

Ob im Einzelfalle Anlagen von dem einen oder anderen Ressort bearbeitet werden, hängt von dem Ueberwiegen des einen oder anderen Interessenzweiges ab.

Bei der vielseitigen Berührung der verschiedenen Interessen ist neuerdings oft die Frage angeregt und erörtert worden, ob nicht eine einheitliche Behandlung der Wasserbausachen in einer Instanz vor der gegenwärtigen Trennung den Vorzug verdiene.

Dabei kommt in Frage, ob die sämmtlichen Wassersachen auf das Landwirthschaftliche oder auf das Bautenministerium übertragen werden sollen, oder ob endlich ein neues Ministerium für Wasserbauten zu schaffen ist.

Dass die einheitliche Verwaltung grosse Vortheile für die Sache haben würde, dürfte auf der Hand liegen. Auch die seit vielen Jahren schwebende Frage der einheitlichen Regelung des Wasserrechtes auf gesetzlichem Wege würde durch die Bearbeitung der Wassersachen in einer Hand vermutlich eine bessere Förderung erhalten haben, als dies bisher der Fall gewesen ist.

Andererseits würde sowohl die Zulegung der bisher im Bautenministerium bearbeiteten Wasserbauangelegenheiten an das Landwirthschaftsministerium, wie die umgekehrte Regelung die Besorgniss rechtfertigen, dass in einem Falle die landwirthschaftlichen, im anderen die Schiffahrtsinteressen zu sehr in den Vordergrund gestellt werden möchten.

Uns würde die Bildung eines besonderen Wasserbauministeriums, dem in der Provinz Strombau-, Kanalbauverwaltungen einerseits und aus Generalkommissions- und Meliorationsbaubehörden kombinirte wasserwirthschaftliche Behörden andererseits unterstellt würden, als das zweckmässigste erscheinen, wobei ein vielfach befürchtetes[1]) zu starkes Ueberwuchern der technischen Faktoren durch Zuziehung von Laienelementen aus landwirthschaftlichen-, Handels- und Industriekreisen paralysirt werden könnte.

Die mit der Wasserbauverwaltung betrauten Beamten.

§ 216. Solange Hochbaufach und Wasserbaufach keine getrennten Prüfungsgegenstände bildeten, lag es in der Natur der Sache, dass die Hochbauer auch Wasserbausachen und umgekehrt mitbearbeiteten. Aber auch nachdem die Trennung der Examina nach beiden Materien durchgeführt war (s. § 176) mussten in der Provinzial- und Lokalinstanz noch in den meisten Fällen die in dem einen Fache ausgebildeten Beamten auch die dem anderen Fache zugehörenden Angelegenheiten mit erledigen, einmal, weil nicht überall für mehrere Beamten ausreichende Beschäftigung vorgelegen hätte, vor allem aber auch aus finanziellen Rücksichten. Insbesondere musste darauf verzichtet werden, nach dem Vorgange anderer Staaten lokale Bauämter zu begründen, bei denen für einen und denselben Bezirk Architekten und Bauingenieure zusammenarbeiten. Dagegen wurde schon in den 70er und 80er Jahren darauf Bedacht genommen, solche Baukreise, welche die Thätigkeit des Bauingenieurs hauptsächlich in Anspruch nehmen, in grösserem Umfange zu besonderen Wasserbaukreisen zu gestalten. (Von 1880—1890 wurde die Zahl z. B. von 49 auf 73 erhöht.)

Im Laufe der 90er Jahre hat man dagegen allgemein die vorhandenen Kreisbauinspektionen auf die Geschäfte der Hochbauverwaltung beschränkt und zur Wahrnehmung der wasserbau-

[1]) vgl. Kreuzzeitung v. Jahre 1898 Nr. 544.

technischen Geschäfte besondere Wasserbauinspektionen eingerichtet, die natürlich oft mehrere Kreise umfassen. Es giebt gegenwärtig (1902) 375 Bauinspektionen des Hochbaufachs und 210 des Wasserbaufachs. Hinsichtlich der Regierungen vergl. das in § 182 Gesagte. Ueber die besonderen Strombauverwaltungen siehe § 239.

Allgemeine Dienstvorschriften für die Wasserbauverwaltung.

§ 217. Bei den sich andauernd steigernden und vielseitiger gestaltenden Aufgaben der Wasserbauverwaltung und den damit verbundenen Aenderungen in dem Geschäftsbetrieb dieses Verwaltungszweiges hat sich bisher der Erlass einer den gesammten Dienstbetrieb der Wasserbaubeamten umfassenden Geschäftsanweisung als unthunlich erwiesen. Es musste vielmehr in der Weise vorgegangen werden, dass nach und nach die einzelnen Gebiete des Wasserbauwesens durch besondere allgemeine Verfügungen geregelt werden und deren Zusammenstellung zu einer Dienstanweisung weiteren Erfahrungen vorbehalten bleibt. Eine solche Regelung ist bereits bezüglich der Wasserbaustatistik, des Verdingungswesens, der Bereitstellung der Geldmittel, der Aufstellung und Prüfung der Entwürfe, der Krankenversicherung der Arbeiter, der Wohlfahrtseinrichtungen für die Arbeiter, der Unfallverhütungsvorschriften, des Lohnzahlungswesens, der finanziellen Kontrole bei Bauausführungen und Baubetrieben, des Erwerbes, der Veräusserung und Nutzbarmachung von Grundstücken und Wasserflächen und der Invalidenversicherung erfolgt. Sie bezweckt eine geordnete Dienstführung zu sichern, den Dienst der Wasserbauinspektoren von unnöthigem Beiwerk zu befreien und sie dadurch zu befähigen, sich ihrer wichtigsten Aufgabe, der Erzielung möglichst vollkommener, auf der Höhe der Zeit stehender technischer Leistungen, ausgiebiger zu widmen.

Es kommen bisher in Betracht:

Einführungsverfügung v. 7. Nov. 1896, Verfügung betreffend die Wasserbaustatistik v. 10. Nov. 1896, das Verdingungswesen v. 1. Febr. 1897, die Bereitstellung der Geldmittel für Bauten und Beschaffungen v. 9. April 1897, die Aufstellung und Prüfung von Entwürfen v. 13. Juli 1897, die Krankenversicherung v. 26. März 1898, die Wohlfahrtseinrichtungen für Arbeiter v. 31. Dez. 1898, die Unfallverhütungsvorschriften v. 8. Mai 1899, das Lohnzahlungswesen v. 19. Februar 1900, die finanzielle Kontrole bei Bauausführungen und Baubetrieben v. 5. März 1901, den Erwerb, die Veräusserung und Nutzbarmachung von Grundstücken und Wasserflächen v. 15. März 1901, die Invalidenversicherung v. 11. Sept. 1902.

Eintheilung der Wasserbaufonds.

§ 218. Bei den im Bautenministerium verwalteten Wasserbauangelegenheiten hat man zwei grosse Gruppen zu unterscheiden, 1. die auf die Seeschiffahrt und 2. die auf die Binnenschiffahrt bezüglichen Bauten. Bei beiden Gruppen lassen sich wieder die natürlichen und künstlichen Wasserstrassen unterscheiden, welche letzteren aber in Preussen bei der Binnenschiffahrt eine weit wichtigere Rolle spielen, als bei der Seeschiffahrt. In Folge dessen werden denn auch im Etat bei Kap. 65 Tit. 15 sowohl die künstlichen wie natürlichen Seewasserstrassen gemeinsam behandelt, während beim Binnenschiffahrtswesen ein besonderer Titel für die natürlichen (Tit. 16) und für die künstlichen Wasserstrassen (Kanäle Tit. 17) besteht.

II. Die einzelnen Wasserbaufonds.

Allgemeine Entwickelung und Gemeinsames.

§ 219. Die 3 nach Seeschiffahrts-, Binnenschiffahrtsstrassen und Kanälen getrennten Fonds bildeten bis zum Jahre 1874 einen einzigen Fonds, lautend „die Kosten der zu unterhaltenden Wasserstrassen, der darin befindlichen Schleusen, der darüber führenden Brücken, der Dünen, Hafenwerke, Wethen, Seetonnen u. s. w.“ Die Höhe des Fonds betrug rund 4 bis 5 Mill. M. im Jahre.

Ausserdem wurden Zuschüsse zu Neubauten aus dem sog. Generalbaufonds (jährlich in Höhe von 7 bis 800 000 M.) gegeben.

Soweit dieser Fonds nicht reichte, wurden die zu Neubauten bestimmten Summen ihrem ganzen Betrage nach unter wechselnder Bemessung der Höhe (3 bis 4 Mill. M.), im Extraordinarium ausgebracht, während z. B. für die Verbesserung des Verkehrs auf dem Lande schon lange vorher ein besonderer Neubaufonds für Chausseen in Höhe von 3 Mill. M. auf dem Ordinarium stand.

Im Jahre 1868 wurden zum ersten Male im Ordinarium jährlich 1 800 000 M. zu Stromregulirungen und Hafenbauten ausgeworfen, indem man davon ausging, dass die Fürsorge des Staates für die Erleichterung des Verkehrs auf den öffentlichen Wasserstrassen nicht minder eine stetig fortwirkende sein müsse, wie bei den Chausseen, und dass die Bauverwaltung, um mit Sicherheit und rechtzeitig Einleitungen zu den regelmässig wiederkehrenden nothwendigsten Wasserbauten treffen zu können, in ihrem Ordinarien-Etat die Mittel finden müsse, welche für diese Zwecke über ein bestimmtes jährlich aufzuwendendes Minimal-Quantum zu disponiren gestatten, während nur die Höhe weiterer Aufwendungen dafür von der jedesmaligen Höhe der verfügbaren Finanzüberschüsse abhängig bleiben und daher im Extraordinarium ihre Stelle finden dürfe.

§ 220. Hiernach standen im Jahre 1879/80 auf dem Etat folgende 4 Unterhaltungsfonds für Wasserbauten

1. zur Unterhaltung der Seehäfen und Seeufer, Dünen, Wethen, Baaken, Leuchtfeuer, Seetonnen u. s. w. 2 334 470 M.,

2. Zur Unterhaltung der Binnenhäfen und Gewässer, Leinpfade und Wasserleitungen, sowie von Fähren und Brücken über schiffbare Gewässer 3 732 907 M.,

3. Zur Unterhaltung der Kanäle und der dazu gehörigen baulichen Anlagen 761 214 M.,

4. Zu Stromregulirungen und Hafenbauten, einschliesslich der Entschädigungen für die Beseitigung von der Schiffahrt hinderlichen Anlagen, sowie zu Vorarbeiten für Wasserbau-Anlagen 2 431 922 M., zusammen 9 260 513 M.

Nach dem Wortlaut dieser Titel fand sich eine Deckung für Neu-, Um- und Ergänzungsbauten im Ordinarium nur insoweit, als dieselben mit Stromregulirungen und Hafenbauten in unmittelbarem Zusammenhange standen, während alle sonstigen auch noch so unbedeutenden Bauten — da der sogenannte Generalbaufonds aufgehoben war — durch das Extraordinarium bereitgestellt werden mussten.

Um nun in Zukunft erstlich die Fonds zu 1 bis 3 auch zur Bestreitung der Kosten für kleinere Neubauten u. s. w. verwenden zu können, andererseits aber die Bestimmung der Ordinarienfonds auf die Unterhaltung der vorhandenen Wasserbauanlagen und die Ausführung der damit in Verbindung stehenden kleineren Neu-, Um- und Ergänzungsbauten zu beschränken und die Bereitstellung der Kosten für die grösseren Bauten und Hauptreparaturen, insbesondere für die nach bestimmten, mit der Landesvertretung zu vereinbarenden Plänen auszuführenden Regulirungen von Strömen, sowie Bauten von Häfen und Kanälen ausschliesslich durch das Extraordinarium eintreten zu lassen, wurde im Jahre 1880/81 bei den Fonds zu 1—3 (jetzt Titel 15, 16 u. 17) der Zusatz gemacht, wie er bei Tit. 14 (Hochbauten) bereits seit 1877/78 gemacht war: „mit Ausschluss der grösseren Neubauten und Hauptreparaturen". Zugleich wurde der Fonds zu Nr. 4 (Stromregulirungen u. s. w.) nach Massgabe der Verwendung, welche er in letzter Zeit bezüglich der Anlagen für die See- und Binnenschiffahrt gefunden hat, auf die Etatsfonds Kap. 65 Tit. 15 u. 16 vertheilt, indem nach Tit. 15 180 430 M. und nach Tit. 16 2 251 492 M. kamen.

Gleichzeitig ist auch durch einen weiteren, den letzterwähnten beiden Etatsfonds gegebenen Zusatz die Verwendbarkeit derselben zur Förderung von der Schiffahrt nützlichen Anlagen ausser Zweifel gestellt worden.

Im Jahre 1892/93 wurde zu allen 3 Titeln noch ein weiterer Zusatz gemacht, um sicher zu stellen, dass die Beschaffung von Beamtenhäusern und Dienstländereien von nicht so erheblicher Bedeutung, dass die extraordinäre Bereitstellung der Kosten angezeigt erscheint, aus den Mitteln der bezeichneten Unterhaltungsfonds bewirkt werden könne.[1])

§ 221. Endlich ist als gemeinsam für alle 3 Fonds hier noch hervorzuheben, dass die Kosten, welche für die bei Wasserbauten beschäftigten Beamten entstehen, insoweit nicht aus den vorstehenden

---

[1]) Insgesammt sind von 1890 bis 1899 extraordinär und ausseretatsmässig 1 680 200 M. einschliesslich der bei den Stromregulirungs- und Kanalbaufonds mit verrechneten Kosten für Dienstgebäude der Wasserbauverwaltung verausgabt worden.

Fonds gedeckt werden, als es sich um etatsmässige Stellen handelt. Diese Kosten werden vielmehr bei Kap. 65 Tit. 1ff. ausgeworfen[1]).

§ 222. Die Steigerung zweier Fonds ist bis 1902 eine sehr erhebliche gewesen, indem Tit. 15 von 2,3 Mill. M. in 1879/80 auf 4,7 Mill., Tit. 16 von 3,7 Mill. M. auf 12,6 Mill. M. stieg. Tit. 17 ist von 761214 M. auf 632225 M. zurückgegangen, über den Grund siehe § 241 a.

Alle 3 Fonds haben 1902 eine Steigerung um etwa $3^1/_3$ % ihrer vorherigen Höhe mit Rücksicht auf die allgemeine Steigerung der Materialienpreise, vor Allem aber der Arbeitslöhne erhalten.

1. Fonds für Seehäfen, Seeufer, Leuchtfeuer u. s. w.

α) *Ordinarium.*

§ 223. Der Wortlaut des hier in Frage kommenden Fonds im Ordinarium ist:

Kap. 65 Tit. 15. Unterhaltung der Seehäfen, Seeufer und Leuchtfeuer mit Ausschluss der grösseren Neubauten und Hauptreparaturen, Unterhaltung und Vervollständigung der Dünen, Wethen, Baaken, Seetonnen, Fähren und Brücken über Meeresarme u. s. w., auch zur Gewährung von Beihülfen zur Förderung von der Seeschiffahrt nützlichen, wie von Entschädigungen für die Beseitigung von der Seeschiffahrt hinderlichen Anlagen, insbesondere zu einer Staatsbeihülfe an die Stadt Hadersleben zur Verzinsung ihrer Hafenschuld und zur Unterhaltung und Verbesserung des Fahrwassers in der Föhrde zum Betrage von 18675 M. (darunter 11400 M. künftig wegfallend), sowie zur Beschaffung von Beamtenhäusern nebst Dienstländereien 1902: 4744383 M.

Zweck des Fonds.

Der Fonds bezieht sich nach seinem Wortlaut zunächst auf die Unterhaltung der Seehäfen, zu denen sowohl die Seeschiffahrts-, wie Fischereihäfen an der See zu rechnen sind. Aber auch die Unterhaltung der Seekanäle (s. § 228) und der Seeschiffahrtsverbindungen, wozu auch die Vertiefungen der unteren Stromstrecken zur Erleichterung des Seeverkehrs gehören, die man öfters — unzutreffender Weise — den Seekanälen gleichstellt, wird aus Tit. 15 bestritten. Ferner erfolgt die Unterhaltung und Vervollständigung der Dünen, der Fähren und Brücken über Meeresarme u. s. w., endlich auch der Seezeichen, Leuchtfeuer u. s. w. aus diesem Fonds. Ueber Seebagger, Bauhöfe u. s. w. vergl. § 266.

Auf dem Titel erscheinen ferner auch die Unterhaltungskosten der für die Seeschiffahrtspolizei bestimmten, aus den extraordinären Fonds der Handels- und Gewerbeverwaltung angeschafften Fahrzeuge (vergl. Etat 1887/88 Erläuterungen zu Tit. 15 u. oben Buch IV § 23a, 27a).

---

[1]) vergl. z. B. Erläuterungen zu Tit. 15 im Etat für 1901 (Fahrwasser Stettin-Swinemünde).

Entwickelung des Fonds.

§ 224. Die Entwickelung des Fonds im Laufe der letzten Jahrzehnte ist eine ziemlich gleichmässig ansteigende gewesen, und hat mit derjenigen des Tit. 16 (natürliche Binnenschiffahrtsstrassen) nicht entfernt gleichen Schritt halten können (vgl. auch § 234 u. 267). Der Fonds stieg von 1880/81 bis 1890/91 von 2 525 800 M. auf 3 232 425 M., d. h. jährlich um 44 164 M. Von 1896/97 bis 1902 stieg er weiter bis auf 4 744 383 M., d. i. jährlich um 251 993 M. Die Steigung war in den letzten Jahren eine weitaus bedeutendere als früher. Dabei kamen in Frage 1902 allein 140 000 M. Verstärkung aus allgemeinen Gründen (§ 222), ferner die Mehrkosten für die Unterhaltung einiger grösserer Neuanlagen. So wurden 1902 117 300 M. Unterhaltungskosten für den Königsberger Seekanal eingestellt, für den Pillauer Hafen mehr 34 150 M. (1902), für das Elbinger Fahrwasser 41 500 M. (1900), Swine 40 600 M. (1898/99), ferner für den Geestemünder Fischereihafen 153 000 M. (1897/98) u. s. w.

Ein grosser Theil des Fonds wird übrigens für die Unterhaltung der Fahrzeuge u. s. w., ferner der Betonnungs- und Leuchtfeueranlagen (1895/96 + 46 700 M., 1889/90 + 41 880 M. für die Unterems), endlich der Dünenbauten u. s. w. aufgewendet.

§ 224a. Betheiligt sind an dem Fonds, wie das in der Natur der Sache liegt, nur bestimmte Regierungen. Es entfielen (1902) von der Gesammtsumme auf die Regierungen: Königsberg 811 200 M., Danzig 391 000 M., Stettin 754 000 M., Cöslin 211 400 M., Stralsund 305 300 M., Schleswig 649 900 M., Lüneburg 65 100 M., Stade 335 200 M., Aurich 877 600 M., zusammen 4 400 700 M.; Centralreserve 343 683 M., Summe Titel 15: 4 744 383 M.

In der Zeit von 1890 bis 1901 sind (nach Anl. LXXIV) im Ganzen 40 174 500 M. aus dem Fonds bereitgestellt worden, also jährlich etwa 3 348 120 M.

β) *Extraordinarium.*

§ 225. Im Extraordinarium entsprechen dem Tit. 15 diejenigen Posten, welche dort unter der Rubrik „zu Seehäfen und Seeschiffahrtsverbindungen" alljährlich ausgeworfen werden und im Allgemeinen die gleichen, wie die in Tit. 15 genannten Ausgabegruppen betreffen.

γ) *Ausgabeentwickelung bei Ordinarium und Extraordinarium nach den Hauptausgabegruppen.*

§ 226. Im Folgenden werden ordinäre und extraordinäre Fonds nach den einzelnen Ausgabegruppen des Titels, soweit möglich, gesondert behandelt werden.

αα) **See- und Fischereihäfen.**

Die Bauverwaltung erfolgt hier durch die allgemeinen Wasserbaubehörden. In den 6 grösseren Häfen Pillau, Memel, Neufahrwasser,

Swinemünde, Kolbergermünde, Harburg sind besondere Hafenbauinspektionen eingerichtet mit einem höheren Wasserbaubeamten an der Spitze.

Wieviel von dem ordinären Fonds (Tit. 15) auf diesen Ausgabezweig entfallen ist, würde sich, da, wie schon in § 224a erwähnt, der Fonds auf die einzelnen Regierungsetats verteilt ist, nur durch eingehende Berechnungen auf Grund der Einzeletats der Regierungen feststellen lassen.

Dagegen liess sich ermitteln, welche Beträge extraordinär und ausseretatsmässig in den letzten Jahren zu derartigen Zwecken verwandt worden sind. Es sind ausgegeben von 1880 bis 1889 etwas über 21 Mill. M.[1]) — abgesehen von den auf Grund des Ges. v. 30. Juni 1886 (G.-S. S. 184) bewilligten 6,5 Mill. M. für den Altonaer Zollanschluss an das Deutsche Zollgebiet. Betheiligt waren dabei vor Allem die staatlichen Seehäfen zu Memel, zu Pillau[2]) und am Frischen Haff, zu Neufahrwasser, Stolp-, Rügenwalder- und Kolbergermünde, Swinemünde, die Schleswig-holsteinischen Häfen, der Hafen zu Harburg, Geestemünde, Emden und Leer, sowie einige kommunale, staatlicherseits unterstützte Häfen, endlich die Fischereihäfen Norderney und Norddeich.

Von 1890 bis 1901 wurden (nach Anl. LXXV) für Seehäfen ausgegeben im Extraordinarium zusammen 20 767 300 M. und ausseretatsmässig 2 803 100 M., zusammen 23 570 400 M., also im Ganzen von 1880 bis 1901 (einschl. des Altonaer Hafens) rund 51 Mill. M., im Jahresdurchschnitt rund 2,3 Mill. Mark.

§ 227. Im einzelnen ist hervorzuheben:

In der Zeit von 1880/89 wurden ausgegeben für den Hafen zu Memel 2 246 000 M. (veranschlagt 2 363 000 M.), für den Hafen zu Pillau 6 976 000 M. (veranschlagt 8 146 000 M.), für die Herstellung einer ursprünglich auf 5 m, später auf $6^1/_2$ m tiefen Fahrrinne durch das Frische Haff von Königsberg bis Pillau (von 1889/1901) zusammen 12 300 000 M., für den Hafen zu Neufahrwasser 2 693 000 M., für die hinterpommerschen Häfen zu Stolpmünde, Rügenwalde und Colbergermünde 2 083 000 M., zu Swinemünde 848 000 M., in den schleswigholsteinischen Häfen 872 000 M., für Harburg (1876—1881 2 274 000 M.), Geestemünde rund 1 Mill. M.

Die Kosten der Emshäfen zu Emden und Leer, in Verbindung mit dem Ems-Jadekanal und Dortmund-Emskanal gebaut, können hier nicht gesondert angegeben werden.

Von 1890—1899 wurden für die Fischereihäfen Norderney und Norddeich 1 890 000 M. aus dem Extraordinarium verausgabt, nachdem schon vorher 700 000 M. für den ersteren Hafen verwendet waren. Für Geestemünde von 1890—1900 8 407 000 M, für Harburg in demselben Zeitraum 1 504 000 M. (für 1900 weitere 100 000 M. eingestellt). Ferner sind für den Hafen bei Schulau an der unteren Elbe 37 700 M. (bereitgestellt 190 000 M.) verausgabt, für den Aussenhafen in Glückstadt 232 400 M. (bereitgestellt 239 500 M.), für den

---

[1]) Bericht über die Thätigkeit der preussischen Wasserbauverwaltung. Berlin 1890. Ernst Korn.

[2]) Die Königsberger und Pillauer Hafenanstalten wurden nach einem Abkommen von 1808 der Königsberger Kaufmannschaft zur Unterhaltung überwiesen, mussten aber 1864 vom Staate wieder übernommen werden, an welchen damit auch die Schiffahrts-Abgaben und Hafengelder wieder zurückfielen.

Husumer Hafen 35 100 M., den Dagebüller 18 400 M. (Restbetrag), für Erweiterung der Hafenanlagen bei Munkmarsch 39 000 M., ferner für den Hafen in Rendsburg 307 100 M. (bereitgestellt 313 400 M.), für den Ausbau des Sassnitzer Hafens 1 478 900 M. verausgabt. Ferner kosteten die Hafenanlagen-Verbesserungen zu Swinemünde (31 300 M.), Kolbergermünde (54 700 M.), Stolpmünde (210 400 M.), Lebamündung (179 000 M.), Hela (180 000 M.), Neufahrwasser (859 800 M.), Pillau (330 000 M.), Königsberg (57 800 M.), Bommelsvitte (55 100 M.), Memel (35 700 M.).

Endlich sind für eine Reihe von kommunalen Hafenanlagen Beihülfen gewährt, nämlich für Altona 6–7 Mill. M. (Ges. v. 30. Juni 1886 G.-S. S. 184. 1 300 000 M. gab die Stadt), für Lauterbach auf Rügen 50 000 M (1900), Elbing von 1880—1890 603 000 M., von 1890—1899 325 700 M., Frauenburg (45 300 M.), Rosenberg am Frischen Haff (1880 - 1890 52 000 M., 1890—1899 36 000 M.), Schaaksvitte (58 000 M.).

ββ) **Zur Ausführung und Verbesserung von Seeschiffahrtsverbindungen.**

§ 228. Zu den Seeschiffahrtsverbindungen gehören vor Allem die sogen. Seekanäle (s. § 223).

An solchen kommen für Preussen in Betracht:

1. Der vom Reiche (in der Hauptsache für strategische Zwecke) für rund 156 Mill. M. erbaute und von ihm zu unterhaltende Kaiser Wilhelm-Kanal (eröffnet 1895) mit 98,7 km Länge, 67—87 m Wasserspiegelbreite, 22 m Sohlbreite, 9 m Tiefe.

2. Die 1875--1880 erbaute Kaiserfahrt zwischen Stettiner Haff und Swinemünder Fahrt von 5 km Länge, 75 m Sohlbreite, 7 m Tiefe.

3. Der von 1890—1901 gebaute Königsberger Seekanal von 42,5 km Länge, 30 m Sohlbreite und 6,5 m Tiefe.

Die Unterhaltungskosten von 2 und 3 werden aus Tit. 15 bestritten, finden ihre Deckung jedoch in den erhobenen Verkehrsabgaben, bezw. durch die Stettiner und Königsberger Kaufmannschaft, welche ergänzungsweise einzutreten sich verpflichtet haben (s. S. 1147 § 155).

Zu 1. Auch hier lassen sich nur die extraordinären und ausseretatsmässigen Baukosten innerhalb der letzten 22 Jahre näher ermitteln. Dieselben bestanden von 1880—1901 zunächst in der Bewilligung einer Vorausleistung des preussischen Staates zu den Kosten des vom Reiche ausgeführten Baues des Kaiser Wilhelm-Kanals, welche durch das Gesetz vom 16. Juli 1886 (G.-S. 1886 S. 209) in Höhe von 50 Mill. M. erfolgt und hauptsächlich dadurch begründet ist, dass durch den Bau dieses Kanals, bei welchem von Wittenbergen über Rendsburg bis Steinrade der Eiderstrom und von dort bis Holtenau an der Kieler Bucht das Bett des jetzt bestehenden Eiderkanals benutzt werden, Preussen der Aufgabe, die Eiderwasserstrasse in einen dem Schiffsverkehr einigermaassen entsprechenden Zustand zu versetzen, überhoben wird, der Kanalbau auch die Erreichung wichtiger Landesmeliorationen in der Provinz Schleswig-Holstein, namentlich in der Richtung besserer Entwässerung grosser Niederungsgebiete in Aussicht stellt. Von den 50 Mill. wurden 7 Mill. M. vor 1890, der Rest nach jener Zeit gezahlt und ausseretatsmässig verrechnet.

Zu 2. Die Kosten des Baues der Kaiserfahrt von 1875—1880 betrugen rund 3 190 000 M.

Ferner sind für die Vertiefung der Wasserstrasse Stettin-Swinemünde auf 6 m, später 7 m in der Zeit vom 1. April 1890 ab annähernd 11 Mill. M. aus dem Extraordinarium und ausseretatsmässig verausgabt.

Zur Deckung der der Staatskasse erwachsenden Kosten ist die Einführung einer Schiffahrtsabgabe vorgesehen. Die Stettiner Kaufmannschaft hat eine Jahreseinnahme von 235 000 M. aus der Abgabenerhebung gewährleistet und sich verpflichtet, bei Mindereinnahmen den fehlenden Betrag aus eigenen Mitteln zu decken. Auch die Provinz Pommern hat einen Beitrag von 400 000 M., die Stadt Stettin von 367 100 M. gewährt. Innerhalb des Stettiner Hafengebiets ist die Herstellung der planmässigen Tiefe Sache der Stadtgemeinde.

Zu 3. Für den Königsberger Seekanal, welcher eine bessere Schiffahrtsstrasse von Königsberg durch das Frische Haff nach Pillau schuf (6,5 m Tiefe), wurden von 1889—1899 10 300 000 M. bereitgestellt. Die Bauausführung ist inzwischen vollendet worden. Dabei wurde in Aussicht genommen, einen Theil der Baukosten durch Erhebung einer Schiffahrtsabgabe wieder aufzubringen. Die Abgabe soll so bemessen werden, dass dadurch die Mehrkosten für die Unterhaltung der Fahrstrasse gedeckt und die Baukosten zu einem Viertel verzinst und allmählich getilgt werden. Die Kaufmannschaft zu Königsberg hat die Gewähr dafür übernommen, dass der Ertrag der Abgabe zur Deckung der vorgedachten Kosten ausreicht.

Der Tarif ist erlassen am 10. Nov. 1900 (vergl. Amtsblatt der Reg. zu Königsberg Stück 48).[1]) Er wird erhoben nach Raumgehalt (1, 2, 3 Pf. u. s. w. pro cbm je nach der Grösse) und Schiffsladung, bei letzterer Abgabe mit Abstufung nach 3 Güterklassen — für 1 Tonne (1000 kg) 15, 7,5 und 5 Pf. — bei einzelnen weiteren Gütern noch weniger bis herab zu 1 Pf. (Geflügel).

§ 229. Eine zweite Gruppe von Seeschiffahrtsverbindungen bilden die unteren Theile der grossen Ströme, welche neuerdings vielfach durch Vertiefung der Fahrrinnen und entsprechende Anlagen zur Befahrung mit Seeschiffen weit ins Land hinein fähig gemacht worden sind. (Weser, Weichsel, Elbe, Ems.)

Als solche Seeschiffahrtsstrassen kamen in der Zeit von 1890 ab in Betracht die Unterweser, die Unterems, die Unterelbe und die Dievenow-Mündung. Für alle diese Arbeiten[2]) wurden nach Anl. LXXV von 1890—1901 aufgewendet 33 509 400 M. aus dem Extraordinarium und 43 477 500 M. ausseretatsmässig (Anleihen u. s. w.), zusammen 76 986 900 M.

Im einzelnen ist hierzu zu bemerken:

Die Unterems.

Insgesammt sind für die Unterems von Emden abwärts und für Hafeneinrichtungen im Emder Aussenfahrwasser in der Zeit vom 1. April 1896 bis zum 31. März 1900 2 593 100 M. aus dem Extraordinarium aufgewendet worden.

Die weitere Ausbildung des Fahrwassers der Unterems und des Emder Aussenhafens ist vom Jahre 1900 ab in Aussicht genommen, um den Emder Aussenhafen in jeder Richtung zu einer leistungsfähigen und für einen regelrechten Schiffahrtsbetrieb mit See-

---

[1]) Vergl. auch Amtsblatt 1901 Stück 44.

[2]) inkl. der in § 228 gedachten.

dampfern grösster Art ausreichenden Verkehrsanlage zu gestalten. Die hierzu nöthigen Baggerkosten betrugen 2 500 000 M. Die Kosten der Ausführungen im Aussenhafen sind auf 5 384 000 M. veranschlagt, sodass die Gesammtkosten 7 884 000 M. betrugen, deren Schlussrate 1901 bewilligt worden ist, wozu dann noch eine Ergänzungsrate von 163 000 M. für die Abgrenzung eines im Emder Aussenhafen zu errichtenden Freibezirks trat.

Der Emder Binnenhafen, welcher Schiffe von reichlich 6 m Tiefgang aufnehmen kann, ist erheblich vergrössert und in allen seinen Einrichtungen vervollkommnet; der neue offene Aussenhafen erhält durch die Ausführung des vorliegenden Projekts eine Tiefe von $11^1/_2$ m unter Mittel-Hochwasser, sodass dort auch bei Niedrigwasser, welches in der Regel um 2,7 m, höchstens aber 3,3 m unter Mittel-Hochwasser abfällt, die grossen Seeschiffe bis zu 8,2 m Tiefgang stets flott bleiben, wobei bemerkt werden mag, dass von dem gewaltigen Schiffsverkehr des Hafens von Rotterdam, mit welchem Emden den Wettbewerb aufzunehmen hat, von 6 373 Schiffen im Jahre 1898 nur ein Schiff einen grösseren Tiefgang hatte, und dass die neuesten Linienschiffe der kaiserlichen Marine 7,8 m tief gehen. Das Fahrwasser der Unterems, ein schon von der Natur besonders begünstigtes Fahrwasser zur Nordsee, da es das gewaltige Spülbecken des Dollarts besitzt, wird durch die im Gange befindlichen Baggerungen von Emden abwärts auf 10 m unter Mittel-Hochwasser vertieft. Der Emder Aussenhafen und die Unterems bleiben auch im Winter für die Schiffahrt offen. Der Aussenhafen wird mit einem ausgedehnten Quai, grossen Seegüterschuppen, mit elektrischen Krahnanlagen, Kohlenschüttkrahn, Hafenbahn und allen sonstigen Erfordernissen eines grossen Seehafens ausgerüstet. Die Hamburg-Amerika-Linie, die grösste Seeschiffahrtsgesellschaft der Welt, von dem Staate eine erhebliche Strecke des Quais mit hinterliegendem Seegüterschuppen u. s. w. zunächst auf 10 Jahre gemiethet hat und beabsichtigt, einen Theil ihrer grossen Flotte regelmässig Emden anlaufen zu lassen.

Die Unterweser.

Zwischen den Staaten Preussen, Bremen und Oldenburg sind unterm 11. März 1891 und 25. Febr. 1896 und 1899 Verträge behufs Verbesserung des Fahrwassers der Weser von Geestemünde abwärts geschlossen worden, wozu insgesammt 13 Mill. M. zu diesem Zwecke verwendet werden sollen. Die Bauausführung liegt Bremen ob, welcher Staat auch die Kosten verauslagt. Die Deckung erfolgt durch die Schiffahrtsabgaben, die zufolge des Staatsvertrages zwischen Preussen, Oldenburg und Bremen vom 6. März 1876, betreffend die Unterhaltung der Schiffahrtszeichen auf der Unterweser von Vegesack abwärts, von dem über 200 cbm hinausgehenden Raumgehalte jedes in die Weser einlaufenden Schiffes erhoben werden.

Für den Fall, dass bis zum 1. Jan. 1945 die Kosten noch nicht gedeckt sind, steuert Preussen $^2/_6$ des Fehlbetrags bei, vorbehaltlich der Rückerstattung aus den genannten Abgaben.

Die Unterelbe.

Es wurden für Vertiefung u. s. w. des Reiherstieges zwischen Harburg und Hamburg (auf 0,60 m Tiefe) ausgegeben 83 000 M. und 1 150 000 M. veranschlagt.

Ferner wurde auf Grund eines Staatsvertrages mit Hamburg vom 19. Dez. 1896 die Regulirung der Süderelbe in Angriff genommen und hierzu 689 600 M. verausgabt.

Den Bestrebungen der Schiffahrtsinteressenten auf eine durchgreifende Verbesserung der Strom- und Schiffahrtsverhältnisse auf der Unterelbe sind die beiden betheiligten Regierungen zunächst dahin näher getreten, dass in dem Staatsvertrag vom 19. Dez. 1896 die Berufung eines aus Verwaltungsbeamten und Technikern beider Staaten zusammengesetzten Ausschusses vereinbart worden ist, welcher die technischen, finanziellen und administrativen Bedingungen einer durchgreifenden Korrektion der Unterelbe von Orthkaten abwärts festzustellen hat. Der Ausschuss hat seine Thätigkeit im Febr. 1898 begonnen. Inzwischen sind die technischen Vorarbeiten kräftig gefördert, jedoch noch nicht zum Abschluss gebracht.

Die Wiederherstellung der alten Dievenowmündung Ende der 90er Jahre auf 3 m Tiefe erforderte 394 900 M. Kosten, wovon Provinz und Interessenten 30 500 M. beitrugen.

§ 230. Endlich wurde der Weichsel zur Verminderung der Ueberschwemmungsgefahren auf Grund des Gesetzes vom 20. Juni 1888 eine neue Mündung gegeben. Für die Ausführung dieses sehr bedeutenden Werkes, welches in der Herstellung eines 6 km langen Durchstichs durch die Danziger Binnen-Nehrung und der dazu gehörigen Durchdeichung einerseits der Danziger, anderseits der Elbinger Weichsel, ferner in einer ausgedehnten Deichverlegung und Regulirung des Hochwasserprofils besteht, auch zur Erhaltung der Schiffahrtsstrasse nach Danzig die Anlage eines Hafens nebst Schleusen für den Schiffs- und Flossverkehr bedingt, ist ein Kostenbetrag von 20 000 000 M. in Aussicht genommen, zu welchem die betheiligten Niederungen einen Beitrag von 7 230 000 M. zu leisten hatten, welcher von den Deichverbänden in jährlichen Zins- und Tilgungsraten entrichtet wird, deren letzte im Jahre 1940 fällig ist. Die Ausführung des Durchstichs fällt in die 90er Jahre.

Neuerdings ist eine weitere Regulirung des Hochwasserprofils von Gomlitz bis Pieckel aufwärts zur Ausführung genehmigt (G. v. 25. Juni 1900, G.-S. S. 249), deren Kosten aber im landwirthschaftlichen Etat ausgebracht sind, da diese Massnahmen hauptsächlich dem Landeskulturinteresse dienen. Nach § 3 dieses Gesetzes tragen übrigens die Interessenten ein Drittel der Kosten.

γγ) **Schiffahrtszeichen für die Seefahrwasser.**

§ 231. Entsprechend dem Anwachsen des Schiffsverkehrs auf den deutschen Seegewässern sind die Anforderungen an die Thätigkeit der preussischen Staatsbauverwaltung auf dem Gebiete des Seezeichenwesens in den letzten Jahrzehnten in ausserordentlichem Masse gestiegen. Nachdem in den 80er Jahren neue Leuchtthürme auf Borkum, Fehmarn und Hiddensee errichtet wurden, ist nunmehr die ganze preussische Meeresküste mit Ausnahme eines etwa 30 km langen Streifens der Frischen Nehrung vollständig beleuchtet.

Die Technik der optischen Apparate des Leuchtfeuerwesens wurde hauptsächlich durch Einführung des französischen Systems der Schnellblink- (feu-éclair-) Apparate, die Technik der Lichtquellen durch die Nutzbarmachung des elektrischen Lichts für die Feuer hervorragendster Bedeutung, des Glühlichts und des Acetylens wesentlich bereichert.

Ungefähr von dem Beginn der 90er Jahre datirt auch die Entwickelung einer einheimischen Industrie für diese beiden wichtigsten Zweige der Leuchtfeuertechnik.

Um eine möglichst gleichmässige, zweckentsprechende und wirthschaftliche Versorgung der Leuchtfeuerdienststellen mit Betriebsstoffen zu sichern, ist die Beschaffung dieser Stoffe in die Hand der im Jahre 1887 eingerichteten Leuchtfeuer-Versuchsstation in Bredow gelegt worden, die auch die laufenden Ergänzungsarbeiten ausführt.

Ausgaben. a) Ordinarium.

Die Unterhaltungs- und Betriebskosten aus Tit. 15 für die Betonnung, Bebaakung und Befeuerung der Fahrwasser und Untiefen stellten sich im Jahresdurchschnitt für 1880/90 auf 330 000 M., 1890/91 auf 400 000 M.

b) Extraordinarium.

Zur Durchführung der seit dem 1. April 1889 zur Anwendung gelangenden neuen, durch Bundesrathsbeschluss vom 31. Juli 1887 festgestellten Grundsätze für die Bezeichnung der Fahrwasser und Untiefen in den deutschen Küstengewässern mit einheitlichen schwimmenden Seezeichen wurden im Extraordinarium für 1888 500 000 M. bereitgestellt.

Ferner wurden in der Zeit vom 1. April 1890 bis dahin 1901 an ausserordentlichen Mitteln für die Befeuerung und Bezeichnung der preussischen Küsten und Seefahrwasser 1 033 900 M. aus dem Extraordinarium und 4400 M. ausseretatsmässig der Bauverwaltung aufgewendet, welche Borkum und die Unterems, die Unterweser, Helgoland, Flensburger Föhrde, Fehmarn, Rügen, Greifswalder Oie, das Grosse Haff, die pommersche Küste, Weichselmündung, die Frische Nehrung, und das Frische Haff betrafen.

δδ) **Uferschutz- und Dünenbauten.**

§ 232. Hinsichtlich der Meeresdünen ist bereits in Bd. II Buch II §§ 189 ff. bemerkt, dass eine einheitliche Organisation der staatlichen Verwaltung dieses Gebietes fehle, und dass ausser der Bauverwaltung auch die Domänen-, forst- und landwirthschaftliche Verwaltung hierbei betheiligt sind.

Grundsätzlich soll allerdings die Erhaltung der Vor- und Aussendünen, welche in erster Linie die im Schiffahrtsinteresse erforderliche Sicherung der Meeresufer bezwecken, Sache der Allgemeinen Bauverwaltung sein. Siehe aber Ausnahmen § 189 u. 192 a. a. O. (Dünen auf der Halbinsel Hela).

Ausgaben.

§ 233. Ausser den ordinären Summen, welche den Regierungen überwiesen werden (einigen Hunderttausend Mark), wurden ihnen hierfür von 1880 bis 1889 extraordinär 3 771 000 M. zur Verfügung gestellt. Den grössten Theil hiervon, und zwar die Summe von 2 650 000 M., nahmen die Uferschutzbauten auf den ostfriesischen Inseln (Borkum, Juist, Norderney, Baltrum, Langeroog und Spickeroog) in Anspruch, deren Erhaltung sowohl wegen der auf ihnen befindlichen Leuchtthürme und Landmarken, wie auch wegen des Schutzes, den sie der festländischen Küste gegen die Angriffe der Meereswellen gewähren, von der grössten Wichtigkeit ist. Von 1890 bis 1901 wurden für diese Inseln weitere 2 Mill. M. ausseretatsmässig und extraordinär verausgabt. Im Ganzen wurden 8 315 000 M. extraordinär und 623 900 M. ausseretatsmässig in diesem Zeitraum zu Meeresschutzbauten verwendet.

§ 233a. Im einzelnen wurden u. A. verwendet für die Helgoländer Düne 1 023 800 M. extraordinär und 195 100 M. ordinär, für die nordfriesischen Inseln (Pellworm, Amrum, Föhre, Sylt) 2 561 300 M. aus dem Extraordinarium und ausseretatsmässig, für die Halligen (Oland Langemass und Appelland-Gröde) 1 009 100 M.

Eine besondere Aufmerksamkeit ist der Befestigung der Dünen auf der Kurischen Nehrung zugewandt worden.

Diese nahezu 100 km lange und durchschnittlich 2 km breite Nehrung besteht zum grössten Theil aus Wanderdünen, die sich bis 50 m und mehr über den Wasserspiegel der Ostsee erheben und jährlich um etwa 2 bis 5 m vorschreiten. Wie umfangreiche Versuche ergeben haben, lässt sich das Vordringen der Dünen nur durch Aufforstung verhindern. Es ist daher im Jahre 1890 mit der Festlegung der Dünen in dem Theil der Nehrung von Süderspitze bei Memel bis zu der bei Schwarzort belegenen Waldung begonnen und seitdem für diese Arbeiten alljährlich ein Betrag von etwa 100 000 M. im Extraordinarium der Bauverwaltung bereit gestellt worden. Auf den vorgesehenen Gesammtaufwand von 1 459 000 M. sind von 1890 bis 1899 1 014 000 M. überwiesen und vollständig verausgabt. Zum Theil sind auch die Arbeiten zur Kultur der Binnendünen und Aufforstung festgelegter Dünen auf Kosten der landwirthschaftlichen Verwaltung durch die Organe der Allgemeinen Bauverwaltung ausgeführt worden (s. Bd. II Buch II §§ 189 ff.). Die erzielten Erfolge lassen nicht nur erwarten, dass die Festlegung und Bewaldung der Wanderdünen auf dem eingeschlagenen Weg erreicht werden wird, sondern sie stellen auch eine erhebliche Werthsteigerung der bisher öden Nehrungsflächen in Aussicht.

Um eine wirksame Bewachung der Dünen-Kulturen zu ermöglichen und die Aufsichtsbeamten den Bewohnern gegenüber unabhängiger zu stellen, sind seit dem Jahre 1878 fünf Dünenwärtergehöfte erbaut, z. B. bei Preil und Rossitten auf der Kurischen Nehrung, zu Strauchbucht auf der Frischen Nehrung, bei Ceynowa auf der Halbinsel Hela und bei Vitte im Kösliner Regierungsbezirk u. s. w.

εε) Gesammtausgabe der zu α und β genannten Fonds.

§ 234. Die Gesammtausgaben für die in §§ 223 u. ff. aufgeführten Zwecke zur Beförderung der Seeschiffahrt betrugen nach dem Vorgesagten von 1880 bis 1889 im Ordinarium rund 25 000 000 M., im Extraordinarium und ausseretatsmässig 39 809 300 M.[1]), zusammen 64 809 300 M., von 1890 bis 1901 im Ordinarium rund 40 000 000 M., im Extraordinarium 62 625 600 M. und ausseretatsmässig 39 908 900 M., zusammen 142 534 500 M. und zusammen von 1880 bis 1901 im Ordinarium rund 65 000 000 M., im Extraordinarium und ausseretatsmässig 142 343 800 M.[2]), also im Ganzen 207 343 800 M. oder durchschnittlich pro Jahr von 1880 bis 1889 6 480 930 M., von 1890 bis 1901 11 877 875 M. und von 1880 bis 1901 9 424 718 M.

Die jährliche Durchschnittsausgabe hat sich also in den 90er gegenüber den 80er Jahren um rund 83 Proz., diejenige des Ordinariums nur um rund 33 Proz. gesteigert.

2. Fonds für Binnenschiffahrt.

a) Binnenschiffahrt auf natürlichen Wasserstrassen.

α) Geschichtliches und Allgemeines bis Ende der 70er Jahre.

§ 235. Der Verkehr auf schiffbaren Wasserstrassen war in Preussen älter, als der Verkehr auf kunstmässig ausgebauten Landstrassen (Chausseen). Das lag ebensosehr in natürlichen Gründen, indem die Zusammenlage der Hauptflussläufe des damaligen Landesgebietes, der Elbe und Oder, das geringe Gefälle, der reiche, durch

[1]) einschl. 6,5 Mill. M. für den Altonaer Zollanschluss.

[2]) darunter allein 43 000 000 M. Beitrag zum Kaiser Wilhelm-Kanal.

grosse Seen ausgeglichene Wassergehalt deutlich auf eine Kanal-Verbindung der verschiedenen Wasserstrassen, vor Allem in der Mark, dann aber auch in der Provinz Preussen mit seinen beiden Haffs und den dazwischen sich verzweigenden Mündungsarmen der Ströme hinwies, als an dem grossen Interesse, welches die Hohenzollernfürsten, insbesondere Friedrich der Grosse, dem Wasserstrassenbau widmeten.[1])

Als Anfang des Jahrhunderts der Ausbau der Chausseen in den Vordergrund trat, kam die Fürsorge für Binnenwasserstrassen etwas ins Hintertreffen. Im Durchschnitt der Jahre 1843/47 betrugen die Ausgaben für die Erhaltung der Schiffbarkeit der hauptsächlichsten Wasserstrassen einschliesslich der Verwaltungskosten jährlich nur 4,6 Mill. M. und die Einnahmen aus Verkehrsabgaben 2,9 Mill. M., sodass der jährliche Zuschuss aus allgemeinen Staatsmitteln 1,7 Mill. M. betrug, während damals für Chausseebau und Unterhaltung 8 bis 9 Mill. M. im Ordinarium ausgebracht waren.

Seit Beginn der 40er Jahre nahm die Binnenschiffahrt zunächst wieder einen grösseren Aufschwung durch die Einführung der Dampfschleppschiffahrt an Stelle der Fortbewegung durch Treideln und Segeln.

In Folge der grossen Ausdehnung des Eisenbahnnetzes in den 50er, 60er und 70er Jahren wurde die Schiffahrt bald wieder, besonders was den Personenverkehr anbetraf, völlig überholt. Das allgemeine Interesse wandte sich mehr und mehr den Eisenbahnen zu.

Dem im Jahre 1869 gegründeten Centralverein für Hebung der deutschen Fluss- und Kanalschiffahrt war es vor Allem zu danken, wenn seit Ausgang der 70er Jahre der Binnenschiffahrt in Privatkreisen wie von Staatswegen wieder grössere Bedeutung geschenkt wurde.

§ 236. Dass es in erster Linie Sache des Staates sei, für die ordnungsmässige Instandhaltung und Herstellung schiffbarer Wasserstrassen zu sorgen, ist in Preussen, wenn auch nicht gesetzlich ausgesprochen, so doch thatsächlich nie bestritten worden. Auch in den meisten anderen Ländern ist die Frage, wer die schiffbaren Wasserstrassen bauen und verwalten soll, zu Gunsten der Staatsunternehmung entschieden worden. Von allen Staaten hat allein England den Bau, die Verwaltung und den Betrieb der Schiffahrtsstraasen fast ausschliesslich der Privatunternehmung überlassen.

Begrifflich nothwendig ist, wie das Beispiel Englands zeigt, die Fürsorge für die Schiffahrtsstrassen aus Staatsmitteln nicht. Da die Schiffahrt heute im Wesentlichen nur Güter befördert, also gewissen Interessentengruppen dient, so wäre es nicht von vornherein abzuweisen, dass diesen die Herstellung und Unterhaltung überlassen würde, wobei ihnen natürlich die Deckung der Kosten und des Risikos durch Verkehrsabgaben freigegeben werden müsste. Durch die Bestimmungen der Reichsverfassung Art. 54 ist allerdings die Abgabenerhebung auf natürlichen schiffbaren Wasserstrassen in Deutschland derartig eingeschränkt, dass hier der Privatthätigkeit und Spekulation kein Raum gegeben ist. Dagegen

[1]) Ueber die ältere Binnenschiffahrt vergl. Schmoller, Studien über die wirthschaftliche Politik Friedrichs des Grossen u. s. w., Schmollers Jahrbücher Bd. VIII, X u. XI.

beziehen sich die dort hinsichtlich der künstlichen Schiffahrtsstrassen (Kanäle) gegebenen Beschränkungen ausdrücklich nur auf die in Staatseigenthum stehenden Kanäle. (Die preussische Regierung hat freilich das ihr zustehende Tarifhoheitsrecht auch bezüglich der wenigen nicht fiskalischen Wasserstrassen ungefähr in demselben Sinne gehandhabt, wie es nach reichsgesetzlicher Vorschrift für die fiskalischen gehandhabt werden muss. Dazu kommt, dass in Preussen die Durchführung des Staatsbahnsystems die Abhängigkeit des Wasserstrassenverkehrs von den Eisenbahnen so gesteigert hat, dass kommunales und privates Kapital durch Kanalanlagen ein zu grosses Risiko übernehmen müsste.)

Die unter Abgabentarifen stehenden nicht fiskalischen Wasserstrassen spielen denn auch in Preussen eine ganz unbedeutende Rolle. (In den Küstengebieten der Nordsee, namentlich in den Moorgegenden zwischen der niederländischen Grenze, der Ems, Weser und Elbe sind eine Anzahl solcher Wasserstrassen, welche von Genossenschaften verwaltet werden, die aber nur für den örtlichen Verkehr der nächsten Umgebung, namentlich für die Abfuhr von Torf und landwirthschaftlichen Erzeugnissen sowie für die Zufuhr von Dungstoffen in Betracht kommen.)

Ist hiernach der Staat meist Unternehmer geblieben, so hat doch die Bewerthung der grossen Vortheile, welche bestimmte Interessentengruppen von Kanalanlagen und Stromregulirungen haben, neuerdings die Staatsregierung mit Recht veranlasst, bei der Ausführung ihrer Projekte die betheiligten Interessentengruppen und Kommunalverbände (Provinzen) mit Präzipualbeiträgen, Grunderwerbskosten u. s. w. heranzuziehen.

Entwickelung seit Ausgang der 70er Jahre.

§ 237. In der Zeit von 1879 bis 1882 trat die Regierung mit ausführlichen Denkschriften wegen der Regulirung nicht nur der grössten, sondern auch der wesentlicheren kleineren Ströme an den Landtag heran, die mit späteren Ergänzungen (vom Jahre 1894) zusammen rund 101 Mill. M. erforderten. Daneben fanden aber fortgesetzt auch ausserhalb des Rahmens dieser Hauptprojekte jährlich sehr erhebliche sonstige Regulirungsarbeiten statt (s. § 244).

1886 wurde sodann auch das grossartige Projekt einer künstlichen Wasserstrasse aus dem Ruhrkohlenrevier nach den Emshäfen (Dortmund-Emskanal) genehmigt, welches gegen 100 Mill. M. Kosten verursachte und 1899 dem Verkehr übergeben werden konnte, Schiffe von 600 bis 800 To. und darüber trägt, 266 km lang und der leistungsfähigste Binnenkanal des Kontinents ist.

Zu Stande kamen ferner für 14 Mill. M. der Oder-Spreekanal (1891), für 19 Mill. M. die Oderkanalisirung (1895) und der Elbe-Travekanal, wo Preussen 7 Mill. M. zuschoss.

Der Dortmund-Emskanal ist von vornherein als Theil eines weiteren den Rhein mit der Elbe verbindenden Mittellandkanals gedacht worden. Das erste Ergänzungsstück, der Dortmund-Rheinkanal wurde 1894 vom Abgeordnetenhaus abgelehnt. 1899 wurde die Vorlage über den gesammten Mittellandkanal (vom Rhein zur Elbe) ebenfalls abgelehnt. Das gleiche Schicksal hatte schliesslich die grosse wasserwirthschaftliche Vorlage von 1901, welche Kompensationen für den an den Mittellandkanal nicht so direkt interessirten Osten in sich schloss und sich aus folgenden Posten zusammensetzte:

Mittellandkanal	260,7	Mill. M.
Grossschiffahrtsweg Berlin-Stettin	41,5	„ „
Oder-Weichselstrasse und Warthe bis Posen	22,6	„ „
Versuchsanlagen zu einer Verbesserung des Schiffahrtsweges zwischen Schlesien und Oder-Spreekanal .	4,1	„ „
Anlagen an Oder, Havel und Spree im Landeskulturinteresse	60,0	„ „
Summe	389	Mill. M.

Falls es der Reichsregierung gelingt, neue Handelsverträge mit erhöhten Getreidezöllen abzuschliessen, dürfte einer der wichtigsten von den agrarischen Gegnern des Kanals ins Feld geführten Gründe, die Gefahr einer Ueberschwemmung des Landes mit ausländischem Getreide hinfällig werden. Der weitere gegnerische, aus finanziellen Erwägungen hergeleitete Hauptgrund wird sich bei näherer Erwägung kaum aufrecht erhalten lassen, zumal nachdem ein so vorsichtiger Finanzpolitiker, wie der verstorbene Finanzminister Dr. von Miquel gerade finanzielle Bedenken gegen den Kanal auf das Nachdrücklichste abgewiesen hat. Was will, ganz abgesehen von der Erwägung, dass von unserer Staatsschuld kaum 16—17 Proz. auf unproduktive Anlagen entfallen, selbst vollständige Unrentabilität des Mittellandkanals vorausgesetzt, bei einer Jahresgesammtausgabe von $2^1/_2$ Milliarde, eine $3^1/_2$proz. Verzinsung von 261 bis 389 Mill., also eine Jahresausgabe von 9,1 Mill. M. bis 13,6 Mill. M. bedeuten, gegenüber dem allgemein wirthschaftlichen Vortheil, der dem ganzen Lande daraus erwächst, dass es hinfort möglich ist, auf dem Binnenwasserwege mit seinen billigen Frachtbedingungen von Breslau und Posen bis in den Rhein und von Cöln bis zu den Häfen an Oder, Weichsel und Warthe zu gelangen.

Näheres über die Gesammtaufwendungen des Staates für Wasserbauzwecke siehe in § 267.

Gegenwärtiger Bestand der schiffbaren Wasserstrassen Preussens.

§ 238. Derselbe ergiebt sich aus folgender Tabelle für 1902:

Bezeichnung der schiffbaren Wasserstrassen	a) freier Flusslauf	b) kanalisirter Flusslauf	c) gegrabener Kanal	Summe
	Kilometer (rund)			
1. Im Memelgebiet	273	21	35	329
2. Küstenflüsse des Kurischen Haffs	63	.	.	63
3. Verbindung zwischen Memel- und Pregelgebiet (grosser Friedrichsgraben)	.	.	19	19
4. Masurische Wasserstrassen	146	.	18	164
5. Im Pregelgebiet	220	10	.	230
6. Küstenflüsse des Frischen Haffs	32	.	.	32
7. Elbing-Oberländischer u. Drewenz-Schilling-Seekanal	165	10	40	215

	Bezeichnung der schiffbaren Wasserstrassen	a) freier Flusslauf	b) kanalisirter Flusslauf	c) gegrabener Kanal	Summe
		Kilometer (rund)			
8.	Im Weichselgebiet	508	13	18	539
9.	Verbindung zwischen Weichsel- und Odergebiet (Bromberger Kanal)	.	.	39	39
10.	Küstengewässer der Ostsee westlich der Oder	445	.	.	445
11.	Im Odergebiet	1 608	529	53	2 190
12.	Küstenflüsse nördlich der Elbe ca.	157	11	.	168
13.	Verbindung zwischen Oder- und Elbgebiet	.	.	151	151
14.	Im Elbgebiet ca.	1 654	377	427	2 458
15.	Verbindung zwischen Elbe- und Wesergebiet	.	.	28	28
16	Im Wesergebiet ca.	584	311	36	931
17.	Küstengewässer zwischen Weser und Ems	8	.	.	8
18.	Im Emsgebiet (ausschliesslich Dortmund-Emskanal) ca.	448	110	719	1 277
19.	Dortmund-Emskanal	24	49	211	284
20.	Im Rheingebiet ca.	759	398	16	1 173
	Zusammen . . ca.	**7 094**	**1 839**	**1 810**	**10 743**
	Davon können durch Schiffe befahren werden mit einem Tiefgang von:				
	1,75 m ca.	1 319	144	427	1 890
	1,50 „ „	2 144	251	227	2 622
	1,00 „ „	2 993	1 307	987	5 287
	0,75 „ „	262	88	48	398
	unter 0,75 „ „	376	49	121	546

Verwaltungsbehörden.

§ 239. Die Bauverwaltung in Bezug auf die Binnenschiffahrt wird in der Provinz im Allgemeinen von den Wasserbauinspektionen in der Lokalinstanz und in der Mittelinstanz von den Regierungs-Präsidenten unter dem Beirathe der ihnen beigegebenen Bautechniker geleitet.

Aus besonderen praktischen Gründen ist aber zuerst im Jahre 1851 für die Regulirung des Rheinstroms eine in der Hand des Oberpräsidenten und eines zum Strombaudirektor ernannten Bautechnikers konzentrirte, über den Bezirk der verschiedenen Regierungen hinaus zuständige besondere Strombauverwaltung, die zugleich Strompolizeibefugnisse hat, eingerichtet worden. Die Einrichtung bewährte sich, sodass sie Mitte der 60er Jahre auch auf die Elbe, sodann auf die Oder, 1883 auf die Weichsel, 1896 auf die Weser mit Einschluss der schiffbaren Fulda ausgedehnt wurde. Ferner wurde ebenfalls nach dem Muster der Strombauverwaltungen mit dem 1. April 1899 eine selbstständige Kanalverwaltung beim Oberpräsidium zu Münster geschaffen, welcher die durch den Dortmund-Ems-Kanal und die schiffbare Ems bis zur Papenburger Schleuse abwärts gebildete Schiffahrtsstrasse unterstellt ist.

Ausserdem ist insbesondere auf Grund der durch Erl. v. 13. Juni 1895 ertheilten Ermächtigung die bauliche Verwaltung einiger anderer Wasserstrassen, die verschiedene Regierungsbezirke durchschneiden, nebst sämmtlichen strombaupolizeilichen und sonst der Bauverwaltung übertragenen obrigkeitlichen Befugnissen und Obliegenheiten je einem der betheiligten Regierungs-Präsidenten auch für die ausserhalb seines Bezirks belegene Strecke übertragen worden, so dem Regierungs-Präsidenten zu Münster für die schiffbare Lippe, dem Regierungs-Präsidenten zu Osnabrück für die schiffbare Ems bis Greven aufwärts, dem Regierungs-Präsidenten zu Lüneburg für den Elbstrom bis Lühersand abwärts, auch ist der Regierungs-Präsident in Potsdam für gewisse Wasserstrassen im Regierungsbezirk Frankfurt a./O. zuständig, der Regierungs-Präsident zu Magdeburg im Potsdamer Bezirk u. s. w.

Endlich wurden in den 80er und 90er Jahren zur einheitlichen Regelung der Verwaltung der Strom- und Schiffahrtspolizei auf den öffentlichen Wasserstrassen und zur Herbeiführung einer wirksameren Ausübung dieses polizeilichen Dienstes, die Wasserbauinspektoren mit der Wahrnehmung der einschlägigen polizeilichen Befugnisse betraut. Demgemäss ist die Strom- und Schiffahrtspolizei nicht nur für die inzwischen neu angelegten Wasserstrassen, sondern auch für solche Flussstrecken, in denen sie noch durch andere Beamte wahrgenommen wurde, auf die örtlich zuständigen Wasserbauinspektoren übergegangen. Ebenso ist die Handhabung der Hafenpolizei in den staatlichen Binnenhäfen sowie in dem grössten Theile der kommunalen und privaten Binnenhäfen auf die Wasserbauinspektoren übertragen worden.[1]) Zugleich ist den Baubeamten überall die Befugniss zu polizeilichen Straffestsetzungen für ihren Geschäftsbereich beigelegt worden, nachdem die in dieser Beziehung für das Gebiet des Rheins und der Elbe vorhandenen entgegenstehenden Bestimmungen durch das Gesetz vom 26. Juli 1897 (G.-S. S. 387) aufgehoben waren.

§ 240. Gesetz betreffend die Befugnisse der Strombauverwaltungen v. 20. Aug. 1883. Durch das Gesetz, betreffend die Befugnisse der Strombauverwaltungen gegenüber den Uferbesitzern an öffentlichen Flüssen v. 20. Aug. 1883, welches auf alle öffentlichen Flüsse Anwendung findet, soweit deren Schiffbarkeit reicht, sind diesen Verwaltungen über die allgemeinen Vorschriften des bürgerlichen Rechts hinausgehende Vorrechte gegenüber den Adjazenten im Schiffahrts- und Strompolizeiinteresse eingeräumt worden. Andererseits ist auch bestimmt worden, dass vor Feststellung der Regulirungspläne die Betheiligten gehört werden sollen.

Nach dem Gesetze dürfen u. A. Bauten oder Bauarbeiten unterhalb der Linie des Uferrandes zur Deckung des Ufers oder zu anderen Zwecken ohne Genehmigung der Strombauverwaltung nicht ausgeführt werden.

Auf Anordnung der Strombauverwaltung haben die Uferbesitzer zu den im öffentlichen Interesse anzulegenden Deckwerken, Buhnen, Koupirungen oder anderen Stromregulirungswerken den erforderlichen Grund und Boden, sowie die nöthigen Arbeitsplätze abzutreten,

---

[1]) Die Handhabung der Hafenpolizei in den Seehäfen untersteht den Beamten der Handels- und Gewerbeverwaltung (s. § 19).

Anfuhr der Baumaterialien, Zugang der Arbeiter und des Aufsichtspersonals, sowie das Aufstellen von Vorrichtungen zum Räumen des Flussbettes u. s. w. gegen Entschädigung zu gestatten.

Die Strombauverwaltung ist allein berechtigt, sie in Besitz zu nehmen und so lange im Besitz zu behalten, als erforderlich ist, um diese Anlandungen ausreichend auszubilden und soweit zu befestigen, dass sie ohne Nachtheil für den Strom von Jedermann in unbeschränkter Weise benutzt werden können.

Auch wenn der Besitz später den Adjazenten vom Staate überlassen wird — gegen Erstattung der aufgewendeten Kosten — unterliegt die Bepflanzung, Beseitigung u. s. w. der Genehmigung der Strombauverwaltung. Zuwiderhandlungen gegen das Gesetz sind strafbar (150 M. Geldstrafe oder Haft).

Schiffahrtskommissionen.[1])

§ 241. Unter dem 17. Aug. 1880 ist auch die Bildung besonderer Schiffahrtskommissionen für den Rhein, die Elbe, die Oder, die Weichsel und die Weser angeordnet und denselben unter dem 5. Jan. 1881 ein besonderer Geschäftsplan gegeben worden. Diese Kommissionen bestehen aus einem Vorsitzenden, den Chefs der Rhein-, Weser-, Elbe-, Oder- und Weichselstrom-Bauverwaltung und einer Anzahl ständiger und nicht ständiger Mitglieder.

Sitzungen der Kommissionen finden alljährlich bezw. alle 2 Jahre statt und schliessen sich in der Regel an die regelmässigen Strombefahrungen an. Gegenstände der Berathungen sind vornehmlich die Besprechung der in Aussicht genommenen wichtigsten Unterhaltungs-, und Korrektions-Arbeiten an den betreffenden Flüssen und Nebenflüssen, sowie die Erörterung der gegen diese Arbeiten zu erhebenden Bedenken, die Geltendmachung von Wünschen und Beschwerden bezüglich der Stromunterhaltung, sowie die Besprechung aller solcher Umstände, die auf die Erhaltung und Verbesserung der Schiffbarkeit des Stroms und die Hebung des Schiffahrtsverkehrs auf demselben von Einfluss sind.

β) *Ausgaben.*

§ 241a. Die persönlichen Kosten der Strombau-Direktionen erscheinen in den allgemeinen Titeln Kap. 65 Tit. 1 ff.

Die sächlichen Kosten für die Regulirung der den besonderen Strombauverwaltungen unterstellten Ströme, wie Rhein u. s. w. werden im Ordinarium ebenso wie für die übrigen schiffbaren Binnengewässer bestritten aus Kap. 65 Tit. 16: Unterhaltung der Binnenhäfen und Binnengewässer einschliesslich mit ihnen in unmittelbarer Verbindung stehender Strecken von Kanälen und kanalisirten Flüssen, der Leinpfade und Wasserleitungen, von Fähren und Brücken über schiffbare Gewässer, mit Ausschluss der grösseren Neubauten und Hauptreparaturen, Regulirung von Strömen und Bezeichnung des Fahrwassers in denselben, auch zur Gewährung von Beihülfen zur Förderung von der Binnenschiffahrt nützlichen, wie von Entschädigungen für die Beseitigung

[1]) Zu unterscheiden von der in § 20 genannten Schiffahrtskommission.

von der Binnenschiffahrt hinderlichen Anlagen, sowie zur Beschaffung von Beamtenhäusern nebst Dienstländereien 1902: 12 605 287 M.

Der Fonds Tit. 16 hat von den Tit. 15 bis 17 bei Weitem die stärkste Steigerung in den letzten Dezennien erfahren, wobei insbesondere die in Folge der planmässigen Regulirung der grossen Wasserstrassen Rhein, Weser, Elbe, Oder, Weichsel seit Ausgang der 70er Jahre hergestellten Strombauten (§ 243) zur erheblichen Vermehrung der laufenden Unterhaltungskosten beitrugen.

So wurden allein für die Weichsel mehr an Unterhaltungskosten erforderlich von 1898 bis 1902 rund 562 000 M., Oder-Spree seit Anfang der 90er Jahre 138 000 M., Elbe 56 600 M., Märkische Wasserstrassen 50 000 M., Oder 372 200 M. Für den Dortmund-Ems-Kanal wurden erforderlich 1899 599 430 M. u. s. w. Die gegenwärtigen Unterhaltungskosten der Elbe betragen nach dem Durchschnitt der letzten 10 Jahre jährlich allein 1,3 Mill. M.

Der Fonds war bereits 1880/81 mit 6 078 560 M. ausgeworfen. Für 1882/83 wurden 150 000 M. von Tit. 15 (Seeschiffahrt) übernommen, weil der Fonds seinen Zwecken nicht gerecht werden konnte. In den folgenden Jahren fanden weitere Steigungen statt, obgleich mehrfach dadurch Entlastungen eintraten, dass vorübergehend die auf dem Ordinarium stehenden laufenden Kosten grösserer Flussläufe in Folge deren durchgreifender Regulirung hier abgesetzt und auf das Extraordinarium übernommen wurden (z. B. 1882/83 450 000 M. für Ems-, Saale- und Unstrutregulirung, 1886/87 350 000 M. für Regulirung von Weichsel und Nogat u. s. w.).

§ 241 b. Eine weitere sehr erhebliche Steigerung fand im Jahre 1886/87 aus folgendem Grunde statt: Seitdem zwischen die Kanäle und die regulirten Wasserstrassen die kanalisirten Flüsse als Mittelglied eingeschoben waren, hatten die Unterscheidungsmerkmale zwischen den auf den einen oder den anderen Fonds zu nehmenden Wasserstrassen an Bestimmtheit verloren und war die frühere feste Abgrenzung der Fonds Tit. 16 u. 17 minder sicher geworden. Wo Kanäle, kanalisirte und regulirte Flussstrecken eine einheitlich verwaltete Wasserstrasse bilden, so dass die getrennte Verrechnung der Unterhaltungskosten nicht nur mit Schwierigkeiten und Weitläuftigkeiten verknüpft ist, sondern die zweckmässige Disposition über die Fonds und die Sicherheit der Innehaltung der zur Verfügung gestellten Mittel beeinträchtigt wird, diente es daher der Einfachheit der Verwaltung und Verrechnung, wie der besseren Uebersicht über die Fonds, solche Wasserstrassen, auch wenn deren Theile bisher aus verschiedenen Fonds unterhalten wurden, ganz auf den Tit. 16 zu übernehmen. Durch den Etat 1886/87 wurden daher

a) die bisher auf den Kanal-Unterhaltungsfonds verwiesenen Strecken der dem Regierungspräsidenten in Potsdam unterstellten Wasserstrassen mit einer Unterhaltungsquote von . . . . 190 000 M.
b) die Theilstrecke der Eider von Hohen-Fähre bis Rendsburg, Bez. Schleswig, mit 26 500 „
c) die kanalisirte Netze von der 10. bis 12. Schleuse und die kanalisirte Brahe im Regierungsbezirk Bromberg mit . . . . 36 000 „

d) die kanalisirte Jeetze im Regierungsbezirk Magdeburg mit . . . . 800 M.
e) die kanalisirte Saar im Regierungsbezirk Trier mit . . . . 51 750 „
f) der Seckenburger Kanal und die masurischen Dampfschifffahrtsstrassen im Regierungsbezirk Gumbinnen mit . . . . 24 310 „
zusammen . . . 329 360 M.

von Tit. 17 abgezweigt und nach Tit. 16 überwiesen.

Endlich war mit Rücksicht auf die Unzulänglichkeit der Mittel, welche dieser Fonds neben der Erfüllung der weiteren Zweckbestimmung desselben für die regelmässige Unterhaltung der Strombauwerke bot, sowie mit Rücksicht darauf, dass die Unterhaltung dieser Werke ohne Gefährdung ihrer Substanz in der bisherigen Weise nicht weiter beschränkt werden konnte, durch den Staatshaushalts-Etat von 1883/84 zu der Bemessung des Fonds für die regelmässige Stromunterhaltung nach Massgabe des anschlagsmässig ermittelten wirklichen Unterhaltungsbedürfnisses übergegangen, der Fonds fast um 600 000 M. erhöht und dabei mit Rücksicht auf den Fortgang der Stromregulirungen eine Revision der Anschläge von etwa drei zu drei Jahren vorbehalten worden.

Nachdem hiernach eine erstmalige Revision der Anschläge für das Etatsjahr 1886/87 und in Folge dessen eine Verstärkung des Fonds um 894 000 M. stattgefunden hatte, fand nach abermaligem Verlaufe von drei Jahren (1889/90) eine Erhöhung um weitere 1 000 000 M. statt. 1892/93 kamen weiter hinzu 1 065 000 M., 1895/96 600 000 M.

§ 242. Wie sich die Summe des Tit. 16 auf die einzelnen Ausgabegruppen, Regulirungen, Kanalisirungen u. s. w. vertheilt, lässt sich ebenso wie bei Tit. 15 (§§ 226, 229) nicht leicht feststellen. Von den einzelnen Provinzialbehörden waren im Jahre 1902 betheiligt an dem Fonds:

Königsberg mit 124 400, Gumbinnen 283 400, Weichselstrom-Bauverwaltung 1 975 500, Danzig 238 700, Marienwerder 300, Berlin, Ministerial-Baukommission 90 300, Potsdam 750 000, Frankfurt 183 600, Stettin 94 000, Köslin 700, Posen 183 200, Bromberg 221 600, Oderstrom-Bauverwaltung 1 652 600, Breslau 4 100, Oppeln 18 200, Elbstrom-Bauverwaltung 1 313 700, Magdeburg 800, Merseburg 125 100, Schleswig 76 000, Weserstrom-Bauverwaltung 471 000, Hannover 6 000, Hildesheim 1 200, Lüneburg 178 300, Stade 104 600, Osnabrück 3 000, Aurich 110 000, Dortmund-Ems-Kanalverwaltung 682 500, Münster (Reg.) 72 000, Cassel 42 300, Wiesbaden 357 200, Rheinstrom-Bauverwaltung 867 000, Koblenz 73 000, Düsseldorf 5 100, Trier 156 300, zusammen 10 465 700; Centralreserven 2 139 587, Summe Titel 16 **12 605 287** M.

§ 243. In den extraordinären und ausseretatsmässigen Ausgaben ist dagegen eine Scheidung nach folgenden Ausgabegruppen möglich.

αα) Stromregulirungen.

Um die preussischen Wasserstrassen in einen Zustand überzuführen, welcher einerseits die Sicherheit und Schnelligkeit des Schifffahrtsbetriebes gewährleistete, andererseits die Möglichkeit geben sollte, nicht allein die vorhandenen Schiffsgefässe durch höhere Belastung mehr als bisher auszunutzen, sondern auch grössere und tiefer gehende, also erheblich tragfähigere Fahrzeuge, als die bis dahin üblichen, in Gebrauch zu nehmen, sind in den letzten Jahrzehnten sehr bedeutende Mittel bewilligt worden.

Die Sorge für die Sicherheit und Schnelligkeit des Schiffahrtsbetriebes bedingte die Behebung natürlicher und künstlicher Schifffahrtshindernisse durch Beseitigung gefährlicher Untiefen, insbesondere fester Bänke, Klippen und Steingerölle aus dem Fahrwasser, die Erweiterung von Stromengen, die Milderung oder Umgehung zu scharfer Krümmungen, die Erweiterung zu enger und Erhöhung zu tief liegender Brücken und die Entfernung von Schiffsmühlen, Fischwehren und ähnlichen Hindernissen, ferner den Ausbau der vorhandenen und die Anlegung neuer Leinpfade und von Molen an Flussmündungen, endlich die Vermehrung und Verbesserung der Sicherheits- und Winterhäfen.

Was die Erhöhung der Tragfähigkeit der Schiffsgefässe anbetrifft, so ist die Grösse der Fahrzeuge nach der Länge und Breite begrenzt: bei den freien Strömen und Flüssen durch die Breite des Fahrwassers und den Krümmungshalbmesser der Biegungen, bei den kanalisirten Flüssen und den Kanälen durch das Querprofil der letzteren und die Grösse der Schleusenkammern, in Bezug auf den Tiefgang dagegen in allen Fällen durch die Tiefe des Fahrwassers. Während diese bei den kanalisirten Flüssen und den Kanälen im allgemeinen gleichbleibend ist und gleich den sonstigen Abmessungen dem Bedürfnisse entsprechend festgestellt werden kann, wechselt bei den freien Strömen und Flüssen die Fahrtiefe mit der jederzeitigen Höhe des Wasserstandes, welche vom Willen und der Kraft des Menschen unabhängig ist. Auf denjenigen freien Gewässern aber wird sich der Schiffsverkehr am vortheilhaftesten entwickeln können, welche, abgesehen von der sonstigen Gestaltung des Fahrwassers, bei den kleinsten Wasserständen in ihrer gesammten Längenausdehnung die grösste Fahrtiefe aufzuweisen haben.

Die zur Vergrösserung der Fahrtiefe anzuwendenden technischen Mittel sind je nach der Natur des Stromes verschieden, da in den seltensten Fällen ein unmittelbares Eingreifen, etwa durch Baggerungen, dauernd zum Ziele führt, der Strom vielmehr durch Regulirungswerke gezwungen werden muss, sein Bett durch die Kraft der Strömung an der gegebenen Stelle selbst zu vertiefen und tief zu erhalten, wobei der Erfolg der Werke von der Wassermenge, welche der Strom führt, von seinem Gefälle und der Beschaffenheit des Untergrundes abhängig bleibt.

Um nun übersehen zu können, welche Ziele der planmässigen Regulirung der preussischen Ströme und bedeutenderen schiffbaren Flüsse überhaupt gestellt sind, d. h. welche Fahrtiefen bei den niedrigsten Wasserständen erreicht werden könnten, ferner, welche Geldmittel zur Erfüllung jener Ziele erforderlich, endlich, welche Zeiträume hierfür zu beanspruchen sein würden, sind Anfangs der 80er Jahre der Berichtsperiode über jedes jener Gewässer Denkschriften ausgearbeitet worden, welche zugleich die hydrotechnische Beschreibung der Gewässer und den Nachweis der bisher ausgeführten Regulirungsarbeiten enthalten. Diese Denkschriften sind dem Landtage der Monarchie wie folgt vorgelegt worden:

a) am 3. Nov. 1879 über die Regulirung der Weichsel, Oder, Elbe, Weser und des Rheins (Drucksache Nr. 24 des Hauses der Abgeordneten, Session 1879/80), wozu den Etats der Bauverwaltung für 1885 und 1886 Nachträge betreffs der Weser und Weichsel beigefügt sind;

b) am 27. Okt. 1880 über die Regulirung der Spree und Havel, der Mosel, des Pregels nebst Deime und Alle und der Memel mit ihren Mündungsarmen Russ, Atmath und Gilge (Drucksache Nr. 18 des Hauses der Abgeordneten, Session 1880/81);

c) am 21. Jan. 1882 über die Regulirung der Warthe, der Unstrut und Saale, sowie der Ems von Greven bis Emden (Drucksache Nr. 29 des Hauses der Abgeordneten, Session 1882).

Aus diesen Denkschriften sind in § 243a, geordnet nach den Hauptströmen und ihren Nebenflüssen in der Reihenfolge von Westen nach Osten, die für die Regulirung erforderlich erachteten Geldbeträge angegeben (Rheingebiet 23,2, Emsgebiet 2,4, Wesergebiet 3,2, Elbegebiet 12,6, Elbe-Odergebiet 18, Odergebiet 19,1, Weichselgebiet 15,4, Pegelgebiet 1,8, Memelgebiet 3,2 Mill. M., in Summa 89,9 Mill. M).

Die vorstehend bezeichneten Regulirungsentwürfe waren seiner Zeit unter Berücksichtigung der damals bekannten Niedrigwasserstände den Bedürfnissen der Schiffahrt entsprechend aufgestellt worden. Dabei war man davon ausgegangen, dass die Festlegung des Mittelwasserprofils der Flüsse genügen werde, um die Wassermengen auch bei geringen Wasserführungen so zusammenzuhalten, dass sie in einer für die Schiffahrt ausreichend breiten und tiefen Rinne abfliessen. Diese Annahme hat sich jedoch mehrfach als nicht ganz zutreffend erwiesen. Insbesondere trat dies in den Jahren 1892 und 1893 hervor, als infolge der geringen Niederschläge in einem grossen Theil der preussischen Flüsse so tiefe Niedrigwasserstände eintraten, wie sie früher nie beobachtet waren. Dazu kam, dass die Schiffahrt auf den meisten regulirten Flüssen im Laufe der Jahre weit über Erwarten zugenommen hatte. Nicht nur die Zahl, die Grösse und die Tragfähigkeit war gewachsen, sondern auch der Schiffahrtsbetrieb selbst stellte durch häufigere und stärkere Verwendung der Dampfkraft zum Bewegen der Schiffe erheblich grössere Anforderungen an die Beschaffenheit des Fahrwassers. Unter diesen Umständen musste dazu übergegangen werden, auch der Niedrigwasser-Regulirung eine vermehrte Fürsorge zuzuwenden. Demgemäss wurde dem Landtag am 29. Jan. 1894 eine Denkschrift vorgelegt, welche die auf Grund neuerer Erwägungen geplante weitere Regulirung der grösseren schiffbaren Flüsse näher entwickelte (Drucksache Nr. 34 des Hauses der Abgeordneten, Session 1894).

Während für den Rhein und einzelne Nebenwasserstrassen darauf gerechnet werden konnte, die in den früheren Denkschriften gesteckten Ziele mit den veranschlagten Kostenbeträgen zu erreichen, ergab sich für die übrigen Flüsse die Nothwendigkeit der Aufwendung weiterer Geldmittel zur Fortsetzung der Regulirungsarbeiten. Im Einzelnen sind nach den Angaben in § 243a an veranschlagten Kosten vorgesehen für die Ems 300000 M., Weser 667000 M., Elbe 4230000 M., Oder 1760000 M., Warthe 1150000 M., Pregel, Deime, Gr. Friedrichsgraben 1180000 M., Weichsel 11960000 M., in Summa 21,2 Mill. M.

1. Das Rheingebiet.[1])

§ 243a. a) Der Rhein von Bingen bis zur niederländischen Grenze (die obere Strecke von Mainz bis Bingen ist besonders behandelt worden): Ziel laut Vereinbarung mit den Rhein-Uferstaaten bei einem Wasserstande von + 1,5 m am Kölner Pegel: von Bingen bis St. Goar 2 m Fahrtiefe, von St. Goar bis Köln 2,5 m Fahrtiefe, von Köln bis zur Grenze 3 m Fahrtiefe, die Breite des Fahrwassers von 90 m nach unten hin allmählich auf 150 m zunehmend. Bauzeit 18 Jahre, veranschlagt auf 22000000 M., bis Ende 1901 verwendet 21998000 M.

b) Die Mosel: Ziel Höhenlage der Flusssohle 0,39 m bezw. 0,50 m unter Null der Pegel zu Trier und Cochem. Bauzeit 6 Jahre, veranschlagt auf 1200000 M., bis Ende 1901 verwendet 1200000 M.

2. Das Emsgebiet.

Die Ems von Greven bis Papenburg: Ziel 0,94 m Fahrtiefe bei kleinstem Wasserstande (1100000 M.), von Papenburg bis Emden: Ziel allgemeine Aufbesserung des Fahrwassers für Seeschiffe (1300000 M.). Bauzeit 6 Jahre, veranschlagt auf 2400000 M., Nachregulirung 300000 M., bis Ende 1901 verwendet 2694000 M.

3. Das Wesergebiet.

Die Weser von Münden bis Minden: Ziel 1 m Fahrwasser bei Niedrigwasser, unterhalb Minden: Ziel 1,25 m Fahrwasser desgl. Bauzeit 5 Jahre (1800000 + 1400000 M.), veranschlagt auf 3200000 M., Nachregulirung 667000 M., bis Ende 1901 verwendet 3792000 M.

4. Das Elbegebiet.

a) Die Elbe von Melnick bis zur Fluthgrenze: Ziel 0,93 m Fahrtiefe bei jedem etwa eintretenden niedrigsten Wasserstande. Bauzeit 12 Jahre, veranschlagt auf 8600000 M., Nachregulirung 4230000 M., bis Ende 1901 verwendet 12418000 M.

b) Die Unstrut und Saale von Artern bis zur Elbe: Ziel von Artern bis zur Elstermündung 0,70 m Fahrtiefe bei kleinem Wasser, von da bis zur Elbe 0,93 m Fahrtiefe desgl. Bauzeit 12 Jahre, veranschlagt auf 4000000 M., bis Ende 1901 verwendet 3999000 M.

5. Die Wasserstrassen zwischen Elbe und Oder.

Die Spree und Havel, einschliesslich des Landwehrkanals zu Berlin: Ziel 1,25 m Fahrtiefe bei Niedrigwasser. Bauzeit 6 Jahr, veranschlagt auf 18000000 M., bis Ende 1901 verwendet 18000000 M.

---

[1]) Nach amtlichen Ermittelungen sind für Regulirung der preussischen Strecken des Rheins aufgewendet von 1831—1866 25 Mill. M., 1867—1870 2,7 Mill. M., 1871—1875 4,9 Mill. M., zus. bis 1875 32,6 Mill. M., mit obigen 22 Mill. M. also bis 1900 zusammen rund 53 Mill. M.

6. Das Odergebiet.[1])

a) Die Oder: Ziel oberhalb der Neissemündung unbestimmbar, unterhalb der Neissemündung 1 m Fahrtiefe bei kleinstem Wasser. Bauzeit 6 Jahre, veranschlagt auf 6 800 000 M., Nachregulirung 1 760 000 M., bis Ende 1901 verwendet 8 560 000 M.

b) Die Warthe: Ziel oberhalb Schrimm unbestimmbar, veranschlagt auf 850 000 M., unterhalb Schrimm wie zu a). Bauzeit 7—8 Jahre, veranschlagt auf 2 500 000 M., Nachregulirung zus. 1 115 000 M, bis Ende 1901 verwendet 4 488 000 M.

7. Das Weichselgebiet.

Die Weichsel, und zwar: im Reg.-Bez. Marienwerder 8 500 000 M., im Reg.-Bez. Danzig 5 175 000 M., hierzu die Nogat 1 717 000 M.: Ziel 1 m Fahrtiefe bei Niedrigwasser. Bauzeit unbestimmt, veranschlagt auf 15 392 000 M., Nachregulirung 11 960 000 M., bis Ende 1901 verwendet 27 349 000 M.

8. Das Pregelgebiet.

a) Der Pregel und die Deime: Ziel Pregel oberhalb Tapiau 1,10 m Fahrtiefe, Pregel unterhalb Tapiau 1,10 m Fahrtiefe, Deime unterhalb Tapiau 1,50 m Fahrtiefe beim durchschnittlich niedrigsten Wasserstande. Bauzeit 4 Jahre, veranschlagt auf 590 000 M.

b) Der grosse Friedrichsgraben und die Nemonien-Mündung: Ziel Verbreiterung auf 40 m. Bauzeit 8 Jahre, veranschlagt auf 1 210 000 M., Nachregulirung für a) u. b) zus. 1 180 000 M., bis Ende 1901 verwendet für a) u. b) zus. 2 910 000 M.

9. Das Memelgebiet.

a) Die Memel bis Kallwen: Ziel 1,40 m Fahrtiefe bei Niedrigwasser. Bauzeit 10 Jahre, veranschlagt auf 2 176 000 M., bis Ende 1901 verwendet 2 176 000 M.

b) Der Russ- und Atmathstrom: Ziel beim Russstrom 1,40 m desgl., beim Atmathstrom 1,70 m desgl. Bauzeit 6 Jahre, veranschlagt auf 860 000 M., bis Ende 1901 verwendet 860 000 M.

c) Die Gilge: Ziel 1,25 m desgl. Bauzeit 3 Jahre, veranschlagt auf 200 000 M., bis Ende 1901 verwendet 200 000 M.

Im Ganzen sind veranschlagt 89 978 000 M. und Nachregulirung 21 247 000 M., zus. 111 225 000 M., bis Ende 1901 verwendet 110 644 000 M.

Die vorstehend angegebenen Bauzeiten beginnen in der Hauptsache mit dem Rechnungsjahr 1881/82, obschon einzelne Theilbeträge, welche die obigen Summen mit enthalten, auch schon früher bereit gestellt worden sind. Von 1882/83 ab erfolgte die Bewilligung der Neubaugelder in der nach dem angemeldeten Gesammtbedarf und der zugehörigen Bauzeit bemessenen Höhe nur noch unter den „einmaligen und ausserordentlichen“ Ausgaben und zwar in zwei, nach den grossen und kleinen Strömen getrennten Hauptsummen, sonst ohne nähere Anweisung in betreff der Art und des Orts der Verwendung.

Letzteres geschah in der Erwägung, dass die Ausführung der Regulirungsbauten theils von der Witterung und den Wasserständen, theils von der Möglichkeit der Materialbeschaffung, theils endlich von dem jeweiligen örtlichen Bedürfniss zu sehr abhängig sind, als dass es zweckmässig erscheinen konnte, der Bauverwaltung Beschränkungen aufzuerlegen, welche ihrer Thätigkeit nur hinderlich sein würden.

---

[1]) Im Ganzen sind an Geldmitteln seit Errichtung der Strombauverwaltung im Jahre 1874 für Regulirungs- und Verbesserungsarbeiten der Oder von Oderberg bis Schwedt verausgabt worden:

1. An ordentlichen und ausserordentlichen Aufwendungen für den Ausbau und die Unterhaltung des Stromes 44 251 364 M.

2. Auf Grund der Anleihegesetze vom 6. Juni 1888 und vom 14. April 1890 für Schleusenbauten bei Brieg und Ohlau und den Grossschiffahrtsweg bei Breslau, für die Kanalisirung der Oder von Kosel bis zur Neissemündung und für Bauten zur Verbesserung der unteren Oder zusammen 22 965 077 M., im Ganzen 67 217 441 M.

Nach diesen Gesichtspunkten sind im Rahmen der oben gegebenen Zusammenstellung in den einzelnen Rechnungsjahren zur Regulirung der Wasserstrassen bewilligt worden von Jahr zu Jahr:

Rechnungsjahr	Regulirung der grossen Ströme M.	Regulirung der kleineren Ströme M.	Zusammen M.
1880/81	5 333 000	500 000	5 833 000
1881/82	5 408 000	982 000	6 390 000
1882/83	5 037 000	2 882 000	7 919 000
1883/84	3 912 000	3 059 000	6 971 000
1884/85	4 400 000	3 068 000	7 468 000
1885/86	4 420 000	3 261 000	7 681 000
1886/87	3 225 000	1 911 000	5 136 000
1887/88	3 700 000	1 457 000	5 157 000
1888/89	3 467 000	1 327 000	4 794 000
1889/90	2 633 000	1 170 000	3 303 000
1890	2 501 800	1 024 000	3 525 800
1891	2 364 600	1 324 100	3 688 700
1892	2 002 300	1 931 400	3 933 700
1893	2 319 400	2 367 600	4 687 000
1894	2 517 100	1 588 200	4 105 300
1895	3 008 900	1 600 200	4 609 100
1896	2 794 800	1 739 800	4 534 600
1897	2 665 500	2 204 700	4 870 200
1898	3 477 700	1 310 300	4 788 000
1899	2 315 600	957 600	3 273 200
1900	3 566 000	344 900	3 910 900
1901	2 356 400	411 000	2 767 400
Insgesammt in den 22 Jahren . . .			**109 845 900**[1])

§ **244.** Neben diesen grossen Regulirungsprojekten ist seit 1880 sowohl im Extraordinarium als auch durch besondere Gesetze noch eine grosse Summe von Staatsmitteln verwendet worden, welche vorzugsweise zu grösseren, ausserhalb des Rahmens der Denkschriften liegenden Fluss-Korrektionen, zu Fluss-Kanalisirungen, zu sonstigen Schleusen- und Wehrbauten, ferner zum Bau neuer und zur Erweiterung vorhandener Kanäle bestimmt war, auch den Bedürfnissen der Wasserbauverwaltung in Bezug auf die Beschaffung von Dampfschiffen, Baggermaschinen, Transportgefässen, sowie auf die Errichtung von Bau- und Schirrhöfen, Reparaturwerkstätten u. dergl. Rechnung trug. Endlich sind unter der Ueberschrift: „Zum Bau von Strassen, Brücken, Dienstgebäuden“ namhafte Beträge zum Bau neuer und zur Erneuerung vorhandener Brücken in Ansatz gekommen.

§ **245.** An derartigen Flussregulirungen kamen vor Allem in Betracht: die Stromkorrektion zwischen der Seevemündung und Neuhof im Fluthgebiet der Elbe in den Jahren 1883—1890 mit 775 000 M., Beseitigung von 11 Schiffsmühlen in der Elbe von 1880—1890 232 000 M., Regulirung der Havelstrecke Zehdenik-Liebenwalde von 1880—1886: 1 350 000 M., ferner im Laufe der 90er Jahre die Regulirung der unteren Netze von der Einmündung des Bromberger Kanals bis zu derjenigen der Warthe (8 Mill. M.), Elbinger Weichsel (2 900 000 M.), Dahme (458 151 M.), Ilmenau (1886—1901 rund 200 000 M.), Rhyn (184 170 M.), Ücker (65 000 M.), Minge (212 000 M.), Wilhelmshaven (56 600 M.).

Rechnet man diese Kosten für Flussregulirungen mit denjenigen in § 243a zusammen, und zählt noch 5 227 000 M., welche durch Ges. v. 12. März 1879 zur Verbesserung märkischer Wasserstrassen aus Anleihen bewilligt wurden, hinzu, so ergiebt sich, dass von 1880 bis 1901 im Ganzen rund 130 000 000 M. zu grösseren und kleineren Stromregulirungen aus extraordinären und ausseretatsmässigen Mitteln verausgabt sind.

§ 245a. Die oben erwähnten ausserhalb der grossen Projekte hergestellten Flusskanalisirungen, Brückenbauten, Kanalbauten u. s. w., werden nähere Darstellung in den folgenden Abschnitten (§§ 248ff. Kanalisirungen, § 252 Brückenbauten, § 260 Kanäle, § 266 Dampfschiffe, Bagger, Bauhöfe, § 250 Binnenhäfen) finden.

§ 246. Hier seien aber noch die Gesammtbeträge für alle diese, ausserhalb der in § 243a erwähnten grossen Projekte stehenden Schiffahrtsverbesserungen (einschl. der in § 245 erwähnten Stromregulirungen) zusammengestellt. Es betrugen nämlich diese extraordinär oder ausseretatsmässig verwendeten Summen zusammen in den Rechnungsjahren

1880/81	3 749 000 M.	1891	4 685 900 M.
1881/82	4 748 000 „	1892	11 517 300 „
1882/83	3 502 000 „	1893	19 347 700 „
1883/84	3 608 000 „	1894	17 649 800 „
1884/85	6 987 000 „	1895	19 143 700 „
1885/86	4 332 000 „	1896	17 124 700 „
1886/87	4 597 000 „	1897	16 258 600 „
1887/88	3 234 000 „	1898	8 727 800 „
1888/89	3 893 000 „	1899	6 966 300 „
1889/90	3 292 000 „	1900	4 111 700 „
1890	4 981 900 „	1901	2 846 600 „
Zur Verbesserung märkisch. Wasserstrassen (Ges. v. 12. März 1879) . .			5 227 000 „
		Summe . . .	180 531 000 M.

Mit Einschluss der in § 243a genannten Zahlen würden hiernach zu Binnenschiffahrtszwecken auf Grund dieser Zahlen von 1880 bis 1901 zusammen 291 175 000 M. extraordinär und ausseretatsmässig verausgabt worden sein. Rechnet man hinzu noch die Summe der Bewilligungen aus Tit. 16 u. 17 im Ordinarium von 1880—1901 (s. § 247), so ergiebt sich als Gesammtbetrag der für Binnenschifffahrtszwecke in diesem Zeitraum zur Verfügung gestellten ordinären, extraordinären und ausseretatsmässigen Summen:

	291 175 000 M.
+	209 582 300 „
zus.	500 757 300 M.

§ 247. Die Höhe des ordinären Tit. 16 seit 1880/81 ist (zugleich mit der des Tit. 17 § 260) in folgender Zusammenstellung nachgewiesen:

Rechnungsjahr	Kap. 65 Tit. 16 Binnenhäfen und Binnengewässer	Kap. 65 Tit. 17 Kanäle	Zusammen
	Mark, die Zahlen abgerundet		
1880/81	6 079 000	787 000	6 866 000
1881/82	6 103 000	788 000	6 891 000
1882/83	5 778 000	802 000	6 580 000
1883/84	6 371 000	900 000	7 271 000
1884/85	6 373 000	921 000	7 294 000
1885/86	6 397 000	921 000	7 318 000
1886/87	7 287 000[2])	592 000	7 879 000
1887/88	7 309 000	577 000	7 886 000
1888/89	7 314 000	607 000	7 921 000
1889/90	8 299 000	607 000	8 906 000
1890[3])	9 927 900	649 200	10 577 100
1891	8 804 100	638 100	9 442 200
1892	9 552 300	561 800	10 114 100
1893	9 109 200	652 700	9 761 900
1894	9 186 800	582 700	9 769 500
1895	10 302 200	597 500	10 899 700
1896	10 006 100	554 400	10 560 500
1897	10 435 200	572 200	11 007 400
1898	10 568 400	608 600	11 177 000
1899	12 144 800	648 700	12 793 500
1900	12 548 800	686 000	13 234 800
1901	12 411 500	649 100	13 060 600
	Zusammen in 22 Jahren		207 210 300
Dazu aus Tit. 16a u. 16b von 1889—1901			2 372 000
Insgesammt im Ordinarium für Binnenschiffahrtszwecke von 1880—1901			**209 582 300**

ββ) **Flusskanalisirungen.**

§ 248. Schon in § 241 a ist hervorgehoben, dass und aus welchen Gründen die früher bei Tit. 17 ausgebrachten Unterhaltungskosten für kanalisirte Flüsse seit 1886/87 zum grössten Theil nach Tit. 16 übertragen sind.

Die Gesammtsumme der für Flusskanalisirungen im Extraordinarium und ausseretatsmässig verausgabten Mittel, welche in den

[1]) Die Schlusssumme stimmt mit der oben (110 644 000 M) angegebenen nicht ganz genau überein, entstammt aber ebenfalls wie jene aktenmässigen Zusammenstellungen des Ministeriums. Hier handelt es sich indessen um Bewilligungen, dort um verwendete Summen, auch sind bei den Zahlen vor 1889/90 die Summen auf Tausende abgerundet.

[2]) Die grösseren Erhöhungen der Etatssummen, welche in den Jahren 1883/84 und 1889/90 bemerkbar sind, beruhen auf eingehenden Veranschlagungen der regelmässigen Unterhaltungskosten für die mit dem Fortgang der Stromregulirungen an Zahl allmählich zunehmenden Strombauwerke, während im Jahre 1886/87 aus Zweckmässigkeitsgründen zugleich eine die Gesammtsumme nicht wesentlich verändernde Verschiebung der Fonds innerhalb der Tit. 16 und 17 stattgefunden hat (§ 241 a).

[3]) Von 1890 ab Rechnungszahlen, bis dahin Etatszahlen.

Zahlen auf S. 1224 mitenthalten ist, liess sich für die einzelnen Jahre nur von 1890 bis 1901 feststellen. Sie sind aus Anl. LXXV Spalte 4 ersichtlich und betrugen in dieser Zeit insgesammt:

extraordinär	8 162 700 M.
ausseretatsmässig	22 900 900 „
Summe	31 063 600 M.

Insgesammt giebt es gegenwärtig nach der Uebersicht auf S. 1214 1839 km kanalisirte Flussstrecken auf den preussischen Wasserstrassen.

§ 249. Im Einzelnen sind an bedeutenderen Kanalisirungen von Flüssen seit Ausgang der 70er Jahre hervorzuheben:

Im Rheingebiet.

1. Das sehr bedeutende und erfolgreiche Unternehmen der Kanalisirung des Mains von Frankfurt bis zur Einmündung in den Rhein, welches, nachdem die erste Rate dazu bereits im Etat 1880/81 bewilligt worden war, auf Grund des mit den Regierungen der Main-Uferstaaten unter dem 1. Febr. 1883 abgeschlossenen Staatsvertrages in den Jahren 1884/85 bis 1886/87 mit einem Kostenaufwande von 5 500 000 M. zur Ausführung gekommen ist. Die Gesammtanlage ist durch die städtischen Lagerhaus- und Hafeneinrichtungen in Frankfurt a. M. vervollständigt und zur vollen Entwickelung gebracht worden.

Infolge des stark gewachsenen Verkehrs wurde in den 90er Jahren ein weiterer Ausbau erforderlich. Demgemäss sind in den Jahren 1891 bis 1894 zur Vertiefung der Fahrrinne von Frankfurt bis zum Rhein für Schiffe bis zu 2,50 m Tiefgang und zur Verlängerung der vorhandenen Schleusen für den Durchgang ungetheilter Schleppzüge 2 985 000 M. im Extraordinarium des Etats der Bauverwaltung bereit gestellt worden.

2. Die Kanalisirung der Saar von Louisenthal bis Ensdorf ist in den Jahren 1878/79 und 1879/80 unter Aufwendung eines Restbetrages von zusammen 850 000 M. zum Abschluss gekommen. Eine Vertiefung der kanalisirten Strecke bis auf 2 m ist in der Ausführung begriffen.

Im Wesergebiet.

Die Fulda ist in den 90er Jahren auf der 28 km langen Strecke zwischen Cassel und Münden kanalisirt worden, um für den gesteigerten Schiffsverkehr auf der oberen Weser den Anschluss nach Cassel zu ermöglichen. Der Fluss ist dabei so regulirt und durch Baggerungen vertieft worden, dass bei Wasserführungen der Fulda, die einer Fahrwassertiefe in der Weser von 1,5 m entsprechen, auch dort mindestens diese Tiefe vorhanden ist. Es sind für die Kanalisirungsarbeiten in den Jahren 1890 bis 1894 3 785 250 M. im Extraordinarium des Etats der Bauverwaltung bewilligt worden. Die Stadt Cassel leistete einen Beitrag von 730 000 M.

Wasserstrassengebiet zwischen Elbe und Oder.

Der Gesammtentwurf zur Kanalisirung der Unterspree (nach der Denkschrift vom 27. Okt. 1880) umfasste ausser der Verbesserung des Wasserweges zwischen Berlin und der Havel auch die Durchführung einer dritten Wasserstrasse durch die Stadt durch Einlegung einer Schiffsschleuse in den Mühlendamm.

Nachdem die Stadt eine Betheiligung an den Kosten anfänglich abgelehnt hatte, wurde der Entwurf auf das für die Schiffahrt zunächst Nothwendige, nämlich auf die Verbesserung des Spreelaufs von der Havel aufwärts bis zur Stadt beschränkt und hierfür der Kostenbedarf von 2 227 000 M. veranschlagt und bewilligt. Der Bau ist in den Jahren 1883/84 bis 1887/88 unter Aufwendung von 2 027 000 M. einschliesslich der aus der Anleihe für Verbesserung Märkischer Wasserstrassen entnommenen Ersparnisse anschlagsmässig ausgeführt worden.

Endlich ist im Frühjahr des Jahres 1888 ein Uebereinkommen zwischen der königlichen Staatsregierung und der Stadtgemeinde Berlin, Ges. v. 6. Juni 1888 (G.-S. S. 238), dahin zu Stande gekommen, dass das Gesammtunternehmen der Kanalisirung der Unterspree, soweit dasselbe nach dem Vorstehenden nicht bereits fertig gestellt war, durch den Staat und die Stadt gemeinschaftlich zur Ausführung gebracht, und der auf 6 400 000 M. veranschlagte Kostenbetrag von beiden Theilen zur Hälfte getragen werden sollte. Ausserdem hatte sich die Stadt verpflichtet, die in den Rahmen des Ganzen fallenden Neubauten an Brücken u. s. w., welche ausserdem noch auf 4 600 000 M. veranschlagt sind, auf ihre alleinigen Kosten zur Ausführung zu bringen.

Im Odergebiet.

1. Für die Kanalisirung der oberen Netze, welche durch den Allerh. Erlass vom 11. März 1878 in der Richtung Goplow-See, Pakosch, Labischin, Richtgraben, Speisekanal, Bromberger Kanal genehmigt ist, sind die veranschlagten Kosten mit 4 500 000 M. in den einmaligen und ausserordentlichen Etats der Jahre 1878/79 bis 1882/83, also in fünf Raten, zur Verfügung gestellt worden. Der im Jahre 1883/84 erfolgte Abschluss des grossen und wichtigen Werkes hat noch eine Nachtragsforderung von 36 000 M. nöthig gemacht, deren Bewilligung im Etat des genannten Jahres erfolgt ist. Weitere Nachtragsarbeiten von 1890 bis 1899 für 201 300 M.

2. Die obere Oder ist auf der 85 km langen Strecke von Kosel bis zur Neissemündung auf Grund des Ges. v. 6. Juni 1888 kanalisirt worden. Der Entwurf verfolgte das Ziel, auf der genannten Strecke eine geringste Wassertiefe von 1,5 m herzustellen und dauernd den Verkehr der grossen Kähne mit 400 To. Ladung zu ermöglichen. Hierzu war die Anlage von 12 Staustufen, ausserdem im Zusammenhang hiermit die Erbauung grösserer Schleusen bei Brieg und Ohlau sowie die Herstellung eines Grossschiffahrtsweges durch Breslau vorgesehen. Der Kanalisirungsplan berücksichtigte zugleich die Anlage eines Sicherheits- und Umschlagshafens bei Kosel. Die ursprünglich auf 21 500 000 M. nach Abzug der Beiträge der Interessenten berechneten Kosten wurden infolge des Ges. v. 14. April 1890 (Anleihe) anderweit auf 23 117 100 M. festgestellt, wobei die Kosten des Grunderwerbs von den Interessenten übernommen sind. Ausserdem wurden 1894 bis 1896 125 100 M. für den Neubau des Wehrs bei Brieg extraordinär verausgabt.

Im Weichselgebiet.

Die Kanalisirung der unteren Brahe von Bromberg bis zur Weichsel und im Zusammenhange damit die durch eine Aktiengesellschaft bewirkte Anlage eines Holzhafens an der Brahemündung ist bereits im Jahre 1876/77 begonnen worden. Zur Vollendung sind erforderlich gewesen rund 1 370 000 M., einschliesslich der von Seiten des Staats zum Hafenbau gewährten Beihülfen. Von 1890 bis 1899 wurden 237 800 M. aus dem Extraordinarium für Beseitigungen von Krümmungen und für Hafenerweiterungen und Brückenbauten bei Bromberg verwendet.

γγ) Binnenhäfen (Schutzhäfen).

§ 250. Von besonderem Vortheil für die Sicherstellung des Schiffahrtsbetriebes ist auch die grosse Zahl der an sämmtlichen Strömen angelegten Zufluchts- und Winterhäfen, durch welche nicht allein der erforderliche Schutz von Menschenleben und schwimmendem Eigenthum geschaffen, sondern auch, da der Schiffahrtsverkehr jetzt vielfach bis in den Winter hinein aufrecht erhalten werden kann, die jährliche Betriebszeit im Vergleich gegen früher erheblich verlängert worden ist.

Bei der Anlage dieser Häfen ist im Allgemeinen an dem Grundsatz festgehalten, dass die Staatsverwaltung nur für die Beschaffung sicherer Schiffsliegeplätze bei Hochwasser und Eisgang zu sorgen hat, während die Herstellung von Umschlagsvorrichtungen für das Ent- und Beladen der Schiffe sowie die Anlage von Zufahrtstrassen und Anschlussgleisen Sache der betheiligten Gemeinden oder Schifffahrtsinteressenten ist. Nur in einzelnen Fällen ist zum Zweck der weiteren Förderung des Verkehrs von diesem Grundsatz abgewichen. Ruhrort, Handelshafen, 2 380 000 M. aus den Einnahmen dieser Verwaltung bestritten (s. § 284ff.); Cassel, Handelshafen, 468 000 M. (Beitrag der Stadt 19,3 Proz.); Cosel, Handelshafen, 2 410 000 M. aus Fonds der Oderkanalisirung; Glogau, Schutzhafen, 54 500 M. Ufer- und Gleisanlagen; Schmelz, Holzhafen, 90 000 M.

Ausserdem ist der sehr bedeutende Holzhafen zu Brahemünde, der früher einer Aktiengesellschaft gehörte, vom 1. Januar 1899 ab in das Eigenthum der Wasserbauverwaltung übergegangen. Endlich wird die Einrichtung von Umladevorrichtungen an geeignet gelegenen Schutzhäfen überall gestattet und unterstützt.

Dem durch die Verbesserung der Wasserstrassen ermöglichten Aufschwung des Schiffahrtsverkehrs folgten die Gemeinden sowie verschiedene Erwerbsgesellschaften und Privatbesitzer vor Allem im Laufe der 90er Jahre durch Anlage neuer Umschlagsplätze oder durch den Ausbau vorhandener Anlagen, von denen manche mit allen zum schnellen Beladen und Entladen von Schiffen sowie zum Aufspeichern und zum Versand von Gütern erforderlichen Einrichtungen versehen sind. Unter diesen Anlagen sind folgende besonders hervorzuheben: der Verkehrshafen und Rheinauhafen bei Köln, für die zusammen 18 000 000 M. von 1890 bis 1899 aufgewendet wurden, Düsseldorfer Verkehrshafen 9 965 000 M., Duisburger 8 500 000 M., Dortmunder 5 500 000 M. (staatliche Beihülfe 1 325 000 M.), Magdeburger 6 700 000 M., Münster 1 421 400 M. (Staatsbeitrag 221 500 M.), Aken 1 906 000 M. (175 000 M. Staats-Darlehn).

Von 1890 bis 1901 wurden extraordinär (Anl. LXXV Sp. 6) für Binnenhäfen verausgabt 4 011 400 M., ausseretatsmässig 322 600 M., zusammen 4 334 000 M. Kleinere Verbesserungen fanden aus dem Ordinarium Tit. 16 statt.

§ 251. Im Einzelnen sind folgende, zumeist aus dem Extraordinarium gedeckte Binnenhafenanlagen seit 1876—1899 zu erwähnen:

Im Rheingebiet: Schiersteiner Hafen 1878—1883 240 000 M., 1892—1894 135 000 M., Rüdesheimer Hafen 1886/87 130 000 M., Oberlahnstein 1882—1885 564 000 M., 1889—1895 146 800 M., Wesel 1878—1880 60 000 M. (ebensoviel gab die Stadt), 1894—1896 170 000 M. Emmerich 1884—1888 350 000 M., Oberwinter 1888—1891 509 200 M., St. Goarshausen 1889—1895 258 500 M., Brohl 1899—1901 52 700 M., Mühlheim 1890—1897 1 245 400 M., Oberwesel 1895—1899 535 000 M., Ruhrort 1890—1899 2 380 000 M.

Im Wesergebiet: Münden 1882—1885 45 000 M., Hameln 1882—1885 59 000 M., 1896—1897 55 200 M. (der Ausbau zum Handelshafen ist durch die Stadt erfolgt), Höxter 1900 200 000 M. (1.R.), Minden 1893/94 34 600 M., Verden 1899 28 600 M. (1. R.), Kassel 1890 bis 1899 468 000 M. (Beitrag der Stadt 19,3 Proz.).

Im Elbegebiet: Mühlberg 1880—1883, Wittenberg 1876—1880, Schönebeck 1884—1886, Magdeburg 1880—1884, Aaken, Tangermünde, Wittenberge 1880—1890 (zumeist aus ordinären Fonds bestritten), Torgau 1894—1898 347 200 M., Barby 1895/96 102 600 M., Dom. Mühlenholz 1890/91 37 600 M., Bleckede 1895/96 53 000 M.

Im Odergebiet: Winterhafen im Mühlengraben zu Oppeln 1884—1886 208 000 M., Tschichenzig 1896—1898 33 200 M., Kosel 1890—1899 2 410 000 M. (aus Fonds der Oderkanalisirung, s. § 249), Glogau 1894—1896 54 500 M., König Wilhelmkanal Schwetz 1892 bis 1895 90 000 M.

Im Warthegebiet: Landsberg 1896—1898 106 000 M.

Im Brahegebiet: Thorn 1883/84 145 000 M., Dirschau 1888—1894 186 100 M., Brahemünde 1900 58 000 M.

Im Weichselgebiet: Ausbau der Weichselmündung bei Neufähr 720 000 M., Neue Mündung an der unteren Weichsel (Ges. v. 20. Juni 1888) 20 Mill. M., wovon 7 230 000 M. von den betheiligten Niederungen geleistet werden. Kulm 1898 27 000 M., Kurzebrack 1894—1897 80 200 M.

Im Memelgebiet: Schmalleningken 1887 117 000 M., Trappönen 1895—1899 149 500 M., Tilsit 1890/91 29 900 M., seit 1899 125 000 M.

δδ) Brücken und Fähren über öffentliche Flüsse.

§ 252. Durch die Bestimmungen des A. L. R. in Tit. 15 Theil II §§ 38, 50—53 ist dem Fiskus, abweichend von den bezüglich der Privatflüsse bestehenden Grundsätzen und abweichend von den meisten ausserhalb des Geltungsbereichs des A. L.-R. gültigen Provinzialrechten, die Unterhaltung der Brücken über öffentliche Flüsse auferlegt worden.

Diese Pflicht des Fiskus ist aber beschränkt auf die von dem Fiskus angelegten Brücken. Daraus, dass der Fiskus den Bau einer Brücke über einen öffentlichen Fluss durch Dritte, z. B. eine Gemeinde oder Eisenbahnverwaltung zugelassen hat, kann eine Unterhaltungspflicht des Fiskus nicht abgeleitet werden. Ueber die Verpflichtung zum Bau neuer Brücken über öffentliche Flüsse enthält das A. L. R. keine Bestimmungen. Aus den §§ 51 u. 52 a. a. O. ergiebt sich jedoch, dass sie zu den Regalien des Staates gerechnet werden. Hieraus folgt, dass die Anlage nur mit staatlicher Genehmigung erfolgen kann. Ferner sind im § 12 des Ges. v. 16. Juni 1838 (G.-S. S. 353), grosse Strombrücken als für sich bestehende Kommunikationsanstalten bezeichnet. Sie sind daher nicht, wie die Brücken über Privatflüsse Zubehör des Weges, in welchem sie liegen. Es hängt hiernach von dem Ermessen des Fiskus ab, ob er den Bau einer Brücke über einen öffentlichen Fluss bewirken und damit die Unterhaltungspflicht übernehmen will. Die Wegepolizeibehörde oder Ortspolizeibehörde ist nicht zuständig, den Fiskus zum Bau einer Brücke über einen öffentlichen Fluss anzuhalten. Die Zuständigkeit der Wegepolizeibehörde ist vielmehr beschränkt auf die Erhaltung der Brücken im ordnungsmässigen Zustande; dagegen ist sie nicht zuständig, die Wiederherstellung einer Brücke zu fordern, wenn sie vom Strome fortgerissen worden, oder wenn der Fiskus beschlossen hat, sie eingehen zu lassen.

§ 253. Was bezüglich der Bau- und Unterhaltungslast von Brücken über öffentliche Flüsse Rechtens ist, gilt auch von Fähren.

Fähren sind selbstständige Beförderungsmittel, kein Zubehör des Weges, in dessen Zuge sie liegen. Der Wegebaupflichtige ist nicht verbunden, Fähren zur Verbindung der Wege anzulegen und zu unterhalten. Die Pflicht zur Unterhaltung liegt dem Fiskus ob, falls nicht der Inhaber einer Fährgerechtigkeit diese Pflicht durch den Erwerb der Gerechtigkeit übernommen hat. Der Fiskus ist in gleicher Weise wie bei Brücken über öffentliche Flüsse befugt, den Betrieb einer Fähre einzustellen. In solchem Falle ist die Wegepolizeibehörde nicht berechtigt, den Fiskus zur Wiederaufnahme des Betriebs der Fähre zu nöthigen

Während der Bau und Unterhaltung von Brücken und Fähren über nicht schiffbare (Privat-) Flüsse, deren Unterhaltung dem Fiskus auf Grund rechtlicher Verpflichtung, d. h. eines speziellen Rechtstitels oder Partikularrechts obliegt, aus Tit. 18 bestritten wird, werden die Ausgaben für Bau und Unterhaltung von Brücken und Fähren über schiffbare (öffentliche Flüsse) aus Tit 16 bereitgestellt.

§ 254. Grössere Brückenbauten über öffentliche Ströme werden aus dem Extraordinarium oder ausseretatsmässig bestritten. Die hierzu bereitgestellten Summen betrugen:

		1890	437 300 M.
		1891	451 100 „
1880/81	1 063 000 M.	1892	857 400 „
1881/82	877 000 „	1893	596 000 „
1882/83	354 000 „	1894	779 600 „
1883/84	544 000 „	1895	690 500 „
1884/85	442 000 „	1896	304 700 „
1885/86	120 000 „	1897	596 300 „
1886/87	1 500 000 „	1898	774 000 „
1887/88	1 263 000 „	1899	709 700 „
1888/89	990 000 „	1900	489 300 „
1889/90	307 000 „	1901	573 200 „
	7 460 000 M.		7 259 100 M.
			+ 7 460 000 „
			14 719 100 M.

Hinsichtlich der Art der Bauausführungen Seitens des Staates ist hervorzuheben, dass bei der Ausführung der Bauwerke, insbesondere der Schleusen, Wehre, Brücken u. s. w. von dem früher noch vielfach üblichen Holzbau grundsätzlich Abstand genommen und fast überall dem Massivbau in Verbindung mit zweckentsprechender Verwendung des Eisens der Vorzug gegeben worden ist.

§ 255. Die Vertheilung der Brückenbauten für staatliche Rechnung auf die einzelnen Stromgebiete zeigen folgende Ziffern:

	In den Jahren[1]) 1880—90 M.	1890—99 M.
im Rheingebiet	—[2])	232 500
„ Emsgebiet	—	193 700
„ Wesergebiet	969 000[3])	734 100
„ Elbegebiet	1 317 000	885 200
„ Spree- und Havelgebiet	2 000 000[4])	1 249 800
„ Odergebiet	2 690 000	55 300
„ Weichselgebiet	290 000	35 000
„ Pregelgebiet	729 000	—
„ Memelgebiet	306 000	—
Landstrassenbrücken	—	370 500
	8 301 000	3 756 100

[1]) Darin sind auch einige 100000 M. für aus Tit. 18 geleistete Brückenbauten (s. § 253) mitenthalten, daraus erklärt sich zum Theil der Unterschied gegen die Zahlen in § 254.

§ 256. Von Gemeinden oder sonstigen Interessenten ausgeführte Brückenbauten sind, sofern der Staat ein Interesse daran hatte, verschiedentlich mit staatlichen Beihülfen unterstützt worden. Die Beihülfe erfolgte insbesondere in den Fällen, in denen die Brücken an Stelle fiskalischer Fähranstalten errichtet wurden oder bei Erneuerung alter Brücken Mehraufwendungen im Interesse der Vorfluth oder der Schiffahrt nothwendig waren. So sind von 1890 bis 1899 beigetragen 2 846 700 M.[1]) (bei 5 997 500 M. veranschlagten Gesammtkosten).

εε) Beseitigung von Hochwasser und Eisgefahr.

§ 257. Im Anschluss an Tit. 16 zu behandeln sind die Ende der 80er Jahre eingestellten Tit. 16a u. 16b, da sie — wenigstens ganz überwiegend — der Binnenschiffahrt auf den natürlichen Wasserstrassen zu Gute kommen.

A. Ordinäre Fonds.

Kap. 65 Tit. 16a. Zu Massregeln, betreffend die Abwendung und die Bekämpfung der Hochwasser- und Eisgefahr 144 000 M.

Bis zum Jahre 1888/89 einschliesslich war die Zuständigkeit bei dem Vorgehen gegen Hochwasser- und Eisgefahren zwischen den Regierungs-Präsidenten und den besonderen Strombauverwaltungen (Weichsel, Oder, Elbe, Rhein s. § 239) getheilt. Auch die zur Verfügung stehenden Mittel waren verschieden ausgebracht. Den Strombauverwaltungen standen aus Kap. 65 Tit. 16 der Bauverwaltung etwa 15 000 M. zur Verfügung, während die Regierungs-Präsidenten einen im Etat des Landwirthschaftsministeriums ausgebrachten Fonds (damals Kap. 106 Tit. 8b) „zu Eissprengungs- und Deichvertheidigungskosten“ mit 45 000 M. zur Verfügung hatten.

Die grossen Hochwasser und Eisschäden aus dem Frühjahr 1889 zeigten die Unhaltbarkeit und Schädlichkeit dieses Zustandes und führten zu einer Vereinheitlichung des Verfahrens auf folgender Grundlage:[2])

Die verantwortliche Leitung der Massnahmen bei Hochwasser und Eisgefahr wird den Strombauverwaltungen bezw. dem betr. Oberpräsidenten übertragen. Die eigentliche Deichvertheidigung verbleibt den Regierungs-Präsidenten, doch wird den Strombauverwaltungen eine erweiterte technische Mitwirkung bei der Deichbeaufsichtigung eingeräumt. Die beiden bisherigen Einzelfonds wurden in Tit. 16a vereinigt und auf 85 000 M. erhöht, ein Betrag, der 1896/97 auf 145 000 M. (seit 1898/99 144 000 M.) gesteigert wurde, nachdem derselbe schon mehrere Jahre erheblich hatte überschritten werden müssen. Der

---

[2]) 77 000 M. Staatszuschüsse sind 1879/80 für die Moselbrücken bei Alf und Lenn gewährt worden.

[3]) 229 000 M. Staatsbeiträge für Brückenbauten.

[4]) Davon 1 740 000 M. für den Neubau der Langen Brücke bei Potsdam.

[1]) Diese Summe ist in den Zahlen auf S. 1230 mitenthalten.

[2]) vergl. Denkschrift Beil. B des Etats der Bauverwaltung für 1889/90.

Fonds hat ebenso zu Repressiv- wie Präventivmassnahmen Verwendung zu finden.

Die gedachte anderweitige Regelung der Zuständigkeit der Strombauverwaltungen erfolgte auf Grund des Allerh. Erl. v. 12. Dez. 1888 durch die Allgem. Verfüg. v. 22. Jan. 1889 und die Geschäftsanweisung v. 26. März desselb. Jahres, in welcher auch über die Durchführung einer planmässigen Beobachtung und Untersuchung der Hochwasserverhältnisse, insbesondere zur Ermittelung der Hochwassermengen des Stromes, nähere Bestimmung getroffen ist.

Trotz der erweiterten Zuständigkeit der Strombauverwaltungen werden in der Centralinstanz die Hochwassersachen doch noch im Wesentlichen gemeinsam bearbeitet. So sind neuerdings von der Bauverwaltung gemeinsam mit der landwirthschaftlichen Verwaltung Entwürfe zur Verbesserung der Hochwasserabführung für verschiedene Stromstrecken aufgestellt worden, die, soweit angängig, mit den betheiligten Provinzen, Deichämtern und den Uferbesitzern erörtert worden sind.

Die Ausgaben der Bauverwaltung für die Bekämpfung von Hochwasser- und Eisgefahren stellten sich — abgesehen von den Kosten der für Zwecke des Schiffsverkehrs erfolgten Aufeisungen von Seeverbindungen, Häfen u. dergl., die hier nicht in Betracht kommen — im Laufe der Zeit 1890/99 den Witterungsverhältnissen der einzelnen Winter entsprechend sehr verschieden, im Durchschnitt jährlich auf rund 160000 M.

§ 258. *Tit. 16b.* Zu Beobachtungen und Untersuchungen der Hochwasserverhältnisse 18000 M. ist zugleich mit Tit. 16a in den Etat neu eingestellt worden.

Zur Feststellung der gegenseitigen Abstände und sonstigen Lage der Stromdeiche, ingleichen zur Bestimmung der erforderlichen Höhenlage der Deichkronen, nicht minder zur Beurtheilung der anderweitigen Massnahmen für den Schutz gegen Hochwasserschäden war ausser der genauen Kenntniss der Oertlichkeit die Bestimmung der Wassermengen, welche der Strom namentlich bei Hochwasser führt, unbedingt erforderlich. Diese Bestimmung musste, durch örtliche Untersuchungen und unmittelbare Messungen der Stromgeschwindigkeiten in den verschiedenen, durch die Nebenflüsse begrenzten Abtheilungen des Stromes einheitlich vorgenommen werden, weil sie sonst der erforderlichen Zuverlässigkeit entbehren würde. Es war daher nothwendig, sie für jeden Strom in eine Hand zu legen, was an den besonderen Strombauverwaltungen unterstellten Strömen nur geschehen konnte, wenn dieselbe diesen Behörden übertragen wurde. Zur Gewährung der erforderlichen technischen Hülfskräfte wurden da, wo diese nöthig waren (Weichsel, Oder, Elbe), je 6000 M. (3600 M. persönliche und 2400 M. sächliche Kosten) bereit gestellt.

Es bleibt daran zu erinnern, dass sich ein ähnlicher Fonds mit 50000 M. dotirt auch auf dem Etat des Landwirthschaftsministeriums

(Kap. 107 Tit. 7) vorfindet, der aber hauptsächlich die Messungen der Hochwassermengen auf den nicht schiffbaren Flüssen zum Gegenstande hat (vgl. Bd. II Buch II § 417).

B. Extraordinarium.

§ 259. Im Extraordinarium kamen vor Allem in Betracht

1. Flussbettverbesserungen, Aufhöhung niedriger Uferstrecken, Befestigung abbrüchiger Ufer, Durchstiche, Regulirungen u. s. w. von Flüssen.

Im Ganzen sind von 1890 bis 1899 zur Verbesserung der Hochwasserabführung, wenn man den bereits in § 230 behandelten Durchstich der Weichsel mitrechnet, rund 21 000 000 M. aus dem Extraordinarium des Etats der Bauverwaltung und aus Anleihemitteln verausgabt worden, wobei besonders Elbe, Oder, Weichsel, Spree und Havel betheiligt waren.

2. Massnahmen zur rechtzeitigen Meldung von kommendem Hochwasser.

Für alle Ströme und ihre wichtigsten Nebenflüsse sind in den 90er Jahren Hochwasser-Meldeordnungen erlassen worden. Ferner tritt, sobald sich in einem Flussgebiete durch die Hochwasser- und Eisverhältnisse gefahrdrohende Zustände einstellen, für die in Betracht kommende Flussstrecke ein besonderer Hochwasser- und Eiswachtdienst ein (Erl. v. 10. Dez. 1896).

Zur Vervollkommnung des Hochwasser-Nachrichtendienstes sind längs der Elbe und Weichsel in den Jahren 1890 bis 1894 besondere Telephon- und Telegraphenleitungen hergestellt, deren Kosten mit 97 000 M. für die Elbe und 105 600 M. für die Weichsel im Extraordinarium der Bauverwaltung, zum Theil ausseretatsmässig, verrechnet sind.

3. Eisbrecharbeiten. Bei den im Laufe der Jahre nothwendig gewordenen Aufeisungen hat sich gezeigt, dass die Eisbrechdampfer bis jetzt das geeignetste Mittel bieten, Eisversetzungen vorzubeugen oder, soweit dies nicht gelingt, sie in kürzester Zeit zu beseitigen.

Die Mittel werden aus dem Extraordinarium der Bauverwaltung bewilligt. Es stehen jetzt auf der Weichsel acht und auf der Elbe sieben Eisbrechdampfer nebst den zugehörigen Beifahrzeugen zur Verfügung.

Von der Beschaffung von Eisbrechdampfern für die Oder und die Weser konnte bisher abgesehen werden. Hinsichtlich des Rheins ist mit der niederländischen Regierung unterm 24. August 1893 das zur Ausführung gemeinsamer Massnahmen bei Hochwasser- und Eisgefahren Erforderliche vereinbart worden.

b) Fonds für Schiffahrt auf künstlichen Binnenwasserstrassen.

§ 260. *Kap. 65 Tit. 17.* Unterhaltung der Kanäle und der dazu gehörigen baulichen Anlagen mit Ausschluss der grösseren Neubauten und Hauptreparaturen, auch von Fähren und Brücken über Kanäle,

Gewährung von Beihülfen zur Förderung von der Kanalschiffahrt nützlichen, wie von Entschädigungen für die Beseitigung von der Kanalschiffahrt hinderlichen Anlagen, sowie zur Beschaffung von Beamtenhäusern nebst Dienstländereien 1902 632 225 M.

Unter den in Tit. 17 des Ordinariums erwähnten Kanälen sind im Wesentlichen Schiffahrtskanäle zu verstehen, da die ganz oder in erster Linie zu Ent-, Bewässerungs- überhaupt zu Landeskulturzwecken dienenden Kanäle auf dem Etat des Landwirthschaftsministeriums stehen z. B. die Moorkanäle (vgl. Bd. II Buch II §§ 180 u. 419).

Die Schiffahrtskanäle sind einzutheilen in Seekanäle (welche einen Meerestheil mit einem anderen oder einem Binnenlandsgewässer verbinden und so dimensionirt sind, dass grosse Seeschiffe in ihnen verkehren) und in Binnenlandskanäle (welche Binnenlandsgewässer untereinander verbinden und ihren Abmessungen nach nur für Binnenschiffe berechnet sind). Nach dem preussischen Etat werden in Tit. 17 blos Binnenlandkanäle behandelt, während die Seekanäle in Tit. 15 mit einbegriffen sind (§ 228).

Die Entwickelung des Fonds Tit. 17 zeigt gegen den Anfang der 80er Jahre einen Rückgang. Die Ausgaben aus demselben betrugen 1883/84 900 284 M. (die Ziffern sind bereits in § 247 des Näheren angegeben). Der Grund des Rückgangs ist mehr formeller Natur, indem seit 1886/87 die kanalisirten Flussstrecken auf Tit. 16 übertragen sind (s. § 241 a).

Diejenigen Kanäle, deren Unterhaltungskosten gegenwärtig noch aus Tit. 17 bestritten werden, ergeben sich aus nachfolgender Zusammenstellung (für 1902):

Bezirk	Betrag	Bemerkungen
Königsberg	121 000 M.	Oberländischer, Drewenz-Schillingsee-, König-Wilhelm-Kanal.
Berlin M. B. C.	95 600 „	Landwehr- und Luisenstädtischer Kanal, Berlin-Spandauer- und Verbindungskanal.
Bromberg	139 300 „	Bromberger Kanal und kanalis. obere Netze.
Oppeln	25 000 „	Klodnitzkanal.
Magdeburg	30 500 „	Plauer und Ihle-Kanal, Fiener Torfschiffahrtskanal und Baggerelbe.
Merseburg	8 900 „	Grödel-Elsterwerda'er und Neisse-Elster-Flosskanal.
Schleswig	30 000 „	Reste des Schleswig-Holstein'schen Kanals nebst Zubehör.
Lüneburg	2 500 „	Kanal und Schleuse auf Wilhelmsburg.
Stade	7 500 „	Schwinge- und Geestekanal.
Aurich	52 700 „	Ems-Jade-Kanal.
Düsseldorf	6 500 „	Spoykanal und Schiffsschleuse zu Brienen.
Trier	9 250 „	Mit Elsass-Lothringen gemeinschaftliche Saar(kanal)-strecke von Saargemünd bis Güdingen.
zusammen	528 750 M.	
Centralreserve	103 475 „	
Summe Tit. 17	632 225 M.	

Neubau von Binnenlandskanälen.

§ 261. Binnenlandskanäle stehen in anderen Ländern vielfach zum grossen Theil im Eigenthum von Privaten und Kommunen. In Preussen steht beim Kanalbau die staatliche Thätigkeit weit im Vordergrund. Im Eigenthum von Privaten und Genossenschaften befinden sich kaum 180 km Kanäle, während im Ganzen etwa 1810 km Kanäle und 1839 km kanalisirte Flussläufe vorhanden sind (§ 238).

Der Bau von Binnenlandskanälen im brandenburg-preussischen Gebiete geht bis auf das 14. und 15. Jahrhundert zurück. Im 17. Jahrhundert fanden Kanalisirungen an der Gilge in Ostpreussen und an dem in die Oder mündenden Flüsschen Finow zur Verbindung zwischen Oder und Elbegebiet (Havel) statt,[1]) sowie unter dem grossen Kurfürsten der Bau des Friedrich-Wilhelms- (Müllroser) Kanals zur Verbindung von Spree und Oder.[2]) Unter seinem Nachfolger folgte der grosse Friedrichsgraben (1689—97) zwischen dem Nemonien und der Deime, um den Schiffen, die nach Königsberg wollten, die gefährliche Hafffahrt zu ersparen, der Havelländische Hauptkanal,[3]) der Bromberger Kanal,[4]) zur Verbindung von Weichsel- und Odergebiet (Brahe und untere Netze) und der alte Plauer Kanal[5]) (von der Havel unweit Brandenburg zur Elbe bei Parey) in den Jahren 1773—82, sowie das neue Oderbett zwischen Güstebiese und Hohensaaten (1748). Ende des 18. Jahrhunderts entstand ein weiterer wichtiger Kanalbau, derjenige des Klodnitzkanals, der von den Gleiwitzer Hüttenwerken und dem Oberschlesischen Kohlenrevier nach der Oder führte,[6]) ferner der Eiderkanal (1777—84)[7]) und die Rheinwasserstrasse (1787), endlich der Ruppiner Kanal (1788).

Die bedeutenderen Kanalbauten in der ersten Hälfte des 19. Jahrhunderts waren der Elbing-Oberländische Kanal (4,3 Mill. M.),[8]) Weichsel-Haffkanal (1845—50),[9]) Berlin-Spandauer Schiffahrtskanal (1849—59)[10]) und Landwehr- und Louisenstädtischer Kanal in Berlin 1845—50), Erft-[11]) und Spoykanal[12]) bei Neuss und Cleve (1835—37), Oranienburger Kanal (1831—38). In den 50er und 60er Jahren folgten Nottekanal (1858),[13]) Hadeler und Baderkesa-Geeste-Kanal (1860),[14]) kanalisirte Minge und König Wilhelmskanal (1863—65).[15]) S. auch Anl. LXXVI.

§ 261 a. Die Zeit nach 1870 brachte zunächst eine grosse Menge kleiner Kanalanlagen, an grösseren vor Allem den Oder-Spree-Kanal

---

[1]) Der Kanal ist später mehrfach weiter ausgebaut (s. Anl. LXXVI). Er hat jetzt eine Länge (bis Hohensaathen) von 69,5 km, Tiefe: 1,3 m, Tragfähigkeit: 110 To. [2]) L.: 24 km, T.: 1,5 m, Tr.: 120 To. [3]) L.: 58 km (Schiffahrt nur noch unvollkommen). [4]) L.: 26,5 km, T.: 1,2 m, Tr.: 125 To. [5]) jetzt L.: 57,5 km, T.: 1,6 m, Tr.: 225 To.

[6]) L.: 45,5 km, T.: 1,3 m, Tr.: 60 To. [7]) L.: 32 km, T.: 3,2 m, Tr.: 200 To. (jetzt keine offizielle Schiffahrtsstrasse mehr). [8]) L.: 115 km, T.: 1,3 m, Tr.: 60 To. [9]) L.: 19 km, T.: 2 m, Tr.: 155 To. [10]) L.: 9 km, T.: 1,4 m, Tr.: 200 To. [11]) L.: 4 km, T.: 1,8 m, Tr.: 350 To. [12]) L.: 9,4 km, T.: 2,3 m, Tr.: 200 To. [13]) L.: 22 km, T.: 0,9 m, Tr.: 75 To. [14]) L.: 32 km, T.: 1,1 m, Tr.: 16 To. (hauptsächlich Entwässerungskanal). [15]) L.: 23 km, T.: 1,6 m, Tr.: 80 To.

(S. 1238) (1887—91), den Ems-Kanal,[1]) den Ems-Vechte-Kanal,[2]) den Trave-Elbe-Kanal, sowie den Dortmund-Ems-Kanal (§ 262). Besonders die 80er und 90er Jahre waren reich an grösseren Kanalbauten.[3]) Das grosse Projekt des Mittellandkanals, welcher für Schiffe von 600—800 To. passirbar sein, 466,7 km Länge haben und die hochentwickelten und volkreichen Industriegebiete zwischen Rhein und Elbe mit dem mehr auf Landwirthschaft angewiesenen Osten in Verbindung bringen soll, ist, wie bekannt, bisher an dem Widerstand des Abgeordnetenhauses gescheitert (s. § 237).

§ 262. An künstlichen Binnen-Schiffahrtsstrassen, welche seit Ausgang der 70er Jahre neu angelegt bezw. verbessert und erweitert sind, sind im Einzelnen anzuführen:

Im Rhein- und Emsgebiet.

1. Die Kosten des Ems-Jade-Kanals[4]) sind ursprünglich veranschlagt worden auf 10 405 000 M., von welchen die Interessenten übernommen haben 1 387 000 M., und auf den Staat entfielen 9 018 000 M.

Die Summe ist in zwei Raten vor dem Jahre 1878/79 und in weiteren sechs Raten innerhalb der Jahre 1880/81 bis 1886/87 bewilligt und verwendet worden. Es hat jedoch die Fertigstellung des Bauwerks hiermit nicht erreicht werden können, vielmehr hat sich die Nothwendigkeit ergeben, noch eine weitere Million auf dasselbe zu verwenden.

Die Ausführung der auf preussischem Gebiete liegenden Strecke erfolgte auf Kosten Preussens, während die auf oldenburgischem Gebiete und innerhalb der Enklave Wilhelmshaven gelegene, etwa 10 km lange Strecke auf Kosten des Reichs hergestellt ist. Der Kanal ist in der preussischen Strecke bei einer Sohlenbreite von 8,5 m und einer Wassertiefe von 2,1 m nur für Schiffe von 150 To. Tragfähigkeit befahrbar. Später wurden zur Beseitigung einiger scharfer Krümmungen und zur Herstellung einer Verbindungsschleuse zum Dortmund-Ems-Kanal 394 000 M. im Extraordinarium des Etats der Bauverwaltung bereitgestellt. Die Bauten sind unter Verwenduug von 351 700 M. zur Ausführung gelangt.

2. Die Ausführung des Kanals von Dortmund nach der unteren Ems für die Verbindung des westfälischen Kohlengebiets mit der Nordsee wurde durch die Gesetze v. 9. Juli 1886 (G.-S. S. 207) und v. 6. Juni 1888 (G.-S. S. 238) genehmigt. Aus verschiedenen Ursachen konnte mit den Bauarbeiten erst im Jahre 1892 begonnen werden. Am 11. Aug. 1899 wurde der Kanal dem Verkehr übergeben.

Die Schiffahrtsstrasse beginnt bei Dortmund und verläuft von dort nach dem 16 km entfernten Schiffshebewerk bei Henrichenburg, welches das 14 m betragende Gefälle zwischen der Dortmunder und der folgenden Haltung überwindet. Diese Haltung setzt sich als Stichkanal bis Herne fort, der Hauptarm des Kanals aber führt unter Ueberschreitung der Flussthäler der Lippe, der Stever und der Ems an Münster, Bevergern und Rheine vorbei nach der Ems, die beim Dorfe Gleesen erreicht wird. Der Kanal verfolgt zunächst die Ems auf eine kurze Strecke und alsdann den alten Haneken-Kanal, der entsprechend vertieft und verbreitert worden ist. Kurz oberhalb Meppen tritt er auf eine kurze Strecke in

---

[1]) L.: 26 km, T.: 1,4 m, Tr.: 80 To. [2]) L.: 21 km, T.: 1,9 m, Tr.: 100 To.

[3]) Daneben fanden aber in den letzten Jahren auch vielfach Flusskanalisirungen statt (obere Netze 1878—82, obere Havel 1866—83, Main unterhalb Frankfurt 1884—86, Spree oberhalb des Oder-Spree-Kanals 1887/88, Elbe 1894, Oder, Fulda, Leine, Lahn, Brahe u. s. w., deren Unterhaltung aber aus Tit. 16 bestritten wird und die daher dort nähere Erörterung gefunden haben.

[4]) Die Moorcanäle im unteren Emsgebiet kommen hier nicht in Betracht, weil sie dem Minister für Landwirthschaft, Domänen und Forsten unterstellt sind (s. Bd. II Buch II §§ 180, 419).

den Lauf der Hase und erreicht bei deren Mündung wieder die Ems, die von Meppen abwärts bis Herbrum in einer 48 km langen Strecke unter Beseitigung aller schärferen Krümmungen durch 5 Stauanlagen kanalisirt ist. Unterhalb Herbrum waren nur Begradigungen und Vertiefungen des Emsfahrwassers auszuführen. Von Oldersum nach Emden ist ein 9 km langer Seitenkanal geführt.

Die Sohlenbreite des Dortmund-Ems-Kanals beträgt 18 m, die Wassertiefe mindestens 2,5 m, so dass Schiffe von 600—800 To. Tragfähigkeit überall verkehren können.

In Folge von baulichen Aenderungen, Steigerung der Arbeitslöhne und Materialienkosten entstanden erhebliche Ueberschreitungen der Baukosten, welche durch das Gesetz v. 26. Juni 1897 in Höhe von 14 750 000 M. gedeckt wurden, sodass sich die ursprünglichen Kosten von 64,6 Mill. M. auf 79 430 000 M. erhöhten.

Die Einnahmen sind im Verhältniss zu diesen Kosten verhältnissmässig gering, aber in fortwährender Steigerung begriffen. Sie betrugen nach den neuesten Etats 1899 63 077 M., 1900 120 340 M., 1901 155 352 M., davon Verkehrsabgaben 1899 43 029 M., 1900 89 265 M., 1901 128 955 M.[1]) Die jährlichen Unterhaltungskosten belaufen sich dagegen auf rund 710 000 M.

Aus Anlass des Kanalbaues haben mehrere am Kanalverkehr interessirte Städte mit Staatsunterstützung neue Hafenanlagen geschaffen oder die vorhandenen den neuen Verhältnissen angepasst (Dortmund, Münster, Leer, Emden).

Zu seiner vollen Bedeutung wird der Dortmund-Ems-Kanal erst kommen, wenn einmal durch den sog. Mittellandkanal die Verbindung mit dem Rhein und andererseits mit Weser und Elbe hergestellt sein wird.

Im Elbegebiet.

Der Bau des Elbe-Trave-Kanals, welcher der Stadt Lübeck eine leistungsfähige Wasserstrasse nach der Elbe schafft und im Wesentlichen der Linie des alten Stecknitzkanals folgt, ist für Rechnung des Lübeckschen Staats ausgeführt. Preussen hatte nur einen Beitrag zu den auf 22 750 000 M. veranschlagten Baukosten zu leisten (bis 7,5 Mill. M., Ges. v. 20. Juni 1894, G.-S. S. 125).

Die Länge des Kanals beträgt einschliesslich der Kanalhäfen 67 km, seine Sohlenbreite 22 m, die Wassertiefe 2 m und darüber. Es ist somit den grössten Elbfahrzeugen der Verkehr auf dem Kanal ermöglicht.

Ausserdem fand die Herstellung und Verbesserung von einer grossen Anzahl kleiner Kanäle statt. Es wurden in den 80er Jahren zur dauernden Verbesserung des Bromberger Kanals 1 107 000 M., des Oberländischen Kanals ebenfalls 1 Mill. M., für den Plauer- und Ihle-Kanal 3 250 000 M., Landwehrkanal 331 000 M.[2]) ausgegeben. In den 90er Jahren fanden weitere erhebliche Verbesserungen statt an dem Plauer- und Ihle-Kanal (1 433 400 M., die Interessenten trugen 227 516 M. bei), an dem Berlin-Spandauer Schiffahrtskanal (1 021 600 M.), am Oranienburger Kanal (425 000 M.), Templiner Kanal[3]) (297 300 M.), Sacro-Paretzer Kanal (239 500 M.), Klodnitz-Kanal (1 018 200 M.), Werbellin-Kanal (181 000 M.), Spoy-Kanal (31 600 M.), Bromberger Kanal (32 700 M.).

§ 263. Insgesammt sind allein vom 1. April 1890 bis 31. März 1900 für die Anlage und Verbesserung von Schiffahrtskanälen 87 359 700 M. aus Extraordinarienfonds der Bauverwaltung oder ausseretatsmässig auf Grund besonderer Gesetze aufgewendet worden. Die daneben für die Unterhaltung der Kanäle aufgewendeten Ausgaben stellten sich im Jahresdurchschnitte auf 600 000 M.

Die kilometrische Verkehrsdichtigkeit beträgt für die hauptsächlichsten preussischen Binnenlandskanäle und kanalisirte Flussstrecken (nach dem Handwörterbuch der Staatswissensch. V. Bd. S. 17 Art. Kanäle), Mill. To. (à 1000 kg) (1899 bezw. 1898):

---

[1]) Vergl. auch § 159.

[2]) Ausser den in § 243a erwähnten Arbeiten.

[3]) L. 13,5 km, T. 0,7 m, Tr. 60 To.

Kaiser Wilhelm-Kanal 5,176, kanalisirte Spree zwischen Köpenick und Berlin 3,120, Finow-Kanal 2,213, Rathenower Schleuse (Unterhavel) 1,825, Oderspree-Kanal bei Fürstenberg 1,468, Plauer Kanal 1,349, Main unterhalb Frankfurt 1,255, Weichseldurchstich oberhalb Danzig 0,920, kanalisirte Saar 0,844, Woltersdorfer Kanal 0,707, Liebenwalder Schleuse (Oberhavel) 0,655, Bromberger Kanal 0,580, Ems-Jade-Kanal und Ems-Hunte-Kanal[1]) (Moorkanäle, 1897) 0,111 und 0,094.

Im Odergebiet.

Durch das Ges. v. 9. Juli 1886 (G.-S. S. 207) wurde zugleich mit dem Dortmund-Ems-Kanal zur Herstellung einer leistungsfähigen Wasserstrasse zwischen Oberschlesien und Berlin auch die Verbesserung der Schiffahrtsverbindung von der mittleren Oder nach der Oberspree bei Berlin genehmigt. Der diesem Zweck dienende Oder-Spree-Kanal wurde im Jahre 1887 begonnen und im Jahre 1891 im Wesentlichen vollendet.

Der Kanal zweigt sich bei Fürstenberg von der Oder ab, steigt zu der 35 km langen Scheitelstrecke hinauf, innerhalb welcher ein Theil des entsprechend erweiterten und vertieften Friedrich-Wilhelms-Kanals benutzt wurde, fällt bei Kersdorf zur Spree hinab, deren Lauf auf 20 km Länge durch Geradelegungen umgestaltet ist, setzt sich dann in einem 24 km langen Seitenkanal bis zum Seddin-See fort und mündet durch diesen in die Dahme oberhalb Köpenick. Die Gesammtlänge des Kanals beträgt 88 km (Wassertiefe 2 m für Fahrzeuge bis 400 To.). Seit 1895 fand eine Erweiterung für etwa 2 Mill. M. statt. Im Ganzen waren 14—15 Mill. M. erforderlich, wovon der grösste Theil aus Anleihemitteln bestritten ist.

c) Schlussbemerkung zu Tit. 16 u. 17.

§ 264. Die staatlichen Ausgaben für Binnenschiffahrtsstrassen (einschl. Kanäle) in der Zeit von 1880—1901 sind bereits in § 246 angegeben.

Dieselben betrugen von 1880—89 an laufenden Unterhaltungskosten u. s. w. 74 812 000 M., extraordinär und ausseretatsmässig zur Regulirung der Ströme und Kanäle auf Grund der besonderen Denkschriften 61 152 000 M., zu sonstigen Regulirungen, Förderung der Binnenschiffahrt, Brückenbauten u. s. w. 47 169 000 M., zus. 183 133 000 M. oder jährlich durchschnittlich 18 300 000 M.

Von 1890—1901 wurden aus Staatsmitteln ausgegeben extraordinär und ausseretatsmässig, an laufenden Unterhaltungs- u. s. w. Kosten (Tit. 16, 17, 16a, 16b) 134 770 300 M., auf Grund der besonderen Denkschriften 48 693 900 M., zu sonstigen Regulirungen u. s. w. 133 362 000 M., zus. 316 826 200 M.[2]) oder jährlich 26 402 182 M.

Die jährliche Durchschnittsausgabe hat sich also in den 90er gegenüber den 80er Jahren um rund 44 Proz., die des Ordinariums (laufende Unterhaltungskosten allein) um rund 50 Proz. gesteigert.

d) Erfolge der auf die Förderung der Binnenschiffahrt gerichteten Staatsthätigkeit.

§ 265. Die Erfolge der vom Staate zur Verbesserung des Binnen-Schiffahrtsverkehrs in den letzten Dezennien verwendeten Summen bewirken naturgemäss eine nur geringe unmittelbare Erhöhung der Staatseinnahmen, wie dies bei den in die Eisenbahnen investirten

---

[1]) L. 45 km, T. 1,5 m, Tr. 50 To.

[2]) Diese Zahl kommt der in § 267 gegebenen Zahl Summe 2—4: 320 790 406 M. sehr nahe, obgleich beide Berechnungen auf verschiedenartige Weise stattgefunden haben.

Kapitalien in hohem Masse der Fall ist; ihre Wirkung ist mehr allgemein und volkswirthschaftlicher Natur. Ist es schon aus diesem Grunde nicht möglich, dieselben, wie die Erträge der Eisenbahnen, in Geld auszudrücken, so ist es anderseits da, wo die statistischen Zahlen erhöhte Verkehrsziffern nachweisen, nicht nur die Vermehrung der beförderten Massen, welche ins Gewicht fällt. Auch die in Zahlen nicht zur Erscheinung gelangende erhöhte Sicherheit und Schnelligkeit der Beförderung ist von nicht zu unterschätzender Bedeutung. Die Wasserstrassen befinden sich zumeist schon jetzt in einem Zustande, welcher den Verfrachtern und Empfängern von Gütern die früher nicht vorhanden gewesene Möglichkeit gewährt, bestimmte Lieferungsfristen zu vereinbaren und in Folge dessen auch werthvollere Waaren als bisher dem Wasserwege anzuvertrauen. Nicht minder fällt, bei sonst gleichen Massen, die Verminderung der Beförderungskosten für die Massen-Einheit, welche sich als eine Folge des planmässigen Ausbaues der Wasserstrassen unzweifelhaft ergiebt, ins Gewicht, obwohl sie aus den statistischen Nachweisungen in der Regel nicht ersehen werden kann.

Endlich ist nicht ausser Acht zu lassen, dass die Zunahme des Eisenbahnverkehrs durchaus nicht in gleichem Verhältnisse zu der Betriebslänge stattgefunden hat, wie bei den Wasserstrassen.

Nach den Sympherschen Berechnungen über den Verkehr auf den deutschen Wasserstrassen zeigt sich, dass in der Zeit von 1875—1900 der Gesammtverkehr Deutschlands von 13 800 Mill. Tokm auf 48 400 Mill. Tokm. gewachsen ist, dass die Leistung der Wasserstrassen in dieser Zeit von 2900 auf 11 500 Mill. Tokm zugenommen hat, während ihre gesammte Betriebslänge von 10 000 km nur unerheblich, die der Eisenbahnen aber von 26 500 km auf 49 600 km bei einer Verkehrszunahme von 10 900 auf 36 900 Mill. Tokm vermehrt worden ist. Sonach ist der kilometrische Verkehr auf den Wasserstrassen von 290 000 auf 1 150 000 To. = 296 Proz., auf den Eisenbahnen von 410 000 auf 740 000 To. = 56 Proz. gestiegen. Von dem Gesammtverkehr entfielen 1875 bezw. 1900 auf Eisenbahnen 79 bezw. 76 Proz., auf Wasserstrassen 21 bezw. 24 Proz.

Ueber die Vergrösserung und Erhöhung der Tragfähigkeit der Fahrzeuge auf den einzelnen Binnenwasserstrassen in Preussen (a) und über die gesteigerte Verkehrsentwickelung (b) in den zwei letzten Jahrzehnten mögen folgende Zahlen Aufschluss geben.[1])

a) Grösse und Tragfähigkeit der Fahrzeuge.

Die Anzahl der auf dem Rhein verkehrenden Schiffe ist erheblich gestiegen; es betrug mit Ablauf des Jahres 1901: Die Gesammtzahl der Dampfschiffe 1 123, mit insgesammt

[1]) Siehe zu nachstehenden Angaben:

1. Theil II des Kongressführers für den IX. Internationalen Schiffahrtskongress, betr. die Entwickelung der preussischen Wasserstrassen.

2. Beyerhaus, der Rhein von Strassburg bis zur holländischen Grenze;

220 617 indizirten Pferdekräften, der Segelschiffe und Schleppkähne 8 379, zusammen 9 502 Rheinschiffe. Anfang der 80 er Jahre betrug die Zahl der den Rhein befahrenden Schiffe nur 5000. Die Gesammtbemannung betrug 1901 28 477 Personen.

Der grösste eiserne Schleppkahn auf dem Rheine (Leopold-Marianne III) hat bei 3241 To. Tragfähigkeit eine Länge von 100 m, eine Breite von 12 m und einen Tiefgang von 2,75 m. 1880 war die höchste Tragfähigkeit 18 000 Ctr.

Als Schleppdampfer dienen Seitenrad- und hauptsächlich Schraubendampfer, von denen die leistungsfähigsten mit 1400 Pferdekräften ausgerüstet sind.

36 Rhein-Seedampfer vermitteln den Verkehr von Cöln nach den Nord- und Ostseehäfen. Diese Seedampfer haben eine Ladefähigkeit bis zu 1080 To. und einen Tiefgang von 2,75 m.

Die Tauerei hat nur auf die Strecke von Bonn bis Bingen noch einige Bedeutung.

Der Betrieb auf dem Dortmund-Ems-Kanal findet fast ausschliesslich mit Dampfschleppern und den grossen Kanalschiffen von 67 m Länge, 8,20 m Breite statt, die bei 1,60 m Tiefgang 600 To. laden. Bei dem äussersten Falls erlaubten Tiefgang von 2 m und entsprechend verminderter Geschwindigkeit erhöht sich die Tragfähigkeit der bezeichneten Schiffe auf 900 To Als vortheilhaft hat sich auch der Verkehr mit Seeleichtern aus der Nord- und Ostsee erwiesen.

Weser. Im Jahre 1880 hatten die grössten Schiffe eine Ladefähigkeit von 2800 bis 3000 Ctr., 1887 von 350 bis 400 To. bei einem Tiefgange bis zu 1,5 m,[1]) während die neueren Schiffe bei einer Länge von 55 m, einer Breite von 8,20 m und einem Tiefgang bis zu 1,50 m[2]) 450 To. laden.

Elbe. Während noch in den 80er Jahren Fahrzeuge von 10 000 bis 12 000 Ctr. Tragfähigkeit für sehr gross galten, sind jetzt die Abmessungen der auf der Elbe vorzugsweise gebräuchlichen, sowie der grössten Lastfahrzeuge folgende: Die häufigsten Schiffe haben eine Länge von 66,0 m, eine Breite von 8,5 m, einen Tiefgang von 1,60 m, eine Tragfähigkeit von 550 To., die grössten Schiffe eine Länge von 79,0 m, eine Breite von 12,3 m, einen Tiefgang von 1,85 m und eine Tragfähigkeit von 1000 To.

Die grössten Schleppdampfer haben jetzt folgende Abmessungen: eine Länge von 60,0 bis 67,0 m, eine Breite ohne Radkasten von 7,0 bis 8,5 m, mit Radkasten von 13,5 bis 16,0 m, einen Tiefgang von 0,90 bis 1,20 m, indizirte Pferdekräfte von 650 bis 900 und schleppen im Anhang 2250 bis 3500 To. Die neueren Eilgutdampfer, welche etwa 200 bis 300 To. Güter aufnehmen können und zugleich noch etwa 600 To. im Anhang zu schleppen im Stande sind, besitzen eine Länge von 60 bis 66 m, eine Breite von 6 bis 7 m ohne und von 11 bis 13 m mit Radkasten und haben bei voller Ladung einen Tiefgang von 1,40 bis 1,50 m. Sie arbeiten mit 200 bis 350 indizirten Pferdekräften Die Kettendampfer sind 45 bis 55 m lang, 6,8 bis 8,2 m breit und besitzen 120 bis 280 indizirte Pferdekräfte.

Die Segelschiffahrt nimmt von Jahr zu Jahr ab und wird eigentlich nur noch auf der Unterelbe von Magdeburg ab thalwärts ausgeübt.

Märkische Wasserstrassen. Die grössten Fahrzeuge, deren Verkehr bisher auf den Wasserstrassen zwischen der Elbe und Oder zugelassen wurden, hatten nur 40,2 m Länge und 4,6 m Breite, weil die Schleusen auf dem Finow- und Friedrich-Wilhelm-Kanal

---

3. Jahresberichte der Centralkommission für die Rheinschiffahrt;
4. Statistik des Deutschen Reiches, Verkehr auf deutschen Wasserstrassen.
5. Sympher, Erläuterung zu den Wasserstrassenkarten.
6. Sympher, Bestand der deutschen Fluss-, Kanal-, Haff- und Küstenschiffe 1877 und 1897 (Centralblatt der Bauverwaltung 1900, No. 44).
7. Jahresberichte auf den dem Regierungspräsidenten in Potsdam unterstellten märkischen Wasserstrassen.

[1]) Die auf der unteren Weser beheimatheten Schiffe hatten einen Tiefgang bis zu 2,65 m.

[2]) Nach der Reichsstatistik 1897 S. 24 hatten 34 Schiffe einen Tiefgang von 1,50 m bis 1,70 m.

keine grössere Abmessungen gestatten. Der zulässige Tiefgang von 1,25 m konnte nur selten ausgenutzt werden, weshalb die bei diesem Tiefgange sich ergebenden Ladungen bis zu 2000 Ctr. nicht häufig vorkamen.

Der Plauer Kanal und die untere Havelstrasse bis Berlin gestatten dagegen infolge der neuen Regulirungen den Verkehr mit Elbschiffen von 65 m Länge und 8 m Breite. Die Spree-Oder-Wasserstrasse kann im Allgemeinen von 55 m langen, 8,0 m breiten Oderschiffen befahren werden. Die Havel-Oder-Wasserstrasse gestattet nur den sog. Finowkähnen den Durchgang, die 40,2 m lang und 4,6 m breit sind. Ueber die Tragfähigkeit der aufgeführten Schiffsarten nach der Aichung giebt nachstehende Tabelle Aufschluss:

Tauchtiefe	Elbschiff 65,0 : 8,0 m	Oderschiff 55,0 : 8,0 m	Finowkahn 40,2 : 4,6 m
m	To.	To.	To.
	Tragfähigkeit		
1,00	300	250	110
1,20	390	320	140
1,40	480	400	170
1,60	570	470	200
1,80	660	540	225

Die geringsten Fahrwassertiefen betragen in der unteren Havel unterhalb Rathenow bei N.W. 1,25 m, in der übrigen Strecke 1,50 m, in der Havel-Oder-Wasserstrasse 1,50 m und in der Spree-Oder-Strasse 1,70 m.

Oder. Auf der Oder hat der Schiffahrtsbetrieb eine völlige Umwälzung erfahren, nachdem durch die Verbesserung des Fahrwassers die Benutzung von Dampfschiffen (überwiegend Seiten- und Hinterraddampfer) auf der ganzen Schiffahrtsstrasse ermöglicht war. Das Segeln, Treideln und Schieben der Fahrzeuge hat fast ganz aufgehört Zu Berg werden gegenwärtig die Schiffe fast ohne Ausnahme zu Schleppzügen vereinigt, von Dampfern geschleppt; zu Thal treiben die beladenen Fahrzeuge in der Regel frei mit der Strömung. Dabei hat die Grösse der Schiffe bedeutend zugenommen. Die gegenwärtig auf der oberen Oder am zahlreichsten vorhandenen Kähne sind 47,0 m lang, 6,40 m breit und haben bei einem Tiefgang von 1,60 m eine Tragfähigkeit bis 350 To. Die grössten Kähne, denen man auch schon vielfach begegnet, haben 55,0 m Länge, 8,0 m Breite. Auf der unteren Oder überwiegen noch die sog. Finowkähne, die den Verkehr Stettins mit Berlin vermitteln.

Die Abmessungen der grössten auf der Weichsel im Betriebe befindlichen Schiffe betragen bei:

Segel- und Schleppschiffen	50,0 m Länge	7,55 m Breite	1,83 m Tiefgang	400 To. Tragfähigkeit
Dampfschiffen	47,0 „ „	12,35 „ „	1,57 „ „	300 „ „

Anfang der 80er Jahre betrug die Tragfähigkeit der Schiffe nur 2000 Ctr.

b) Die Entwickelung des Verkehrs.

Die Gesammtverladung in den hauptsächlichsten Rheinhäfen zwischen Biebrich und Wesel betrug:

Im Jahre	a) ausser Flossholz To.	b) einschl. Flossholz To.	Im Jahre	a) ausser Flossholz To.	b) einschl. Flossholz To.
1882	3 800 000	?	1896	12 600 000	13 000 000
1888	7 500 000	7 700 000	1897	12 700 000	13 100 000
1892	8 900 000	9 100 000	1998	14 300 000	14 800 000
1894	10 400 000	10 700 000	1899	15 300 000	15 800 000
1895	9 600 000	9 900 000	1900	17 000 000	17 400 000

Ueber die preussisch-niederländische Grenze wurden auf dem Rheine befördert (To.): Im Jahre 1885: 4 500 000, 1888: 5 500 000, 1892: 6 400 000, 1894: 7 900 000, 1895: 8 000 000, 1896: 9 600 000, 1897: 10 400 000, 1898: 12 000 000, 1899: 12 100 000, 1900: 13 200 000.

Auf dem kanalisirten Main[1]) hat sich der Verkehr an der Mündung (Schleuse Kostheim), einschliesssich des Flossverkehrs, wie folgt entwickelt (To.): 1886 etwa 204 000, 1888 etwa 864 000, 1892 etwa 1 205 000, 1894 etwa 1 399 000, 1895 etwa 1 251 000, 1896 etwa 1 754 000, 1897 etwa 1 591 000, 1898 etwa 1 904 000, 1899 etwa 1 937 000, 1900 etwa 2 327 000.

Die gesammte Verkehrsleistung auf dem kanalisirten Main ist von rund 312 000 Tonnenkilometer im Jahre 1880/82 auf 34 800 000 Tokm im Jahre 1890 und 67 700 000 Tokm im Jahre 1900 gestiegen.

Auf der oberen Ems (Koppelschleuse Meppen) betrug der Verkehr (To.): 1881: 11 200, 1888: 14 700, 1890: 17 000, 1891: 14 900, 1892: 15 600, 1893: 13 700, 1894: 27 500, 1895: 16 900, 1896: 12 900, 1897: 19 600.

Nach der Eröffnung des Dortmund-Ems-Kanals betrug der Durchgangsverkehr bei Meppen (To.): 1899: 125 600, 1900: 278 700.

Auf der Weser sind bei Minden ausserdem Flossholz:

im Jahre	angekommen To.	abgegangen To.	durchgegangen To.
1882	16 000	1 800	20 800
1888	43 000	4 100	106 000
1892	40 000	5 600	121 000
1894	62 000	9 900	166 000
1895	63 000	7 500	166 000
1896	90 000	9 000	204 000
1897	91 000	9 300	218 000
1898	109 000	19 100	190 000
1899	140 000	18 400	305 000
1900	124 000	13 600	316 000

Auf der Elbe sind a) über die Zollgrenze bei Schandau:

im Jahre	eingeführt Schiffsgüter To.	eingeführt Flossholz To.	ausgeführt Schiffsgüter To.	ausgeführt Flossholz To.
1883	1 504 000	?	186 000	—
1888	2 176 000	306 000	199 000	—
1892	2 304 000	332 000	239 000	—
1894	2 683 000	295 000	352 000	—
1895	2 208 000	259 000	323 000	—
1896	2 606 000	289 000	354 000	—
1897	2 692 000	261 000	490 004	—
1898	2 519 000	299 000	490 000	—
1899	2 898 000	284 000	431 000	—
1900	2 304 000	358 000	432 000	—

b) bei Hamburg-Entenwerder:

im Jahre	eingeführt Schiffsgüter To.	eingeführt Flossholz To.	ausgeführt Schiffsgüter To.	ausgeführt Flossholz To.
1883	1 233 000	?	1 159 000	?
1888	1 301 000	3 000	1 377 000	12 000
1892	1 671 000	—	1 399 000	22 000
1894	1 927 000	—	1 745 000	17 000
1895	1 941 000	1 000	1 626 000	13 000
1896	2 335 000	—	1 971 000	17 000
1897	2 680 000	—	2 457 000	12 000
1898	3 056 000	—	2 434 000	17 000
1899	2 959 000	—	2 458 000	24 000
1900	2 875 000	--	2 491 000	35 000

[1]) Die in dem Jahresberichte der Handelskammer zu Frankfurt a. M. für 1900, S. 362

Die Verkehrsentwickelung auf den Wasserstrassen zwischen der Elbe und Oder zeigen folgende Zahlen:

Jahr	Finow-Kanal Eberswalde		Havel Brandenburg		Friedrich-Wilhelm-Kanal Brieskow		Oder-Spree-Kanal Fürstenberg a. O.	
	Schiffsgüter To.	Flossholz To.	Schiffsgüter To.	Flossholz To.	Schiffsgüter To.	Flossholz To.	Schiffsgüter To.	Flossholz To.
1888 . .	1 610 000	69 000	.	[2]) .	151 000	45 000	—	—
1892 . .	[1])1 209 000	[1])51 000	.	[2]) .	69 000	48 000	[3])856 000	—
1894 . .	1 392 000	34 000	.	[2]) .	93 000	28 000	[3])1 024 000	—
1895 . .	1 419 000	45 000	.	[2]) .	68 000	38 000	[3]) 941 000	—
1896 . .	2 073 000	44 000	.	[2]) .	66 000	36 000	1 154 000	—
1897 . .	2 168 000	53 000	3 045 000		69 000	39 000	1 369 000	—
1898 . .	2 156 000	58 000	3 387 000		65 000	44 000	1 468 000	—
1899 . .	2 064 000	56 000	3 534 000		76 000	43 000	1 679 000	—
1900 . .	2 187 000	48 000	3 520 000		69 000	34 000	1 610 000	—

Auf der Oder gingen durch Küstrin:

im Jahre 1880:

stromauf Dampfer	126	Stück mit	890	To.	Ladung
stromab „	125	„ „	725	„	„
stromauf Segelschiffe	948	„ „	72 121	„	„
stromab „	848	„ „	59 371	„	„

zusammen 251 Dampfer, 1 796 Segelschiffe mit 138 107 To. Ladung.

im Jahre 1890:

stromauf Dampfer	561	Stück mit	4 190	To.	Ladung
stromab „	628	„ „	4 920	„	„
stromauf Segelschiffe	2 760	„ „	312 700	„	„
stromab „	5 678	„ „	799 730	„	„

zusammen 1 189 Dampfer, 8 438 Segelschiffe mit 1 121 540 To. Ladung

und im Jahre 1900:

stromauf Dampfer	541	Stück mit	7 520	To.	Ladung
stromab „	540	„ „	5 200	„	„
stromauf Segelschiffe	1 790	„ „	314 060	„	„
stromab „	3 499	„ „	314 770	„	„

zusammen 1 081 Dampfer, 5 289 Segelschiffe mit 641 550 To. Ladung.

Im Unterwasser von Breslau verkehrten im Jahre 1880 stromauf und -ab zusammen 2335 Fahrzeuge mit bezw. 51 468 To. und 73 886 To., zusammen 125 354 To. Ladung; dagegen im Jahre 1889 10 741 Fahrzeuge mit bezw. 231 850 To. und 560 596 To. Ladung, zusammen 792 446 To. Ladung. Hiernach hat sich in dem Zeitraum von 1880 bis 1889 der Schiffahrtsverkehr auf der Oder in Bezug auf die Zahl der Fahrzeuge und den Umfang der Ladungen etwa verfünffacht, während die Tragfähigkeit der grösseren Schiffe etwa um das Dreifache gewachsen ist.

Seit 1889 hat sich der Gesammtverkehr Breslaus (Ankunft, Abfahrt und Durchgang) wie folgt entwickelt (To.): 1889: 904 200, 1892: 1 331 900, 1894: 1 612 000, 1895: 1 409 700, 1896: 1 766 600, 1897: 1 917 600, 1898: 2 019 900, 1899: 2 287 000, 1900: 2 023 200.

Personenverkehr in Breslau: Oberwasser: 1890 169 000, 1900 815 263 Personen, Unterwasser 1890 84 800, 1900 357 068 Personen.

---

angegebenen Zahlen sind theilweise unrichtig. Bei der Berechnung der Tonnenkilometer ist das Flossholz zum Theil mitgerechnet, zum Theil aber nicht. Ebenso sind bei der Zusammenstellung des höchsten kilometrischen Verkehrs Irrthümer unterlaufen.

[1]) ausser dem Thalverkehr. [2]) Angaben fehlen. [3]) geschätzt.

Verkehr auf der Warthe.

a) Durchgang bei Pogorzelice:

1890: 155 Schiffe mit 6395 To. Ladung, ausserdem 95 816 To. Flossholz
1900: 7 „ „ 276 „ „ „ 12 624 „ „

b) Durchgang Schwerin:

1890: 844 Schiffe mit 91 859 To. Ladung, ausserdem 67 803 To. Flossholz
1900: 1682 „ „ 126 580 „ „ „ 23 950 „ „

c) Durch die Brücke bei Küstrin gingen:

im Jahre	Dampfschiffe	Segelschiffe	Schiffsladung To.	Flossholz To.
1878	—	5 500	?	?
1882	90	5 000	?	?
1888	290	4 400	322 000	357 000
1892	430	3 800	285 000	263 000
1894	620	5 200	409 000	176 000
1895	490	5 000	391 000	149 000
1896	650	6 200	521 000	204 000
1897	790	6 000	525 000	177 000
1898	920	6 400	549 000	200 000
1899	1 000	7 300	620 000	225 000
1900	820	6 200	484 000	212 000

Der Gesammtverkehr auf den deutschen Binnenwasserstrassen, abgesehen von den Flussmündungen, betrug (Güter-Tokm): im Jahre 1875: 2 900 000 000, 1880: 3 600 000 000, 1885: 4 800 000 000, 1890: 6 600 000 000, 1895: 7 500 000 000, 1900: 11 500 000 000.

Im Jahre 1877 waren in Deutschland an Segel-, Schlepp- und Dampfschiffen 17 653 mit einer Tragfähigkeit von rund 1 400 000 To. vorhanden, während bei der Zählung im Jahre 1897 22 564 Schiffe mit einer Tragfähigkeit von rund 3 400 000 To. ermittelt wurden. Steigerung gegen 1877 mithin 28 bezw. 143 Proz. Vergleichsweise sei bemerkt, dass die 3693 am 1. Januar 1898 vorhanden gewesenen deutschen Seeschiffe einen Raumgehalt von rund 1 600 000 Netto-Reg.-To. hatten. Rechnet man, dass auf 1 Reg.-To. an mittelschwerem Gut etwa 1,5 Gew.-To. zu 1000 kg geladen werden können, so betrug das Ladevermögen der deutschen Seeschiffe am 1. Januar 1898 rund 2 400 000 To.

3. Schlussbemerkung zu dem Abschnitt „Wasserbauten" (Tit. 15—17).

§ 266. Zum Schlusse sind hier noch gewisse Ausgaben kurz zu erwähnen, welche eine Scheidung nach den Gruppen See-, Binnenschiffahrts-Kanäle nicht immer zulassen, da sie oft gleichzeitig verschiedenen Zwecken dienen, es sind:

1. Fahrzeuge, Bagger und sonstige Baugeräthe.

Die steigenden Anforderungen des Verkehrs auf den Wasserstrassen haben vielfach eine Vermehrung des schwimmenden Inventars der Bauverwaltung sowie die Beschaffung umfangreicher Arbeitsgeräthe nothwendig gemacht. Die Beschaffung ist theils aus ordentlichen Etatsmitteln erfolgt, theils sind die erforderlichen Geldbeträge im Extraordinarium bewilligt, theils sind sie für grössere Bauausführungen im Extraordinarium des Staatshaushalts oder durch besondere Gesetze zur Verfügung gestellten Mitteln entnommen worden.

Insgesammt sind von 1890—1901 für die Ergänzung der Fahrzeuge und Baugeräthe 9 963 700 M. aus den im Extraordinarium des Etats dafür besonders bereitgestellten Beträgen, 40 000 M. an ausseretatsmässigen Ausgaben, 5 160 300 M. aus den für grössere Bauausführungen bewilligten Mitteln, zusammen rund 15,1 Mill. M. aufgewendet worden.

Ausserdem wurden für die Beschaffung von Arbeitsprähmen, Booten, Peil- und Taucherapparaten u. s. w., sowie für die Unterhaltung der Fahrzeuge und Geräthe aus dem Ordinarium des Etats (Kap. 65 Tit. 15 bis 17) entsprechende Mittel bewilligt.

2. Bauhöfe.

Mit der Vergrösserung des Schiffs- und Grätheparks ist zugleich eine wesentliche Vermehrung der Ausgaben für die Instandhaltung des Bestandes eingetreten. Damit die Bauhöfe den erhöhten Ansprüchen Genüge leisten, mussten sie erweitert und reichlicher ausgestattet werden. Die kleineren Vervollständigungen sind mit ordentlichen Etatsmitteln durchgeführt; für grössere Neuanlagen u. s. w. sind extraordinäre Mittel bewilligt.

Die im Extraordinarium und ausseretatsmässig verrechneten Ausgaben betrugen von 1890—1901 — abgesehen von den aus allgemeinen Regulirungsfonds gedeckten Beträgen — insgesammt 777 500 M. (Anl. LXXV). Daneben wurden für kleinere Verbesserungen der Bauhöfe aus dem Ordinarium Mittel bewilligt.

§ 267. Mit Einrechnung aller dieser Ausgabegruppen (§§ 223—266) ergeben sich für die Zeit von 1890—1901 folgende sachliche Ausgaben des Staates für Wasserbauzwecke (vgl. Anl. LXXV u. Anl. LXXIV):

	A. Ordinarium	B. Extra-ordinarium	C. Ausseretats-mässig	Summe A bis C
1. Seegewässer (Kap. 65 Tit. 15):	M.	M.	M.	M.
a) Seeschiffahrtsverbindungen	40 174 500 (a–d)	33 509 400	43 477 500	
b) Schiffahrtszeichen		1 033 900	4 400	
c) Seehäfen		20 767 300	2 803 100	
d) Meeresschutzbauten		8 315 000	623 900	
Summe 1	**40 174 500**	**63 625 600**	**46 908 900**	**150 709 900**
2. Binnengewässer (Kap. 65 Tit. 16):				
a) Regulirung der gross. Ströme	124 997 300 (a–e)	32 330 900	2 231 700	
b) desgl. der kleinen Ströme		16 363 900	319 500	
c) Flusskanalisirungen		8 162 700	22 900 900	
d) Binnenhäfen		4 011 400	322 600	
e) Brückenbauten		7 207 600	51 500	
Summe 2	**124 997 300**	**68 076 500**	**25 826 200**	**218 900 000**
3. Hochwasser (Kap. 65 Tit. 16a u. b):				
a) Verhütung der Hochwassergefahr	1 957 500	.	.	
b) Untersuchung d. Hochwasserverhältnisse	415 300	.	.	
Summe 3	**2 372 800**	.	.	**2 372 800**
4. Kanalbauten (Kap. 65 Tit. 17)	7 401 000	7 689 200	84 427 400	99 517 600
Summe 2—4	**134 771 100**	**75 765 700**	**110 253 600**	
	320 790 400 (A–C)			

	A. Ordinarium	B. Extra-ordinarium	C. Ausseretats-mässig	Summe A bis C
5. Baugeräthe und Gehöfte (Kap. 65 Tit. 15—17):	M.	M.	M.	M.
a) Baugeräthe (Bagger u. s. w.) .		9 963 700	40 000	
b) Bauhöfe	.	734 300	43 200	
c) Dienstgehöfte	.	701 000	7 600	
Summe 5 . . .	.	**11 399 000**	**90 800**	**11 489 800**
6. Unvorhergesehene Wasserbauten . .	1 251 400	.	.	1 251 400
7. Ruhrschiffahrtsverwaltung [1])	10 964 700	.	.	10 964 700
Zusammen . . .	**187 161 709**	**150 790 300**	**157 253 300**	**495 205 300**
Ausserdem:				
im Jahre 1898 für die Verwaltung und Unterhaltg. d. Dortmund-Ems-Kanals	.	709 100	.	1 406 900
zur Beseitigung von Hochwasserverheerungen auf Grund gesetzl. Bestimmungen (1890 495 000, 1891 164 900, 1892 37 900 M.)	.	.	697 800	
Im Ganzen für 12 Jahre . . .	**187 161 700**	**151 499 400**	**157 951 100**	**496 612 200**
Folglich durchschnittlich jährlich . . .	15 596 808	12 624 950	13 162 592	41 384 350

C. Ausgaben des Staats für Wegezwecke.

(Kap. 65 Tit. 18 des Ausgabeetats).

Einleitendes.

§ 268. Die Wegebaulast ist in Preussen in den bei Weitem meisten Fällen eine kommunale Last der Gemeinden (Städte, Landgemeinden und Gutsbezirke), in deren Grenzen die Wege liegen.

Massgebend für die Vertheilung der Wegebaulast sind wesentlich provinzialrechtliche Vorschriften und Observanzen. Das Allgemeinen Landrecht bereits hat die Regelung der Materie in der Hauptsache dem Partikularrechte überlassen. Nur die Unterhaltung der Land- und Heerstrassen (§§ 1—24, 138 ff. Tit. 15 und §§ 21, 24 Tit. 14 Theil II des Allg. Landrechts) wird durch das Gesetzbuch dem Staate gegen den Genuss der davon ihm zukommenden Nutzungen zugewiesen (§ 11 a. a. O.), soweit nicht Hand- und Spanndienste in Frage kommen, welche die Gemeinden zu leisten haben, und soweit nicht durch Provinzialgesetze und anderes Partikularrecht Anderes bestimmt ist. Da, wo Privaten oder Gemeinden das Recht eingeräumt ist, Wege-, Brücken- oder Fährgeld zu erheben, geht die Unterhaltungspflicht auch auf Land- und Heerstrassen nach dem Landrecht auf den Hebungsberechtigten über.

Die partikuläre und provinzialrechtliche Regelung ist nun, wenn auch im Grossen und Ganzen, wie gesagt, die Verpflichtung der Gemeinden zum Wegebau vorherrscht, im Einzelnen doch eine ausserordentlich buntscheckige.

---

[1]) Siehe hierzu weiter unten §§ 283 ff.

§ 269. Der erste Versuch des Erlasses eines allgemeinen Wegegesetzes datirt bereits aus dem Anfang des 19. Jahrhunderts. Das Gesetz ist indessen bis heutigen Tages wegen der grossen Verschiedenheiten der Verhältnisse in den einzelnen Landestheilen noch nicht zu Stande gekommen.

Neuerdings ist für den Umfang einer Provinz (Sachsen), in welche die verschiedenartigsten Rechtsverhältnisse eine einheitliche Ordnung besonders nothwendig machten, eine einheitliche Wegeordnung (Ges. v. 11. Juli 1891, G.-S. S. 316) erfolgt.

Sie soll das Muster zum Erlasse ähnlicher Wegeordnungen auch für die übrigen Landestheile bilden.

Staatsleistungen für Wegezwecke.

§ 270. Die Ausgaben, welche der Staat zu Wegezwecken früher geleistet hat und zum Theil noch leistet, zerfallen in solche, welche auf Grund gesetzlicher oder rechtlicher Verpflichtung und solche, welche ohne solche Verpflichtungen geleistet werden.

1. Ausgaben kraft gesetzlicher oder rechtlicher Verpflichtung.

Die dem Fiskus auf Grund des § 11 Allgem. Landrechts a. a. O. obliegende Unterhaltungspflicht der Land- und Heerstrassen war thatsächlich eine verhältnissmässig wenig umfangreiche, indem die landrechtlichen Bestimmungen im Wesentlichen nur in den Provinzen Ostpreussen, Posen und Sachsen mangels anderweitiger provinzialrechtlicher Bestimmungen Geltung hatten.

In diesem Umfange hatte sich aber die Unterhaltungspflicht bis in die neueste Zeit hinein erhalten.

Die Ausgaben, welche dem Staate aus dieser Grundlage erwachsen, befinden sich seit 1875 auf einem besonderen Titel des Kap. 65 Tit. 18.[1])

Während der 80er Jahre musste Tit. 18 noch mit etwas über einer Million jährlich ausgestattet werden. Seitdem ist er aber in fortwährendem Sinken begriffen.

Anfang der 90er Jahre wurde zunächst in der Provinz Sachsen bei Gelegenheit des Erlasses der erwähnten Wegeordnung vom 11. Juli 1891 (G.-S. S. 316) die dort noch bestehende fiskalische Landstrassenbaupflicht gegen eine vom Staate zu gewährende Jahresrente

[1]) Die Titelbezeichnung hat sich gegen früher allerdings etwas verändert. Sie lautete ursprünglich „zur Unterhaltung der Wege und Brücken in den Landstrassen auf Grund rechtlicher Verpflichtung des Staates“. Seit 1897/99 lautet die Bezeichnung „Unterhaltung der Wege und Brücken und Fähren über nicht schiffbare Gewässer auf Grund rechtlicher Verpflichtungen des Staates“. Diese Einschränkung erfolgte, weil bei der Uebernahme des Fährwesens von der Verwaltung der indirekten Steuern auf die Bauverwaltung im Jahre 1895 auch Fähren übernommen wurden, welche über Meeresarme, nicht schiffbare Gewässer und über Kanäle gehen. Während man nun die Fähren über schiffbare Flüsse und Kanäle wie bisher aus Tit. 16 auch fernerhin bestreiten wollte, schien es wichtig, jenen Titel mit den Ausgaben für Brücken und Fähren über nicht schiffbare Gewässer nicht auch noch zu belasten, sondern diese Kosten in Tit. 18 mit zu verrechnen.

von 519 863 M. auf die Provinz übertragen. In Folge dessen wurde Tit. 18 für 1892/93 allein um 475 486 M. jährlich entlastet.

Seitdem besteht die fiskalische Landstrassenbaupflicht in nennenswerthem Umfange nur noch in Ostpreussen, Posen und einem kleinen Theile Westpreussens. Man ist aber nunmehr auch hier dazu übergegangen, diese Unterhaltungspflicht den in Betracht kommenden Kommunalverbänden, vor Allem den Kreisen, auf Grund freier Vereinbarung und gegen Entschädigung zu übertragen, da diese den örtlichen Verhältnissen näher stehen und die Wegebaulast wirthschaftlicher erfüllen können, als der Staat. Bis zum Erlass des Gesetzes v. 2. Juni 1902, betr. weitere Ueberweisung von Dotationen an die Provinzen (G.-S. S. 167) waren zu diesen Ablösungszwecken insgesammt 27 724 560 M. im Extraordinarium zur Verfügung gestellt worden, und der Fonds ist allmählich wesentlich[1]) in Folge der dadurch entstehenden Entlastungen bereits bis auf 360 000 M. für 1902 herabgeschmolzen, sodass heut zu Tage die Staatsausgaben für Wegezwecke verhältnissmässig nur noch minimale sind.

Auf Grund der genannten Ablösungsfonds zur Uebertragung staatsseitig zu unterhaltender Wege, Brücken und Fähren auf kommunale Verbände, B Kap. 5 Tit. 43, 48, 51, 45 u. 56 des Etats der Bauverwaltung für die Etatsjahre 1897/98, 1898/99, 1899, 1900 und 1901 (im Gesammtbetrage von 27 724 560 M. am 25. Jan. 1902) sind in den einzelnen Provinzen staatliche Abfindungskapitalien:

	1. gezahlt oder zufolge rechtsverbindlicher Vereinbarungen zu zahlen M.	2. angeboten, aber noch nicht angenommen M.	3. mithin zusammen Spalten 1 u. 2 M.
Ostpreussen	11 016 327	1 065 299	12 081 626
Westpreussen	419 722	334 985	754 707
Brandenburg	105 536	511 878	617 414
Pommern	1 148 110	5 587	1 153 697
Posen	8 281 936	1 853 159	10 135 095
Schleswig-Holstein	75 096	34 099	109 195
Schlesien	129 896	173 454	303 350
Sachsen	86 603	.	86 603
Hannover	92 581	599 297	691 878
Hessen-Nassau	.	25 000	25 000
Westfalen	10 742	18 500	29 242
zusammen	**21 366 549**	**4 621 258**	**25 987 807**

Der Regierungsvertreter gab 1902 in der Budgetkommission die Erklärung ab, dass der Gesammtbetrag der aus diesen Fonds nach Ostpreussen und Posen für wegebaufiskalische Verpflichtungen gelangenden Kapitalien auf 13 bezw. 17,5, zusammen 30,5 Mill. M. zu schätzen sei. Die jährlichen Zinsen dieser Kapitalien zu 4 Proz. beliefen sich auf 1 220 000 M.,

[1]) Auch andere kleinere Posten wurden im Laufe der Zeit abgesetzt. Zu erwähnen ist, dass 1893/94 die staatlichen Denkmäler in Berlin, nämlich das Nationaldenkmal auf dem Kreuzberge und 32 verschiedene Denkmäler auf den Strassen und Plätzen auf das Ressort der Unterrichtsverwaltung übernommen und die Unterhaltungskosten (2550 M.) dorthin (Kap. 122 Tit. 36) übertragen wurden (vgl. Bd. II Buch I § 546 b a. E.).

während in den 5 Etatsjahren 1892/93 bis einschliesslich 1896/97 vor Ausbringung dieser Fonds für die Unterhaltung der in Ostpreussen und Posen vorhandenen wegebaufiskalischen Wege und Brücken zusammen durchschnittlich jährlich nur 443 235,32 M. vom Staate verausgabt seien. Hieraus ergebe sich, dass die königliche Staatsregierung sich die Förderung der Verhandlungen mit den Kommunalverbänden habe angelegen sein lassen und bei Bemessung der Abfindungskapitalien durchaus nicht nach engherzig fiskalischen Gesichtspunkten verfahren habe.

2. Ausgaben, welche der Staat ohne landrechtlich dazu verpflichtet gewesen zu sein, übernommen, seit 1875 aber auf die Provinzen übertragen hat.

§ 271. Unter diesem Gesichtspunkt kommen in Betracht die Leistungen des Staates für Chausseebau- und Unterhaltungszwecke.

Was zunächst den Begriff der Chausee anbelangt, so wird eine Strasse zur Chaussee nicht durch die Art ihres Ausbaues, sondern dadurch, dass sie den für die Chausseen erlassenen gesetzlichen und reglementarischen Bestimmungen unterstellt ist.

Dies hat schon das Kammergericht vor Erlass des Ges. v. 20. Juni 1887 ausgesprochen. Dieselbe Ansicht fand sodann gesetzliche Anerkennung im § 12 des Chausseepolizeigesetzes v. 20. Juni 1887, G.-S. S. 301, welcher vorschreibt:

Als Kunststrassen (Chausseen) im gesetzlichen Sinne gelten in dem Geltungsbereiche dieses Gesetzes:

1. alle Kunststrassen, auf welche die Verordnung v. 17. März 1839, betr. den Verkehr auf den Kunststrassen (G.-S. 1839 S. 90) Anwendung findet,

2. alle Kunststrassen, für welche das Recht zur Erhebung von Chausseegeld verliehen ist, oder die zusätzlichen Bestimmungen zu dem Chausseegeldtarif v. 29. Febr. 1840 (G.-S. S. 97) für anwendbar erklärt sind,

3. diejenigen Kunststrassen, welche auf Antrag des Unterhaltungspflichtigen als solche staatlich von dem Oberpräsidenten anerkannt werden.

In der Praxis der Verwaltungsbehörden, der Verwaltungsgerichte und der Civilgerichte ist nun stets anerkannt worden, dass nach dem geltenden Recht die Uebernahme der Chausseebau- und Unterhaltungspflicht auf Freiwilligkeit beruht.

Obgleich dem Staate hiernach eine gesetzliche Verpflichtung nicht obliegt, ist doch bis zum Jahre 1875 der grösste Theil der Chausseen im Lande vom Staate gebaut und unterhalten worden, bezw. sind Kreise, Gemeinden u. s. w. beim Bau und der Unterhaltung wesentlich vom Staate unterstützt worden.

§ 272. Der ordentliche Fonds zur Unterhaltung der Staatschausseen betrug im Jahre 1852: 6 402 600 M. und erhöhte sich von Jahr zu Jahr in der Weise, dass für jede neue Meile ausgebauter Chausseen 3750 M. — die Baukosten für 1 Meile wurden durchschnittlich auf 75 000 M. veranschlagt — hinzugesetzt wurden, aus welchem Betrage nicht nur die materielle Unterhaltung der Strassen, sondern auch die Besoldung, Bekleidung und Miethsentschädigung für die Chausseeaufseher und Chausseewärter sowie deren Pensionen zu bestreiten waren. Diese Summen reichten indessen oft nicht aus und es mussten andere Baufonds zu ihrer Verstärkung herangezogen werden (Tit. 16 u. s. w.).

Neben diesem Chaussee-Unterhaltungsfonds stand aber im Ordinarium des Etats auch noch ein Chaussee-Neubaufonds, welcher 1852 3 Mill. M. betrug und noch 120 000 M. enthielt, welche aus dem Gewinn von Güterverkäufen in der Provinz Posen zu Chausseebauten in dieser Provinz bestimmt waren. 1852 betrug die Gesammtlänge der Staatschausseen 1698 Meilen, wovon entfielen auf die Provinzen Preussen 216,4, Posen 81,6, Pommern 147,1, Schlesien 258,4, Brandenburg 187,6, Sachsen 235,3, Westfalen 270,5, Rheinprovinz 301,1 Meilen.

Daneben liess sich der Staat schon damals angelegen sein, durch Neubauprämien Kreiskorporationen und Gemeinden[1]) zu Chausseebauten anzuregen, wobei auch die Provinzialverbände, welche zum Theil über besondere Wegebaufonds verfügten, mitbeistanden. (So wurde damals bereits z. B. in Pommern zum Bau von jeder Meile Chaussee ein Zuschuss von 15 000 M. gewährt. Preussen hatte einen Chausseebaufonds zu ähnlichen Zwecken mit einer Jahreseinnahme von 300 000 M., Bezirksstrassenfonds des Herzogthums Westfalen 600 000 M., für die linke Rheinseite mit 480 000 M. u. s. w.)

Es betrug der Bestand der Provinzial- und Bezirksstrassen in Meilen

	1852	Anfang 1855	1867
Provinz Pommern . .	—	4,8	27,3
„ Posen. . . .	22,4	45,4	200,6
„ Westfalen . .	21,6	25,6	30,9
„ Rheinprovinz .	166,8	195,6	452,0
Kreis-, Kommunal-, Aktien- und Privatchausseen			
Provinz Preussen . .	35,3	37,7	303,2
„ Posen. . . .	—	29,3	57,6
„ Pommern . .	30,1	36,6	142,8
„ Schlesien . .	120,1	190,4	302,5
„ Brandenburg .	91,8	120,9	257,1
„ Sachsen . . .	38,1	62,5	222,1
„ Westfalen . .	75,1	107,4	262,3
„ Rheinprovinz .	76,8	147,2	111,6
Bergwerksstrassen			
Provinz Sachsen . . .	—	2,2	2,2
„ Schlesien . .	3,7	6,7	8,0
„ Rheinprovinz .	—	—	0,5
„ Westfalen . .	3,0	4,8	1,1
zusammen . .	684,8	1017,1	2382,4

An Staatsprämien zu Chausseebauten wurden gewährt 1852 423 561 M., 1853 734 625 M., 1854 996 429 M.

[1]) Aktiengesellschaften fanden sich bei meist mangelnder Rentabilität selten dazu bereit.

Der Chaussee-Unterhaltungsfonds stieg bis 1866 auf 7 613 736 M., das Aversum wurde auf 4050 M. für jede Meile erhöht.

Der Chaussee-Neubaufonds (3 Mill. M.) wurde jährlich mit 600000 M. extraordinär verstärkt. Die Länge der Staatschausseen betrug Ende 1866 1871 Meilen.

Stärker vermehrte sich bereits in jener Zeit die Zahl der Provinzial- und Kreischausseen (was darin seinen Grund hatte, dass der Staat den grössten Theil des Chaussee-Neubaufonds zu Bauprämien verwandte). Es wurden daraus verwendet von 1864—66 zu Staatschaussee-Neubauten 3 285 087 M., zu Bauprämien 7 728 111 M.

§ 273a. Die dem Staate neu einverleibten Gebiete brachten folgenden Zuwachs an Staatschausseen: Schleswig-Holstein 179 Meilen (davon 60 Meilen Chausseen 2. Klasse), Hannover 397 Meilen, Kurhessen 157 Meilen, Nassau 100 Meilen, zus. 833 Meilen, also etwa $^4/_9$ im Verhältniss zu den in den alten Provinzen vorhandenen 1871 Meilen, während der Flächeninhalt nur etwa $^1/_4$, die Einwohnerzahl $^1/_4$ - $^1/_5$ ausmachte. Daneben erfreuten sich aber die neuen Landestheile auch mehreren Besitzes gut ausgebauter und versteinter Land- und Kommunalstrassen.

§ 274. Ein völliger Umschwung in der Regelung des Chausseebau- und Unterhaltungswesens trat nun durch die Dotationsgesetzgebung von 1875 ein. Die Staatsregierung ging davon aus, dass in Folge des Eisenbahnverkehrs die Chausseen ihren Charakter als durchgehende Verkehrsstrassen im Wesentlichen verloren hätten und mehr als Zufuhrwege zu den Bahnstationen von Bedeutung seien. Ausserdem wurde in Rücksicht gezogen, dass die Verwaltung und Unterhaltung sich in sachgemässerer und den lokalen Verhältnissen angemessenerer Weise durch engere Kommunalverbände, als durch den Staat, vollziehen werden.

Aus diesem Grunde wurde durch die Dotationsgesetze von 1873 und 1875 den Provinzen nicht nur allgemein (§ 4 Ziff. 1 Ges. v. 8 Juli 1875) die „Fürsorge für den Neubau von chaussirten Wegen und der Unterstützung des Gemeinde- und Kreis-Wegebaues“, sondern ihnen auch nach § 18 ff. a. a. O. die „Verwaltung einschliesslich der technischen Bauleitung, sowie die Unterhaltung der bereits ausgebauten Staatschausseen u. s. w.“ übertragen.

Zugleich wurde ihnen das Eigenthum der letzteren nebst sämmtlichen Nutzungen und Pertinenzien zugesprochen.

Damit die Massregel nicht zu einer Bereicherung des Staates führe, andererseits die Leistungsfähigkeit der Provinzen gestärkt werde, wurde neben den allgemeinen, diesen überwiesenen Dotationssummen auch die bisher alljährlich vom Staate gezahlten Chaussee-Unterhaltungskosten als jährliche Rente auf die einzelnen Verbände vertheilt.

Entsprechend den 1875 auf dem Staatshaushaltsetat stehenden Chausseebau - Unterhaltungskosten von 19 000 000 bis 20 000 000 M. gelangten auf die Provinzen durch Ges. v. 8. Juli 1875 15 Mill. M. und später durch Verord. v. 12. Sept. 1877 noch einmal 4 Mill. M., zusammen 19 Mill. M. als dauernde Renten an die Provinzialverbände zur Vertheilung. Für den bei weitem grössten Betrag dieser Summe erfolgte die Ermittelung der auf die einzelne Provinz entfallenden Summe durch eine Multiplizirung der Zahl der vorhandenen Chausseemeilen mit den durchschnittlich für eine Chausseemeile in der Provinz bisher aufgewendeten Kosten, die etwa zwischen 2000 bis 4000 M. schwankten.

Es erhielten:	M.	Zuschuss[1]) M.	Summe M.
1. der Provinzialverband von Ostpreussen	994 671	413 481	1 408 152
2. „ „ „ Westpreussen	587 169	206 690	793 859
3. „ „ „ Brandenburg	940 400	394 647	1 335 047
4. „ „ „ Pommern	656 540	294 331	950 871
5. „ „ „ Posen	401 520	290 409	691 929
6. „ „ „ Schlesien	1 522 170	529 403	2 051 573
7. „ „ „ Sachsen	1 549 510	312 700	1 862 210
8. „ „ „ Schleswig-Holstein	1 001 690	177 856	1 179 546
9. „ „ „ Hannover (einschl. des Jadegebiets)	1 896 890	375 400	2 272 290
10. „ „ „ Westfalen	1 746 340	264 290	2 010 630
11. „ Kommunalverband d. Regierungsbezirks Cassel	1 071 110	119 120	1 190 230
12. „ „ „ „ Wiesbaden	639 598	74 549	714 147
13. „ Stadtkreis Frankfurt a. M.	114 072	10 195	124 267
14. „ Provinzialverband der Rheinprovinz	1 605 850	450 383	2 056 233
15. „ Stadtkreis Berlin	160 500	74 815	235 315
16. „ Landeskommunalverband d. Hohenzollernschen Lande	111 970	11 731	123 701
	15 000 000	4 000 000	19 000 000

§ 275. Ausgeschlossen von der Ueberweisung blieben nur einmal diejenigen Staatschausseen, deren Kosten bisher aus berg- oder forstfiskalischen Fonds bestritten waren. Deren Verwaltung und Unterhaltung verblieb dem Staate (vergl. Bd. I Buch II § 43ff., Bd. I Buch III §§ 71ff., 90ff., 111ff.).

Ferner blieben auch die besonderen fiskalischen, auf rechtlicher Verpflichtung beruhenden Wegebaulasten von der Ueberweisung unberührt (Kap. 65 Tit. 18, s. § 270).

§ 276. Da nach dem Vertheilungsmodus der auf die Provinzen überwiesenen 15 Mill. M. Rente (§ 20 d. Ges. v. 8. Juli 1875) diejenigen Provinzen, welche zur Zeit der Uebertragung der Staatsstrassen in der Ausstattung mit solchen hinter den anderen Provinzen zurückgeblieben waren, Bauverpflichtungen überkamen, die theilweise erheblich drückender waren als die in den begünstigteren Verbänden, ist diesen eine

[1]) auf Grund des § 20 a. a. O. und einer Verord. v. 12. Sept. 1877 § 1 sub II.

weit schwerere Aufgabe während der verflossenen 25 Jahre auferlegt gewesen.

Das Gesetz wegen Erhöhung der Provinzialdotationen vom 2. Juni 1902 benutzte die Gelegenheit, hier einen gewissen Ausgleich zu Gunsten der in dieser Weise benachtheiligten Provinzen besonders des Ostens eintreten zu lassen. Es waren nach dem Gesetz von 1875 auf die Provinzen Ost- und Westpreussen, Brandenburg, Pommern, Posen und Schlesien im Jahre 1876 nur 0,40, 0,35, 0,35, 0,45, 0,25, 0,53 m Staatschausseen pro Hektar entfallen, während auf die Provinzen Sachsen, Schleswig-Holstein, Westfalen, die Rheinprovinz, Hannover, die Kommunalverbände der Regierungsbezirke Cassel und Wiesbaden und den Landeskommunalverband der Hohenzollernschen Lande 0,79, 0,84, 1,10, 0,86, 0,86, 1,52, 1,81 und 1,90 m Staatschausseen pro Hektar entfielen. Das neue Gesetz suchte nun den erforderlichen Ausgleich darin, dass von der für den Bau und die Unterhaltung von Kunststrassen im Gesetz gewährten Rentensumme von jährlich 3 Mill. M. zwei Drittel oder 2 Mill. M. vorweg auf die erstgenannten sechs Provinzen und die übrigbleibende Million Mark auf alle betheiligten Verbände — zu denen in Ansehung der Zweckbestimmung hier der Stadtkreis in Berlin nicht zählt — vertheilt wurden.

Die Untervertheilung erfolgte aber weder nach dem im Gesetz von 1875 für den Chaussee-Neubau und die Unterstützung des Kreis- und Gemeindewegebaues bestimmten Massstabe (d. h. nach „Land und Leuten" § 4 Abs. 1 Ziff. 1 in Verbindung mit §§ 1 u. 2 a. a. O.), noch nach dem in § 20 a. a. O. gewählten Massstabe für die Vertheilung der Unterhaltungsrente, sondern nach einem neuen, die Leistungsfähigkeit der einzelnen Provinzialverbände in erster Linie berücksichtigenden Massstabe.

Die definitive Untervertheilung nach diesem Massstabe erfolgte durch § 2 der Allerh. V. v. 22. Juni 1902 (G.-S. S. 258) wie folgt auf die einzelnen Provinzialverbände. Es erhielten:

1.	der Provinzialverband von Ostpreussen	479 746 M
2.	„ „ „ Westpreussen	470 010 „
3.	„ „ „ Brandenburg	345 798 „
4.	„ „ „ Pommern	332 835 „
5.	„ „ „ Posen	437 119 „
6.	„ „ „ Schlesien	470 071 „
7.	„ „ „ Sachsen	68 752 „
8.	„ „ „ Schleswig-Holstein	67 000 „
9.	„ „ „ Hannover	72 801 „
10.	„ „ „ Westfalen	79 171 „
11.	„ „ der Rheinprovinz	93 713 „
12.	„ Bezirksverband des Regierungsbezirkes Cassel	45 823 „
13.	„ „ „ „ Wiesbaden	32 098 „
14.	„ Lauenburgische Landeskommunalverband	2 448 „
15.	„ Landeskommunalverband der Hohenzollernschen Lande	2 615 „
		3 000 000 M.

§ 277. Den Provinzialverbänden ist es nach § 18 Ges. v. 8. Juli 1875 (G.-S. S. 497) überlassen, die Verwaltung und Unterhaltung der ihnen überwiesenen Staatschausseen auf engere Kommunalverbände nach Massgabe besonderer Vereinbarungen zu übertragen.

Hiervon haben in grösserem Umfange nur wenige Provinzen Gebrauch gemacht (Ost- und Westpreussen, Pommern, Schlesien).

Dagegen verwenden die Provinzen einen grossen Theil der zu Chausseezwecken vorhandenen Mittel zur Unterstützung von Kreis- und Gemeinde-Chausseeanlagen auf Grund ministeriell genehmigter Regulative (§ 277a). Der Bau von Chausseen durch Private, Aktienvereine kommt heute nur noch in geringem Umfange vor. Vergl. die Anlage LXXVIII.

Seit 1876 hat sich besonders die Zahl der Kreischausseen stark vermehrt. Die prozentuale Steigerung ist freilich bei Gemeindechausseen noch grösser.

Es bestanden nach der gedachten Anlage

im Jahre	an Chausseen				
	(Prov.- und Bezirks-) km	(Kreis-) km	(Gemeinde-) km	(Privat-) km	Insgesammt km
1876	29 096	27 749	5 653	2 480	64 978
1900	32 731	46 198	14 721	2 295	95 945

§ 277a. Eine nähere Uebersicht über die Höhe der gegenwärtigen (Rechnungsjahr 1901) Ausgaben der verschiedenen Provinzial- und Landeskommunalverbände zu Chaussee- und Wegezwecken ist in Anlage LXXIX gegeben. Danach betrugen die laufenden Ausgaben dieser Verbände für Chaussee- und Wegezwecke — abgesehen von Kleinbahnen — in jenem Jahre nicht weniger als rund 33 Mill. M. einschl. letzterer 35 Mill. M.

§ 277b. Eine recht mannigfaltige Entwickelung hat das Verfahren bei der Bewilligung von Chausseeneubau-Prämien und der Unterstützung des Kreis- und Gemeindewegebaus genommen. Sowohl hinsichtlich der Voraussetzungen der Prämiirung als der Höhe der Prämien weichen die provinziellen Festsetzungen völlig von einander ab.

In der Provinz Ostpreussen erfolgt die Prämiirung in 4 nach der Breite der Steinbahn, der Höhe der Decklage u.s.w. sich abstufenden Klassen. Die Prämien betragen 50, 45 und 40 Proz. der Baukosten (exkl Grunderwerb). Westpreussen prämiirt den Neubau von Vollchausseen mit mindestens 6 und höchstens 12 M., von Nebenchausseen mit höchstens 6 M. auf das Meter Länge. In Brandenburg richtet sich der Höchstbetrag der Prämien für Neubauten nach dem Umfange der in dem Kreise vorhandenen Provinzialchausseen. Derselbe steigt von dem regelmässigen Satz von 4 M. auf das Meter und $^1/_3$ der Gesammtkosten auf 5 M. und $^5/_{12}$ der letzteren, wenn nicht der Durchschnitt, aber mehr als die Hälfte des letzteren an Provinzialchausseen vorhanden ist, auf 6 M. und $^1/_2$ der Gesammtbaukosten, wenn nicht die Hälfte des Durchschnitts erreicht wird. Zur Uebernahme von Aktienchausseen wird allen Kreisen $^1/_3$ der zur normalmässigen Instandsetzung der betreffenden Aktienchausseen aufzuwendenden Kosten bewilligt. Auch in Pommern wird die Höhe der zu gewährenden Unterstützungen für Neubauten ausser nach dem Grade der Leistungsfähigkeit der bauenden kommunalen Verbände nach der Ausdehnung der im Kreise bereits vorhandenen Chausseen, namentlich der Provinzialchausseen, bemessen. Die Prämien erreichen $^1/_3$ bis $^1/_2$ der Anschlagssumme. In Schlesien, welches in seinem Regulativ drei Arten von Wegen aufstellt, sind bestimmte Festsetzungen für die Höhe der Prämien nicht gegeben, bei der Ausführung werden in der Regel für Wege 1. Ordnung (Vollchausseen) 4 M., für Wege 2. Ordnung (Nebenchausseen) 2,50 M., für Wege 3. Ordnung (befestigte Kommunalwege) 1,50 M. auf das Meter Länge und $^1/_3$ der Baukostensummen für grössere Bauwerke (Brücken u. s. w.) und für die zu pflasternden Wegestrecken Zusatzprämien von 0,50 bezw. 1,00 M. gewährt. Posen giebt Neubauprämien in der Regel in Höhe von 4 M. für das laufende Meter und bemisst im Uebrigen die Höhe nach Lage des einzelnen Falls.[1]) Ebenso Sachsen, doch wird über einen Höchstbetrag von 4,80 M. auf das Meter Länge (36 000 M. auf die Meile) nicht hinausgegangen. Rheinland und Westfalen verfahren in Bezug auf die Prämiirung sowohl hinsichtlich der Normalien für den Chausseebau als der Höhe der Prämien nach den von der Staatsverwaltung seiner Zeit beobachteten Grundsätzen und halten gleichfalls den von letzterer der Regel nach angenommenen Höchstbetrag von 4 M. auf das Meter (30 000 M. auf die Meile) fest.

Von den neuen Provinzen zahlt Schleswig-Holstein, woselbst die kunstmässig ausgebauten Nebenlandstrassen auf Antrag des Kreises in die Unterhaltung der Provinz übergehen müssen, auf den Neu- und Ausbau solcher Strassen, für welche von dieser Befugniss nicht Gebrauch gemacht worden, einen 20—40 Proz. der Baukosten betragenden Beitrag, und zwar unter dem Vorbehalt der Rückforderung, sobald die Uebernahme der Unterhaltung auf die Provinz beantragt wird. Wo diese von vornherein beabsichtigt ist, werden Beihülfen nur für massive Brücken in Höhe des 3. Theils der Baukosten und für Klinkerstrassen mit 5000 M. auf das Kilometer gegeben. Die Provinz Hannover, welche behufs schnelleren Ausbaus des Landstrassennetzes Anleihen im Gesammtbetrage von 15 000 000 M. aufgenommen hat, bemisst ihre Beihülfen nach der Jahresleistung des verpflichteten Wegeverbandes einschliesslich der Verzinsung und Tilgung etwaiger Wegebauanleihen, und zwar steigt die Beihülfe im Verhältniss, je mehr die eigene Leistung des Wegeverbandes das Mindestmass von 4 Umlagen übersteigt. Sie betrug bis zum 1. April 1883 30—90 Proz. der Leistung des Wegeverbandes, ist von diesem Zeitpunkt ab, nachdem inzwischen die Anleihebeträge erschöpft sind, auf 10, 15, 25 und 35 Proz. bei 6, 8, 10 und 12 Umlagen herabgesetzt.

Im Regierungsbezirk Cassel hat die grosse Mehrzahl der Kreise die gesetzlich den Gemeinden obliegende Wegeunterhaltung übernommen. Im Regierungsbezirk Wiesbaden ist dagegen, abgesehen von den Bezirksstrassen und einigen Vizinalwegen, welche in die Unterhastung des Bezirksverbandes übergegangen sind, die Wegeunterhaltung den Gemeinden verblieben, jedoch ist hier die technische Leitung und Beaufsichtigung vom Bezirksverband übernommen (vgl. auch Extrabeilage zum Amtsblatt No. 28 der Regierung zu Wiesbaden vom 20. Juli 1892).

Die gleiche Mannigfaltigkeit der Entwickelung weist sowohl nach Umfang als nach der Art und dem Verfahren die Fürsorge für den Kreis- und Gemeindewegebau auf.

Westpreussen stellt neben den für diesen Zweck dauernd in den Etat eingestellten Mittel von 140 000 M. jährlich 50 000 M. zur Unterstützung des Gemeindebaus bereit. Ostpreussen vertheilt jährlich einige 100 000 M. an die Kreise mit der Verpflichtung, eine gleiche Summe aufzubringen. In Sachsen ist der den Kreisen früher überwiesene Betrag von 120 000 M. zurückgezogen, sodass die gesammten zur Unterstützung des Gemeindewegebaus etatisirte Summe von jährlich 150 000 M. zur Verfügung des Provinzialausschusses steht. In Pommern, Brandenburg und Posen verfügen die Behörden der Provinz über die gesammten für die Unterstützung des Kreis- und Gemeindewegebaus ausgeworfenen Mittel von 300 000, bezw. 170 000 und 250 000 M. im Jahre. Pommern

[1]) Auch werden seit 1897 nur Chausseen prämiirt, die von den Kreisen übernommen werden.

unterstützt nur solche Kreis- und Gemeindewege, bei denen die Bauart der Fahrbahn dauernden Erfolg verspricht, und knüpft die Gewährung der Unterstützung für Wege, deren Konstruktion die Aufsicht technisch gebildeter Kräfte erheischt, an die Bedingung der Uebernahme der Unterhaltung durch den Kreis. In der Provinz Schlesien erfolgt die Förderung des Kreis- und Gemeindewegebaus in der Form der Gewährung von Beihülfen für die oben erwähnten Wege III. Klasse. In Schleswig-Holstein werden nach den Normativbestimmungen vom 22. Mai 1891 den Gemeinden und Wegeverbänden Beihülfen von 30 Proz. der Baukosten bewilligt, wenn der Kreis ebenso viel beiträgt. Hannover verwendet durchschnittlich im Jahre etwa 220 000 M. für diese Zwecke und zwar für Wege, zu deren Neubau die verpflichtete Gemeinde mehr als 10 kleine Landstrassen-Umlagen und zugleich mindestens 500 M. aufwendet, deren Bau ausserdem mit technischer Leitung erfolgt und deren Unterhaltung gesichert ist. In Hessen-Nassau werden von beiden Kommunalverbänden sowohl Unterstützungen zum Neubau als zur Unterhaltung von Gemeindewegen bewilligt. Die Neubaubeihülfen richten sich nach der Bedeutung der Wege, der Leistungsähigkeit und der eigenen Leistung der Wegebaupflichtigen.

Westfalen und Rheinland knüpfen die Bewilligung von Unterstützungen in der Regel an die Bedingung doppelter Leistung seitens der Gemeinde. Im Uebrigen ist zu bemerken für Westfalen: Die Förderung des kommunalen Wegebaues ist durch die Bestimmungen vom 13. März und 13. April 1889 neu geregelt worden. Hierbei ist alles das materiell unberührt geblieben, was durch das Gesetz, betreffend die Ausführung der §§ 5 und 6 des Gesetzes vom 30. April 1873 wegen der Dotation der Kreis- und Provinzial-Verbände, vom 8. Juli 1875 endgültig vorgeschrieben ist.

Neu vorgeschrieben ist, dass der Wegebau von Genossenschaften und Aktiengesellschaften unterstützt werden kann. Der Bau bezw. die Ausbesserung solcher Strassen, für welche Unterstützungen, Beihilfen oder Prämien gewährt sind, erfolgt unter Oberaufsicht bezw. Mitaufsicht des betreffenden Landesbauinspektors.

Der Kreis- bezw. Gemeinde- und Genossenschafts-Wegebau kann nach den neuen Bestimmungen gefördert werden:

a) Durch Gewährung von Unterstützungen zur Unterhaltung,

b) durch Gewährung von Beihilfen zum Neu- bezw. Umbau von Wegen und Brücken,

c) durch Gewährung von Prämien für den Neubau solcher Strassen, welche den für die sogenannten Prämienstrassen gegebenen technischen Anforderungen entsprechen.

Ueber die Höhe der Unterstützungen und Beihilfen ist eine allgemeine Bestimmung nicht getroffen. In der Regel wird dieselbe auf $^1/_4$ bis $^1/_3$ der wirklichen Kosten bemessen. Die Höhe der Prämien wird in der Regel ebenfalls nicht über $^1/_3$ der Gesammtkosten der Strasse bemessen.

Rheinprovinz. Der Fonds zur Unterstützung des Gemeinde- und Kreiswegebaues ist vom Etatsjahre 1891/92 ab auf 350 000 M. jährlich erhöht worden. Ferner hat das Verfahren bei Gewährung von Unterstützungen für den Gemeinde- und Kreiswegebau durch Erlass neuer, am 1. April 1895 in Kraft getretener Bestimmungen eine durchgreifende Aenderung erfahren. Nach diesen Bestimmungen zerfällt der Wegebaufonds in zwei besondere Fonds A und B. Ersterem sind 100 000 M., letzterem 250 000 M. zugewiesen. Der Fonds A dient zur Unterstützung solcher Gemeinden, welche die ihnen obliegende Wegebaulast ohne Beihilfe nicht zu tragen vermögen. Der Fonds B dient zur Förderung des Neubaues wichtigerer Gemeinde- und Kreiswege, vorzugzweise solcher Wege, welche eine über den Bann der betreffenden Gemeinde hinausgehende Bedeutung haben; ausnahmsweise können auch zur Instandsetzung oder zur laufenden Unterhaltung derartiger Wege Beihilfen aus diesem Fonds bewilligt werden. Während die Verwendung der Beihilfen aus Fonds A den Gemeinden überlassen ist und die fälligen Beihilfen der Provinz auf Grund einer Bescheinigung des Bürgermeisters zur Auszahlung gelangen, werden bei den Anträgen für den Fonds B zunächst sachgemäss aufgestellte Projekte und Kostenanschläge verlangt. Diese werden seitens der Provinz einer eingehenden Vorprüfung unterzogen und sodann insofern unter durchgreifender Mitwirkung der Provinzialverwaltung und ihrer Organe ausgeführt, als die Ausführung jedes Mal unter der technischen Oberaufsicht des zuständigen Landesbauamts erfolgt und auch die Beihilfen nur auf Grund eines Ausführungsattestes des zuständigen Bauamts ausgezahlt werden. In geeigneten Fällen kann die Bauausführung seitens der Provinz für Rechnung der Gemeinden übernommen werden.

D. Kleinbahnen und Privatanschlussbahnen.

§ 278. In der Bauabtheilung, unter Mitwirkung der Eisenbahnabtheilungen, werden im Wesentlichen auch die Angelegenheiten der Kleinbahnen und Privatanschlussbahnen bearbeitet.

Die Wahrnehmung, dass die Bedürfnisse des öffentlichen Verkehrs nicht mehr allein von den die Glieder des allgemeinen Eisenbahnnetzes bildenden Haupt- und Nebeneisenbahnen befriedigt werden können, dass es dazu vielmehr noch einer Vervollkommnung des öffentlichen Wegenetzes durch andere Bahnen örtlicher Bedeutung bedürfe, die bestimmt sind, benachbarte, von jenen Verkehrswegen nicht berührte Ortschaften unter einander und mit dem Eisenbahnnetz zu verbinden, hatte im Zusammenhange mit der anderen Wahrnehmung, dass Preussen mit der Entwickelung dieser wichtigen Verkehrsmittel hinter den Nachbarländern zurückgeblieben sei, zur Folge, dass die Rechtsverhältnisse dieser Bahnen durch ein Gesetz (vom 28. Juli 1892) geregelt wurden, da man dadurch eine stärkere Betheiligung des Privatkapitals bei diesen Unternehmungen zu erreichen hoffte (Ausf.-Anw. v. 13. Aug. 1898, welche u. A. die Unterscheidung zwischen Strassenbahnen und nebenbahnähnlichen Kleinbahnen macht). Siehe auch das Gesetz betreffend das Pfandrecht an Privateisenbahnen und Kleinbahnen und die Zwangsvollstreckung in dieselben v. 19. Aug. 1895 (G.-S. S. 499).

Schon bei den Landtagsverhandlungen war anerkannt worden, dass in den verkehrsärmeren Landestheilen die namentlich im Interesse der Landwirthschaft erforderliche kräftige Entwickelung der Kleinbahnen nicht ohne Beihilfe aus öffentlichen Mitteln zu erwarten sei, und es war mit Rücksicht darauf, dass bei der örtlichen Bedeutung dieser Unternehmungen die Provinzen an erster Stelle zur Lösung der Aufgabe berufen seien, in dem Gesetz selbst die Zweckbestimmung der Provinzialdotationen erweitert worden. Die Erfahrung der beiden ersten Jahre lehrte aber, dass für die der Kleinbahnen am meisten bedürftigen, vornehmlich Landwirthschaft treibenden Landestheile das finanzielle Eintreten der Provinzen allein nicht ausreiche, um die Entwickelung des Verkehrszweiges so kräftig zu fördern, wie dies zur Hebung der Rentabilität des Landwirthschaft betreibenden Grundbesitzes erforderlich ist, dass es vielmehr dazu eines finanziellen Zusammenwirkens des Staates mit den höheren Kommunalverbänden bedürfe. Demzufolge ist zuerst durch Gesetz vom 8. April 1895 (G.-S. S. 91), betreffend die Erweiterung und Vervollständigung des Staatsbahnnetzes, die Summe von 5 000 000 M. zur Förderung des Baues von Kleinbahnen bereitgestellt worden.

Die günstige Wirkung dieses Fonds hat dazu geführt, in den folgenden Jahren weitere Mittel bereit zu stellen und zwar:

durch Gesetz v. 3. Juni 1896	(G.-S. S. 100)	8 000 000 M.
„ „ „ 8. Juni 1897	(G.-S. S. 171)	8 000 000 „
„ „ „ 20. Mai 1898	(G.-S. S. 91)	8 000 000 „
„ „ „ 25. Mai 1900	(G.-S. S. 129)	20 000 000 „

Insgesammt haben bis zum 1. April 1902 hiernach zur Verfügung gestanden 49 000 000 M.

Ausserdem ist durch Gesetz v. 20. Mai 1902 (G.-S. S. 175) ein weiterer Betrag von 20 000 000 M. bereit gestellt.

Verausgabt sind an staatlichen Beihilfen im Jahre 1895 77 000 M., 1896 1 188 400 M., 1897 4 742 500 M., 1898 5 242 000 M., 1899 6 250 100 M., 1900 11 195 200 M., 1901 8 908 400 M., zusammen 37 603 600 M.

Ueber die Jahresleistungen der Provinzialverbände im Jahre 1901 siehe die Zahlenangaben in Anlage LXXIX.

Die besonderen Bestimmungen und Grundsätze über die Bewilligung von Zuschüssen in den einzelnen Provinzen siehe bei Wächter, die Kleinbahnen in Preussen (1902. Julius Springer) S. 30 ff.

Die in den einzelnen Provinzen bis zum Schlusse des Rechnungsjahres 1900 ausgeführten oder zur Ausführung genehmigten Kleinbahnen gehen aus der nachfolgenden Zusammenstellung hervor.

Provinz (Bezirk)	Bei dem Inkrafttreten des Gesetzes vom 28. Juli 1892 vorhandene Kleinbahnen		Am 31. März 1901 vorhandene oder genehmigte Kleinbahnen			
	Zahl	Gesammtlänge m	Zahl	Gesammtlänge m	Baukosten M.	Staatsbeihilfe M.
Ostpreussen	1	9 700	11	685 900	32 661 439	7 497 513
Westpreussen	4	24 500	12	353 700	20 552 716	2 819 500
Pommern	2	79 800	26	1 252 900	42 910 599	5 351 350
Posen	3	22 300	12	500 400	15 750 445	1 909 600
Schlesien	3	62 300	24	585 000	58 461 314	1 756 778
Berlin	4	190 000	8	437 900	128 660 759	—
Brandenburg (ohne Berlin)	10	69 400	40	796 700	40 726 688	4 040 132
Sachsen	14	100 100	32	594 900	48 448 924	1 602 000
Schleswig-Holstein	9	80 300	23	476 800	34 013 527	3 362 606
Hannover	5	76 000	21	600 700	68 326 631	3 093 920
Westfalen	1	6 000	26	485 800	44 403 546	2 511 000
Hessen-Nassau	12	93 000	28	396 200	47 661 714	1 910 000
Rheinprovinz	22	221 900	76	1 248 100	129 499 734	—
Hohenzollern	—	—	1	38 900	3 699 400	1 620 000
zusammen	**90**	**1 035 300**	**340**	**8 453 900**	**715 777 436**	**37 474 399**

Die Prüfung der Anträge erfolgt durch die Ober-Präsidenten nach einer ministeriellen Anleitung v. 25. April 1895 nebst Nachtrag v. 19. April 1902. Die Beschlussfassung der Minister (der öffentlichen Arbeiten, der Finanzen und für Landwirthschaft) wird durch eine aus Ministerialkommissaren zusammengesetzte ständige Kommission unter dem Vorsitz des Mitgliedes der Bauabtheilung vorbereitet.

Berücksichtigt werden sollen nur solche Bahnen, welche dem öffentlichen allgemeinen Interesse dienen, und für welche das Bedürfniss nachgewiesen ist.

V. Abschnitt.

Vermischte Ausgaben.

(Kap. 66 Tit. 1—4.)

§ 279. Die in diesem Kapitel ausgebrachten Tit. 1 und 2 haben, soweit sie sich auf Beamte und deren Hinterbliebene beziehen, bereits an früherer Stelle (§ 193) Erörterung gefunden.

Hier bleiben daher nur noch zu erwähnen folgende zwei auf Arbeiterfürsorge Bezug habende (Kap. 66) Tit. 1a u. 3 des Etats, sowie Tit. 4 ebenda.

Arbeiterfürsorge im Allgemeinen.

Sowohl bei Ausführung von Hochbauten wie von Wasserbauten kommt die Bauverwaltung in hervorragendem Maasse als Arbeitgeber in Betracht.

Die Ausführung von Bauarbeiten kann erfolgen: a) im Eigenbetriebe der Bauverwaltung (in Regie) oder b) durch Vergebung an Unternehmer (in Entreprise).

Welche von diesen beiden Arten zu wählen ist, hängt in jedem einzelnen Falle von der Natur der auszuführenden Arbeiten und den örtlichen Verhältnissen ab. Im Allgemeinen ist dahin zu streben, dass für Arbeiten, die einfacher Natur sind und sich alljährlich oder eine längere Zeit hindurch wiederholen, ein Stamm geübter Arbeiter durch die Bauverwaltung selbst herangebildet wird, während solche Arbeiten, welche auf kurze Zeit die Heranziehung grosser Arbeitermassen und die Verwendung kostspieliger Geräthschaften erfordern, der Ausführung durch Unternehmer vorbehalten bleiben können.[1])

Beim Eigenbetriebe durch die Bauverwaltung können die Arbeiter entweder a) gegen Tagelohn oder b) gegen Stücklohn (in Akkord) beschäftigt werden.

Als besondere Form des Tagelohnes kommt das sogenannte Prämiensystem in Betracht, bei dem neben dem Tagelohn für die Ueberschreitung einer auf Grund früherer Erfahrungen festgesetzten Normalleistung Zuschläge zu dem Tagelohn gewährt werden, welche für die überschiessende Leistungseinheit vorher vereinbart werden.

Ein Akkord kann sowohl a) mit Einzelpersonen, welche jede für sich eine bestimmte Arbeit oder den abgegrenzten Theil einer solchen übernehmen, oder b) mit Arbeitsgesellschaften eingegangen werden.

Was nun die Fürsorge des Staates für die von ihm beschäftigten Arbeiter anbelangt, so steht die Staatsregierung auf dem Standpunkte, dass die Bauverwaltung rücksichtlich der Arbeiterfürsorge insbesondere auch rücksichtlich der Wohlfahrtseinrichtungen für ihre Arbeiter gut geleiteten Privatbetrieben nicht nachstehen soll. Die Betriebsleiter sollen nach Möglichkeit bestrebt sein, Einrichtungen zu schaffen, welche geeignet sind, das sittliche, geistige, wirthschaftliche und leibliche Wohl der Arbeiter zu fördern.

Dementsprechend sind denn auch in den bisher ergangenen Dienstanweisungen und Verfügungen sehr eingehende Vorschriften, besonders im Gebiete der Wasserbauverwaltung, hinsichtlich der Arbeiterfürsorge ergangen (vergl. Abschnitt II des Anhangs zur Dienstanweisung für Hochbaulokalbeamte v. 1. Dez. 1898, welcher die Obliegenheiten der Lokalbaubeamten auf dem Gebiete der Kranken- und Unfall- sowie der Invaliditäts- und Altersversicherung regelt).

Für die Lokalbeamten der Wasserbauverwaltung kommen in dieser Beziehung in Betracht in erster Linie die Allg. Verf. No. 6, betreffend die Krankenversicherung, No. 7, betreffend Wohlfahrtseinrichtungen für Arbeiter v. 31. Dez. 1898, worüber die Dienstanweisung v. 1. Dez. 1898 keine Bestimmungen enthält, No. 8, Unfallverhütungsvorschriften und No. 12, betreffend die Invalidenversicherung, ferner aber auch die Allg. Verf. No. 9, betreffend das Lohnzahlungswesen.

Bemerkenswerth ist die Bestimmung in Ziff. XI der Verf. v. 31. Dez. 1898:

1. Arbeiter, welche in Betrieben der Wasserbauverwaltung verletzt werden, müssen nach beendetem Heilverfahren wieder beschäftigt werden, soweit sich eine für ihre Kräfte und Fähigkeiten irgend geeignete Beschäftigung bietet. Eine solche zu ermitteln, muss die Verwaltung bemüht sein. Der neue Lohn ist so festzusetzen, wie er für die Arbeitsleistung des Verletzten unter Mitberücksichtigung der Dauer seiner bisherigen Beschäftigung bei der Staatsbauverwaltung angemessen ist, sei es, dass der Arbeiter in der früheren Thätigkeit weiter beschäftigt, sei es, dass er nur noch zu einer geringer gelohnten Arbeit verwendet werden kann. Der Bruchtheil der Erwerbsfähigkeit, welcher der Rentenfestsetzung zu Grunde gelegt ist, darf nicht ohne Weiteres als massgebend angesehen werden. Bei der Bemessung des neuen Lohnsatzes ist davon auszugehen, dass der neue

---

[1]) Die näheren Bedingungen und Vorschriften über das Vergebungs- und Verdingungswesen sind geregelt für die Hochbauverwaltung durch Kap. 34 der Dienstanweisung v. 1. Dez. 1898, für die Wasserbauverwaltung durch Allgem. Verf. Nr. 3 v. 1. Febr. 1897.

Arbeitsverdienst zuzüglich der Unfallrente den früheren Arbeitsverdienst nicht übersteigt. Eine Ueberschreitung dieser Grenze kann indessen in denjenigen Fällen zugelassen werden, in denen der Arbeiter auch sonst in die Lage gekommen wäre, einen höheren Lohn zu erlangen. Dies würde insbesondere der Fall sein, wenn ihm eine besser gelohnte Beschäftigung zugewiesen wird oder wenn eine allgemeine Aufbesserung der Arbeitslöhne erfolgt.

2. Vorstehendes findet entsprechende Anwendung, wenn Arbeiter, nachdem sie längere Zeit hindurch im Betriebe beschäftigt waren, durch Krankheit oder durch vorgeschrittenes Alter in ihrer Leistungsfähigkeit zurückgehen.

3. Unlauteren Bestrebungen auf Erlangung unberechtigter Vortheile ist mit Nachdruck entgegenzutreten.

§ 280. *Kap. 66 Tit. 1a.* Kosten der gesetzlichen Unfallversicherung sowie Ascendentenrenten, Heilungskosten und Sterbegelder auf Grund des Unfallfürsorgegesetzes 126 000 M. (1902).

Von der Gesetzgebung über die Unfallversicherung der Arbeiter wurde die Staatsbauverwaltung (unmittelbar und wesentlich erst im fortschreitenden Gange) zuerst durch das Gesetz über die Ausdehnung der Unfall- und Krankenversicherung v. 28. Mai 1885 (R.-G.-Bl. 1885 S. 159 ff.) rücksichtlich der Baggerei und Binnenschiffahrt berührt.

Das Verhältniss, welches demgemäss begründet wurde, bestand so lange, bis die Gesetze v. 11. Juli 1887, betreffend die Unfallversicherung der bei Bauten beschäftigten Personen und v. 13. Juli 1887, betreffend die Unfallversicherung der Seeleute und anderer bei der Seeschiffahrt betheiligten Personen — R.-G.-Bl. 1887 S. 287 ff. und 329 ff. — mit vorläufigem Abschluss der Reichsgesetzgebung über die Unfallversicherung sämmtliche zur allgemeinen Bauverwaltung vereinigten Arbeitsbetriebe umfassten.

Statistische Erhebungen, die Unfälle aufzusuchen, welche in längeren Zeitabschnitten voraufgegangen waren — nach Zahl und Ursachen und nach Art und Mass der Fürsorge, welche etwa gewährt worden war — eröffneten Einblicke, welche in weitem Umfange die Gelegenheit darboten, Anforderungen der Billigkeit nachträglich gerecht zu werden, wo Erwerbslosigkeit und Nahrungslosigkeit vorgefunden wurde. Von der schon durch die Allerh. Kabinets-Ordre v. 16. Nov. 1850 ertheilten Ermächtigung, verunglückte fiskalische Arbeiter und Hinterbliebene solcher Arbeiter aus Baufonds zu unterstützen, wurde in zahlreichen zeitlich zurückliegenden Fällen Gebrauch gemacht (§ 281). Für eine Reihe anderer Fälle wurde die Gewährung fortlaufender Renten aus dem Gnadenpensionsfonds von der Allerhöchsten Gnade erbeten und bewilligt. Unverschuldetes Elend ist mannigfach dadurch gemildert, und die Segenswirkung der neuen Gesetzgebung ist hinter ihre unmittelbare Geltung zurückgetragen worden. Auch die Erhöhung der Fonds, welche zur Unterstützung gewerbsloser Arbeiter oder der Hinterbliebenen ehemaliger Arbeiter der Bauverwaltung bestimmt sind, ist eine Folge der Erhebungen, welche angestellt wurden, um der Unfallversicherung den Boden zu bereiten.

Was die Krankenversicherung anbelangt, so hat im Laufe der Zeit die Bauverwaltung für die in ihren Wasserbaubetrieben beschäftigten Arbeiter soweit angängig Betriebs-Krankenkassen eingerichtet und ihre Beamten an deren Verwaltung betheiligt. Während zu Beginn der 90er Jahre 40 Betriebs-Krankenkassen und 3 Bau-Krankenkassen bestanden, sind die Betriebs-Krankenkassen inzwischen auf 55 vermehrt, dagegen konnten 2 Bau-Krankenkassen nach Fertigstellung der betreffenden Bauten eingezogen werden.

Die gesetzliche Unfallfürsorge für die in den Betrieben der Staatsbauverwaltung beschäftigten Personen ist von der berufsgenossenschaftlichen Versicherung losgelöst und an deren Stelle die staatliche Unfallversicherung eingeführt. Die Grundlage der letzteren bildeten beim Abschlusse dieses Werkes die Ausführungsvorschriften v. 20. Dez. 1900. Danach werden die Befugnisse und Obliegenheiten der Ausführungsbehörde a) durch die Oberpräsidenten, soweit sie Chefs von Strombau- bezw. Kanalverwaltungen sind, b) durch die Regierungs-Präsidenten, c) durch die Ministerial-Baukommission je für den Umfang ihres Geschäftsbereiches wahrgenommen.

Nachstehend sind die wichtigeren Zahlen aus dem Gebiete der staatlichen Unfallversicherung zusammengestellt.

Kalenderjahr	Durchschnittszahl der versicherten Personen	Zahl der zur Anzeige gebrachten Unfälle	Zahl der Entschädigungsfälle	Ausgaben für Zwecke der Unfallversicherung M.
1890	22 000	185	63	33 200
1891	23 400	246	64	45 600
1892	39 300	350	81	61 600
1893	44 900	410	91	74 100
1894	37 500	513	106	92 700
1895	45 700	563	110	101 900
1896	22 000	586	108	116 900
1897	23 100	504	83	123 300
1898	25 200	565	94	126 600
1899	23 300	616	103	135 000
1900	24 900	585	98	153 800.

Die Angaben in den Spalten 2 bis 4 gründen sich auf die vom Reichsversicherungsamt geführten statistischen Nachweise, die von 1896 ab nach neuen Grundsätzen aufgestellt sind.

Zur Verminderung der Betriebsunfälle sind für den Bereich der Bauverwaltung Grundzüge für die von den Provinzialbehörden zu erlassenden Unfallverhütungsvorschriften aufgestellt und die mit der Aufsicht der Betriebe betrauten Beamten dafür verantwortlich gemacht, dass sie sowohl wie die Arbeiter sich streng an die Vorschriften halten.

Die Invalidenversicherung der im Bereich der allgemeinen Bauverwaltung beschäftigten versicherungspflichtigen Personen erfolgt nach den allgemeinen gesetzlichen Vorschriften. Von besonderen Kasseneinrichtungen nach § 8 des Invalidenversicherungsgesetzes ist abgesehen worden.

Fürsorge für Arbeiterwohnungen u. s. w. Für die Betriebe der Bauverwaltung ist der Grundsatz massgebeud, dass ihre Wohlfahrtseinrichtungen gut geleiteten Privatbetrieben nicht nachstehen sollen. Die Betriebsleiter sind angewiesen, in den Betriebsstätten alle Einrichtungen zu schaffen, die geeignet sind, sowohl das sittliche und geistige, als auch das wirthschaftliche und leibliche Wohl der Arbeiter zu fördern. Die den betheiligten Verwaltungen zugegangenen Anweisungen enthalten eingehende Vorschriften über die Beschaffenheit der Arbeitsstätten und die Sicherung des Betriebes im Allgemeinen, über Vorkehrungen gegen Feuersgefahr, über Hilfeleistung in Krankheits- und Unglücksfällen, über Gesundheitspflege und Vorkehrungen gegen Seuchengefahr, Beschaffenheit der Wohn- und Schlafräume, Bereitstellung von Trinkwasser, Beschaffung von Lebensmitteln und Feuerung, Förderung von Spareinrichtungen und Fürsorge für nicht mehr voll leistungsfähige Arbeiter.

I. Aus dem für die Verbesserung der Wohnungsverhältnisse von Arbeitern und gering besoldeten Staatsbeamten durch das Gesetz v. 13. Aug. 1895 (G.-S. S. 521) aus Anleihemitteln bereit gestellten Betrage sind 150 000 M. für die allgemeine Bauverwaltung abgezweigt worden. Es sind hiervon verwendet 1. im Jahre 1897 für den Ankauf und Ausbau eines Wohnhauses in Fordon für Unterbedienstete der Weichselstrombauverwaltung 12 365 M. Es enthält 7 theils drei-, theils zweiräumige Wohnungen, deren Miethertrágniss auf 580 M. = 4,69 v. H. des bezeichneten Anlagekapitals sich beziffert, 2. für die Erbauung von 2 dreigeschossigen Wohnhäusern mit je 6 Wohnungen am Ruhrorter Hafen 43 904 M. Hierzu tritt der Werth des Geländes, das bereits im Staatsbesitze war, mit 3570 M., so dass das gesammte Anlagekapital sich auf 47 474 M. beläuft. Die Wohnungen, die seit dem 1. Nov. 1898 in Benutzung stehen, enthalten 40 qm Nutzfläche in drei Räumen, nebst Kellerraum, Abort (im Hause) und Dachkammer. Das Miethertrágniss, je 162 M. für die Wohnung, — insgesammt 1944 M. — ergiebt 4,10 v. H. des gesammten Anlagekapitals. Der Betrag von 150 000 M. — (12 365 + 43 904 M.) = 93 731 M. ist der Eisenbahnverwaltung behufs Verwendung für ihren Bereich zur Verfügung gestellt worden.

II. Gesetz v. 2. Juli 1898. Es ist beabsichtigt, aus den Mitteln dieses Gesetzes für den Bau von Miethwohnhäusern im Bereiche der Weichselstrombauverwaltung bis zu 60 000 M. und im Bereiche der Wasserbauverwaltung in Königsberg i. Pr. bis zu 50 000 M., zusammen bis zu 110 000 M. zu verwenden. Man rechnet auf eine Verzinsung des Anlagekapitals von 4 Proz.

III. Gesetz v. 23. Aug. 1899. Aus den Mitteln dieses Gesetzes ist ein Betrag von 450 000 M. zur Errichtung von Miethwohnhäusern in Pillau, Küstrin, Emden und Norderney, sowie für etwa sonst noch hervortretende Bedürfnisse vorbehalten worden. In Küstrin und Norderney muss von solchen Bauten abgesehen werden, weil sich ergeben hat, dass ein hinlängliches Mietherträgniss nicht zu erwarten steht. In Pillau werden 12 und im Bereiche der Wasserbauinspektion Emden 10 Wohnungen hergestellt. Auch hier wird auf eine 4proz. Verzinsung gerechnet.

Für die weiteren Bedürfnisse der Bauverwaltung genügen einstweilen 156 790 M. Der von obigen 450 000 M. verfügbar bleibende Betrag von 206 300 M. ist der Eisenbahnverwaltung überwiesen worden.[1])

§ 281. *Kap. 66 Tit. 3.* Zur Unterstützung von erwerbsunfähig gewordenen Arbeitern und von Hinterbliebenen verstorbener Arbeiter 8500 M.

Der Fonds beruhte auf Allerh. Kabinets-Ordre v. 16. Nov. 1850, war ursprünglich nur sehr gering (1880/81 2700 M.) und wurde bis Anfang der 90er Jahre auf 4500 M. erhöht. 1892/93 trat eine Steigerung auf 10 000 M. ein. Sie war die Folge einer Vereinbarung mit der Oberrechnungskammer, nach welcher künftig Unterstützungen aus Baufonds, wie sie bis dahin auf Grund der Allerh. Kabinets-Ordre v. 16. Nov. 1850 gewährt wurden, nicht mehr stattfinden sollen. 1897/98 wurde der Posten wieder auf 8500 M. ermässigt, während dafür der Fonds Tit. 2 entsprechend um 1500 M. erhöht wurde, was seinen Grund wesentlich darin hatte, dass zahlreiche Personen, welche früher nur im Lohnverhältniss auf Grund von Arbeitsverträgen beschäftigt wurden, also unter den Begriff der Arbeiter fielen, in die Klasse der ausseretatsmässigen Beamten übergetreten sind. Diese anderweite Abgrenzung war durch dienstliche Interessen sowie durch die Ausführung des Gesetzes, betreffend die Invaliditäts- und Altersversicherung, v. 22. Juni 1889 geboten.

Kap. 66 Tit. 4.

§ 282. Zu Rückerstattungen und sonstigen Ausgaben 63 100 M.

Der Fonds wurde erst 1885/86 mit 2000 M. „für Rückerstattungen" eingestellt. 1890/91 trat eine Erhöhung um 14 100 M. ein aus folgender Erwägung: Bis dahin pflegte man von Erlösen und Nutzungen

[1]) Die Bauverwaltung hatte den Wunsch, dem Bedürfnisse entsprechend, Wohnungen in grösserer Anzahl als geschehen aus Mitteln des Ges. v. 13. 8. 95 u. s. w. aufführen zu lassen, musste aber hiervon absehen, weil das Bedürfniss nach der Errichtung von Wohnhäusern für die Arbeiter und gering besoldete Beamte der Wasserbauverwaltung häufig gerade an solchen Orten besteht, die sehr abgelegen sind, schlechten Baugrund und schlechte Trinkwasserverhältnisse haben. Die Anfuhr der Materialien auf weite Entfernungen, die Schwierigkeit der Fundamentirung u. s. w. steigern die Baukosten so, dass eine 9proz. Verzinsung durch die Miethe nicht zu erreichen ist.

und aus dem Verkaufe alter Baumaterialien die Bekanntmachungs-, Erhebungs- und Werbekosten vorweg abzuziehen und nur den Reinertrag bei Kap. 28 in Einnahme zu stellen. Dies Verfahren entsprach nicht dem Art. 99 der Verf.-Urk. Es wurde daher von da ab der volle (Brutto) Ertrag eingestellt und die entstehenden Werbungs- etc. Kosten bei Kap. 66 Tit. 4 in Ausgabe ausgeworfen. Eine weitere namhafte Erhöhung des Fonds auf 41 100 M. trat 1897/98 mit Rücksicht auf die nach dem Komm.-Abg.-Ges. v. 14. Juli 1893 zu leistenden Abgaben für Gebäude und Grundstücke der Wasserbauverwaltung, deren Unterhaltung aus den Fonds Kap. 65 Tit. 15—17 zu erfolgen hat, ein. Die neueste Steigerung auf 63 100 M. brachte der Etat 1902. Der Grund lag in der Einstellung der Gebühren, welche an die Raths- und Amts-Maurer- und Zimmermeister, sowie an die Schornsteinfegermeister, welche in Berlin, Charlottenburg, Schöneberg und Rixdorf zur Mitwirkung bei Ausübung der Bau- und Feuerpolizei von den kgl. Polizeiverwaltungen mit herangezogen werden, hier eingestellt wurden. Entsprechend sind im Etat des Ministeriums des Innern, auf welchen früher die Bezüge der genannten Personen übernommen wurden, unter Kap. 91 Tit. 15 v. 1. April 1900 ab 22 511 M. in Abgang gestellt worden (vergl. Anlagen zum Staatshaushalts-Etat für das Etatsjahr 1900, Bd. II No. 18, Beil. A S. 53).

VI. Abschnitt.

Ruhrschiffahrts- und Ruhrhafenverwaltung.

(Kap. 28 Tit. 4 der Einnahme und Kap. 66 a der Ausgabe.)

Allgemeines und Geschichtliches.

§ 283. Der Ruhrorter Hafen nimmt sowohl nach Grösse und Bedeutung, wie nach etatsrechtlicher und finanzieller Seite unter allen staatlichen[1]) Hafenanlagen eine Sonderstellung ein.[2])

Die Vorgeschichte des Hafens umfasst einen Zeitraum von beinahe 200 Jahren und hängt mit der Entwickelung der Ruhrschiffahrt nahe zusammen, welche bis Mitte des 19. Jahrhunderts in Folge der Schiffbarmachung der Ruhr (unter Friedrich dem Grossen) von grösster Bedeutung war. Der Wettbewerb der Eisenbahnen seit jener Zeit, denen die geringen Abmessungen der Ruhrschiffahrtsstrasse nicht gewachsen waren, machte die Ruhrschiffahrt immer bedeutungsloser. Dagegen steigerte sich seitdem umsomehr die Bedeutung des Ruhrorter

[1]) vergl. § 250.

[2]) vergl. Begründung zu dem Gesetzentwurf betr. die Erweiterung des Ruhrorter Hafens A.-H. 1902. Drucks. No. 146.

Hafens als Umschlagsplatz zwischen Eisenbahn und Rheinschiff, zumal nunmehr nicht nur das Ruhrkohlengebiet, sondern auch zahlreiche andere Zechengebiete ihre Kohlen nach diesem Hafen auf dem Schienenwege zuführten. Allerdings entstanden mit der Zeit z. B. in Duisburg Konkurrenzhäfen. Gleichwohl hat der Ruhrorter Hafen seine Bedeutung als verkehrsreichster Binnenhafen bis heute behalten.

Der Hafen, welcher schon 1825 eine Wasserfläche von 6,8 ha hatte und 1837—1842 auf 11,7 ha vergrössert worden war, wurde durch Ausbau des Nord- und Südhafens 1860 bis 1868 auf 17 ha und durch Herstellung des Kaiserhafens in den Jahren 1872—1890 auf 51,3 ha erweitert; ausserdem hat er Magazin- und Lagerplätze von 71 ha sowie Wege- und Gleisanlagen von 41,7 ha Fläche aufzuweisen. Die neuerdings geplante Erweiterung soll in der Weise erfolgen, dass vom Rhein her längs des Kaiserhafens ein neuer Hafenkanal mit zwei Becken (später ein drittes) erbaut wird. (Sohlenbreite im Kanal 70, in den Becken je 100 m. Für den Umschlagsverkehr verfügbare Uferlängen 6,40 km.) Ausserdem wurde ein neuer Hafenbahnhof von der Eisenbahnverwaltung hergestellt (s. auch § 289).

Die Mittel zu diesen Bauten — abgesehen von den neuesten Erweiterungsbauten (§ 289) — sind ebenso wie die Aufwendungen für die Wasserstrasse der Ruhr nicht aus den allgemeinen Finanzquellen des Staates entnommen, sondern aus den besonderen Einkünften der sogenannten Ruhrschiffahrtsverwaltung bestritten worden.

Es besteht nämlich seit Alters her eine besondere Ruhrschiffahrts- und Schleusengelderkasse, deren Ertrag nach ihrer Bestimmung für den Staat keine Finanzquelle bilden soll, sondern zur Verbesserung der Ruhrschiffahrt und des Ruhrorter Hafens zu verwenden ist (Allerh. Kabinets-Ordre v. 23. März 1839, G.-S. S. 95).[1]) Die Verwaltung dieses Fonds wurde 1814 dem Oberpräsidenten von Westfalen, 1845 dem Regierungs-Präsidenten in Düsseldorf übertragen.

Die rechtliche Natur des Fonds wurde zum ersten Male gründlich erörtert bei den Etatsberathungen 1850 (Sten. Ber. der II. Kammer 1849/50 S. 2714 und 1850 S. 1863 u. 2730). Auf Grund dieser Erörterungen fand eine Einstellung der Revenuen in den Etat statt, ohne dass die Verwendung der Gelder zu den speziellen Ruhrschiffahrtszwecken damit aufgehoben werden sollte. Ausdrücklich wurde diese Spezial-Verwendung festgelegt durch Allerh. Erl. vom 28. Okt. 1850. Auch in späteren Jahren fanden mehrfache parlamentarische Erörterungen über die Sonderstellung des Ruhrschiffahrtsfonds statt. Dabei wurde der Landtag niemals im Zweifel darüber gelassen, dass die Staatsregierung sich für ermächtigt hielt, die Bestände des Ruhrschiffahrtsvermögens zu den sächlichen Ausgaben der Ruhrschiffahrtsverwaltung zu verwenden, ohne im einzelnen Falle durch den Etat hierzu besonders ermächtigt zu sein.

Dieser Standpunkt wurde späterhin auch der Oberrechnungs-

---

[1]) 1902 war aus den nicht verwendeten Beständen ein Kapitalvermögen von 3,8 Mill. M. angesammelt Der Werth des — ohne jeden Staatszuschuss — im Laufe der Zeit aus den eigenen Einnahmen weiter ausgebauten Hafens konnte 1900 auf rund 12 Mill. M. geschätzt werden.

kammer gegenüber mit Erfolg geltend gemacht (vergl. die Rechnungskommissionsverhandlungen des A.-H. aus dem Jahre 1876).

Die Regierung betonte, dass nicht allein Zweckmässigkeitsgründe für den bisherigen Zustand sprächen, sondern dass auch die Verf.-Urk. Art. 99 nicht entgegenstehe. Diese Verfassungsvorschrift schliesse nicht aus, dass der Staatsregierung durch den Etat selbst die Ermächtigung ertheilt werde, über die darin bezeichneten Ausgabebeträge innerhalb bestimmter Grenzen hinauszugehen. Es erscheine mit jener Bestimmung wohl vereinbar, wenn durch die dem Ausgabefonds „zu materiellen Kosten der Ruhrschiffahrts- und Ruhrhafenverwaltung“ Kap. 66 Tit. 16 beigefügte Bemerkung, dass die Ausgaben nach den Einnahmen der Verwaltung (Kap. 12 Tit. 6 des Staatshaushalts-Etats) sich richten, jener Fonds der Staatsregierung im Rahmen eines Spezialetats zu freierer Verfügung überlassen werde. Es liegt hier einer der im § 16 Abs. 1 des Komptabilitätsgesetzes v. 11. Mai 1898 gedachten Fälle vor.

Etatsmässige Behandlung.

§ 284. Im Etat ist diese Sonderstellung der Ruhrorter Schiffahrts- und Hafenverwaltung erst seit dem Jahre 1899 völlig klar zum Ausdruck gekommen. Die Einnahmen aus der Verwaltung bilden allerdings schon seit Anfang der 70er Jahre einen besonderen Einnahmetitel (Kap. 28 Tit. 4). Die persönlichen Ausgaben wurden aber bei den verschiedenen allgemeinen Besoldungstiteln der Provinzialbehörden der Bauverwaltung mit nachgewiesen und nur unter dem (früheren) Tit. 19 des Kap. 65 fand eine Ausgleichung der Gesammtausgabe mit der Einnahme statt, in dem hier der zum persönlichen Bedarf nicht verwendete Einnahmetheil als „materielle Kosten der Ruhrschiffahrts- und Hafenverwaltung“ erschien, der frei zur Disposition der Regierung stand und thatsächlich (wie schon gesagt) zum Theil zur Kapitalansammlung verwendet wurde. Zur Vermeidung der mit dieser Einrichtung und der daraus folgenden Verrechnungsweise verbundenen Weitläufigkeiten ist seit 1899 die Einrichtung getroffen, dass in einem neuen Kap. 66a die sämmtlichen Ausgaben der Ruhrschiffahrts- und Ruhrhafenverwaltung besonders ersichtlich gemacht werden, welchen die Einnahmen in gleicher Höhe unter Kap. 28 Tit. 4 gegenüberstehen.

Einnahmen und Ausgaben der Ruhrschiffahrts- und Hafenverwaltung.

§ 285. I. Einnahmen. *Kap. 28 Tit. 4* 1902 1 025 000 M.

Es handelt sich hier hauptsächlich um Abgaben, Miethen u.s.w., welche bis Mitte der 60er Jahre hauptsächlich aus Ruhrschiffahrtsabgaben bestanden, die seitdem aber wegen des Wettbewerbes der Eisenbahnen ermässigt und 1868 ganz beseitigt wurden. Gegenwärtig werden nur noch Hafenabgaben und Vergütungen für die Verwerthung der ausgedehnten Lagerplätze und Hafengeleise (Miethen und Pächte) erhoben.

Der Etat für 1901/03 weist insgesammt 1 025 000 M. Einnahmen nach. Davon entfallen auf

1. Miethen und Pächte von Hafengrundstücken und Gebäuden . . . . 312 901 M.

2. Hafengeld nach dem durch Erl. v. 8./23. März 1869 genehmigten Tarife	171 800	„
3. Erlös für alte Baumaterialien etc.	89 400	„
4. Hafenbahngelder[1])	318 000	„
5. Transportgebühren der Rheinischen Stahlwerke zu Ruhrort	22 500	„
6. Einnahmen aus dem Betriebe der fiskalischen Regiekipper im Kaiserhafen	45 900	„
7. Zinsen etc.	43 426	„
8. Sonstiges	21 073	„
Summa . .	1 025 000	M.

Wie sehr sich einzelne dieser Posten im Laufe der Zeit gesteigert haben, mögen folgende Zahlen bekunden. Es betrugen die Einnahmen

	1873	1886/87	1901
zu 1	18 254	121 757	312 901
„ 2	—	80 000	171 800
„ 3	—	12 000	89 400
„ 4	113 000	320 000	318 000
„ 5	—	—	22 500
„ 6	—	—	45 900
„ 7	32 485	1 350	43 426
„ 8	3 251	24 913	21 073
Summa . .	166 990	560 000	1 025 000.

§ 286. II. Ausgaben. *Kap. 66a Tit. 1—9* 1902 1 025 000 M. Entsprechend der oben (§ 273) hervorgehobenen rechtlichen Natur der Ruhrschiffahrts- und Hafenverwaltung ist dem Etatskap. 66a als Vermerk zugefügt: Die Ausgabe richtet sich nach der Einnahme dieser Verwaltung (Kap. 28 Tit. 4). Zu den Ausgaben darf auch das als ein besonderer Staatsfonds verwaltete, aus den Ueberschüssen herrührende Vermögen verwendet werden. Ausserdem sind Kap. 66a Tit. 4 und 6 in die folgenden Jahre übertragbar.

Auch in dem neuen Kap. 66a findet sich ein dem alten Tit. 19 des Kap. 65 entsprechender gleichlautender Titel (s. § 284) von derselben Bedeutung vor (Tit. 8 des Kap. 66a). Die Beträge desselben sind bis in die neueste Zeit in stetiger Steigerung begriffen. Sie betrugen 1873: 147 191, 1886/87: 520 883, 1901: 955 790 (1902: 937 590) M.

Im einzelnen enthielt dieser Titel folgende Ausgaben:

	1873	1886/87	1901
zu Unterhaltungs-, Betriebs- und Wiederherstellungskosten			
a) bei der Hafen- und Schiffahrtsverwaltung . . .	26 600	156 000	170 000
b) bei der Hafeneisenbahn[2])	67 195	134 883	209 515
zu Neubauten und -Anlagen	53 396	230 000	576 275
Summa . .	147 191	520 883	955 790.

[1]) Nach dem Min.-Erl. v. 17. Dez. 1892 werden von den für den Güterverkehr auf den Hafeneisenbahnen erhobenen Gebühren 75 Pf. für jeden kommenden und gehenden Wagen von der Eisenbahnverwaltung (s. § 276) an die Hafenverwaltung abgeführt.

[2]) Der Betrieb der Bahn wird von der Eisenbahndirektion Essen geführt. Die Aus-

§ 287. Auch die übrigen Ausgaben — meist persönlicher Natur — welche gegenwärtig in Kap. 66a Tit. 1—8 spezialisirt sind, haben eine verhältnissmässig nicht unerhebliche Steigerung aufzuweisen, wenn sie auch, absolut genommen, den materiellen Kosten gegenüber weniger ins Gewicht fallen. Es steigerten sich:

	1873	1886/87	1901	
Besoldungen etc. . . .	16 919	29 337	45 910	(1902: 46 110)
Remunerationen u. Unterstützungen	1 200	2 400	3 500	(1902: 18 500)
Dienstaufwand etc. . .	—	750	4 800	(1902: 7 800)
Sonstiges	—	6 630	15 000	(1902: 15 000).

Beamte und Beamtenbesoldung.

§ 288. Die Zahl der in der Ruhrschiffahrts- und Hafenverwaltung thätigen Beamten hat sich gegen früher wenig geändert, wohl aber die Besoldungshöhe.

An höheren Beamten ist im Etat nur die Stelle des Wasserbauinspektors vorgesehen, welche jetzt in Folge der allgemeinen Besoldungsaufbesserung mit 3600—5700 M. dotirt ist.

Doch werden höhere Baubeamte vorübergehend als sog. „fliegende" Beamte bei der Verwaltung beschäftigt, wofür in Tit. 3 15 000 M. und in Tit. 7 3000 M. ausgeworfen sind (seit 1902, früher erfolgte die Remunerirung aus Tit. 9, was von der Oberrechnungskammer monirt worden war).

Ein Hafenkassenrendant und ein Assistent desselben waren bereits 1873 angestellt. Sie bezogen damals 3600 M. bezw. 1800 M., heute 3000—4500 bezw. 1500—2700 M. Die Stelle des Hafenmeisters (1873: 1650 M.) ist im Jahre 1901 in die eines der Klasse der mittleren Beamten zugehörigen Hafeninspektors[1]) (2700—4200 M.) umgewandelt worden. 2 Hafenaufseher bezogen 1873 1275 M. bezw. 1125 M., jetzt gleichmässig 1200—1800 M. 2 Kippmeister (je 1200 M.) und 2 Wasserbauaufseher (je 1050 M.) erhalten jetzt als Wasserbauwarte[2]) je 1500 bis 2700 M. bezw. als Strommeister je 1200—1600 M. Früher gab es 2 Hafenpolizeibeamte mit je 1050 M., jetzt 4 mit je 1200—1600 M., früher 3 Brückenwärter mit je 8—900 M., jetzt sind 6 Brückenaufseher mit je 900—1200 M. thätig. Die Zahl der Hafenwächter stieg von 3 mit je 800—900 M. auf 4 mit je 900—1200 M.

Neu hinzugetreten sind im Laufe der Zeit 1 Landmesser (2100 bis 4200 M.) und 2 Bausekretäre[3]) (1500—3300 M.). Dagegen sind eine grössere Zahl von Schleusenwärterstellen (1873: 9) wegen Rückganges der Ruhrschiffahrt allmälig eingezogen worden.

---

gaben werden vorschussweise von ihrer Eisenbahnhauptkasse geleistet und von der Ruhrhafenkasse zurückerstattet.

[1]) S. § 23. [2]) S. § 195b. [3]) S. § 195a.

Tit. 2 (Wohnungsgeldzuschuss) ist gering, da fast alle Beamte Dienstwohnungen haben.

Hinsichtlich der in Tit. 3 erwähnten Stellenzulagen ist auf die Ausführungen unter Ziff. IV der dem Etat des Finanzministeriums für 1899 beigegebenen Denkschrift (Anl. d. Etats Bd. II No. 14, Beil. C S. 36), hinsichtlich der Tit. 4–6 auf Bd. I dieses Werkes, Buch I S. 97, zu verweisen.

Die in Tit. 7 erwähnten Beköstigungs-Entschädigungen, Tage- und Uebernachtungsgelder werden für Wasserbauwarte und Strommeister bei dienstlicher Beschäftigung ausserhalb des Wohnortes nach Massgabe des Runderl. v. 31. März 1900 (M.-Bl. f. d. i. V. No. 4) gewährt.

Wie aus dem Wortlaute des Tit. 9 hervorgeht, werden auch die Pensionen und Reliktengelder der Beamten aus den eigenen Einnahmen der Ruhrschiffahrts- und Hafenverwaltung bestritten.

Hafenerweiterung.

§ 289. Während bisher alle Hafenreparaturen und -Neuanlagen lediglich aus den Spezialfonds bestritten wurden, sind zu der auf Grund des Ges. v. 2. Juni 1902 (G.-S. S. 202) angeordneten Hafenerweiterung wenigstens nominell allgemeine Staatsmittel in Form einer Anleihe in Anspruch genommen worden, die aber aus dem Ruhrfonds verzinst und getilgt wird.

Die Hafenerweiterung war in dem geplanten Umfange (s. § 283) unumgänglich nothwendig, wenn die Konkurrenz, vor Allem des Duisburger Hafens, nicht gefährlich werden sollte.

Die Baukosten für die Hafenerweiterung sind auf 13 296 800 M. veranschlagt, wovon 2 343 000 M. auf Grunderwerb, 1 705 600 M. auf Hafengleise und 784 000 M. auf die Ausrüstung des Hafens mit Kippern und Ladebühnen entfallen. Diese Kosten werden zunächst aus dem Kapitalvermögen des Ruhrschiffahrtsfonds mit 3 800 000 M. und aus den Einnahmeüberschüssen der 4- bis 5jährigen Bauzeit, welche für die ersten Baujahre mit 550 000 M. und dann mit 600 000 M. jährlich berechnet sind, gedeckt, während der Restbetrag von rund 7 000 000 M. durch eine Anleihe zu beschaffen ist.

Da der Ruhrschiffahrtsfonds keine eigene Rechtspersönlichkeit besitzt, sondern lediglich die Eigenschaft eines besonderen Staatsfonds hat, so konnte eine solche Anleihe nur als Staatsanleihe auf Grund eines Gesetzes – nach Massgabe des Art. 103 der Verf.-Urk. vom 31. Jan. 1850 — aufgenommen werden.

Diese Anleihe wird demnächst einen ununterschiedenen Theil der allgemeinen Staatskapitalschuld bilden und mit ihr nach Massgabe des Ges. v. 8. März 1897 (G.-S. S. 43) getilgt werden; die Ruhrschiffahrtsverwaltung soll jedoch den allgemeinen Staatsfonds gegenüber die $3^1/_2$ proz. Verzinsung und 1 proz. Tilgung — letztere unter Hinzurechnung der ersparten Zinsen getilgter Kapitaltheile — übernehmen. Zu diesem Zwecke sollen aus den Einnahmen der genannten Verwaltung (Kap. 28 Tit. 4 der Einnahmen des Etats der Bauverwaltung) die Zins- und Tilgungsbeiträge bei Kap. 66a Tit. 8 des Etats der Bauverwaltung unter den sächlichen Ausgaben der Ruhrschiffahrts- und Ruhrhafenverwaltung in Ausgabe gestellt, beim Etat der Allgemeinen Finanzverwaltung vereinnahmt und beim Etat der Staatsschuldenverwaltung (Kap. 36) wieder verausgabt werden.

Die Anleiheschuld würde demnach für den Ruhrschiffahrtsfonds in 43 Jahren von der letzten Zahlung ab getilgt sein.

Vierter Hauptabschnitt.

Extraordinarium.

(Kap. 5 der Ausgabe.)

§ 290. Das Extraordinarium des Bauetats ist in drei Theile getheilt: 1. zur Regulirung der Wasserstrassen und Förderung der Binnenschiffahrt,[1]) 2. zu Seehäfen und Seeschiffahrtsverbindungen, 3. zum Bau von Strassen, Brücken und Dienstgebäuden.

Auf diese Ausgaben und Ausgabegruppen des Extraordinariums im Einzelnen hier einzugehen, erübrigt sich, da sie bereits in den früheren Abschnitten mit berücksichtigt worden sind (vergl. das in §§ 203 u. 204 Gesagte).

Insbesondere braucht die Thatsache, dass das Extraordinarium im Laufe der letzten Jahrzehnte hauptsächlich zu Wasserbauten in Anspruch genommen ist, nach den bereits in § 164 und an anderen Stellen gemachten Bemerkungen hier nicht noch besonders erörtert zu werden.

In Anlage LXXX mögen nur die Gesammtsummen des Extraordinariums der Bauverwaltung seit 1879/80 dem Ordinarium gegenübergestellt werden.

Aus dieser Tabelle ergiebt sich, dass der Betrag des Extraordinariums im Bauetat schon seit langer Zeit eine verhältnissmässig so bedeutende Höhe einnimmt, wie wir sie bei keinem anderen Zweige der Staatsverwaltung wiederfinden.

Allgemeinen etatswissenschaftlichen Grundsätzen dürfte das nicht entsprechen. Wenn alljährlich so hohe Beträge für Bauten auszuwerfen sind, so kann man die Ausgaben kaum noch alle als einmalige und ausserordentliche hinstellen. Vielmehr würde es von diesem Gesichtspunkte aus richtiger sein, alljährlich einen bestimmten Betrag für Neubauten in das Ordinarium des Etats aufzunehmen. In früheren Jahren hat die Staatsregierung dieses Prinzip auch befolgt, wie die Ausführungen in § 219 des Näheren ergeben. Man hat aber aus praktischen Gründen, vor Allem zur Verstärkung des Kontrole-

[1]) In früheren Jahren waren auch diese beiden Ausgabegruppen noch getrennt.

rechtes durch den Landtag, — da die Einstellung im Extraordinarium für jedes einzelne Bauunternehmen einen besonderen, näher zu erläuternden Ausgabetitel zur Folge hat, — diesen Standpunkt schon seit 1880/81 wieder verlassen.

Der Nachtheil des gegenwärtigen Verfahrens liegt, abgesehen von der Einschränkung der Bewegungsfreiheit der Bauverwaltung, auch darin, dass die Anwendung der allgemeinen, für die extraordinären Ausgaben massgebenden Grundsätze, nach welchen u. A. der Staat zu stärkerer Kürzung in finanziell ungünstigen Zeiten für berechtigt zu erachten ist, gegebenenfalls die Bauverwaltung zu Ungunsten anderer Verwaltungszweige erheblich benachtheiligen könnte.

§ 291. Das Verfahren, welches bei Bauten, deren Kosten durch das Extraordinarium des Staatshaushalts bereitgestellt werden, zu beobachten ist, ist vorgeschrieben in der Allgem. Verfügung Nr. 4 vom 9. April 1897 unter Ziff. III.

Darnach wird, wenn ein Bedürfniss zur Ausführung grösserer Neubauten oder umfangreicher Stromregulirungen eintritt, deren Kosten voraussichtlich aus dem Ordinarium nicht bestritten werden können, in der Regel zunächst die Aufstellung eines allgemeinen Entwurfs (Vorentwurfs) nebst Uebersichts- und Lageplan, kurzem Erläuterungsbericht und Kostenüberschlag angeordnet.

Die für die Beurtheilung der Nothwendigkeit oder der Vortheile des Baues in Betracht kommenden wirthschaftlichen Fragen sind unter der Bezeichnung „Begründung des Baubedürfnisses" in einer besonderen Ausarbeitung klarzustellen, welche mit dem Vorentwurfe oder, wenn ein solcher nicht aufgestellt wird, mit dem Entwurfe einzureichen ist.

Ist von der Prüfungs- bezw. Nachprüfungsinstanz der in Vorschlag gebrachte Bau für zweckmässig erachtet worden und über die Art und den Umfang der Anlage entschieden, so wird der Auftrag zur Ausarbeitung des Entwurfes nebst Kostenanschlag ertheilt, worüber die näheren Bestimmungen in der Allgem. Verfügung Nr. 5 getroffen werden.

Für umfassendere Stromregulirungen wird auf Grund der Kostenüberschläge in der Regel eine Denkschrift ausgearbeitet, welche dem Landtage vorgelegt wird und die Grundlage für die Einstellung der erforderlichen Bauraten in den Staatshaushaltsetat bildet. Die einzelnen Jahresraten sind von den Provinzialbehörden zu ermitteln und in die im Absatz 5 näher bezeichnete Nachweisung der Mehrbedürfnisse aufzunehmen.

Die Provinzialbehörden haben bis zum 1. April jeden Jahres in einer Nachweisung nach besonderem Muster die aus dem Extraordinarium zu bestreitenden einmaligen und ausserordentlichen Bedürfnisse für das folgende Rechnungsjahr anzumelden und hierbei die Entwürfe und Kostenanschläge, soweit sie nicht bereits vorher eingereicht sind, vorzulegen.

Behufs Vorbereitung der Bauausführungen erhalten die Provinzialbehörden zu gegebener Zeit Nachricht, welche Summen in das Extraordinarium des nächstjährigen Etats eingestellt worden sind. Für die Stromregulirungsbauten wird bei der gleichen Gelegenheit die Einreichung von Verwendungsplänen angeordnet, welche nach besonderem Muster aufzustellen und denen geeigneten Falls Kostenanschläge beizugeben sind. Nach der zweiten Lesung des Staatshaushaltsetats erhalten die Provinzialbehörden die eingereichten Entwürfe, Kostenanschläge u. s. w. zum Zwecke der Einleitung der Bauausführung zurück; es dürfen jedoch, sofern nicht im Einzelfalle etwas Anderes angeordnet wird, vor dem Zustandekommen des Etats Zahlungen für dessen Rechnung nicht geleistet und Verbindlichkeiten zu seinen Lasten nur unter der Bedingung eingegangen werden, dass die Bewilligung der Mittel durch den Etat eintritt.

Anlage LII.

Etat der Verwaltung für Handel, Gewerbe und Bauwesen in den Jahren 1878/79, 1867 und 1852.

1	2	3	4	5	6	7
Kap.	Tit.	Bezeichnung der Einnahme bezw. Ausgabe	1878/79 ℳ	1867 alte Prov. ℳ	1867 neue Prov. ℳ	1852 ℳ
12.	1—16	**Einnahme**	**1 575 131**	**621 714**	**165 429**	**131 667**
		Ausgabe.				
		A. Dauernde Ausgaben.				
65.		Ministerium.				
	1—8	Besoldungen	576 900	474 750	31 350	} 339 120
	8a	Wohnungsgeldzuschüsse für die Beamten .	88 500	—	—	
	9—11	Andere persönliche Ausgaben	165 840	55 500	10 671	
	12—14	Sächliche Ausgaben	111 200	54 600	15 585	91 210
		Summe Kap. 65 . . .	*942 440*	*584 850*	*57 606*	*430 330*
66.		Bauverwaltung.				
	1—4f	Besoldungen	2 801 979	1 392 795	690 318	—
	4g	Wohnungsgeldzuschüsse für die Beamten .	300 940	—	—	—
	5—7	Andere persönliche Ausgaben	61 230	700 737	447 105	1 531 882
	8—19	Sächliche Ausgaben	12 724 165	17 255 580	5 254 002	12 745 454
		Summe Kap. 66 . . .	*15 888 314*	*19 349 112*	*6 391 425*	*14 277 336*
69.		Handels- und Gewerbe-Verwaltung.				
	1—4	Besoldungen	386 258	} 170 133	82 914	88 003
	4a	Wohnungsgeldzuschüsse für die Beamten .	42 516			
	5—10	Andere persönliche Ausgaben	196 547			
	11—13	Sächliche Ausgaben	234 576	10 839	36 783	4 252
		Summe Kap. 69 . . .	*859 897*	*180 972*	*119 697*	*92 255*
70.		Technische Lehr-Anstalten der Handels- und Gewerbe-Verwaltung und sonstige wissenschaftliche und gemeinnützige Zwecke.				
	1—5	Besoldungen	625 760	—	—	—
	5a	Wohnungsgeldzuschüsse für die Lehrer und Beamten	89 400	—	—	—
	6 u. 7	Andere persönlichen Ausgaben	279 532	—	—	—
	8—10	Sächliche und vermischte Ausgaben	294 519	—	—	—
	11—13	Sonstige Ausgaben	690 704	434 580	238 230	532 380
		Summe Kap. 70 . . .	*1 979 915*	*434 580*	*238 230*	*532 380*
71.		Bau-Verwaltung für Handel und Gewerbe gemeinsam	240 150	25 200	58 836	—
		Summe der dauernden Ausgaben . . .	**19 910 716**	**20 574 714**	**6 865 794**	**15 332 301**
				27 440 508		
		B. Einmalige und ausserordentliche Ausgaben.				
7.	1—44	Allgemeine Bauverwaltung	9 195 980	5 400 000	764 727	3 000 000
	45—55	Verwaltung für Handel und Gewerbe . . .	1 544 020	309 000	50 136	—
		Summe der einmaligen und ausserordentlichen Ausgaben . . .	**10 740 000**	**5 709 000**	**814 863**	**3 000 000**
				6 523 863		

Anlage LIII.

Einnahmen und Ausgaben der Handels- und Gewerbeverwaltung Gewerbe für die Etatsjahre 1902 bis 1897/98, 1895/96,

1	2	3	4	5	6
Etatsstelle 1902		Etatspositionen.	1902	1901	1900
Kap.	Titel		ℳ	ℳ	ℳ
29.		**Einnahme.**			
	1.	Miethen und Pächte von fiskalischen Grundstücken u. s. w.	836	1 125	1 125
	1a	Fällt aus	—	—	—
	1b.	Für Nebenbeschäftigung der Gewerbe-Inspektionsbeamten	27 230	24 790	23 415
	1c.	Lootsengebühren	18 030	19 495	18 695
	1d.	Gebühren für die an Vereine übertragenen Dampfkesseluntersuchungen	550 000	550 000	550 000
	2.	Navigations-Haupt- und Vorschulen	31 560	29 850	30 392
	2a.	Baugewerkschulen	810 990	745 760	695 710
	2b.	Maschinenbauschulen einschliesslich der höheren Schiff- und Maschinenbauschule in Kiel, Fachschulen für Metallindustrie, Fachschulen für See-Dampfschiffsmaschinisten	381 930	329 609	292 444
	2c.	Zeichenakademie (Fachschule für Edelmetall-Industrie) in Hanau, Provinzial-Kunst- und Gewerkschule in Königsberg i. Pr. und keramische Fachschulen	19 220	19 220	14 150
	2d.	Handels- und Gewerbeschule für Mädchen	100 900	39 800	—
	3.	Aichungsämter	377 607	369 721	345 091
	3a.	Beschussanstalt in Suhl	38 300	31 500	31 500
	3b.	Bernsteinwerke	2 540 000	2 447 132	2 255 000
	4.	Musterungsbehörden	40 115	40 665	40 865
	5.	Rückzahlungen auf die für aufgehobene gewerbliche Berechtigungen vorschussweise gewährten Entschädigungskapitalien	42 138	42 828	42 888
	5a.	Porzellan-Manufaktur	1 078 420	1 045 060	958 340
	5b.	Institut für Glasmalerei	60 700	44 300	40 100
	5c.	Technische Centralstelle für Textil-Industrie	81 200	18 100	—
	6.	Musterbleiche in Sohlingen und aus dem Fonds zur Unterstützung von Lehrlingen	53 695	53 695	48 095
	7.	Sonstige Einnahmen und aus besonderen Fonds	65 689	51 269	52 104
		Summe der Einnahme	**6 318 560**	**5 903 919**	**5 439 914**
67.		**A. Dauernde Ausgaben.**			
		Ministerium.			
	1-7.	Besoldungen	369 900	356 440	360 580
	8.	Wohnungsgeldzuschüsse für die Beamten	53 040	51 240	50 340
	9-10.	Andere persönliche Ausgaben	41 950	41 950	41 950
	11-14.	Sächliche Ausgaben	85 790	83 590	83 590
		Summe Kap. 67	**550 680**	**533 220**	**536 460**

[1]) Einschl. 1 000 ℳ aus Titel 7a — [2]) Einschl. 21 578 ℳ gesetzl. Wittwen- und Waisen-

einschl. der Centralverwaltung des Ministeriums für Handel und **1893/94, 1890/91, 1888/89, 1883/84** und **1879/80**.

7	8	9	10	11	12	13	14	15
Etatsjahr								
1899 ℳ	**1898/99** ℳ	**1897/98** ℳ	**1895/96** ℳ	**1893/94** ℳ	**1890/91** ℳ	**1888/89** ℳ	**1883/84** ℳ	**1879/80** ℳ
922	825	825	576	29 576	18 207	18 464	18 179	16 246
277 620	290 000	290 000	450 000	388 000 ³)	—	—	—	—
26 070	24 050	20 589	6 000	4 000	—	—	—	—
17 521	17 966	18 326	19 997	19 618	—	—	—	—
100 000	100 000	—	—	—	—	—	—	—
29 925	29 041	27 476	27 913	27 996	28 084	30 596	33 901	29 747
592 905	510 760	450 865	283 575	71 958	14 995	13 190	—	—
245 683	210 520	141 443	63 615	20 435	12 400	—	--	—
—	—	—	—	—	—	—	—	—
—	—	—	—	—	—	—	—	—
283 886	274 272	249 112	184 231	160 062	142 934	136 079	123 166	124 610
31 500	31 500	31 500	35 000	50 000	—	—	—	—
1 710 000	—	00	Titel 3b:	5 000	—	—	—	—
40 745	41 135	39 669	42 677	39 916	35 929	37 080	42 770	27 486
40 488	40 958	39 874	39 574	39 124	35 184	29 090	26 930	22 132
910 882	892 860	866 966	882 700	984 850	662 920	628 520	—	—
54 400	63 700	62 050	57 400	56 200	56 200	54 200	—	—
—	—	—	—	—	—	—	—	—
48 000	48 000	48 000	48 000	39 000	38 200	33 000 ²)	38 200	49 400
35 834	36 514	33 764	26 286	21 427 ¹)	21 355	23 793	17 167	12 804
4 446 381	**2 612 076**	**2 320 459**	**2 167 544**	**1 957 162**	**1 067 408**	**1 004 012**	**321 900**	**282 425**
344 140	335 560	311 780	305 060	297 360	239 250	187 800	129 500	124 700
47 700	45 900	44 100	42 900	42 120	32 040	30 060	20 760	20 100
41 950	41 950	41 950	33 025	33 025	34 075	34 075	28 700	29 300
78 590	78 590	76 090	74 090	63 850	65 750	51 400	40 250	27 700
512 380	**502 000**	**473 920**	**455 075**	**436 355**	**371 115**	**303 535**	**219 210**	**201 800**

geldbeiträge. — ³) vgl. unter „Gewerbeaufsicht“ im Text.

Noch: Einnahmen und Ausgaben der Handels- und Gewerbeverwaltung einschl. Central-
1897/98, 1895/96, 1893/94, 1890/91,

1	2	3	4	5	6
Etatsstelle 1902					
Kap.	Titel	Etatspositionen.	1902 ℳ	1901 ℳ	1900 ℳ
		Handels- und Gewerbeverwaltung.			
		Besoldungen.			
68	1.	1 Schiffahrtsdirektor; Hafenpolizei-, Strom-, Schifffahrtspolizeibeamte	197 300	196 000	174 250
	2.	Lootsenkommandeure, Oberlootsen, Lootsen	278 350	278 000	281 750
	3.	Regierungs- u. Gewerberäthe, Gewerbe-Inspektoren und Assistenten	702 700	667 300	622 500
	3a.	Aichungsbeamte	117 150	116 150	114 250
	3b.	Beamte der Beschussanstalt in Suhl	9 700	9 700	9 100
	3c	1 Staatskommissar, 1 Büreaubeamter und 1 Unterbeamter bei der Berliner Börse	13 360	12 960	12 800
	3d.	Bernsteinwerksbeamte	—	—	17 100
	4.	1 Legge-Inspektor, 8 Leggemeister	12 400	12 800	12 400
	4a.	4 Regierungs- und Gewerbeschulräthe	22 200	11 400	4 200
		Summe Tit. 1 bis 4a	*1 353 160*	*1 304 310*	*1 248 350*
	5.	Wohnungsgeldzuschüsse für die Beamten	151 164	146 772	143 700
		Andere persönliche Ausgaben.			
	6.	Zur Remunerirung der nicht fest angestellten Beamten der Gewerbe-Inspektion u. s. w.	248 850	254 850	245 700
	6a.	Zur Remunerirung des nicht fest angestellten Personals bei den Aichungsämtern u. s. w.	48 342	43 197	38 551
	6b.	Zur Remunerirung der Beamten der Beschussanstalt in Suhl	3 700	3 700	3 700
	6c.	Vergütungen für Nebenbeschäftigung der Gewerbe-Inspektionsbeamten	27 230	24 790	23 415
	6d.	Gebühren für die an Vereine übertragenen Dampfkesseluntersuchungen	550 000	550 000	550 000
	7.	Zur Remunerirung des nicht fest angestellten Personals bei den Leggen u. s. w.	17 187	17 187	16 587
	8.	Zur Remunerirung der Schiffahrts- und Hafenpolizeivorstände, Lootsen u. s. w.	115 888	116 388	122 868
	9.	Zur Remunerirung der Vorsitzenden der nicht am Sitze der Regierungen befindlichen Schiedsgerichte für Arbeiterversicherung	20 000	131 000	130 000
	9a.	Zur Remunerirung der nicht fest angestellten Staatskommissare bei den Börsen u. s. w.	25 100	25 100	25 100
	9b.	Für drei kommissarisch mit der Bearbeitung der gewerblichen Schulangelegenheiten zu betrauende Beamte bei den Regierungen in Oppeln, Kassel und Arnsberg u. s. w.	20 000	20 000	20 000
	10.	Ausserordentliche Remunerationen u. Unterstützungen für die in diesem, dem Kap. 69 und dem Kap. 69c aufgeführten Unterbeamten	12 000	12 000	12 000
	10a.	Ausserordentliche Remunerationen für die in diesem, dem Kap. 69 und dem Kap. 69c aufgeführten mittleren Beamten und Lehrer	800	800	800
	10b.	Unterstützungen für die in diesem, dem Kap. 69 und dem Kap. 69c aufgeführten höheren und mittleren Beamten und Lehrer	17 000	17 000	17 000
		Summe Tit. 6 bis 10b	*1 106 097*	*1 215 012*	*1 205 721*

[1]) vergl. Etatserläuterungen 1893/94 Kap. 68 Tit. 9.

verwaltung des Ministeriums für Handel und Gewerbe für die Etatsjahre 1902 bis 1888/89, 1883/84 und 1879/80.

7	8	9	10	11	12	13	14	15
Etatsjahr								
1899 ℳ	**1898/99** ℳ	**1897/98** ℳ	**1895/96** ℳ	**1893/94** ℳ	**1890/91** ℳ	**1888/89** ℳ	**1883/84** ℳ	**1879/80** ℳ
148 580	116 000	103 280	99 160	95 980	85 050	89 400	88 355	80 813
265 200	264 200	259 600	256 800	260 000	245 625	245 375	236 025	235 825
611 500	575 100	462 600	411 500	344 100	64 800	121 850	63 000	61 200
110 870	106 290	90 290	81 050	74 800	64 350			
6 000	5 800	5 700	5 000	5 000	—	—	—	—
12 800	12 700	9 900	—	—	—	—	—	—
12 600	—	—	—	—	—	—	—	—
12 900	12 800	11 350	18 150	19 250	22 980	24 930	28 620	34 220
—	—	—	—	—	—	—	—	—
1 180 450	*1 092 890*	*942 720*	*871 660*	*799 130*	*482 805*	*481 555*	*416 000*	*412 058*
139 884	128 436	116 556	99 264	86 412	58 320	57 864	48 204	50 364
241 800	205 200	228 450	242 050	199 150	25 000			
38 755	41 460	38 933	34 833	33 077	33 297	51 512	81 195	77 953
6 700	6 700	6 400	8 100	7 800	—			
26 070	24 025	20 589	6 000	4 000	—	—	—	—
100 000	100 000	—	—	—	—	—	—	—
15 942	15 642	15 642	20 299	20 749	19 052	18 615	18 040	16 535
109 374	102 939	104 764	101 623	100 404	86 186	67 514	67 047	70 592
230 000	230 000	200 000	160 000	38 000	33 000	33 000	—	—
25 100	25 100	25 100	—	223 000	—	—	—	—
20 000	—	—	—	—	3 261	3 261	3 261	3 261
12 000	4 000							
800	800	9 600	9 600	9 600	9 600	9 600	8 500	8 500
17 000	4 800							
843 541	*760 666*	*649 478*	*582 505*	*635 780*	*209 396*	*183 502*	*178 043*	*176 841*

Noch: Anlage LIII.

Noch: Einnahmen und Ausgaben der Handels- und Gewerbeverwaltung einschl. Central-
1897/98, 1895/96, 1893/94, 1890/91,

1	2	3	4	5	6
Etatsstelle 1902					
Kap.	Titel	Etatspositionen	1902 ℳ	1901 ℳ	1900 ℳ
(68.)		Sächliche Ausgaben.			
	11.	Bureau- und sonstige Verwaltungskosten, Tagegelder und Reisekosten, Kosten der Leggen, der Seeämter, des Strandungswesens und der Rheinschiffahrts-Centralkommission	718 653	687 973	657 648
	12.	Für die Musterbleiche in Sohlingen	39 650	39 650	33 450
	13.	Dienstaufwandszuschuss für die unteren Schiffahrts- und Hafenpolizeibeamten und das Lootsenpersonal	125 345	124 555	99 775
	14.	Für das Musterungswesen	41 357	41 907	42 107
	15.	Für die Aichungsämter	57 231	56 304	52 648
	15a.	Für die Beschussanstalt in Suhl	11 200	12 000	12 000
			[1] —	—	1 215 250
	16.	Zur Unterhaltung der Gebäude der Musterbleiche Sohlingen, der Aichungsämter und der Beschussanstalt Suhl	7 940	7 625	7 625
		Summe Tit. 11 bis 16 . . .	*1 001 376*	*970 014*	*2 120 503*
		Summe Kap. 68 . . .	**3 611 797**	**3 636 108**	**4 718 274**
68a.		**Bernsteinwerke.**			
	1.	Besoldungen	51 300	49 800	—
	2.	Wohnungsgeldzuschüsse für die Beamten	4 356	3 492	—
	3-4.	Andere persönliche Ausgaben	57 420	59 990	—
	5-12.	Sächliche und vermischte Ausgaben	1 308 500	1 416 500	—
		Summe Kap. 68a . . .	**1 421 576**	**1 529 782**	—
69.		**Gewerbliches Unterrichtswesen, wissenschaftliche und gemeinnützige Zwecke.**			
		Besoldungen.			
	1.	Bei den Navigationsschulen	187 925	185 675	183 100
	1a.	Bei den Baugewerkschulen	1 428 400	1 377 925	1 266 725
	1b.	Bei den Metallindustrie-Maschinenbauschulen u. s. w.	815 200	733 525	629 900
	1c.	Bei der Zeichenakademie in Hanau, der Provinzial-Kunst- und Gewerkschule in Königsberg i. Pr. und den keramischen Fachschulen in Bunzlau und Höhr	86 740	7 260	41 700
	1d.	Bei der Handels- und Gewerbeschule für Mädchen mit Seminar für Industrielehrerinnen in Posen	29 400	29 400	—
		Summe Tit. 1 bis 1d . . .	*2 576 165*	*2 389 125*	*2 122 175*
	2.	Zu Wohnungsgeldzuschüssen für Lehrer und Beamte	317 327	286 370	249 840
	3.	Andere persönliche Ausgaben	279 131	232 573	206 703
		Sächliche und vermischte Ausgaben.			
	4.	Amtsbedürfnisse, Lehrmittel u. s. w.	689 362	574 914	450 823
	5.	Zur Unterhaltung der Gebäude	25 389	21 596	18 866
	6.	Vergütungen für Mitglieder der Prüfungskommissionen und sonstige Ausgaben	16 130	15 357	15 298
		Summe Tit. 4 bis 6 . . .	*730 881*	*611 867*	*484 987*

[1] Bernsteinwerke.

verwaltung des Ministeriums für Handel und Gewerbe für die Etatsjahre 1902 bis 1888/89, 1883/84 und 1879/80.

7	8	9	10	11	12	13	14	15
Etatsjahr								
1899 ℳ	**1898/99** ℳ	**1897/98** ℳ	**1895/96** ℳ	**1893/94** ℳ	**1890/91** ℳ	**1888/89** ℳ	**1883/84** ℳ	**1879/80** ℳ
647 243	596 183	580 662	526 393	422 423	155 438	147 089	119 685	102 602
33 400	33 400	33 400	33 400	29 800	27 100	25 350	31 700	41 480
99 315	100 347	101 607	93 866	93 506	93 376	85 476	73 569	34 927
41 987	42 377	40 911	43 919	41 158	37 171	36 862	44 012	23 160
52 958	52 093	49 781	46 096	46 450	48 600	45 640	52 065	51 242
12 000	15 000	15 000	12 000	12 000	—	—	—	—
1 020 000	—	—	—	—	—	—	—	—
7 425	7 425	7 425	6 700	6 700	5 500	5 500	—	—
1 914 328	*846 825*	*828 786*	*762 374*	*652 037*	*367 185*	*345 917*	*321 031*	*253 411*
4 078 203	**2 828 817**	**2 537 540**	**2 315 803**	**2 173 359**	**1 117 706**	**1 068 838**	**963 278**	**802 674**
—	—	—	—	—	—	—	—	—
—	—	—	—	—	—	—	—	—
—	—	—	—	—	—	—	—	—
—	—	—	—	—	—	—	—	—
—	—	—	—	—	—	—	—	—
183 100	179 550	152 050	155 500	150 150	149 770	149 770	149 970	138 460
1 082 768	929 918	729 418	513 850	132 400	46 950	40 325	—	—
510 100	429 068	262 934	114 150	35 250	25 800	—	—	—
—	—	—	—	—	—	—	—	—
—	—	—	—	—	—	—	—	—
1 775 968	*1 538 536*	*1 144 402*	*783 500*	*317 800*	*222 520*	*190 095*	*147 970*	*138 460*
208 448	176 334	138 443	87 791	40 163	22 672	14 572	10 312	10 644
125 915	100 987	93 457	71 142	33 982	25 812	22 352	15 242	13 502
354 924	307 187	256 433	174 236	63 535	33 730	29 658	16 909	15 523
16 316	15 746	15 746	16 546	16 546	16 721	16 500	10 157	7 608
14 713	14 508	14 371	16 533	16 178	15 308	14 000	13 044	13 144
385 953	*337 441*	*286 550*	*207 315*	*96 259*	*65 759*	*60 158*	*40 110*	*36 275*

Noch: Anlage LIII.

Noch: Einnahmen und Ausgaben der Handels- und Gewerbeverwaltung einschl. Central-
1897/98, 1895/96, 1893/94, 1890/91

1	2	3	4	5	6
Etatsstelle 1902					
Kap.	Titel	Etatspositionen	1902 ℳ	1901 ℳ	1900 ℳ
		Sonstige Ausgaben.			
(69).	7.	Zuschüsse zur Einrichtung und Unterhaltung von Fortbildungsschulen u. Kosten ihrer Beaufsichtigung	1 100 000	700 000	700 000
	7a.	Zur Errichtung und Unterhaltung der Fortbildungsschulen in den Provinzen Westpreussen und Posen	400 000	345 000	425 000
	7b.	Zur Aus- u. Fortbildung der Lehrkräfte für die Fortbildungsschulen durch Kurse, Studienreisen und Fachkonferenzen	150 000	150 000	—
	8.	Fällt aus	—	—	—
	9.	Fällt aus	—	—	—
	10.	Zuschüsse zur Unterhaltung gewerblicher Zeichen-, Baugewerk-, Textil- und anderer Fachschulen: A. vom Staate und von Anderen gemeinschaftlich zu unterhaltende Anstalten; B. von Gemeinden oder Vereinen zu unterhaltende Anstalten, zu deren Kosten der Staat einen Zuschuss gewährt	1 254 119	1 154 006	939 095
	10a.	Zur Ertheilung von Wanderunterricht an Weber, Webereilehrwerkstätten u. s. w.	56 480	38 000	38 000
	10b.	Zur Leistung von Zuschüssen zur Gewährung von Ruhegehältern und Reliktengeldern von Lehrern, Beamten u. s. w. der unter Kap. 69 Tit. 10 fallenden Anstalten	10 000	10 000	10 000
	10c.	Unterstützungen für höhere Lehrer u. Unterstützungen und Remunerationen für mittlere Lehrer u. Beamte sowie für Unterbeamte an den vom Staate mitunterhaltenen oder unterstützten gewerblichen Fachschulen	3 000	[1] 3 000 3 000	—
	11.	Zur antheiligen Deckung von unvorhergesehenen Ausgaben, von Mehrausgaben u. von Einnahmeausfällen bei den i. Tit 10 Abschn. A bezeichneten Anstalten	15 000	15 000	15 000
	12.	Zur Ausbildung von Personen, die sich einem gewerblichen oder kaufmännischen Berufe widmen wollen	100 000	100 000	67 300
	13.	Dispositionsfonds zu Aufwendungen behufs Förderung des gewerblichen Unterrichts, für gemeinnützige gewerbliche Unternehmungen u. s. w.	343 295	355 330	355 330
	14.	Zur Gewährung von Beihülfen für wasserwirthschaftliche Anlagen und zu Vorarbeiten	10 000	10 000	10 000
		Summe Tit. 7 bis 14	*3 441 894*	*2 910 346*	*2 559 725*
		Summe Kap. 69	**7 345 398**	**6 430 281**	**5 623 430**
		Porzellan-Manufaktur.			
69a.	1.	Besoldungen	101 020	100 360	93 500
	2.	Wohnungsgeldzuschüsse	10 800	10 800	9 720
	3.	Andere persönliche Ausgaben	42 100	41 400	37 400
		Summe Tit. 1 bis 3			
		Sächliche Ausgaben.			
	4.	Kosten des Betriebes	958 350	877 600	838 110
	5.	Für Um- und Erweiterungsbauten, zur Neuherstellung und Erweiterung von Betriebsanlagen sowie zur Beschaffung von Maschinen	54 000	20 000	20 000
		Summe Tit. 4 und 5	*1 012 350*	*897 600*	*858 110*
		Summe Kap. 69a	**1 166 270**	**1 050 160**	**998 730**

[1] besonderer Titel für 1901 (10d).

verwaltung des Ministeriums für Handel und Gewerbe für die Betriebsjahre 1902 bis 1888/89, 1883/84 und 1879/80.

7	8	9	10	11	12	13	14	15
Etatsjahr								
1899 ℳ	**1898/99** ℳ	**1897/98** ℳ	**1895/96** ℳ	**1893/94** ℳ	**1890/91** ℳ	**1888/89** ℳ	**1883/84** ℳ	**1879/80** ℳ
700 000	700 000	580 000	550 000	440 000	440 000	237 000	—	—
425 000	375 000	300 000	300 000	350 000	350 000	350 000	—	—
—	—	—	—	—	—	—	—	—
74 330	74 330	69 140	67 502	67 632	57 820	50 390	—	—
24 960	24 320	21 970	20 770	27 991	22 269	18 081	—	—
773 161	767 788	687 600	618 308	760 286	600 200	310 209	—	—
43 000	15 000	15 000	—	—	—	—	—	—
10 000	—	—	—	—	—	—	—	—
—	—	—	—	—	—	—	—	—
15 000	15 000	10 000	10 000	10 000	10 000	10 000	—	—
60 000	60 000	45 000	35 000	35 000	35 000	20 000	—	—
360 000	340 000	264 500	264 500	264 500	264 500	214 500	125 400	125 400
10 000	10 000	10 000	10 000	—	—	—	—	—
2 495 451	*2 381 438*	*2 003 210*	*1 876 080*	*1 955 409*	*1 779 789*	*1 210 180*	*125 400*	*125 400*
4 991 735	**4 534 736**	**3 666 062**	**3 025 828**	**2 443 613**	**2 116 552**	**1 497 357**	**339 034**	**324 281**
89 450	87 690	74 130	70 480	65 950	66 230	64 700	—	—
9 180	9 180	7 560	7 020	5 040	5 400	4 680	—	—
39 050	39 050	41 700	50 100	20 300	22 430	20 361	—	—
802 890	792 870	798 060	871 485	938 600	617 860	589 480	—	—
20 000	20 000	20 000	20 000	30 000	22 000	22 000	—	—
822 890	*812 870*	*818 060*	*891 485*	*968 600*	*639 860*	*611 480*	—	—
960 570	**948 790**	**941 450**	**1 019 085**	**1 059 890**	**733 920**	**702 221**	—	—

Noch: Einnahmen und Ausgaben der Handels- und Gewerbeverwaltung einschl. Central-
1897/98, 1895/96, 1893/94, 1890/91,

1	2	3	4	5	6
Etatsstelle 1902 Kap.	Titel	Etatspositionen	1902 ℳ	1901 ℳ	1900 ℳ
69b.		**Institut für Glasmalerei.**			
		Persönliche Ausgaben.			
	1.	Honorare des Vorstandes, der bei dem Institute beschäftigten Maler und Zeichner, des Glasermeisters, des Brennmeisters und des Rechnungsführers, Tantième des Vorstandes und Unterstützungen	38 930	37 500	37 400
	2.	Für Büreaubedürfnisse und Kosten des Betriebs	16 220	14 520	15 120
	3.	Für Materialien und Utensilien u. s. w.	11 400	10 000	11 400
	4.	Zur Unterhaltung des Gebäudes und der Werkstätten	700	700	700
	5.	Abgaben und Lasten	20	20	20
	6.	Arbeiter-Krankenversicherungsbeiträge und Ausgaben auf Grund des Invalidenversicherungsgesetzes	450	450	400
		Summe Kap. 69b	**67 720**	**63 190**	**65 040**
69c.		**Technische Centralstelle für Textil-Industrie.**			
	1.	Besoldungen	13 800	—	—
	2.	Wohnungsgeldzuschüsse für die Beamten	3 240	—	—
	3.	Andere persönliche Ausgaben	22 220	—	—
		Sächliche Ausgaben.			
	4.	Für Büreaubedürfnisse u. s. w.	11 180	—	—
	5.	Für Material u. Apparate zur Herstellung von Lehrmitteln u. s. w.	70 500	—	—
	6.	Tagegelder und Reisekosten	4 000	—	—
		Summe Kap. 69c	**124 940**	—	—
70.		**Vermischte Ausgaben.**			
	1.	Kosten für technische Arbeitshülfe, Stellvertretungskosten und Versetzungs- und Umzugskosten	35 000	25 000	25 000
	2.	Unterstützungen f. ausgeschiedene Beamte u. Lehrer	25 000	25 000	19 000
	3.	Einmalige Unterstützungen	1 000	1 000	300
	4.	Beiträge zur gesetzlichen Krankenversicherung der Arbeiter u. s. w.	1 800	1 300	1 300
		Summe Kap. 70	**62 800**	**52 300**	**45 600**
		Wiederholung.			
67.		Ministerium	5 550 680	533 220	536 460
68.		Handels- und Gewerbeverwaltung	3 611 797	3 636 108	4 718 274
68a.		Bernsteinwerke	1 421 576	1 529 782	—
69.		Gewerbliches Unterrichtswesen, wissenschaftliche und gemeinnützige Zwecke	7 345 398	6 430 281	5 623 430
69a.		Porzellan-Manufaktur	1 166 270	1 050 160	998 730
69b.		Institut für Glasmalerei	67 720	63 190	65 040
69c.		Technische Centralstelle für Textil-Industrie	124 940	39 500	—
70.		Vermischte Ausgaben	62 800	52 300	45 600
		Summe der dauernden Ausgaben	**14 351 181**	**13 334 541**	**11 987 534**
		Einmalige und ausserordentliche Ausgaben	**835 800**	**740 550**	**1 224 900**

[1]) excl. 16 000 ℳ Titel 1a. — [2]) Gesetzliche Wittwen- und Waisengelder.

verwaltung des Ministeriums für Handel und Gewerbe für die Betriebsjahre 1902 bis 1888/89, 1883/84 und 1879/80.

7	8	9	10	11	12	13	14	15
Etatsjahr								
1899 ℳ	**1898/99** ℳ	**1897/98** ℳ	**1895/96** ℳ	**1893/94** ℳ	**1890/91** ℳ	**1888/89** ℳ	**1883/84** ℳ	**1879/80** ℳ
37 910	37 190	36 880	36 810	31 700	31 700	27 600	—	—
16 570	19 320	22 820	21 070	13 000	13 000	10 300	—	—
12 200	15 000	17 300	18 000	13 100	13 100	18 300	—	—
700	700	700	700	800	800	300	—	—
20	20	20	20	20	20	100	—	—
400	400	400	400	230	80	100	—	—
67 800	**72 630**	**78 120**	**77 000**	**58 850**	**58 700**	**56 700**	—	—
—	—	—	—	—	—	—	—	—
—	—	—	—	—	—	—	—	—
—	—	—	—	—	—	—	—	—
—	—	—	—	—	—	—	—	—
—	—	—	—	—	—	—	—	—
—	—	—	—	—	—	—	—	—
—	—	—	—	—	—	—	—	—
25 000	25 000	5 000	5 000	5 000	5 000	5 000	1 550	1 550
19 000	19 000	19 000	19 000	19 000	19 000	[1]) 19 000	17 000	17 000
300	300	300	300	300	300	300	300	300
1 300	1 300	1 300	1 300	500	500	—	[2]) 1 800	—
45 600	**45 600**	**25 600**	**25 600**	**24 800**	**24 800**	**40 300**	**20 650**	**18 850**
512 380	502 000	473 920	455 075	436 355	371 115	303 335	219 210	201 800
4 078 203	2 828 817	2 537 540	2 315 803	2 173 359	1 117 706	1 068 838	963 278	892 674
—	—	—	—	—	—	—	—	—
4 991 735	4 534 736	3 666 062	3 025 828	2 443 613	2 116 552	1 497 357	339 034	324 281
960 570	948 790	941 450	1 019 085	1 059 890	733 920	701 221	—	—
67 800	72 630	78 120	77 000	58 850	58 700	56 700	—	—
—	—	—	—	—	—	—	—	—
45 600	45 600	25 600	25 600	24 800	24 800	40 300	20 650	18 850
10 656 288	**8 932 573**	**7 722 692**	**6 918 391**	**6 196 867**	**4 422 793**	**3 667 751**	**1 542 172**	**1 437 605**
516 200	**717 000**	**269 500**	**248 550**	**286 600**	**399 940**	—	**175 680**	**104 450**

Anlage LIV.

Die Frequenz der Baugewerkschulen.

1	2	3	4	5	6	7	8	9	10	11	12	13	14	15
Sitz der Anstalt	Schülerzahl im Wintersemester													
	1887/88	1888/89	1889/90	1890/91	1891/92	1892/93	1893/94	1894/95	1895/96	1896/97	1898/99	1899	1900	1901
I. Staats-Anstalten.														
1. Nienburg	171	194	228	223	235	230	240	221	214	246	282	276	275	263
2. Höxter	217	231	281	296	304	299	302	299	306	294	299	282	292	303
3. Eckernförde	165	209	218	191	197	214	207	208	205	210	227	236	216	234
4. Idstein	130	140	171	222	222	237	257	283	283	288	288	297	305	302
5. Deutsch Krone	160	198	220	223	223	227	212	224	228	225	261	226	248	201
6. Breslau	144	164	214	208	218	243	266	264	257	265	275	263	263	255
7. Buxtehude	.	.	.	126	210	214	184	203	233	303	179	158	142	149
8. Posen	.	.	.	.	100	141	178	185	225	238	228	235	242	247
9. Königsberg i. Pr.	.	.	.	.	.	.	132	153	182	187	227	245	257	245
10. Görlitz	.	.	.	.	.	.	.	84	168	176	196	200	192	191
11. Kassel	.	.	.	.	.	.	.	.	.	86	178	214	211	213
12. Barmen-Elberfeld	.	.	.	.	.	.	.	.	.	.	157	234	262	286
13. Frankfurt a./O.	.	.	.	.	.	.	.	.	.	.	96	208	240	269
14. Münster i. W.	.	.	.	.	.	.	.	.	.	.	119	196	253	271
15. Stettin	.	.	.	.	.	.	.	.	.	.	.	102	166	204
16. Kattowitz	.	.	.	.	.	.	.	.	.	.	.	123	162	160
17. Hildesheim	.	.	.	.	.	.	.	.	.	.	.	.	102	177
18. Aachen	.	.	.	.	.	.	.	.	.	.	.	.	71	135
19. Erfurt	.	.	.	.	.	.	.	.	.	.	.	.	.	143
Zusammen	**987**	**1 136**	**1 332**	**1 489**	**1 709**	**1 805**	**1 978**	**2 124**	**2 301**	**2 418**	**3 012**	**3 495**	**3 899**	**4 248**
II. Vom Staate mit unterhaltene Gemeinde-Anstalten.														
20. Cöln	.	.	.	.	.	.	.	.	221	212	242	264	276	271
21. Berlin	198	200	208	218	256	270	265	269	266	266	270	267	263	252
22. Magdeburg	.	.	.	118	200	201	216	225	221	233	220	208	257	215
Zusammen	**198**	**200**	**208**	**336**	**456**	**471**	**481**	**494**	**487**	**711**	**732**	**739**	**796**	**738**
Insgesammt	**1 185**	**1 336**	**1 540**	**1 825**	**2 165**	**2 276**	**2 459**	**2 618**	**3 009**	**3 229**	**3 744**	**4 234**	**4 695**	**4 986**

Anlage LV.

Die Einnahmen und Ausgaben der Baugewerkschulen für 1902.

1	2	3	4	5	6	7	8
	Einnahmen						
Sitz der Anstalt	Zuschuss der Stadtgemeinden	Aus dem Schulgelde, einschl. der Vorklassen	Für Schreib- und Zeichenmaterialien, für Lesehefte, sowie freie Verpflegung i. Krankheitsf.	Aus Prüfungsgebühren	Insgemein	Summe der Spalten 3—7	Summe der Ausgaben
I. Staatsanstalten.							
1. Nienburg	—	27 520	7 200	600	52	35 372	108 216
2. Höxter	5 000	30 880	7 800	800	546	40 026	106 905
3. Eckernförde	7 500	23 200	6 000	500	290	29 990	104 834
4. Idstein	5 000	30 840	7 900	730	240	39 710	107 944
5. Deutsch Krone	6 400	23 200	6 000	450	60	29 710	105 634
6. Breslau	24 000	28 680	6 392	800	440	36 312	108 161
7. Buxtehude	6 000	23 200	6 000	500	50	29 750	103 518
8. Posen	—	26 480	6 680	650	120	33 930	112 441
9. Königsberg i. Pr.	7 500	23 600	6 000	450	135	30 185	108 763
10. Görlitz	12 000	23 200	6 000	450	90	29 740	108 512
11. Kassel	14 000	23 200	6 000	500	40	29 740	105 152
12. Barmen-Elberfeld	24 000	23 600	6 000	500	75	30 175	110 973
13. Frankfurt a./O.	12 000	28 880	6 340	500	90	35 810	118 554
14. Münster i. W.	12 000	27 280	6 680	650	90	34 700	115 233
15. Stettin	12 000	26 000	6 000	500	75	32 575	113 136
16 Kattowitz	12 000	23 600	6 000	500	75	30 175	106 575
17. Hildesheim	12 000	23 200	6 000	500	60	29 760	109 754
18. Aachen	12 000	21 600	6 000	500	65	28 165	105 918
19. Erfurt	12 000	23 200	6 000	500	65	29 765	86 270
Zusammen	**195 400**	**481 360**	**120 992**	**10 580**	**2 458**	[2]) **615 590**	[2]) **2 046 493**
II. Vom Staate mit unterhaltene Gemeindeanstalten.							
20. Cöln	[1]) 32 814	34 030	1 041	500	43	35 614	101 242
21. Berlin	[1]) 30 029	34 200	—	720	42	34 962	95 020
22. Magdeburg	[1]) 49 468	24 640	1 150	750	65	26 605	97 807
Zusammen	[1]) **112 311**	**92 870**	**2 191**	**1 970**	**150**	[3]) **97 181**	[3]) **294 069**

[1]) Zuschüsse aus allgemeinen Staats- und anderen nicht städtischen Fonds. — [2]) Die Differenz von Spalte 8 und 7 wird aus allgemeinen Staatsmitteln gedeckt. — [3]) wie vor: nur „aus Gemeindemitteln“.

Anlage LVI.

Staatszuschüsse zu den Baugewerkschulen.

1	2		3	4	5	6	7	8	9	10	11	12
Sitz der Anstalt	Die Anstalt wurde errichtet im Jahre	Die Anstalt wurde verstaatlicht im Jahre	Zuschuß des Staates nach Abzug der Einnahmen, nach den Voranschlägen für 1879/80	1885/86	1890/91	1891/92	1893/94	1896/97	1899	1900	1901	1902
I. Staats-Anstalten.												
1. Nienburg	1853		24 815	41 070	48 475	46 495	45 280	54 515	71 680	71 680	72 560	72 844
2. Höxter	1864	1895	7 186	6 741	23 400	30 977	42 170	50 960	63 565	63 565	63 332	61 879
3. Eckernförde	1868	1895	7 090	7 605	33 500	41 290	40 240	47 070	67 020	67 020	67 080	67 344
4. Idstein	1869	1895	4 400	7 815	23 400	30 977	36 844	50 730	62 604	61 569	63 158	63 234
5. Deutsch Krone	1877	1895	4 900	5 717,50	32 300	40 060	39 480	46 680	68 355	69 255	69 690	69 524
6 Breslau	1878	1897	4 955	6 450	11 795	17 509	17 150	21 300	37 768	39 928	47 665	47 849
7. Buxtehude	1890	1895	.	.	36 000	42 069	40 995	48 829	67 124	67 124	68 284	67 768
8. Posen	1891		.	.	.	15 044	49 280	57 143	78 177	79 528	79 706	78 511
9. Königsberg i. Pr.	1893		.	.	.	.	30 998	51 578	70 573	72 153	72 183	71 078
10. Görlitz	1894		.	.	.	.		47 702	66 518	66 668	66 778	66 772
11. Kassel	1896		.	.	.	.	.	10 926	61 568	61 868	62 028	61 412
12. Barmen-Elberfeld	1897		.	.	.	.	.	.	53 333	53 333	54 493	56 798
13. Frankfurt a./O.	1898		.	.	.	.	.	.	49 361	66 618	69 157	70 744
14. Münster i. W.	1898		.	.	.	.	.	.	50 695	69 703	70 386	68 533
15. Stettin	1899		.	.	.	.	.	.	18 470	48 026	66 893	68 561
16. Kattowitz	1899		.	.	.	.	.	.	.	46 550	65 295	64 400
17. Hildesheim	1900		.	.	.	.	.	.	.	30 060	57 715	67 994
18. Aachen	1900		.	.	.	.	.	.	.	18 536	48 296	65 753
19. Erfurt	1901		.	.	.	.	.	.	.	.	19 057	44 505
Zusammen	.		**53 346**	**75 398,50**	**209 870**	**264 421**	**342 437**	**487 433**	**886 811**	**1 053 184**	**1 183 756**	**1 245 503**
II. Vom Staate mit unterhaltene Gemeinde-Anstalten.												
20. Cöln	1878	.	.	.	.	.	.	26 300	30 395	29 628	31 272	32 814
21. Berlin (gegr. 1879 vom Handwerker-Verein)	1879	.	3 000	10 880	15 350	20 400	28 744	30 489	30 489	29 879	29 879	30 029
22. Magdeburg	1890	.	.	.	12 800	35 827	35 827	39 509	46 568	48 492	48 492	49 468
Zusammen	.	.	**3 000**	**10 880**	**28 150**	**56 227**	**64 571**	**96 298**	**107 452**	**107 999**	**109 643**	**112 311**

Städtische Zuschüsse und Gesammt-Ausgaben der Baugewerkschulen.

Anlage LVII.

1	2	3	4	5	6	7	8	9	10	11
Sitz der Anstalt	Zuschuß der Stadtgemeinden des Vereins nach den Voranschlägen für						Summe der Ausgaben nach den Voranschlägen für			
	1891/92	1896/97	1899	1900	1901	1902	1899	1900	1901	1902
I. Staats-Anstalten.										
1. Nienburg	.	.	.	.	.	.	104 530	104 530	106 332	108 216
2. Höxter [1])	5 000	5 000	5 000	5 000	5 000	5 000	104 320	104 320	105 558	106 905
3. Eckernförde [2])	7 500	7 500	7 500	7 500	7 500	7 500	102 910	102 910	102 970	104 834
4. Idstein [3])	6 000	5 000	5 000	5 000	5 000	5 000	101 904	103 879	105 468	107 944
5. Deutsch Krone [4])	6 400	6 400	6 400	6 400	6 400	6 400	101 965	102 865	104 200	105 634
6. Breslau [5])	17 509	21 300	22 000	24 000	24 000	24 000	101 568	105 728	106 377	108 161
7 Buxtehude [6])	6 000	6 000	6 000	6 000	6 000	6 000	101 274	101 274	102 434	103 518
8. Posen [7])	.	.	.	.	.	.	108 177	111 458	111 636	112 441
9. Königsberg i. Pr. [8])	.	7 500	7 500	7 500	7 500	7 500	105 358	107 838	107 868	108 763
10. Görlitz [9])	.	12 000	12 000	12 000	12 000	12 000	106 658	106 808	106 918	108 512
11. Cassel [10])	.	7 000	14 000	14 000	14 000	14 000	102 808	103 108	104 168	105 152
12. Barmen-Elberfeld [11])	.	.	24 000	24 000	24 000	24 000	104 608	104 608	106 668	110 973
13. Frankfurt a./O. [12])	.	.	12 000	12 000	12 000	12 000	88 651	106 808	111 127	118 554
14. Münster i. W. [12])	.	.	12 000	12 000	12 000	12 000	91 765	113 603	114 286	115 233
15. Stettin [12])	.	.	6 000	12 000	12 000	12 000	35 845	87 301	107 068	113 136
16. Kattowitz [12])	.	.	6 000	12 000	12 000	12 000	35 273	85 825	105 470	106 575
17. Hildesheim [12])	.	.	.	12 000	12 000	12 000	.	69 890	96 975	109 754
18. Aachen [12])	.	.	.	6 000	12 000	12 000	.	35 911	87 561	105 918
19. Erfurt [12])	.	.	.	.	6 000	12 000	.	.	36 432	86 270
Zusammen	**48 409**	**77 700**	**145 400**	**177 400**	**189 400**	**195 400**	**1 497 614**	**1 758 664**	**1 929 516**	**2 046 493**
II. Vom Staate mit unterhaltene Gemeinde-Anstalten.										
20. Cöln [13])	.	26 300	30 395	29 628	31 272	32 814	87 681	88 176	95 358	101 242
21. Berlin [14])	20 400	30 489	30 489	29 879	29 879	30 029	95 820	94 720	94 720	95 020
22. Magdeburg [15])	14 913	16 754	20 284	21 246	21 246	21 734	90 477	94 743	94 743	97 807
Zusammen	**35 313**	**73 543**	**81 168**	**80 753**	**82 397**	**84 577**	**273 978**	**277 639**	**284 821**	**294 069**

[1]) Ausserdem giebt die Stadt das Schulgebäude nebst der zur Ertheilung des Unterrichts erforderlichen Ausstattung und unterhält ersteres. — [2]) desgl. — [3]) desgl. — [4]) desgl. — [5]) desgl.; der Zuschuss der Stadt ist von 1900 ab erhöht worden, weil die Schule einen eigenen Direktor bekommen hat. — [6]) vergl. Anm. 1. — [7]) vergl. Anm. 1; ausserdem trägt die Stadt die Kosten des Heizungs- und Beleuchtungsmateriales. — [8]) vergl. Anm. 1. — [9]) vergl. Anm. 1. — [10]) vergl. Anm. 1; ausserdem trägt die Stadt die Kosten des Heizungs- und Beleuchtungsmateriales und des Wasserverbrauches. — [11]) vergl. Anm. 1; von den 24 000 M. zahlen Elberfeld und Barmen je die Hälfte. — [12]) vergl. Anm. 1. — [13]) der Staat giebt die Hälfte der durch die eigenen Einnahmen der Schule nicht gedeckten Kosten; die Stadt giebt die andere Hälfte. — [14]) vergl. Anm. 13. — [15]) der Staat giebt vorweg 6 000 M.; zur Deckung der Restkosten giebt der Staat zwei Drittel, die Stadt ein Drittel, welche auch das Gebäude unterhält.

Anlage LVIII.

Einnahmen und Ausgaben der Fachschulen für Metallindustrie im Jahre 1902.

1	2	3	4	5	6	7	8	9	10	11
Sitz der Anstalt	Zuschuss der Stadt	Eigene Einnahmen: Schulgeld	Eigene Einnahmen: Prüfungsgebühren	Eigene Einnahmen: Verkauf von Lehrmitteln	Eigene Einnahmen: Insgemein	Eigene Einnahmen: Summe der Spalten 3–7	Zuschuss des Staates	Der Etat balancirt mit einer Ausgabe und Einnahme von	Persönliche Ausgaben	Sächliche Ausgaben
I. Staats-Anstalten.										
1. Iserlohn	13 500	4 080	—	—	260	4 340	34 340	52 180	41 360	10 820
2. Remscheid	13 500	4 780	120	—	122	5 022	32 693	51 215	37 175	14 040
3. Dortmund	12 500	29 532	1 300	925	143	31 900	134 815	179 215	139 906	39 309
4. Duisburg	15 000	13 176	500	—	64	13 740	104 730	133 470	116 490	16 980
5. Hagen i. W.	8 330	29 400	900	—	230	[1]) 30 530	71 052	109 912	96 482	13 430
6. Gleiwitz	10 000	5 589	300	—	110	5 999	62 090	78 089	67 769	10 320
7. Breslau	7 800	21 375	400	—	55	21 830	49 930	79 560	70 240	9 320
8. Barmen-Elberfeld	24 000	18 770	450	400	100	19 720	69 371	113 091	90 531	22 560
9. Altona	12 000	11 740	240	—	30	12 010	40 975	64 985	56 595	8 390
10. Görlitz	12 000	7 020	370	50	60	7 500	42 534	62 034	52 324	9 710
11. Stettin	12 000	15 870	400	50	60	16 380	42 322	70 702	54 682	16 020
12. Posen	2 700	9 266,25	—	—	53,75	9 320	24 710	36 730	29 690	7 040
13. Einbeck	10 000	10 120	350	250	60	10 780	32 426	53 206	43 670	9 536
14 Siegen	12 000	3 995	—	—	80	4 075	19 820	35 895	24 495	11 400
15. Schmalkalden	5 000	2 180	—	—	70	2 250	16 700	23 950	16 150	7 800
16. Aachen	6 000	4 275	—	—	25	4 300	11 310	21 610	17 660	3 950
17. Kiel	—	—	—	—	—	—	—	—	—	—
Zusammen	**176 330**	**191 168,25**	**5 330**	**1 675**	**1 522,75**	**199 696**	**789 818**	**1 165 844**	**955 219**	**210 625**
II. Vom Staate mit unterhaltene Gemeinde-Anstalten.										
1. Magdeburg	13 280	4 320	260	—	10	4 590	29 560	47 430	39 064	8 366
2. Cöln	33 077	28 432	750	330	28	29 540	33 077	95 694	85 894	9 800
Zusammen	**46 357**	**32 752**	**1 010**	**330**	**38**	**34 130**	**62 637**	**143 124**	**124 958**	**18 166**
Insgesammt	**222 680**	**223 920,25**	**6 340**	**2 005**	**1 560,75**	**233 826**	**852 455**	**1 308 968**	**1 080 177**	**228 791**

[1]) Darin enthalten 186 ℳ aus einem Stipendienfonds.

Der Zuschuss des Staates für Fachschulen der Metallindustrie. (Mark.)

Anlage LIX.

1	2	3		4	5	6	7	8	9	10	11	12	13
Sitz der Anstalt	Nähere Bezeichnung der Anstalt	Die Anstalt wurde errichtet (im Jahre)	verstaatlicht (im Jahre)	Zuschuss des Staates nach Abzug der Einnahmen, nach den Voranschlägen für 1879/80	1885/86	1891/92	1894/95	1897/98	1898/99	1899	1900	1901	1902
	I. Staats-Anstalten.												
1. Iserlohn	Kgl. Fachschule für Metall-Industrie	1879	1898	4 415	10 190	17 952	17 952	13 464	25 600	25 600	31 650	31 590	34 340
2. Remscheid	Kgl. Fachschule f. die Bergische Kleineisen- und Stahlwaaren-Industrie	1880	1895	.	9 000	28 900	32 000	31 520	33 532	33 532	33 532	32 468	32 693
3. Dortmund [1]	Kgl. Vereinigte Maschinenbauschulen	1890		.	.	24 293	41 788	57 552	96 020	115 815	118 161	128 585	134 815
4. Duisburg (früher	Kgl. Maschinen und Hüttenschule	1892	1894	.	.	.	37 426	41 996	52 551	71 168	77 058	88 490	104 730
in Bochum)	(Rheinisch-Westf. Eisenhüttenschule)	1882		.	14 000	14 000	.	.	.	.	.	.	.
5. Hagen i. W.	Kgl. höhere Maschinenbauschule	1896		.	.	.	.	34 050	45 915	55 679	63 102	63 802	71 052
6. Gleiwitz [2]	Kgl. Maschinen- und Hüttenschule	1896		.	.	.	.	35 070	48 237	49 952	51 427	55 149	62 090
7. Breslau	Kgl. höhere Machinenbauschule	1897		.	.	.	.	22 420	25 429	29 648	32 628	45 320	49 930
8. Elberf.-Barmen	Kgl. Vereinigte Maschinenbauschulen	1898		.	.	.	.	.	26 040	26 040	29 290	52 854	69 371
9. Altona	Kgl. höhere Maschinenbauschule	1898		.	.	.	.	.	9 770	24 590	41 075	43 670	40 975
10. Görlitz	Kgl. Maschinenbauschule	1898		.	.	.	.	.	9 100	23 350	39 269	41 834	42 534
11. Stettin	Kgl. höhere Maschinenbauschule	1900		.	.	.	.	.	.	.	6 975	17 835	42 322
12. Posen	desgl.	1900		.	.	.	.	.	.	.	10 338	20 858	24 710
13. Einbeck [3]	desgl.	1900		.	.	.	.	.	.	.	37 476	37 476	32 426
14. Siegen	Kgl. Fachschule für die Eisen- u. Stahl-Industrie des Siegener Landes	1900		.	.	.	.	.	.	.	6 360	22 430	19 820
15. Schmalkalden	Kgl Fachschule für die Kleineisen- und Stahlwaaren-Industrie	1902		.	.	.	.	.	.	.	.	.	16 700
16. Aachen	Kgl. höhere Maschinenbauschule	1902		.	.	.	.	.	.	.	.	.	11 310
17. Kiel	Kgl. höhere Schiff- u. Maschinenbausch.	voraussichtl. Jan. 1903		.	.	.	.	.	.	.	.	.	2 710
	Zusammen			**4 415**	**33 190**	**85 145**	**129 166**	**236 072**	**372 194**	**455 374**	**578 341**	**682 361**	**792 953**
	II. Vom Staate mit unterhaltene Gemeinde-Anstalten.												
1. Magdeburg	Maschinenbauschule (früh. Maschinenbauschule für Werkmeister)	1891		.	.	20 500	24 509	24 180	25 720	27 269	27 269	27 269	29 560
2. Cöln [4]	Vereinigte Maschinenbausch. (Abtheil. der städt. gewerbl. Fachschule)	1895		.	.		.	28 900	31 700	30 668	32 007	32 552	33 077
	Zusammen			.	.	**20 500**	**24 509**	**53 080**	**57 420**	**57 937**	**59 276**	**59 821**	**62 637**
	Insgesammt			.	.	**105 645**	**153 675**	**289 152**	**429 614**	**513 311**	**637 617**	**742 182**	**855 590**

[1]) Die Schule in Dortmund bestand zunächst als Werkmeisterschule für Maschinenbauer, Schlosser und Schmiede. — [2]) Früher Oberschlesische Maschinenbau- und Hüttenschule. — [3]) In Einbeck bestand seit 1871 eine sogenannte höhere Fachschule für Maschinenbautechniker. — [4]) Bestand als rein städtische Anstalt bereits seit 1881.

Anlage LX. **Städtische Zuschüsse und Gesammtausgaben für Fachschulen der Metallindustrie.** (Mark.)

1	2	3	4	5	6	7	8	9	10	11	12	13	14
Sitz der Anstalt	Zuschuss der Stadtgemeinden (des Vereines) nach den Voranschlägen *) für							Summe der Ausgaben nach den Voranschlägen für					
	1891/92	**1897/98**	**1898/99**	**1899**	**1900**	**1901**	**1902**	**1897/98**	**1898/99**	**1899**	**1900**	**1901**	**1902**
					I. Staats-Anstalten.								
1. Iserlohn [1])	13 464	13 464	10 000	10 000	12 500	12 500	13 500	30 180	39 900	39 900	47 950	48 430	52 180
2. Remscheid [2])	11 700	13 500	14 000	14 000	14 000	13 500	13 500	49 160	52 012	52 012	52 012	50 990	51 215
3. Dortmund	6 000	11 700	12 500	12 500	12 500	12 500	12 500	88 945	96 020	115 815	118 161	172 985	179 215
4. Duisburg	.	15 000	15 000	15 000	15 000	15 000	15 000	65 116	75 276	95 438	102 048	113 990	133 470
(früher Bochum)	12 900	.	.	.	.	.	.	.	.	.	.	.	.
5. Hagen i. W.	.	8 330	8 330	8 330	8 330	8 330	8 330	65 330	78 445	93 048	101 062	101 062	109 912
6. Gleiwitz	.	10 000	10 000	10 000	10 000	10 000	10 000	59 120	62 152	64 402	66 772	71 064	78 089
7. Breslau	.	7 800	7 800	7 800	7 800	7 800	7 800	42 270	45 270	52 048	55 188	74 950	79 560
8. Elberfeld-Barmen [3])	.	.	24 000	24 000	24 000	24 000	24 000	.	50 640	59 640	62 890	91 744	113 091
9. Altona	.	.	6 000	12 000	12 000	12 000	12 000	.	17 200	42 190	58 490	60 800	64 985
10. Görlitz [4])	.	.	6 000	12 000	12 000	12 000	12 000	.	16 730	40 950	59 174	61 334	62 034
11. Stettin	.	.	.	.	6 000	12 000	12 000	.	.	.	15 935	39 975	70 702
12. Posen [5])	.	.	.	.	2 700	2 700	2 700	.	.	.	14 121	26 328	36 730
13. Einbeck	.	.	.	.	10 000	10 000	10 000	.	.	.	53 176	53 176	53 206
14. Siegen [6])	.	.	.	.	6 000	12 000	12 000	.	.	.	13 080	37 830	35 895
15. Schmalkalden (Juli 1902 Eröffnung)	.	.	.	.	.	.	5 000	.	.	.	.	.	23 950
16. Aachen (1. Oktober 1902 Eröffnung)	.	.	.	.	.	.	6 000	.	.	.	.	.	21 610
17. Kiel [7])	.	.	.	.	.	.	.	.	.	.	.	.	2 730
Zusammen	**44 064**	**79 794**	**113 630**	**125 630**	**152 830**	**164 330**	**176 330**	**391 121**	**542 645**	**655 443**	**830 059**	**1 004 658**	**1 166 999**
					II. Vom Staate mit unterhaltene Gemeinde-Anstalten.								
1. Magdeburg [8])	8 750	10 599	11 360	12 134	12 134	12 134	13 280	38 060	41 660	43 993	43 993	43 993	47 430
2. Cöln [9])	.	28 900	31 700	30 668	32 007	32 552	33 077	86 320	92 120	92 741	94 144	94 644	95 694
Zusammen	**8 750**	**39 490**	**43 060**	**42 802**	**44 141**	**44 686**	**46 357**	**124 480**	**133 780**	**136 734**	**138 137**	**138 637**	**143 124**
Insgesammt	**52 814**	**119 284**	**156 690**	**168 432**	**196 971**	**209 016**	**222 687**	**515 601**	**676 425**	**792 177**	**968 196**	**1 143 295**	**1 310 123**

*) Ausserdem geben die Städte das Schulgebäude nebst der zur Ertheilung des Unterrichts erforderlichen Ausstattung und unterhalten ersteres.

[1]) Der städtische Zuschuss ist steigend und beträgt bei einem erforderlichen Gesammtzuschusse von mehr als 44 500 *M* 13 500 *M*. — [2]) Der städtische Zuschuss beträgt bei einem erforderlichen Gesammtzuschuss von 45 500 – 46 999 *M* 13 500 *M*. — [3]) Die Städte Elberfeld und Barmen geben je 12 000 *M* Zuschuss und tragen die Leistungen zu *) (Schullokal u. s. w.) gleichen Theilen. — [4]) und [5]) Der jährliche Zuschuss beträgt 12 000 *M* bezw. 2 700 *M*. — [6]) Der jährliche Zuschuss der Stadt beträgt 12 000 *M*. — [7]) Die Ausgaben sind nur zur Vorbereitung der am 1. April 1903 beabsichtigten Unterrichtseröffnung eingestellt. Nach dessen Eröffnung wird die Stadt Kiel einen Zuschuss von je 20 000 *M* bis höchstens 25 000 *M* zahlen. — [8]) Von den durch die eigenen Einnahmen nicht gedeckten Ausgaben der Anstalt übernimmt der Staat vorweg 3 000 *M* und zwei Drittel des Restes. Die Stadt zahlt das übrige Drittel. — [9]) Als Staatszuschussanstalt errichtet 1895; bestand als rein städtische Schule bereits seit 1881. Der Staat giebt die Hälfte der durch die eigenen Einnahmen nicht gedeckten Ausgaben der Anstalt, die Stadt die andere Hälfte.

Anlage LXI.

Frequenz der Fachschulen der Textil-Industrie.

1		2	3	4	5	6	7	8
Sitz der Anstalt a. = Tagesschule b. = Abendschule		Schülerzahl im Wintersemester						
		1890/91	1892/93	1894/95	Sommer-halbjahr 1898	Sommer 1900	Winter 1900/1	Sommer 1901
A. Höhere Fachschulen für Textil-Industrie.								
1. Mühlheim a. Rh.	a	66	57	62	41	27	10	1901 eingegangen
	b	—	—	—	—	—	—	
2. Krefeld [1])	a	157	159	137	171	175	168	170
	b	132	130	152	170	148	125	125
3. Aachen [1])	a	48	84	87	91	95	101	67
	b	71	98	87	35	55	51	42
4. Berlin	a	36	39	35	30	47	59	56
	b	295	262	219	109	144	165	133
6 Kottbus [1])	a	2	2	7	16	27	26	33
	b	70	68	50	48	45	42	39
7. Sorau	a	35	28	17	41	44	42	42
	b	30	40	30	11	9	16	12
8 Barmen	a	—	—	—	—	29	33	52
	b	—	—	—	—	164	119	172
9. München-Gladbach	a	—	—	—	—	—	—	39
	b	—	—	—	—	—	—	42
Zusammen	a	**379**	**369**	**345**	**390**	**444**	**429**	**459**
	b	**508**	**508**	**538**	**373**	**565**	**518**	**565**
B. Fachschulen für Textil-Industrie.								
1. Rummelsburg	a	2	—	1	—	—	—	—
	b	10	3	4	—	—	—	—
2. Finsterwalde	a	—	—	—	—	—	—	—
	b	—	19	4	—	—	—	—
3. Nowawes	a	—	—	2	6	—	—	[2]) —
	b	69	57	70	62	54	39	35
4. Einbeck	a	14	16	7	7	7	7	8
	b	9	11	18	8	9	11	10
5. Spremberg	a	9	7	5	4	5	1	3
	b	22	11	31	3	14	16	15
6. Falkenburg i. P.	a	12	6	12	8	48	48	46
	b	5	—	15	3	10	—	—
7. Forst i. L.	a	—	7	4	13	14	12	28
	b	—	32	46	32	34	27	34
8. Sommerfeld	a	3	3	4	3	6	3	7
	b	20	16	17	16	20	15	14
9. Mühlhausen i. Th.	a	—	—	—	7	9	15	9
	b	—	—	—	30	17	19	20
10. Ronsdorf	a	—	—	—	—	14	22	24
	b	—	—	—	—	26	48	41
11. Langenbielau	a	—	—	—	—	—	19	41
	b	—	—	—	—	—	24	14
Zusammen	a	**40**	**39**	**35**	**48**	**103**	**127**	**166**
	b	**135**	**149**	**205**	**154**	**148**	**199**	**183**
Insgesammt	a	**419**	**408**	**380**	**438**	**547**	**556**	**625**
	b	**733**	**747**	**743**	**527**	**713**	**717**	**748**

[1]) Einschliesslich Stopfschülerinnen.
[2]) 1902 in eine Webereilehrwerkstätte umgewandelt.

Anlage LXII.

Einnahmen und Ausgaben der Fachschulen für Textil-Industrie. (Mark.)

1	2	3	4	5	6	7	8	9
Sitz der Anstalt	Schulgeld	Erlös aus dem Anstaltsbetriebe	Insgemein	Staatszuschuss	Städtezuschuss	Einnahme und Ausgabe	Persönliche Ausgaben	Sächliche Ausgaben
				A. Höhere Fachschulen für Textil-Industrie.				
1. Crefeld	59 906	8 000	367	67 295	33 648	169 216	101 616	67 600
2. Aachen	25 850	48 000	150	36 800	18 400	129 200	58 312	70 888
3. Berlin	8 648	1 880	52	32 300	32 300	75 180	56 460	18 720
4. Kottbus	8 520	1 400	180	23 517	6 719	40 436	25 936	14 500
5. Sorau	10 421	12 027,25	61,75	43 800	8 000	74 310	50 210	24 100
6. Barmen	14 250	900	106	39 500	39 500	94 256	63 656	30 600
7. München-Gladbach	12 950	950	100	24 836	24 836	63 672	38 072	25 600
Zusammen	**140 545**	**73 157,25**	**1 016,75**	**268 048**	**163 403**	**646 270**	**394 262**	**252 008**
				B. Fachschulen für Textil-Industrie.				
1. Einbeck	830	500	30	7 940	3 970	13 270	9 946	3 324
2. Spremberg	520	950	41	11 569	4 470	17 550	14 626	2 924
3. Falkenburg i. P.	2 090	700	32	12 432	4 000	19 254	14 180	5 074
4. Forst i./L.	1 330	450	120	17 000	8 000	26 900	15 878	11 022
5. Sommerfeld	756	612,50	31,50	6 755	2 877	11 032	6 968	4 064
6. Mühlhausen i Th.	1 275	430	145	10 480	5 240	17 570	13 448	4 122
7. Ronsdorf	950	200	50	8 760	4 380	14 340	10 088	4 252
8. Langenbielau	1 260	500	40	13 600	6 800	22 200	15 988	6 212
Zusammen	**9 011**	**4 342,50**	**489,50**	**88 536**	**39 737**	**142 116**	**101 122**	**40 994**
Insgesammt	**149 556**	**77 499,75**	**1 505,25**	**356 584**	**203 140**	**788 386**	**495 384**	**293 002**

Anlage LXIII.

Zuschuss der Fachschulen für Textil-Industrie.

Sitz der Anstalt	Jahr der Errichtung	Zuschuss des Staates nach den Voranschlägen, nach Abzug der Einnahmen für							
		1879/80	1885/86	1891/92	1896/97	1899	1900	1901	1902
				A. Höhere Fachschulen für Textil-Industrie.					
1. Mühlheim a. Rh.	1852	2 299,50	3 083,50	5 020	4 080	5 400	5 950	[1]) —	—
2. Crefeld	1855	8 000	28 150	41 925	44 100	44 625	44 625	57 333	67 295
3. Aachen	1883	—	—	20 800	24 600	29 900	32 600	34 435	36 800
4. Berlin	1883	—	—	17 500	21 210	29 210	32 589	30 414	32 300
5. Kottbus	1883	—	—	—	10 145	15 971	19 480	22 333	23 517
6. Sorau	1886	—	4 000	4 267	11 767	11 431	33 428	41 088	43 800
7. Barmen	1900	—	—	—	—	—	36 250	34 168	39 500
8. München-Gladbach	1901	—	—	—	—	—	—	24 636	24 836
Zusammen		**10 299,50**	**35 233,50**	**89 512**	**115 902**	**136 537**	**204 922**	**244 407**	**268 048**
				B. Fachschulen für Textil-Industrie.					
1. Rummelsburg	[2]) —	—	—	3 200	2 714	—	—	—	—
2. Finsterwalde	[3]) —	—	—	3 700	[5]) —	—	—	—	—
3. Nowawes	[4]) —	—	—	9 500	11 700	14 880	18 480	[6]) —	—
4. Einbeck	1861	1 800	1 800	4 000	5 340	6 653	6 653	7 280	7 940
5. Spremberg	1869	800	4 425	7 870	5 200	5 200	5 200	10 630	11 569
6. Falkenburg i. P.	1890	—	—	10 300	8 952	8 952	11 452	11 572	12 432
7. Forst i./L.	1890	—	—	4 667	4 667	7 487	14 120	15 352	17 000
8. Sommerfeld	1890	—	—	5 533	5 343	5 343	5 343	6 602	6 755
9. Mühlhausen i. Th.	1898	—	—	—	—	6 600	6 600	10 032	10 480
10. Ronsdorf	1899	—	—	—	—	6 400	6 533	8 725	8 760
11. Langenbielau	1900	—	—	—	—	—	12 800	13 192	13 600
Zusammen		**4 100**	**5 225**	**48 770**	**43 916**	**61 515**	**87 181**	**83 385**	**88 536**
Insgesammt		**14 399,50**	**40 458,50**	**138 282**	**159 818**	**198 052**	**292 103**	**327 792**	**356 584**

[1]) am 1. April 1901 eingegangen. — [2]) erster Zuschuss 1889/90. — [3]) desgl. 1890/91. — [4]) desgl. 1890/91. — [5]) Eingegangen. — [6]) 1. Juli 1901 in eine Lehrwerkstatt umgewandelt.

Anlage LXIV.

Zuschuss der Fachschulen der Textil-Industrie. (Mark.)

1	2	3	4	5	6	7	8	9	10	11
Sitz der Anstalt	Zuschuss der Stadtgemeinden (des Vereins) nach den Voranschlägen für						Summe der Ausgaben nach den Voranschlägen für			
	1891/92	1896/97	1899	1900	1901	1902	1899	1900	1901	1902
A. Höhere Fachschulen für Textil-Industrie.										
1. Mühlheim a./R. . .	5 020	4 080	5 400	5 950	—	—	23 800	24 900	am 1. April 1901 eingegangen	
2. Crefeld [1]	13 975	14 700	14 875	14 875	28 667	33 648	132 100	132 100	164 000	169 216
3. Aachen [2]	12 500	12 300	14 950	16 300	17 217	18 400	108 550	120 000	122 752	129 200
4. Berlin	17 500	21 210	24 710	28 089	30 414	32 300	66 040	70 510	70 660	75 180
5. Kottbus [3]	—	2 572	2 946	4 700	6 127	6 719	29 000	34 180	38 460	40 436
6. Sorau [4]	2 133	3 083	2 916	8 000	8 000	8 000	22 525	65 451	73 110	74 310
7. Barmen [5]	—	—	—	36 250	34 168	39 500	—	86 100	81 936	94 256
8. Münch.-Gladbach [6]	—	—	—	—	24 636	24 836	—	—	62 472	63 672
Zusammen . .	**51 128**	**57 945**	**65 797**	**114 164**	**149 229**	**163 403**	**382 015**	**533 241**	**613 390**	**646 270**
B. Fachschulen für Textil-Industrie.										
1. Rummelsburg	1 600	1 600	—	—	—	—	—	—	—	—
2. Finsterwalde	1 500	Eingegangen		—	—	—	—	—	—	—
3. Nowawes	—	—	—	—	—	—	16 650	20 250	1.7.1901 in eine Lehrwerkstätte umgewandelt	
4. Einbeck [7]	2 000	2 670	3 327	3 327	3 640	3 970	11 150	11 150	12 420	13 270
5. Spremberg [8]	2 620	1 285	1 285	1 285	4 000	4 470	8 765	8 740	16 900	17 550
6. Falkenburg i. P. [9]	3 500	3 500	3 500	4 000	4 000	4 000	14 400	18 274	18 394	19 254
7. Forst i./L. [10]	1 833	1 833	3 243	6 560	7 176	8 000	13 700	23 000	24 848	26 900
8. Sommerfeld [11] . . .	2 267	2 172	2 171	2 172	2 801	2 877	8 114	8 915	10 803	11 032
9. Mühlhausen i. Th. [12]	—	—	3 300	3 300	5 016	5 240	11 400	11 400	16 548	17 570
10. Ronsdorf [5]	—	—	3 200	3 267	4 363	4 380	10 500	10 700	13 988	14 340
11. Langenbielau [5] . . .	—	—	—	6 400	6 596	6 800	--	20 700	21 288	22 200
Zusammen . .	**15 320**	**13 060**	**20 026**	**30 311**	**37 502**	**39 737**	**94 679**	**133 128**	**135 189**	**142 116**
Insgesammt . .	**66 448**	**71 005**	**85 823**	**144 475**	**186 821**	**203 140**	**476 694**	**666 370**	**748 579**	**788 386**

[1] Der Staat zahlt $^2/_3$, die Stadt $^1/_3$ aller durch die eigenen Einnahmen nicht gedeckten Kosten der Anstalt (bis 1901 $^1/_4 : ^3/_4$). — [2] Der Staat übernimmt $^2/_3$, der Webeschulverein $^1/_3$ der durch die eigenen Einnahmen nicht gedeckten Unterhaltungskosten. Der Verein trägt ausserdem die Ausgaben für die Unterhaltung des Gebäudes und dessen Versicherung gegen Feuersgefahr. — [3] Der Staat zahlt als Vorausleistung 10 080 ℳ bis zur Amortisation des Baukapitales und $^2/_3$ des ausserdem erforderlichen Zuschusses, die Stadt zahlt $^1/_3$ des Zuschusses, giebt das Lokal und die Utensilien, und unterhält das Erstere. — [4] Die Stadt giebt das Unterrichtslokal mit den zur Ertheilung des Unterrichts erforderlichen Utensilien her und unterhält das Erstere. Ausserdem trägt sie $^1/_3$ der laufenden Unterhaltungskosten bis zur Gesammthöhe von jährlich 8 000 ℳ, die übrigen Kosten fallen dem Staate zur Last. — [5] Der Staat und die Stadt tragen je zur Hälfte der Unterhaltungskosten. Ausserdem giebt die Stadt das Schullokal mit den zur Unterrichtsertheilung erforderlichen Utensilien erstmalig her und unterhält das Erstere. — [6] Die Städte M.-Gladbach, Rheydt, Odenkirchen und die Gemeinden M.-Gladbach-Land, Hochneukirch und Wickrath tragen von den durch die eigenen Einnahmen der Anstalt nicht gedeckten Unterhaltungskosten die Hälfte und geben ferner das Schullokal mit den zur Unterrichtsertheilung erforderlichen Utensilien her und unterhalten das Erstere. Der Staat trägt die andere Hälfte der Kosten. — [7] Die Stadt giebt und unterhält das Schulgebäude und trägt $^1/_3$ des erforderlichen Zuschusses. Der Staat $^2/_3$. — [8] Der Staat zahlt als Vorleistung 2 630 ℳ und $^2/_3$ des erforderlichen Zuschusses. Die Stadt trägt $^1/_3$ der Kosten, giebt das Schullokal mit den erforderlichen Utensilien her und unterhält das Erstere. — [9] Ausser dem festen Zuschuss von 4 000 ℳ giebt und unterhält die Stadt das Schullokal. Der Staat trägt die übrigen durch die eigenen Einnahmen nicht gedeckten Unterhaltungskosten. — [10] Staat zahlt als Vorleistung 1 000 ℳ und $^2/_3$ des mehr erforderlichen Zuschusses. Die Stadt giebt und unterhält das Schullokal und stellt die erforderlichen Utensilien und trägt $^1/_3$ der Ausgaben. — [11] Der Staat zahlt als Vorleistung 1 000 ℳ und $^2/_3$ des mehr erforderlichen Zuschusses. Die Stadt trägt $^1/_3$ der Kosten, giebt das Schullokal mit den erforderlichen Utensilien und unterhält das Erstere. — [12] Staat $^2/_3$, Stadt $^1/_3$ der Kosten, letztere giebt ausserdem das Schullokal mit den erforderlichen Utensilien und unterhält das Erstere.

Anlage LXV.

Einnahmen und Ausgaben der Handwerker-, Kunstgewerbe- und Keramischen Fachschulen für 1902.

Bezeichnung der Schule	Sitz	Einnahmen: Schulgeld M	Einnahmen: Staatszuschüsse M	Einnahmen: Gemeindezuschüsse M	Einnahmen: Sonstige Einnahmen M	Einnahmen: Zusammen M	Gesammt-Ausgaben M
I. Staats-Anstalten.							
1. Provinzial- Kunst- und Gewerkschule	Königsberg	1 730	30 430	—	10	32 170	32 170
2. Zeichenakademie (Fachschule für Edelmetallindustrie)	Hanau (Kassel)	10 949	78 470	—	1 461	90 880	90 880
3. Keramische Fachschule	Bunzlau (Liegnitz)	721	22 276	3 000	59	26 056	26 056
4. desgl.	Höhr (Wiesbaden)	672	21 530	500	118	22 820	22 820
	Zusammen	**14 072**	**152 706**	**3 500**	**1 648**	**171 926**	**171 926**
II. Compatronats-Schulen.							
5. Handwerker- und Kunstgewerbeschule	Barmen	5 980	37 766	33 766	40	77 552	77 552
6. desgl.	Elberfeld	6 204	36 133	32 133	42	74 512	74 512
7. Gewerbeschule	Essen	7 074	22 963	20 917	46	51 000	51 000
8. Kunstgewerbeschule	Düsseldorf	10 000	30 000	36 000	—	76 000	76 000
9. Kunstgewerbe- und Handwerkerschule	Cöln	8 665	19 265	19 265	5	47 200	47 200
10. Gewerbliche Tagesschule	Aachen	11 880	23 635	23 635	20	59 170	59 170
11. Gewerbliche Zeichen- u. Kunstgewerbeschule	desgl.	13 787	27 416	24 416	43	65 662	65 662
12. desgl.	Kassel	9 351	34 595	31 595	9	75 550	75 550
13. Kunstgewerbeschule	Frankfurt a. M.	4 075	24 000	9 000	87 625	124 700	[1]) 124 700
14. Kunstgewerbe- und Handwerkerschule	Magdeburg	14 173	59 140	51 440	597	125 350	125 350
15. Handwerkerschule	Halle a./S.	10 120	29 978	27 978	249	68 325	68 325
16. Handwerker- und Kunstgewerbeschule	Erfurt	4 230	23 565	19 565	10	47 370	47 370
17. desgl.	Hannover	22 152	65 406	60 406	38	148 002	148 002
18. Kunstgewerbe- und Handwerkerschule	Charlottenburg	6 120	37 888	33 388	50	77 446	77 446
19. Handwerker- und Kunstgewerbeschule	Altona	11 700	28 000	26 338	42	66 080	66 080
20. Handwerkerschule I.	Berlin	31 095	26 000	132 212	14	189 321	189 321
	Zusammen	**176 606**	**525 750**	**582 054**	**88 830**	**1 373 240**	**1 373 240**
	Insgesammt	**190 678**	**678 456**	**585 554**	**90 478**	**1 545 166**	**1 545 166**
	Prozent	12,3	43,9	37,9	5,9		

[1]) Davon entfallen aber 44 960 M. auf die zur Schule gehörige Bibliothek und Gipssammlung und nur 79 740 M. auf die Schule selbst. S. auch Anm. 16 auf S. 242 der Anlagen.

Zuschuss zu den Handwerker-, Kunstgewerbe-, Zeichen- und Keramischen Fachschulen. Anlage LXVI.

Sitz der Anstalt	Nähere Bezeichnung der Anstalt	Errichtet im Jahre	Zuschuss des Staates nach den Voranschlägen (in ℳ) für 1879/80	1885/86	1891/92	1897/98	1898/99	1899	1900	1901	1902
	I. Vom Staate allein zu unterhaltende Anstalten.										
1. Hanau	Kgl. Zeichenakadem. (Fachsch. f. Edelmetallind.)	1772	17 020	39 732	62 920	69 140	74 330	74 330	74 440	77 640	78 470
2. Königsberg i. Pr.	Kgl. Provinzial- Kunst- und Gewerbeschule	c. 1800	7 197	8 327	18 490	21 970	24 320	24 960	29 364	29 364	30 430
3. Höhr	Keramische Fachschule	1879	4 150	4 870	7 950	16 038	16 138	16 138	17 900	20 830	21 530
4. Bunzlau	desgl.	1897	—	—	—	9 390	17 570	20 460	21 170	22 276	26 266
	Zusammen	—	**28 367**	**52 929**	**89 360**	**116 538**	**132 358**	**135 888**	**142 874**	**150 110**	**156 696**
	II. Vom Staate und von Anderen gemeinschaftlich zu unterhaltende Anstalten.										
Breslau	Gewerbliche Zeichenschule		(vereinigt mit der dortigen Kunstschule)								
Cottbus	desgl.		360	327 eingegangen							
Danzig	Provinzial- Kunst- und Handwerkschule		6 945	7 951	7 951 eingegangen						
Berlin	Kunstgewerbemuseum		113 170 ist am 1 April 1885 auf den Staat übergegangen und der auf 335 066 ℳ erhöhte Zuschuss auf dem Etat des Min. f. geistl. etc. Ang. verblieben.								
Waldenburg	Arbeitsschule des Vereins zur Förderung des Wohles der arbeitenden Klassen		2 000	2 000	auf den Etat des Kultusministeriums übernommen.						
1. Kassel	Gewerbliche Zeichen- und Kunstgewerbeschule	1869	3 169	7 690	17 400	21 040	21 040	21 040	21 040	28 140	34 595
2. Halle a. S.	Handwerkerschule (früher Gew. Zeichenschule)	1870	1 050	1 801	12 450	10 190	10 190	12 850	12 850	21 010	29 978
3. Cöln	Kunstgew.- u. Handwerker.- (b. 1895 Zeichensch.)	1879	1 426	1 425	1 405	18 875	18 005	15 700	15 700	17 642	19 265
4. Aachen	Gewerbe-, Zeichen- und Kunstgewerbeschule	1886	—	—	12 780	18 200	20 470	20 220	20 220	23 338	27 416
5. Aachen	Gewerbe-Tagesschule	1886	—	—	9 600	10 115	18 180	18 450	18 450	18 915	23 635
6. Magdeburg	Kunstgewerbe- und Handwerkerschule (früher als Gewerbliche Zeichenschule) und	1887	2 995	3 305	} 33 120	41 845	41 845	44 935	44 935	56 745	59 140
	Prov. Kunst- und Handwerkerschule		1 170	1 170							
7. Hannover	Handwerker- und Kunstgewerbeschule	1890	—	—	41 464	50 225	51 227	53 477	53 477	59 330	65 406
8. Charlottenburg	Kunstgewerbe- und Handwerkerschule	1896	—	—	—	13 280	13 280	13 280	13 280	27 243	37 888
9. Barmen	Handwerker- und Kunstgewerbeschule	1896	—	—	—	17 900	25 940	28 630	28 630	33 550	37 766
10. Elberfeld	Handwerker- und Kunstgewerbeschule (bis 1896/97 Gewerbliche Zeichenschule)	1897	2 200	1 913	1 866	25 150	25 150	25 590	25 590	30 497	36 133
11. Erfurt	Handwerker- u. Kunstgewerbesch. (früher Prov. Kunst- und Handwerkerschule eingeg. 1882)	1898	3 988	—	—	—	24 600	24 600	24 600	21 710	23 565
	Zusammen		**15 998**	**17 304**	**130 085**	**226 820**	**269 927**	**278 772**	**278 772**	**338 120**	**394 787**
	III. Von Gemeinden oder Vereinen zu unterhaltende Anstalten, zu deren Kosten der Staat einen Zuschuss gewährt hat.										
1. Frankfurt a. M.	Kunstgewerbeschule des mitteldeutschen Kunstgewerbevereins	1879	5 000	20 000	24 000	24 000	24 000	24 000	24 000	24 000	24 000
2. Berlin	Handwerkerschule	1880	—	15 000	20 000	20 000	20 000	20 000	26 000	26 000	26 000
3. Düsseldorf	Kunstgewerbeschule	1883	—	7 830	18 930	19 940	19 940	19 940	30 000	30 000	30 000
4. Essen	Gewerbeschule	1900	—	—	—	—	—	—	23 000	23 000	23 000
5. Altona	Handwerker- und Kunstgewerbeschule	1900	—	—	—	—	—	—	28 000	28 000	28 000
	Zusammen		**5 000**	**42 830**	**62 930**	**63 940**	**63 940**	**63 940**	**131 000**	**131 000**	**131 000**
	Insgesammt		**49 365**	**113 063**	**291 375**	**407 298**	**466 225**	**478 600**	**552 646**	**619 230**	**682 483**

Ausgaben für Handwerker-, Zeichen-

1	2	3	4	5	6
Sitz der Anstalt	Zuschuss der Stadtgemeinden nach den Vor-				
	1891/92	1897/98	1898/99	1899	1900
			I. Vom Staate allein zu		
1. Hanau[1])	189	148	53	53	148
2. Königsberg i. Pr.[2])	—	—	—	—	—
3. Höhr[3])	400	500	500	500	500
4. Bunzlau[4])	—	1 500	3 000	3 000	3 000
Zusammen	**589**	**2 148**	**3 553**	**3 553**	**3 648**
			II. Vom Staate und von Anderen		
Breslau	vereinigt mit der dortigen Kunstschule.				
Cottbus	eingegangen 1890.				
Danzig	seit 1895/96 eingegangen.				
Berlin / Waldenburg	vacat: Etat des Kultusministeriums.				
1. Kassel[5])	17 100	20 040	20 040	20 040	20 040
2. Halle a. S.[6])	11 450	9 190	9 190	11 845	11 845
3. Cöln[7])	1 405	18 875	18 005	15 700	15 700
4. Aachen[8])	12 280	15 700	17 970	17 720	17 720
5. Aachen[9])	9 600	10 115	18 180	18 450	18 450
6. Magdeburg[10])	27 920	35 145	35 145	38 235	38 235
7. Hannover[11])	39 064	46 225	47 227	49 477	49 477
8. Charlottenburg[12])	—	10 280	10 280	10 280	10 280
9. Barmen[13])	—	14 400	22 440	25 130	25 130
10. Elberfeld[14])	1 866	21 150	21 150	21 590	21 590
11. Erfurt[15])	—	—	20 600	20 600	20 600
Zusammen	**121 584**	**201 120**	**240 227**	**249 067**	**249 067**
	III. Von Gemeinden oder Vereinen zu unterhaltende				
1. Frankfurt a. M.[16])	2 000	5 000	5 000	5 000	9 000
2. Berlin[17])	76 316	101 357	103 820	108 742	109 687
3. Düsseldorf[18])	22 670	26 566	32 523	42 205	35 599
4. Essen	—	—	—	—	22 550
5. Altona	—	—	—	—	28 150
Zusammen	**100 986**	**132 923**	**141 343**	**145 947**	**204 986**
Insgesammt	**223 159**	[19]) **336 191**	**385 123**	**408 567**	**457 701**

[1]) Die Stadt Hanau giebt keinen Zuschuss, auch nicht zur Unterhaltung der Gebäude. Die
licher Lehrmittel für die Gold- und Silberarbeiter. — [2]) Die Stadt giebt das Schullokal und unter-
zahlt einen festen Zuschuss von jährlich 500 *M.*; alle übrigen Ausgaben, auch die für die Unter-
richtsräume nebst dem zu ihrer ersten Ausstattung nöthigen Schulinventar, das Laboratorium, sowie
3 000 *M.* — [5]) Der Staat bezahlt die Lehrmittel und die Hälfte der übrigen durch die eigenen
der Heizung, Beleuchtung und Reinigung des Schullokales. — [6]) Der Staat bezahlt die Hälfte der
anheim fallen. Ausserdem erstattet er der Gemeinde die Hälfte der von ihr mit Genehmigung des
bliebenenbezüge. Die Gemeinde trägt die vom Staate nicht zu deckenden Ausgaben, sie giebt die
dieselben. Der Staat bezahlt überdies die Lehrmittel. — [7]) Vergl. Anmerkung 2, doch bezahlt der
[10]) Der Staat giebt vorweg 220 *M.* Im Übrigen vergl. Anmerkung 2. — [11]) vergl. Anmerkung 2.
Anmerkung 2. — [16]) Der Verein giebt und unterhält das Gebäude und trägt alle Kosten, soweit
durch die polytechnische Gesellschaft und durch Stiftungsverwaltungen in den Stand gesetzt. Der
Bibliothek, die permanente Ausstellung, die Vereins-Zeitschrift gehören, erforderlich, während
hält das Gebäude und trägt alle Kosten, soweit sie nicht durch den Staatszuschuss gedeckt werden. —
Staatszuschuss gedeckt werden. — [19]) Wenn auf S. 1095 des Textes gesagt worden ist, dass von
diese Zahl eine irrthümliche, da hier noch 70 880 *M.*, welche der Verein zu Frankfurt (s. Anm. 16)
336 191 *M.* = 35,2 Proz. der Gesammtkosten auf. Das Antheilsverhältniss hat sich also bis 1902

und keramische Fachschulen.

7	8	9	10	11	12	13	14
anschlägen (in ℳ) für		Summe der Ausgaben nach den Voranschlägen (in ℳ) für					
1901	**1902**	**1897/98**	**1898/99**	**1899**	**1900**	**1901**	**1902**
unterhaltende Anstalten.							
148	148	81 590	87 750	87 750	86 850	90 050	90 880
—	—	23 180	25 770	26 500	31 104	31 104	32 170
500	500	17 470	17 570	17 570	19 290	22 120	22 820
3 000	3 000	11 197	21 420	24 038	24 900	26 056	26 056
3 648	**3 648**	**133 437**	**152 510**	**155 858**	**162 144**	**169 330**	**171 926**
gemeinschaftlich zu unterhaltende Anstalten.							
25 140	31 595	50 890	50 890	50 890	50 890	62 950	75 550
19 010	27 978	21 500	21 500	28 300	28 300	46 510	68 325
17 642	19 265	45 230	43 810	39 220	39 220	43 690	47 200
20 338	24 416	44 850	49 390	50 090	50 090	56 498	65 662
18 915	23 635	28 060	48 270	48 810	48 810	49 728	59 170
49 045	51 440	86 029	86 029	92 660	92 660	118 510	125 350
54 330	60 406	115 924	118 184	122 784	122 784	135 840	148 002
22 743	33 388	26 410	26 410	26 410	26 410	54 236	77 446
30 050	33 766	37 210	54 940	61 400	61 400	69 400	77 552
26 497	33 133	50 495	50 495	52 695	52 695	62 850	74 512
17 710	19 565	—	50 100	50 100	50 100	43 120	47 370
301 420	**358 587**	**506 598**	**600 018**	**623 359**	**623 359**	**743 332**	**866 139**
Anstalten, zu denen der Staat einen Zuschuss gewährt.							
9 000	9 000	106 730	109 680	112 550	119 420	122 310	124 700
127 575	132 212	149 751	154 344	159 266	165 626	183 514	189 321
34 700	36 000	56 300	61 900	71 550	75 000	74 400	76 000
20 735	20 917	—	—	—	50 000	51 790	51 000
31 420	26 338	—	—	—	69 410	72 680	66 089
223 430	**224 467**	**312 781**	**325 924**	**343 366**	**470 456**	**504 094**	**507 101**
528 498	**586 702**	**952 816**	**1 078 452**	**1 122 583**	**1 264 959**	**1 417 356**	**1 545 166**

Zuschüsse in Spalte 3 stammen aus der Weishaupt'schen Stiftung zur Anschaffung aussergewöhn-
hält es. Die Schule ist im Gebäude der Kgl. Baugewerkschule untergebracht. — 3) Die Gemeinde
haltung des Gebäudes und der Öfen zahlt der Staat. — 4) Die Stadt giebt die erforderlichen Unter-
den Versuchsofen und unterhält sie. Ausserdem zahlt die Stadt einen festen Jahreszuschuss von
Einnahmen nicht gedeckten Ausgaben. Die Gemeinde giebt die andere Hälfte und trägt die Kosten
durch die eigenen Einnahmen nicht gedeckten Ausgaben, soweit letztere nicht der Gemeinde allein
Ministers für Handel und Gewerbe für Lehrer und Beamte gewährten Ruhegehälter und Hinter-
Unterrichtsräume mit der zur Ertheilung des Unterrichtes erforderlichen Einrichtung und unterhält
Staat nicht die Lehrmittel besonders. — 8) vergl. Anmerkung 2. — 9) vergl. Anmerkung 3. —
— 12) vergl. Anmerkung 2. — 13) vergl. Anmerkung 2. — 14) vergl. Anmerkung 2. — 15) vergl.
sie nicht durch den Staatszuschuss und den Zuschuss der Stadt gedeckt werden. Er wird dazu
Gesammtzuschuss ist für die gesammten Einrichtungen des Vereins, zu denen z. B das Museum, die
der Staatszuschuss nur für die Kunstgewerbeschule gewährt wird — 17) Die Stadt giebt und unter-
18) Die Stadt giebt und unterhält das Gebäude und trägt alle Kosten, soweit sie nicht durch den
den Gemeinden im Jahre 1897/98 42,7 Proz. der Gesammtkosten aufgebracht worden seien, so ist
aufbrachte, eingerechnet worden sind. Thatsächlich brachten die Gemeinden 1897/98 nur
nicht zu Ungunsten des Staates verschoben.

Anlage LXVIII.

Übersicht der Einnahmen und Ausgaben der Königlichen Porzellan-Hauptkassen-

1	2	3	4	5	6	7	8
	Einnahmen				Persönliche		
Aus der Verwaltung des Betriebsjahres	Aus dem Verkaufe der Erzeugnisse	Sonstige Verwaltungs-Einnahmen	Miethen und Pächte aus Grundbesitz	Summe Spalten 2—4	Besoldung der etatsmäßigen Beamten (Gehalt, seit 1873 auch Wohnungsgeldzuschuß, seit 1876 Tantieme, seit 1890/91 Stellenzulage	Andere (außerordentliche Unterstützungen, Remunerationen, Prämien u. s. w. ℳ	Arbeitslöhne ℳ
1863	411 788	7 891	921	420 600	38 811	745	193 361
1864	434 069	7 329	—	441 398	37 206	2 400	170 179
1865	465 671	11 018	—	476 689	39 300	2 400	179 029
1866	423 247	17 431	89	440 767	42 600	2 400	181 928
1867	530 295	7 863	—	538 158	43 200	2 400	212 258
1868	505 056	7 957	2 465	515 478	43 170	2 430	222 663
1869	450 340	7 816	3 835	461 991	42 570	2 430	216 417
1870	398 379	11 489	3 624	413 492	40 770	2 205	194 055
1871	431 867	11 107	3 512	446 486	39 445	2 130	194 318
1872	584 805	7 939	4 419	597 163	40 920	2 430	278 637
1873	538 855	2 788	6 603	548 246	45 805	2 700	305 011
1874	542 210	4 062	9 816	556 088	46 200	2 994	293 164
1875	496 311	1 932	15 918	514 161	45 080	4 134	287 461
1876	460 956	2 122	12 598	475 676	44 874	4 284	268 632
I. Quartal 1877	160 267	590	2 861	109 718	10 805	367	64 092
1877/78	392 860	3 080	11 447	407 387	46 473	3 464	234 374
1878/79	386 907	1 897	11 490	400 294	52 043	3 408	234 891
1879/80	406 519	1 925	10 786	419 230	54 853	3 471	250 208
1880/81	426 117	2 054	10 039	438 210	55 301	3 996	271 570
1881/82	426 874	1 552	13 340	441 766	58 549	4 693	276 071
1882/83	454 345	2 299	15 846	472 490	60 003	5 086	312 102
1883/84	526 354	2 798	15 970	545 122	65 578	5 100	339 870
1884/85	559 765	3 617	14 553	577 935	62 345	7 873	360 204
1885/86	570 666	3 490	17 243	591 399	67 609	5 826	373 471
1886/87	623 881	5 016	15 412	644 309	65 685	6 125	380 839
1887/88	729 437	7 048	20 188	756 673	71 539	6 300	415 120
1888/89	757 903	4 534	15 372	777 809	73 692	6 300	461 961
1889/90	967 125	5 626	15 080	987 831	76 422	6 300	539 360
1890/91	1 008 739	5 869	14 377	1 028 985	77 773	6 270	598 091
1891/92	926 149	5 921	14 202	944 272	74 966	7 702	664 854
1892/93	851 618	5 510	14 098	871 226	72 027	7 030	623 864
1893/94	816 566	3 763	12 304	832 633	71 792	7 970	584 695
1894/95	892 021	2 921	12 806	907 748	82 860	6 305	552 635
1895/96	849 742		10 778	806 520	82 872	5 820	548 097
1896/97	901 280		9 032	910 312	86 642	6 270	540 302
1897/98	952 894		8 922	961 815	95 429	6 165	542 746
1898/99	995 514		7 383	1 002 897	105 379	6 220	594 194
1899	1 162 844		7 620	1 170 464	109 141	6 460	642 892
1900	1 054 255		7 620	1 061 875	114 231	5 950	683 038
1901	1 117 335		7 620	1 124 953	120 097	6 400	653 821

[1]) davon an die General-Staatskasse abgeführt 914 ℳ. — [2]) desgl. 61 285 ℳ. — [3]) desgl. faktur verbliebene Minderausgabe der Bautitels (Sp. 14) 5 493 ℳ. — [5]) desgl. 75 187 und 7 144 ℳ. — [6]) desgl. 38 874 und 12 575 ℳ.

Manufaktur in den Jahren 1863 bis 1901, aufgestellt nach den Rechnungen.

9	10	11	12	13	14	15	Mithin Spalten 5 und 15	
Ausgaben								
Sächliche								
Materialien								
a) Brenn-	b) Roh-	c) Klein- und Betriebs-	Summe a), b) und c)	Sonstige Verwaltungs-Ausgaben	Unterhaltung der Gebäude, Werkstätten, Beschaffung neuer Maschinen, Erweiterung der Betriebsanlagen u. s. w.	Summe Spalten 6–8 und 12—14	mehr Einnahme	mehr Ausgabe
ℳ	ℳ	ℳ	ℳ	ℳ		ℳ	ℳ	ℳ
77 147	28 397	21 043	126 587	29 606	30 576	419 686	1) 914	—
63 429	31 948	18 091	113 468	44 174	12 686	380 113	2) 61 285	—
71 799	30 244	25 691	127 734	49 300	12 264	410 027	3) 66 662	—
54 10[illegible]	41 442	17 941	113 485	32 560	14 307	387 280	4) 53 487	—
69 225	42 168	21 657	133 050	52 263	12 656	455 827	5) 82 331	—
80 951	44 100	18 941	143 992	38 261	15 141	465 657	6) 49 821	—
63 071	35 501	21 849	120 421	40 126	10 695	432 659	7) 29 332	—
53 056	35 140	16 811	105 007	28 502	14 167	384 706	8) 28 786	—
67 742	24 206	18 497	110 445	26 736	21 963	395 037	9) 51 449	—
70 401	19 317	16 225	105 943	53 143	19 389	500 462	96 701	—
59 180	32 463	15 528	107 171	61 061	25 411	547 159	1 087	—
64 957	26 708	19 066	110 731	40 039	20 418	513 546	42 542	—
76 759	25 276	14 726	116 761	38 897	21 559	313 892	269	—
71 136	28 092	12 528	111 756	53 780	16 671	499 997	—	24 321
14 550	859	4 122	19 531	12 961	3 902	111 658	—	1 940
52 934	20 630	16 189	89 753	62 517	21 161	457 742	—	50 355
39 449	24 262	5 305	69 016	63 511	16 042	438 911	—	38 617
44 971	13 622	19 889	78 482	57 628	26 276	470 918	—	51 688
48 430	15 478	22 627	86 535	46 207	20 366	483 975	—	45 765
43 769	15 294	24 375	83 438	60 652	38 124	521 527	—	79 761
50 172	17 406	18 741	86 319	70 559	24 161	558 230	—	85 740
50 376	15 131	30 918	96 425	74 901	25 319	607 193	—	62 071
52 685	21 048	27 110	100 843	87 009	23 988	642 262	—	64 327
55 388	20 517	31 955	107 860	85 705	15 848	656 319	-	64 920
58 059	22 358	23 676	104 093	81 900	26 930	665 572	—	21 263
56 754	29 780	43 239	129 773	126 919	29 039	778 690	—	22 017
72 376	24 699	43 938	141 013	128 187	31 442	842 595	—	64 786
60 442	18 782	29 265	108 489	136 842	108 320	975 733	12 098	—
94 680	40 870	40 453	176 003	184 727	657 208	1 100 072	—	71 887
98 394	26 733	47 632	172 759	159 321	69 758	1 149 360	—	275 088
78 537	28 332	42 982	149 851	98 127	38 815	989 714	—	118 488
78 496	27 564	44 985	151 045	93 930	35 447	944 879	—	112 246
75 210	27 337	30 248	132 795	135 488	36 440	946 523	—	38 775
66 311	22 059	38 526	126 896	137 411	6 254	907 350	—	46 830
77 051	23 475	38 923	139 449	153 063	28 247	953 973	—	43 661
76 278	29 737	38 909	144 924	164 042	16 769	970 075	—	8 260
74 577	20 378	43 629	138 584	175 690	20 198	1 040 265	—	37 368
82 345	32 767	59 715	174 827	156 396	34 249	1 123 965	46 499	—
88 865	21 555	55 010	165 430	230 844	19 992	1 219 485	—	157 610
88 273	30 119	50 327	168 719	191 901	22 583	1 163 521	—	38 568

6 662 ℳ. — 4) davon an die General-Staatskasse abgeführt 47 994 ℳ und bei der Porzellan-Manu-
– 6) desgl. 45 162 und 4 659 ℳ. — 7) desgl. 20 227 und 9 105 ℳ. — 8) desgl. 14 048 und 14 738 ℳ.

Anlage LXIX.

Ordinarium und Extraordinarium des Etats des Handelsministeinms.

1	2	3	4	1	2	3	4	1	2	3	4
Jahre	Ordinarium ℳ	Extra-ordinarium ℳ	Prozent des Ordinariums	Jahre	Ordinarium ℳ	Extra-ordinarium ℳ	Prozent des Ordinariums	Jahre	Ordinarium ℳ	Extra-ordinarium ℳ	Prozent des Ordinariums
1902	14 351 181	835 800	5,8	1892/93 . .	5 731 230	215 700	3,8	1882/83 . .	1 515 075	98 910	6,5
1901	13 334 541	740 550	5,6	1891/92 . .	5 279 567	223 600	4,2	1881/82 . .	1 503 227	43 420	2,9
1900	11 987 534	1 224 900	10,2	1890/91 . .	4 422 793	399 940	9	1880/81 . .	1 480 191	38 488	2,6
1899	10 656 288	516 200	4,8	1889/90 . .	4 016 225	419 570	10,4	1879/80 . .	1 437 605	104 450	7,3
1998/99 . .	8 932 573	717 000	8,3	1888/89 . .	3 667 751	153 930	4,2	1878/79 . .	1 410 248	218 020	15,5
1897/98 . .	7 722 692	269 500	3,5	1887/88 . .	3 529 323	167 800	4,8	**Summe III**	**7 346 346**	**503 288**	**6,9**
1896/97 . .	7 219 299	173 300	2,4	1886/87 . .	3 225 388	139 510	4,3	**Wiederholung.**			
1895/96 . .	6 918 391	248 550	3,6	1885/86 . .	2 927 841	70 350	2,4	**Summe I**	**93 937 443**	**5 114 400**	**5,4**
1894/95 . .	6 618 077	102 000	1,5	1884/85 . .	2 804 451	74 200	2,6	**„ II**	**37 146 741**	**2 040 320**	**5,5**
1893/94 . .	6 196 867	286 600	4,6	1883/84 . .	1 542 172	175 660	11,4	**„ III**	**7 346 346**	**503 288**	**6,9**
Summe I	**93 937 443**	**5 114 400**	**5,4**	**Summe II**	**37 146 741**	**2 040 320**	**5,5**	**Insges. 1879—1902**	**138 430 530**	**7 658 008**	**5,5**

Anlage LXX.

Einnahmen und Ausgaben der Bauverwaltung einschliesslich der Centralverwaltung des Ministeriums der öffentlichen Arbeiten für die Etatsjahre **1902** bis **1897/98, 1895/96, 1893/94, 1890/91, 1887/88, 1883/84** und **1880/81.**

Anlage LXX.

Einnahmen und Ausgaben der Bauverwaltung einschl. der Central-
jahre **1902** bis **1897/98**, **1895/96**, **1893/94**,

1	2	3	4	5	6
Etatsstelle 1902		Etatspositionen.			
Kap.	Titel		1902 ℳ	1901 ℳ	1900 ℳ
		Einnahmen.			
28.	1.	Miethen und Pächte von fiskalischen Grundstücken, Nutzungen u. s. w.	582 000	540 000	530 800
	2.	Gebühren für die Staatsprüfungen im Baufache	38 000	34 500	32 400
	3.	Für Nebenbeschäftigung der Bauinspektoren	335 500	309 500	288 800
	4.	Einnahmen aus der Ruhrschiffahrts- und Ruhrhafenverwaltung	1 025 000	1 025 000	852 000
	5.	Beiträge zur Unterhaltung der Land- und Wasserstrassen, Kanäle, Brücken und Wasserleitungen, zur Besoldung der Baubeamten, für Benutzung von Schleppdampfschiffen, von Lösch- und Lootsengeräthschaften in den Seehäfen, Erlös für alte Baumaterialien und Geräthe und sonstige Einnahmen	845 200	650 000	460 000
	6.	Berge- und Hülfslöhne der Regierungsschiffe für Beistand in Seenoth 6 000 M., sowie Eintrittsgelder bei den staatlichen Leuchtthürmen 5 000 M.	11 000	11 000	6 000
	7.	Verkehrsabgaben (Brücken-, Fähr- und Hafengelder, Strom- und Kanalgefälle)	6 150 000	5 850 000	5 250 000
	8.	Baupolizeigebühren	372 300	400 000	400 000
	9.	Beiträge zur Deckung von Bauleitungskosten	300 000	300 000	300 000
		Summe der Einnahmen	**9 659 000**	**9 120 000**	**8 120 000**
		A. Dauernde Ausgaben.			
		Ministerium.			
64.		Besoldungen.			
	1.	Der Minister (ausserdem freie Dienstwohnung)	36 000	36 000	36 000
	2.	Höhere Beamte	258 000	237 500	234 000
	3.	Bureaubeamte	248 700	233 200	223 700
	4.	Kanzleisekretäre	50 760	48 036	47 400
	5.	Unterbeamte	47 488	47 131	46 971
	6.	Technische Bureaus	36 600	33 100	36 000
	6a.	Bureau für die Hauptnivellements	20 800	19 300	18 700
		Summe Tit. 1 bis 6a	*698 348*	*654 267*	*642 771*
	7.	Wohnungsgeldzuschüsse für die Beamten	114 300	105 600	102 240
		Andere persönliche Ausgaben.			
	8.	Zur Remunerirung von Hülfsarbeitern	150 000	132 000	32 400
	8a.	Zur Ueberweisung von Bautechnikern an einzelne diplomatische Vertretungen im Auslande	55 000	55 000	55 000
	9.	Entschädigungen für besondere Aufträge und Geschäfte	8 960	9 460	7 000
	10.	Ausserordentliche Remunerationen u. Unterstützungen für Zeichner, Kanzlei- und Unterbeamte	4 100	4 100	4 100
	10a.	Ausserordentliche Remunerationen u. Unterstützungen für mittlere Beamte	3 150	3 150	3 150
	11.	Zur Remunerirung der Mitglieder und Beamten des technischen Oberprüfungsamtes und der technischen Prüfungsämter	47 000	43 500	41 400
		Summe Tit. 8 bis 11	*268 210*	*247 210*	*143 050*

[1]) Gebühren für Feldmesserprüfungen.

verwaltung des Ministeriums der öffentlichen Arbeiten für die Etats- **1890/91, 1887/88, 1883/84** und **1880/81.**

7	8	9	10	11	12	13	14	15
		Etatsjahr						
1899 ℳ	**1898/99** ℳ	**1897/98** ℳ	**1895/96** ℳ	**1893/94** ℳ	**1890/91** ℳ	**1887/88** ℳ	**1883/84** ℳ	**1880/81** ℳ
500 000	489 000	493 000	440 000	380 000	320 000	292 000	230 000	248 766
30 000	27 900	24 000	18 000	15 960	20 000	12 600	15 420	13 275
280 000	264 000	264 006	240 000	260 000	500 000	330 000	[1]) 2 865	[1]) 2 735
852 000	852 000	695 874	697 000	730 832	593 000	560 000	512 000	772 000
		Gesetzliche Witwen- und Waisenbeiträge:				119 000	104 000	—
670 000	490 100	410 926	554 000	525 000	375 500	240 000	200 000	263 821
6 000	6 000	6 000	6 000	6 000	6 000	6 000	—	—
5 100 000	4 600 000	4 000 000	3 300 000	—	—	—	—	—
300 000	300 000	300 000	—	—	—	—	—	—
300 000	2 600 000	—	—	—	—	—	—	—
8 038 000	**9 629 000**	**6 193 800**	**5 255 000**	**1 917 792**	**1 796 500**	**1 559 600**	**1 064 285**	**1 300 597**
36 000	36 000	36 000	36 000	36 000	36 600	36 000	36 000	36 000
230 700	235 900	214 700	190 700	178 700	178 700	164 900	164 900	162 900
220 700	208 700	181 100	177 700	166 200	156 600	144 000	135 600	131 400
44 467	41 486	40 586	40 886	42 000	33 150	30 600	30 600	30 600
47 536	45 970	45 472	43 961	38 462	33 000	27 600	24 600	25 950
40 300	38 100	30 800	17 100	16 200	13 200	18 300	15 000	14 100
16 200	15 600	16 000	13 600	11 100	—	—	—	—
635 903	*621 756*	*564 658*	*519 947*	*488 662*	*450 650*	*421 400*	*400 500*	*407 150*
99 780	96 300	90 420	79 620	77 040	70 440	65 040	63 000	63 000
31 200	46 200	125 200	189 600	124 800	82 400	90 950	99 000	90 200
55 000	55 000	75 000	75 000	75 000	75 000	75 000	—	30 000
7 000	7 000	7 000	7 000	7 000	7 000	7 000	—	7 000
4 100	4 100	7 250	7 250	7 250	7 250	7 250	7 250	7 250
3 150	3 150							
39 000	36 900	33 000	27 000	24 960	29 000	21 600	24 420	22 275
139 450	*152 350*	*247 450*	*305 850*	*239 010*	*200 650*	*201 800*	*158 870*	*128 525*

Noch: Einnahmen und Ausgaben der Bauverwaltung einschl. der Centralverwaltung des 1893/94, 1890/91, 1887/88

1	2	3	4	5	6
Etatsstelle 1902 Kap.	Titel	Etatspositionen	1902 M	1901 M	1900 M
(64.)		Sächliche Ausgaben.			
	12.	Bureaubedürfnisse, sowie sächliche Ausgaben bei Ausführung der Hauptnivellements	118 000	98 000	98 000
	13.	Tagegelder, Reise- und Versetzungskosten	47 400	43 400	43 400
	14.	Unterhaltung der Dienstgebäude u. des Wintergartens	25 400	23 200	23 200
		Summe Tit. 12 bis 14	*190 800*	*164 600*	*164 600*
		Summe Kap. 64	**1 271 658**	**1 171 677**	**1 052 661**
		Bauverwaltung.			
65.		Besoldungen.			
	1.	Regierungs- und Bauräthe	725 400	700 200	633 600
	2.	Bau- und Maschineninspektoren	2 708 700	2 607 100	2 464 700
	3.	Regierungs-Bausekretäre, Landmesser u. Bausekretäre	596 300	555 800	511 200
	4.	Mittlere Beamte	600 150	593 850	573 880
	5.	Unterbeamte	1 162 861	1 147 071	1 142 213
	6.	Fällt aus.	—	—	—
	7.	Weitere mittlere und Unterbeamte	20 100	21 275	22 425
		Summe Tit. 1 bis 7	*5 813 511*	*5 625 296*	*5 348 018*
	8.	Fällt aus.			
	9.	Wohnungsgeldzuschüsse für die Beamten	*651 862*	*632 182*	*600 250*
		Andere persönliche Ausgaben.			
	10.	Nicht pensionsfähige Stellenzulagen, Miethsentschädigungen u. s. w.	93 170	94 220	93 020
	10a.	Zur Remunerirung von Regierungs-Baumeistern und Regierungs-Bauführern	996 200	1 061 000	1 167 200
	10b.	Zur Remunerirung von 46 Bureauhülfsarbeitern und von Bausupernumeraren	145 700	133 800	130 900
	11.	Ausserordentliche Remunerationen u. Unterstützungen für Unterbeamte	16 800	16 800	16 800
	11a.	Ausserordentliche Remunerationen für mittlere Beamte	5 400	5 400	5 400
	11b.	Ausserordentliche Unterstützungen für höhere und mittlere Beamte	34 000	34 000	34 000
	11c.	Zur Remunerirung aussergewöhnlich verdienstlicher Leistungen von Baubeamten	28 000	28 000	28 000
	12.	Vergütungen für Nebenbeschäftigung der Bauinspektoren	335 500	309 500	288 800
	12a.	Zur Bestreitung der der Staatskasse durch die Bergung von in Seenoth befindlichen Schiffen entstehenden Kosten, sowie zu Belohnungen für die dabei betheiligten Mannschaften der Regierungsschiffe 6 000 M., ferner zur Bestreitung der aus dem Besuche der staatlichen Leuchtthürme entstehenden Kosten und zu Vergütungen für die dabei betheiligten Beamten 5 000 M.	11 000	11 000	6 000
		Summe Tit. 10 bis 12a	*1 665 770*	*1 693 720*	*1 770 120*
		Sächliche Ausgaben.			
	13.	Dienstaufwands-Entschädigungen, Bureau- und Reisekosten-Entschädigungen, Entschädigungen für den Fortfall der Nachtschleusengelder, zur Gewährung von Tagegeldern und Übernachtungsgeldern an mittlere und untere Beamte bei auswärtigen Beschäftigungen u. s. w.	1 488 218	1 477 553	1 439 068

Iinisteriums der öffentlichen Arbeiten für die Etatsjahre 1902 bis 1897/98, 1895/96, 883/84 und 1880/81.

7	8	9	10	11	12	13	14	15
Etatsjahr								
1899 ℳ	**1898/99** ℳ	**1897/98** ℳ	**1895/96** ℳ	**1893/94** ℳ	**1890/91** ℳ	**1887/88** ℳ	**1883/84** ℳ	**1880/81** ℳ
98 000	98 000	98 000	80 000	44 700	41 700	41 700	41 700	41 700
43 400	43 400	38 000	38 000	28 000	16 000	16 000	16 000	16 000
23 200	23 200	23 200	23 200	20 000	20 000	20 000	20 000	20 000
164 600	*164 600*	*159 200*	*141 200*	*92 700*	*77 700*	*77 700*	*77 700*	*77 700*
1 039 733	**1 035 006**	**1 061 728**	**1 046 617**	**897 412**	**799 440**	**765 940**	**706 720**	**669 725**
612 600	610 200	436 200	394 000	372 300	367 200	367 200	375 624	380 424
2 435 700	2 472 800	1 870 200	1 833 900	1 787 400	1 575 300	1 516 800	1 250 284	1 251 004
474 200	416 500	270 600	186 000	127 950				
526 450	413 900	260 950	246 040	236 188	1 211 064	1 144 418	1 120 992	1 094 304
1 115 874	1 130 365	1 220 750	1 194 530	1 164 039				
—	36 600	34 660	36 210	32 890	—	28 065	26 445	26 445
24 525	61 465	29 985	72 370	—	—	—	—	—
5 189 349	*5 141 830*	*4 123 345*	*3 963 050*	*3 720 767*	*3 153 564*	*3 056 483*	*2 773 345*	*2 752 177*
585 382	*561 554*	*442 374*	*405 638*	*383 548*	*359 076*	*345 292*	*340 072*	*341 500*
73 770	76 090	70 240	65 030	65 980	49 280	47 505	21 045	22 215
1 106 000	1 283 000	—	—	—	—	—	—	—
128 000	128 000	58 000	58 000	58 000	—	—	—	—
16 800	21 500							
5 400	5 000	39 650	39 650	37 700	37 700	37 700	37 700	37 700
34 000	32 100							
28 000	28 000	20 000	20 000	20 000	20 000	20 000	20 000	—
280 000	264 000	264 000	240 000	260 000	500 000	330 000	2 865	2 735
6 000	6 000	6 000	6 000	6 000	6 000	6 000	—	—
1 677 970	*1 843 690*	*457 890*	*428 680*	*447 680*	*612 980*	*441 205*	*81 610*	*62 650*
1 440 208	1 443 161	1 231 136	1 232 591	1 254 145	1 362 210	1 309 550	1 303 890	1 330 520

Noch: Einnahmen und Ausgaben der Bauverwaltung einschl. der Centralverwaltung des 1893/94, 1890/91, 1887/88

1	2	3	4	5	6
Etatsstelle 1902		Etatspositionen			
Kap.	Titel		1902 ℳ	1901 ℳ	1900 ℳ
(65.)	13a.	Kosten von Vorarbeiten und Bauleitungen einschliesslich der Vergütungen für die im Vertragsverhältnisse stehenden Hülfskräfte	1 527 000	1 527 000	1 527 000
	13b.	Zu Vergütungen für die bei den Provinzialbehörden und den Lokalbaubeamten im Vertragsverhältnisse angenommenen bautechnischen Hülfskräfte	338 200	338 200	320 000
	14.	Unterhaltung der Regierungs-Dienstgebäude und sonstiger Staatsgebäude mit Ausschluss der grösseren Neubauten und Hauptreparaturen, Unterhaltung der dazu gehörigen Gärten und Unterhaltung und Ergänzung der Inventarienstücke in den Gesellschaftsräumen und den Dienstwohnungen, soweit solche dem Staate obliegt	393 845	383 445	382 495
	15.	Unterhaltung der Seehäfen, Seeufer und Leuchtfeuer mit Ausschluss der grösseren Neubauten und Hauptreparaturen, Unterhaltung und Vervollständigung der Dünen, Wethen, Baaken, Seetonnen, Fähren und Brücken über Meeresarme etc., auch zur Gewährung von Beihülfen zur Förderung von der Seeschifffahrt nützlichen, wie von Entschädigungen für die Beseitigung von der Seeschiffahrt hinderlichen Anlagen, insbesondere zu einer Staatsbeihülfe an die Stadt Hadersleben zur Verzinsung ihrer Hafenschuld 11 400 M. (künftig wegfallend), sowie zur Beschaffung von Beamtenhäusern nebst Dienstländereien	4 744 383	4 276 733	3 819 953
	16.	Unterhaltung der Binnenhäfen und Binnengewässer einschliesslich mit ihnen in unmittelbarer Verbindung stehender Strecken von Kanälen und kanalisirten Flüssen, der Leinpfade und Wasserleitungen, von Fähren und Brücken über schiffbare Gewässer, mit Ausschluss der grösseren Neubauten und Hauptreparaturen, Regulirung von Strömen u. Bezeichnung des Fahrwassers in denselben, auch zur Gewährung von Beihülfen zur Förderung von d. Binnenschiffahrt nützlichen, wie von Entschädigungen für die Beseitigung von der Binnenschiffahrt hinderlichen Anlagen, sowie zur Beschaffung von Beamtenhäusern nebst Dienstländereien	12 605 287	11 975 137	11 786 425
	16a.	Zu Massregeln, betreffend die Abwendung und die Bekämpfung der Hochwasser- und Eisgefahr . . .	144 000	144 000	144 000
	16b.	Zu Beobachtungen und Untersuchungen der Hochwasserverhältnisse	18 000	18 000	18 000
	17.	Unterhaltung der Kanäle und der dazu gehörigen baulichen Anlagen mit Ausschluss der grösseren Neubauten und Hauptreparaturen, auch von Fähren und Brücken über Kanäle, Gewährung von Beihülfen zur Förderung von der Kanalschiffahrt nützlichen, wie von Entschädigungen für die Beseitigung von der Kanalschiffahrt hinderlichen Anlagen, sowie zur Beschaffung v. Beamtenhäusern nebst Dienstländereien	632 225	611 225	594 145
	18.	Unterhaltung der Wege und der Brücken und Fähren über nicht schiffbare Gewässer auf Grund rechtlicher Verpflichtungen des Staates	360 000	386 070	456 630

Ministeriums der öffentlichen Arbeiten für die Etatsjahre 1902 bis 1897/98, 1895/96, 1883/84 und 1880/81.

7	8	9	10	11	12	13	14	15
Etatsjahr								
1899 ℳ	**1898/99** ℳ	**1897/98** ℳ	**1895/96** ℳ	**1893/94** ℳ	**1890/91** ℳ	**1887/88** ℳ	**1883/84** ℳ	**1880/81** ℳ
1 659 000	1 630 000	Andere Titelbezeichnung 500 000	500 000	300 000	275 000	250 000	250 000	—
220 000	115 000	—	—	—	—	—	—	—
382 495	380 500	381 499	380 249	377 149	369 358	365 798	375 034	346 066
3 764 623	3 471 525	3 465 325	3 138 000	3 011 030	2 862 000	2 603 976	2 473 751	2 525 800
11 747 505	10 694 875	10 314 895	10 206 835	9 432 125	8 345 300	7 309 380	6 370 700	6 078 560
144 000	144 000	145 000	85 000	85 000	85 000	—	—	—
18 000	18 000	42 000	42 000	42 000	42 000	—	—	—
584 145	578 145	581 075	587 950	605 650	607 054	576 694	900 284	787 214
580 530	631 530	689 050	700 000	647 106	1 126 042	1 125 792	1 087 478	823 428

Noch: Einnahmen und Ausgaben der Bauverwaltung einschl. der Centralverwaltung des 1893/94, 1890/91, 1887/88,

1	2	3	4	5	6
Etatsstelle 1902 Kap.	Titel	Etatspositionen.	1902 ℳ	1901 ℳ	1900 ℳ
(65)	18a.	Unvorhergesehene Bauten	95 000	95 000	95 000
	19.	Fällt aus (s. Kap. 66a unten).	.	.	.
	20.	Dispositionsfonds zu literarischen und anderen gemeinnützigen Zwecken im Fache der Baukunst und Bauwissenschaft u. s. w.	95 400	93 700	93 700
		Summe Tit. 13 bis 20 . . .	*22 441 558*	*21 326 063*	*20 676 416*
		Summe Kap. 65 . . .	**30 572 701**	**29 277 261**	**28 394 804**
66.		**Vermischte Ausgaben.**			
	1.	Stellvertretungs-, Versetzungs- und Umzugskosten . .	101 000	101 000	101 000
	1a.	Kosten der gesetzlichen Unfallversicherung sowie Aszendentenrenten, Heilungskosten u. Sterbegelder auf Grund des Unfallfürsorgegesetzes	126 000	126 000	126 000
	2.	Unterstützungen f. ausgeschiedene Beamte u. Pensionen u. Unterstützungen f. Wittwen u. Waisen v. Beamten	102 420	102 420	102 420
	3.	Zur Unterstützung von erwerbsunfähig gewordenen Arbeitern u. von Hinterbliebenen verstorb. Arbeiter	8 500	8 500	8 500
	4.	Zu Rückerstattungen und zu sonstigen Ausgaben . . .	63 100	41 100	41 100
		Summe Kap. 66 . . .	**401 020**	**379 020**	**379 020**
66a.		**Ruhrschiffahrts- und Ruhrhafenverwaltung.**			
	1.	Besoldungen	45 750	45 550	44 170
	2.	Wohnungsgeldzuschüsse für die Beamten	360	360	1 944
	3.-6.	Andere persönliche Ausgaben	18 500	3 500	3 500
		Sächliche Ausgaben.			
	7.	Dienstaufwands-, Bureau- und Reisekostenentschädigungen, einschl. der Beköstigungsentschädigungen, Tage- und Uebernachtungsgelder	7 800	4 800	4 800
	8.	Materielle Kosten der Ruhrschiffahrts- und Ruhrhafenverwaltung	937 590	955 790	782 586
		Summe Tit. 7 und 8 . . .	*945 390*	*960 590*	*787 386*
		Sonstige Ausgaben.			
	9.	Vermischte Ausgaben, einschliesslich der Pensionen für Beamte u. d. gesetzlichen Wittwen- u. Waisengelder	15 000	15 000	15 000
		Summe Kap. 66 a . . .	**1 025 000**	**1 025 000**	**852 000**
		Summe der dauernden Ausgaben . . .	**33 270 379**	**31 852 958**	**30 678 485**
5.		**B. Einmalige und ausserordentliche Ausgaben.**			
	1.	Zur Regulirung der Wasserstrassen und Förderung der Binnenschiffahrt	3 655 400	11 625 880	5 735 814
	2.	Zu Seehäfen und Seeschiffahrtsverbindungen	2 895 500	9 180 700	10 399 400
	3.	Zum Bau von Strassen, Brücken und Dienstgebäuden	6 699 150	12 109 600	[1]) 11259300
		Einmalige und ausserordentliche Ausgaben . . .	**13 250 050**	**32 916 180**	**27 406 514**
		Hauptsumme der Ausgaben . . .	**46 520 429**	**64 769 138**	**58 084 999**

[1]) Dazu noch 12 000 ℳ zur Entsendung von Kommissaren zur Pariser Weltausstellung.

Ministeriums der öffentlichen Arbeiten für die Etatsjahre 1902 bis 1897/98, 1895/96, 1883/84 und 1880/81.

7	8	9	10	11	12	13	14	15
				Etatsjahr				
1899 ℳ	**1898/99** ℳ	**1897/98** ℳ	**1895/96** ℳ	**1893/94** ℳ	**1890/91** ℳ	**1887/88** ℳ	**1883/84** ℳ	**1880/81** ℳ
95 000	95 000	100 000	100 000	100 000	100 000	100 000	100 000	—
.	808 896	655 468	655 468	693 550	560 837	527 513	475 319	734 803
81 700	81 700	80 000	80 000	80 000	80 000	47 000	42 000	42 000
20 717 206	*20 092 332*	*18 185 448*	*17 708 093*	*16 627 755*	*15 814 801*	*14 215 703*	*13 378 456*	*12 668 391*
28 169 907	**27 639 406**	**23 209 057**	**22 505 461**	**21 179 750**	**19 940 421**	**18 058 683**	**16 573 403**	**15 825 258**
101 000	101 000	75 650	75 650	75 000	75 000	75 000	60 000	60 000
		Gesetzliche Wittwen- und Waisenbeiträge:				42 800	9 000	
126 000	126 000	125 000	150 000	75 000	18 000	—	—	—
102 420	102 420	102 420	100 920	100 920	100 920	100 920	100 920	100 920
8 500	8 500	8 500	10 000	10 000	4 500	2 700	2 700	2 700
41 100	41 100	41 100	16 100	16 100	16 100	2 000	—	—
379 020	**379 020**	**352 670**	**352 670**	**277 020**	**214 520**	**223 420**	**172 620**	**163 620**
41 330	s. oben Kap. 65 Tit. 19.							
1 944								
2 800								
4 800								
786 126								
790 926								
15 000								
852 000								
30 440 660	**29 053 432**	**24 623 455**	**23 904 748**	**22 354 182**	**20 954 381**	**19 048 043**	**17 452 823**	**16 658 603**
4 670 300	6 334 600	6 473 000	6 029 300	6 635 560	4 690 500	—	—	—
5 543 110	6 332 385	5 623 050	6 397 700	5 058 309	3 925 300	—	—	—
10 075 673	7 730 852	5 812 110	2 568 870	2 125 750	1 346 200	—	—	—
20 289 083	**20 397 837**	**17 908 160**	**14 995 870**	**13 746 619**	**9 962 000**	**19 048 043**	**17 452 823**	**16 658 603**
50 729 743	**49 451 269**	**42 531 615**	**38 900 618**	**36 100 801**	**30 916 381**			

Anlage LXXI.

Mittlere und niedere Beamte der allgemeinen Bauverwaltung.

1880/81.

Kap. 65 Tit. 3. 4 Schlossaufsichtsbeamte, und zwar: 1 Schlosskastellan und 1 Schlossbaumaterialienverwalter mit je 1500 M. und 2 Schlossaufseher mit 990 und 825 M., zusammen 4815 M. (3 dieser Beamten haben Dienstwohnung.)

Tit. 4. 22 Hafenbau-, Aufsichts-, Ballast- u. s. w. Beamte in den Seehäfen, als: 9 Magazinverwalter, Hafenbau- und Materialienschreiber und Aufseher u. s w. mit 1350—1650 M., im Durchschnitt 1500 M.; ausserdem künftig fortfallend 75 M., welcher Betrag jetzt über das Normalgehalt hinaus bezogen wird; 6 Hafenbauaufseher mit 1050—1350 M., im Durchschnitt 1200 M.; 3 Ballast- u. s. w. Beamte mit 825, 900 und 1155 M., im Ganzen 2880 M.; 1 Hafenplantagenaufseher, 1 Hafenablagewärter, 1 Amtsdiener und 1 Bauhofs- und Materialienwächter mit 900—1080 M., im Ganzen 3780 M.; 20 Dünenbeamte, und zwar: 1 Dünenplantageninspektor mit 1950 M., 2 Dünenplanteure mit je 1650 M.; 3 Dünenbauaufseher mit 1400, 1350 und 900 M. und 14 Dünenaufseher und Wärter mit 750—900 M., i. D. 825 M. 78 Leuchtfeuer-Aufsichtsbeamte, und zwar: 7 Aufseher u. s. w. auf den Leuchtfeuerschiffen in Schleswig und am Borkumer Riff mit 1200—1800 M., im Ganzen 10 350 M., und 71 Leuchtfeueraufseher und Wärter mit 810—1050 M., i. D. 930 M.; ausserdem künftig wegfallend 2121 M. persönliche Zulagen zum Ersatz früherer Dienstbezüge. 148 Baggerbeamte, und zwar: 3 Obermaschinenmeister und Baggerungsinspektoren mit je 3000 M.; 19 Maschinen- und Baggermeister mit 1800—2160 M., i. D. 1980 M.; 56 Maschinenmeister und Schiffsführer u. s. w. mit 1350—1650 M., i. D. 1500 M., ausserdem künftig wegfallend 888 M. persönliche Zulagen zum Ersatz früherer Dienstbezüge; 13 Maschinisten und Baggermeister mit 1140—1350 M., i. D. 1245 M., incl. 1245 M. künftig fortfallend, welcher Betrag bei Erledigung einer Stelle auf den betreffenden Unterhaltungsfonds übertragen wird; 37 Steuermänner mit 810—1050 M., i. D. 930 M; 17 Feuerwärter mit 780—900 M., im Ganzen 14 700 M. und 3 Baggeraufseher mit 450—510 M., i D. 480 M.; ausserdem ein über das Normalgehalt hinaus jetzt noch zu zahlender Betrag von 30 M. (künftig wegfallend). 15 Beamte auf den Dampflootsen-Schonern u. s. w., und zwar: 5 Maschinenmeister mit je 1650 M.; 5 Führer mit je 1500 M. und 5 Maschinenmeistergehülfen mit je 1005 M., zusammen 345 434 M. (16 Hafenbauaufsichts-, 12 Dünen-, 65 Leuchtfeuer- und 6 Baggerbeamte haben Dienstwohnungen, und die Dünenbeamten auf der frischen und kurischen Nehrung erhalten aus dem Holzeinschlage der Dünenverwaltung Feuerungsmaterial gegen Erstattung der Werbungskosten.)

Tit. 5. 81 Baggerbeamte für Strombaggerfahrzeuge, und zwar: 9 Maschinenmeister und Führer mit 1350—1650 M., i. D. 1500 M., und ausserdem 780 M. künftig wefallend, welcher Betrag jetzt noch über das Normalgehalt hinaus zu gewähren ist; 52 Maschinisten und Baggermeister mit 1140—1350 M., i. D. 1245 M.; 13 Baggermeister mit 900—1200 M., i. D. 1050 M.; 6 Steuermänner mit 810—1050 M., i. D. 930 M., und 1 Feuerwärter mit 900 M. 202 Strom-, Kribb- und Buhnenmeister, Strom- und Wasserbauaufseher mit 900 bis 1200 M., i. D. 1050 M., ausserdem künftig wegfallend 171 M. persönliche Zulagen zum Ersatz früherer Dienstbezüge. 1 Strombauwächter an der Elbe mit 720 M. 8 Krahnmeister mit 810—1050 M., i. D. 930 M., ausserdem künftig wegfallend 120 M. persönliche Zulagen zum Ersatz früherer Dienstbezüge. 41 Buschwärter, Waarden- und Pflanzungsaufseher, als: 1 Waardenaufseher mit 1000 M.; 10 Buhnen- und Pflanzungsaufseher mit 750—900 M., i. D. 825 M., und 30 Buschwärter, Krahn- und Pflanzungsaufseher mit 375—525 M., i. D. 450 M. 30 Stackmeister in der Provinz Hannover mit 144—216 M., i. D. 180 M. 3 Brunnen- und Wasserleitungsbeamte, als: 1 Brunnenmeister und Kanal- u. s. w. Aufseher mit 1200 M., und 2 Brunnenwärter mit durchschnittlich 750 M. 68 Beamte der Dampffähren, Trajektanstalten und Schiffbrücken u. s. w. und zwar: 4 Maschinisten, Führer und Steuermänner der Dampffähren zu Harburg mit 1140—1350 M., i. D. 1245 M.; 1 Brückenmeister mit 1836 M., darunter künftig wegfallend 186 M. persönliche Zulage zum Ersatz früherer Dienstbezüge; 2 Brückenmeister mit je 1650 M.; 1 Brückenmeister und 4 Fähraufseher mit je 1320 M.; 1 Obersteuermann mit 990 M.; 4 Fähraufseher mit je 990 M.; 5 Brückenmatrosen u. 1 Steuermann mit 675—825 M., i. D. 750 M., ausserdem ein über das Normalgehalt jetzt noch zu gewährender Betrag von 30 M. (künftig wegfallend); 45 Aufseher und Wärter mit 900 bis 1140 M., i. D. 1020 M. 38 Brückenaufseher, Wärter und Aufzieher, davon 2 mit je 840 M., 3 mit 750—900 M., i. D. 825 M., 11 mit 675—825 M., i. D. 750 M., ausserdem künftig wegfallend 258 M. persönliche Zulage zum Ersatz früherer Dienstbezüge; 22 in den Regierungsbezirken Potsdam und Frankfurt, welche ausserdem Brückenaufzugsgelder beziehen und deren Diensteinkommen, soweit sie nach dem 1. April 1878 angestellt sind, an festem Gehalt und Brückenaufzugsgeldern nur bis auf Höhe des Normalgehaltes der Beamten ihrer Kategorie von 900 M. bei der Pensionirung in Anrechnung zu bringen ist, im Ganzen 12 353 M., zusammen 447 663 M. (1 Maschinenmeister, 65 Strom- und Buhnenmeister, 5 Krahnmeister, 17 Buschwärter, 12 Fähr- und Schiffbrückenbeamte und 22 Brückenaufseher und Wärter haben Dienstwohnungen.)

Tit. 6. 12 Beamte bei stehenden Dampfmaschinen, und zwar: 1 Maschinenmeister am Oberländischen Kanal mit 2325 M.; 5 Maschinenführer daselbst mit 960—1200 M., i. D. 1080 M.; 5 Maschinenwärter daselbst mit 810—1050 M., i. D. 930 M., und 1 Maschinenmeister bei der Dampfmaschine im Lustgarten zu Berlin mit 1650 M.; 9 Materialienaufseher und Depotverwalter, und zwar: 1 Materialienschreiber mit 1500 M.; 1 Materialienaufseher und Bauschreiber mit 1200 M.; 5 Bauaufseher und Depotverwalter mit 1275—1425 M, i. D. 1350 M., und 2 Bauaufseher mit 1050 und 1200 M. 208 Wehr- und Schleusenmeister, Schleussenaufseher und -Wärter, als: 6 Wehr- und Schleusenmeister mit 1050—1260 M., i. D. 1155 M.; 198 Schleusenmeister u. s. w. mit 900—1050 M., i. D. 975 M.; ausserdem künftig wegfallend 2137 M. persönliche Zulagen zum Ersatz früherer Dienstbezüge; 1 Schleusenmeister mit 900 M. und 2 Schleusenmeister mit je 825 M.; 1 Schleusenwärter mit 390 M. 19 Schleusenwärter-Gehülfen mit 675—825 M., i. D. 750 M. 40 Kanal-Aufsichtsbeamte, und zwar: 1 Kanalinspektor mit 1950 M.; 1 Kanal-Oberaufseher und Flössereikontroleur mit 1350 M.; 18 Kanalaufseher u. s. w. I. Klasse mit 1050—1350 M., i. D. 1200 M.; 20 Kanalaufseher u. s. w. II. Klasse mit 900—1050 M., i. D. 975 M., zusammen 289 432 M. (12 Dampfmaschinenbeamte, 6 Materialien- u. s. w. Aufseher, 193 Schleusen- und 23 Kanal-Aufsichtsbeamte haben Dienstwohnung.)

Tit 7. 9 Strassenaufseher, davon 1 mit 900 M. und 8 mit 750—900 M., i. D. 825 M., zusammen 7500 M.

1891/92.

Kap. 65 (aus Tit 2). 5 Landmesser und 4 technische Sekretäre mit 2100—3600 M., i. D. 2850 M., 1 überzähliger Beamter und 2 Baueleven im Regierungsbezirk Cassel mit 3600 M. bezw. je 1500 M. (diese 3 künftig wegfallend).

Tit. 3. 3 Ober-Maschinenmeister u. Baggerungsinspektoren mit je 3000 M., 1 Maschinenmeister am Oberländischen Kanal mit 3000 M., 1 Hafenaufseher und Schleusenmeister mit 2000 M., 19 Maschinen- und Baggermeister I. Kl. mit 1800—2160 M., i. D. 1980 M., 1 Düneninspektor mit 1950 M., 1 Kanalinspektor mit 1950 M., 2 Leuchtfeuerschiffsführer I. Kl. mit 1800 und 1710 M., 6 Maschinenmeister II. Kl. (auf Schiffen) mit je 1650 M., 1 Maschinenmeister bei der Dampfmaschine im Lustgarten zu Berlin mit 1650 M., 3 Brückenmeister I. Kl. mit mit je 1650 M., 2 Dünenmeister mit je 1650 M.

100 Beamte mit 1400—1800 M., i. D. 1600 M., nämlich: 79 Maschinisten I. Kl. und Schiffsführer (auf Baggerfahrzeugen), 2 Leuchtfeuerschiffsführer II. Kl., 4 Schiffsführer (auf Lootsenschiffen), 11 Magazinverwalter, Hafenbau- u. s. w. Schreiber und -Aufseher I. Kl., 1 Schlossbaumaterialienverwalter, 1 Kanaloberaufseher und Flössereikontroleur, 2 Schleusenmeister I. Kl. Ausserdem beziehen 4 Beamte 758 M. über das Durchschnittsgehalt hinaus, welche künftig wegfallen.

26 Beamte mit 1200—1800 M., i. D. 1500 M. nämlich: 9 Leuchtfeueroberwärter, 8 Bauaufseher und Lagerhofverwalter I. Kl., 1 Brückenmeister II. Kl., 5 Fähraufseher I. Kl., 2 Dünenbauaufseher I. Kl., 1 Steuermann I. Kl.

84 Beamte mit 1200—1600 M., i. D. 1400 M., nämlich: 15 Maschinisten und Baggermeister II. Kl. (in den Seehäfen), 65 Maschinisten und Baggermeister II. Kl. (für Strombaggerfahrzeuge), 4 Maschinisten, Führer und Steuermänner der Harburger Dampffähre.

276 Beamte mit 1100—1500 M., i. D. 1300 M., nämlich: 253 Strommeister, 11 Hafenbauaufseher II. Kl., 12 Wehr- und Schleusenmeister.

23 Beamte mit 1000—1500 M., i. D. 1250 M., nämlich: 2 Steuerleute II. Kl. (auf Leuchtfeuerschiffen), 1 Materialienaufseher und Bauschreiber, 1 Bauaufseher II. Kl., 1 Brunnenmeister u. s. w., 12 Baggermeister III. Kl., 1 Ballastmeister, 5 Maschinenführer am Oberländischen Kanal.

287 Beamte mit 900—1500 M., i. D. 1200 M, nämlich: 211 Schleusenmeister und -Wärter II. Kl., 17 Kanalaufseher u. s. w., 5 Maschinenmeistergehülfen, 45 Schiffsbrückenaufseher und Wärter (am Rhein), 1 Bauaufseher III. Kl., 1 Waardenaufseher, 2 Schlossaufseher, 1 Obersteuermann, 3 Fähraufseher II. Kl., 1 Amtsdiener.

176 Beamte mit 800—1200 M., i. D. 1000 M., nämlich: 4 Nehrungsaufseher, Hafenpflanzungsaufseher, Hafenablagewärter und Bauhofs- und Materialienwächter, 1 Dünenbauaufseher II. Kl., 14 Dünenaufseher, 63 Leuchtfeuerwärter, 37 Steuermänner III. Kl. auf Baggern (Seefahrzeuge), 6 Steuermänner III. Kl. auf Baggern (Stromfahrzeuge), 9 Feuerwärter auf Baggern, 12 Krahnmeister, 10 Buhnen- und Pflanzungsaufseher, 3 Brückenaufseher I. Kl., 5 Maschinenwärter am Oberländischen Kanal, 3 Schleusenmeister III. Kl., 9 Strassenaufseher. Ausserdem bezieht 1 Beamter 50 M. über das Durchschnittsgehalt hinaus, welcher Betrag künftig wegfällt.

33 Beamte mit 700—900 M., i. D. 800 M., nämlich: 1 Brunnenwärter, 5 Brückenmatrosen, 1 Steuermann IV. Kl., 7 Brückenaufseher II. Kl., 19 Schleussenwärtergehülfen.

31 Buschwärter, Krahn- und Pflanzungsaufseher mit 500—700 M., i. D. 600 M.

29 Stackmeister in der Provinz Hannover mit 144—216 M., i. D. 180 M.

14 Brückenaufzieher in den Regierungsbezirken Potsdam und Frankfurt, welche ausserdem Brückenaufzugsgelder beziehen und deren Diensteinkommen, soweit sie nach dem

1. April 1878 angestellt sind, an festem Gehalt und Brückenaufzugsgeldern nur bis auf Höhe von 900 M. bei der Pensionirung in Anrechnung zu bringen ist, im Ganzen 7805 M.

1902.

Kap. 65 Tit. 3. 3 Regierungsbausekretäre (in Berlin), davon 2 bei Bauausführungen u. s. w. beschäftigt, mit (2100—4800 M.) 10 400 M. (Nach dem Ausscheiden der gegenwärtigen Inhaber der Stellen werden letztere in solche mit 2100—4200 M. umgewandelt.)

8 Landmesser und 73 Regierungsbausekretäre, davon 10 bei Bauausführungen u. s. w. beschäftigt, mit (2100—4200 M.) 228 900 M.

186 Bausekretäre, davon 20 bei Bauausführungen u. s. w. beschäftigt, mit (1500 bis 3300 M.) 357 000 M., insgesammt 596 300 M. (1 Bausekretär hat Dienstwohnung.)

Tit 4 9 Beamte mit 2100—4200 M., nämlich 4 Bauhofsvorsteher, 5 Oberbauwarte.

31 Beamte mit 1800—2700 M., nämlich 22 Maschinen- und Baggermeister, 1 Hafenaufseher und Schleusenmeister, 5 Dünenmeister, 3 Leuchtfeuerschiffsführer.

173 Beamte mit 1500—2700 M., nämlich: 6 Bauhofsvorsteher, 139 Wasserbauwarte, 23 Schiffsführer, 2 Brückenmeister, 3 Werkmeister.

118 Beamte mit 1500—2000 M., nämlich: 27 Schleusenmeister, 2 Fährmeister, 1 Kanalaufseher, 87 Schiffsführer, Maschinenmeister und Baggermeister, 1 Kanaloberaufseher und Flössereikontroleur.

7 Beamte mit 1400—1800 M., nämlich: 5 Magazinverwalter, 2 Materialienschreiber, insgesammt 600 150 M. (145 Beamte haben Dienstwohnung, 2 Dünenmeister erhalten aus dem Holzeinschlage der Dünenverwaltung Feuerungsmaterial gegen Erstattung der Werbungskosten, dem einen ist für seine Person auch die unentgeltliche Benutzung ehemaliger Domänenrentamtsländereien eingeräumt. Ein dritter Dünenmeister erhält zur Beschaffung von Feuerungsmaterial eine Entschädigung von 75 M. jährlich aus Tit. 10 dieses Kapitels. Ein Leuchtfeuerschiffsführer bezieht eine nicht pensionsfähige Beköstigungsentschädigung von 187 M. jährlich, die beim Aufrücken des Beamten im Gehalte sich entsprechend vermindert und schliesslich, wie auch bei Neubesetzung der Stelle ganz wegfällt.)

Tit. 5. 198 Beamte mit 1200—1800 M., nämlich: 11 Leuchtfeueroberwärter, 5 Bauaufseher und Lagerhofverwalter, 2 Brückenmeister, 4 Fährmeister, 1 Steuermann, 20 Schleusenmeister, 155 Schiffsführer, Maschinisten, Baggermeister.

265 Beamte mit 1200—1600 M., nämlich: 209 Strommeister (darunter 3 Strommeister mit 3600 M. künftig wegfallend), 9 Hafenbauaufseher, 39 Wehr- und Schleusenmeister, 7 Baggermeister, 1 Polizeisergeant.

20 Beamte mit 1000—1500 M., nämlich: 2 Steuermänner, 2 Materialienaufseher, 1 Brunnenmeister u. s. w., 1 Ballastmeister, 5 Maschinenführer, 9 Brückengeldeinnehmer.

245 Beamte mit 900—1500 M., nämlich: 179 Schleusenmeister, Wehrmeister, 5 Maschinenmeistergehülfen, 57 Schiffbrückenaufseher und Wärter (darunter 6 mit 5400 M. künftig wegfallend), 2 Schlossaufseher u. s. w., 1 Obersteuermann, 1 Brückenaufseher.

139 Beamte mit 900—1200 M., nämlich: 1 Hafenpflanzungsaufseher, 1 Bauhofs- und Materialienwächter, 1 Dünenbauaufseher, 21 Dünenaufseher, 71 Leuchtfeuerwärter u. s. w., 32 Steuermänner, 2 Feuerwärter u. s. w., 3 Krahnmeister, 2 Buhnen- und Pflanzungsaufseher (mit 1800 M. künftig wegfallend), 2 Brückenaufseher (darunter 1 mit 900 M. künftig wegfallend), 3 Maschinenwärter.

17 Beamte mit 700—1000 M., nämlich: 1 Brunnenwärter, 4 Brückenmatrosen, 4 Brückenaufseher, 8 Schleusenmeistergehülfen.

20 Buschwärter und Pflanzungsaufseher mit 500—700 M.; 16 Stackmeister mit 180 bis 300 M. (darunter 6 mit 1080 M. künftig wegfallend); 7 Brückenaufzieher, die feste Gehälter und Brückenaufzugsgelder oder nur letztere beziehen (mit einem pensionsberechtigten Gehalte von 900—1200 M.), im Ganzen an festen Gehältern 3441 M., insgesammt 1 162 861 M. (542 Beamte haben Dienstwohnung. Die Leuchtfeuerbeamten, 8 Wehr- und Schleusenmeister und 2 Materialienaufseher sind berechtigt, gegen Entrichtung der bestimmungsmässigen Entschädigung ihren eigenen Bedarf an Feuerungs- und Beleuchtungsmaterial aus den Vorräthen der Behörde zu entnehmen. 6 Wehr- und Schleusenmeister haben die gleiche Berechtigung in Bezug auf das Beleuchtungsmaterial allein; 7 Dünenaufseher erhalten aus dem Holzeinschlage der Dünenverwaltung Feuerungsmaterial gegen Erstattung der Werbungskosten; einem gleichen Beamten wird zur Beschaffung von Feuerungsmaterial eine Entschädigung von 50 M. jährlich aus Tit. 10 dieses Kapitels gewährt. 2 Steuermänner erhalten nicht pensionsfähige Beköstigungsentschädigungen, der eine im festen Betrage von 337 M., der andere im durchschnittlichen Betrage von 327 M. jährlich. 1 Buschwärter bezieht von den Pächtern des gewonnenen Rohres ein Zählgeld von 10 Pf. für das Schock.)

Tit. 6. Fällt aus.

Tit. 7. 1 Düneninspektor mit 3000 M., 1 Brückenmeister mit 1800—3000 M., 1 Schleusenmeister mit 1500—2100 M. (darunter 300 M. künftig wegfallend), 1 Steuermann (künftig wegfallend) mit 1200—1800 M., 10 Brückenwärter mit 900—1200 M. (darunter 3 mit 2700 M. künftig wegfallend), insgesammt 20 100 M. (3 Beamte haben Dienstwohnung.)

Anlage LXXII.

Prüfungen für das Bauwesen.

Im Jahre	Es haben die Prüfung abgelegt für das Hochbau-, Ingenieurbau- und Maschinenbaufach: Zahl der Kandidaten in Berlin	in Hannover	in Aachen	Es entfallen von den Prüfungen auf das Hochbaufach	Ingenieurbaufach	Maschinenbaufach	Gesammtzahl der Prüfungen	Die Prüfung haben bestanden	Für das Schiffsbau- und Maschinenbaufach der Marine: Zahl der Prüfungen	Die Prüfung haben bestanden
					Vorprüfung.					
1890	134	32	3	43	71	55	169	119	23	17
1891	153	25	11	64	67	58	189	135	20	12
1892	219	49	18	64	140	82	286	211	38	27
1893	361	83	10	88	157	109	354	243	20	14
1894	333	59	14	114	144	148	406	259	23	16
1895	362	87	25	113	166	195	474	309	19	12
1896	390	114	21	120	183	222	525	348	29	18
1897	343	107	31	112	198	171	481	320	30	22
1898	353	123	24	136	148	216	500	357	24	23
1899	360	165	24	137	145	267	549	393	43	34
1900	400	187	38	152	212	261	625	445	40	35
1901	430	177	37	181	219	244	644	416	25	16
Zusammen	**3 738**	**1 208**	**256**	**1 324**	**1 850**	**2 028**	**5 202**	**3 555**	**334**	**246**
					Erste Hauptprüfung.					
1890	87	19	5	21	48	42	111	91	5	5
1891	99	14	5	37	55	26	118	103	9	8
1892	74	17	7	29	39	30	98	91	8	7
1893	104	14	4	47	51	24	122	101	12	12
1894	163	20	11	52	87	55	194	170	14	13
1895	206	40	6	60	133	59	252	205	15	14
1896	234	40	12	70	118	98	286	231	7	4
1897	232	49	13	92	93	109	294	250	17	14
1898	255	71	17	99	117	127	343	286	21	18
1899	216	77	17	92	109	109	310	252	11	11
1900	222	59	17	98	101	99	298	233	16	16
1901	260	87	18	123	124	118	365	291	25	23
Zusammen	**2 152**	**507**	**132**	**820**	**1 075**	**896**	**2 791**	**2 304**	**160**	**145**

Die zweite Hauptprüfung haben seit dem Jahre 1882/83 abgelegt Regierungs-Bauführer:

Jahre	a. des Hoch- (Baufachs)	b. des Ingenieur- (Baufachs)	c. des Maschinen- (Baufachs)	Zusammen	davon haben nicht bestanden	Jahre	a. des Hoch- (Baufachs)	b. des Ingenieur- (Baufachs)	c. des Maschinen- (Baufachs)	Zusammen	davon haben nicht bestanden
1882/83	69	119	34	222	50	1894/95	27	46	**19**	92	10
1883/84	88	115	24	227	43	1895/96	25	38	27	90	13
1884/85	91	124	42	257	38	1896/97	32	50	26	108	12
1885/86	111	**149**	38	**298**	43	1897/98	29	36	25	90	**6**
1886/87	98	126	48	272	35	1898/99	52	58	24	134	14
1887/88	**114**	118	50	282	**68**	1899	47	70	40	157	20
1888/89	88	114	63	265	45	1900	53	97	49	199	25
1889/90	72	75	40	187	29	1901	78	129	**77**	284	40
1890/91	33	31	25	89	8	**Zus.**	**1 212**	**1 589**	**733**	**3 534**	**525**
1891/92	49	51	32	132	13	Durchschnitt im Jahre	61	79	37	177	26
1892/93	36	24	23	83	7						
1893/94	**20**	**19**	27	**66**	6						

Anlage LXXIII.

Zusammenstellung der in den Jahren

Verwaltungsbereich	Art der Gebäude	1878–1888 Anzahl	Ausführungskosten im Ganzen	Ausführungskosten durchschnittlich für einen Fall
Ministerium der öffentlichen Arbeiten (Allgemeine Bauverwalt.)	Ministerialgebäude; Dienstgebäude der Provinzialbehörden; Dienstgebäude der Wasserbauverwalt	22	9 475 397	430 700
Staatsministerium	Archive	—	—	—
Finanzministerium	Königliche Theater	—	—	—
	Provinzial-Steuerdirektionsgebäude	—	—	—
	Steueramtsgebäude	48	6 542 869	136 310
	Gewerbliche Anlagen der Seehandlung	—	—	—
Ministerium für Handel und Gewerbe	Ministerialgebäude	—	—	—
	Gebäude für Fachunterricht	—	—	—
	Gebäude für technische und gewerbliche Zwecke	1	22 300	22 300
Justizministerium	Ministerialgebäude	—	—	—
	Gerichtsgebäude; Gerichtsgebäude nebst Gefängnissen	103	24 088 280	233 867
	Gefängnisse und Strafanstalten	113	16 925 470	149 783
Ministerium des Innern	Polizei-Dienstgebäude	—	—	—
	Strafanstalten	4	75 700	18 925
Ministerium der geistlichen, Unterrichts- und Medizinal-Angelegenheiten	Kirchen	121	7 023 203	58 043
	Pfarrhäuser; Wirhschaftsgebäude auf Pfarrgehöften	141	2 756 452	19 549
	Elementarschulhäuser; Lehrer- und Küsterwohnhäuser	230	3 747 542	15 859
	Höhere Schulen	47	11 338 311	241 241
	Seminare und Alumnate	38	9 501 971	250 052
	Turnhallen	41	1 023 404	24 961
	Gebäude für akademischen u. s. w. Unterricht; Gebäude für Kunst und Wissenschaft	117	28 197 735	241 006
	Gebäude für die geistliche Verwaltung	—	—	—
Ministerium für Landwirthschaft, Domänen und Forsten	Gebäude für Fachunterricht	—	—	—
	Gebäude in Kurorten, Aussichtspunkten	1	60 800	60 800
	Gebäude für Generalkommissionen	—	—	—
	Forstwirthschaftliche Gebäude	403	6 411 195	15 909
	Landwirthschaftliche Gebäude	661	15 263 167	23 091
	Gestütsbauten	52	2 139 254	41 140
	Zusammen	**2143**	**144 593 050**	**67 472**

1878 bis 1900 vollendeten Hochbauten (Mark).

1889—1899			1900		Ausserdem im Jahr 1900 vollendete Bauten, über welche nur Anschlagskosten vorliegen		Bemerkungen.
Anzahl	Ausführungskosten im Ganzen	Ausführungskosten durchschnittlich für einen Fall	Anzahl	Ausführungskosten			
2	633 100	316 550	1	136 700	—	—	
21	4 234 600	201 648	2	2 143 900	—	—	
145	4 471 300	30 837	7	159 100	4	62 300	
5	745 800	149 160	1	266 100	—	—	
5	2 079 400	415 880	—	—	—	—	Über Theaterbauten liegen weitere Abrechnungsergebnisse nicht vor.
1	394 700	394 700	—	—	—	—	
71	1 840 100	25 917	46	941 700	—	—	
3	384 000	128 000	1	29 200	—	—	
1	569 300	569 300	—	—	—	—	
4	454 200	113 550	—	—	—	—	
9	619 700	68 856	—	—	—	—	
1	284 000	284 000	—	—	—	—	Ausserdem sind in den Jahren 1897-1900 417 Elementarschulbauten zur Ausführung gelangt, über welche auf Grund des Erlasses vom 30. März 1897 Minist. d. g. Arb.-U. III. E. No. 1400 und Minist. d. öffentl. Arb.-III 4410. Abrechnungsergebnisse nicht zur Vorlage gelangt sind. Die Anschlagskosten dieser in Frage kommenden Schulhausbauten betragen: i. Jahre — Schulen — ℳ 1897 — 11 — 295 800 1898 — 61 — 1 098 200 1899 — 156 — 2 820 100 1900 — 189 — 3 676 900 **Zus. 417 — 7 891 000** In den letzten Dezennien sind bei der Ausführung durchschnittlich 6-6 1/2 % der Anschlagskosten erspart werden, demnach würden die Ausführungskosten etwa 7 401 800 ℳ betragen.
94	16 241 300	172 780	13	1 707 300	—	—	
48	9 049 800	188 538	14	1 346 100	—	—	
55	9 262 104	168 402	7	1 520 400	3	156 500	
6	771 700	128 617	3	83 000	—	—	
47	8 891 500	189 181	3	90 000	—	—	
244	16 482 300	67 550	33	2 050 600	14	296 200	
240	5 623 400	23 431	20	509 700	5	87 300	
79	1 128 900	14 290	4	53 000	—	—	
1 307	22 172 700	16 965	24	515 800	—	—	
13	178 700	13 746	—	—	1	19 300	
33	7 446 800	225 661	7	664 700	—	—	
20	3 449 300	172 465	2	140 200	—	—	
17	406 000	23 882	1	29 800	—	—	
115	20 565 500	178 830	22	4 607 200	4	211 900	
16	2 253 100	140 819	1	249 900	1	18 500	
6	641 900	106 983	—	—	—	—	
9	561 400	62 378	3	281 200	2	37 300	
10	1 157 500	115 750	—	—	1	46 700	
4	663 500	165 875	—	—	—	—	
469	8 058 600	17 183	42	752 600	2	30 400	
908	19 142 100	21 082	116	2 405 700	34	746 900	
63	3 498 200	55 527	19	707 600	1	27 600	
4 071	**174 356 504**	**42 820**	**392**	**21 391 500**	**72**	**1 740 900**	

Anlage LXXIV.

Die Ausgaben des Ordinariums des Etats für Wasserbauten.

1	2	3	4	5	6	7	8	9
Jahr.	Kap. 65 Tit. 15 Seehäfen, Seeufer und Leuchtfeuer ℳ	Kap. 65 Tit. 16 Binnenhäfen und Binnengewässer ℳ	Kap. 65 Tit. 16a Verhütung der Hochwassergefahr ℳ	Kap. 65 Tit. 16b Untersuchung der Hochwasserverhältnisse ℳ	Kap. 65 Tit. 17 Kanäle nebst Zubehör ℳ	Kap. 65 Tit 18a Unvorhergesehene Wasserbauten ℳ	Kap. 65 Tit. 19 u. s. w. Ruhrschiffahrtsverwaltung ℳ	Gesammt-Ausgabe ℳ
1890 . . .	2 833 400	9 927 900	341 100	53 900	649 200	34 700	521 300	14 361 500
1891 . . .	2 915 600	8 804 100	183 900	55 500	638 100	197 700	541 300	13 336 200
1892 . . .	2 940 700	9 552 300	163 200	36 400	561 800	62 400	1 324 000	14 640 800
1893 . . .	3 000 100	9 109 200	90 300	35 200	652 700	49 500	1 060 600	13 997 600
1894 . . .	3 043 200	9 186 800	180 400	35 800	582 700	42 600	692 800	13 764 300
1895 . . .	3 367 400	10 302 200	139 000	39 000	597 500	36 800	743 900	15 225 800
1896 . . .	3 177 000	10 006 100	175 000	39 100	554 400	132 500	651 300	14 735 400
1897 . . .	3 383 700	10 435 200	95 300	40 100	572 200	349 900	674 100	15 550 500
1898 . . .	3 472 700	10 568 400	56 100	12 400	608 600	52 800	1 554 200	16 325 200
1899 . . .	3 774 000	12 144 800	145 000	18 800	648 700	97 000	993 400	17 821 700
1900 . . .	3 949 900	12 548 800	182 500	26 800	686 000	96 200	1 183 500	18 673 700
1901 . . .	4 316 800	12 411 500	205 700	22 300	649 100	99 300	1 024 300	18 729 000
Summa .	**40 174 500**	**124 997 300**	**1 957 500**	**415 300**	**7 401 000**	**1 251 400**	**10 964 700**	**187 161 700**
					Aus dem Extraordinarium bis Ende 1901			151 499 400
					Außeretatsmässige Ausgaben			157 951 100
					Gesammt-Ausgabe			**496 612 200**

Zusammenstellung der für Wasserbauten extraordinär und ausseretatsmassig verausgabten Kosten in den Jahren 1890 bis 1901.

Anlage LXXV.

1	2	3	4	5	6	7	8	9	10	11	12	13	14	15
Jahr	Regulirung der grossen Ströme ℳ	Regulirung u. s. w. der kleineren Flüsse ℳ	Flusskanalisirungen ℳ	Kanalbauten ℳ	Binnenhäfen ℳ	Brückenbauten (nicht aus Tit. 16 u. 18 d. Ord.) ℳ	Seeschifffahrtsverbindungen ℳ	Seeschifffahrtszeichen ℳ	Seehäfen ℳ	Meeresschutzbauten ℳ	Baugeräthe ℳ	Bauhöfe ℳ	Dienstgehöfte ℳ	Gesammtausgaben ℳ
							I. Extraordinarium.							
1890	2 501 800	1 024 000	351 600	1 216 400	220 800	422 500	613 100	69 500	1 600 200	578 600	835 500	93 200	49 300	9 576 500
1891	2 364 600	1 324 100	659 000	1 004 400	82 200	434 000	1 332 800	81 900	1 641 100	551 800	1 158 400	119 700	99 200	10 853 200
1892	2 002 300	1 931 400	1 285 600	684 200	279 800	855 400	1 549 300	30 500	2 164 700	468 500	632 500	133 300	157 300	12 174 800
1893	2 319 400	2 367 600	2 352 000	156 500	668 400	592 400	1 348 000	54 300	1 853 800	259 600	382 300	73 700	25 100	12 453 100
1894	2 517 100	1 588 200	1 771 100	252 600	418 400	773 700	2 411 800	95 900	2 210 400	245 900	279 400	8 400	42 300	12 615 200
1895	3 008 900	1 600 200	740 800	469 400	816 700	690 100	3 461 900	135 100	2 279 300	323 400	633 600	5 800	36 600	14 201 800
1896	2 794 800	1 739 800	563 200	1 030 700	625 100	298 300	2 633 900	87 400	2 272 700	749 400	584 800	6 000	52 800	13 438 900
1897	2 665 500	2 204 700	242 700	659 900	288 500	596 300	2 417 100	5 300	1 267 800	980 000	1 025 500	102 600	50 300	12 496 200
1898	3 477 700	1 310 300	20 600	714 700	114 100	772 700	3 146 000	70 200	1 028 000	1 696 900	1 204 200	66 300	50 100	13 671 800
1899	2 315 600	957 600	134 800	439 000	193 700	709 700	3 180 200	142 600	772 200	1 120 300	1 139 300	105 600	58 200	11 268 800
1900	3 716 800	194 900	41 300	455 300	159 200	489 300	6 752 800	56 300	1 453 700	668 300	529 200	15 900	19 100	14 552 100
1901	2 646 400	121 100	.	606 100	144 500	573 200	4 662 500	204 900	2 223 400	672 300	1 559 000	3 800	60 700	13 477 900
Zus.	**32 330 900**	**16 363 900**	**8 162 700**	**7 689 200**	**4 011 400**	**7 207 600**	**33 509 400**	**1 033 900**	**20 767 300**	**8 315 000**	**9 963 700**	**734 300**	**701 000**	**150 790 300**

Ausserdem sind im Jahre 1898 für die Verwaltung und Unterhaltung des Dortmund-Ems-Kanals 709 100 ℳ aus dem Extraordinarium verausgabt; es erhöht sich mithin die Gesammtausgabe auf 151 499 400 ℳ.

II. Ausseretatsmässig (insbesondere aus Anleihemitteln auf Grund besonderer Gesetze).

Jahr	2	3	4	5	6	7	8	9	10	11	12	13	14	15
1890	112 900	—	1 046 100	1 817 600	13 300	14 800	5 812 700	—	120 000	—	16 000	—	600	8 954 000
1891	220 200	24 500	1 366 100	960 600	2 100	17 100	8 635 200	—	200 000	—	23 000	—	3 100	11 451 900
1892	290 400	—	3 107 300	5 292 400	—	2 000	7 997 200	—	114 000	—	600	23 200	—	16 827 100
1893	487 600	—	5 694 200	10 061 400	—	3 600	8 687 900	—	50 000	—			—	24 984 700
1894	198 400	—	4 491 400	10 156 700	—	5 900	7 582 800	—	—	—	—	—	—	22 435 200
1895	70 800	—	2 498 600	14 673 600	—	400	3 579 500	—	662 700	—	200	—	—	21 485 800
1896	88 900	—	1 947 200	13 190 000	—	6 400	462 200	—	980 800	—	200	—	—	16 675 700
1897	30 400	—	1 608 200	13 121 100	143 900	—	242 000	—	—	623 400	—	—	—	15 769 000
1898	6 000	—	878 600	6 333 900	—	1 300	181 300	—	—	500	—	—	—	7 401 600
1899	—	295 000	263 200	5 124 600	95 500	—	182 800	—	—	—	—	20 000	3 900	5 985 000
1900	353 300	—	—	2 613 300	—	—	35 400	4 400	597 300	—	—	—	—	3 603 700
1901	372 800	—	—	1 082 200	67 800	—	78 500	—	78 300	—	—	—	—	1 679 600
Zus.	**2 231 700**	**319 500**	**22 900 900**	**84 427 400**	**322 600**	**51 500**	**43 477 500**	**4 400**	**2 803 100**	**623 900**	**40 000**	**43 200**	**7 600**	**157 253 300**

Ausserdem sind zur Beseitigung von Hochwasser-Verheerungen auf Grund gesetzlicher Bewilligungen verausgabt im Jahre 1890 495 000 ℳ, 1891 164 900 ℳ, 1892 37 900 ℳ. Im Ganzen sind verausgabt **157 951 100 ℳ**.

Anlage LXXVI.

Zusammenstellung von künstlichen Wasserstrassen, für deren Benutzung Abgaben für Rechnung des preussischen Staates erhoben werden.

a	b	c	d	e			f		g	h
Bezeichnung der Wasserstrassen und deren Länge in km (Erbauungszeit)	Anlage-kapital, soweit es mit hinreichender Sicherheit ermittelt werden konnte, im ganzen *und durchschnittlich für ein km* bis 1. 4. 1900[1])	Jahreszinsen des Anlagekapitals zu 3,5 %	Betriebs- und Unterhaltungskosten für das Rechnungsjahr 1900[2])	Einnahmen im Rechnungsjahre 1900 e 1 an Verkehrsabgaben	e 2 an Beiträgen, Miethen, Pachten und aus sonstigen Nutzungen	e 3 zusammen Spalte e 1 und e 2	Durch Vergleich der Einnahmen mit den laufenden Ausgaben (Spalte d) ergeben sich f 1 Ueberschüsse	f 2 Fehlbeträge	Es fehlen zur vollen Deckung der Selbstkosten, einschl. der Kapitalverzinsung	Kapitalverzinsung aus Betriebsüberschüssen
	ℳ	ℳ	ℳ	ℳ	ℳ	ℳ	ℳ	ℳ	ℳ	%
1. Kanasilirte Saar 31 km (1862—66)	7 050 000 *227 419*	246 750	74 659	26 389	1 052	27 441	—	47 218	293 968	—
2. Kanalisirter Main 38 km (1883—86)	8 487 200 *223 347*	297 052	125 154	112 750	3 317	116 067	—	9 087	306 139	—
3. Spoykanal 10 km (1690 u. 1846)	778 696 *77 869*	27 254	10 492	5 571	—	5 571	—	4 921	32 175	—
4. Dortmund-Ems-Kanal 250 km (1892—99)	68 628 659 *274 515*	2 402 003	1 011 689	105 202	33 174	138 376	—	873 313	3 275 316	—
5. Kanalisirte Fulda 28 km (1892—95)	2 964 099 *105 860*	103 743	71 390	13 101	154	13 255	—	58 135	161 878	—
6. Kanalisirte Unstrut 65,5 km (1790—97)	2 112 000 *32 244*	73 920	46 440	2 255	340	2 595	—	43 845	117 765	—
7. Kanalisirte Saale 144 km (seit dem 14. Jahrh.)	7 549 458 *52 427*	264 249	158 956	21 718	7 983	29 701	—	129 255	393 504	—
8. Märkische Wasserstrassen 1 154 km[3])	[4]) 89 894 732 *77 898*	3 146 315	1 704 491	1 159 414	174 923	2 334 337	629 846	—	2 516 469	0,70
9. Ueckerkanal 0,35 km (1800—03)	63 900 *182 570*	2 237	4 322	6 730	—	6 730	2 408	—	—	3,77
10. Kanalisirte obere Oder nebst Grossschiffahrtsweg um Breslau 149 km (1892—97)	22 135 346 *148 559*	774 737	577 481	264 016	5 389	259 405	—	308 076	1 082 813	—

11. Klodnitzkanal[5]) . . . . 46 km (1790—1801 und 1888–92)	1 119 019 *24 327*	39 166	65 845	11 588	5 544	17 132	—	48 713	87 879	—
12. Regulirte untere Netze . . . 196 km (1892—98)	7 205 000 *36 760*	252 175	181 045	170 970	1 460	172 430	—	8 615	260 790	—
13. Bromberger Kanal u. kanalisirte untere Netze . . . . . . 41 km (1772—74 u. später)	6 093 000 *148 610*	213 255	208 422	149 643	5 771	155 414	—	53 008	266 263	—
14. Kanalisirte Brahe . . . . . . 13 km (1877—80)	2 811 000 *216 231*	98 385	47 761	137 875	1 895	139 770	92 009	—	6 376	3,27
15. Kanalisirte obere Netze . . . 105 km (1879–82)	3 956 329 *37 679*	138 471	92 010	9 380	2 138	11 518	—	80 492	218 963	—
16. Weichsel-Haff-Kanal . . . . . 20 km (1845–52)	1 118 200 *55 910*	39 137	47 644	14 206	716	14 922	—	32 722	71 859	—
17. Elbinger Weichsel . . . . . . 21 km (1895—1900)	2 764 560 *131 646*	96 760	36 945	20 469	2 766	23 235	—	13 710	110 470	—
18. Oberländischer Kanal . . . . 134 km (1844–60)	6 019 858 *44 924*	210 695	126 232	19 351	4 812	24 163	—	102 069	312 764	—
19. Pregel-Memel Wasserstrasse 39 km[6]) u. [7])	2 577 003 *26 030*	90 195	48 144	54 143	340	54 483	6 339	—	83 856	0,24
Wasserstrassen insgesammt 2 485 km	**243 328 059** *97 919*	**8 516 499**	**4 639 122**	—	—	**3 556 545**	—	**1 082 577**	**9 599 076**	—

[1]) Die à fonds perdu von anderer Seite gegebenen Beiträge zu den Baukosten einer fiskalischen Wasserstrasse sind bei dieser nicht in Ansatz gebracht. Derartige Beiträge sind beispielsweise von der Stadt Berlin für die Spreeregulirung, von der Stadt Cassel für die Kanalisirung der Fulda, von Provinzen, Kreisen, Gemeinden und sonstigen Betheiligten für den Bau des Dortmund-Emskanals, für die Kanalisirung der oberen Oder und der oberen Netze in Gestalt von Grunderwerbungen, Bauleistungen und Geldzuschüssen übernommen worden; das für die Staatskasse zu Buch stehende Anlagekapital vermindert sich hierdurch um theilweise recht erhebliche Beträge. — [2]) Die Betriebs- und Unterhaltungskosten sind bei kanalisirten Flüssen nicht mit der vollen, wirklich verausgabten Summe, sondern nur mit denjenigen Beträgen eingestellt, um welche sie die vor der Kanalisirung aufgewendeten Betriebs- und Unterhaltungskosten übersteigen. Die Unterhaltungskosten für Brücken über von Natur schiffbare Gewässer sind nicht berechnet. Im übrigen sind unter den laufenden Ausgaben für Betrieb und Unterhaltung die sächlichen Kosten und die persönlichen, abgesehen von den etatsmässigen Gehältern, mit den thatsächlich gezahlten Beträgen eingestellt, die etatsmässigen Gehälter dagegen nach Durchschnittssätzen und mit einem Zuschlage von $^1/_4$ für die Pensionslast, die der Staat zu Gunsten der Beamten selbst und ihrer Hinterbliebenen übernimmt. — [3]) Erbauungszeiten: Finowkanal 1603 und 1744—1746. Erbauung der zweiten Schleusen 1846—1878. Friedrich-Wilhelmskanal 1662 bis 1668. Templiner und Storkower Kanäle 1745—1746. Plauer Kanal 1743—1745. Werbellinkanal 1765. Ruppiner Kanal mit Rhinwasserstrassen und Fehrbelliner Kanal 1787—1788. Vosskanal 1820—1825. Malzer Kanal 1827—1828. Oranienburger Kanal 1831—1838. Landwehr- und Luisenstädtischer Kanal in Berlin 1845–1850. Berlin-Spandauer Schiffahrtskanal 1849—1859. Ihlekanal 1868–1872. Verbindungskanal Plötzensee-Charlottenburg 1875. Rheinsberger Kanal 1877—1879. Ausbau der Dahme 1869—1880. Ausbau der Rüdersdorfer Gewässer 1881. Lychener Kanal 1879—1882. Ausbau der oberen Havel 1866–1883. Ausbau des Sacrow-Paretzer Kanals 1888—1889. Oder-Spreekanal 1887—1891. Verbesserung der Spree in und unterhalb Berlin 1883 1897. — [4]) Im Anlagekapital sind nicht berücksichtigt: a) 338 988 ℳ für den Nottekanal, b) 51 000 ℳ für die Schiffahrtsstrasse nach Wriezen, c) 15 000 ℳ für den Emsterkanal und d) alle vor 1842 gemachten Aufwendungen für den Spreekanal in Berlin und die darin liegende Stadtschleuse. — [5]) Das ursprüngliche Anlagekapital von 2 392 134 ℳ ist nicht berücksichtigt, da es durch Einnahmeüberschüsse wieder eingebracht ist. — [6]) Deime (zur Zeit des Deutschordens). — Friedrichsgraben 1689—1697. — Seckenburger Kanal 1833—1838. — [7]) Die vor dem Jahre 1840 aufgewendeten Anlagekosten sind nicht berücksichtigt, weil sie nicht bekannt sind.

Anlage LXXVII.

Uebersicht über die finanzielle Lage von Hafenanlagen im Rechnungsjahr 1900.

1	2	3	4	5	6	7	8	9	10	11
Hafenanlage zu [1])	Anlagekapital in	Jahreszinsen in		Jährliche Tilgung in		Verzinsung einschliesslich Tilgung Spalte 4 + 6	Laufende Betriebs- und Unterhaltungskosten	Einnahmen	Durch Vergleich der Einnahme mit der laufenden Ausgabe (Spalte 8) ergeben sich Ueberschüsse von	Kapitals-Verzinsung einschliesslich Tilgung aus Betriebsüberschüssen (Spalte 10)
			Prozenten des Anlagekapitals		Prozenten des Anlagekapitals					
	ℳ	ℳ	%	ℳ	%	%	ℳ	ℳ	ℳ	%
1. Wesel	292 182	[2]) 6 515	4 u. 3,5	[2]) 1 908	1 u. 1,25	5 u. 4,75	26 728	37 200	10 472	3,58
2. Ruhrort	12 000 000	420 000	3,5	.	.	.	379 000	795 500	416 500	3,47
3. Duisburg	12 000 000	324 000	3	109 000	1	4	655 800	1 242 000	586 200	4,9
4. Düsseldorf	10 131 891	332 672	3,3	115 600	1,2	4,5	314 943	613 328	298 385	2,9
5. Heerdt	345 000	13 315	4	3 321	1	5	15 161	17 768	2 607	0,75
6. Mühlheim a. Rhein	839 585	29 441	3,5	13 867	1,5	5	58 311	76 590	18 279	2,18
7. Cöln	13 500 000	472 500	3,5	135 000	1	4,5	406 590	601 532	194 942	1,44
8. Bonn	353 319	12 250	3,5	11 829	3,3	6,8	10 586	19 505	8 919	2,52
9. Koblenz	642 273	25 271	.	9 127	.	.	9 694	23 527	13 833	2,15
10. Münster i. W.	1 665 946	58 308	3,5	16 660	1	4,5	41 693	99 079	57 386	3,45
11. Dortmund	5 705 150	.	.	.	.	.	103 638	163 985	60 347	1,05
12. Magdeburg	8 489 157	339 566	4	.	.	.	412 891	550 624	137 733	1,62
13. Schwedt a. O.	66 000	.	.	.	.	.	1 195	3 025	1 830	2,77
14. Frankfurt a. O.	270 800	9 167	3,4	3 030	1,1	4,5	5 192	10 317	5 125	1,8
15. Neusalz	442 550	15 231	3,4	5 040	1,1	4,5	24 337	26 611	2 274	0,51
16. Breslau	1 099 300	38 475	3,5	10 993	1	4,5	43 736	70 174	26 438	2,4
Zusammen	**67 843 153**	.	.	.	.	.	**2 509 495**	**4 350 765**	**1 841 270**	**2,71**

[1]) Der Hafen zu Frankfurt a. M. ist trotz seiner grossen Bedeutung in obiger Nachweisung deshalb nicht berücksichtigt worden, weil in ihm eigentliche Schiffahrtsabgaben nicht erhoben werden. — [2]) Zur Verzinsung und Tilgung der Staatsbeihülfe von 120 000 ℳ sind Beträge nicht eingesetzt.

Anlage LXXVIII.

Die Chausseen, Anfang 1876, 1891 und 1900.

(Akten des Königl. Ministeriums der öffentlichen Arbeiten.)

1	2	3	4	5	6
Staat. — **Provinzen.**	Provinz- und Bezirks-	Kreis-	Gemeinde-	Private-Aktien-, Forst-, Bergwerks-, Militär-	Ins-gesammt
	Chausseen: Länge in *km*				
	1876.				
Staat	**29 096,5**	**27 748,5**	**5 652,8**	**2 480,2**	**64 978,0**
I. Ostpreussen	1 573,4	2 190,2	14,4	36,9	3 814,9
II. Westpreussen	961,9	1 755,2	41,9	—	2 759,0
III. Brandenbg. einschl. Berlin	1 397,4	1 803,6	190,2	492,9	3 884,1
IV. Pommern	1 605,7	1 468,6	13,0	2,2	3 089,5
V. Posen	3 004,0	603,0	19,0	30,0	3 656,0
VI. Schlesien	2 124,9	8 031,6	83,2	1 293,4	11 533,1
VII. Sachsen	1 993,1	1 226,2	1 193,6	353,9	4 766,8
VIII. Schleswig-Holstein	1 429,0	3) .	3) .	3) .	1 429,0
IX. Hannover	3 269,4	4 463,4	1 240,9	70,6	9 044,3
X. Westfalen	2 455,0	1 414,6	1 358,2	69,6	5 297,4
XI. Hessen-Nassau	2 648,6	4) 4 574,3	—	—	7 222,9
XII. Rheinland	6 416,9	149,4	967,1	130,7	7 664,1
XIII. Hohenzollern	217,2	68,4	531,3	—	816,9
	1891.				
Staat	**31 826,6**	**35 730,2**	**10 066,6**	**2 283,1**	**79 906,5**
I. Ostpreussen	1 875,5	3 362,5	20,3	5,9	5 264,2
II. Westpreussen	985,8	2 931,4	5) 115,0	0,9	4 033,1
III. Brandenbg. einschl. Berlin	1 423,0	4 185,7	438,1	119,4	6 166,2
IV. Pommern	1 640,8	2 419,5	129,2	5,0	4 194,5
V. Posen	1) 3 598,0	131,0	162,0	43,0	3 934,0
VI. Schlesien	2 181,3	5 759,3	371,7	1 433,6	9 745,9
VII. Sachsen	1 947,7	2 591,7	1 512,2	315,6	6 367,2
VIII. Schleswig-Holstein	2 503,9	11,1	994,5	44,8	3 554,3
IX. Hannover	3 288,0	6 803,2	2 506,6	100,0	12 697,8
X. Westfalen	2 483,0	2 303,5	1 982,5	75,4	6 844,4
XI. Hessen-Nassau	2 814,7	4) 5 022,4	—	—	7 837,1
XII. Rheinland	6 856,4	119,7	1 270,0	139,5	8 385,6
XIII. Hohenzollern	228,5	89,2	564,5	—	882,3
	1900.				
Staat	**32 731**	**46 198**	**14 721**	**2 295**	**95 945**
I. Ostpreussen	1 863	4 310	113	5	6 291
II. Westpreussen	985	3 723	244	28	4 980
III. Brandenbg. einschl. Berlin	1 423	5 588	453	117	7 581
IV. Pommern	1 631	3 380	203	7	5 221
V. Posen	2) 4 164	17	8	—	4 189
VI. Schlesien	2 199	7 695	758	1 356	12 008
VII. Sachsen	1 932	3 596	2 803	254	6) 8 585
VIII. Schleswig-Holstein	2 805	690	713	15	4 223
IX. Hannover	3 288	8 572	3 907	157	15 924
X. Westfalen	2 488	3 178	2 714	88	8 468
XI. Hessen-Nassau	2 814	4) 5 219	—	—	8 033
XII. Rheinland	6 910	134	2 805	268	10 117
XIII Hohenzollern	229	96	—	—	325

1) Von den in Spalte 2 aufgeführten Provinzialchausseen liegen in Schlesien 6 km und in Westpreussen 13 km. — 2) desgl. in Schlesien 6 km und in Westpreussen 13 km. — 3) Für die Ausfüllung der Spalten 3—5 fehlt es an zuverlässigen Angaben. — 4) Die in Spalte 3 aufgeführten Chausseen sind sog Landwege, die von den Kreisen und Gemeinden unterhalten werden. — 5) Unter den in Spalte 4 aufgeführten Gemeindechausseen befinden sich 15,84 km forstfiskalische Chausseen. — 6) Die Provinz Sachsen verwaltet und unterhält ausser den nachgewiesenen Chausseen noch zahlreiche Landstrassen und Wege, die im Jahre 1892 vom Wegefiskus auf den Provinzialverband übergegangen sind. Von den zum Beginn der Berichtszeit vorhandenen 1095 km Landstrassen sind in den letzten 5 Jahren 197 km an engere Verbände abgetreten worden, sodass am 1. April 1900 noch 898 km derartige Provinzialstrassen vorhanden waren.

Anlage LXXIX.

Einnahmen und Ausgaben der Provinzialverbände für Chaussee- u. Wegezwecke 1901.

Provinz.	Einnahmen (ℳ)			Laufende Ausgaben (ℳ)									Extra-ordinarium (ℳ)	
	Staatsrente nach § 20 Gesetz vom 8. Juli 1875	Staatsrente nach § 2 der Verordnung vom 22. Juni 1902	Pächte, Beiträge, Abgaben usw. aus besonderen Fonds	Persönliche Kosten	Chaussee-unterhaltung	Prämien für Kreischausseen	Unterstützung des Gemeindewegebaues	Anleihen-verzinsung und Tilgung	Sonstiges	Zusammen	Kleinbahnen	Insgesammt	für Chausseen, Wege	Kleinbahnen, (Darlehen usw.)
Ostpreußen	1 408 152	479 746	11 000	193 104	1 166 000	400 000	206 000	103 057	1 039	2 069 200	130 000	2 199 200	—	444 100
Westpreußen	793 859	470 010	24 191	125 820	547 312	s. Sp. 14	276 670	388 373	.	1 338 175	76 176	1 414 351	[1]) 600 000	—
Brandenburg	1 335 047	345 798	72 673	223 966	1 153 365	779 205	200 235	133 616	3 125	2 493 512	149 060	2 642 572	180 345	2 556 891
Berlin	235 047	—	—	—	—	—	—	—	—	—	—	—	—	—
Pommern	950 871	332 835	143 007	—	[2]) 1080213	293	875	21 150	2 218	1 397 456	330 000	1 727 456	—	—
Posen	691 929	437 119	133 135	487 623	1 525 539	130 000	200 000	—	95 345	2 436 507	30 684	2 467 188	—	[3]) 135 000
Schlesien	3 026 993	470 071	56 223	295 286	1 769 546	824 297	195 410	15 041	64 528	3 164 108	25 949	3 190 057	421 878	235 353
Sachsen	1 862 210	68 752	*) 614 104	1 8	76 370	740	000	35 000	—	2 651 370	63 000	2 714 370	Ank. v. Akt.:	341 250
Schlesw.-Holst.	1 113 246	67 000	37 695	213 914	1 271 474	63 463	195 206	[4]) .	[5]) 180 578	1 924 633	—	1 924 635	84 258	536 473
Hannover	2 272 290	72 801	[6]) 723 400	300 464	2 572 180	171 603	208 882	712 882	—	3 966 011	[7]) 569 179	4 535 190	—	1 344 400
Westfalen	2 010 630	79 171	149 270	427 485	1 811 685	500	000	.	.	2 739 170	.	2 669 930	844 407	287 750 2 976 000
Cassel	1 190 230	45 823	38 800	439 450	641 560	100 000	298 000	.	.	1 479 010	30 000	1 509 010	—	[9]) 50 000
Wiesbaden einschl. Frankfurt a. M.	[10])838414	32 098	34 296	222 258	905 467	—	339 620	—	—	1 467 345	431 257	1 898 602	—	[11]) 400 000
						539	299							
Rheinprovinz	2 056 233	93 713	661 548	803 227	4 578 798	—	—	78 635	.	5 999 959	82 159	6 082 118	1 037 379	[12])8153 400 [13]) 650 000
Hohenzollern	102 540	2 615	44 470	30 224	141 072	—	5 000	—	308	176 604	25 006	201 610	—	—
Lauenburg (Landesk.-Verband)	—	2 448	—	8 390	[14]) 77 701	—	1 800	—	[15]) 1 424	89 315	.	89 315	—	—

*) Die Provinz hat ausserdem erhalten nach § 46 der neuen Wegeordnung 13 154 614 ℳ Entschädigungskapital für Uebernahme früher fiskalischer Strassen und Brücken. Diese Strassen heissen „Provinzialstrassen" und werden von den Chausseen gesondert verwaltet.

[1]) zu Prämien für Kreischausseen. — [2]) Jahresrente an die Kreise und eigene Unterhaltung von Brücken. — [3]) die Gesammtsumme der bewilligten Darlehne beträgt 2 007 600 ℳ. Hiervon sind gezahlt 1898 220 000 ℳ, 1899 781 000 ℳ, 1900 80 000 ℳ, 1901 135 000 ℳ, zusammen 1 216 000 ℳ Am 1. April 1902 blieben noch zu zahlen 791 600 ℳ. — [4]) eine Trennung der Anleihen für Wegebauzwecke von denen für andere Zwecke hat nicht stattgefunden. — [5]) Übereignungen von der Provinz an Städte. — [6]) darunter 490 222 ℳ Zinsen und Tilgung von Kleinbahndarlehen. — [7]) darunter 550 000 ℳ für Verzinsung und Tilgung von Anleihen. — [8]) Betheiligung an den Eisenbahnunternehmungen der Westfälischen Landeseisenbahngesellschaft (bis 1901 im Ganzen 8,3 Mill. ℳ). — [9]) Eisenbahnen (Sekundärbahnen). — [10]) ausserdem werden aus der nach dem Gesetze vom 11. März 1872 (G.-S. S. 257) überwiesenen Jahresrente von 142 000 Thalern jährlich 319 500 ℳ für den Gemeindewegebau verwendet. — [11]) aus Anleihe. — [12]) wofür der Provinz keine weiteren Jahres-Ausgaben erwachsen. — [13]) wovon die Provinz ½ % Zinsen zahlt. — [14]) der Betrag ist ausnahmsweise niedrig. Im Durchschnitt der letzten 10 Jahre je 100 000, zukünftig 116 000 ℳ. — [15]) nicht chaussirte Hauptwege.

Anlage LXXX.

Ordinarium und Extraordinarium des Etats der Bauverwaltung.

1	2	3	4	1	2	3	4	1	2	3	4
Jahre	Ordinarium ℳ	Extra-ordinarium ℳ	Prozent des Ordinariums	Jahre	Ordinarium ℳ	Extra-ordinarium ℳ	Prozent des Ordinariums	Jahre	Ordinarium ℳ	Extra-ordinarium ℳ	Prozent des Ordinariums
1902	33 270 379	13 250 050	39,8	1892/93 . .	22 372 490	13 107 604	58,6	1882/83 . .	16 569 612	13 384 245	80,7
1901	31 852 958	32 916 180	103,4	1891/92 . .	21 609 892	13 840 017	64,0	1881/82 . .	16 699 258	14 246 665	85,3
1900	30 678 485	27 406 514	89,3	1890/91 . .	20 954 381	9 962 000	42,8	1880/81 . .	16 658 603	14 880 235	89,3
1899	30 440 660	20 289 083	66,7	1889/90 . .	20 614 226	11 491 900	55,7	1879/80 . .	16 294 072	14 082 593	86,4
1998/99 . .	29 053 432	20 397 837	70,2	1888/89 . .	19 304 972	11 762 900	60,9	**Summe III**	**66 221 545**	**56 593 738**	**85,5**
1897/98 . .	24 623 455	17 908 160	72,7	1887/88 . .	19 048 043	10 875 900	57,1				
1896/97 . .	24 048 433	15 520 328	64,5	1886/87 . .	18 654 612	12 832 711	68,8	**Wiederholung.**			
1895/96 . .	23 904 748	14 995 870	62,7	1885/86 . .	17 736 661	13 859 750	78,1	**Summe I**	**272 603 372**	**192 592 931**	**70,6**
1894/95 . .	22 376 640	16 235 490	72,6	1884/85 . .	17 626 665	15 974 327	90,6	**„ II**	**195 374 765**	**126 535 109**	**64,8**
1893/94 . .	22 354 182	13 673 419	61,2	1883/84 . .	17 452 823	12 828 000	73,5	**„ III**	**66 221 545**	**56 593 738**	**85,5**
Summe I	**272 603 372**	**192 592 931**	**70,6**	**Summe II**	**195 374 765**	**126 535 109**	**64,8**	**Insges. 1879—1902**	**534 199 682**	**375 721 778**	**73,3**

FSC
www.fsc.org
MIX
Papier | Fördert
gute Waldnutzung
FSC® C083411

Kolibri 360 GmbH
Ferdinand-Jühlke-Straße 7
99095 Erfurt, Deutschland
produktsicherheit@kolibri360.de